16	3	2	13
5	10	11	8
9	6	7	12
4	15	14	1

Apoio cultural

Coleção
Formadores do Brasil

José Antônio Pimenta Bueno,

MARQUÊS DE SÃO VICENTE

∽

Organização e introdução
Eduardo Kugelmas

editora■34

EDITORA 34

Editora 34 Ltda.
Rua Hungria, 592 Jardim Europa CEP 01455-000
São Paulo - SP Brasil Tel/Fax (11) 3816-6777 editora34@uol.com.br

Copyright © Editora 34 Ltda., 2002
Marquês de São Vicente © Eduardo Kugelmas, 2002

A FOTOCÓPIA DE QUALQUER FOLHA DESTE LIVRO É ILEGAL, E CONFIGURA UMA APROPRIAÇÃO INDEVIDA DOS DIREITOS INTELECTUAIS E PATRIMONIAIS DO AUTOR.

Imagem da capa:
A partir de retrato de José Antônio Pimenta Bueno, marquês de São Vicente, do acervo da Fundação Biblioteca Nacional, Rio de Janeiro.

Pesquisa do retrato de José Antônio Pimenta Bueno:
Fernanda Carvalho (agradecimentos à Georgina Staneck e Monica Carneiro da Fundação Biblioteca Nacional, Rio de Janeiro)

Reprodução do retrato de José Antônio Pimenta Bueno:
Gilson Ribeiro da Silva

Capa, projeto gráfico e editoração eletrônica:
Bracher & Malta Produção Gráfica

Revisão:
José Luiz Herencia

1ª Edição - 2002

Catalogação na Fonte do Departamento Nacional do Livro
   (Fundação Biblioteca Nacional, RJ, Brasil)

São Vicente, José Antônio Pimenta Bueno, marquês de, 1803-1878

S146j   José Antônio Pimenta Bueno, marquês de São Vicente / organização e introdução de Eduardo Kugelmas — São Paulo: Ed. 34, 2002.
688 p. (Coleção Formadores do Brasil)

ISBN 85-7326-262-1

Inclui bibliografia.

1. Direito constitucional — Brasil. 2. História política - Brasil - Século XIX. I. Pimenta Bueno, José Antônio (1803-1878). II. Kugelmas, Eduardo. III. Título. IV. Série.

CDD - 341.2481

MARQUÊS DE SÃO VICENTE

~

Apresentação	17
Introdução, *Eduardo Kugelmas*	19
Bibliografia do marquês de São Vicente	51

DIREITO PÚBLICO BRASILEIRO E ANÁLISE DA CONSTITUIÇÃO DO IMPÉRIO

Introdução	57

Título preliminar:
Do Direito, das leis e bibliografia do Direito Público

Capítulo 1: Do Direito e suas diversas espécies	62
Seção 1ª: Do Direito em geral e dos dois grandes interesses que formam sua divisão em Direito Público e Particular	62
Seção 2ª: Da subdivisão do Direito Público	64
Seção 3ª: Da subdivisão do Direito Particular	67
Capítulo 2: Das diversas espécies de leis e da bibliografia do Direito Público	71
Seção 1ª: Das diversas espécies de leis	71
Seção 2ª: Da bibliografia do Direito Público e Administrativo	72

Do Direito Público brasileiro
e análise da Constituição do Império

Título primeiro:
Da nação, da soberania e poderes políticos brasileiros

Capítulo 1: Da nação brasileira, seu território e religião	78
Seção 1ª: Da nação brasileira e sua independência	78
Seção 2ª: Do território nacional, sua integridade, limites e divisão em províncias	79
Seção 3ª: Da religião do Império e tolerância de outros cultos	82
Capítulo 2: Da soberania da nação, seu governo e dinastia	84
Seção 1ª: Da soberania nacional, sua delegação e representação	84
Seção 2ª: Da forma do governo nacional e dinastia brasileira	86

Capítulo 3: Dos poderes políticos, sua divisão, abusos
a respeito e fim da Constituição nacional 90
   Seção 1ª: Da enumeração e denominação dos poderes políticos 90
   Seção 2ª: Da divisão ou separação e harmonia dos poderes políticos 91
   Seção 3ª: Do abuso da subdelegação do poder Legislativo
   no poder Executivo 96
   Seção 4ª: Do objeto ou fim da Constituição 104

Título segundo:
Do poder Legislativo geral ou nacional

Capítulo 1: Da natureza do poder Legislativo e sua composição 108
   Seção 1ª: Da natureza, delegação e divisão do poder Legislativo 108
   Seção 2ª: Da formação da Câmara dos Deputados,
   condições eleitorais e número deles 111
   Seção 3ª: Do caráter vitalício, nomeação, escolha e número dos senadores . 116

Capítulo 2: Das atribuições da Assembléia Geral 120
   Seção 1ª: Das atribuições da Assembléia Geral, em seu todo,
   e de sua divisão 120
   Seção 2ª: Das atribuições da Assembléia Geral, conservadoras da forma
   do governo e da ordem política 121
   Seção 3ª: Das atribuições legislativas da Assembléia Geral 128
   Seção 4ª: Das atribuições de inspeção ou fiscalização constitucional 167

Capítulo 3: Das atribuições de cada uma das Câmaras................... 172
   Seção 1ª: Das atribuições especiais da Câmara dos Deputados 172
   Seção 2ª: Das atribuições especiais do Senado
   e suas reuniões extraordinárias 178

Capítulo 4: Das prerrogativas, acumulações, incompatibilidades
de exercício e subsídio dos membros da Assembléia Geral 181
   Seção 1ª: Das prerrogativas dos membros da Assembléia Geral 181
   Seção 2ª: Das acumulações, distrações e incompatibilidades
   de exercício simultâneo dos membros das Câmaras 184
   Seção 3ª: Dos subsídios dos membros das Câmaras 187

Capítulo 5: Da duração de cada legislatura, nomeação da Mesa,
verificação de poderes e polícia das Câmaras 189
   Seção 1ª: Da duração de cada legislatura, sessões imperiais
   e seu cerimonial 189
   Seção 2ª: Da nomeação da Mesa, verificação de poderes
   e polícia das Câmaras 191

Capítulo 6: Do regimento interno de cada uma das Câmaras
e de ambas no caso de fusão 193
   Seção 1ª: Das sessões diárias, maioria de votos e publicidade
   dos trabalhos 193
   Seção 2ª: Do regimento no caso de fusão das Câmaras 195

Capítulo 7: Da proposição, oposição, fusão e aprovação
dos projetos de lei nas Câmaras 196
    Seção 1ª: Da proposição, discussão, emendas e adoção ou rejeição
    dos projetos de lei e remessa à outra Câmara 196
    Seção 2ª: Da oposição ou emendas da outra Câmara
    e participação respectiva 198
    Seção 3ª: Da fusão das Câmaras 200
    Seção 4ª: Da aprovação da outra Câmara e remessa à sanção 202

Capítulo 8: Da sanção do imperador 204
    Seção 1ª: Da sanção em geral e prazo dela 204
    Seção 2ª: Da concessão ou denegação da sanção 207

Capítulo 9: Da intervenção do poder Executivo
na confecção da lei 210
    Seção 1ª: Das propostas do poder Executivo e sua discussão 210
    Seção 2ª: Da aprovação ou rejeição das propostas 211

Capítulo 10: Da promulgação e época em que a lei obriga 214
    Seção 1ª: Da promulgação, publicidade e transmissão
    dos exemplares da lei 214
    Seção 2ª: Da época em que a lei começa a obrigar 216

Título terceiro:
Do poder Legislativo provincial

Capítulo 1: Dos interesses provinciais, poder das
Assembléias Legislativas, sua unidade, mandato,
número e condições eleitorais de seus membros 220
    Seção 1ª: Dos interesses provinciais e das respectivas
    Assembléias Legislativas 220
    Seção 2ª: Da unidade das Assembléias Legislativas,
    nomeação de duração do mandato de seus membros,
    número e condições eleitorais destes 222

Capítulo 2: Das prerrogativas e incompatibilidades dos membros
das Assembléias Legislativas Provinciais 225
    Seção 1ª: Das prerrogativas e subsídios dos membros
    das Assembléias Legislativas Provinciais 225
    Seção 2ª: Das incompatibilidades relativas aos membros
    das Assembléias Legislativas Provinciais 226

Capítulo 3: Da reunião e sessões das Assembléias Legislativas,
nomeação da Mesa, regimento interno, e publicidade
de seus trabalhos 228
    Seção 1ª: Da reunião e sessões das Assembléias Legislativas 228
    Seção 2ª: Da Mesa, regimento das Assembléias Legislativas
    e publicidade de seus trabalhos 230

Capítulo 4: Das atribuições das Assembléias Legislativas
Provinciais e restrições delas 232
Seção 1ª: Das atribuições das Assembléias Legislativas Provinciais
e suas restrições em geral 232
Seção 2ª: Das atribuições de meras propostas subordinadas
à Assembléia Geral, limitações a respeito e sua solução 234
Seção 3ª: Das atribuições legislativas das Assembléias Provinciais 236
Seção 4ª: Das atribuições políticas das Assembléias Provinciais 248
Seção 5ª: Das restrições ou limitações do poder
das Assembléias Provinciais 250

Capítulo 5: Da sanção, promulgação e atribuições das
presidências relativas ao poder Legislativo provincial 254
Seção 1ª: Da sanção em relação à conveniência dos projetos de lei 254
Seção 2ª: Da sanção em relação à inconstitucionalidade
dos projetos de lei 257
Seção 3ª: Da promulgação e interferência da presidência
no poder Legislativo provincial 260

Título quarto:
Das eleições

Capítulo 1: Do direito eleitoral, das eleições diretas e indiretas
e da elegibilidade 264
Seção 1ª: Do direito eleitoral, voto universal e voto ativo brasileiro 264
Seção 2ª: Da eleição direta e indireta, censo eleitoral,
condições dos eleitores e elegibilidade 267

Capítulo 2: Da lei regulamentar das eleições,
das incompatibilidades e do processo eleitoral 272
Seção 1ª: Da importância da lei regulamentar
e da eleição por círculos 272
Seção 2ª: Das incompatibilidades eleitorais e do processo das eleições 274

Título quinto:
Do poder Moderador, sucessão do Império e família imperial

Capítulo 1: Da natureza do poder Moderador
e atributos do imperante 280
Seção 1ª: Da natureza do poder Moderador e sua delegação 280
Seção 2ª: Dos atributos do imperante 281

Capítulo 2: Das atribuições do poder Moderador 284
Seção 1ª: Das atribuições do poder Moderador em geral 284
Seção 2ª: Das atribuições do poder Moderador
relativas ao poder Legislativo 284
Seção 3ª: Das atribuições do poder Moderador
em relação ao poder Executivo 287

Seção 4ª: Das atribuições do poder Moderador
em relação ao poder Judicial 289
Seção 5ª: Da responsabilidade pelos atos do poder Moderador 291

Capítulo 3: Da sucessão do Império e da Regência 293
Seção 1ª: Da sucessão do Império 293
Seção 2ª: Da Regência e tutoria 295

Capítulo 4: Da família imperial, sua dotação
e instrução dos príncipes 300
Seção 1ª: Dos títulos e tratamento dos príncipes,
e do juramento do príncipe imperial 300
Seção 2ª: Da dotação imperial e alimentos aos príncipes e dotes 301
Seção 3ª: Da instrução dos príncipes 303

Título sexto:
Do poder Executivo

Capítulo 1: Da natureza e diferentes caracteres
do poder Executivo 306
Seção 1ª: Da natureza e delegação do poder Executivo 306
Seção 2ª: Dos diferentes caracteres da autoridade executiva 308

Capítulo 2: Das atribuições políticas e governamentais
do poder Executivo 313
Seção 1ª: Das atribuições políticas e governamentais
do poder Executivo em geral 313
Seção 2ª: Das atribuições do poder Executivo
em relação ao poder Legislativo 313
Seção 3ª: Das atribuições do poder Executivo
em relação ao poder Judicial 320
Seção 4ª: Das atribuições do poder Executivo
em relação ao poder espiritual 321
Seção 5ª: Das atribuições do poder Executivo
quanto às relações internacionais do Estado 324
Seção 6ª: Das atribuições do poder Executivo
em relação à política e segurança interior do Estado 331
Seção 7ª: Da atribuição de empregar a força pública 333
Seção 8ª: Das atribuições de conferir empregos e títulos 334
Seção 9ª: Das atribuições de execução das leis
e promoção dos serviços administrativos 336

Capítulo 3: Do ministério, sua responsabilidade,
Conselho dos Ministros e oposição constitucional 338
Seção 1ª: Dos ministros e sua participação no poder Executivo 338
Seção 2ª: Da responsabilidade dos ministros 341
Seção 3ª: Do Conselho de Ministros e seu presidente 344
Seção 4ª: Da oposição ao ministério 346

Capítulo 4: Do poder Executivo como administrador
ou da administração central 348
   Seção 1ª: Da administração central em geral 348
   Seção 2ª: Dos serviços comuns a todos os ministérios 350
   Seção 3ª: Dos serviços especiais do Ministério do Império 351
   Seção 4ª: Dos serviços especiais do Ministério da Justiça 355
   Seção 5ª: Dos serviços especiais
       do Ministério dos Negócios Estrangeiros 357
   Seção 6ª: Dos serviços especiais do Ministério da Fazenda 360
   Seção 7ª: Dos serviços especiais do Ministério da Guerra 362
   Seção 8ª: Dos serviços especiais do Ministério da Marinha 363
Capítulo 5: Do Conselho de Estado 365
   Seção 1ª: Da natureza e necessidade desta instituição 365
   Seção 2ª: Da composição do Conselho de Estado 367
   Seção 3ª: Das diversas atribuições do Conselho de Estado 371
   Seção 4ª: Das diferentes formas porque
       o Conselho de Estado trabalha 381
   Seção 5ª: Do processo perante o Conselho de Estado 384
Capítulo 6: Da administração provincial e municipal 395
   Seção 1ª: Da administração das províncias 395
   Seção 2ª: Da administração municipal 397

Título sétimo:
Do poder Judiciário

Capítulo 1: Da natureza do poder Judiciário, sua delegação,
independência e responsabilidade 402
   Seção 1ª: Da natureza e missão do poder Judiciário 402
   Seção 2ª: Da delegação do poder Judicial 404
   Seção 3ª: Da independência do poder Judiciário 406
   Seção 4ª: Da responsabilidade legal e moral dos juízes 411
Capítulo 2: Da organização, instâncias e divisão judiciária 414
   Seção 1ª: Da organização judiciária 414
   Seção 2ª: Dos tribunais de 1ª e 2ª instâncias, ou dos recursos 416
   Seção 3ª: Da divisão judiciária 418
Capítulo 3: Da natureza, importância e composição
do Supremo Tribunal de Justiça 420
   Seção 1ª: Da natureza e importância do Supremo Tribunal 420
   Seção 2ª: Da composição do Supremo Tribunal de Justiça 424
Capítulo 4: Da principal atribuição do
Supremo Tribunal de Justiça, ou da revista 426
   Seção 1ª: Da revista no interesse da parte, e das sentenças
       que são suscetíveis deste recurso 426
   Seção 2ª: Da revista no só interesse da lei 435

Seção 3ª: Dos únicos casos que autorizam o provimento da revista	438
Seção 4ª: Da autoridade das decisões de revista proferidas pelo Supremo Tribunal	451
Capítulo 5: Das outras atribuições do Supremo Tribunal de Justiça	**456**
Seção 1ª: De sua atribuição sobre os conflitos de jurisdição entre os tribunais das relações e sobre suspeições	456
Seção 2ª: De sua atribuição sobre os delitos e erros de ofício de certos empregados privilegiados	458
Capítulo 6: Do Ministério Público	**460**
Seção 1ª: Do Ministério Público em geral	460
Seção 2ª: Do Ministério Público em relação à Coroa, soberania nacional e estabelecimentos públicos	461
Seção 3ª: Do Ministério Público em relação à administração da Justiça Criminal	463
Seção 4ª: Do Ministério Público em relação à administração da Justiça Civil e Comercial	464

Título oitavo:
Dos direitos dos brasileiros

Capítulo 1: Dos direitos em geral e de sua divisão	**468**
Seção única: Dos direitos e sua divisão	468
Capítulo 2: Dos direitos individuais ou naturais	**470**
Seção 1ª: Dos direitos individuais em geral	470
Seção 2ª: Do direito de liberdade em geral	471
Seção 3ª: Da liberdade do pensamento e sua comunicação	474
Seção 4ª: Da liberdade de consciência e religião ou culto	476
Seção 5ª: Da liberdade de viajar ou de emigrar	477
Seção 6ª: Da liberdade do trabalho ou indústria	478
Seção 7ª: Da liberdade de contratar e de associação	484
Seção 8ª: Do direito de segurança	492
Seção 9ª: Do direito de igualdade	501
Seção 10ª: Do direito de propriedade	509
Seção 11ª: Do direito de reclamação, queixa e de petição	513
Seção 12ª: Do direito de mover a ação de responsabilidade dos empregados públicos	518
Seção 13ª: Do direito à proteção e aos socorros públicos	519
Seção 14ª: Do direito à instrução	520
Seção 15ª: Da suspensão de garantias	521
Capítulo 3: Dos direitos civis	**525**
Seção 1ª: Dos direitos civis em geral	525
Seção 2ª: Da aquisição dos direitos de nacionalidade e seus efeitos	528
Seção 3ª: Da perda dos direitos de nacionalidade	541
Seção 4ª: Dos direitos civis em relação às pessoas, ou do estatuto pessoal	542

Seção 5ª: Dos direitos civis em relação às coisas, ou do estatuto real 545
Seção 6ª: Dos direitos civis em relação aos atos
  ou fatos convencionais 547

Capítulo 4: Dos direitos políticos 549
Seção 1ª: Dos direitos políticos em geral 549
Seção 2ª: Do gozo dos direitos políticos em geral 551
Seção 3ª: Do gozo do direito de votar nas eleições primárias 552
Seção 4ª: Do gozo do direito de eleitor 554
Seção 5ª: Do gozo do direito de ser deputado ou membro
  das Assembléias Legislativas Provinciais 555
Seção 6ª: Do gozo do direito de ser senador 557
Seção 7ª: Do gozo dos direitos políticos em relação ao exercício
  do poder Moderador ou imperial 558
Seção 8ª: Do gozo dos direitos políticos em relação
  ao poder Executivo ou administrativo 560
Seção 9ª: Do gozo dos direitos políticos em relação ao poder Judicial 563
Seção 10ª: Do gozo dos direitos políticos
  em relação às liberdades políticas 564
Seção 11ª: Da suspensão dos direitos políticos e perda deles 565
Seção 12ª: Do direito político de reformar a Constituição 566

Apêndice

Primeira parte:
Das leis constitucionais e administrativas

Constituição política do Império 576
  Título primeiro: Do Império do Brasil, seu território, governo,
    dinastia e religião 576
  Título segundo: Dos cidadãos brasileiros 576
  Título terceiro: Dos poderes e representação nacional 577
  Título quarto: Do poder Legislativo 577
    Capítulo 1: Dos ramos do poder Legislativo e suas atribuições 577
    Capítulo 2: Da Câmara dos Deputados 580
    Capítulo 3: Do Senado 580
    Capítulo 4: Da proposição, discussão, sanção e promulgação das leis ... 581
    Capítulo 5: Dos conselhos gerais de província e suas atribuições 584
    Capítulo 6: Das eleições 585
  Título quinto: Do imperador 587
    Capítulo 1: Do poder Moderador 587
    Capítulo 2: Do poder Executivo 587
    Capítulo 3: Da família imperial e sua dotação 589
    Capítulo 4: Da sucessão do Império 590
    Capítulo 5: Da Regência na minoridade, ou impedimento do imperador ... 590
    Capítulo 6: Do ministério 591

Capítulo 7: Do Conselho de Estado	592
Capítulo 8: Da força militar	592
Título sexto: Do poder Judicial	593
Capítulo único: Dos juízes e tribunais de justiça	593
Título sétimo: Da administração e economia das províncias	594
Capítulo 1: Da administração	594
Capítulo 2: Das Câmaras	594
Capítulo 3: Da Fazenda Nacional	595
Título oitavo: Das disposições gerais e garantias dos direitos civis e políticos dos cidadãos brasileiros	595
Ato Adicional	600

Lei nº 105, de 12 de maio de 1840
Interpreta alguns artigos da reforma constitucional	607

Lei nº 234, de 23 de novembro de 1841
Criando um Conselho de Estado	609

Regulamento nº 124, de 5 de fevereiro de 1842
Contendo o regimento provisório do Conselho de Estado	612
Título único: Como o Conselho de Estado exercerá suas funções	612
Capítulo 1: Do Conselho de Estado e de suas seções	612
Capítulo 2: Dos objetos não contenciosos	613
Capítulo 3: Dos objetos contenciosos	614
Capítulo 4: Das disposições gerais	617
Lei da responsabilidade dos ministros e conselheiros de Estado	618
Título único: Da responsabilidade dos ministros e secretários de Estado e dos conselheiros de Estado, e da maneira de proceder contra ele	618
Capítulo 1: Da natureza dos delitos por que são responsáveis os ministros e secretários de Estado, e das penas que lhes correspondem	618
Capítulo 2: Dos delitos dos conselheiros de Estado e das penas correspondentes	620
Capítulo 3: Da maneira de proceder contra os ministros e secretários de Estado e conselheiros de Estado	621
Capítulo 4: Disposições gerais	626

Segunda parte:
Leis orgânicas do Supremo Tribunal de Justiça

Lei de 18 de setembro de 1828, constitutiva do Supremo Tribunal de Justiça
	630
Capítulo 1: Do presidente e ministros do Supremo Tribunal de Justiça	630
Capítulo 2: Das funções do Tribunal	631
Capítulo 3: Dos empregados do Tribunal	636

Lei de 22 de setembro de 1828 638
Primeiro decreto de 31 de agosto de 1829 639
Segundo decreto de 31 de agosto de 1829 641
Decreto de 23 de setembro de 1829 642
Decreto de 9 de novembro de 1830 644
Decreto de 20 de dezembro de 1830 646
Decreto de 13 de maio de 1831 652
Decreto de 16 de novembro de 1831 653
Código do Processo Criminal de 1832 654
Disposição provisória acerca
   da administração da Justiça Civil 655
Regulamentos das relações de 3 de janeiro de 1833 656
Decreto de 12 de agosto de 1833 657
Decreto de 20 de setembro de 1833 658
Decreto de 18 de março de 1835 660
Decreto de 30 de outubro de 1835 661
Lei de 28 de setembro de 1837 662
Regulamento nº 9 de 17 de fevereiro de 1838
   Marca os casos em que as relações revisoras hão de decidir
   da nulidade ou injustiça, e do merecimento das causas 663
Regulamento nº 18 de 26 de abril de 1838
   Declara a autoridade perante quem deve ser feita a habilitação
   de herdeiros nos autos de revista 665
Decreto nº 19 de 17 de julho de 1838
   Declara que não corre o tempo para a interposição, seguimento
   e apresentação do recurso de revista, quando qualquer acontecimento
   extraordinário suspender o exercício de autoridade competente 666
Aviso ao presidente da província das Alagoas,
   de 15 de agosto de 1838, sobre o tempo concedido para
   os despachados tomarem posse dos lugares de magistratura 667
Regulamento de 4 de setembro de 1838 668
Lei de 3 de dezembro de 1841 669
Regulamento de 31 de janeiro de 1841 670
Regulamento de 15 de março de 1841 671
Regulamento nº 624, de 29 de julho de 1849
   Estabelece a maneira pela qual, no Supremo Tribunal
   de Justiça, se deve verificar a antiguidade dos magistrados 672

Decreto nº 557, de 26 de junho de 1850
    Marca o modo de se contar aos juízes de Direito o tempo de efetivo
    exercício nos seus lugares, deduzidas quaisquer interrupções 676

Decreto nº 719, de 20 de outubro de 1850
    Regula o modo por que devem ser processados
    os delitos e erros de ofício, cujo conhecimento pertence
    ao Supremo Tribunal de Justiça ou às relações 677

Regulamento nº 737, de 25 de novembro de 1850 679

Decreto nº 609, de 18 de agosto de 1851
    Declara o tribunal pelo qual devem ser processados os arcebispos
    e bispos do Império nas causas que não forem puramente espirituais 680

Lei nº 647, de 7 de agosto de 1852 681

Regulamento de 1º de maio de 1855 682

Apresentação

~

A Coleção Formadores do Brasil tem o objetivo de resgatar obras fundamentais do pensamento sobre a Nação. Trabalhos de pessoas que formularam os caminhos básicos pelos quais seguiu o Brasil.

A seleção de autores foi realizada por um Conselho Editorial dirigido por Jorge Caldeira e composto pelos historiadores Boris Fausto, Evaldo Cabral de Mello, Fernando Novais, José Murilo de Carvalho e Sergio Goes de Paula.

Para a confecção de cada volume, foram realizadas pesquisas em vários arquivos para, tanto quanto possível, levantar a obra completa dos autores. Feita a seleção do material, este foi editado de acordo com os seguintes critérios:

1) Escolheu-se como base a versão mais completa dos textos, cotejando-se sempre com a primeira, quando foi o caso;

2) Naqueles textos publicados como livro, mantiveram-se as construções originais, atualizando-se apenas a ortografia e, em alguns poucos casos, a pontuação;

3) Nos textos cuja forma não se deve ao autor, especialmente a transcrição de discursos parlamentares, foram atualizadas a ortografia, a pontuação e a separação de parágrafos;

4) Em alguns casos, em que havia necessidade de excessiva repetição de títulos indicativos (exemplo: discurso proferido na sessão de ...), foram dados títulos pelos organizadores, indicando o assunto do texto.

No futuro, os textos não-publicados dos diversos autores deverão estar disponíveis na Internet, no endereço: www.historiadobrasil.com.br.

A realização desta obra se tornou possível graças ao apoio do Banco BBA Creditanstalt.

PIMENTA BUENO, O JURISTA DA COROA

Eduardo Kugelmas

1. ESBOÇO BIOGRÁFICO

Ao relembrar o antigo Senado imperial, que fora palco de sua estréia no jornalismo político em 1860, Machado de Assis refere-se a José Antônio Pimenta Bueno como alguém que "ria com facilidade, um riso bom mas que não lhe ia bem", em contraste com o visconde de Itaboraí, que jamais ria. Mas tal como este, acrescenta Machado nas suas reminiscências, o senador paulista era ouvido com grande respeito, "malgrado a palavra sem sonoridade".[1] A ausência de dotes oratórios e até mesmo uma certa dificuldade em exprimir-se são características de Pimenta Bueno que foram apontadas por contemporâneos e biógrafos e certamente não deixaram de ser obstáculos a sua carreira. Se chegou às culminâncias do mundo político — conselheiro de Estado, senador, chefe de gabinete — esta ascensão deveu-se a sua reputação de jurista e à manifesta simpatia do próprio d. Pedro II. O contraste apontado não era apenas entre o siso e a gargalhada mas também entre o estilo dominador e altaneiro do visconde de Itaboraí — um dos três componentes, com Eusébio de Queirós e o visconde do Uruguai, da célebre trindade saquarema ou "consistório" que comandava o poderoso Partido Conservador — e a discrição, quase timidez de Pimenta Bueno. Este seria mais um homem do rei do que um dos barões, para retomarmos a expressão de José Murilo de Carvalho.[2]

A origem humilde é sempre mencionada como possível explicação de seu comportamento retraído e parece ser uma forma oblíqua do biógrafo ou

---

[1] Joaquim Maria Machado de Assis, *Obra completa*, Rio de Janeiro, Nova Aguilar, 1975, vol. II, p. 640.

[2] José Murilo de Carvalho, *Teatro de sombras: a política imperial*, São Paulo, Vértice, 1988.

comentarista laudatório referir-se ao mistério algo romanesco em torno de seu nascimento. Registrado em 1803 como filho do médico santista José Antônio Pimenta Bueno, seria, segundo algumas versões, um enjeitado por ele adotado, recebendo o mesmo nome. Passou a infância e a juventude em Santos, numa vida modesta de família de poucas posses. Bem sucedido nos estudos e tendo como padrinho Martim Francisco Ribeiro de Andrada, irmão de José Bonifácio e Antônio Carlos, o jovem José Antônio tornou-se amanuense e estreou no jornalismo ao participar do jornal *Farol Paulistano*, o primeiro periódico impresso em São Paulo. Em 1828 ingressou na recém-criada Faculdade de Direito do Largo de São Francisco, bacharelando-se na primeira turma, a de 1832, sendo considerado um dos seus melhores alunos e estimulado a buscar o doutorado, o que só faria dez anos depois.

Nas pegadas de tantos outros de sua geração, encaminhou-se para a magistratura; foi também deputado provincial em 1834, certamente sob os auspícios de seu padrinho, uma das figuras dominantes da vida política paulista. Em 1835 é nomeado presidente da província de Mato Grosso, onde permanece até 1837, retomando depois a carreira de magistrado. Em 1843 doutora-se em Direito; no mesmo ano, em um misto de promoção e afastamento por ter simpatizado com a revolução liberal liderada em 1842 por Diogo Feijó e Rafael Tobias de Aguiar, foi indicado desembargador da Relação do Maranhão.[3]

A anistia aos revoltosos e a volta dos liberais ao poder dão um novo impulso a sua carreira política, agora em uma importante missão diplomática. De 1844 a 1847 serve como plenipotenciário em Assunção, criando fortes laços de amizade com o presidente paraguaio Carlos Antonio López e atraindo a desconfiança do governo de Buenos Aires chefiado por Juan Manuel de Rosas; este via nessa aproximação a vontade brasileira de impedir qualquer possibilidade de restauração do antigo vice-reinado do Prata e de buscar o isolamento do caudilho platino. Até as vésperas da Guerra do Paraguai, duas décadas mais tarde, a aliança com o país guarani como contrapeso às ambições argentinas seria um dos principais fios condutores da política externa imperial.

---

[3] O material biográfico sobre Pimenta Bueno não é abundante. O presente esboço baseia-se, no fundamental, em Vitorino Prata Castelo Branco, *Um esteio da liberdade na corte do Império*, São Paulo, Sugestões Literárias, 1973, e em José Augusto César Salgado, "José Antônio Pimenta Bueno: bandeirante do Direito brasileiro", *Revista da Academia Paulista de Direito*, nº 1, 1972.

De origem humilde, filho de um médico, José Antônio Pimenta Bueno nasceu em Santos no ano de 1803 (acima, vista da cidade em óleo de Benedito Calixto). Dedicado nos estudos, foi apadrinhado por Martim Francisco (à direita), da poderosa família dos Andrada, ingressando na Faculdade de Direito de São Paulo em 1828, onde se bacharelou na primeira turma da instituição, em 1832, como um de seus alunos mais brilhantes (abaixo, os estudantes de Direito diante do edifício da faculdade, em fotografia de Militão Augusto de Azevedo).

De volta ao Brasil e já deputado geral por sua província, vai ocupar o Ministério da Justiça no gabinete de 22 de maio de 1847 chefiado por Manuel Alves Branco, o primeiro presidente de conselho do Império, cargo então criado pelo célebre decreto 523. Este dispositivo introduzia algo de contrabando contornos parlamentaristas no ordenamento institucional da Constituição de 1824. Continuou ocupando o mesmo cargo no efêmero gabinete seguinte, chefiado pelo visconde de Macaé. Após a queda deste, outro gabinete de vida curta, o de Paula Sousa, vai encerrar o "qüinqüênio liberal" (1844-48).

Cada vez mais desgostoso com as querelas intestinas dos liberais, segundo seu biógrafo Vitorino Castelo Branco, Pimenta Bueno afasta-se então de seu partido de origem. Logo vai se aproximar paulatinamente da nova situação conservadora, então chefiada por Araújo Lima e depois por Costa Carvalho, então visconde de Monte Alegre, que era uma das principais figuras de seu partido em São Paulo. Em conseqüência, será indicado em 1850 para a presidência da província do Rio Grande do Sul, cargo de importância estratégica no momento em que se preparava a campanha militar contra Rosas e seu aliado uruguaio Manuel Oribe. No mesmo ano, publica seu primeiro trabalho jurídico de relevo, os *Apontamentos sobre o processo criminal pelo jury*, onde comenta o regulamento 737, ordenamento legal que substituía a vetusta processualística lusitana no uso dos tribunais brasileiros.

Em 1852, após um acidentado processo eleitoral, é o primeiro da lista tripla ao Senado imperial por São Paulo e vem a ser escolhido para a vaga deixada pelo falecimento de Paula Sousa. Como ocupava então a presidência da província paulista o conselheiro Nabuco de Araújo, uma minuciosa descrição desta eleição nos é proporcionada pela clássica biografia escrita por Joaquim Nabuco. Fica claro que Pimenta Bueno, visto como trânsfuga pelos liberais e como cristão-novo pelos conservadores inclinados a outros nomes, tinha pouco enraizamento em sua província natal e dependia exclusivamente do patrocínio e empenho de Monte Alegre. Como em tantos outros momentos da vida política imperial, reiteravam-se os clássicos procedimentos do patronato. Embora a imposição de nomes pelo poder Executivo fosse a regra e não a exceção,[4] o episódio provocou um certo escândalo e alguns dissabores a Nabuco de Araújo.

---

[4] Para um testemunho sobre os costumes políticos da época ao qual não faltam toques de humor, ver Joaquim Manuel de Macedo, *Memórias do sobrinho de meu tio*, São Paulo, Companhia das Letras, 2000.

Para Pimenta Bueno deve ter sido um alívio poder participar da vida pública com um mandato vitalício, longe das intrigas bizantinas das facções partidárias e das "influências locais". Pouco talhado para este jogo, dependera para o início de sua carreira da boa vontade de um potentado liberal, Martim Francisco, e posteriormente, para chegar ao Senado, de um cacique conservador, Monte Alegre. Daí por diante, um patrocínio seria fundamental, o da Coroa, talvez já presente na sua própria indicação ao Senado segundo a enigmática frase de Joaquim Nabuco, para quem o imperador "não podia senão desejar a eleição de Pimenta Bueno".[5]

Após mudar-se definitivamente para o Rio de Janeiro, dedica-se principalmente aos estudos de Direito Público; como senador, apóia a Conciliação conduzida pelo gabinete Paraná, que vinha ao encontro de seu temperamento avesso às pelejas partidárias, sendo considerado "político mais de gabinete do que de praça pública".[6] Pimenta Bueno destacou-se na defesa que fez de uma das principais medidas do período da Conciliação, a reforma eleitoral denominada "Lei dos Círculos", de 1855, que abria um respiradouro para a oposição.

Manteve ainda os laços com sua província natal, participando com Monte Alegre da empreitada do então barão de Mauá, de quem se tornara amigo e associado, na primeira tentativa de construir a ligação ferroviária entre Santos e Jundiaí.[7]

Ao publicar em 1857 o *Direito Público brasileiro e análise da Constituição do Império*, cristaliza de forma definitiva sua reputação de jurista e de defensor intransigente da monarquia. Como veremos mais adiante, sua avaliação do texto de 1824 adquiria por vezes tons de celebração, a que não faltaram adjetivos como "sábia, liberal, protetora". Não por acaso, o livro tornou-se leitura de cabeceira do imperador, da princesa Isabel e do conde d'Eu.

Sua indicação ao Conselho de Estado em 1859 o coloca no nicho institucional mais apropriado para seus talentos e traços de personalidade. Órgão do poder Moderador criado pela Constituição de 1824 e suprimido pelo Ato Adicional de 1834, ressurge através da lei 232 de 1841 como parte da célebre reação conservadora do Regresso, que afastou os arroubos liberais

---

[5] Joaquim Nabuco, *Um estadista do Império*, Rio de Janeiro, Nova Aguilar, 1994, p. 135.

[6] Vitorino Prata Castelo Branco, op. cit., p. 39.

[7] Jorge Caldeira, *Mauá: empresário do Império*, São Paulo, Companhia das Letras, 1995, p. 325.

e descentralizadores do período da Regência. O papel do Conselho seria, para citarmos a própria *Análise*, o de "corpo permanente... que conserva as tradições, as confidências do poder, a perpetuidade das idéias" [p. 366].

Será no Conselho de Estado que Pimenta Bueno desempenhará os papéis políticos de maior relevância de sua trajetória de homem público, acabando por chegar a um cargo para o qual não parecia talhado, o de chefe de gabinete. Nos primeiros anos da década de 1860 sua participação foi discreta: estava mais voltado para seus estudos jurídicos, publicando em 1863 seu tratado sobre Direito Internacional Privado, considerado obra pioneira neste campo.[8]

Nesse anos, o quadro político ia se modificando com o surgimento da Liga Progressista, que buscava reunir antigos conservadores dissidentes, como o senador baiano Zacarias de Góis e Vasconcelos, Nabuco de Araújo e remanescentes dos liberais. O jogo político-partidário torna-se especialmente complicado nesse período, de fluidez e de mudança. As dificuldades de convivência entre os antigos conservadores agora empenhados na Liga Progressista e os liberais históricos, e o afastamento dos chamados "conservadores puros" da linhagem saquarema tendiam a transformar o tradicional minueto com dois protagonistas em jogo tripartidário. Aumenta a rotatividade dos gabinetes e crescem as críticas ao "poder pessoal" ou imperialismo, sendo a Coroa inevitavelmente o alvo dos ataques dos grupos que se considerassem prejudicados. O duplo papel do imperador, como chefe do poder Executivo, exercido em conjunção com o ministério do momento, e como encarnação do poder Moderador, era, como veremos adiante com mais detalhe, o ponto mais controverso de todo o ordenamento institucional.

Neste momento de fluidez talvez tenha aumentado ainda mais a importância do Conselho de Estado como foro suprapartidário e câmara de ressonância dos temas que o imperador desejava colocar na agenda política. Daí a importância do papel estratégico que Pimenta Bueno vai desempenhar a partir de 1866 ao apresentar estudos e projetos em que todos reconheciam o dedo do monarca. No terceiro gabinete presidido por Zacarias, segundo Joaquim Nabuco,

---

[8] Sobre o pioneirismo de Pimenta Bueno neste campo e sua importância como jurista, ver Pedro Dutra, *Literatura jurídica no Império*, Rio de Janeiro, Topbooks, 1992; e José Reinaldo de Lima Lopes, *O Direito na história: lições introdutórias*, São Paulo, Max Limonad, 2000.

"dá-se um fato singular: o Conselho de Estado é convocado constantemente para estudar uma série de projetos formulados por Pimenta Bueno, depois marquês de São Vicente. A multiplicidade e diversidade dos assuntos, a proximidade das sessões marcadas, não deixam dúvida alguma de que São Vicente, ao redigir esses projetos, não fizera senão satisfazer o desejo do imperador".[9]

Os projetos referiam-se a questões administrativas, à organização proposta de conselhos das presidências de províncias e à reforma do próprio Conselho de Estado. Outro, de maior importância, era o da abertura do rio Amazonas à navegação, reivindicação dos liberais mais doutrinários como Tavares Bastos e Souza Franco e que constituía tema relevante para a política externa do Império. Para o Brasil era necessário buscar evitar o papel incoerente de manter aferrolhado o grande rio enquanto lutava pela liberdade de navegação no Prata, na já então iniciada Guerra do Paraguai.

Mas o tema maior, o que projetaria Pimenta Bueno ao centro do palco político, era o da emancipação, o mais delicado dos assuntos em um país cujas elites mal conseguiam imaginar outra base para a vida econômica que não o trabalho escravo. As críticas de José Bonifácio à instituição da escravatura em sua "Representação" de 1823 não tinham tido continuidade e foi a questão do tráfico que concentrou as atenções até sua extinção em 1850. O contrato social implícito da formação do país como nação independente e na consolidação das instituições políticas imperiais repousava na aliança entre a Coroa e o complexo de interesses não só agrários como mercantis e financeiros em torno da escravidão.[10] Nenhuma análise da época deixa de apontar o papel preponderante na vida política imperial do núcleo saquarema do Partido Conservador, enraizado na cafeicultura fluminense; a extinção do tráfico fora atingida porque este núcleo resolveu conduzi-la frente à conjuntura internacional que tornava inevitável a medida.[11]

Afora uma ou outra manifestação isolada, terminado o tráfico, a questão dormitava; mas o fim da escravidão nas colônias européias, a abolição da

---

[9] Joaquim Nabuco, *op. cit.*, p. 595.

[10] Ver a respeito Luís Felipe de Alencastro, "La traite negriére et l'unité nationale brésilienne", *Revue Française d'Histoire d'Outre-Mer*, vol. LXVI, n° 244-5, 1972, e "L'Empire du Brésil", in Maurice Duverger, *Le concept d'Empire*, Paris, PUF, 1985.

[11] Ver a respeito Ilmar Rohloff Mattos, *O tempo saquarema*, Rio de Janeiro, Access, 1999, e Paula Beiguelman, *Formação política do Brasil*, São Paulo, Pioneira, 1976.

servidão na Rússia czarista (1861) e principalmente o impacto da guerra civil nos Estados Unidos (1860-65) impressionariam fundamente uma elite ciosa de seus foros de civilização e que se queria liberal nos princípios.[12]

Para d. Pedro, sempre de olhos voltados para a Europa onde os tronos eram ocupados por monarcas a ele aparentados, era obviamente desconfortável a situação de governante de um dos últimos países onde ainda havia a escravidão; tudo indica que os projetos apresentados em 1866 por Pimenta Bueno relativos à emancipação dos nascituros tiveram inspiração régia. A reação do chefe de gabinete de então, Pedro de Araújo Lima, o marquês de Olinda, foi de susto, demonstrando receio até mesmo da discussão em tese de algo tão ameaçador. No mesmo ano, já substituído este ministério por outro dirigido por Zacarias, ocorre o famoso episódio da carta dirigida ao governo brasileiro pela Junta Francesa de Emancipação, que tinha entre outros membros Guizot e o duque de Broglie, defendendo a libertação dos escravos.

A resposta do governo, inspirada por d. Pedro e assinada pelo ministro da Justiça de Zacarias, o deputado paulista Martim Francisco, filho do antigo protetor de Pimenta Bueno, se referia à emancipação como questão "de forma e oportunidade". Como o assunto não estava na agenda política, o efeito foi, na conhecida expressão de Nabuco, o de "um raio caindo de um céu sem nuvens".[13]

Nas longas discussões do tema pelo Conselho de Estado, cujas atas constituem documento fundamental para a história da abolição da escravatura no Brasil, logo formou-se uma maioria favoravelmente inclinada, em princípio, à medida relativa aos nascituros, não faltando, por outro lado, as vozes inclinadas ao adiamento da questão para as calendas gregas. O conjunto de cinco projetos de Pimenta Bueno terminou sendo enfeixado em um só, elaborado por Nabuco de Araújo, que viria a ser, com algumas modificações, o texto da Lei do Ventre Livre de setembro de 1871. Na Fala do Trono de 1868, o tema é referido de forma explícita, embora cautelosa, e parecia assente que a libertação dos nascituros apenas esperaria a conclusão do conflito com o Paraguai.

Mas o quadro se transforma com a crise política provocada pela retirada do gabinete Zacarias, após o conflito deste com Caxias, comandante das

---

[12] A conhecida noção do liberalismo como "idéia fora do lugar" encontra-se em Roberto Schwarz, *Ao vencedor as batatas*, São Paulo, Editora 34/Duas Cidades, 2000.

[13] Joaquim Nabuco, *op. cit.*, p. 573.

Após ter sido eleito deputado provincial em 1834 e nomeado presidente da província de Mato Grosso no ano seguinte, Pimenta Bueno exerceu entre 1844 e 1847 o cargo de plenipotenciário em Assunção, no Paraguai, estreitando os laços de amizade do Brasil com o presidente local Carlos Antonio López (acima, à esquerda). A política diplomática brasileira para a região consistia em apoiar o governo paraguaio, de forma a barrar as pretensões expansionistas do ditador argentino Juan Manuel de Rosas (ao lado) e seu aliado uruguaio, o presidente Manuel Oribe (acima, à direita).

forças brasileiras, e a recusa do senador baiano em referendar a escolha de Salles Torres Homem para o Senado. Ocorre então a dramática reversão provocada pelo retorno dos conservadores ao poder com o visconde de Itaboraí como chefe do gabinete de 16 de julho de 1868, momento de crise que marcaria para análises clássicas o início do declínio do Império.[14] Recompõe-se então o quadro partidário com a emergência de um novo Partido Liberal reunindo históricos e progressistas.[15]

No novo alinhamento político, parecia bloqueado o avanço da proposta emancipatória, já que tinham voltado ao poder os conservadores puros, os "vermelhos" na linguagem da época; o pretexto da Guerra do Paraguai disfarçava a resistência do gabinete Conservador de 16 de julho, mas o final do conflito (1/3/1870) apressa a decisão. Torna-se inevitável a saída de Itaboraí, dividido entre a preocupação em manter seu partido nas boas graças da Coroa e a relutância em ferir os interesses da grande lavoura escravocrata. Esta conjuntura dará a Pimenta Bueno, já visconde de São Vicente desde 1867, a oportunidade de exercer a chefia do gabinete, por ser o político do Partido Conservador mais identificado com a tese da emancipação dos nascituros, sendo visto como o executor do pensamento de d. Pedro II.

Pouco talhado para a complexa estratégia política necessária para encaminhar a questão, Pimenta Bueno encontrou grandes dificuldades para montar seu gabinete, empossado a 29 de setembro de 1870. Teve que fazer frente à mal disfarçada hostilidade da maior parte de seus correligionários e aos ataques dos liberais, que mesmo quando se diziam partidários da emancipação não deixavam de atacar quaisquer iniciativas tomadas pelo partido contrário. O senador Nabuco de Araújo, que percorrera a trajetória oposta à do novo chefe de gabinete ao passar do conservadorismo ao liberalismo através da Liga Progressista, diria então que o ministério organizado por Pimenta Bueno, seu amigo pessoal de longa data, "não agradou a gregos nem a troianos... a época não é mais de conciliação, mas de ação e reação".[16] O principal nome do novo gabinete era o do ministro da Fazenda, Salles Tor-

---

[14] Sérgio Buarque de Holanda, "Do Império à República", *História geral da civilização brasileira*, São Paulo, Difel, 1975, t. 2, vol. 5.

[15] Neste momento o conselheiro Nabuco de Araújo pronunciou o célebre discurso do sorites, em que denuncia o "parlamentarismo às avessas" das praxes políticas imperiais. Ver Joaquim Nabuco, *op. cit.*, pp. 660-6.

[16] Joaquim Nabuco, *op. cit.*, p. 700.

res Homem, um político furiosamente detestado pelos liberais como trânsfuga e causador da derrubada do gabinete chefiado por Zacarias. Este, orador temível, assumirá a liderança dos ataques oposicionistas. A crise provocada por uma controversa emissão de apólices realizada por Torres Homem e as divisões dos conservadores, que se refletiam no interior do próprio ministério, levaram Pimenta Bueno a desistir da tarefa e entregar o cargo, após apenas cinco meses. Ao fazê-lo, teria ele dito ao imperador, preocupado em garantir-lhe o papel histórico de condutor da Lei do Ventre Livre, que mais glória teria se conseguisse apressar a emancipação dos nascituros com sua oportuna retirada do palco.

Manobra política ensaiada ou contingência histórica, esta expectativa se cumpriu. O gabinete São Vicente passaria para a história como o prelúdio ao presidido por José da Silva Paranhos, visconde do Rio Branco. Sua escolha foi o resultado de avaliações do imperador e do próprio Pimenta Bueno, que viam nele o perfil de político adequado para uma batalha política e parlamentar que ia se travar, mais que nada, no interior do Partido Conservador. Rio Branco, que chegou ao poder aureolado pelo prestígio de diplomata notavelmente bem-sucedido, não desmereceu essas expectativas e em poucos meses, apesar da ferrenha resistência de parte significativa de seu partido e de um apoio apenas morno dos liberais, conseguiu a passagem da Lei do Ventre Livre (28/9/1871). A bem-sucedida "anestesia"[17] dos interesses escravistas foi o início de uma longa gestão (1871-75) em um momento de significado especial na história do Segundo Reinado, marcado pela realização pelos conservadores de muitas das reformas propostas pelos liberais.[18]

A análise do período por Joaquim Nabuco, além de ressaltar as qualidades pessoais de Rio Branco em tom quase hagiográfico, chama a atenção para o difícil e ambíguo papel do primeiro-ministro no sistema imperial brasileiro. Enquanto um primeiro-ministro britânico só presta contas ao Parlamento e um chanceler alemão só o faz à Coroa, o chefe de gabinete brasileiro deve preencher um duplo papel para ter êxito. Retomando a expressão de José Murilo de Carvalho, ser ao mesmo tempo um homem do rei e um homem dos barões. Era o caso de Paranhos, bem relacionado com a velha oligarquia saquarema e ao mesmo tempo objeto da confiança e admira-

---

[17] Joaquim Nabuco, *op. cit.*, p. 730.

[18] Ver a respeito Ângela Alonso, *Idéias em movimento: a geração de 1870 na crise do Brasil-Império*, São Paulo, Paz e Terra, 2002.

ção do monarca, que assim pôde ter êxito onde São Vicente, que como já vimos era mais que nada uma criatura da Coroa, tivera que recuar.

Para ele, desempenhar um papel significativo no encaminhamento da Lei do Ventre Livre foi sem dúvida o ponto alto da carreira política. Daí por diante, embora continue presente no Senado e no Conselho de Estado, vai se retraindo da vida pública. Ainda desempenhou um papel diplomático de relevo, ao firmar como plenipotenciário do governo brasileiro o acordo Mitre-São Vicente, de novembro de 1872, que resolvia desacordos surgidos entre o Império e a Argentina após a conclusão da Guerra do Paraguai. No ano seguinte recebeu o título de marquês.

Faleceu em fevereiro de 1878, com 75 anos; sua morte ocorreu pouco depois da de José de Alencar, e de Zacarias de Góis e Vasconcelos, e pouco antes do falecimento do conselheiro Nabuco de Araújo. A coincidência impressionou a opinião pública; e o *Jornal do Commercio*, principal jornal do país, diria: "José de Alencar, marquês de São Vicente, Zacarias de Góis, Nabuco de Araújo, quatro linhas que podem encerrar em seu centro todo o Império do Brasil".[19]

2. A *ANÁLISE*

2.1. O MOMENTO HISTÓRICO

O ano em que vem a luz a *Análise*, 1857, é também o da publicação do célebre romance *O guarani* de José de Alencar; o escritor e político cearense tinha o ambicioso objetivo de superar no campo do romance o que Domingos José Gonçalves de Magalhães fizera na poesia no ano anterior com *A Confederação dos Tamoios*. Em outras palavras, buscava levar às últimas conseqüências o indianismo romântico, principal movimento literário brasileiro nas primeiras décadas da vida independente do país. Para Antonio Candido, foi "A forma reputada mais lídima de literatura nacional... teve o momento áureo do meado do decênio de 40 ao decênio de 60...".[20]

O indianismo romântico foi um dos principais veios do grande tema da vida cultural brasileira de então, a busca da sempre fugidia identidade na-

---

[19] Joaquim Nabuco, *op. cit.*, p. 934.

[20] Antonio Candido, *Formação da literatura brasileira*, São Paulo, Itatiaia/Edusp, 1975, vol. II, p. 18.

cional. Enquanto para os países que emergiram de lutas cruentas contra a metrópole, como os vizinhos hispano-americanos, o próprio conflito proporcionava a necessária carga simbólica para esta fundação, no caso brasileiro a singularidade de uma transição em que um novo país surgira sob o signo da mesma dinastia complicava a construção ideológica. Um país é não apenas território e população, mas também, como assinala a obra fundamental de Benedict Anderson, uma "comunidade imaginada".[21] Se a monarquia era a dos Braganças, se a classe dominante local se mesclara por casamentos e associações de negócios com os imigrados de 1808, se a noção de povo, de *demos*, era limitada e circunscrita pelo peso da quantidade de escravos e pelas peculiaridades do texto constitucional, como definir o "brasileiro"? A própria palavra, lembra Fernando Novais, indica pelo sufixo uma profissão, não uma nacionalidade.

Daí os esforços oficiais para definir e particularizar o brasileiro sem marcar uma ruptura forte com o passado colonial lusitano, realçando o papel formador na nacionalidade de um indígena estilizado e literário, próximo do *Atala* de Chateaubriand e dos moicanos de Fennimore Cooper. Não faltou o bafejo imperial ao grupo da revista *Niterói*, liderado por Gonçalves de Magalhães. Quando este viu a sua epopéia sobre os Tamoios contestada por Alencar, que criticava a ampla utilização por Magalhães das convenções literárias européias e já buscava abrir espaço no palco cultural da época para seus próprios romances indianistas, travou-se então uma polêmica literária com a participação, entre outros, do próprio imperador, sob o pseudônimo de "Outro amigo do poeta".[22]

A polêmica, note-se, girou em torno da maior ou menor adequação do estilo do autor da *Confederação* como forma de expressão do indianismo, e seu adversário teria certamente êxito maior de público com seus romances. Não era o indianismo romântico que estava em causa, mas o rumo marcado pelo neoclassicismo que Gonçalves de Magalhães lhe dera.

O IHGB (Instituto Histórico e Geográfico Brasileiro), fundado em 1838, foi outro marco da busca da identidade. Diretamente vinculado à monarquia e realizando suas sessões no próprio Paço Imperial, a entidade buscava explicitamente a definição dos marcos de uma historiografia que mar-

---

[21] Benedict Anderson, *Imagined communities: reflections on the origin and spread of nationalism*, Londres, Verso, 1991.

[22] Ver a respeito José Aderaldo Castello, *A polêmica sobre "A Confederação dos Tamoios"*, São Paulo, Faculdade de Filosofia, Ciências e Letras da USP, 1953.

Após ocupar o Ministério da Justiça por duas vezes durante o chamado "qüinqüênio liberal", que se encerrou com o gabinete de Francisco de Paula Sousa (ao lado) em 1848, José Antônio Pimenta Bueno se aliou aos conservadores, apadrinhado por José da Costa Carvalho, então visconde de Monte Alegre (abaixo, à esquerda), e por d. Pedro II. Em 1852, com a eleição para uma cadeira no Senado por São Paulo, a candidatura de Pimenta Bueno seria praticamente imposta pelo imperador ao presidente da província, José Tomás Nabuco de Araújo (abaixo).

casse a nacionalidade própria e a especificidade do novo país.[23] A célebre monografia de Von Martius, que apesar de sua origem alemã venceu o concurso promovido pelo IHGB em torno do tema significativamente intitulado "como escrever a História do Brasil", dava os marcos da atuação do Instituto ao definir como seus eixos básicos a convivência pacífica entre as três raças e a identificação entre a monarquia e a unidade territorial.

Embora tivesse alguns desacordos com os fundadores do Instituto, seria Francisco Adolfo Varnhagen, visconde de Porto Seguro, quem melhor cumpriria esta agenda, principalmente com sua *História do Brasil*, publicada entre 1853 e 1856.[24] Na sua visão, não é o indianismo que ocupa o centro do palco, mas a obra do colonizador português, matriz do que seria o novo país unido e centralizado; a história da Independência é para ele uma história de continuidade, louvando-se os Braganças pela manutenção da unidade e pelo afastamento dos "perigos" do democratismo e do republicanismo.

No âmbito deste movimento cultural bafejado pelo patrocínio do trono não deixavam de existir diferenças e até contradições. Como vimos, havia mais de uma maneira de ser indianista. Por outro lado, celebrar a emergência do Brasil sem enaltecer os movimentos nativistas, como fazia Varnhagen, que era considerado lusitanófilo, não deixava de ser uma operação intelectual complicada. Mas o ponto comum, que dava a tônica do clima cultural, era a apologia do Estado imperial e da dinastia reinante, por caminhos diretos ou sinuosos.

Parece difícil atribuir à simples coincidência o auge do indianismo, a realização do projeto historiográfico e político de Varnhagen e a *Análise* de Pimenta Bueno, todos no mesmo momento histórico. A década de 1850 é a da consolidação do sistema político através da Conciliação liderada por Honório Hermeto Carneiro Leão, marquês de Paraná, e também do salto econômico que se segue à abolição do tráfico. A crise permanente da Regência, a Revolução Liberal de 1842, a Praieira de 1848, as turbulências vão parecendo distantes no momento em que se consolida um jogo partidário sob a égide da Coroa, no quadro das instituições do Regresso de 1838-41. Como artífice deste momento-chave, o Partido Conservador é peça central do sis-

---

[23] Manoel Luis Salgado Guimarães, "Nação e civilização nos trópicos", *Estudos Históricos*, nº 1, 1988.

[24] Sobre Varnhagen, ver Nilo Odalia, *Varnhagen*, São Paulo, Ática, 1979; e Arno Wehling, *Estado, história e memória: Varnhagen e a construção da identidade nacional*, Rio de Janeiro, Nova Fronteira, 1999.

tema, mas os liberais sobrevivem, acomodados, pouco contestadores, e buscando seu lugar ao sol. Sob os protestos de publicistas mais ligados aos conservadores extremados, como Justiniano José da Rocha, autor do célebre *Ação, reação, transação*, a Conciliação marca o final da era dos conflitos políticos mais exacerbados. Não por acaso, a historiadora Maria Odila da Silva Dias coloca em 1853 o final da era de transição de colônia a nação aberta pela vinda de d. João VI.[25]

Na economia, o salto das exportações do café permite ao país uma inserção dinâmica em um momento de expansão do capitalismo mundial, o "ciclo longo" de 1850-73. Inovações tecnológicas como o telégrafo e a navegação a vapor marcam o período, facilitando esta participação mais intensa nos circuitos comerciais e financeiros internacionais. Como já foi muitas vezes apontado, a maior liquidez causada pela extinção do tráfico, antes o mais lucrativo dos negócios, abre o caminho para novos empreendimentos e possibilita as ousadas iniciativas de Mauá.[26]

Paz política, crescimento econômico, clima ideológico de afirmação da nacionalidade. Que melhor momento para um exame do quadro constitucional que, parecia então, possibilitara este momento de progresso?

Tal quadro emergira de marchas e contramarchas que duraram duas décadas, sendo a vitaliciedade do Senado, o papel (e mesmo a existência) do Conselho de Estado e principalmente a natureza do poder Moderador os pomos de discórdia. A criação da presidência do Conselho de Ministros em 1847, acompanhada pela adoção de praxes de tipo parlamentarista, viera a completar o edifício institucional.

Pimenta Bueno, jurista erudito e de formação intelectual sólida, político moderado e conciliador, e sobretudo um discreto preferido do monarca, era o homem talhado para a tarefa de não apenas analisar, mas enaltecer a Constituição de 1824.

2.2. LUZES E SOMBRAS

Já o próprio nome do livro indica a ambição de não apenas examinar o ordenamento constitucional do país como apresentar as grandes questões do direito público através desta exposição. Assim, anuncia na introdução:

---

[25] Maria Odila da Silva Dias, "A interiorização da metrópole (1808-1853)", *in* Carlos Guilherme Mota (org.), *1822: dimensões*, São Paulo, Perspectiva, 1972.

[26] Jorge Caldeira, *op. cit.*

"Nosso Direito Público positivo é a sábia Constituição política, que rege o Império: cada um de seus belos artigos é um complexo resumido dos mais luminosos princípios do Direito Público filosófico, ou racional." [p. 58]

Porém, apenas o título preliminar, de tipo taxonômico, irá discutir de forma mais sistemática o tema mais amplo. No decorrer do trabalho, encontraremos a apresentação dos artigos da Constituição de 1824, com as modificações posteriores e comentários ora históricos, ora doutrinários. A forma de fazê-lo demonstra originalidade na estruturação; em vez de seguir simplesmente a ordem dos capítulos do texto constitucional, Pimenta Bueno apresenta ao leitor um corte temático.[27]

Ao apresentar sua visão do quadro institucional, Pimenta Bueno segue um critério peculiar que merece exame detido. Entra em minúcias que, como ele mesmo admite, pertencem mais ao campo do direito administrativo quando discute a organização das províncias e o poder Judiciário. Por outro lado, passa como gato em brasa pela questão fundamental da forma da elaboração da Constituição e seu caráter outorgado. As prolongadas disputas do ano de 1823 e a dissolução pela força da Assembléia não são sequer mencionadas.

No fundo, suas dificuldades refletem os embaraços e aporias de todo o pensamento brasileiro do século XIX; quer apresentar ao leitor o texto de 1824 e o sistema político imperial como se fossem legítimas flores do liberalismo constitucional, mas esbarra nas peculiaridades do próprio ordenamento e nos abismos entre *pays réel* e *pays légal*.

Ao discutir a questão básica da soberania, dá arras aos seus impulsos mais liberais ao apresentá-la em termos contratualistas clássicos:

"a soberania nacional repousa no seio da nação inteira, em sua universalidade [...] nossos poderes políticos são pois delegações do exercício do grande poder nacional [...] o imperador e a Assembléia Geral Legislativa, como as mais altas delegações do poder nacional, são lógica e constitucionalmente os representantes da nação, são como que a soberania secundária, vigente, em ação." [pp. 85-6]

---

[27] João Camilo de Oliveira Torres, *Os construtores do império*, São Paulo, Cia. Editora Nacional, 1968, p. 138.

E, sublinhando com ênfase sua rejeição aos absolutismos do tipo *Ancien Régime*, condena "o dogma irracional dos Estados ou povos patrimoniais, do intitulado Direito Divino" [p. 84].

É necessário, pois, radicar o instante fundador da delegação da soberania e da criação dos poderes políticos como delegações da nação, segundo o artigo 12. Como silencia sobre os episódios do crítico ano de 1823, marcado pela convocação de uma Assembléia Constituinte após a proclamação de d. Pedro como imperador, pelas refregas e conflitos que levaram à sua dissolução pela força e pela outorga da Constituição que seria jurada em 1824, Pimenta Bueno terá que buscar este fundamento numa alusão oblíqua à anuência das Câmaras Municipais ao texto elaborado pelos membros do Conselho de Estado, com ativíssima participação do próprio d. Pedro. Sabe-se que para este era essencial a inclusão do poder Moderador no projeto de Constituição, e que a resistência da Assembléia a esta iniciativa foi uma das principais razões de seu fechamento.[28] Nosso autor diz a respeito apenas que "a nação brasileira, quando emancipada, livre e independente, tinha a necessidade de constituir-se [...] a razão brasileira, esclarecida pela experiência dos povos, o sentimento de seus hábitos, a previsão de sua segurança e bem-ser, aconselharam-lhe que preferisse a forma monárquico-hereditária, constitucional e representativa. Aconselharam-lhe também que adotasse, aprovasse e fizesse jurar o projeto de Constituição que o senhor d. Pedro I tinha feito nesse sentido elaborar" [p. 87].

Desta forma, escapa com certo engenho à incoerência da definição como representativo de um regime cujos poderes na realidade preexistiam à suposta delegação. Para explicar a própria emergência do país como nação independente, lança mão, mais uma vez, dos recursos do contratualismo e chega a utilizar uma linguagem evocativa da de Thomas Jefferson, ao dizer que os brasileiros,

"certos de que os governos são instituídos para o bem-ser dos povos e não estes para o bem-ser dos governos, tendo o direito e os

---

[28] Para uma pormenorizada descrição deste momento, ver Octávio Tarquínio de Sousa, *A vida de d. Pedro I*, Rio de Janeiro, Livraria José Olympio Editora, 1972, vol. 2, pp. 148-52. A existência de um manuscrito do texto constitucional mencionando o poder Moderador na caligrafia de Francisco Gomes da Silva, o célebre Chalaça, é lembrada por Tarquínio de Sousa como prova do empenho do imperador, que certamente o teria ditado.

Ao assumir o cargo de senador vitalício, Pimenta Bueno muda-se para o Rio de Janeiro e torna-se amigo do então barão de Mauá (ao lado), com quem se associa nos projetos de construção das ferrovias Rio de Janeiro-São Paulo (1852) e Santos-Jundiaí (1856), juntamente com o marquês de Monte Alegre.
Em 1857, Pimenta Bueno publica sua obra mais importante, *Direito Público brasileiro e análise da Constituição do Império*, na qual defende a monarquia e celebra a Constituição de 1824 e o poder Moderador, e que, por essas razões, se tornaria o "livro de cabeceira" de d. Pedro II (abaixo, à esquerda). Numa fase de expansão do capitalismo mundial, o país se modernizava impulsionado pelo surto exportador do café e o Rio de Janeiro comemorava o advento da iluminação a gás (abaixo, o prédio da Companhia de Gás, fundada por Mauá e inaugurada em 1854).

meios necessários para emancipar-se, proclamaram sua separação [...]" [p. 78]

Associa com habilidade esta separação à adoção da dinastia na pessoa de d. Pedro I, já que "esse augusto príncipe soube ser o representante da antiga soberania nacional do Brasil e de Portugal, foi o principal cooperador da independência brasileira. Por amor do Brasil renunciava o trono português, procurava fundar um Estado livre, era o núcleo da ordem, do porvir, das esperanças do Brasil, devia pois ser o seu monarca" [p. 89].

Nestas breves frases o jurista resumia o longo e complexo processo histórico da vinda da Corte em 1808, da elevação do Brasil a Reino Unido em 1815, da sucessão de crises após a Revolução do Porto de 1820 e do fracasso do projeto de muitos, inclusive José Bonifácio, que sonhavam com a constituição de um reino ou império transatlântico sob uma monarquia constitucional luso-brasileira. Vistos deste ângulo, o episódio do "Fico" de janeiro de 1822, a proclamação do Sete de Setembro, e a aclamação de d. Pedro como imperador constitucional pelas Câmaras Municipais são momentos fundacionais, anteriores no tempo à Constituição. A coroação de d. Pedro I no dia 1º de dezembro de 1822, imponente cerimônia conhecida pelo quadro de Debret, marcou a natureza da transição efetuada.[29]

Assim desvela-se a dupla fonte de soberania presente na singular trajetória do Brasil e nas particularidades de sua emancipação, marcada pela transação e pela continuidade dinástica. Embora esta fórmula de transação tenha sido comentada e analisada um sem-número de vezes, não será demais repeti-la em mais esta oportunidade, pois explica as idas e vindas de nosso autor. Empenhado em explicar o ordenamento institucional do país dentro dos parâmetros do constitucionalismo liberal, precisa de alguma forma dar conta de dados históricos que dificultam sua tarefa doutrinária de teórico que busca apoio nas fórmulas do contratualismo.

O próprio artigo 3 da Constituição, que descreve o governo como "monárquico hereditário, constitucional e representativo", dá ensejo a Pimenta Bueno para apresentar como virtude a própria coexistência de princípios fundadores distintos de soberania, dizendo que: "a forma de governo que preferimos é a mais elevada, filosófica e apropriada às necessidades e por-

---

[29] Sobre o simbolismo da coroação, ver Lilia Schwarcz, *As barbas do imperador*, São Paulo, Companhia das Letras, 1998, pp. 38-42.

vir do Brasil [...] Por sua condição monárquica, isto é, de um só centro moderador e executivo [...] simboliza a unidade e a força nacional" [p. 87].

No mesmo diapasão, a hereditariedade garante a estabilidade, "é o princípio da segurança e da ordem, das tradições nacionais" [*idem*].

Na outra ponta, "sua base constitucional neutralizou os perigos da monarquia pura [...] do poder sem limites, sem contraste, do despotismo, vizinho da tirania" [p. 88]. Determinando de forma expressa a natureza e as atribuições dos poderes políticos e enumerando direitos e obrigações dos cidadãos, a Constituição evita o arbítrio e, para completar o quadro benfazejo, por seu caráter representativo dá oportunidade aos cidadãos de participar dos negócios públicos.

Apesar de algumas cambalhotas na lógica e do discreto silêncio sobre episódios históricos de importância fundamental, Pimenta Bueno não se sai de todo mal ao tentar apresentar sob luzes favoráveis a Constituição de que é exegeta e ao mesmo tempo apologista. Transparece seu nítido viés ao querer mostrá-la como mais coerente com o constitucionalismo liberal de raiz contratualista do que efetivamente era, mas devemos lembrar que o texto da Constituição brasileira, apesar dos muitos problemas, não destoava no contexto da época. Conter os detestados radicalismos revolucionários, demonstrar que era possível conciliar a liberdade com a ordem com "o" maiúsculo e tomar como referência a cautelosa experiência política da França da Restauração e da Carta de 1814 eram as tônicas do prudente liberalismo conservador da época, e mesmo os adversários de d. Pedro I na Assembléia de 1823, como Antônio Carlos, compartilhavam destes pontos de vista. Aqueles realmente radicais, como Frei Caneca, pagaram caro por vislumbrar na Independência um novo pacto social.[30]

Como acentua Raymundo Faoro ao avaliar as vicissitudes do pensamento liberal no país, aqui este aportara mais marcado pelo absolutismo ilustrado de Pombal do que por lutas afirmativas de segmentos inconformados com o *Ancien Régime*.[31] As elites ilustradas do universo luso-brasileiro da década de 1820 eram, em boa medida, herdeiras desta tradição e logo se tornaram evidentes as aproximações e sintonias entre estas elites e o modera-

---

[30] Evaldo Cabral de Mello (org.), *Frei Joaquim do Amor Divino Caneca*, São Paulo, Editora 34, 2001.

[31] Raymundo Faoro, *Existe um pensamento político brasileiro?*, São Paulo, Ática, 1994.

díssimo liberalismo dos teóricos franceses da época, preocupados em encontrar o equilíbrio entre o absolutismo de outrora, legitimado pelo direito divino dos reis, e a visão de soberania popular identificada com o período jacobino da Revolução Francesa e considerada rousseauniana. Dois contra-exemplos negativos a serem esconjurados na busca do *juste milieu*. Assim, uma definição restritiva de cidadania e uma hierarquização dos direitos políticos dos cidadãos, que chocam o olhar democrático do observador de hoje, eram então vistas como compatíveis com uma noção limitada e mitigada de liberalismo.

Uma questão salta à vista, a óbvia exclusão dos escravos; estima-se que o país na época da independência tinha uma população de 6 milhões, dos quais 1,8 milhão, quase um terço, eram cativos de origem africana. A Constituição de 1824 silencia sobre o tema, a não ser na oblíqua referência do artigo 6, que define como cidadãos brasileiros os nascidos no país, "ingênuos ou libertos", o que, aliás, abria o caminho, ao menos em tese, para a cidadania dos negros livres. Silenciando o texto, se calava também o exegeta; não encontraremos quaisquer referências à escravidão na *Análise*. Note-se, porém, que outras constituições da época, como a própria Constituição americana, também deixavam de lado a espinhosa questão.[32] A má consciência com relação a esta ambigüidade do liberalismo da época não era peculiaridade brasileira; só na segunda metade do século XIX, como já vimos com relação às polêmicas e discussões em torno da proposta da emancipação dos nascituros, o desconforto causado pela manutenção da instituição e pela situação de isolamento do país no mundo vai pesar com mais força na arena ideológica.

O mesmo artigo 6 declara também cidadãos os portugueses residentes no país, bastando a continuação da residência como prova de adesão à nova pátria. Para Pimenta Bueno esta disposição "foi justa, política e útil; mas era por sua natureza transitória" [p. 537].

E voltando às especificidades do processo de autonomização do Brasil, lembrará mais uma vez que "Antes da Independência todos éramos portugueses" [*idem*] e que seria "uma injustiça e um erro" [*idem*] discriminar os que optaram, expressa ou tacitamente, pela nova condição. Talvez quisesse

---

[32] Ver a respeito do tema a clássica obra de David Brion Davis, *The problem of slavery in western culture*, Ithaca, Cornell University Press, 1970. Para uma discussão comparativa da escravidão nos Estados Unidos e no Brasil, ver Jorge Caldeira, *A nação mercantilista*, São Paulo, Editora 34, 1999.

com esta afirmação apagar da memória histórica os muitos conflitos do Primeiro Reinado entre o "partido português" e o "partido brasileiro".

Definido o universo dos cidadãos, será objeto de análise minuciosa a enumeração dos seus direitos, que ocupa o artigo 179, o último do texto constitucional. Lançando mão dos recursos teóricos clássicos do jusnaturalismo, Pimenta Bueno vai hierarquizar os direitos em três classes, os naturais ou individuais, os civis e os políticos.[33] Os primeiros são inerentes à natureza humana, "dádivas do Criador" [p. 468], e cabe à lei positiva garantir o seu exercício, pois "o único fim legítimo da sociedade é de defendê-los, de assegurar o gozo deles, de consagrá-los como faróis luminosos" [p. 470].

Assim, dirá o autor, o artigo 179 garante que sejam invioláveis os direitos dos cidadãos brasileiros, com base nos princípios básicos de liberdade, "o primeiro dos direitos, e salvaguarda de todos os outros direitos que constituem o ser, a igualdade, a propriedade, a segurança, e a dignidade humana" [p. 471].

A enumeração e o comentário dos 35 incisos deste artigo, que por vezes parecem ecoar a clássica *Declaração dos direitos do homem e do cidadão*, permitirão a Pimenta Bueno defender, até com certa eloquência, o caráter liberal da Constituição. A liberdade de pensamento e de comunicação, inclusive a da imprensa, a de consciência e religião, coexistindo com o caráter oficial do catolicismo, e a de locomoção são reafirmadas com ênfase pelo jurista. Será mais ampla e detalhada a discussão em torno da liberdade do trabalho e de associação, quando nosso autor explicitará sua adesão inequívoca aos princípios do liberalismo econômico.

Numa rara incursão aos temas de sua época, critica com acrimônia os obstáculos administrativos a estas liberdades e especialmente os óbices causados pela necessidade de autorização governamental ao funcionamento das sociedades anônimas [p. 488]. Talvez falasse neste momento o homem de negócios associado a Mauá, que via os princípios do texto constitucional desmentidos no cotidiano burocratizado e emperrado. E, defendendo o que chama de "verdadeiros princípios econômicos" [p. 479], vai, em um dos seus poucos arroubos de retórica, assumir o tom de quem conclama.

---

[33] Sobre a relação de Pimenta Bueno com o jusnaturalismo, ver Andrei Koerner, *O habeas corpus na prática judicial brasileira (1841-1920)*, tese de doutorado, USP, 1998, e José Reinaldo Lima Lopes, *Iluminismo e jusnaturalismo no ideário dos juristas da primeira metade do século XIX*, mimeo., USP, 2001.

Em 1866, Pimenta Bueno apresenta ao imperador uma série de projetos de lei relativos à emancipação dos escravos. A 29/9/1870, já visconde de São Vicente, assume a chefia do Conselho de Ministros e tenta levar adiante a questão da libertação dos nascituros. Mas, pressionado tanto pelos liberais como pelos conservadores "puros", acabou renunciando apenas cinco meses depois, sendo sucedido pelo gabinete do visconde do Rio Branco (ao lado). Só então a Lei do Ventre Livre seria aprovada, apesar da forte oposição dos cafeicultores, sendo promulgada pela princesa Isabel em 28/9/1871. Abaixo, caricatura de Angelo Agostini satirizando a eficácia da lei quanto à real emancipação dos escravos, e retrato da princesa Isabel com seu pai d. Pedro II, por Insley Pacheco.

> "Deixe o governo que os esforços industriais dos brasileiros entrem em ampla e livre concorrência [...] proceda por modo criador, inteligente, deixando a todos os trabalhos e empresas seu livre desenvolvimento, e conte com o futuro, com a riqueza e com a força. Antes a riqueza às vezes febril da União Americana do que a imobilidade da pobreza napolitana." [pp. 482-3]

Porém, mais adiante, ao discutir a igualdade e defini-la como igualdade perante a lei, em termos exclusivamente jurídicos vai introduzir em seu raciocínio uma inesperada preocupação social, ao criticar "a horrível desigualdade material [...] É uma desgraça e um perigo ver ao lado de uma opulência espantosa, de gozo e luxo requintados, uma multidão de seres humanos mortos de fome". [p. 508]

Teria então Pimenta Bueno uma "posição mais cristã que apenas liberal", como quer Oliveira Torres?[34] O conhecido ecletismo de pensadores como Victor Cousin dava o tom, como se sabe, da atmosfera ideológica e cultural do Segundo Reinado[35] e abria a possibilidade de conciliação, ao menos na linguagem, entre a apologia ao *laissez-faire* e o catolicismo social já em ascensão na Europa. Mas a sua defesa da propriedade retomará a coloração do liberalismo puro.

> "Todos os ataques feitos à propriedade, embora disfarçadamente, são contrários ao direito [...] A plenitude da garantia da propriedade não só é justa como reclamada pelas noções econômicas e pela razão política dos povos livres." [p. 510]

Após a discussão dos direitos individuais segue-se a questão da definição de nacionalidade, matriz dos direitos civis, entendidos como base teórica do direito de família e do direito contratual, ou seja, da esfera do direito privado.

O passo seguinte será a definição dos direitos políticos, vistos como decorrência do direito dos cidadãos de participar da vida pública e como contrapartida lógica ao princípio básico da liberdade. Se esta garante que o

---

[34] João Camilo de Oliveira Torres, *op. cit.*, p 146.

[35] Ver a respeito Ângela Alonso, *op. cit.*

cidadão só terá obrigações por imposição da lei, ele também deve participar, através da representação, do processo legislativo. Pelo *jus civitatis*, portanto, os cidadãos ativos terão voz nos negócios públicos, mas através de eleições indiretas e com as restrições do voto censitário, como determinado pelos artigos 90 a 97 do texto constitucional. A "massa de cidadãos ativos" composta pelos que gozam de direitos políticos elege os eleitores de segundo grau, que por sua vez escolhem deputados e senadores. Ao comentar as exigências para definir os que pertencem a esta categoria, Pimenta Bueno, por um lado, refuta a "verdadeira utopia" [p. 265] do voto universal e, algo contraditoriamente, elogia a Constituição imperial, que "por um modo verdadeiramente liberal, quase que estabeleceu o voto universal" [p. 266].

Para ele, as restrições existentes, tais como a exigência de renda mínima de 100 mil-réis, eram apenas o suficiente para "oferecer à sociedade certas garantias indispensáveis, certa idade, condição e propriedade" [p. 553]. Não se detém com relação às restrições maiores para os eleitores de segundo grau, apenas mencionando a necessidade de "maior segurança".

Como já foi lembrado, o caráter censitário do voto era a regra, e não a exceção das Constituições da época, e não será aí que Pimenta Bueno terá maiores dificuldades na sua defesa do caráter liberal do texto de 1824.

Por outro lado, apenas registrará o caráter indireto das eleições, mencionando a existência de argumentos favoráveis tanto à eleição direta como à indireta e observando que uma possível passagem para o primeiro sistema redundaria em uma diminuição do número de participantes no processo eleitoral. Este comentário tem algo de premonitório, pois isto foi o que efetivamente ocorreu na grande reforma eleitoral adotada após a morte do jurista, em 1881.

Mas será na discussão da questão fundamental do quadro institucional do Império, do exercício dos poderes e do papel estratégico do Moderador que Pimenta Bueno terá de utilizar toda a sua capacidade de argumentador, para defender o que se prenunciava como pensamento oficial sobre a natureza e o papel do Moderador, e fazer-se merecedor da estima e confiança do monarca.

Seu tratamento enfatizará a importância do artigo 9, que consagra a divisão e harmonia dos poderes. Relegando o absolutismo à "infância das sociedades" [p. 92], insiste que "essa divisão é que verdadeiramente distingue e classifica as diversas formas dos governos, que extrema os que são absolutos dos que são livres" [*idem*]. Mas, em uma das suas discretas alusões ao desvirtuamento dos preceitos na vida política, vai insistir na necessidade de que tal divisão harmônica seja efetiva e não apenas nominal [pp. 92-3].

Em linguagem que evoca os *Federalist Papers*, dirá que "é preciso que o poder contenha o poder" [p. 92].

Ao discutir o poder Legislativo, reafirmará seu caráter de expressão da soberania nacional e o definirá como composto de três ramos: Câmara de Deputados, Senado, e o próprio imperador, a quem cabe a sanção. Esta, caso recusada, teria o caráter de veto a não ser que a mesma medida fosse aprovada por duas legislaturas seguidas. Justifica o caráter vitalício do Senado pela necessidade de que este garanta o interesse geral, o conservadorismo e a estabilidade. Enfatiza a inconveniência da delegação de poderes da esfera legislativa ao Executivo, "aberração que cumpre aniquilar" [p. 97] e que tende aos abusos dos ministérios e à hipertrofia da dimensão administrativa.

O mesmo tom reaparece na discussão do processo eleitoral. Neste ponto, após apresentar os dispositivos constitucionais, e justificar, como foi visto, o voto censitário, vai elogiar a então recente Lei dos Círculos (de cuja elaboração participara), como reforma eleitoral útil e bem concebida. Mas não deixará mais uma vez de aludir à distância entre a letra dos textos e a realidade cotidiana. De forma quase cândida se pensarmos nas notórias praxes eleitorais da época (das quais fora beneficiário, como vimos), Pimenta Bueno afirmará que deve ser coibida a influência dos governos nas eleições, pois caso contrário "teremos belas teorias e péssima execução" [p. 277].

São pouco freqüentes na *Análise* estas incursões críticas pelo funcionamento efetivo das instituições trinta anos após a adoção da Constituição de 1824; seu *leitmotif* será o enaltecimento do texto como pilar da unidade nacional e caminho para o engrandecimento do país. Esta intenção saltará à vista no seu tratamento do poder Moderador, quando apresenta a defesa canônica do ponto de vista conservador sobre o tema, visão contestada por Zacarias, retomada de forma incisiva pelo visconde do Uruguai e desenvolvida sob distinta argumentação por Brás Florentino.[36]

---

[36] Ver a respeito João Camilo de Oliveira Torres, *A democracia coroada*, Rio de Janeiro, José Olympio, 1957; José Murilo de Carvalho (org.), *Visconde do Uruguai*, São Paulo, Editora 34, 2002, e Cláudio G. Couto, *O poder Moderador no Império*, mimeo., USP, 1995.

Se, como diz o tantas vezes citado artigo 98, o Moderador era "a chave de toda a organização política", a polêmica sobre seu papel e sua natureza é em boa medida também a chave para a compreensão do funcionamento do sistema.

Ausente do texto que vinha sendo discutido pela Constituinte em 1823, o entusiasmo de d. Pedro I por um dispositivo que servisse de ponte entre o absolutismo e o constitucionalismo levou os autores do texto adotado a tomarem de empréstimo a célebre noção de *pouvoir neutre* de Benjamin Constant, mas de forma distinta da que este imaginara. Na formulação do pensador suíço-francês, este poder seria distinto e superior aos demais, velando para que atuassem harmoniosamente e legitimando-se pela identidade que se supunha existir entre a monarquia e o interesse geral.

> "[...] il plane, pour ainsi dire, au-dessus des agitations humaines [...]"[37]

Na versão brasileira, o Moderador e o Executivo na prática se sobrepunham e se confundiam, criando uma armadilha lógica e prática que não seria plenamente resolvida nos seus 65 anos de vigência.

Como já foi visto, nosso autor deixa passar em brancas nuvens os conflitos do ano de 1823; assim, o Moderador surge no texto como Minerva da cabeça de Júpiter. Nasce de uma delegação da nação que não é discutida ou analisada e que poderia, implicitamente, repousar na aclamação pelas Câmaras e na coroação de dezembro de 1822.

> "[...] é a suprema inspeção da nação [...] a mais elevada força social, o órgão político mais ativo, o mais influente de todas as instituições fundamentais [...]" [p. 280]

Talvez atento às ponderações de Constant, a quem aliás não cita, afirma que o Moderador não se confunde com os demais poderes, definindo os parâmetros de uma discussão que jamais teria fim.

Acentua a irresponsabilidade e inviolabilidade do monarca, peça básica do ordenamento institucional, ao comentar o artigo 99. Admite que a ex-

---

[37] Benjamin Constant, *Cours de Politique Constitutionnelle*, Paris, Caumartin, 1861, p. 21.

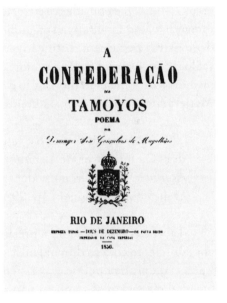

No ano de publicação da *Análise da Constituição* de Pimenta Bueno, 1857, José de Alencar (no alto, à esquerda) lançava *O guarani*, romance que inspiraria a ópera homônima de Carlos Gomes, encenada pela primeira vez no Scala de Milão, em 1870. As décadas de 1850 a 1870 foram marcadas por um equilíbrio de forças políticas, desenvolvimento econômico e pelo desejo de afirmação da identidade nacional, presente nas obras de Alencar, Gonçalves Dias e Gonçalves de Magalhães, autor da *Confederação dos tamoios* (1856). Pimenta Bueno, feito marquês de São Vicente desde 1873, faleceria em 1878, mesmo ano da morte de José de Alencar.

tensão das atribuições pode ser "objeto de alguma questão" e busca enumerá-las, seguindo o artigo 101, de importância estratégica. Dos seus nove incisos cinco se referem às relações com o Legislativo, um ao Executivo e três ao Judiciário. O Moderador nomeia os senadores, a partir da lista tríplice de indicados pelos eleitores, sanciona os atos dos legislativos geral e provincial, e pode dissolver a Câmara. Com relação ao Judiciário, tem a prerrogativa de suspender os magistrados, comutar penas e conceder anistia.

Mas a raiz maior dos problemas está na complicada combinação do inciso 6 do artigo 101, pelo qual o Moderador nomeia e demite livremente os ministros, com o 102, que atribui ao imperador a chefia do Executivo, poder que é exercitado pelos ministros. Pimenta Bueno deixa entrever que está consciente das dificuldades desta fórmula ao dizer que "estes dois poderes são, e devem ser distintos; senão teríamos apenas uma fraseologia, e não uma realidade diferente" [p. 287].

Discute neste ponto o papel do Conselho de Estado, criticando com certa irritação o Ato Adicional de 1834, por tê-lo suprimido "entre outros erros" [p. 292], e considerando insuficiente a lei de 1841 que o recriou, mas tomando como facultativa sua audiência pelo monarca. Vai então procurar demonstrar por que a distinção entre os poderes seria mais que uma fraseologia; ao exercer o Moderador, diz o jurista, o monarca ouve apenas os membros do Conselho de Estado e as assinaturas dos ministros nos atos do Moderador são apenas uma autenticação.

> "O poder Executivo é separado e distinto do poder Moderador. Os ministros de Estado não são agentes, nem intervêm no exercício deste último poder, pelo menos essa é a presunção, ou crença constitucional." [p. 292]

Talvez a ressalva sobre a presunção indique um incômodo mais ou menos consciente com as dificuldades, que não eram apenas de lógica e coerência mas da prática política. O sistema não era o de uma monarquia constitucional clássica mas também não se queria vulnerável a acusações de absolutismo à maneira dos antigos regimes. Ao buscar, a um tempo, analisar e enaltecer, Pimenta Bueno não pode evitar o jogo de luzes e sombras. Menciona apenas de passagem as modificações trazidas pela criação do cargo de presidente do Conselho de Ministros, silencia inteiramente sobre o célebre "parlamentarismo às avessas" e pouco ou nada diz sobre a elaboração da Constituição.

Além das dificuldades lógicas ou estritamente jurídicas, o problema de nosso autor é o próprio caráter do regime, marcado pela irresponsabilidade do governante e pela extensão, disfarçada ou não, do arbítrio.[38]

Sua erudição e sua habilidade de argumentador não foram suficientes, porém, para disfarçar as ambigüidades do texto que quer glorificar. Mais do que nada, Pimenta Bueno nos apresenta o trono de São Cristóvão como seu ocupante gostaria de vê-lo.

---

[38] Jorge Caldeira, *A nação mercantilista*, p. 378.

Bibliografia do Marquês de São Vicente

Obras do marquês de São Vicente

Apontamentos sobre a formalidade do processo civil. Rio de Janeiro: J. Ribeiro dos Santos, 1911.

Apontamentos sobre o processo criminal brasileiro. São Paulo: Revista dos Tribunais, 1959.

Apontamentos sobre o processo criminal pelo jury. Rio de Janeiro: s.n., 1849.

Considerações relativas ao beneplácito e recurso à Coroa em matéria de culto. Rio de Janeiro: Typographia Nacional, 1873.

Direito Internacional Privado e aplicação de seus princípios com referência às leis particulares do Brasil. Rio de Janeiro: Typographia de J. Villeneuve, 1863.

Direito Público brasileiro e análise da Constituição do Império. Brasília: Senado Federal/Universidade de Brasília, 1978.

"Do Direito Público das leis e bibliografia do Direito Público". In Saraiva, Paulo Lopo (org.), *Antologia luso-brasileira de Direito Constitucional.* Brasília: Livraria e Editora Brasília Jurídica, 1992.

Thesouro da relação (ou tractado de todas as cousas e algumas cousitas mais da dicta bicha). São Paulo: s.n., 1836 [manuscrito].

Obras sobre o marquês de São Vicente

BANDEIRA, Pedro Paulo Rocha. *Direito Internacional Privado: a obra centenária de José Antônio Pimenta Bueno.* Rio de Janeiro: s.n., 1963.

BRANCO, Vitorino Prata Castelo. *Um esteio da liberdade na Corte do Segundo Império: a vida e a obra de José Antônio Pimenta Bueno, marquês de São Vicente.* São Paulo: Sugestões Literárias, 1973.

FERREIRA FILHO, Manoel Gonçalves. "Pimenta Bueno, o constitucionalista do Império". In *Revista da Faculdade de Direito da Universidade de São Paulo*. 72(2): 123-31, 1977. [São Paulo]

FRANÇA, Mario Ferreira. *O reconhecimento da independência do Paraguai pelo Império: a missão Pimenta Bueno*. Rio de Janeiro: Imprensa Naval, Ministério da Marinha, 1953.

GALVÃO, Flávio. "Pimenta Bueno e a 1ª turma de bacharéis de São Paulo". In *Revista do Tribunal de Contas do Município de São Paulo*. 5(20): 3-17, ago., 1977. [São Paulo]

RAMOS, R. Antonio. *El reconocimiento de la Independencia del Paraguay por el Brasil: mision Pimenta Bueno*. Assunção: Instituto Cultural Paraguay-Brasil, 1953.

REALE, Miguel. *Figuras da inteligência brasileira*. 2ª ed., São Paulo: Siciliano, 1994.

_____. "Pimenta Bueno, o esquecido." In *Boletim do Conselho Federal de Cultura*, nº 34, p. 85-94, 1979. [Rio de Janeiro]

RIBEIRO, Pedro Freyre. *A missão Pimenta Bueno, 1843-1847*. Rio de Janeiro: Ministério das Relações Exteriores, 1965.

RODRIGUES, José Honório. "O centenário da morte de Pimenta Bueno, 1803-1878". In *Revista Carta Mensal*. 24(280): 1-12, jul. 1978. [Rio de Janeiro]

SALGADO, José Augusto César. "José Antônio Pimenta Bueno: bandeirante do Direito Brasileiro (Elogio do Patrono da Academia Paulista de Direito pelo acadêmico titular)". In *Revista da Academia Paulista de Direito*. 1(1): 13-22, 1972. [São Paulo]

José Antônio Pimenta Bueno,

MARQUÊS DE SÃO VICENTE

As notas são de autoria do organizador Eduardo Kugelmas.

Optou-se por traduzir as citações em línguas estrangeiras somente quando o contexto não permitia seu entendimento.

Glossário das abreviações de formas de tratamento:

D.: Dom
Exmo.: Excelentíssimo
Ilmo.: Ilustríssimo
S. m.: Sua majestade
S. m. i.: Sua majestade imperial
V. exc.: Vossa excelência

Direito Público brasileiro e análise da Constituição do Império

~

Introdução

~

Não publicamos este ensaio do Direito brasileiro e análise da Constituição de nossa sociedade política para o uso das inteligências superiores familiarizadas com as ciências sociais.

Nosso trabalho aspira a menos: destina-se a auxiliar os esforços dos jovens brasileiros que se dedicam ao estudo do Direito, e que não têm ainda, ao menos que saibamos, um expositor nacional dos princípios fundamentais de nossas leis e liberdades pátrias.

Destina-se também ao uso de nossos concidadãos que, empregados em outras profissões, não cultivam habitualmente a ciência da legislação.

Poucas são as ciências sociais, cujo conhecimento seja tão útil facilitar como a do Direito Público e Administrativo.

É não só conveniente, mas muito necessário, que os membros de um Estado, de uma sociedade livre, saibam quais são seus direitos e seus deveres no exercício de suas relações políticas e administrativas; e quais os direitos e obrigações dos poderes públicos. Convém aos indivíduos, à sociedade, e ao governo, pois que os governos são como as outras coisas humanas: para serem amados e duradouros precisam ser conhecidos, apreciados e queridos. Sem isso não há espírito público, nem amor às instituições.

Fazer amar as leis é um dos maiores segredos e cuidados de uma legislação sábia. A veneração religiosa com que o povo inclina sua fronte perante a autoridade da lei, essa veneração identifica-se com o amor da pátria e de suas instituições, e gera um nobre orgulho, virtudes e dedicações.

De outro lado, não basta querer ser livre, é preciso saber sustentar a liberdade, para poder gozá-la.

O Direito Público e Administrativo compreendem as mais caras relações do homem e do cidadão. São eles que revelam a origem, natureza e extensão de seus direitos, são os reguladores das suas liberdades individuais e públicas, os árbitros conscienciosos dos interesses de todos, e de cada um.

São também os guardas dos destinos nacionais, que têm por encargo ministrar os fundamentos da ordem e tranqüilidade públicas, manter a reputação e glória da pátria no estrangeiro, zelar ali pelos interesses nacionais, poupar no interior a fortuna do Estado e os sacrifícios do imposto; e enfim desenvolver a inteligência, a indústria, a riqueza e a força nacional.

Poucos passos pode dar o cidadão sem que se veja em contato com suas condições políticas, ou com os olhos da administração; é, pois, indispensável que tenha pelo menos as principais noções de como esses ramos do Direito procuram harmonizar a liberdade com o poder, de como, quando, e porque alguns dos variados direitos e interesses do indivíduo são subordinados ao direito, ou interesse social coletivo, e outros não.

O plano que vamos seguir parece-nos natural e simples. Nosso Direito Público positivo é a sábia Constituição política, que rege o Império: cada um de seus belos artigos é um complexo resumido dos mais luminosos princípios do Direito Público filosófico, ou racional. Procuraremos, pois, desenvolvê-los; não separaremos um do outro; aquele é a nossa lei pública, este é a fonte esclarecida, de que ela foi derivada.

Confrontando-os com algum desenvolvimento, embora resumido, teremos pelo menos as noções elementares do Direito Público assim pátrio, como geral, ou filosófico; da lei, e da ciência, que se auxiliam e mutuamente aperfeiçoam. É a confrontação. É a confrontação da norma reguladora com as máximas, ou demonstrações coligidas no depósito venerando da inteligência.

O estudo do Direito Público não deve ter por tarefa o indicar só rapidamente a distribuição dos poderes políticos, só sua organização e relações fundamentais; convém que acrescente mais alguns esclarecimentos, que ministre idéias, embora resumidas, sobre o modo por que eles funcionam, sobre as condições mais fecundas, ou importantes, de cada um desses grandes instrumentos sociais.

É por isso mesmo que entraremos em algum desenvolvimento sobre o poder Executivo, e especialmente sobre o Conselho de Estado, que poderá parecer mais próprio do Direito Administrativo do que do Direito Público. Essa observação poderá ser justa, mas para minorar sua força refletiremos que não conhecemos nem um trabalho nacional, que tenha publicado os primeiros ensaios relativos à importante instituição do Conselho de Estado, que é tão relacionada com muitas e valiosas questões do Direito Público; e que tendo de tocar nessa instituição, não queremos truncá-la, e sim dar ao menos uma noção abreviada do seu mecanismo.

Outro tanto diremos sobre o desenvolvimento que possamos dar ao Ministério Público, e ainda mais ao Supremo Tribunal de Justiça, e teoria da cassação ou revista. É a parte culminante do poder Judicial, é a sua cúpula política e de elevada transcendência. É uma nobre instituição pouco estudada entre nós, e por isso mesmo desconhecida até por alguns, que têm obrigação positiva de bem conhecê-la. Entrando nessa análise, desejaremos completá-la, embora em resumo.

Demais, ligando assim em maiores proporções os pontos de contato entre o Direito Público e o Direito Administrativo, estabeleceremos desde já alguma facilidade para acrescentar ao trabalho atual algum outro de caráter propriamente administrativo.

No pequeno contingente, que oferecemos especialmente à mocidade brasileira, fomos sempre fiéis aos dois princípios que nos dominam, ordem e liberdade: são sentimentos de nossa convicção sincera e profunda.

Dizia um membro do Parlamento francês, e dizia uma grande verdade: *"L'Evangile et la liberté sont les bases de la vraie législation, et le fondement éternel de l'État le plus parfait du genre humain"*.

A mocidade estudiosa é quem em breve terá de governar o Estado: nós outros somos a luz que se esmorece, que se finda, que se apaga; ela é a luz que se acende, que cresce, e que vai resplandecer; receba agora nosso trabalho, estude e logo depois o corrija, acrescente; e aperfeiçoado o ofereça à mocidade que tem de sucedê-la. Levemos nossa pedra, segundo nossas forças, à pirâmide da pátria.

Título preliminar:
Do Direito, das leis e bibliografia do Direito Público

Capítulo 1:
Do Direito e suas diversas espécies

~

Seção 1ª: Do Direito em geral e dos
dois grandes interesses que formam sua divisão
em Direito Público e Particular

§ 1º Do Direito em geral:
O Direito considerado em geral, ou em sua mais alta compreensão, é a luz da inteligência, ou o complexo dos seus ditames aplicado a manter e garantir as boas relações naturais ou cíveis, administrativas ou políticas do homem, da sociedade ou dos Estados. O Direito e suas correspondentes obrigações são os princípios, as bases firmes de toda a sociabilidade, legislação, progresso e perfeição humana.

§ 2º Dos dois grandes interesses que formam sua divisão:
As relações dos homens, desde que se reúnem, ou se acham reunidos em sociedade, têm uma grande divisão não só natural, mas fundamental, divisão que deve ser bem fixada e definida, mormente nos governos livres; que jamais deve ser confundida porque dela resultam conseqüências de suma importância, e tais que estabelecem duas ordens de coisas diversas, e de competências distintas. Esta divisão é a do interesse geral, coletivo ou comum, e do interesse particular ou individual.

Com efeito, desde que o homem se reúne em sociedade, não pode deixar de reconhecer que é preciso que esta goze de segurança, de ordem, de meios para seu progresso; e que ele deve concorrer para a felicidade da comunidade social de que faz parte: esse é o interesse geral. Entretanto, quando se associa, o homem não renuncia às suas liberdades, aos seus direitos individuais, não se destina, resigna ou sacrifica a ir ser uma máquina, a viver ou trabalhar só para o serviço social, nem isso é necessário ao Estado; reserva a sua inteligência e faculdades, o direito de suas relações privadas, o arbítrio supremo de seus negócios, dos meios naturalmente lícitos de procurar o seu bem-ser; esse é o interesse ou seu direito particular; e para garantir o gozo dele é que o homem se associa.

Sendo fácil de prever, como de fato foi, desde o berço da civilização, que esses dois interesses podiam mais de uma vez achar-se em conflito com grave prejuízo recíproco. A razão e a ciência de todos os países civilizados procuraram distinguir e separar as relações, em que o interesse individual poderia contrariar direta ou indiretamente o interesse público, e em que por isso mesmo deveria ceder o passo a este, e aquelas em que por não afetá-lo, ou somente afetar mediata ou secundariamente, deveria ser independente, livre, entregue à inteligência e vontade do indivíduo.

Daí nasceram, desde o tempo dos romanos, as duas ordens de coisas sociais, a ordem pública e a ordem privada, e conseqüentemente a competência e domínio do Direito Público ou Administrativo e do Direito Particular ou Privado.

§ 3º Do Direito Público e do Direito Particular:

O Direito Público, *jus publicum, quod ad statum reipublicae spectat*, tem por domínio todas as relações do cidadão para com o Estado, relações de interesse geral, e que por isso mesmo não pertencem à ordem privada. Ele organiza as condições do bem-ser comum; seu norte é o *salus publica suprema lex*; atende e protege especialmente o interesse coletivo, *bene esse civitatis* e por amor dele despreza o interesse individual nos casos em que lhe é subordinado, pois que fora desses casos deve respeitá-lo como um direito reconhecido e independente.

O Direito Particular, *jus privatum, quod ad singularum utilitatem spectat*, tem por domínio as relações que se agitam não entre o cidadão e o Estado, sim entre os indivíduos na razão ou intuito de seus interesses particulares. Seu princípio ou norte é guardar as liberdades e direitos individuais, a paz e a justiça, *jus suum cuique tribuendum;* atende o bem-ser devido ao indivíduo, e não se ocupa do bem-ser geral, senão secundariamente. As convenções particulares, sempre que não infringem seus preceitos, valem leis privadas perante ele; encara os cidadãos como homens inteligentes, que vivem com suas liberdades ou direitos naturais emancipados, no seio da associação política.

Estes dois direitos ou interesses, estas duas sociedades política e civil, são ambos filhos da razão esclarecida e da complexa natureza social, ambos eles têm igual e mesmo fim, a felicidade de todos e de cada um. A diferença está somente em proceder-se, segundo a refletida natureza de cada um deles, do todo para os indivíduos ou dos indivíduos para o todo. É, certamente necessário não só que a comunidade, mas também que cada indivíduo seja feliz; é o bem-ser destes que compõem o bem-estar geral.

Se se fosse sacrificar irrefletidamente os interesses individuais ao só bem-ser geral, findar-se-ia pelo sacrifício de grande ou da maior parte da sociedade, e desse mesmo pretendido bem-ser geral.

§ 4º De algumas conseqüências desta divisão:

Desta importante classificação e divisão dos dois interesses, ou do Direito Público e Particular, seus reguladores distintos, nasce desde logo a diversa competência, a dupla existência do poder administrativo e do poder Judicial, e com ela a separação profunda de suas atribuições, que não devem jamais ser confundidas.

Com efeito, é desde logo manifesto que a gerência das relações do cidadão com o Estado, daquelas em que a lei deu o predomínio ao interesse coletivo, em que colocou este debaixo da alçada e proteção do Direito Público ou Administrativo, que é ramo seu: é manifesto, dizíamos, que essa gerência deve pertencer ao poder Executivo ou administrativo, pois que é o encarregado de zelar por esse domínio.

Semelhante e conseqüentemente, o que respeita às relações dos cidadãos entre si, a seus interesses, o que é administração da justiça, deve pertencer a outro poder distinto, aos tribunais judiciários; aliás não haverá liberdades ou direitos civis possíveis, pois que a pretexto da ordem, ou interesse geral, o poder administrativo escravizaria todas elas, que vacilariam incertas e pendentes de seu arbítrio ou de seus erros.

Convém sem dúvida que as leis de cada Estado, antes de classificar na coleção de sua legislação administrativa, ou em seu código civil ou comercial, os interesses sociais, reflita bem a qual dessas duas competências deve cada assunto ser subordinado; feita porém a classificação, cumpre ser coerente e respeitá-la; e tanto mais que a lei pode fazer uma ou outra exceção nos princípios filosóficos, quando reconhecida necessidade assim o demandar.

Seção 2ª: Da subdivisão do Direito Público

O Direito Público em sua ampla generalidade é o complexo dos princípios reguladores tanto das relações do poder público no interior, como no exterior do Estado. Nessa generalidade ele pode ser dividido em interno e externo, e compreende também o Direito Público eclesiástico.

§ 1º Do Direito Público interno, universal e positivo:

O Direito Público interno pode ser considerado em duplo caráter, como universal, ou como positivo.

O Direito Público interno universal, ou puramente racional, é a ciência do poder público, que depura, esclarece e ensina os princípios gerais, as máximas nacionais, as condições descendentes da natureza moral dos homens e das sociedades, que devem ser atendidas na constituição política dos povos, no intuito da boa organização dos poderes públicos, e ressalva dos direitos do homem e do cidadão. E o complexo dos princípios luminosos acumulados pelo estudo dos sábios, é a filosofia do Direito Público, que tem interrogado a razão, a experiência, a natureza das relações humanas; que tem analisado, combinado, e que prevê os fenômenos sociais.

O Direito Público interno, político, constitucional, positivo ou particular, é a aplicação dessa teoria a um país especial, o complexo dos princípios práticos, e leis positivas de um povo determinado, que estabelece a organização de seus respectivos poderes, as relações destes entre si, e para com os direitos e obrigações políticas da sociedade e dos cidadãos. O nosso Direito Público positivo é a Constituição do Império; ela é quem rege nossa sociedade política, os poderes brasileiros, nossos direitos e obrigações públicas; é o paládio de nossas liberdades e destinos.

§ 2º Do Direito Público externo, natural e positivo, marítimo, diplomático e eclesiástico:

O Direito Público externo pode também ser considerado por duas faces diferentes, como universal ou como positivo.

O Direito Público externo universal, que se denomina também direito das gentes, universal, natural, racional, ou absoluto, é o complexo dos princípios e máximas da razão esclarecida do direito natural aplicado às relações das nações entre si: é a filosofia dessa parte do Direito Público em geral.

O Direito Público externo positivo que também pode denominar-se direito das gentes positivo, ou convencional, é a aplicação, ou modificação de alguns desses princípios, estipulada por tratados ou convenções expressas, ou acessão tácita entre maior ou menor número de nações, que tais acordos sirvam de normas não contestadas na direção de suas relações. É o meio prático de definir aquelas máximas racionais, que em alguns casos são diversamente entendidas ou aplicadas, sobretudo quando não são de evidente intuição.

Direito Público marítimo: A parte do Direito Público externo, ou das gentes, assim universal, como positivo, que respeita as relações marítimas das nações, que prescreve as regras internacionais dos diferentes usos do mar, toma a denominação de Direito Público, marítimo universal, ou positivo.

O Direito Público diplomático é também um ramo do Direito Público externo em sua significação própria e especial, é o complexo dos princípios racionais e positivos que regulam as relações concernentes às missões e processos das negociações políticas entre as nações. Como Direito, é entidade distinta da ciência diplomática, ou diplomacia.

Direito Público eclesiástico: O Direito Público eclesiástico pode ser considerado por diferentes faces. Em nosso trabalho limitamo-nos à parte dele que regula as relações do poder temporal com o poder espiritual *circa sacra*, relações que podem ser externas quando concernentes à Santa Sé ou centro da igreja universal, ou internas quando concernentes a igreja nacional.

§ 3º Do Direito Administrativo:

O Direito Administrativo é um ramo do Direito Público, que poderíamos ter classificado no antecedente § 1º, mas que o não fizemos, para tratar dele especialmente.

Este ramo do Direito Público pode ser considerado como ciência, ou como direito positivo.

No primeiro caso é a ciência da administração, a teoria racional da competência e da ação do poder Executivo, e de seus agentes, em sua gestão e relações com os direitos e obrigações dos administradores, em vistas do interesse eletivo, ou geral da sociedade. É a ciência que estuda e proclama as regras e condições gerais que são apropriadas para segurar o melhor desempenho do serviço administrativo, o bem-estar, a prosperidade social; é quem examina e esclarece os elementos da administração, as discussões dos negócios públicos, as opiniões e atos dos conselhos, e demais órgãos do poder Executivo: é finalmente quem assinala os vícios, indica as lacunas, as reformas, os melhoramentos que o interesse social reclama.

É pois ciência vasta, que abrange a maior parte dos variados serviços públicos, e que por isso mesmo põe em contribuição, ou exige amplos conhecimentos, o auxílio de muitas outras ciências, dos diversos ramos do Direito, da economia política estatística, legislação comparada e mesmo das profissões industriais.

Como *Direito Positivo* é o complexo dos princípios e leis positivas de um Estado (o Brasil, por exemplo), que regulam a competência, direção ou gestão do seu poder Executivo quanto aos direitos, interesses e obrigações administrativas da sociedade e dos administradores na esfera do interesse geral.

Ele compreende todos os serviços públicos, que não pertencem à confecção das leis ou atribuições do poder Legislativo, nem às relações dirigidas pelo Direito Particular, ou poder Judicial.

É, ou ao menos deve ser, a parte do Direito reguladora dos atos da administração, o farol que demonstra como o poder Executivo estende e maneja sua ação no círculo de sua competência, sobre todos os pontos do território, como deve aproveitar as forças e recursos sociais, e resolver as dificuldades que possam suscitar-se contra seus úteis esforços.

Seção 3ª: Da subdivisão do Direito Particular

O Direito Particular, denominação adotada para distingui-lo do Direito Público e Administrativo, compreende os diversos ramos da legislação que regulam os direitos, interesses e relações civis, comerciais e mesmo penais, como depois veremos, do homem ou cidadão. Ele inclui-se ou relaciona-se nas ramificações constantes dos seguintes parágrafos.

§ 1º Do Direito Civil:

O Direito Civil, *jus civium*, é o ramo do Direito Particular, o complexo das leis que regulam as condições legítimas das pessoas, das coisas, e os efeitos das obrigações ou convenções celebradas entre os indivíduos; é o complexo das normas que presidem as relações particulares dos homens entre si.

Ele determina o estado das pessoas, qualifica as condições do nacional ou estrangeiro, pois que daí resultam diferenças importantes, marca a maior e menor idade, os direitos e deveres do pátrio poder e dos filhos, as formas e efeitos do casamento, as regras da sucessão, e outras relações pessoais dos particulares entre si.

Determina semelhantemente as condições da aquisição, propriedade, gozo e transmissão das coisas, das partilhas, hipotecas e servidões, para que os interesses individuais tenham garantias certas e fixas.

Enfim, classifica e regula as diversas obrigações civis, as convenções, associações particulares dos indivíduos, atendendo aos seus interesses, e protegendo suas liberdades e direitos naturais.

É o domínio, como já dissemos, em que o poder administrativo não tem entrada, senão por criminosa invasão. É o regime especial da sociedade particular dos homens entre si; são as suas transações sancionadas pelas leis civis, e mantidas somente pelos seus magistrados; ou por outra, são seus próprios direitos devidamente reconhecidos, que lhes dão a faculdade de governar-se a si mesmos, em tudo que lhes não é expressamente proibido: pois que nisso consiste a sua liberdade civil.

§ 2º Do Direito Comercial:

O Direito Comercial é o mesmo Direito Civil, somente modificado em algumas relações para melhor apropriá-lo à indústria mercantil, à conveniência da riqueza pública, à índole dos interesses, e riscos das negociações, sua celeridade, e conveniente expansão. São-lhe pois aplicáveis as observações que acabamos de expressar em relação à ordem civil, de que este direito faz parte. É o regime das liberdades comerciais presidido por seus respectivos magistrados.

§ 3º Do Direito Criminal:

O Direito Criminal tem duas relações: uma pública e outra particular.

A primeira é a que respeita à imposição da pena, à infração do preceito da lei, à referência para com a conseqüente sanção repressora.

A segunda é a que se refere à indenização, ao interesse particular da satisfação do dano operado.

Não obstante estes dois caracteres distintos do Direito Criminal, que faz com que ele importe ao Estado e ao indivíduo, com que participe do Direito Público e Particular, ele é incluído por todas as legislações no domínio deste segundo ramo, ou antes, do poder Judiciário; por isso que mais que muito convém premunir os direitos individuais e as liberdades públicas, não só do arbítrio, mas mesmo da influência do poder administrativo. Ele seria senhor absoluto da sociedade, desde que tivesse a faculdade de encarcerar os cidadãos, de impor-lhes penas; as liberdades políticas não teriam mais eficácia alguma, e as civis ficariam sem defensores.

§ 4º Do Direito Internacional particular ou privado:

Direito Internacional particular é o complexo dos princípios e disposições positivas, segundo as quais as leis, o direito privado de uma nação, pode ou deve ter aplicação no território de outra.

Este importante ramo do Direito, que afeta as relações exteriores do Estado, e o interesse particular dos indivíduos, e que como tal participa do Direito Público e Particular, tem em vistas e por fim harmonizar as relações das nações e de seus súditos, evitar e resolver o conflito de suas leis particulares, muitas vezes dissonantes em seus preceitos, ou aplicação; é sem dúvida de mister evitar esse inconveniente recíproco tão importante.

Ele ensina, pois, como a lei deva estabelecer suas disposições a respeito, e como, na falta delas, devam os tribunais regular-se; qual o preceito que deva prevalecer, se o nacional ou estrangeiro, segundo a natureza da questão, e os princípios da razão, uso e acordo das nações civilizadas.

Chama-se Direito Internacional particular para distingui-lo do Direito Internacional público, quer geral, quer positivo, e também do simples Direito Particular interior.

Ele lida com os diversos ramos do Direito Particular civil, comercial e criminal, e com os processos respectivos.

A parte do Direito Civil que regula o direito das pessoas, dá ele a denominação de estatuto pessoal, e a que regula o direito sobre as coisas, a denominação de estatuto real.

Para não equivocar-se nas questões desta espécie de direito, jamais deveremos olvidar-nos de uma formal distinção, que cumpre sempre ter em vista. Comumente se diz que o Direito Civil de um Estado é aplicável tanto ao seu súdito natural, ou nacional, como ao estrangeiro; é uma expressão extensa demais, em que por isso há algum erro.

No Direito Civil, como bem ponderava um dos ilustres conselheiros de Estado de Napoleão I,[1] é essencial distinguir duas partes: uma, das disposições que são da ordem do direito natural, e que por isso mesmo são aplicáveis a todos os homens, tanto nacionais como estrangeiros; e outra, das disposições puramente arbitrárias, ou formuladas só pelo interesse da sociedade civil da respectiva nação, e que por isso mesmo são especiais, e só aplicáveis aos nacionais, e não aos estrangeiros. São disposições estas que, umas vezes, garantem direitos que não devem ser partilhados senão pelos membros da nacionalidade, e que, outras vezes, fundam-se em circunstâncias particulares, como por exemplo, a do clima, que muito importa à fixação da maior e menor idade.

Certamente seria um erro o aplicar a estrangeiros que estão em nosso país, e que se casaram segundo as leis de sua pátria, os mesmos efeitos que as leis brasileiras julgaram convenientes para regular os direitos e obrigações desse contrato entre seus súditos, e assim semelhantemente.

Em regra, quanto ao estatuto pessoal, o homem é dominado ou dirigido pelas leis do Estado a que ele pertence, em qualquer parte em que se ache, por isso mesmo que em qualidade de súdito tal e aí admite, e aí vive.

---

[1] Napoleão Bonaparte, imperador da França de 1804 a 1815.

§ 5º Dos diferentes processos do Direito Particular:

É escusado expressar, que tanto o processo civil como o comercial e criminal seguem as condições e competências do respectivo direito e poder; pois que são como que acessórios dele, são meios legais endereçados a realizar a ação, ou aplicação dos preceitos desse mesmo direito.

Capítulo 2:
Das diversas espécies de leis e da bibliografia do Direito Público

Seção 1ª: Das diversas espécies de leis

As leis consideradas em geral são as expressões legítimas, as normas das relações morais do homem para com a ordem natural, pública, ou particular da sociedade; elas recebem diferentes denominações e definições em vista de diversas circunstâncias, como passamos a notar.

§ 1º Das leis quanto à sua origem:
As leis quanto à sua origem, ou fonte donde são derivadas, denominam-se naturais ou positivas.

Leis naturais: São as normas prescritas pela razão natural esclarecida, são preceitos que resultam das condições morais dos homens, condições sem as quais não haveria ordem, nem justiça entre eles.

Leis positivas: São normas prescritas pelo poder social legítimo para manter a segurança dos direitos e dirigir os diferentes serviços da sociedade.

Estas leis compreendem duas classes, cuja divisão deve merecer sempre muita atenção. Ou elas se dirigem a reconhecer e sancionar um preceito natural, ou a erigir uma obrigação puramente social ou arbitrária.

No primeiro caso, o princípio é essencialmente justo, tal é o da lei positiva que garante a vida, a propriedade, os direitos naturais do homem, e que conseqüentemente pune a violência, o roubo, o homicídio; neste caso basta proporcionar uma justa repressão.

No segundo, ela é mais ou menos discricionária, por isso mesmo que é filha somente da conveniência social mais ou menos bem compreendida, ou avaliada, é obra somente dos homens, sujeita a suas paixões, erros, e mobilidade de vistas e interesses; é por isso mesmo que cumpre meditar muito sobre as penas impostas por sua infração, sobre esses delitos puramente políticos ou arbitrários.

§ 2º Das leis quanto aos diversos ramos e objetos do Direito:

As leis positivas consideradas em relação ao ramo do Direito de que procedem, ou objetos a que respeitam, tomam as correspondentes denominações:

Leis políticas: tomam esta denominação geral não só as leis constitucionais, mas também outras que presidem certas relações internacionais, ou Direito Público eclesiástico, ou de assuntos interiores, em que predomina o caráter político.

Leis constitucionais ou fundamentais: são as que estabelecem as normas e relações constitutivas dos poderes públicos e dos direitos e deveres políticos dos cidadãos.

Leis administrativas: são as que regulam a organização e gestão dos interesses gerais ou coletivos da sociedade e as correspondentes relações com os direitos e obrigações dos administrados.

Estas leis tomam nomes especiais segundo os objetos a que se referem, como leis militares, fiscais, municipais, etc.

Leis civis: são as que regulam os direitos, interesses e relações naturais e privadas dos indivíduos entre si. Quando elas são omissas ou duvidosas recorre-se à sua fonte, o Direito Natural, que forma o complemento delas na parte que procedem da eqüidade racional.

Leis comerciais: são as que regulam os direitos e interesses individuais no exercício da indústria mercantil.

Leis criminais: são as que sancionam ou reprimem a infração dos preceitos legais; são a sanção da ordem social; e as penas são em geral meios de força, legitimamente prescritos e empregados para fazer respeitar a lei e a justiça.

§ 3º Dos regulamentos:

Os regulamentos não são leis, são somente atos da administração, que estabelecem, por via de disposições metódicas e dentro da órbita das atribuições do poder Executivo os meios e detalhes convenientes para que as leis tenham boa e efetiva execução; como depois melhor veremos.

Seção 2ª: Da bibliografia do Direito Público e Administrativo

Parágrafo único:

As obras e escritos, de que nos auxiliamos em nosso trabalho, e que podem ser consultadas com proveito, são as seguintes:

DE LOLME, *Constituição da Inglaterra.*

BLACKSTONE, *Comentário sobre as leis inglesas.*

LAYA, *Direito inglês.*

TOCQUEVILLE, *Democracia da América.*

MURAT, *Princípios do governo americano.*

CHEVALIER, *Cartas sobre a América do Norte.*

FAVARD, *Elementos de Direito Público e Administrativo na Bélgica.*

LAFERRIÈRE, *Direito Público e Administrativo.*

FOUCART, *Elementos de Direito Público e Administrativo.*

VIVIEN, *Estudos Administrativos.*

CABANTOUS, *Direito Administrativo.*

MACAREL, *Direito Administrativo e Direito Político.*

SILVESTRE PINHEIRO, *Curso de Direito Público.*

SISMONDI, *Constituição dos povos livres.*

ISAMBERT, *Direito Público.*

FRITOT, *Ciência de publicista.*

LANJUINAIS, *Constituições dos povos.*

CORMENIN, *Direito Administrativo.*

HENRION DE PANSEY, *Obras judiciárias.*

B. CONSTANT, *Curso de política constitucional.*

GRAVEREND, *Lacunas da legislação.*

DESTUT DE TRACY, e CONDORCET; *Comentário sobre o espírito das leis de Montesquieu.*

GARNIER-PAGÉS, *Dicionário político.*

FAVARD DE LANGLADE, *Repertório da legislação.*

MAGNITOT E DELAMARE, *Dicionário do Direito Político e Administrativo.*

Dicionário geral da administração, por diversos autores.

Escolha de relatórios e discursos pronunciados na Tribuna Nacional da França, de 1789 a 1820.

CADIOT, *Discursos pronunciados na Tribuna Francesa, de 1815 em diante.*

Anais do Parlamento francês, de 1839 a 1848.

Anuário histórico universal fundado por Lesur.

BONNIER, CARRÉ, BENTHAM, *Organização judiciária.*

FONET, *Trabalhos preparatórios do Código Civil Francês.*

Monitor universal da França, discussões das Câmaras francesas, relatórios e outros artigos.

FOELIX, *Direito Internacional privado.*

CHASSAT, *Tratado dos estatutos.*

WESTOBY, *Legislação inglesa.*

Revista da legislação, por diversos.

CARRÉ, BLOCHE, POUCET e outros, a respeito do poder Judicial.

DO DIREITO PÚBLICO BRASILEIRO E ANÁLISE DA CONSTITUIÇÃO DO IMPÉRIO

Título primeiro:
Da nação, da soberania e poderes políticos brasileiros

Capítulo 1:
Da nação brasileira, seu território e religião

Seção 1ª: Da nação brasileira e sua independência

§ 1º a 3º O Império do Brasil é a associação política de todos os brasileiros. Eles formam uma nação livre e independente, que não admite com qualquer outra, laço algum de união ou federação, que se oponha à sua independência. Constituição, art. 1.

§ 1º Da emancipação brasileira:
1. A origem das associações nacionais está implantada na natureza e destinos da humanidade; o viver em sociedade é uma condição indeclinável das necessidades intelectuais, morais e físicas do homem; a forma da associação pode variar, mas a dependência desse estado é providencial e inseparável dele.

2. Os brasileiros, dominados por essa condição geral, faziam outrora parte da nação portuguesa. Habitando território diverso e longínquo, tendo necessidades e interesses diferentes da mãe-pátria, constituindo pelo menos metade da nacionalidade, certos de que os governos são instituídos para o bem-ser dos povos e não estes para o bem-ser dos governos, tendo o direito e os meios necessários para emancipar-se, proclamaram sua separação; e a sua independência legítima e gloriosa foi como devia ser, reconhecida não só pela generalidade das nações, mas também por sua antiga metrópole portuguesa, pelo tratado de 29 de agosto de 1825, mandado observar pelo decreto de 10 de abril de 1826.

§ 2º Do Império ou nação brasileira:
3. Assim fundou-se o Império do Brasil, ou por outra frase, a nação brasileira, que é a associação de todos os brasileiros; que é a sociedade civil e política de um povo americano livre e independente. Em qualquer parte que os brasileiros se achem, enquanto conservarem esse caráter ou qualida-

de, fazem parte da nação, têm direito à sua proteção, e o dever sagrado de prestar-lhe sua fidelidade, de interessar-se por seus destinos e por sua glória.

§ 3º Da independência nacional:
4. Depois da emancipação do Império, a primeira disposição, garantia e dever, que a nossa sábia lei fundamental estabelece no seu art. 1, é o da manutenção e defesa da sua existência nacional, livre e soberana. Ela confirma esse dever em seu art. 145, chamando todos os brasileiros às armas para sustentar e fazer respeitar a independência da pátria; ela proíbe a seus poderes políticos o admitir, quanto mais celebrar, qualquer tratado ou laço algum de união ou federação em contrário.

A primeira condição da nação brasileira é pois de ser livre, soberana, independente, assim em seu governo interior, como em suas relações externas.

Seção 2ª: Do território nacional, sua integridade, limites e divisão em províncias

§ 1º a 4º O seu território é dividido em províncias na forma em que atualmente se acha, as quais poderão ser subdivididas como pedir o bem do Estado. Constituição, art. 2.

§ 1º Do território nacional:
5. O território nacional compreende e compõe-se de todas as possessões que a monarquia portuguesa tinha na América Meridional ao tempo da emancipação do Brasil.[2] Os portugueses possuíam todos estes territórios conjuntamente com os brasileiros, assim como estes possuíam juntamente com eles os territórios de além-mar. Separando-se, e constituindo-se os brasileiros em nacionalidade independente, separaram-se e constituíram-se com todas as possessões que a Coroa comum tinha no Brasil. Essa foi a condição territorial inerente à sua emancipação, esse o fato e direito confirmado

---

[2] O território brasileiro foi definido quase completamente no século XVIII, com as assinaturas dos Tratados de Madri (1750) e de Santo Ildefonso (1777). Restaram alguns pontos de conflito ao Sul, cuja fronteira só se definiu depois da independência da província Cisplatina como República Oriental do Uruguai, em 1828. Ao Norte, as fronteiras se definiram com a criação do território e posterior Estado do Acre, em 1903, após uma série de conflitos com a Bolívia.

pelo reconhecimento de sua independência, assim pelas nações em geral, como particularmente pela nação portuguesa. É o direito dos Estados americanos; proclamando sua existência nacional destacada das antigas metrópoles, eles se constituíram sobre o solo americano que então possuíam, salvas as subdivisões espontâneas em Estados distintos, que então realizaram.

§ 2º Da integridade do território nacional:

6. O território do Império não constitui somente a sua mais valiosa propriedade; a integridade, a indivisibilidade dele é de mais a mais não só um direito fundamental, mas um dogma político. É um atributo sagrado de seu poder e de sua independência; é uma das bases primordiais de sua grandeza interior e exterior. Essa importante integridade indivisível é com razão confiada pelo art. 145 da Constituição no patriotismo, às armas e às forças de todos, e de cada um dos brasileiros; ela é consagrada no juramento que o imperador presta antes de ser aclamado. Constituição, art. 103.

§ 3º Dos limites do território nacional:

7. Uma das mais importantes necessidades do Império, para conservar a paz e harmonia com os Estados limítrofes é de definir claramente a linha dos seus limites e destarte evitar desinteligências, questões, e conflitos de jurisdição.

Procedendo, de acordo com o princípio comum americano do *uti possidetis*,[3] já satisfizemos essa necessidade em relação ao Estado Oriental pelos tratados de 12 de outubro de 1851,[4] e de 15 de maio de 1852,[5] e bem assim quanto à República do Peru pela convenção de 23 de outubro de 1851;[6] resta ainda satisfazê-la pelo que toca à Confederação Argentina, Paraguai, Bolívia, Equador, Nova Granada, Venezuela, os povos preferir os gumes das cordilheiras, as altas montanhas, os rios; isto é, procuram, sempre que é possível, linhas naturais, e não arbitrárias, para que evitem futuras contestações, linhas que sejam de fácil defesa, e também que não obstem as suas relações comerciais.

---

[3] Pelo princípio do *uti possidetis*, a posse efetiva do território é o critério básico para a demarcação de limites.

[4] Relatório do Ministério dos Negócios Estrangeiros de 1852, anexo F, nº 3.

[5] Relatório dito de 1853, anexo A, nº 2.

[6] Relatório dito de 1853, anexo A, nº 4.

§ 4º Da divisão em províncias:

8. A divisão do Império em províncias, qual existia ao tempo em que foi promulgada a nossa lei fundamental, assim como a atual, não é nem devia ser de ordem constitucional; não são Estados distintos, ou federados, sim circunscrições territoriais, unidades locais, ou parciais de uma só e mesma unidade geral. São centros de vida, de ordem, e de ação administrativa, partes integrantes do Império, como a Constituição expressamente reconhece; podem, pois, ser subdivididas segundo exigir o bem do Estado.

9. O importante princípio de homogeneidade ou unidade nacional, que é o laço o mais robusto da força e a indivisibilidade do Império, muito lucrará com uma boa divisão de províncias. Não é possível negar que uma divisão proporcional exerce muita influência a respeito; a razão o demonstra, e mais de um fato o confirma.

Por isso mesmo que o Império é um e único, que ele não é dividido em províncias senão no sentido e fim de distribuir convenientemente os órgãos da administração, de modo que em toda a extensão do país haja centros adequados e próximos para o serviço e bem-ser dos respectivos habitantes, por isso mesmo cumpre ser conseqüente. Assim exige a justiça, para que não haja desigualdade de proteção, assim demanda a política, para que não haja influências desproporcionais, nem zelos, ciúmes, ódios ou perigos, que rompam um justo e previdente equilíbrio.

Desde então será mais fácil compor todos os interesses e as demais condições auxiliares da unidade nacional, e com ela a perpetuidade, e força do Estado. Importa certamente muito que os centros administrativos não tenham raios tão extensos, que amorteçam a ação governamental; é de mister que esses centros tenham, pelo contrário, facilidade de inspecionar de pronto os diversos serviços públicos e especialmente a educação, os costumes, o caráter, a linguagem que se imprimem na mocidade nacional, para que as províncias e as suas subdivisões não componham povos diversos, ciosos ou rivais, mas um só povo brasileiro.

Conhecemos que em nosso país não é por ora possível uma perfeita e definitiva divisão de províncias. Posto que uma certa proporção territorial deva ser a base principal, é também inegável que cada província demanda um certo mínimo de população, certa soma de luzes e de recursos, para que possa ter vida e agitar seus interesses e incremento de prosperidade. Cremos ainda assim que a divisão atual é muito defeituosa, e que pode ser desde já muito melhorada. Os homens políticos não devem olvidar que um bom sistema a respeito desviará no futuro e sem constrangimento toda a idéia de ambições federais, já outrora suscitadas. Os departamentos em França não excedem a área de 360 léguas quadradas, os condados na Inglaterra têm área ainda muito menor.

Seção 3ª: Da religião do Império e tolerância de outros cultos

§§ 1º e 2º A religião católica apostólica romana continuará a ser a religião do Império. Todas as outras religiões serão permitidas com seu culto doméstico, ou particular, em casas para isso destinadas sem forma alguma exterior de templo. Constituição, art. 5.

§ 1º Da religião do Estado:
10. A religião, o dever sagrado de prestar culto, de adorar o onipotente, o senhor do universo, é o primeiro e o mais justo de todos os deveres; é a lei suprema da criatura inteligente; é o seu humilde tributo ao seu criador. Esse é o princípio primordial de toda a justiça, o primeiro fundamento de toda a moral, e também a base das virtudes sociais.

A observância desse dever e o desenvolvimento desse princípio mais ou menos aparente, constitui o culto, ou só interno, ou também exterior.

11. O culto interno ou interior, a fé, o amor, a adorarão espiritual, é uma relação imediata do homem para com Deus, é um ato privativo de sua consciência; a liberdade desta é um dos direitos dos mais invioláveis da humanidade, nenhum poder político tem acesso, e menos império dentro desse santuário; quando fosse possível exercê-lo, seria ofender a divindade, que reservou para si esse domínio.

Quando porém o culto não se encerra só no santuário do coração e consciência, quando passa a ser externo, a manifestar publicamente o seu pensamento, a sua crença, ou seja pelo ensino, ou prédica, ou pelas cerimônias, ritos ou preces em comum, quando não se trata mais somente da liberdade da consciência e sim da liberdade do culto, então tem lugar a intervenção do legítimo e indisputável direito do poder social, já para manter e defender a sociedade, já para proteger, ou simplesmente tolerar ou não estes ou aqueles cultos e os seus ministros.

O criador da ordem religiosa é o mesmo criador da ordem temporal, é o mesmo legislador supremo; ele deu à sociedade política o direito e o dever de existir e de conservar a ordem pública, de não consentir que ela seja perturbada.

12. Procedendo destes princípios, o nosso artigo constitucional come-

çou por declarar que a religião católica apostólica romana é, e continuará a ser, a religião do Estado, pois que felizmente ela é a religião, senão de todos, pelo menos da quase totalidade dos brasileiros. Assim o seu culto não só interno, como externo, constitui um dos direitos fundamentais dos brasileiros; é a religião nacional, especialmente protegida; os que não a professam não podem ser deputados da nação. [Constituição, art. 95, § 3°.] O imperador antes de aclamado jura mantê-la, art. 103.

Entretanto, atendendo às mesmas considerações já ponderadas, acrescentou o dito artigo que os outros cultos seriam todavia tolerados nos termos por ele prescritos e sancionados pelo art. 276 do Código Criminal.

§ 2° Da tolerância de outros cultos:

13. Conseqüentemente, uma vez que não haja violação dos limites traçados pelo art. 5°, e pelo art. 179, § 5°, da Constituição, ninguém poderá ser perseguido por motivo de religião, desde que respeite a do Estado, e não ofenda a moral pública.

Este princípio de suma justiça, pois que o poder social não tem direito de reprimir senão a infração de suas leis, senão o que ofende a moral, ou a ordem e paz da sociedade, acha-se garantido por diversas disposições de nossas leis penais.

Segundo o art. 191 do Código Penal, é crime perseguir por motivo de religião aquele que respeitar a do Estado e não ofender a moral pública, crime que sujeita à pena de prisão por um a três meses, além das mais em que o delinqüente possa incorrer.

O art. 277 do mesmo código proíbe e pune o ato de abusar, ou zombar de qualquer culto estabelecido no Império. Certamente seria contraditório reconhecer que o homem livre em sua crença deve ter permissão para seu culto, desde que for inocente, e entretanto deixar de reprimir tais abusos, que demais afetariam a ordem pública.

Não é, porém, nem jamais deverá ser permitido culto algum, ou atos atentatórios das verdades fundamentais da existência de Deus e da imortalidade da alma, ou da sã moral, e costumes públicos, Código Criminal, arts. 278, 279 e 280, seriam princípios corruptos de todas as virtudes sociais.

14. A matéria deste e do parágrafo antecedente relaciona-se com um ramo especial do Direito com o Direito Público eclesiástico, compreende questões especiais, que não cabem nos limites desta seção, nem seriam próprias dela; teremos de examiná-las quando tratarmos do Ministério da Justiça, que também é dos cultos, em nosso trabalho de Direito Administrativo, se o pudermos concluir.

Capítulo 2:
Da soberania da nação, seu governo e dinastia

Seção 1ª: Da soberania nacional, sua delegação e representação

§§ 1º a 3º Os poderes políticos: Legislativo, Moderador, Executivo e Judicial [art. 10], *no Império do Brasil, são delegações da nação.* Constituição, art. 12.

Os representantes da nação brasileira são o imperador e a Assembléia Geral. Constituição, art. 11.

§ 1º Da soberania nacional:
15. A sábia lei fundamental que rege os destinos do Brasil proscreveu, como devia, o dogma irracional dos Estados ou povos patrimoniais, do intitulado Direito Divino[7] — *sic volo, sic jubeo, sil pro ratione volunias* —, dogma que o andar progressivo da civilização não tolera, e que os povos e os fatos abatem e aniquilam.

A idéia de qualquer associação nacional que se institua, não pela ação da violência, sim por sua ação normal, inclui em seu seio necessariamente a idéia conjunta de seu próprio poder, de sua própria soberania, como origem primitiva de todos os poderes políticos, como a única faculdade legítima de constituí-los e delegá-los. A soberania é o poder e a independência de um povo que pertence a si mesmo, o poder em sua origem, em seu ser primitivo, a força inteligente e suprema da sociedade, ainda não delegada.

Nem obsta que alguns fatos anormais contrariem estes princípios; eles só servem para acusar os seus autores, e não para destruir os direitos im-

---

[7] A teoria do Direito Divino serviu de base ideológica ao absolutismo monárquico pois fazia derivar diretamente de Deus a autoridade do monarca sobre as coisas e os homens incluídos em seus domínios.

prescritíveis das nações. Sem dúvida, é evidente que a sociedade nacional é a massa coletiva de seus membros, o todo dos sócios, e, conseqüentemente, o complexo de todos os direitos e forças sociais; quem pois, senão ela, terá a faculdade e o império de ditar as condições de seu modo de existir, de sua própria associação, e de fazê-las efetivas e duradouras? De que outra fonte nasceria o direito de impor servidão ou preceitos a homens livres, relacionados só pelas leis da razão e da moral, senhores de sua inteligência e de suas ações? Donde deduzir o nome de súditos e de soberano? Donde derivar a idéia de superioridade moral?

A soberania é pois um atributo nacional, a propriedade que a nação tem de sua própria inteligência, força e poder coletivo e supremo; é o indisputável direito de determinar as formas, instituições, garantias fundamentais, o modo e condições da delegação do exercício desse mesmo poder.

§ 2º Da delegação dos poderes:

16. Entretanto, como a soberania nacional repousa no seio da nação inteira, em sua universalidade, como não é possível instituir os poderes públicos de modo que sejam exercidos por ela em massa, como não haveria em tal caso governo, nem governados, revela-se natural e claramente a necessidade indeclinável de delegar a mandatários, ou representantes seus, o exercício de tais poderes.

A soberania primitiva é inalienável e imprescritível, ela existe, e, pela natureza das coisas, existirá sempre na nação, pois que os homens não podem alienar as faculdades constitutivas do seu ser moral, sua inteligência, sua vontade, não podem tornar-se brutos; feita porém a delegação, fica ela não só sem exercício imediato, mas adstrita a respeitar a ordem fundamental que para esse fim ela mesmo estabeleceu; essa é a condição de sua segurança, de seu bem-ser e do seu progresso.

O exercício dela, a inteligência e a força da ação social, passa desde então a pertencer aos poderes instituídos, aos agentes encarregados deles nos termos da respectiva Constituição; é justamente o que a nossa lei fundamental reconhece e declara.

Nossos poderes políticos são pois delegações do exercício do grande poder nacional convenientemente divididas, não são a própria soberania primitiva, sim expressões, representações dela, são faculdades animadas, entidades correlatas com a idéia de sua origem e leis constitutivas.

Pelo que fica exposto é evidente que tais poderes delegados não são propriedades individuais, sim depósitos de alto valor feito para o bem-ser da sociedade. Sem o ato legítimo desse depósito nenhuma individualidade, ou fração nacional, terá jamais direito algum de exercer o poder social: seria uma usurpação, um crime que cumpriria reprimir.

Na hipótese contrária seria forçoso concluir que a nação era escrava ou propriedade de outrem, idéia que afronta a ordem moral estabelecida pela Providência, e o bem-ser dos homens. A nossa lei fundamental proscreveu para sempre esse absurdo, e para sempre firmou o princípio verdadeiro e inseparável da dignidade humana.

§ 3° Da representação da nação brasileira:
17. Assim é que o imperador e a Assembléia Geral Legislativa, como as mais altas delegações do poder nacional, são lógica e constitucionalmente os representantes da nação, são como que a soberania secundária, vigente, em ação.

O imperador representa o poder, a majestade da nação, no Império e fora dele; ele e a Assembléia Geral representam a suma autoridade nacional, decretam leis, que são verdadeiros atos de soberania. A Assembléia Geral por si só reconhece o príncipe imperial, resolve as dúvidas que possam ocorrer na sucessão da Coroa, escolhe nova dinastia no caso de extinção da imperante, e exerce outros atos, como depois veremos, que estão intimamente ligados com essa alta representação da soberania brasileira. É por isso mesmo que o título de cada uma das Câmaras Legislativas é o de augustos e digníssimos senhores representantes da nação. [Constituição, art. 16.]

Seção 2ª: Da forma do governo nacional
e dinastia brasileira

§§ 1° e 2° *O seu governo é monárquico-hereditário, constitucional e representativo.* Constituição, art. 3.

A dinastia imperante é o senhor d. Pedro I, atual imperador e defensor perpétuo do Brasil. Constituição, art. 4.

§ 1° Da forma do governo nacional:
18. Nenhuma associação nacional pode subsistir na anarquia, é indispensável um governo, uma ordem pública, uma organização apropriada à sua civilização e necessidades sociais. A maneira por que a nação distribui o seu poder constitui as diversas formas do governo.

A nação brasileira, quando emancipada, livre e independente, tinha a necessidade de constituir-se, e o direito de escolher a forma do governo a mais adequada às suas condições, ao seu desenvolvimento, às idéias do seu progresso intelectual, moral e material. Não tinha outras restrições senão as da sua razão prática, sua previdência, suas afeições e idéias morais. Na escolha que fizesse tinha por juiz somente a Deus e os futuros resultados de sua decisão.

A razão brasileira, esclarecida pela experiência dos povos, o sentimento de seus hábitos, a previsão de sua segurança e bem-ser, aconselharam-lhe que preferisse a forma monárquico-hereditária, constitucional e representativa. Aconselharam-lhe também que adotasse, aprovasse e fizesse jurar o projeto de Constituição que o senhor d. Pedro I tinha feito nesse sentido elaborar por sábios brasileiros, e que tinha submetido ao juízo nacional; aconselharam-lhe que convertesse em lei fundamental do Estado essa obra de alta sabedoria, que fazia sua, que sancionava pelo seu poder.

Foi uma resolução inspirada pela Providência. Certamente, a forma de governo que preferimos é a mais elevada, filosófica e apropriada às necessidades e porvir do Brasil; ela reúne em si todas as garantias, oferece a estabilidade e promete as maiores vantagens que um povo pode aspirar.

19. Por sua condição monárquica, isto é, de um só centro moderador e executivo, único e permanente, não só por sua vida, mas mesmo hereditariamente, como depois veremos, por essa concentração de todas as atribuições que são legislativas, em que esse centro todavia tem parte, ou judiciárias, sobre que ainda assim tem inspeção, por essa unidade central, esta forma de governo simboliza a unidade e a força nacional, a estabilidade na vida interior do Estado e nas suas relações internacionais. É o princípio homogêneo e harmonioso da ação diretora, que evita os graves inconvenientes dos centros coletivos de execução, cruzados e entorpecidos por idéias diferentes e opostas, debilitados por vontades ou forças desencontradas, ou antes pelo próprio vício de sua instituição.

20. Por seu caráter hereditário desviou do Brasil a nossa forma de governo os males que resultam, e que outros países têm sentido, das monarquias puramente vitalícias ou eletivas, e muito mais dos governos temporários, males que agitam e arruínam as nações. É a monarquia estável, como a própria nação, é o princípio da segurança e da ordem, das tradições nacionais, princípio que o art. 117 da nossa lei fundamental desenvolve, como depois veremos.

Evitando assim a imobilidade do poder, assentou os destinos da sociedade sobre base certa, firme, não disputada, base que não põe a existência e os grandes interesses da nação em questão periódica. O estudo da vida política dos povos cada vez mais demonstra que a máxima — *o monarca não morre* — é de alta sabedoria e transcendente vantagem social; a Coroa, ou por outro a ordem pública, repousa não só sobre uma vida inteira, mas como que, sobre a perpetuidade.

21. Por sua base constitucional neutralizou os perigos da monarquia pura, da absorção de todo o poder Legislativo e Judiciário, do poder sem limites, sem contraste, do despotismo, vizinho da tirania.

Para que um governo mereça o nome de constitucional, não basta que ele seja instituído pelo consentimento nacional; é de mister além disso que a natureza e extensão dos poderes políticos e suas atribuições sejam expressamente fixadas e limitadas por disposições que estabeleçam o fundamento, a norma invariável, a regra fixa e suprema, assim do governo, como dos direitos e obrigações dos cidadãos. A Constituição é a lei fundamental, que divide, organiza e estabelece os limites e modo porque os poderes políticos devem funcionar, e as garantias dos cidadãos.

Assim procedeu a Constituição brasileira; ela dividiu os poderes nacionais, designou suas atribuições, sua independência e concurso para o bem social; enumerou as liberdades públicas, fixou a maneira constante de governar a sociedade; colocou as balizas além das quais nem um poder deve passar.

Nossa pátria não está pois sujeita à direção do arbítrio, da vontade ilimitada, da escravidão; cumpre só que ela faça observar religiosamente sua Constituição pois que é a sua religião política, e será infalível o seu progresso e prosperidade.

22. Pelo elemento representativo oferece nossa forma política uma nova e válida garantia à sociedade brasileira. Os governos têm o nome de representativos quando os cidadãos ativos participam no exercício do poder público, para que este funcione no sentido dos verdadeiros interesses sociais, já escolhendo, temporária e livremente seus representantes, mudando-os, ou conservando-os, periodicamente no corpo legislativo, cargos que também podem ocupar, já intervindo como jurados no poder Judiciário, ou como membros nas Câmaras Municipais, e já finalmente possuindo o direito de petição, e a liberdade da imprensa. Por estes variados meios exerce a nação sua influência sobre os negócios públicos, e representam os cidadãos, ou por seus mandatários ou por si mesmo, o direito que têm de ser partes componentes da soberania, e não homens estranhos à sua associação.

É uma combinação sublime, que coloca a sociedade, por mais numerosa que seja, e sem confusão, como que na gerência imediata, na cooperação, ou fiscalização ativa do governo do Estado, combinação que ramifica-se nas administrações provinciais e municipais, e cuja ação alarga-se tanto mais quanto mais liberais são as leis regulamentares.

§ 2º Da dinastia brasileira:

23. Para a sua mais alta representação escolheu a nação, como devia, a dinastia do senhor d. Pedro I. Circundado de altos prestígios, credor da gratidão nacional, esse augusto príncipe, soube ser o representante da antiga soberania nacional do Brasil e Portugal, foi o principal cooperador da independência brasileira.

Por amor do Brasil renunciava o trono português, procurava fundar um Estado livre, era o núcleo da ordem, do porvir, das esperanças do Brasil, devia pois ser o seu monarca por si e sua dinastia: ele foi, e será.

Dinastia é a série, a sucessão, a ordem desta em uma mesma família; a Providência permita, para o bem dos brasileiros, que a que atualmente impera jamais haja de extinguir-se.

Capítulo 3:
Dos poderes políticos, sua divisão, abusos a respeito e fim da Constituição nacional

Seção 1ª: Da enumeração
e denominação dos poderes políticos

§§ 1º e 2º Os poderes políticos reconhecidos pela Constituição do Império do Brasil são quatro: o poder Legislativo, poder Moderador, o poder Executivo e o poder Judicial. Constituição, art. 10.

§ 1º Da enumeração dos poderes políticos:
24. Poder político quer dizer delegação mais ou menos ampla da soberania nacional; é a competência, a força inteligente por ela criada, a autorizada para exercer as atribuições delegadas no fim da conservação e bem-ser social.

A sociedade, como já observamos, não pode existir sem ordem, justiça e paz, sem governo que vele sobre essas necessidades indeclináveis, não pode pois deixar de delegar o poder social. Criando um governo, delegando o seu poder, tem ela o direito de dividir ou concentrar este em maior ou menor número de ramos; depende isso do sistema que adota, e que sendo filho de uma concepção refletida e previdente, deve conformar-se com as normas e condições de uma boa organização social.

Nossa Constituição criou e reconheceu os quatro poderes que acima enumeramos, e a eles deu as denominações que passamos a referir no parágrafo seguinte.

§ 2º Da denominação dos poderes políticos:
25. Os poderes políticos que como tais a nossa lei fundamental reconhece, são o poder Legislativo, o poder Moderador, o poder Executivo e o poder Judicial. Todos eles são expressões naturais e necessárias da soberania nacional.

Além de suas leis constitucionais, certamente precisa a sociedade de leis secundárias, de normas que dirijam os seus diferentes serviços, que presidam as suas relações, as duas grandes classes de seus interesses, os da ordem social ou coletiva, e os da ordem particular ou civil; é pois indispensável um poder Legislativo, poder que deve ser exercido distinta e separadamente, como depois demonstraremos.

Entretanto essas leis de ordem social ou interesse coletivo, ainda quando criadas pelo poder Legislativo, não produziriam seus efeitos se não houvesse uma outra autoridade encarregada de executá-las e de fazer observá-las, autoridade que, na conformidade delas, devesse providenciar sobre a segurança do Estado e satisfação das necessidades sociais; eis pois a precisão de um outro poder, do poder Executivo.

Semelhantemente as leis da ordem ou interesse particular, e também as que regulam as relações do cidadão para com a sanção penal, não produziriam seus benéficos resultados se não houvesse uma magistratura especial destinada a dar-lhes vida e aplicação; daí deduz-se a impreterível necessidade de um outro poder que denomina-se Judicial.

Enfim, a conveniência de que exista um poder legítimo que incessantemente vele sobre a manutenção da independência, equilíbrio e harmonia dos outros poderes políticos, dá nascimento ao que é denominado Moderador.

Este, assim como os antecedentes poderes, existe sempre em toda a associação nacional, não difere senão em ser o seu exercício conjunto com o de outro poder, ou separado, sujeito a condições mais ou menos restritas, ou entre si diferentes. O poder Moderador em quase todas as Constituições faz parte do poder Executivo; quando tratarmos de cada um deles será a ocasião oportuna de analisarmos sua natureza especial.

SEÇÃO 2ª: DA DIVISÃO OU SEPARAÇÃO
E HARMONIA DOS PODERES POLÍTICOS

§§ 1º a 5º A divisão e harmonia dos poderes políticos é o princípio conservador dos direitos dos cidadãos, é o mais seguro meio de fazer efetivas as garantias que a Constituição oferece. Constituição, art. 9.

§ 1º Da razão fundamental da divisão dos poderes:
26. Quando se reflete sobre o fundo do preceito, sobre a força das expressões deste artigo constitucional, não é possível deixar de admirar a extensão de suas vistas, a alta compreensão e o vigor de sua sabedoria!

Na infância das sociedades, ou antes da sua civilização, os poderes políticos em vez de divididos são confundidos e concentrados em uma mesma individualidade, e conseqüentemente entregues ao impulso, e porventura desvarios de uma só vontade, por isso mesmo que em tal caso ela é ilimitada, absoluta, competente.

Os males que daí resultam são patentes e terríveis em suas conseqüências; a sociedade em todas as suas relações pende do arbítrio.

27. Pelo que respeita a garantias individuais é óbvio que nem uma existe, e nem pode existir contra a vontade ou contra o abuso de uma onipotência, que por seu próprio excesso torna-se irracional; aniquila-se toda a possibilidade de limites, de equilíbrio, de fiscalização, ou contenção política. Não podendo desde então haver governo livre, não pode haver também liberdades públicas nem individuais; o homem é escravo, os seus caracteres morais e intelectuais são degradados ou comprimidos. A única garantia eventual ou precária é a da virtude pessoal do governante quando bem informada.

Em relação à administração pública, a sociedade necessariamente sofre, todos os interesses se ressentem. Não prevalecem os talentos, as luzes, as virtudes em seu impulso, sim as afeições pessoais, a desteridade dos validos. Os interesses e relações sociais de ordens diversas, que a razão demanda que sejam confiados a poderes e pessoas distintas, que pressupõem habilitações e condições especiais, são confundidos, olvidados ou sacrificados; é o patrimônio pessoal mal dirigido e defraudado.

Assim, essa forma viciosa exerce nociva influência sobre os homens e sobre as coisas, sobre todas as relações da inteligência e vida dos indivíduos e do Estado.

28. Daí se manifesta claramente a necessidade essencial da divisão do poder, necessidade que uma civilização adulta trata logo de satisfazer. Essa divisão é que verdadeiramente distingue e classifica as diversas formas dos governos, que extrema os que são absolutos dos que são livres, que enfim opera a distinção real dos diferentes interesses e serviços da sociedade. Sem ela o despotismo necessariamente deverá prevalecer, pois que para o poder não abusar é preciso que seja dividido e limitado, *é preciso que o poder contenha o poder*.

Entretanto, para que a divisão dos poderes ministre seus benéficos resultados, é de mister que seja real, que prevaleça não só de direito como de fato, que seja uma realidade e não somente nominal, que seja efetiva e não uma idealidade apenas escrita. É essencial que seja respeitada, e finalmente observada, que cada poder efetivamente se contenha em sua órbita, que reciprocamente zelem por suas atribuições, não tolerando a invasão e o despojo de sua competência constitucional.

Observar praticamente a sábia disposição do art. 9 da lei fundamental é o grande *desideratum*, é a vida real do sistema constitucional. Quanto mais exata for essa observância, mais seguras e amplas serão as liberdades brasileiras, e mais regular e bem ordenada a administração nacional, marcharemos, então, para a prosperidade; haverá crenças, espírito nacional e entusiasmo.

§ 2º Da separação do poder Legislativo:

29. Por que o poder Legislativo deve ser organizado e exercido separada e distintamente, isto é, confiado a mãos, a agentes diversos dos que exercem os outros poderes? E, entre outras considerações, porque é essencial não acumular o poder que cria a lei com os poderes que a executam, quer no sentido do interesse geral ou coletivo, quer no sentido do interesse individual ou civil.

Desde que ao poder Legislativo se acumulassem as atribuições de um ou de ambos esses outros poderes, deixaria ele de ser a alta autoridade reguladora no só sentido do interesse social absoluto, elevado, desprendido de toda e qualquer outra consideração. Perderia porventura sua alta imparcialidade, baixaria de sua região para o campo das questões de execução e dos interesses momentâneos ou pessoais. Seria forçoso alterar suas condições e prerrogativas, que aliás não devem ser alteradas; ele não poderia continuar a ser irresponsável, pois que em tal caso seria administrador, ou juiz, perigoso, sem corretivo. Seria, enfim, contrariar e confundir todas as suas condições, seria uma acumulação irracional.

§ 3º Da separação do poder Executivo:

30. Semelhantemente, o poder Executivo deve, por sua natureza, ser separado e distinto dos outros poderes; deve ser só executivo.

Cumpre que seja separado do poder Legislativo, que não possa ser incumbido de fazer a lei, por isso mesmo que esta é quem estabelece as normas pelas quais ele deve dirigir-se, que cria os direitos e obrigações que ele deve respeitar, que imprime e regula as condições legítimas dos interesses coletivos, que estabelece limites à sua ação, que resguarda os direitos individuais.

Por isso mesmo que ele é o instrumento vivo, o agente político da execução da vontade nacional consignada nas leis, e não da sua vontade pessoal, é manifesto que não deve acumular o poder Legislativo. Desde que fosse incumbido dessa contraditória atribuição de fazer a lei, deixaria de ser só poder Executivo, teríamos o mesmo vício e perigos que desnaturam o poder Legislativo quando incumbido da execução de seus próprios atos, perigo da parcialidade, da concentração dos poderes, do despotismo, teríamos o governo absoluto mais ou menos pronunciado ou disfarçado.

Além de que então poderia fazer a lei no interesse de sua própria autoridade e não no da sociedade; acresce que suas condições especiais, sua unidade e caracteres diversos dos que são necessários ao legislador, defraudariam as garantias sociais. Certamente ficaria o país privado do concurso das luzes, do contraste das opiniões e veto recíproco das duas Câmaras do Parlamento, do auxílio da imprensa, da garantia da sanção ou desaprovação da Coroa.

Se o executar deve ser ato da unidade, o resolver, deliberar, adotar a melhor norma, é sem dúvida obra de muitos. Isto deve ser sempre tarefa da inteligência coletiva, pausada e refletida; aquilo é propriedade da ação, da força, da vontade, da unidade pronta e enérgica. Cada poder tem por isso mesmo organização, condições diversas, adaptadas à sua missão, seus serviços e fins sociais; encarregá-los de atribuições heterogêneas e contraditórias seria confundir os elementos constitucionais e falsear todas as garantias que estes esmeradamente procuram fundar e robustecer.

31. Por considerações de igual valor deve o poder Executivo ser inteiramente dividido e separado do poder Judicial. São dois domínios inteiramente diferentes, duas competências que defendem interesses de ordens diversas, e que não devem ser sacrificadas uma à outra.

O poder Executivo tem por missão ou domínio a execução das leis da ordem pública ou administrativa, leis que regulam e protegem os interesses coletivos ou gerais da associação; sua índole é fazer com que nas relações do cidadão com o Estado esses interesses triunfem sempre, e ainda com sacrifício dos interesses individuais.

O poder Judicial tem por encargo o domínio, a aplicação das leis, que formam o Direito Particular, a ordem civil, que regulam e compõem os interesses dos indivíduos entre si na qualidade de particulares; ele não tem outro norte senão a justiça, não examina de quem é o interesse.

Aquele é o professor dos direitos e interesses públicos, defensor até certo ponto discricionário; seus agentes são móveis e dele dependentes; seu processo expeditivo e sem formas necessárias, sem garantias eficazes.

Este outro é o protetor dos direitos e interesses individuais, da propriedade, liberdade, honra, vida, de tudo que é caro aos homens como homens; seu poder em vez de ser discricionário é restritamente legal; seus agentes, os magistrados, são perpétuos e independentes; seu processo dirigido sempre pelo Direito Positivo, circundado de garantias certas, de debates contraditórios e de fórmulas minuciosas, completas, previdentes.

O primeiro obra independente de ser provocado, atende o tempo, os lugares, as oportunidades; põe a sua glória em prever, em conservar a sociedade e engrandecê-la, ainda mesmo com quebra de alguns interesses particulares.

O segundo é impassível, espera que sua ação seja provocada, não atende senão as questões existentes, os direitos em litígio; põe a sua glória em manter as liberdades e justos interesses do cidadão, em dar a cada um o que é seu, sem atender o que o governo porventura desejara.

A administração e a justiça são, pois, entidades, são poderes inteiramente diversos. Assim, e se foi para colocar os direitos individuais sob um abrigo que os subtraísse das incertezas, discrição e vontade móvel do poder Executivo, que se criou a autoridade judiciária e separaram-se os seus distritos, a ordem estável da ordem móvel ou variável, é patente que seria falsear todas essas garantias o confundir os dois poderes.

Desde que a administração invadir o território da justiça olvidará logo a divisão fundamental das alçadas do Direito Público e do Direito Particular, dos dois interesses distintos que expusemos no título preliminar e que seria ocioso aqui reproduzir. Poria logo sua discrição, seu arbítrio em lugar do direito; embora a lei civil, por exemplo, garantisse a faculdade das associações industriais, esta ou aquela outra liberdade não cerceada em prol do interesse geral, ela, a título de um interesse coletivo suposto e não preferido pela legislação, proibiria essa faculdade, quebraria as liberdades aliás garantidas, e prejudicaria o desenvolvimento da riqueza pública e bem-ser individual, sacrificando tudo à imaginação dominante.

É pois preciso que a administração não usurpe as atribuições do poder Judiciário, e que, se o fizer, não faça impunemente, para que se não reproduzam abusos que, infelizmente, já temos visto.

§ 4º Da separação do poder Judicial:

32. O poder Judicial de sua parte, e pelas mesmas considerações já expostas, pois que são recíprocas, deve também circunscrever-se em sua órbita. Ele não é autorizado a invadir as raias do poder Legislativo, não tem por isso mesmo direito de decretar decisões por via de disposição geral, e só sim de estabelecê-las em relação à espécie que lhe é subordinada. Não possui jurisdição para decidir questões de ordem administrativa, pois que pertencem à competência exclusiva do governo.

É fácil conter o poder Judicial; no primeiro caso pela sua responsabilidade, e no segundo por meio da instituição ou levantamento do conflito de atribuição, ou recurso ao governo ou Conselho de Estado; assim houvesse, como é necessário, um meio legal tão fácil para conter o poder Executivo; demorar-nos-emos mais a respeito quando tratarmos do conflito.

Tais são enfim algumas das razões fundamentais da divisão do poder social em ramos diversos e distintos, e pelas quais não convém que sejam jamais confundidos.

§ 5º Da harmonia dos poderes:

33. A par de sua independência, e distinta separação, devem todos os poderes concorrer pelo modo o mais harmonioso para o grande fim social. Sem o concurso uníssono de suas vistas e esforços, jamais será possível que o maquinismo político e administrativo funcione proveitosamente.

A divisão dos poderes não é certamente instituída para gerar o choque, e o conflito não se distingue para que sejam rivais, ou hostis, sim para melhor garantir o destino e fim social, para que em justo equilíbrio trabalhem e cooperem, auxiliem-se, e conspirem pelo modo o mais esclarecido em prol do bem-ser comum.

Dividem-se, e separam-se para evitar a confusão, o olvido dos negócios do Estado, e dos direitos nacionais, para impedir a precipitação, o erro, o excesso; para que se aproveitem todas as inteligências e forças na elevação do edifício social, no desenvolvimento da prosperidade brasileira. São atividades paralelas que convergem para uma só e gloriosa missão.

SEÇÃO 3ª: DO ABUSO DA SUBDELEGAÇÃO
DO PODER LEGISLATIVO NO PODER EXECUTIVO

§§ 1º a 3º O que diz respeito nos limites e atribuições respectivas dos poderes políticos é constitucional, e não pode ser alterado pelas legislaturas ordinárias. Constituição, art. 178.

A separação real e efetiva dos poderes e de suas atribuições, e não a divisão puramente nominal, é quem constitui o grande princípio conservador dos direitos sociais. Cont., arg. do art. 9.

§ 1º Da contradição deste abuso, ou subdelegação com os princípios do Direito em geral:

34. Do que temos anteriormente exposto, já se manifesta que entendemos ser não só ilegítima, mas também muito nociva a subdelegação, ou antes

o manifesto abuso de que tratamos nesta seção, e que desenvolveremos com alguma extensão, por isso mesmo que ele se vai radicando em nosso país, e falseando nosso sistema de governo. É uma aberração que cumpre aniquilar.

É incontestável, em face dos princípios gerais do Direito, que um mandatário ou procurador não pode subdelegar a comissão que lhe foi confiada, senão quando os seus constituintes ou mandantes derem-lhe para isso poder expresso e especial.

Esta tese, consagrada pelos séculos, e incorporada na legislação de todos os povos civilizados, é a própria razão escrita, é a salvaguarda, a garantia dos direitos dos indivíduos, e também da sociedade. Os mandantes, ou constituintes, são os proprietários dos direitos, do poder, da comissão; quem pois, senão eles, poderá ter a faculdade de escolher seus representantes, ou comissionados? Deverão os seus direitos, ou interesses, ser entregues a quem não queriam, ou não pensavam confiar?

Os mandantes não encarregam seus poderes e direitos sem examinar de antemão as garantias, condições, e habilitações que as individualidades oferecem, e se confiam nelas, para que por si mesmas executem suas incumbências; não se segue daí que confiem a faculdade de subdelegar, de impor-lhes substituições que, ou não conheciam, ou não queriam, ou intencionalmente evitavam. Se quisessem lhe dar essa faculdade eles a teriam expressamente autorizado.

Se este princípio de eterna justiça e verdade predomina inconcusso até nos negócios de menor magnitude, como rompê-lo quando se trata dos grandes direitos e interesses nacionais, do religioso cumprimento do mandato do povo brasileiro? Como postergá-lo quando ele está intimamente ligado e confirmado por nossa lei fundamental? Esta, antes de delegar o poder Legislativo, esse primeiro atributo da soberania nacional, teve o cuidado e sabedoria de estabelecer as condições apropriadas, as habilitações que necessariamente deveriam ter, as garantias que deveriam oferecer aos respectivos mandatários; só depois, e mediante outras cautelas, foi que autorizou a delegação; como é pois que estes, defraudando todas essas providências, terão o direito de fazer-se substituir por quem tem condições diversas, por quem seus mandantes não quiseram que exercesse essa comissão? Por um outro mandatário especial e incompatível?

Nem se diga que os representantes da nação não são procuradores do povo brasileiro, ou que não estão sujeitos a esse princípio de direito, porquanto não só a teoria do governo representativo repousa inteira sobre a base do mandato, mas aí está o art. 176 da Constituição, que é bem expressivo e concludente — se ordenará *aos eleitores dos deputados que nas procurações lhes confiram especial faculdade*. São dois procuradores dos brasileiros, e devem desempenhar a sua procuração nos precisos termos, segundo as instruções ou ordens que estão para isso claramente consignadas na lei fundamental.

Os povos escolhem os seus representantes pela impossibilidade que a nação tem de fazer as leis por si mesma; conseqüentemente esses mandatários não vêm exercer direitos próprios de que possam dispor a seu arbítrio, sim direitos alheios, que devem sustentar segundo as condições da comissão que receberam. São apenas órgãos, e únicos legítimos e exclusivos, porque ninguém pode legislar senão aqueles que receberam da nação essa delegação nacional, que é especial, e por sua natureza intransferível, incomunicável.

§ 2º Da contradição deste abuso com artigos expressos da Constituição:

35. Não são somente os princípios do Direito em geral que repelem e condenam esse abuso; diversas e muito expressas disposições de vários artigos constitucionais não podem de modo algum tolerá-lo.

O art. 99, em sua elevada e luminosa compreensão, declara e ensina que a divisão dos poderes não só é o princípio conservador dos direitos dos cidadãos, mas também o mais seguro meio de fazer efetivas as garantias que a Constituição oferece. Declara, portanto, que se os brasileiros querem ser livres, se querem que a Constituição seja uma realidade, e não uma decepção, respeitem e façam respeitar essa verdade soberana; se querem o governo absoluto, a escravidão, confundam e acumulem os poderes.

Esta divisão, ou separação, tão formal e imperiosamente exigida, não é puramente nominal, intelectual ou imaterial; é sim a separação real, efetiva e eficaz; é a proibição fundamental de que os agentes do poder Executivo, os ministros, possam jamais ser, como tais, legisladores. A divisão puramente intelectual, essa existe também nos governos absolutos; o poder de legislar é, e será sempre distinto do poder de executar as leis, são entidades morais de natureza diversa; sua acumulação ou depósito nas mãos dos mesmos, ou de diversos agentes, é que opera a concentração, ou separação, que caracteriza realmente as diversas espécies de governos. Essa acumulação contraria pois formalmente o art. 9, e põe, como ele adverte, em perigo os direitos dos cidadãos e as garantias das liberdades públicas.

36. O art. 13, fiel a essa separação fundamental, diz que a nação brasileira delegou o poder Legislativo à Assembléia Geral com a sanção do imperador, e não ao poder Executivo, ou aos ministros, a quem deu atribuições diversas e incompatíveis, e denegou a faculdade de fazer leis.

37. O art. 15, § 8º, diz conseqüentemente que a Assembléia Geral é que deve fazer as leis, interpretá-las, suspendê-las e revogá-las. Os representantes

da nação devem pois exercer por si, e não por outrem, a comissão que lhes foi pessoalmente incumbida, devem observar e cumprir a Constituição nos termos e pelo modo por ela prescritos, do contrário é violá-la.

Os poderes políticos são entidades morais que não se agitam nem produzem efeitos por si mesmas, que precisam de mandatários, que exerçam sua força; a Constituição criou a Assembléia Geral para ser o mandatário legislativo, especial, e independente, por isso mesmo que intencionalmente não quis que o poder Executivo tivesse essa missão: e o que faz a delegação? Justamente o contrário do que a lei fundamental ordenou!

38. O art. 15, § 9º, incumbe a Assembléia Geral de velar na guarda da Constituição. Conseqüentemente, deve ser ela a primeira a dar o exemplo de respeito à lei fundamental; ora, como muito bem diz o art. 25 da Constituição belga — *os poderes políticos devem ser exercidos pela maneira estabelecida pela Constituição* — e quem dirá que a maneira de legislar estabelecida pela nossa fosse de subdelegar essa competência ao ministério? Como será mesmo possível fiscalizar a ação deste, se ele é simultaneamente o legislador e executor?

A razão e nossa lei fundamental mandam prevenir a direção arbitrária do poder Executivo, e como primeira garantia nesse sentido declaram que o poder que executa seja diverso daquele que faz a lei, que sejam ações de agentes diferentes, que o meio de evitar os abusos é de dividir e extremá-los por modo eficaz e de encarregá-los de vigiar-se reciprocamente. O que faz o abuso de que tratamos? Acumula essas atribuições incompatíveis, torna os ministros onipotentes, degrada o poder Legislativo, e o impossibilita de velar na guarda da Constituição!

O modo de velar na observância da lei fundamental se exerce pelo exame de como os ministros cumprem a lei, mas se estes são os próprios que a fazem, e interpretam, que fiscalização valiosa poderá restar? Assim estragam os representantes da nação o seu direito e dever iminente de ser os guardas vigilantes, o contrapeso da grande força executiva! Assim olvidam que o governo representativo só existe na realidade, e produz seus frutos, enquanto se observam as condições vitais de cada um de seus elementos, enquanto nem um destes ultrapassa suas demarcações, nem se despoja de seus atributos.

39. O art. 36 não só confirma a competência de legislar como exclusiva da Assembléia Geral, mas até em relação a ela mesma faz a iniciativa em certas matérias privativas da Câmara dos Deputados; ora, como combinar estes princípios constitucionais, tão claramente estabelecidos, com o abuso da subdelegação? Distribuiu nossa lei fundamental os poderes, e assinalou

o processo que cada um devia observar, com as cautelas que julgou úteis aos grandes interesses nacionais, mas os mandatários do povo virão uns usurpar, outros ceder, e ambos alterar essas condições fundamentais?

40. O art. 52 diz que não só a proposição, como a oposição e a aprovação definitiva dos projetos de lei, compete ambas a cada uma das câmaras. Ora, como será possível cumprir esta disposição quando é o ministério quem faz a lei, e as Câmaras a conhecem só depois de feita?

A Constituição quis que a lei, que tem de reger o país, tivesse nascimento nas Câmaras, fosse nelas discutida em presença de número legal, pudesse ser apreciada e emendada por cada um de seus membros tanto da maioria como da minoria; deu a cada uma um veto e estabeleceu ainda a necessidade da sanção. Criando essas duas Câmaras numerosas, esses dois grandes centros de luzes, quis aproveitar todas as idéias úteis, evitar o erro, considerar cada uma das disposições legislativas em todas as suas faces e combinações, com toda a previsão e madureza; e o que faz a subdelegação? Diz: inutilizem-se todas essas vistas e essenciais condições do saber das Câmaras e das garantias públicas, e o ministério faça a lei como quiser!

Nem se argua que quem faz a lei é a Assembléia Geral pela autorização que decreta. Esta argüição é um miserável sofisma, as disposições que vêm decidir dos direitos e obrigações dos brasileiros não são as palavras — *fica o governo autorizado a fazer uma lei de desapropriação por utilidade pública* —, são sim as que se contiverem no decreto que o ministério promulgar. É dizer ao ministério, criai direitos, obrigações e penas como entenderdes, pondo em execução, eu verei o que fizestes depois de já ser lei, não há necessidade de Câmaras se não para a autorização, nem questão de sanção, porque todas as previsões constitucionais a este respeito pouco valem.

41. O art. 54 proíbe que os ministros, como tais, estejam presentes nas Câmaras no ato da votação das leis, e proíbe porque não quis que sua presença pudesse ter influência alguma nesse ato; ora, se os ministros nos termos constitucionais não podem ter voto e nem assistir mesmo como espectadores a essa votação, como é que sem grave contradição poderão conceber, discutir entre si, votar e decretar a lei por si sós?

42. Os arts. 57, 58, 61 e 64 confirmam ainda mais o que temos exposto. A Constituição estabeleceu a publicidade da discussão das leis para que a opinião pública, a imprensa manifestasse suas idéias, coadjuvasse os legisladores para que o direito de petição pudesse ser exercido. É o trabalho dos mandatários da nação que se faz debaixo de seus olhos, no capitólio nacional, sob a inspeção de todos; então é possível aos cidadãos refletir sobre as normas que se vão decretar, antever, compor, prevenir seus interesses.

Quando porém a lei é feita no gabinete dos ministros, quando aparece de surpresa, onde ficam os termos constitucionais e os interesses individuais? Quando pensou a nação, a lei fundamental, que seus preceitos salutares, previdentes, categóricos, seriam assim defraudados?

43. O art. 178, que tomamos por primeira base desta seção, é por si só mais que terminante para aniquilar o abuso de que nos ocupamos. *O que respeita aos limites e atribuições dos poderes políticos é constitucional e não pode ser alterado pelas legislaturas ordinárias.* Sem dúvida não é lícito usar da delegação ordinária do povo contra o direito fundamental do povo. Este organizou os seus poderes políticos, assinalou suas competências, estabeleceu claramente os limites destas no fim de garantir suas liberdades; era conseqüente que dissesse, como diz, vós não podeis alterar estes limites, usurpar atribuições alheias, nem ceder das que vos confio, nenhum dos poderes tem direito de exercer senão as funções que lhe deleguei; todo o ato praticado contra minhas determinações é ilegítimo e arbitrário.

O poder nacional em seu todo é um e único, tem porém funções distintas, como as de legislar, executar e julgar. Cada função destas constitui a alçada, os limites, as atribuições de cada poder separadamente delegado; a diferença de cada um deles é inseparável da diferença de suas atribuições e limites. Ora, se estes princípios são exatos, se a Constituição extremou o poder Executivo do Legislativo, se deu a este por atribuição o fazer a lei e àquele o executá-la, se esta determinação é constitucional, se não pode ser alterada por lei ordinária, como se poderá sustentar que uma legislatura que não tem missão para reformar a Constituição possa alterá-la?

44. A Constituição francesa de 1795 dizia em seu art. 45: "Em nenhum caso o corpo legislativo pode delegar a quem quer que seja nenhuma das funções que lhe são atribuídas pela Constituição"; e no art. 46 acrescentava: "ele não pode exercer por si mesmo nem por delegados seus o poder Executivo ou Judiciário".

As Constituições posteriores têm julgado ociosas estas declarações, pois que elas se incluem virtual, mas claramente em duas disposições, porquanto: *La Constitution est la loi des lois, la loi de tous les pouvoirs constitués; créés par elle, ils ne peuvent donc y porter atteinte.*

A Constituição é o título que legaliza a existência e a legítima autoridade da Assembléia Geral, esta não tem direito de romper o próprio título de sua vida e poder. Não pode exercer as atribuições que lhe foram confiadas senão por si mesma, e pelo modo que lhe foi prescrito, aliás infringe seu próprio título.

A Constituição seria mesmo contraditória se depois de organizar suas sábias previsões consentisse que um poder ordinário houvesse de alterá-las; seria autorizar o estabelecimento do governo absoluto sem necessidade de reforma constitucional!

Dizia um publicista: "Qual peut être l'état d'une nation dont la législature est diamétralement contradictoire sur son premier principe, la constitution même?". Por certo que este pensamento não deve ser aplicado no Brasil, mas por certo que a subdelegação de que tratamos é um grande abuso, e os abusos do poder Legislativo são sem dúvida os mais perigosos, por isso mesmo que seu custoso corretivo pode ser fatal.

Para demover-nos de tal abuso e justificar a nossa lei fundamental, basta refletir que ela não ignorou que as leis são feitas não só para regular os cidadãos para com o governo, mas também para dirigir e regular o mesmo governo e as suas relações para com aqueles e para com os outros poderes públicos, e que conseqüentemente não é lógico nem lícito autorizá-lo a regular, como queira, a si mesmo e a suas relações; esse arbítrio só é dado e caracteriza os governos absolutos, ele não deve ser permitido ao poder Executivo de um Estado constitucional, desde que esta qualificação for verdadeira.

45. Esta questão já foi bem dilucidada pelo poder Legislativo belga, que reconheceu que a autoridade de fazer a lei deve ser exercida *coletivamente pelas Câmaras e sanção da Coroa*, e que só quando o ato legislativo por si mesmo estabelece os princípios cardeais e os limites em que o poder Executivo deve detalhar suas determinações secundárias, ou não se trata de direitos, obrigações ou penas, só então deixará de haver abuso, porque então a autorização concedida não excede, ou antes se converte em pura execução só com mais alguma amplitude de ação. A lei nesse caso é feita pelos representantes da nação, e segundo as normas constitucionais e não por um poder estranho; é a tarefa do regulamento somente que é um pouco ampliada.

Concluiremos, pois, que a Constituição brasileira não permite tal abuso, nem o poderá permitir sem grave erro.

§ 3º De outros inconvenientes do abuso:

46. Além da infração da lei constitucional, ou abusos já notados, vemos ainda outros inconvenientes muito repulsivos.

Fica o país com dois legisladores, um de direito e desmoralizado, outro de fato e onipotente. Pela lógica ministerial, autorizado uma vez o governo para legislar sobre uma matéria qualquer, essa autorização não cessa mais, exceto se um ato expresso vem cassá-la! Embora seja de evidente razão, que ela cessa, logo que o poder Legislativo se reúne, depois que a comissão foi exercida, o ministério não entende assim. Pelo contrário considera-se habilitado a alterar, quando julga conveniente, não só a lei que fez mas outras quaisquer, desde que pensa que elas se relacionam com o assunto em que é legislador; de modo que as leis ficam sem estabilidade e conseqüentemente os direitos sociais à mercê da administração!

Os ministros são móveis, sucedem-se às vezes até rapidamente, cada ministério tem sua política, suas idéias, seu sistema e o direito de pô-lo em ação; resultam, pois, a falta de unidade, as interpretações contraditórias, os inconvenientes os mais graves, de que temos mais de um exemplo.

47. Em conseqüência deste abuso, o governo por suas leis não só se regula a si mesmo, como julga melhor, mas subordina a si o poder Judicial e suas competências; os direitos e interesses civis dos cidadãos são sacrificados aos interesses administrativos, ou coletivos, segundo as idéias ministeriais. A divisão fundamental entre essas duas ordens vitais da sociedade não pende mais de dois poderes distintos e independentes: sim de um que é tudo, e nada de outro que é nada!

Assim é que as leis civis e comerciais, que devem ser modeladas sobre o tipo da justiça, que devem ter por caráter a duração e estabilidade, que demandam garantias permanentes, que devem ser filha de alta sabedoria, maduro estudo, profunda discussão pública, deixam de ser as regras fixas da sociedade civil e tornam-se entidades móveis do sistema administrativo freqüentemente inovado.

48. Enfim tal abuso pode mesmo preparar questões difíceis e odiosas. Suponha-se, ao menos por hipótese, que mudanças de ministério, ou uma outra circunstância qualquer fez com que o governo decretasse uma lei ofensiva das liberdades públicas e que a Assembléia Geral quisesse revogá-la, ou cassar a autorização; quem nesse caso assegura que o seu ato será sancionado? Não sendo, continuará essa lei, como lei, a sociedade sofrerá e a Assembléia Geral seria coberta de pejo e de pesar perante toda a nação, que por certo não teria por que elogiá-la! Ela teria defraudado sua missão, comprometido as liberdades, cuja guarda lhe foi confiada, teria sido uma comissão ministerial, uma verba não só inútil do orçamento, mas sumamente prejudicial!

Se não devessem prevalecer a fidelidade aos princípios, a segurança da previsão e só sim a consideração das altas virtudes da Coroa brasileira, então não precisaríamos de uma Constituição escrita; esta porém existe e não para a atualidade somente, sim para todos os tempos e circunstâncias; nós a juramos, é de mister que sejamos conseqüentes, que sejamos fiéis ao dever e honra.

Seção 4ª: Do objeto ou fim da Constituição

§ 1º Das garantias ou promessas constitucionais:
49. Desde que uma sociedade eleva-se em civilização, desde que as noções filosóficas do Direito Público, dos fundamentos racionais dos governos, se vão irradiando, ela concebe e aprecia a necessidade de consignar clara e solenemente os princípios essenciais, as máximas reguladoras de sua organização política, e as garantias de suas liberdades públicas e individuais. É a Constituição e as suas promessas.

O intuito ou fim de suas normas é uma ordem política fixa, o bem de todos e de cada um; o desenvolvimento moral e intelectual, o progresso e felicidade geral. Os meios que ela funda dirigem-se a impossibilitar o arbítrio, conter os poderes em raias limitadas, consagrar os direitos individuais e sociais; e por isso mesmo segurar a intervenção, o voto, ou participação nacional no governo do Estado.

A Constituição destina-se a ser o laço firme e imóvel que, sob essas condições, haja de aliar o poder com a liberdade, e servir de farol luminoso que em harmonia guie os governantes e governados.

Estamos longe de pensar que seja indiferente a garantia de uma boa Constituição como a que possuímos, mas não duvidamos asseverar que as promessas que ela encerra, por si sós pouco podem aproveitar, por isso mesmo que a Constituição não se supõe isolada das condições e das conseqüências que necessariamente devem acompanhá-la, para que liberalize todos os seus frutos.

§ 2º Do desenvolvimento da Constituição e suas promessas:
50. Com efeito, a Constituição por si só é pouco mais do que um símbolo de esperanças lisonjeiras. É o frontispício grandioso do edifício representativo, que para não ficar só em simples decoração isolada demanda suas colunas de segurança, seus espaços interiores, que resguardem os direitos públicos e individuais, que sirvam de oficinas da prosperidade social.

É sem dúvida certo que as instituições políticas não são efetivamente boas senão quando preenchem e desempenham o seu fim, aliás são só promessas ou decepções mais ou menos amplas.

É por isso que a liberdade e o bem-ser de um povo dependem essencialmente de boas leis regulamentares fielmente executadas, do desenvolvimento prático de sua Constituição; aliás terá só o direito de ser feliz mas não a felicidade, e é melhor o fato que o simples direito.

De que serve ou vale uma promessa constitucional de ampla liberdade pessoal ou industrial, de associação ou de imprensa, se as respectivas leis regulamentares, ou na falta delas os atos da administração frustrarem esses prognósticos?

A demanda atual das sociedades civilizadas não é imaginária ou ilusória, é real, é a segurança do bem-ser que gozam e o progresso para uma maior prosperidade, é a ordem e o melhoramento; não pode pois ser substituída por uma idealidade.

Essa ordem só se mantém pelo respeito à lei, não só por parte dos cidadãos, como também pelo exemplo dos poderes públicos.

O progresso, os melhoramentos não podem vigorar sem leis regulamentares, sem instituições que secundem o desenvolvimento e exercício livre da inteligência, dos capitais e do trabalho do homem.

É conseqüentemente necessário que a administração central se organize bem em seus ministérios, seu Conselho de Estado, em todas as suas partes, que componha as suas agências provinciais e locais, para que possam desempenhar a sua missão, funcionar bem, sem morosidades prejudiciais, vacilações e entorpecimentos; que seja animada de vistas largas, generosas e não puramente fiscais e vexatórias, vistas que proscrevam os prejuízos dos sistemas regulamentares e preventivos, que tanto encadeiam e retardam as forças industriais dos povos, e que por isso mesmo os sujeitam depois a sofrer injustiças e usurpações de outros povos dirigidos por governos menos tímidos.

Convém e é justo contar sempre com a razão pública, desenvolver o sistema constitucional, não parar na inação, promover a confecção das leis, das instituições, dos melhoramentos necessários, reprimir o crime onde quer que apareça para moralizar a sociedade, isto é, deduzir as conseqüências lógicas das promessas constitucionais, para que não permaneçam só em letras mortas.

Força é confessar que a primeira das garantias de um povo é a sua civilização elevada, a consciência de seus direitos, a energia da sua inteligência; enquanto, porém, ela não se eleva à altura precisa, quase tudo depende do governo; e força é também confessar que nenhum governo pode marchar, e desempenhar bem o seu fim, enquanto não se achar convenientemente organizado para sua missão. Se ele, que tem à sua disposição a iniciativa, não tiver interesse e energia para se aperfeiçoar a si mesmo, a sua própria organização, o seu próprio poder, o que se poderá esperar quanto ao mais?

Título segundo:
Do poder Legislativo geral ou nacional

Capítulo 1:
Da natureza do poder Legislativo e sua composição

~

Seção 1ª: Da natureza, delegação e divisão do poder Legislativo

§§ 1º e 2º O poder Legislativo é delegado à Assembléia Geral com a sanção do imperador. Constituição, art. 13.

§ 3º A Assembléia Geral compõe-se de duas câmaras: Câmara de Deputados e Câmara dos Senadores ou Senado. Constituição, art. 14.

§ 1º Da natureza do poder Legislativo:

51. O poder Legislativo é a mais alta expressão da soberania nacional; salvos os princípios constitucionais do Estado, os da moral e justiça natural que ele deve sempre respeitar, é a sua onipotência política. É quem cria o direito, a obrigação e as penas, quem regula os outros poderes e os cidadãos, quem decreta as normas que devem reger a sociedade, em suma, é quem faz, interpreta e desfaz a lei.

Quanto é grande a sua missão! Tem em suas mãos todos os elementos sociais; dispõe, combina, coordena, determina, dá e não recebe preceitos. É como que o criador que comunica a vida, imprime sua sabedoria, dirige as forças e movimentos sociais, todas as relações e variados interesses do Estado e dos indivíduos.

Por isso só, e independente de outras atribuições que ele ou os seus diferentes ramos possam acumular, já se vê que é o poder que atua com a maior influência sobre a sorte e destinos nacionais; e que por isso mesmo é moralmente responsável por estes.

É, pois, o grande poder que deve ser exercido por alta sabedoria, independência e dedicação, que deve prever tudo, conter os abusos, ativar a administração, desenvolver todos os germes de prosperidade pública, animar todas as liberdades criadoras, defender todos os direitos dos povos, pois que tudo depende da legislação que ele decreta, e da administração que ele apóia ou censura.

Desde que o poder Legislativo sabe respeitar, e cumprir sua augusta missão, e por isso mesmo sabe fazer-se respeitar, ninguém se anima, nem pode animar-se a contrariar seu impulso animador e benéfico; quando, porém, ele é o primeiro a curvar-se ante os ministros, pode contar certo com a sua degradação, e a sociedade com o abatimento de suas liberdades.

Conseqüentemente, nunca será excessivo o cuidado, a profunda reflexão que a lei fundamental deve empregar, e que a Constituição brasileira efetivamente emprega, na organização deste poder em todas as suas faces, na composição do seu todo, divisão e formação de cada um dos seus ramos, na distribuição de suas prerrogativas, no importante sistema das eleições; enfim, nas diversas e variadas condições essenciais, que temos de examinar neste e nos capítulos seguintes. É fácil, sem dúvida, de prever que se o poder Legislativo adotar mais princípios, ficará a sociedade sem recursos, a não ser o funesto e desesperado meio das revoluções, sempre fatais.

§ 2º Da delegação do poder Legislativo:
52. Se a história política mostra-nos a anomalia de delegar-se o poder Legislativo somente ao monarca, de concentrá-lo em uma só e mesma individualidade, que já exerce outros poderes, revela-nos também o abuso de natureza, ou condição oposta.

A Constituição francesa de 1791 delegava o poder Legislativo a uma assembléia única, uma só câmara; a de 1793, além de conservar essa perigosa unidade, delegava toda a dependência de sanção da parte da autoridade, ou conselho executivo; a de 1848, reproduzindo o mesmo erro, apenas diferia em dar ao poder Executivo a simples faculdade de pedir a reconsideração da medida, era uma dilação de dias ou horas. São atos revolucionários, e exemplos de Constituições que não perduram.

O estudo e a história da legislação política, a razão e a experiência demonstram a todo o espírito, que quer refletir, que o poder Legislativo jamais deve ser unitário, sim coletivo, e composto de ramos diversos e independentes. Se a unidade pode, porventura, ser um meio necessário de ação e força revolucionária, nunca poderá ser um princípio normal de organização legislativa.

O poder Legislativo necessariamente deve ser confiado a uma reunião numerosa de luzes derivadas de todas as localidades, interesses e necessidade, porque as leis dependem, e são o resultado de uma multidão de idéias, combinações e conveniências entrelaçadas, debatidas, e que afinal devem ser preferidas conforme o seu mérito, e no sentido do maior bem social. Não basta, porém, essa condição por si só, nem a divisão em duas câmaras; é de mister circundá-la de outras garantias que ainda mais segurem os direitos da sociedade. A primeira destas garantias é, sem dúvida, reconhecer que a Coroa, que é também um centro de luzes, não deve, de modo algum, ser excluída do complexo da representação nacional, que pelo contrário, deve ter dentro dela o seu assento.

Assim, e com toda a sabedoria, foi o poder Legislativo brasileiro delegado à Assembléia Geral com a sanção do imperador.

§ 3º Da divisão do poder Legislativo:

53. Como a Assembléia Geral é dividida em duas câmaras, a Câmara de Deputados e a de senadores ou Senado, e o poder Legislativo foi delegado a elas, isto é, a essas duas câmaras e ao imperador pela concessão, ou denegação de sua sanção, segue-se que o nosso poder Legislativo é composto de três ramos, ou neles divididos.

Esta divisão, calculada no perfeito interesse da ordem e prosperidade pública, é uma das mais importantes e sólidas garantias que a sabedoria de nossa lei fundamental deu ao país e ao seu porvir.

Cada uma das câmaras da Assembléia Geral, diversamente composta e animada, pensando e funcionando em separado, agita, avalia, encara os negócios públicos e as medidas legislativas não por uma só face, sim em todas as suas diferentes relações. Se uma vê somente o interesse móvel, local, o progresso mais ou menos imaginário ou perigoso, outra contempla o interesse estável, geral, o princípio conservador; assim são os negócios públicos e a legislação bem e maduramente meditados. É necessário que a medida proposta, depois de ilustrada discussão, mostre-se realmente útil, para que os dois órgãos inspirados por idéias distintas, por espírito e condições diversas, concordem em sua adoção pura, ou mais ou menos modificada.

Se as paixões políticas, o erro, a força de uma idéia, o fanatismo predominante, o interesse do momento ou de partido, a influência de um ministro ou de um favorito da maioria, a eloqüência, o entusiasmo, o temor, a violência, ou desejo de popularidade, leva uma Câmara a adotar precipitada ou indevidamente um projeto porventura perigoso, a outra câmara opõe um dique, um veto constitucional que neutraliza a precipitação, ou o perigo; evitam-se, assim, os males que uma oligarquia onipotente, por sua unidade, pudera lançar sobre o país.

As minorias adquirem mais meios de expor à sociedade as suas idéias, por isso mesmo que não estão sujeitas ao capricho, ou injustiça, de uma só maioria; a Constituição é mais respeitada porque cada uma das Câmaras é fiscal da outra no sentido desse grande interesse; a opinião pública é mais bem apreciada, as leis tornam-se mais estáveis, os direitos têm maior segurança. Pode por acaso haver uma recusa infundada, mas antes uma boa lei de menos, do que uma má de mais.

Além de muitas outras vantagens que nascem da divisão da Assembléia Geral em duas câmaras, a história, a experiência política, têm demonstrado que não há barreiras que uma câmara não quebre desde que é dominada por paixões, e que se vê só, ou onipotente. Altera, infringe o seu regimento a título de urgência, exaspera-se com os obstáculos, põe-se em luta aberta com a Coroa, não tolera sua oposição e embora justa, derriba a resistência, ou morre debaixo dela, sacrificando a sociedade. Uma má eleição por si só quantos males pode produzir quando existe uma só câmara! O governo não terá outro recurso senão de procurar corrompê-la, recurso fatal.

54. Em uma monarquia constitucional não basta dividir a Assembléia Geral em duas câmaras; é necessário criar mais um elemento conservador, dar, como já indicamos, mais um ramo ao poder Legislativo, associar-lhe a Coroa; é uma condição não só útil, mas necessária, e mesmo inseparável dessa forma de governo; o monarca perderia o seu caráter desde que deixasse de ter esse atributo, desde que não fosse parte integrante daquele poder.

Como seguindo a ordem da Constituição devemos tratar primeiramente das duas Câmaras, deixamos a demonstração do que acabamos de expressar, quanto a este terceiro ramo legislativo, para dela nos ocuparmos no capítulo 8 deste título.

Seção 2ª: Da formação da Câmara dos Deputados, condições eleitorais e número deles

§ 1º A Câmara dos Deputados é eletiva e temporária. Constituição, art. 35. *Cada legislatura durará quatro anos.* Constituição, art. 17.

§ 2º Todos os que podem ser eleitores [art. 94] *são hábeis para serem nomeados deputados; excetuam-se:*

1º) Os que não tiverem 400 mil-réis de renda líquida anual.

2º) Os estrangeiros naturalizados.

3º) Os que não professarem a religião do Estado. Constituição, art. 95.

Os cidadãos brasileiros em qualquer parte que existam são elegíveis em cada distrito eleitoral para deputados ou senadores, ainda quando aí não sejam nascidos, residentes ou domiciliados. Constituição, art. 96.

§ 3º *Uma lei regulamentar marcará o número dos deputados relativamente à população do Império.* Constituição, art. 97.

§ 1º: Da nomeação e da duração do mandato dos deputados:

55. A Câmara dos Deputados deve sem dúvida ser eletiva e temporária, sob pena de falsear-se radicalmente toda a índole e eficácia do sistema representativo, de quem ela deve ser o principal e mais robusto elemento.

Os deputados são os mandatários, os representantes os mais imediatos e ligados com a nação, com os povos. Têm a missão sagrada de expressar as idéias e desejos destes, de defender suas liberdades, poupar os seus sacrifícios, servir de barreira a mais forte contra os abusos e invasões do poder, em suma, de substituir na Assembléia Geral a presença dessas frações sociais e da nação inteira; cumpre pois que sejam escolhidos e eleitos por aqueles que lhes cometem tão importante mandato, cumpre que dependam só e unicamente daqueles de cujas idéias, necessidades e interesses, de cujo bem ser e progresso têm o destino de ser órgãos imediatos e fiéis. Desde que não fossem eleitos pelos povos, desde que não tivessem de olhar sempre para a sua aprovação ou reprovação, deixariam de ser as expressões do seu pensamento, da opinião nacional. É por isso mesmo que a sua eleição deve ser realmente livre e genuína, pois que aliás invertem-se as condições de dependência, e não resta do sistema representativo senão uma decepção irrisória e cruel.

56. Não basta, porém, a garantia da livre escolha, é demais necessário que ela seja periódica, e que o período não tenha muito demorada duração.

Além de que as idéias, necessidades e mesmo paixões da população são variáveis, é óbvio que uma comissão irrevogável de largo período privaria os comitentes de melhorar a sua representação, de despedir os seus mandatários, ainda quando infiéis, frouxos ou indiferentes. Uma tal permanência isolaria as relações e dependência que devem ser atendidas e consultadas freqüentemente.

Entretanto, se não pode restar dúvida que os deputados devam ser amovíveis, ou por outra, representantes exatos do movimento das idéias nacionais, e amovíveis em períodos não muito extensos, outro tanto não sucede quando tem de fixar-se a duração de seu mandato; e é por isso mesmo que as Constituições políticas diversificam a respeito.

Uma representação de período abreviado demais, tem graves inconvenientes. Priva o deputado do tempo necessário para compreender bem a marcha dos negócios públicos, manifestar os seus talentos e opiniões, criar relações e importância, e dar força e andamento a suas vistas de melhoramentos. Resulta que poderá ser sacrificado e não reeleito um mandatário que em outra condição seria porventura muito útil. Traz de mais esse período o inconveniente de eleições repetidas em intervalos mui curtos, o que conserva no país certa agitação prejudicial em diferentes sentidos, e que cumpre evitar.

Nossa lei fundamental, atendendo estas e outras considerações importantes, fixou o período de quatro anos, art. 17; duração razoável, que evita um e outro inconveniente; é um termo médio entre o Parlamento britânico e americano.

57. Algumas Constituições têm adotado a renovação anual dos deputados por turmas. Este expediente, se por um lado facilita ao povo a depuração quase permanente de sua representação, por outro incorre nas mesmas objeções já ponderadas, dificulta a formação das maiorias, produz uma vacilação excessiva, perturba a discussão das medidas importantes que demandam tempo, conserva as ambições em jogo muito ativo, enfim, opõe-se à alta conveniência de uma política firme e fixa.

Não concluiremos este parágrafo sem observar que, embora os deputados tenham a missão de representar as idéias e interesses das partes territoriais, ou frações sociais, por quem são eleitos, nem por isso deixam de predominar neles o caráter e os deveres de representantes da nação, do Estado em geral, de todo o Império. É fácil, pois, concluir que no conflito de interesses é de mister fazer justiça ao bem-estar geral, embora com o sacrifício do interesse local e de sua reeleição.

§ 2º Das condições ou habilitações eleitorais dos deputados:
58. A missão de deputado da nação é tão importante e ao mesmo tempo é um direito político tão elevado, que nem ela deve ser confiada, nem ele exercido, senão mediante condições que ministrem as convenientes garantias.

Conseqüentemente, exige a nossa lei fundamental que o candidato à deputação tenha as habilitações necessárias para ser eleitor; ora, para ser eleitor são indispensáveis as seguintes condições:

Primeiramente, que esteja no efetivo exercício de seus direitos políticos. Não estão nesse caso aqueles a quem esse exercício é suspenso por algum dos motivos enumerados no art. 8, e art. 91; nem os menores de 25 anos, salvas as exceções do § 1º do art. 92; nem os filhos-famílias e os demais referidos nos §§ 2º, 3º e 4º do dito art. 92.

Em segundo lugar, é de mister que os candidatos não incorram nas exclusões do art. 94, pois que aliás não podem ser eleitores muito menos deputados.

Além das habilitações de eleitor é demais necessário que tenham a renda líquida anual de 400 mil-réis, que sejam brasileiros natos e que professem a religião do Estado, art. 95. Sem o complexo destas condições, ninguém pode ser representante da nação na Câmara dos Deputados.

59. Analisando-se as razões que inspiram tais exigências, vê-se que elas são conseqüentes e bem fundadas.

Seria uma grave contradição conceder o gozo de um dos maiores direitos políticos àquele que pela lei está privado do gozo de direitos menores, ou que ainda não tem habilitações nem ao menos para o uso destes.

A madureza da idade, que traz o desenvolvimento da inteligência e reflexão, é de impreterível necessidade; os anos inexperientes não são certamente os mais próprios para dirigir os negócios públicos. Entretanto, como a exigência de uma idade avançada privaria a Câmara dos Deputados de muitos talentos já desenvolvidos e enérgicos, com razão marcou-se a de 25 anos; é ao menos em nosso clima a época em que as faculdades intelectuais abrem suas asas e desenvolvem a sua força. A lei diminuiu mesmo o seu rigor em favor dos brasileiros casados e oficiais militares, maiores de 21 anos, bacharéis formados e clérigos de ordens sacras, art. 92, § 1°, pois que em tais circunstâncias já oferecem garantia; ela atendeu também aos filhos-famílias que servem ofícios públicos, § 2°.

A necessidade de uma renda que indique uma certa fortuna, certa propriedade territorial, industrial ou comercial, é semelhantemente indispensável. É mais de uma garantia; é uma base para a independência do caráter e voto do deputado, de seu interesse pela manutenção da ordem pública, da liberdade política e civil, e da poupança do imposto. Se essa renda não é a riqueza, é ao menos o espírito livre das necessidades urgentes, certo amor da reputação, certa cultura intelectual; é a exclusão da classe miserável, mais sujeita a vistas ou esperanças enganadoras e perigosas. A exigência de uma renda mais elevada prejudicaria os talentos de pouca fortuna ao mesmo tempo que qualquer talento um pouco notável terá certamente em nossa terra brasileira facilidade de obter a que é designada.

As condições de nacionalidade por nascimento e da profissão da religião do Estado são fundadas em razões políticas atendíveis. Um estrangeiro naturalizado, que, aliás, pode ser senador, ver-se-ia porventura em maior conflito na Câmara dos Deputados entre a sua pátria atual e a anterior; uma maioria que professasse outra religião pelo menos desejaria a reforma do art. 5 da Constituição.

60. Mediante tais requisitos todo o brasileiro pode ter a honra de tão alta missão, onde quer que esteja, pois que nossa lei não exige, art. 96, que

só possam ser eleitos pelos círculos em que tenham propriedades, estabelecimentos, domicílio ou residência; ela com razão reconheceu que a maior garantia a respeito é a plena liberdade do eleitor, que melhor que ninguém consultará seus interesses e irá procurar os talentos e idéias que lhe agradem, onde estiverem.

Podem não só ser eleitos como reeleitos uma e muitas vezes, pois que nossa lei não proíbe, nem devera proibir, essa recompensa ao mérito, à fidelidade, ao louvável ou corajoso cumprimento do mandato; seria porventura uma injustiça feita assim ao talento e luzes práticas, como ao eleitor e seus direitos.

§ 3º: Do número dos deputados:

61. Na formação da Câmara dos Deputados nossa Constituição não perdeu de vistas as considerações que a razão e a experiência têm consagrado a este respeito.

Uma câmara de número muito limitado dificilmente acumulará todas as luzes e conhecimentos práticos que o variado trabalho da legislação, dos numerosos interesses e diferentes serviços públicos essencialmente demanda; é também de temer que ela seja menos independente, que possa ser dominada ou pela influência do governo, ou do chefe de sua maioria, mais fácil de formar; é finalmente dar ao povo número de mandatários insuficiente para bem representá-lo e poder ser partilhado pela minoria.

Por outro lado, uma câmara numerosa demais deve necessariamente ressentir-se de certa confusão, que substituirá a ordem, calma e moderação nas deliberações. Haverá grande complicação de opiniões, morosidade nos trabalhos, paixões, ciúmes, e ambições em grande escala. Se o regimento não for despótico, as discussões serão intermináveis; a sê-lo, preterirá os talentos que não forem exagerados ou mais exigentes. Demais cumpre não onerar excessivamente os cofres públicos, nem distrair das ciências e trabalhos produtores número de homens úteis superior ao necessário.

62. A principal base da fixação do número dos deputados é, como bem reconhece o nosso art. 97, a população, mas em que relação? As condições da divisão territorial do Estado, sua inteligência, riqueza e ainda outras considerações podem exercer influência a respeito. É necessário que todas as partes do território sejam representadas, que haja certa relação com os recursos e serviços públicos, certa força moral que impressione os Estados estrangeiros. Nossa sábia lei fundamental, podendo combinar desde já, e definitivamente, todas essas conveniências móveis, sobretudo em um grande nascente império, deixou essa importante tarefa à lei regulamentar; esta

marcará algum dia o máximo dessa relação, e no entanto irá atendendo às públicas conveniências.

O número que nossa Câmara de Deputados atualmente tem, e que se vê do nosso almanaque, é de 116, contando com três ultimamente acrescidos.

Seção 3ª: Do caráter vitalício, nomeação, escolha e número dos senadores

§ 1º O Senado será composto de membros vitalícios, e será organizado por eleição provincial. Constituição, art. 40.

§ 2º As eleições serão feitas pela mesma maneira que a dos deputados, mas em listas tríplices sobre as quais o imperador escolherá o terço na totalidade da lista. Constituição, art. 43.

Os lugares dos senadores que vagarem serão preenchidos pela mesma forma da primeira eleição pela sua respectiva província. Constituição, art. 44.

Para ser senador requer-se:

1º) Que seja cidadão brasileiro e que esteja no gozo de seus direitos políticos.

2º) Que tenha a idade de 40 anos para cima.

3º) Que seja pessoa de saber, capacidade e virtudes, com preferência os que tiverem feito serviços à pátria.

4º) Que tenha de rendimento anual por bens, indústria, comércio ou emprego, a soma de 800 mil-réis. Constituição, art. 45.

§ 3º Cada província dará tantos senadores quantos forem metade de seus respectivos deputados, com a diferença que quando o número dos deputados for ímpar, o número dos senadores será metade do número imediatamente menor, de maneira que a província que houver de dar onze deputados dará cinco senadores. Constituição, art. 41.

A província que tiver um só deputado elegerá todavia o seu senador, não obstante a regra acima estabelecida. Constituição, art. 42.

§ 4º Os príncipes da Casa Imperial são senadores por direito, e terão assento no Senado, logo que chegarem à idade de 25 anos. Constituição, art. 46.

§ 1º Do caráter vitalício do Senado:

63. A sociedade tem dois grandes interesses sempre em ação: o da conservação dos bens que goza, e o do progresso; tem também sempre em movimento os interesses das localidades e o interesse geral.

A Câmara dos Deputados é a representação ativa do progresso, dos interesses locais e móveis; o Senado é o outro órgão, outro ramo essencial do poder Legislativo, que, sem opor-se àquela representação quando suas vistas forem bem fundadas, deve fora disso ser o representante das idéias conservadoras, e do interesse geral, como predominante.

O deputado deve por isso mesmo ser temporário, amovível, como já demonstramos na seção anterior; o senador deve conseqüentemente ser inamovível, vitalício, pena de não representar o princípio conservador, o predomínio da utilidade ou interesse geral, a estabilidade nacional.

A condição do caráter vitalício do senador é de alta importância para que bem satisfaça a sua missão. Uma vez escolhido está independente do povo e da Coroa. Está independente dos eleitores não só de uma localidade ou província, mas de toda e qualquer parte do Império; ele não tem que esperar ou temer das paixões populares, deve atendê-las só quando úteis e justas. Está independente da Coroa, pois que não é sujeito a nova escolha, nem ela pode dissolver o Senado e nem mesmo aumentar o número dos senadores, embora pudesse desejar.

Está pois, pela natureza e força das coisas, colocado em uma posição intermediária entre o progresso e a conservação, entre os interesses móveis e fixos, entre as aspirações locais e o bem-estar geral, velho, cheio de ilustrações, rico de tradições, de acumulada experiência e prática dos negócios públicos, conhecedor das leis e da necessidade de sua harmonia, animado de paixões moderadas, porque só lhe restam as da honra, pátria e virtudes tranqüilas, ele não penderá para a inovação senão quando verdadeiramente útil. Perfeitamente independente, será guarda, juiz consciencioso entre a liberdade e o poder; se este representa o princípio da ordem quando realmente quer o bem, aquela é quem resguarda os direitos e destinos sociais, e quem também segura o caráter e privilégios do senador, pois que não há Senado livre sem liberdade nacional. Ele não negará pois o seu voto às medidas liberais justas ou úteis, e esse voto robustecerá muito o da Câmara dos Deputados, tornará difícil a denegação da sanção.

Tirai ao Senado o caráter de vitalício, aliás muito renovado pela morte, e vos tirareis a vós mesmos uma de vossas melhores garantias; se não fosse essa diferença das duas câmaras, se fossem em tudo homogêneas, seria inútil a sua divisão; sujeitas às mesmas condições, dariam os mesmos resultados.

§ 2º Das condições da nomeação e escolha dos senadores:
64. Para que um cidadão brasileiro obtenha a alta missão de senador, é necessário que sobre ele se identifique o concurso de duas vontades, a eleição popular e a escolha da Coroa.

A eleição popular é feita à semelhança da dos deputados, com a diferença porém de não ser por círculos[8] e sim geral na província, e de oferecer três candidatos à escolha da Coroa para cada lugar vago do Senado.

Ninguém, porém, pode ser incluído nessa lista tríplice sem que reúna as condições exigidas por nossa lei fundamental, e são elas as seguintes:

1º) Que seja cidadão brasileiro e que esteja no gozo de seus direitos políticos, sobre o que é aplicável e que já observamos no § 2º da seção anterior.

2º) Que seja de idade de 40 anos para mais, idade muito superior à que é exigida para deputado, por isso mesmo que o senador deve ter paixões mais calmas, experiência dos negócios públicos mais acumulada, e ser menos rápido em suas deliberações.

3º) Que reúna o saber, capacidade, virtudes e serviços feitos à pátria, considerações que são recomendadas à consciência dos eleitores e à escolha da Coroa.

4º) Que tenha o rendimento anual de 800 mil-réis, no que a lei tem em vista as mesmas garantias de independência e interesse pela causa pública que já ponderamos no § 2º da antecedente seção, e que sem dúvida devem ser ainda mais reforçadas em relação a um mandato vitalício.

65. Mediante estas condições, qualquer cidadão brasileiro, ainda mesmo naturalizado ou que professe religião diversa da do Estado, pois que a lei o não exclui, pode ser apresentado à Coroa na lista tríplice. É sem dúvida o modo mais liberal de compor um Senado em uma Constituição monárquica.

Certamente o Senado brasileiro não é um corpo aristocrático, não é fundado na riqueza territorial, nos morgados ou privilégios da nobreza hereditária; não é mesmo de simples nomeação da Coroa. É um corpo composto de candidatos da nação, dentre os quais a Coroa faz a escolha. É pois uma câmara de representantes do povo, mais idoso, formada das notabilidades políticas, administrativas, judiciárias, militares, intelectuais e industriais, a quem a Constituição dá a inamovibilidade só em vistas de alto interesse político, em contemplação não de uma época qualquer de paixões sociais, sim do futuro inteiro e grandioso do Brasil. Esse princípio já tem sido um elemento salvador em nossas diversas e variadas lutas.

§ 3º Do número dos senadores e dos que são tais por direito:

66. Em todas as Constituições o número dos deputados é maior do que o dos senadores ou da Câmara correspondente. O trabalho da Câmara dos

---

[8] O "círculo" era o nome dado aos distritos eleitorais, cada um dos quais, segundo lei de 19 de setembro de 1855, elegia um deputado e um suplente à Assembléia Geral.

Deputados, e suas comissões, em regra é mais ativo, ela tem a iniciativa das medidas mais importantes; e independente disso é justo dar aos povos, às localidades, uma representação mais avultada, e por isso mesmo bem distribuída. Demais, se o número fosse igual, a Câmara dos Deputados perderia parte do seu prestígio em frente de um Senado, nesse caso preponderante por suas relações e posição.

As condições do Senado permitem mesmo que ele seja menos numeroso, não é o representante das localidades; e enfim essa diminuição não é indiferente às despesas públicas.

A Constituição fixou a proporção dos senadores em metade da representação dos deputados, nos termos do art. 41; e não olvidou no art. 42 a exceção que cumpria fazer em favor das províncias que têm um só deputado, para que não deixassem de ter o seu representante no Senado.

67. O art. 46 confere aos príncipes da Casa Imperial o caráter de senadores, independentemente de eleição e escolha, logo que cheguem à idade de 25 anos; é uma disposição política e útil, que de um lado realça a importância do Senado, e de outro identifica esses príncipes com os princípios e hábitos constitucionais; que os coloca na presença da discussão dos direitos e interesses públicos, e que os constitui também guardas e defensores das liberdades brasileiras.

Por isso mesmo é visto que os príncipes da Casa Imperial não podem ser deputados, posição que, como depois observaremos, poderia oferecer graves inconvenientes, já em relação ao país, já em relação ao governo.

Capítulo 2:
Das atribuições da Assembléia Geral

~

Seção 1ª: Das atribuições da Assembléia Geral, em seu todo, e de sua divisão

§ 1º Das atribuições da Assembléia Geral em seu complexo:
68. A Assembléia Geral não é somente uma parte complexa e essencial do poder Legislativo, ela é também em muitos casos uma representação nacional, uma grande autoridade por si mesma e por si só. Exerce atos que por sua natureza e em virtude da Constituição prevalecem por si mesmos sem que dependam da vontade ou sanção da Coroa. São atos privativos dessa parte da representação nacional, atribuições especiais dela, e sem as quais a ordem social não poderia ser mantida e conservada, como veremos das seções seguintes, e como passamos já a indicar no § 2º.

§ 2º Da divisão das atribuições da Assembléia Geral:
69. As atribuições da Assembléia Geral podem ser consideradas ou classificadas em três relações, que são entre si verdadeiramente distintas.

1º) Como atribuições de uma representação ou poder nacional por si mesmo completo e independente que tem faculdades especiais, exclusivamente suas, atribuições propriamente políticas e conservadoras da ordem social, mormente em circunstâncias graves que não dependem da sanção, e que nem mesmo poderiam ou deveriam ser a ela sujeitas.

2º) Como atribuições da representação nacional que compõem dois ramos do poder Legislativo, e portanto de natureza propriamente legislativa, dependendo por isso mesmo da acessão ou sanção do terceiro ramo desse poder, que é o seu complemento.

3º) Como atribuições do poder político, que é o fiscal, o guarda da Constituição e das leis, e que como tal tem atos a exercer que também independem da sanção.

Passando a detalhar cada uma destas três classes de atribuições, procuraremos guardar, quanto possível, a ordem em que a Constituição as refere ou enumere.

Seção 2ª: Das atribuições da Assembléia Geral, conservadoras da forma do governo e da ordem política

É da atribuição da Assembléia Geral:
§ 1º Tomar juramento ao imperador, ao príncipe imperial, ao regente, ou Regência. Constituição, art. 15, § 1º.
§ 2º Marcar os limites da autoridade do regente, que é eleito nos termos dos arts. 27, 28, 29 do Ato Adicional.[9] Constituição, art. 15, § 2º.
§ 3º Reconhecer o príncipe imperial como sucessor do trono na primeira reunião logo depois do seu nascimento. Constituição, art. 15, § 3º.
§ 4º Nomear tutor ao imperador menor caso seu pai não tenha nomeado em testamento. Constituição, art. 15, § 4º.
§ 5º Resolver as dúvidas que ocorrerem sobre a sucessão da Coroa. Constituição, art. 15, § 5º.
§ 6º Escolher nova dinastia no caso de extinção da imperante. Constituição, art. 15, § 6º.
§ 7º Se o imperador por causa física, ou moral, evidentemente reconhecida pela pluralidade de cada uma das Câmaras da Assembléia, se impossibilitar para governar, em seu lugar governará como regente o príncipe imperial se for maior de 18 anos. Constituição, art. 126.
§ 8º O imperador não poderá sair do Império do Brasil sem o consentimento da Assembléia Geral, e se o fizer, se entenderá que abdicou a Coroa. Constituição, art. 104.
§ 9º O casamento da princesa herdeira presuntiva da Coroa será feito a aprazimento do imperador; não existindo o imperador ao tempo em que se tratar deste consórcio, não poderá ele efetuar-se sem aprovação da Assembléia Geral. Constituição, art. 120.

---

[9] O Ato Adicional foi uma lei promulgada em 12 de agosto de 1834 que fez adições e alterações à Constituição de 1824. Entre outras determinações, suspendeu o exercício do poder Moderador durante a Regência, suprimiu o Conselho de Estado e criou Assembléias Provinciais com maiores poderes em substituição aos antigos Conselhos Gerais.

§ 10º Se os tratados concluídos em tempo de paz envolverem cessão, ou troca de território do Império, ou de possessões a que o Império tenha direito, não serão ratificados sem ter sido aprovados pela Assembléia Geral. Constituição, art. 102, § 8º.

§ 1º Do recebimento do juramento do imperador, príncipe imperial, regente ou Regência:

70. O imperador antes de ser aclamado, como prescreve o art. 103 da Constituição, prestará nas mãos do presidente do Senado, reunidas as duas Câmaras, o seguinte juramento: "Juro manter a religião católica apostólica romana, a integridade e indivisibilidade do Império, observar e fazer observar a Constituição política da nação brasileira, e mais leis do Império, e prover ao bem geral do Brasil quanto em mim couber".

O juramento que acabamos de transcrever é, e deve ser, inseparável de tão alto poder, da mais elevada delegação nacional, da sua majestade. A Assembléia Geral, representando pois a nação recebe a consagração do pacto, da promessa solene e religiosa, que, o imperante ante Deus e os homens faz de cumprir tão grandes deveres.

É uma renovação do pacto social, uma garantia recíproca sancionada pela invocação do testemunho da Divindade, uma condição sem a qual não haveria direitos, nem obrigações entre a nação e o trono, pois que seu implemento deve preceder à aclamação; é ao mesmo tempo uma augusta identificação do monarca com o seu povo.

É a velha e enérgica expressão inglesa: *"La loi est la plus haute inheritance, que le roi ad; car par la loi il elle même, et tous ses sujets sont rulées; et si la loi me fuit, nui roi, et nui inheritance sera".* É um vínculo de lei, de honra e consciência.

O príncipe imperial, completando 14 anos de idade, presta nas mãos do presidente do Senado reunidas as duas Câmaras, o juramento "de manter religião católica apostólica romana, observar a Constituição política da nação brasileira, e ser obediente às leis e ao imperador". É a sua primeira estipulação para com a nação e para com o augusto chefe dela.

Tanto o regente como a Regência prestam o juramento do artigo 103, acrescentando a cláusula de fidelidade ao imperador, e de lhe entregar o governo logo que ele chegue à maioridade, ou que cesse o seu impedimento, art. 126. A Constituição belga, artigo 79, diz: "A datar da morte do rei, e até a prestação do juramento de seu sucessor ao trono, ou do regente, os poderes constitucionais de rei são exercidos em nome do povo belga, pelos ministros reunidos em conselho, e debaixo de sua responsabilidade".

§ 2º Da limitação da autoridade do regente:

71. O § 2º do art. 15 da Constituição atribuía à Assembléia Geral: 1º) o direito de eleger a Regência ou regente, art. 123; e 2º) de marcar os limites de sua autoridade.

A primeira atribuição foi suprimida pelos arts. 27, 28 e 29 do Ato Adicional, que a transferiu aos eleitores das províncias do Império.

Na conformidade de tais artigos do Ato Adicional, a eleição é feita em um mesmo dia em todo o Império pelos eleitores da respectiva legislatura, que votam por escrutínio secreto dois cidadãos, dos quais um não será nascido na província a que pertencerem os colégios, e nem um deles será cidadão naturalizado. O presidente do Senado, reunidas ambas as Câmaras, é quem preside à apuração final; havendo empate é a sorte quem decide. Enquanto o regente não toma posse, e na sua falta, ou impedimento, governa o ministro de Estado do Império, e na falta, ou impedimento deste, o da justiça. Ato Adicional, art. 30.

O Ato Adicional, reformando a disposição da Constituição, entendeu ser mais conveniente confiar, como que imediatamente à nação, por meio de seus eleitores, essa importante nomeação; assim consulta mais de perto o voto de todas as localidades, e dificulta o triunfo de qualquer influência que não seja sustentada pela afeição nacional.

72. A segunda atribuição de marcar os limites da autoridade do regente continua a subsistir. Ela já foi outrora exercida nos termos da lei de 14 de junho de 1831 em relação à Regência, que então governava.

A Regência ou regente não é o monarca, é a delegação temporária das funções imperiais, ou da Coroa, enquanto o monarca é menor, ou está impossibilitado de exercê-las por si mesmo; é o representante deste nos termos das condições constitucionais do Estado. Ora, as circunstâncias políticas podem aconselhar um ou outro limite à sua autoridade, até mesmo para com mais facilidades reformarem-se abusos por ventura introduzidos na administração; e o direito de constituir as condições da Regência sem dúvida pertence à nação e à sua lei fundamental.

Por outra face cumpre observar que uma regência jamais tem o prestígio do monarca, prestígio necessário, e que não convém enfraquecê-la jamais tanto, que não possa cumprir sua alta missão, e entregar o governo do país ao novo imperante em estado seguro e próspero.

É atribuição cuja aplicação só em tal época, só em face do estado social, pode ser bem ponderada e desempenhada; é por isso mesmo que a Constituição deixou-a à sabedoria da Assembléia Geral.

§ 3º Do reconhecimento do príncipe imperial:

73. O reconhecimento do príncipe imperial, como sucessor do trono, na primeira reunião da Assembléia Geral logo depois do seu nascimento, é um ato de alta importância e previsão nacional.

É uma nova confirmação do voto fundamental do país dado à monarquia hereditária, à sua perpetuidade. É o reconhecimento individual autêntico e solene do sucessor da Coroa, que remove toda e qualquer dúvida, como tanto importa à nação.

A lei de 26 de agosto de 1826 determina a maneira pública por que este ato é celebrado no paço do Senado pela Assembléia Geral, e como dele deve dar-se conhecimento às províncias, para perpetuar sua memória em todo o Império; e confiar ao amor nacional o seu futuro monarca, novo segurador da estabilidade do trono e destinos do Estado.

§ 4º Da tutoria do imperador menor:

74. É tutor do imperador menor a pessoa que seu augusto pai nomeia em seu testamento; na falta deste é a imperatriz-mãe, enquanto não tornar a casar; faltando esta é que a Assembléia Geral exerce tal nomeação, que nunca deve recair naquele a quem possa tocar a sucessão na sua falta [Constituição, art. 130]; pois que cumpre prevenir todos os perigos possíveis.

Quando o augusto pai do imperador menor exerce o inauferível direito de nomear tutor a seu augusto filho, ou existe a imperatriz-mãe nas circunstâncias previstas, estão resguardados os direitos assim do imperador menor como da nação, a quem ele pertence como seu monarca. Fora disso, tem a Assembléia Geral não só o direito, mas o dever de verificar tão importante nomeação. A tutela imperial é o alto cargo, a vigilância que guarda a pessoa do monarca menor, atribuição que não pode pertencer à Regência por diferentes motivos; ela tem demais a obrigação de zelar dos seus interesses privados, de atender à administração da Casa Imperial e de exercer inspeção sobre os mestres do imperador, cuja instrução e educação é da mais transcendente importância.

A lei de 12 de agosto de 1831 designou as funções e obrigações do tutor do imperador, cargo que é equiparado em honras e ordenado às de ministro e secretário de Estado.

§ 5º Da resolução de dúvidas sobre a sucessão da Coroa:

75. A ordem da sucessão ao trono deve ser fixada por um modo previdente e claro; deve a lei fundamental prevenir, quanto for possível, toda a dúvida e incerteza sobre tão grave assunto. A sabedoria humana porém é

imperfeita, e não obstante seus esforços podem ocorrer hipóteses que não tenham sido evidentemente resolvidas de antemão.

De outro lado, qualquer questão, ou dúvida a tal respeito é sempre perigosa, e poderia ser fatal se a solução fosse deixada à luta dos pretendentes, ao êxito da guerra civil ou das armas.

Era pois indispensável que a soberania nacional, que é o juiz competente, delegasse o direito de legítima e terminantemente decidir logo uma questão de tal ordem, questão que afeta profundamente a segurança do Estado. Esse direito foi por ela cometido à sabedoria da Assembléia Geral Legislativa, às duas Câmaras dos seus representantes. É esse o alto tribunal a quem uma tal dúvida é submetida em todos os países constitucionais. A solução por ele decretada deve impor silêncio.

§ 6º Do caso de extinção da dinastia imperante e escolha de nova:

76. Extintas as linhas dos descendentes legítimos e sucessíveis do senhor d. Pedro I, ainda em vida do último descendente e durante o seu império, escolherá a Assembléia Geral nova dinastia, [Constituição, art. 118]; tendo a iniciativa a Câmara dos Deputados, art. 36, § 3º, como a representação mais imediata do povo.

Na hipótese prevista, que a Providência não permita que jamais se realize, reverte à nação a delegação que ela fizera do poder imperial, dá-se a devolução de tão grande depósito para as mãos dos depositantes. Então a nação, que não pode reunir-se em massa e logo, como exige a necessidade do Estado, é representada pela Assembléia Geral que escolhe uma nova dinastia, proclama essa grande adoção racional e verifica o transporte da soberania delegada.

É um assunto de tanta magnitude que devera sem dúvida ser previsto, eventualidade em que se dissolve *ipso jure*[10] o laço que prendia a nação e a sua dinastia imperial, que conservava o direito ao trono incontestável e com ele a segurança do Estado.

No dever de providenciar sobre sua sorte, não querendo alterar sua forma de governo e sim conservá-la, não podendo esta continuar por falta de *hoeres natus*, torna-se indispensável essa grande adoção nacional, o *hoeres factus*.

Esta atribuição extraordinária necessariamente deveria, como já dissemos, ser depositada em mãos de alguém; ela não poderia ser cometida a ne-

---

[10] De acordo com a lei, de direito.

nhuma outra representação que não fosse a Assembléia Geral. Só ela é quem poderá ver todas as conveniências, todas as combinações, e afinal preferir a escolha que melhor segure os grandes interesses nacionais. Em todas as monarquias constitucionais os fatos extraordinários, que estão fora do curso regular das leis, e os remédios a aplicar, são subordinados ao seu Parlamento.

O art. 118 da Constituição manda com razão que tão alta escolha se faça ainda em vida e durante o império do último descendente da dinastia anterior; é mais uma condição de ordem e segurança que se destina a livrar o Estado dos perigos que podem ocorrer em tão solene conjuntura; além do que, não convém que a sucessão ao trono fique interrompida por tempo algum.

O art. 119 declara que nenhum estrangeiro poderá suceder na Coroa do Império do Brasil, e, conseqüentemente, ser escolhido. Além de que o amor da pátria é uma das maiores garantias que o imperante pode oferecer à nação; uma tal sucessão teria outros inconvenientes que sem dúvida cumpre evitar; poderia acumular-se à sucessão de um outro trono e ser muito prejudicial ao Brasil.

§ 7º Da impossibilidade física ou moral do imperante:

77. A Constituição em sua sabedoria procurou prevenir todas as circunstâncias que podem colocar, e que algumas vezes já tem posto em perigo os Estados. Na hipótese deste parágrafo, que a Providência removerá sempre do Brasil, o governo do Estado não poderia certamente ser interrompido, nem continuar com uma direção anormal ou impossível. Desde que o imperante estivesse em tal sofrimento ver-se-ia impedido de governar; suas prerrogativas imperiais sem dúvida não se extinguirão, mas o exercício do poder necessariamente deveria passar a seu sucessor nos termos prescritos, mesmo para que ninguém abusasse do augusto nome do monarca.

Entretanto, para que possa julgar-se existente tão fatal impossibilidade, é essencial que ela seja evidentemente reconhecida pela pluralidade de cada uma das Câmaras. Constituição art. 126.

§ 8º Do consentimento para o imperador sair fora do Império:

78. Com razão faz o art. 104 da Constituição dependente do consentimento da Assembléia Geral a saída do imperante para fora do Império. Sua presença e residência dentro deste é não somente de alta necessidade para a administração, é também uma garantia de ordem, de segurança, de recursos nacionais; ele é inseparável da nação, e não é admissível que a dirija e governe de fora do Estado, ou que deixe de governá-la. Por isso, a saída do

imperante para fora do Império sem inteligência, sem acordo com a Assembléia Geral e contra este preceito constitucional, tão positivo e fundado, atesta a sua separação formal da nação e de sua lei fundamental, e estabelece positivamente a sua renúncia ao trono, a sua abdicação.

§ 9º Da aprovação para o consórcio da princesa herdeira presuntiva da Coroa:
79. O consórcio da princesa herdeira presuntiva da Coroa é de suma importância para a nação; seu augusto esposo deve vir identificar-se e por suas relações influir sobre os destinos dela; é o que prevê e contempla a Constituição em seu art. 120.

Vivendo o imperador, a nação com razão confia em sua sabedoria e aprazimento ou aprovação; todas as considerações naturais e políticas dão-lhe inteira garantia a respeito.

Não existindo porém ele, tem a nação a necessidade e o direito de, por meio de seus representantes, examinar e expressar quais sejam as melhores condições e conveniências para a felicidade da augusta princesa, de seu trono e do Império, isto é, de significar sua aprovação ou pedir ulterior reconsideração.

As relações do Estado, suas instituições, suas necessidades e porvir não podem ser então olvidadas, nem a sucessora do trono quereria que fossem. Ela é por todos os títulos perfeitamente identificada com a nação.

§ 10º Da aprovação ou rejeição dos tratados que envolvem cessão ou troca de território ou possessões do Império:
80. Embora a atribuição de celebrar tratados pertença ao poder Executivo, nos termos do art. 102, § 8º, da Constituição; embora na presença de uma guerra e urgência das circunstâncias, que não podem todas ser previstas e que podem recusar delongas, seja porventura irremediável a cessão ou troca de alguma parte do território ou possessões do Império, é manifesto que quando tal estipulação é contratada em tempo de paz, nenhuma razão pode prevalecer para que a ratificação dispense a aprovação prévia e bem refletida da Assembléia Geral, ou a sua denegação. É uma sábia disposição constitucional que jamais deverá ser preterida.

Ainda quando a cessão ou troca não tenha materialmente grande importância, tem sempre moralmente muita. Pode importar a separação de brasileiros de sua pátria por efeito da separação ou cessão do território em que residem, interessar a segurança do Estado, alterando suas linhas de fronteira ou de navegação, ou enfim afetando outras conveniências relacionadas com interesses graves. Envolve modificação da jurisdição territorial, e em todo o caso um grande princípio, o da integridade do território nacional. É pois um ato em que o país deve ser previamente ouvido por meio de seus representantes ou Assembléia Geral.

Nós teremos de ocupar-nos novamente deste assunto quando tratarmos da respectiva atribuição do poder Executivo.

Seção 3ª: Das atribuições legislativas da Assembléia Geral

§ 1º a 3º É da atribuição da Assembléia Geral fazer leis, interpretá-las, suspendê-las e revogá-las. Constituição, art. 15, § 8º; e Ato Adicional, art. 25.

§ 4º Fixar anualmente as despesas públicas e repartir a contribuição direta. Constituição, art. 15, § 10º, e art. 171 e 172.

§ 5º Fixar anualmente sobre informação do governo as forças de mar e terra, ordinárias e extraordinárias. Constituição, art. 15, § 11º.

§ 6º Conceder ou negar a entrada de forças estrangeiras de terra e mar dentro do Império ou dos portos dele. Constituição, art. 15, § 12º.

§ 7º Autorizar o governo para contrair empréstimos. Constituição, art. 15, § 13º.

§ 8º Estabelecer meios convenientes para o pagamento da dívida pública. Constituição, art. 15, § 14º.

§ 9º Regular a administração dos bens nacionais e decretar a sua alienação. Constituição, art. 15, § 15º.

§ 10º Criar ou suprimir empregos públicos e estabelecer-lhes ordenados. Constituição, art. 15, § 16º.

§ 11º Determinar o peso, valor, inscrição, tipo e denominação das moedas, assim como o padrão dos pesos e medidas. Constituição, art. 15, § 17º.

§ 12º O presidente da província enviará à Assembléia Geral e ao governo cópias autênticas de todos os atos legislativos provinciais que tiverem sido promulgados, a fim de se examinar se ofendem a Constituição, os impostos gerais, os direitos de outras províncias ou os tratados, casos únicos em que o poder Legislativo geral os poderá revogar. Ato Adicional, art. 20.

§ 13º Compete mais à Assembléia Geral assinar dotação ao imperador e à imperatriz, Constituição, art. 107; *alimentos ao príncipe imperial,* art. 109; *dotes aos príncipes e princesas,* arts. 112 e 113; *decretar a reforma da Constituição,* arts. 174, 176 e 177; *e a suspensão das formalidades que garantem a liberdade individual,* art. 179, § 35º.

§ 1º Da atribuição de decretar ou fazer a lei:

81. O art. 15, § 8º, da Constituição resume todas as atribuições legislativas da Assembléia Geral nas suas expressões *fazer as leis, interpretá-las, suspendê-las e revogá-las*. Os parágrafos seguintes, de que depois nos ocupamos, não fazem mais do que aplicar essa mesma atribuição geral a alguns assuntos que, por sua importância e condições especiais, atraem uma atenção particular da lei fundamental.

Por maior clareza trataremos neste parágrafo da confecção da lei, e nos seguintes de sua interpretação, suspensão ou revogação.

Já em nº 51 dissemos que salvas as condições constitucionais do Estado, que são o próprio título do poder Legislativo e que por isso mesmo ele não pode infringir, e salvos os princípios da moral e justiça eterna, esse poder quanto a tudo o mais é a inteligência e onipotência social, a mais alta expressão e força da soberania nacional.

Fazer a lei é prescrever as normas, os preceitos que devem reger os homens e as coisas, as autoridades e a sociedade em todas as suas relações; é exercer a alta faculdade de regular todas as forças sociais, seu desenvolvimento, os destinos públicos, de fazer a prosperidade ou a desgraça do país, pois que a sorte do Estado depende mais que muito de sua legislação.

Tudo que é criar princípios, regras ou disposições gerais, dar, tirar ou modificar direitos ou obrigações, impor deveres, proibições, privilégios ou limitações às faculdades do homem ou do cidadão, estabelecer multas ou penas civis ou criminais, é não só da alçada da lei, mas de seu domínio exclusivo, que não tolera que outrem senão ela tenha esta grande autoridade, porque ela e só ela é a competente e privativa expressão da vontade e soberania nacional. [Constituição, art. 179, § 1º]

Esta imensa faculdade é pois justamente a que pertence à Assembléia Geral, salva a dependência da sanção, que é o seu complemento necessário e valiosa garantia.

82. É fácil de compreender que a lei nunca deve ser feita senão por e para a utilidade social, [Constituição, art. 179, § 2º]; que seu pensamento e fim não é de restringir as liberdades, sim de protegê-las; de dar estabilidade aos direitos e não de comprimi-los ou sacrificá-los; de fazer o governo amado e por isso mesmo permanente e forte, e não mal visto, precário e fraco.

A sabedoria do legislador precisa quando faz a lei ver tudo, não olvidar uma só relação importante da sociedade que possa ser afetada.

Em relação às leis políticas, administrativas ou regulamentares é essencial que seus preceitos não só sejam fiéis aos princípios constitucionais, mas inspirados sempre pela índole destes, apropriados às bases fundamentais da sociedade. Elas devem conservar os poderes políticos em suas órbitas e desenvolver o seu exercício e atividade no sentido dos interesses e direitos protetores da sociedade e dos cidadãos.

Firmada a liberdade política e administrativa é de mister não olvidar que a liberdade civil é o maior dos fins sociais, e que não convém que o abuso administrativo possa prejudicá-lo.

Em nosso título preliminar já observamos que as leis civis e comerciais têm caracteres especiais que devem merecer uma atenção muito particular do legislador. Devem ser claras para que toda a sociedade possa compreendê-las bem, completas para que nada fique ao arbítrio, estáveis, permanentes para que os direitos e as fortunas não vacilem, e para que se estranhem nos hábitos e moral do povo.

O Código Civil francês é sem dúvida um grande título de glória para o gênio de Napoleão I e sábios que o coadjuvaram; ele tem atravessado e atravessará as revoluções; imitado, cercado de homenagens, entranhado nos costumes, conhecido, comentado; depurado de dúvidas, é como que um grandioso templo em que estão abrigados e seguros os direitos civis dos franceses; ele é e será um título de veneração e de saudade para com o homem que via tudo, queria tudo e podia tudo.

§ 2º Da atribuição de interpretar as leis:

83. O assunto da interpretação das leis é muito valioso, é uma questão fundamental que joga com importantes matérias do Direito Público, com a divisão e independência dos poderes, e que por isso mesmo demanda idéias bem assentadas e exatas. Julgamos pois conveniente examinar o que seja a interpretação em geral, a quem competia interpretar a lei por via de autoridade, e quais sejam os efeitos dessa interpretação; o que seja a interpretação por via de doutrina, a quem ela pertença, e finalmente quais os abusos que se pretendem introduzir em nosso país sobre tão grave matéria.

84. A interpretação considerada em geral, é a declaração, a explicação do sentido da lei, ou seja por via de autoridade, ou de doutrina judicial, ou doutrina comum, isto é, opinião dos sábios ou jurisconsultos.

Há pois duas, e só duas, espécies de interpretação, por via de autoridade ou por via de doutrina, e elas são tão distintas em sua importância, força e efeitos, que não podem jamais ser confundidas.

85. Interpretar a lei por via de autoridade ou via legislativa, por medida geral, abstrata ou autêntica, termos que são equivalentes, é determinar legítima e competentemente qual o verdadeiro sentido ou disposição que a

lei encerra, e que deve ser observado sem mais dúvida ou hesitação, é em suma estabelecer o direito.

Esta interpretação pertence essencial e exclusivamente ao poder Legislativo, não só pela determinação expressa e categórica do artigo constitucional que desenvolvemos e do Ato Adicional, art. 25, como pela natureza de nosso governo, divisão e limites dos poderes políticos. Sem dúvida que quando isso não fosse mais que expresso, ainda assim mesmo resultaria dos princípios constitucionais como uma conseqüência e necessidade indeclinável.

Só o poder que faz a lei é o único competente para declarar por via de autoridade ou por disposição geral obrigatória o pensamento, o preceito dela. Só ele e exclusivamente ele é quem tem o direito de interpretar o seu próprio ato, suas próprias vistas, sua vontade e seus fins. Nenhum outro poder tem o direito de interpretar por igual modo, já porque nenhuma lei lhe deu essa faculdade, já porque seria absurda a que lhe desse.

Primeiramente, é visível que nenhum outro poder é o depositário real da vontade e inteligência do legislador. Pela necessidade de aplicar a lei deve o executor ou juiz, e por estudo pode o jurisconsulto formar sua opinião a respeito da inteligência dela, mas querer que essa opinião seja infalível e obrigatória, que seja regra geral, seria dizer que possuía a faculdade de adivinhar qual a vontade e o pensamento do legislador, que não podia errar, que era o possuidor dessa mesma inteligência e vontade; e isso seria certamente irrisório.

Depois disso é também óbvio que o poder a quem fosse dada ou usurpasse uma tal faculdade predominaria desde logo sobre o legislador, inutilizaria ou alteraria como quisesse as atribuições deste ou disposições da lei, e seria o verdadeiro legislador. Basta refletir por um pouco para reconhecer esta verdade, e ver que interpretar a lei por disposição obrigatória, ou por via de autoridade, é não só fazer a lei, mas é ainda mais que isso, porque é predominar sobre ela.

Com efeito, a interpretação por via de autoridade, que tem força obrigatória, em que é distinta da lei? Em que difere da disposição que modifica ou reforma esta? Em nada certamente, porque interpretar por esse modo é legislar, é estabelecer a norma reguladora que deve ser obedecida.

Não é só fazer a lei, é mais que isso, é dispor dela e da vontade e força moral do legislador, é inutilizá-lo. É evidente que tal interpretação obrigatória substitui uma vontade ou preceito claro, preciso, terminante, à vontade e norma legislativa, que inculcou como duvidosa, desconhecida, incerta, sem força ou não compreendida. Ora desde então é manifesto que a vontade do intérprete é quem domina, passa a ser a verdadeira lei, e o ato do legislador, a norma da soberania nacional deixa de ter valor algum, serve apenas de pretexto para o predomínio de um outro poder. É mais do que fazer a lei, pois que é a faculdade de modificar, alterar, restringir, contrariar, enfim inutilizar a lei existente, e se quiser até burlar do legislador e de sua vontade, tornada impotente e irrisória. Tal pretensão não é só igual, é maior que a de ser legislador; a declaração obrigatória não só é lei, mas anula qualquer outra lei que não seja ela.

Só tem pois o direito de interpretar a lei por via de autoridade, por disposição geral obrigatória, de por esse modo resolver ou decidir as dúvidas, de expressar o próprio pensamento legislativo e a maneira porque quer e manda que ele seja observado, em suma, de constituir regras de direito, aquele que faz a lei. É uma dependência, complemento ou parte essencial do poder Legislativo. A interpretação obrigatória deve ser iniciada, discutida, votada e sujeita à sanção segundo os trâmites constitucionais, como lei que é, e ato da soberania nacional.

O poder Executivo ou Judicial são perfeita e completamente incompetentes para proceder a este respeito por via de autoridade, por isso mesmo que eles não têm a autoridade legislativa, que não são depositários nem da vontade e inteligência do legislador, nem do seu poder, enfim por isso que não são senão súditos da lei, que não podem dispor dela e que são apenas seus executores ou aplicadores. Tudo o mais é um sofisma grosseiro, que só serve para tirar crédito à administração e advertir os povos do desejo de invadir as atribuições do poder Legislador.

Nos governos absolutos, em que a Coroa reúne em si todos os poderes, em que ela é por isso mesmo a legisladora, acumula certamente o direito de interpretar a lei por via ou decisão obrigatória, de assim resolver as dúvidas ou obscuridades que ela pode apresentar. Ainda então os ministros não têm essa faculdade, pois que seria usurpá-la à Coroa, não podem exercê-la por avisos ou portarias, ela só se manifesta por diplomas do monarca; esta era a doutrina das nossas Ordenações do liv. 2, tít. 41, e a opinião geral dos jurisconsultos, nem podia ser outra.

Quanto aos governos constitucionais, em que os poderes são divididos, não há um só exemplo de que a autoridade executiva pretenda semelhante faculdade, a não ser o nosso ministério; seria mesmo uma contradição flagrante com todos os princípios constitucionais, seria o reconhecimento de dois legisladores soberanos e muitas vezes opostos.

Esta matéria já foi tão bem discutida e demonstrada em França, que nada deixou a desejar; nós faremos uma breve história da questão, pois que ela por si mesma esclarecerá perfeitamente o assunto e deverá servir-nos de farol luminoso para defender nosso regime constitucional e as liberdades brasileiras.

A Constituição de 22 de *frimaire*, ano 8,[11] dispunha no art. 52 "que o Conselho de Estado, que era parte integrante do poder Legislativo, sob a direção dos cônsules, seria encarregado de redigir os projetos de lei e regulamentos da administração pública; e *de resolver as dificuldades* que pudessem ocorrer *em matéria administrativa*".

Abusando do sentido deste artigo, que não dava ao governo consular senão a interpretação em matéria de justiça administrativa, ou de administração contenciosa, o regulamento do Conselho de Estado de 5 de *nivose*, ano 8,[12] art. 11, acrescentou-lhe a atribuição de desenvolver o sentido das leis em matéria de conflitos e assuntos contenciosos da administração, e isso por um modo vago para poder ser distendido.

Verificada esta primeira usurpação, deviam sem dúvida, verificarem-se as suas conseqüências. Assim, e aproveitando-se da lacuna da lei de 27 *ventose*, ano 8,[13] art. 18, sobre a Corte de Cassação,[14] que não previra o caso, de que um terceiro tribunal discordasse da opinião daquela Corte e da necessidade de um expediente para resolver a conseqüente questão, que não deveria ficar indecisa, obteve o governo do corpo legislativo a lei de 16 de setembro de 1807. Declarou esta que "havia lugar à interpretação da lei, desde que a Corte de Cassação anulasse uma segunda sentença proferida em última alçada entre as mesmas partes, quando impugnada pelos mesmos meios; e que essa interpretação seria neste caso dada em forma de regulamento de administração pública".

---

[11] Referência à Constituição francesa elaborada em dezembro de 1799, durante a vigência do Consulado provisório chefiado por Napoleão Bonaparte.

[12] Segundo o calendário republicano francês, instituído pela Convenção Nacional Francesa em outubro de 1793, o mês de *nivose* corresponde, aproximadamente, ao período de 21 de dezembro a 19 de janeiro. O ano 8 estendeu-se de 22 de setembro 1799 a 21 de setembro de 1800.

[13] O mês de *ventose* corresponde, aproximadamente, ao período de 19 de fevereiro a 20 de março. O ano 8 estendeu-se de 22 de setembro de 1799 a 21 de setembro de 1800.

[14] A Corte de Cassação é o supremo tribunal do Judiciário francês, cassa as decisões de última instância quando estas violam a lei, promovendo novo julgamento na mesma alçada em que se deu a sentença anulada.

Assim se estabeleceu sob o governo consular e imperial[15] essa nova espécie de interpretação, que ainda assim não lhe conferia o direito de interpretar as leis em geral, direito que nunca ele teve e só sim na hipótese prevista e para o caso dela, sem formular regra ulterior.

Apesar dessa limitação, era sem dúvida um direito que não devia ser conferido ao governo e Conselho de Estado, embora este fosse parte integrante do poder Legislativo. A ser a decisão geral deveria pertencer ao legislador e não a uma parte só dele, a ser casual e só para a hipótese, deveria competir à própria Corte de Cassação. Não admira porém, como bem pondera Cormenin,[16] que se fosse operando tão grande concentração de poderes sob a Coroa Imperial, porquanto "já então havia dois legisladores, o de direito, cujos poderes desprezados, ou antes escravizados, iam dormindo no seio de uma Constituição morta e o poderoso legislador de fato, de quem o Conselho de Estado era a alma e que valia tudo". Era conseqüente pois que em tais circunstâncias o governo, se quisesse, não só explicasse as ambigüidades da lei, suprisse suas lacunas, como mesmo fizesse a lei, pois que em fundo e realidade ele era o efetivo legislador, e poderia até dizer francamente ao corpo legislativo, que só existia por formalidade, que queria por si só legislar.

Essa usurpação, posto que consentida, todavia desgostou muito aos tribunais e a todos os homens inteligentes, pois que importava uma quebra na segurança dos direitos sociais que punha à mercê do governo, e foi por isso que se tratou de nulificá-la desde que teve lugar a Restauração.

Luís XVIII prometeu restituir essa interpretação ao respectivo poder, e com efeito passou logo em ambas as Câmaras o projeto de lei de 21 de setembro de 1814, verificando essa restituição. Sobreveio o Império dos Cem Dias, e o próprio Napoleão, no seu Ato Adicional de 1815, art. 58, não se olvidou de confirmá-la e ceder dessa usurpação.[17]

---

[15] Período em que Napoleão Bonaparte permaneceu à frente do governo francês, como primeiro cônsul a partir de 1799 e como imperador entre 1804 e 1815.

[16] Louis-Marie de Lahaye, visconde de Cormenin (1788-1868), escritor, político e jurisconsulto francês. Louis-Marie de Lahaye, visconde de Cormenin (1788-1868), escritor, político e jurisconsulto francês.

[17] Referência ao período da restauração da dinastia Bourbon na monarquia francesa, que se estendeu de 1815 a 1830, depois da deposição de Napoleão Bonaparte pelo Senado. Luís XVIII foi chamado para ocupar o trono francês, Napoleão reassumiu o poder durante os Cem Dias (entre março e junho de 1815), sendo derrotado definitivamente na Batalha de Waterloo, em 18 de junho de 1815.

Os cem dias derramaram terríveis calamidades sobre a França, fizeram o seu governo menos liberal, mas apesar disso, mediante a oposição dos tribunais às ordenanças de interpretação e os esforços das Câmaras Legislativas que ficaram sem a iniciativa, o governo teve de ceder.

As Câmaras reclamaram contra esse abuso incompatível com o sistema constitucional, pediram ao governo que iniciasse uma lei que o corrigisse. Este quis sustentar a lei de 16 de setembro de 1807, restringindo-a só ao caso dela. O Conselho de Estado, em aviso de 27 de novembro de 1823, aprovado pelo rei em 17 de dezembro seguinte, que se pode ver no boletim das leis ou na obra de Graverend,[18] intitulada *Lacunas da legislação*, tomo 2, p. 31, alegava que essa atribuição da Coroa era compatível com o sistema constitucional, porque não se exercia senão depois de duas cassações, que não passava de uma interpretação judicial necessária para decidir a questão pendente que não deveria ficar indecisa, e só para aquele caso, sem que servisse de regra para o futuro.

As Câmaras porém argüiram que a Coroa não era nem legislador nem juiz, que sua incompetência era manifesta e reprovada pela Constituição, de sorte que o próprio governo de Carlos X, que não pode ser suspeito, teve de iniciar, pelo seu hábil ministro o conde de Portalis, a lei que foi sancionada em 30 de julho de 1828, e depois substituída pela de 1º de abril de 1837.[19]

Assim terminou essa importante questão pela força de uma Constituição que não era expressa a respeito, em que as Câmaras não tinham iniciativa, e que era muito e muito menos liberal que a nossa.

Causaria pois surpresa ou seria ridículo que em face de nossas leis constitucionais, dos atributos de nosso poder Legislativo, da independência do poder Judiciário tão necessária às liberdades e direitos individuais, e depois de 30 anos do nosso regime político, se pretendesse despojar estes poderes de suas prerrogativas tutelares para com elas enriquecer o arbítrio e usurpação ministerial, seria necessário que os representantes da nação estivessem muito distraídos ou muito desmoralizados para tolerar esse crime.

---

[18] Jean Marie Emmanuel Le Graverend (1776-1827), jurista francês, autor do *Traité de la legislation criminelle en France* e *Des observations sur le jury en France*, entre outras obras.

[19] Carlos X foi rei da França de 1824 a 1830. Joseph-Marie, conde de Portalis (1778-1858), jurisconsulto, político e diplomata francês, foi conselheiro de Estado e ministro dos Negócios Estrangeiros.

Desde que tal sucedesse, as leis civis, comerciais e criminais não seriam mais as que o legislador estabelecesse, sim quais a vontade ministerial determinasse pela inteligência obrigatória que fixasse. Os juízes e tribunais deveriam renunciar à sua inteligência, honra e juramento de fidelidade à lei, e tornar-se instrumentos cegos, ignóbeis, ou escravos dessa interpretação peremptória. A sociedade, seus direitos e garantias civis, comerciais e criminais nada mais teria a esperar de representantes que traiam seus deveres sagrados, de leis nominais e de juízes dependentes, que teriam tudo a temer ou esperar dos ministros; o poder Executivo ou ministerial seria o verdadeiro e único poder, ou o dominador absoluto.

Nem objetem os falsos ou perigosos amigos da monarquia que assim se diminuem os poderes da Coroa. Esta em sua alta inteligência conhece melhor que eles que não tem nem quer mais poderes do que aqueles que nossas leis fundamentais lhe dão, e que são grandes e dignos de toda a veneração, e obediência. É mais alto, mais elevado, e digno da Coroa interpretar a lei por via obrigatória coletivamente com as duas câmaras da Assembléia Geral, com os representantes da ilação, com os votos de seus povos, do que somente com seus ministros, agentes móveis do poder Executivo, muitas vezes discordantes e sempre precários.

A Coroa não é somente o centro diretor, a alta inspeção do poder Executivo, é ainda muito mais que isso, é o grande poder Moderador, é um ramo essencial do poder Legislativo, e conseqüentemente nenhuma interpretação de lei pode ser obrigatória no Império do Brasil sem que ela consinta. Os ministros sim, esses não são senão simples executores das leis.

Cumpre pois que o poder Executivo não queira usurpar atribuições que não têm pois que, como diz um publicista: *Dans les gouvernements représentatifs, si le pouvoir exécutif tend à grandir sa sphère, on marche vers le pouvoir absolu.*

Não nos demoraremos mais sobre esta questão, pois que a seu respeito não pode haver dúvida alguma valiosa, é assunto claro, evidente e geralmente reconhecido desde o tempo dos romanos, que — *Ejus est legem interpretari, cujus est legem condere*,[20] liv. 1, 9 e 12, Cod. de legibus.

Concluiremos, pois, que a interpretação por via de autoridade, por medida geral, abstrata, autêntica, por determinação, resolução, declaração ou decisão obrigatória, pois que todos estes termos são sinônimos, pertence só exclusivamente ao poder Legislativo, e de nenhum modo ao poder Executivo, quaisquer que sejam as denominações ou sofismas ministeriais.

---

[20] Pode interpretar a lei aquele que a faz.

86. *Efeitos da interpretação por medida geral ou de autoridade*: Desde quando é esta interpretação obrigatória? Respeita só ao futuro ou refere-se também ao passado?

Esta importante questão de Direito Público já está muito esclarecida nos países constitucionais. Em regra, a declaração da lei não obriga senão de sua promulgação em diante, e não desde o tempo da lei interpretada, exceto se por disposição excepcional e expressa for o contrário determinado.

Com efeito, é princípio geral e de eterna justiça que toda e qualquer questão, direitos e obrigações, não devem ser decididos ou julgados senão em virtude de leis preexistentes; que a lei não deve regular senão o futuro e nunca o passado, que ficou fora do seu domínio; que o legislador somente prevê e jamais resolve o que está consumado; que a lei não existe senão porque foi feita e não existe antes de feita; finalmente, que se a lei era obscura, se induziu a uma má inteligência, isso atesta uma falta de atenção dele, legislador, falta que não deve ser reparada pelo sacrifício da fé pública e da justiça. Esse mesmo é o preceito de nossa Constituição, art. 179, § 3º.

Embora algumas opiniões objetem que a lei interpretativa é só uma declaração da lei já existente, que os erros não constituem direito, ao menos quando não estão consumados por transações ou sentenças, que não se dá por isso verdadeira retroatividade, embora acumulem outras objeções; é certo que tais razões não passam de especiosas, não têm outra força que não seja a do hábito ou prejuízo.

A lei por ser declaratória não deixa de ser lei, não deixa de estabelecer uma regra, que pelo menos não foi entendida, que por isso vem a ser nova, pois que não existia antes de feita e conhecida, e assim o dar-lhe uma data contemporânea com a da lei interpretada, não se funda na realidade, senão sobre um artifício de palavras, quando pelo contrário: *aportet, utlex moment, priusquam feriat*.

Basta que daí resulte, e sem dúvida alguma resulta, o fato da retroatividade, para que ela seja radicalmente não só injusta, como perigosa; sempre que a retroatividade tiver lugar, a segurança desaparecerá.

A maior boa-fé pública poderá ser iludida, e com ela todos os direitos que se fundaram sobre a inteligência predominante dos tribunais. Seria o legislador um senhor absoluto de quem pendera sempre o arbítrio de alterar todo o passado, destruir todos os direitos e todas as liberdades. O abuso dá má inteligência da lei nunca será tão prejudicial como o abuso da retroatividade, este remédio seria pior que o mal.

É pois concludente que uma tal lei deve obrigar somente de sua promulgação em diante, dominar só o futuro, não o passado. Deve ser considerada como um direito novo, deixando-se a autoridade da lei anterior, qual ela era, se clara, clara, se obscura, obscura; assim, ou tal era ela, assim permaneça quanto ao passado, os tribunais que continuem em relação ao pretérito a aplicá-la segundo os princípios gerais do Direito. Providencie-se para o futuro por uma nova lei, como um direito novo. Além de ser isso de justiça, terá o legislador demais a útil liberdade de estabelecer as regras que julgar proveitosas, sem a necessidade de conformar-se com esta ou aquela inteligência anterior, sem estar preso às palavras da lei antiga, nem ao remorso de ferir direitos e interesses em maior ou menos número e importância.

Posto que tal deva ser a regra geral, cumpre todavia reconhecer que razões especialíssimas de alta utilidade pública podem levar o legislador a usar desta atribuição por modo excepcional.

Da luminosa discussão havida na Câmara dos Deputados em França, assim em maio de 1827, como em 23 de março de 1836, resultava, e assim parece justo, que o legislador só em dois casos poderá dar força de anterioridade à lei declaratória:

1º) Quando não ofender direitos.

2º) Quando graves interesses públicos, ou antes políticos, assim exigirem imperiosamente.

O ministro da Justiça dizia então, e dizia muito bem, que essa atribuição interpretativa, como princípio, podia ser um direito do legislador, mas que em sua aplicação e conseqüência podia ser direito muito perigoso, e que por isso mesmo demandava muita meditação, sabedoria e justiça.

Conseqüentemente, quando o legislador quiser que a lei declaratória domine também o passado, é de mister que formule expressamente essa determinação, aliás não dominará senão o futuro. Cumpre sem dúvida refletir que para uma lei ser interpretativa basta que tenha por objeto o ser declaratória de outra, pois que interpretar é declarar o sentido da disposição interpretada, mas que por isso só não se segue que essa declaração deva *ipso jure* ter efeito retroativo; são duas coisas distintas. Assim, se a lei declaratória não contiver essa cláusula, deverá prevalecer a regra da justiça e os princípios gerais do Direito, que estão de acordo com os do art. 179, § 3º, da Constituição, e em conformidade dos quais a lei rege só o futuro, e não o passado. O próprio Direito romano quando o sistema constitucional era ignorado já dizia: *Legis et constituciones futuris certumeut dare formam negociis, non ad facta praeterita, revocari nisi nomination, et de praeterito tempore, et ad huc pendentibus negottis gautum sit.*

Em matéria penal sobretudo é incontroverso, que nunca a lei pode ter efeito retroativo em prejuízo do indiciado ou acusado. O contrário seria um princípio bárbaro e funesto; a pretexto dele poderia um cidadão ser em qualquer tempo preso, e punido por um fato que praticara e que ninguém considerava punível até a data de uma lei nova, que viera condená-lo. A lei em tal matéria não deve roubar-lhe nem mesmo o benefício que possa deduzir da obscuridade ou dúvida, qual existia. Pelo contrário, por um constante princípio de eqüidade geralmente admitido costuma-se sempre aplicar a pena no sentido mais favorável ao réu, e portanto a pena novamente decretada para o fato, quando ela é menor que a pena anterior.

Quando a lei declaratória não ofende direitos, como acima dissemos, ou antes confirma os atos, como uma lei de anistia, ou reconhecimento da dívida pública, ou revalidação de posses, pode sem inconveniente ter aplicação retrospectiva, por isso que em tal caso não perturba, não inverte direitos, não tem efeito retroativo, pois que por este só se entende, ou caracteriza, aquele que anula direitos, ou reprime atos anteriores, circunstância esta que o torna odioso, injusto e perigoso.

87. *Interpretação judicial, ou por via de doutrina quanto às leis do Direito Comum*: Além da interpretação legislativa, ou por via de autoridade, e geral, existe, como já mencionamos, a interpretação por via de doutrina, ou em detalhe, em aplicação hipotética ou individual.

Para que ela seja bem compreendida é de mister estudá-la desde os seus fundamentos, para então chegar com segurança às suas conclusões.

As leis não podem ver tudo e todas as circunstâncias, não podem estabelecer normas positivas para cada um dos casos que tenham de ocorrer, e quando fosse isso possível, a legislação tornar-se-ia tal, seria um dédalo de tal sorte imenso que não haveria memória, nem razão, que por ele soubesse caminhar.

É pois irremediável que as leis circunscrevam-se em princípios, ou teses gerais, e que só previnam o que podem antever; mas por isso mesmo manifesta-se que é também irremediável, que alguém tenha a faculdade, quando indispensável, de interpretá-las quanto aos fatos que se passam, e que demandam solução.

Em rigor essa faculdade a ninguém deverá ser dada senão ao legislador, não deveria haver senão a legislativa, e não outra qualquer. Desse rigor porém nasceriam inconvenientes e perigos totalmente inadmissíveis. Ficariam as questões sem solução, até que o legislador fosse consultado, e a solução deste sucederia aos fatos em vez de anteceder, não haveria segurança alguma de direitos, teríamos um poder tirânico, que acumularia a autoridade judiciária.

Assim, sendo indispensável administrar a justiça e não sendo possível recorrer ao legislador, nem aplicar a lei sem reconhecer e qualificar os fatos, sem examinar o preceito daquela, sem entendê-la, sem interpretá-la, sem combinar suas palavras com o seu espírito, com outras leis correlativas, deduzir sua força, compreender suas vistas; tornou-se forçoso dar essa faculdade aos juízes, associá-los de alguma forma ao poder Legislativo e ao mesmo tempo dar-lhes regras para o uso dessa atribuição, como dá a nossa lei de 16 de agosto, reduzi-la a detalhe e proibir-lhes que generalizasse suas decisões por disposição geral.

Foi de mister a par disto ordenar-lhes que não deixassem de julgar a pretexto de lacunas ou obscuridade das leis, pois que com esse pretexto ficariam autorizados a denegar a justiça ou a demorá-la como quisessem.

A interpretação *judicial, ou por via de doutrina, propriamente dita*, consiste pois na faculdade que a lei deu ao juiz, e que por isso ele tem, de examinar o verdadeiro sentido, o preceito da lei, ou dos princípios do direito, e de aplicá-lo à questão ante ele agitada tal qual o compreende, e sob sua responsabilidade.

Esta interpretação, esta dedução lógica pertence a ele e só a ele, e não é mesmo possível pretender que não lhe pertença, ou que pertença, conjuntamente a outrem, porque sem esse direito exclusivo, ele, que é o aplicador da lei, não poderia cumprir o dever de seu cargo, e muito menos ser responsável.

Tal é a interpretação *judicial ou doutrinal propriamente dita*, e da competência dos juízes e dos tribunais superiores, órgãos constitucionais e privativos, únicos autorizados para declarar, o que segundo as leis do Direito Comum é conseqüente, lícito ou proibido, punível ou não, válido ou nulo.

São eles os únicos chamados pela Constituição para na aplicação dessas leis estender, esclarecer, e mesmo suprir suas disposições segundo seu espírito quando incompletas, obscuras ou omissas. Eles têm para isso os recursos dos princípios gerais do Direito, as regras da justiça, são nesses casos magistrados da lei da jurisprudência e da eqüidade dos arestos e costumes, e como que árbitros legítimos entre as partes — *dequibus causis scriptis legibus non utimur, id custori oportet quod moribus, et consuetudine inductum est.*

Suas disposições são proferidas depois de longa e luminosa disposição, ouvidas as partes, mediante fórmulas que ministram ampla garantia, e que debatem qual a melhor inteligência da lei.

Esta competência não só é consagrada pela lei fundamental, pela instituição e independência do poder Judiciário, mas é de alta importância, e ampla garantia para a sociedade e para os direitos individuais.

Por certo que se o juiz pudesse ser obrigado a aplicar a lei, não como ele a entendesse, sim como lhe fosse ordenado, reduzido a um estado puramente passivo, feito instrumento material do ministério, que conceito mereceria, que proteção oferecia?

A maior e mais nobre garantia que os juízes e tribunais judiciários ministram à sociedade, é a da sua sabedoria e verdadeira independência dos outros poderes. Esta é quem abriga os cidadãos, quem lhes dá a certeza que nada têm a temer do governo, e só sim da lei, quando a infringirem. A lei está feita, seja boa ou má, os direitos e obrigações contam com ela qual é, aplique-a pois o magistrado, e responda pelo uso que fez da autoridade que a Constituição lhe conferiu, autoridade própria, diretamente delegada pela nação.

O juiz pode como o governo errar, pode mesmo prevaricar, mas é por essa previsão que a lei criou um sistema de meios adequados para emendar seu erro, ou punir sua prevaricação, e esse é o único sistema que oferece garantias.

Nesse intuito declarou a lei que a sua interpretação doutrinal não estabelece regra geral, que não tem mais autoridade do que a razão em que se funda, que não é obrigatória para os outros juízes, e muito menos para os que lhe são superiores. Estabeleceu os recursos, por cujo meio os tribunais competentes examinam de novo a questão tanto de fato, como de direito, e de novo julgam, confirmam, revogam, ou modificam a decisão, como a justiça exige.

O que sobretudo completa este sistema, e por um modo eficaz quando bem organizado, o que dá à interpretação doutrinal, uma grande pureza e força, é a sábia instituição do Supremo Tribunal de Justiça. Por meio do recursos de revista, que a lei abre pela falsa interpretação, ou falsa aplicação de seus preceitos, evita-se o erro e o abuso e obtém a sociedade a segurança dos seus direitos, como depois melhor demonstraremos.

Antes de terminar nossa demonstração julgamos conveniente retificar uma expressão confusa, que não deixa de produzir equívocos sobre este assunto.

Alguns confundem a atribuição que a lei deu aos juízes, a interpretação doutrinal, ou judiciária propriamente dita, com as fontes, opiniões ou esclarecimentos, de que eles se servem para estabelecer sua decisão ou doutrina, e dão a essas fontes ou opiniões a mesma denominação.

Certamente que os juízes para formar seu pensamento estudam não só o espírito da lei e da jurisprudência, os arestos e exemplos, mas também os escritos e opiniões dos jurisconsultos; tudo isso concorre para esclarecer a doutrina, mas essa inteligência mais ou menos comum é coisa diversa da faculdade dada ao juiz, e do direito exclusivo que ele tem de estabelecer a doutrina, que deduz da lei segundo sua consciência e responsabilidade.

É óbvio que as questões de Direito, que se movem perante o juiz, provém do diferente sentido que cada uma das partes atribui à lei, e que procura apoiar nas opiniões ou escritos dos jurisconsultos; e, é também óbvio que tais questões não têm de ser decididas por essas opiniões, ou doutrinas das partes, nem de terceiros, sim pela atribuição conferida ao magistrado e interpretação que ele deduzir da lei. Assim, é bom notar-se que, embora alguns em sentido geral denominem também como *interpretação doutrinal* o complexo dessas opiniões, esta denominação geral não deve ser confundida com o direito, com a atribuição exclusiva dos juízes, de aplicar a lei tal qual a compreenderem, ou conforme a sua própria interpretação ou doutrina judiciária.

Do que temos exposto, concluiremos não só a competência exclusiva dos juízes e tribunais, quanto a esta interpretação, mas ainda para maior clareza, diremos que o governo não tem direito algum de envolver-se nessa competência que lhe é denegada, e onde não pode ter senão simples opinião; que lhe cumpre mesmo não manifestar, como depois melhor demonstraremos.

88. *Interpretação doutrinal, quanto às leis da ordem administrativa*: Pelo que respeita às leis administrativas, a interpretação doutrinal pertence sem dúvida ao governo; ele é o magistrado, o órgão encarregado da sua execução, é quem aplica essas leis, e por conseqüência quem deduz seus preceitos, e firma sua inteligência.

Os administradores subalternos em regra são obrigados a conformar-se com essa inteligência, pois que não só servem debaixo de suas ordens, mas nem mesmo têm poder próprio; o governo central por si, ou por seu Conselho de Estado, é demais o centro de unidade e de uniformidade da jurisprudência administrativa.

Em resumo, são a esse respeito aplicáveis correspondentemente as observações que fizemos em relação ao poder Judicial, quanto às leis de sua alçada, ou competência.

O poder administrativo tem, além disso, não só a interpretação doutrinal, mas mesmo autêntica dos seus regulamentos, que nunca devem exceder de suas atribuições; é a autoridade legítima que os decreta, modifica e revoga, é quem esclarece, ou declara seu próprio ato. Todavia, quando um regulamento, ou um outro ato dele, como um tratado, afeta direitos individuais, então a interpretação doutrinal pertence ao tribunal judiciário desde que este for competente para conhecer da questão, por isso mesmo que a matéria perde desde então o caráter puramente administrativo, entra no Direito Comum, e tem de ser decidida de acordo com os termos deste.

89. *Abuso dos governos a respeito da interpretação das leis*: Não obstante a exatidão dos princípios que temos deduzido, alguns ministros têm entendido que podem enriquecer o poder Executivo com o despojo dos outros po-

deres, e como por causa desse abuso é que já temos sido extensos, cumpre que acabemos de concluir o que ainda nos resta a expor.

A administração não tem título algum para envolver-se na interpretação das leis, à exceção da inteligência doutrinal das que são da ordem administrativa, como já observamos.

A interpretação por via de autoridade ou de medida geral, em todo o caso, pertence só ao poder Legislativo: a doutrinal em matérias do Direito Particular ou Comum pertence aos juízes e tribunais: que outra interpretação compete pois ao governo a não ser a doutrinal das leis administrativas?

Não lhe resta, quanto ao Direito Comum, senão simples opinião sem força obrigatória, opinião que por mais de uma razão não convém que ele manifeste.

A Constituição e as leis orgânicas do Supremo Tribunal de Justiça consideram esta bela instituição como o centro único da administração da Justiça civil, comercial e criminal, como nexo de sua unidade, de sua uniformidade; é ele quem tem por principal missão defender a lei, firmar a vontade do legislador, estabelecer a verdadeira interpretação doutrinal. Era com efeito indispensável que o preceito das leis fosse respeitado em toda a sua pureza, e conseqüentemente que houvesse um juiz dos juízes, um censor das sentenças da religiosa observância do Direito, da uniformidade da aplicação da lei, sem o que esta não seria igual para todos; e por isso mesmo que esse centro não podia, nem devia ser o governo, foi que se criou aquela bela instituição, em que predomina antes o caráter político que o de simples julgador.

Quererá apesar disso o ministério ser um outro centro rival? Qual dos dois deverá predominar? Se for o ministério ficará revogada a Constituição; se concorrerem ambos teremos duas unidades, duas uniformidades, opostas ou divergentes, isto é, a confusão e a anarquia, promovida juntamente por quem devera dar o exemplo de respeito à lei e à ordem pública refletida e fixa.

Convém ao próprio governo, a seu decoro e força moral, não sujeitar suas opiniões a serem preteridas e menosprezadas. Poderá mesmo suceder que o magistrado, que reincidisse em desrespeitar a interpretação dos tribunais, para seguir a opinião ministerial, fosse por eles responsabilizado e punido. Convém-lhe não envolver-se em questões particulares, que estabelecem ou prejudicam direitos civis, que determinam ou removem a aplicação de penas; estas questões são do domínio judicial; encerre-se o governo em sua grande órbita das relações dos cidadãos com o Estado e não a ultrapasse.

Admira, como já dissemos, que no Brasil, depois de 30 anos de sistema constitucional,[21] ponham-se em dúvida princípios de que nunca se duvidou, nem mesmo no sistema absoluto, que dava à Casa da Suplicação e às relações a interpretação doutrinal,[22] lavrando até assentos com força obrigatória.

Um rei absoluto a quem um juiz ignorante de seus deveres e da independência do poder Judicial consultava sobre a inteligência de uma lei judiciária, respondeu-lhe: a vontade da lei está na lei, estudai-a e conformai-vos com ela, assim cumprireis a intenção do legislador — *voluntatem regiam in legibus habes; illis obtempera, et nostra cognoceris adimplere mandata*. O que deveria dizer um governo constitucional?

Assistindo Jaime I[23] o julgamento de uma causa e querendo manifestar sua opinião, o juiz advertiu que ele não podia emitir opinião alguma a respeito, e esse princípio foi consignado no estatuto 6º do seu reinado: *soit semblablement déclaré, que ni sa mageste, ni son conseil privé, n'on jurisdiction, pouvoir, autorité d'examiner ou mettre em question, déterminer, ou disposer des biens des sujets de ce royaume*. É o princípio de que o governo não deve de modo algum influir sobre o regime dos direitos e interesses particulares confiados à ordem judiciária.

Destes e outros exemplos é que o poder Judicial inglês deriva a alta reputação em que é tido; tais magistrados sabem de um lado que eles serão infalivelmente punidos se prevaricarem, mas sabem também de outro, que são verdadeiramente independentes, e como tais, protegidos com toda a eficácia pela lei e pelo Parlamento; que não têm que temer, nem que receber inspiração alguma do governo.

É, pois, manifesto que não assiste aos juízes obrigação alguma de obedecer às opiniões ministeriais a semelhante respeito, desde que ilegais, e só assim de cumprir os seus próprios deveres de aplicar, conscienciosamente, as leis.

---

[21] A Constituição do Império do Brasil é de 1824, Pimenta Bueno publicou o *Direito Público brasileiro e análise da Constituição do Império* em 1857.

[22] A *Casa da Suplicação* de Lisboa era o supremo tribunal português, em 1808, após a transferência da Corte para o Brasil, instalou-se a *Casa da Suplicação* do Rio de Janeiro. As *relações* eram tribunais de justiça de segunda instância; até 1752 a Relação da Bahia serviu como a mais alta corte de apelação da colônia, quando passou a dividir sua jurisdição com a Relação do Rio de Janeiro; a Relação do Maranhão foi criada em 1812 e a de Pernambuco em 1822.

[23] Jaime I, rei da Inglaterra e da Irlanda entre 1603 e 1625 e rei da Escócia com o título de Jaime VI entre 1567 e 1625.

90. Dir-se-á porém que o governo tem o direito de expedir regulamentos, e que para isso precisa entender a lei e dirigir-se segundo sua própria consciência. Posto que tenhamos de tratar depois da faculdade regulamentar quando nos ocuparmos dessa atribuição do poder Executivo, responderemos desde já ao sofisma, referindo-nos quanto ao mais à seção respectiva.

Esta objeção não tem valor algum. Ainda quando nenhuma dúvida possa mover-se sobre a latitude dessa atribuição, isto é, se ela se refere somente às leis da ordem administrativa ou também as da ordem civil, é claro que se o governo, para sua própria inteligência e conseqüentes detalhes da execução, necessita compreender a lei, daí não se segue que tenha o direito de impor aos tribunais por modo obrigatório a sua inteligência. De duas uma, ou essa inteligência é exata e a mesma dos tribunais, ou não; no primeiro caso não haverá questão, não imporá; no segundo caso, isto é, desde que os tribunais entenderem que a opinião do governo infringe a lei, certamente que postos no dilema eles obedecerão esta e não aquela. Dar regulamento não é poder alterar os preceitos da lei e forçar os juízes a violá-la.

Os regulamentos são atos e modos de mera execução e não de legislação, são disposições gerais e móveis do poder Executivo, revestidas de certas formas, que preparam os meios, determinam os detalhes e coordenam as providências necessárias para que as leis sejam facilmente executadas, para que não encontrem obstáculos em nenhum tempo, ocorrência ou parte do Estado.

Sem dúvida, facilitar a execução da lei não é fazer a lei ou interpretá-la obrigatoriamente, o que vale o mesmo; a inteligência legal que, como meio ou por via de conseqüência é estabelecida pelo ato regulamentar, conquanto poderosa, não passa de uma opinião ou doutrina comum, como a dos sábios.

É o que dizia o chanceler de Aix ao próprio governo absoluto de Luís XV:[24]

> "Senhor, quando o vosso ministro fala com a razão e com a lei, suas palavras vigoram-se mutuamente; quando ele fala sem lei não pode ser garante nem de si próprio; quando fala contra a lei, embora invoque o nome de vossa vontade, isso em vez de fortificá-lo não serve senão para fazê-lo suspeito, porque vossa vontade não é essa que ele indevidamente presume ou alega, e nem ela bastará para constituir regra legal."

---

[24] Luís XV foi rei da França entre 1715 e 1774.

Estes são os princípios por mais de uma vez firmados pela Corte de Cassação em França, ou antes os que predominam como incontroversos nos Estados constitucionais, e únicos compatíveis com a divisão e independência dos poderes políticos.

Na Inglaterra o governo nem ao menos tem a atribuição regulamentar; na França antes do atual Império[25] o próprio Conselho de Estado, em 15 de fevereiro de 1832, expressamente declarou que a inteligência dada pelo governo às leis não passava de opinião, embora muito respeitável; a Constituição belga, além dos seus arts. 28, 92 e 95, determina em seu art. 107:

"Que as cortes e tribunais não apliquem as decisões e regulamentos gerais, provinciais ou locais, *qu'autant qu'ils seront conformes aux lois.*"

Certamente, os juízes têm por primeiro e sagrado dever observar religiosamente as leis, essas normas permanentes que seguram os direitos da sociedade e dos indivíduos, aí está sua honra, consciência e dignidade, e não nas inspirações móveis ou arbitrárias dos ministros que se sucedem, e cada um dos quais poderá entender a lei por forma diversa e levar a contradição e confusão aos tribunais.

Este proceder é mesmo prescrito, ao menos virtualmente, pelo Código de Processo Criminal, art. 53; regulamento de 31 de janeiro de 1842, arts. 495, 496, 497, 498 e 499; regulamento comercial de 25 de novembro de 1850, arts. 11 e 28; lei de 18 de setembro de 1828, art. 19; e sobretudo, mui terminantemente, por nossas leis fundamentais. Mantenha-se cada poder em sua órbita, que esse é o verdadeiro e o mais respeitável de todos os regulamentos, o mais digno da civilização brasileira.

§ 3º Da suspensão e revogação das leis:

91. Em regra, a autoridade das leis não deve ser suspensa; se ela não é útil seja revogada. Entretanto, razões de importante interesse público, circunstâncias especiais, podem aconselhar ou exigir a suspensão por algum tempo de uma lei, de um imposto, da liberdade da exportação de víveres, etc. Portanto era sem dúvida necessário que a Constituição reconhecesse esta atribuição do poder Legislativo, e só dele.

---

[25] Referência ao Segundo Império francês, que se estendeu de 1852 a 1870, instituído por Luís Napoleão, também chamado de Napoleão III.

O governo, salva a exceção expressa do § 35°, art. 179, da Constituição, não tem autoridade de suspender a execução de lei alguma, sua missão é de executá-la e não de suspendê-la; ele não é legislador.

92. *Revogação*: As necessidades e interesses sociais, mormente os da ordem administrativa, são móveis e variáveis; é preciso que as leis estejam em harmonia com eles, e por isso mesmo que sejam revogadas quando pela mudança das circunstâncias se acham em oposição.

Só o poder que faz a lei é competente para revogá-la, quer expressa ou implicitamente no todo ou em parte.

A revogação é expressa quando uma outra lei explicitamente determina que aquela de que se trata não vigore mais, que deixe de ser lei; é implícita quando não manifesta expressamente essa determinação, mas não obstante resulta ela de suas novas disposições, por isso que são incompatíveis com as que existiam.

Quando a revogação não é total, é só parcial, a lei anterior não perde a força senão naquilo que é inconciliável com a lei nova.

A revogação por simples desuso não pode prevalecer nos Estados constitucionais, já pelo abuso e perigo desse princípio, pois que o desuso não é legislador, já porque nem ao menos subsiste a razão que o faz tolerar nos governos absolutos. O poder Legislativo reúne-se todos os anos, o governo, os tribunais, os cidadãos, a imprensa, podem provocar a revogação ou modificação conveniente; não é pois admissível envigorar-se anonimamente um ato da soberania nacional.

§ 4° Da fixação das despesas públicas e repartição da contribuição direta:

93. Esta atribuição legislativa da Assembléia Geral está sem dúvida incluída na atribuição geral de fazer a lei de que tratamos no 1° parágrafo anterior; pudera pois parecer desnecessário especializá-la separadamente. Entretanto, como é um dos assuntos legislativos de maior importância social, entendeu a Constituição, e bem, que devia não só fazer essa especificação, mas ordenar que tal atribuição fosse exercida *anualmente*.

Para melhor desenvolver, ou antes assinalar as importantes dependências desta atribuição, indicaremos em números diversos o seu caráter ou natureza legislativa, os esclarecimentos que demanda, as garantias que oferece, assim políticas como administrativas, e finalmente qual seja o seu complemento ou conseqüente prestação de contas.

94. *Seu caráter legislativo*: O *budget* ou orçamento do Estado é o ato que em cada ano fixa e autoriza o montante das despesas públicas e conseqüentemente os meios de ocorrer a elas.

Tem pois duas faces ou partes entre si ligadas e ambas importantes. Todavia, a questão das despesas e do seu montante é quem deve fixar a máxima atenção, porquanto quaisquer que sejam os incidentes, em última análise, ela é que determina o maior ou menos pesado sacrifício do povo, que é quem paga. A escolha dos meios de ocorrer às despesas, dos meios de receita, é sem dúvida também muito importante, mas é evidente que, quanto mais reduzida for a despesa, mais liberdade e melhores expedientes terá o poder Legislativo para verificar a escolha desses meios, que não devem ser levantados senão na proporção daquelas.

Ora, se é o povo quem tem de pagar as despesas públicas, se é dele que se tem de exigir anualmente o sacrifício de uma parte do seu trabalho ou propriedade, é manifesto que ele deve ser ouvido para que preste o seu consentimento. Quando não fosse um ato de soberania e de seu próprio direito seria dever de rigorosa justiça.

É portanto uma atribuição essencialmente legislativa e que impõe pesadas obrigações, que desfalca as propriedades individuais, o que não pode ser legitimado senão em virtude de uma lei, nem por mais tempo, por maior porção, forma ou condições diversas do que ela determinar.

Deve pois ser ouvida a nação por meio de seus representantes, para que mediante essa garantia seja juiz da necessidade ou conveniência das despesas públicas, da totalidade delas comparada com suas forças, para que examine, escolha e prefira, depois de acurado estudo, os meios de receita menos onerosos.

Por maior segurança convém mesmo que a iniciativa a respeito, a prioridade de indicação e discussão, pertença a seus representantes mais imediatos, como veremos quando dessa iniciativa tratarmos.

Segue-se que a fixação da receita e despesa é objeto de lei ânua, por isso mesmo que as necessidades públicas variam, e que é assunto exclusivamente da lei; em conseqüência do que o governo por pretexto algum não pode, não deve exigir, ou agravar, a título de regulamentos, ou por qualquer outro, o sacrifício do povo; agravar seria impor, converter-se em legislador, e isso em matéria tão grave e onerosa.

Cumpre que o poder Legislativo zele, quanto deve, desta atribuição, que o povo lhe conferiu para não ser oprimido. À proporção que os governos vão impunemente iludindo seus deveres a respeito, as fortunas individuais vão perdendo garantias, e sendo desfalcadas, ficando à mercê dos ministros, que por isso mesmo se tornam pródigos. E proporcionalmente o poder Legislativo vai perdendo sua força moral; se o abuso aumentasse ele seria mesmo desnecessário, ou antes, econômico poupar a despesa que causa.

É por isso mesmo que não compreendemos como possa o legislador delegar seu poder ao governo em tal assunto!

95. *Esclarecimentos indispensáveis*: Para com acerto decretar uma tal lei, que afeta todos os serviços públicos, e todos os recursos sociais, são indispensáveis amplos esclarecimentos. A Constituição previu, e por isso, em seu art. 172, determinou que o ministro da Fazenda, depois de receber dos outros ministros os orçamentos relativos às despesas de suas repartições, apresente na Câmara dos Deputados, logo que esta estiver reunida, o orçamento geral de todas as despesas públicas do ano futuro, e da importância de todas as contribuições e rendas públicas; e a lei de 15 de dezembro de 1830, art. 41, cuja disposição é permanente, definindo o tempo em que essa apresentação deve ter lugar, declarou que seria até o dia 8 de maio, isto é, que seria dentro de cinco dias contados da abertura da sessão ordinária.

Para maior informação determinou esta mesma lei, em seu art. 42, que os ministros de Estado apresentem de mais até o dia 15 de maio, isto é, até 12 dias depois de aberta a sessão ordinária, relatórios impressos em que mui circunstanciadamente exponham o estado dos negócios a cargo de cada repartição, as medidas tomadas para desempenho de seus deveres e a necessidade ou utilidade de aumento, ou diminuição de suas respectivas despesas.

Finalmente, como a conta ou balança do ano, ou exercício anterior muito esclarece a matéria, a mesma lei a exigiu nos termos que depois veremos.

Tais orçamentos devem guardar o método determinado pelo art. 40 da referida lei, método desenvolvido segundo o modelo recomendado pelo aviso de 16 de novembro de 1833.

Sem o complexo destes esclarecimentos, e sem o conhecimento do movimento industrial do país, não é possível dar passo seguro no vasto campo dos orçamentos.

96. *Garantia política*: Classificam alguns esta atribuição como uma garantia da reunião periódica das Câmaras e conservação do sistema constitucional; não é porém essa a face, ao menos em nossa opinião, de sua maior importância. Se o direito e alta conveniência da reunião periódica do poder Legislativo pendesse só do seu voto anual das despesas públicas, se não tivesse por base a necessidade do cumprimento do preceito constitucional, e sobretudo a civilização, a força da vontade nacional, parece-nos que essa garantia seria muito precária, pois que o governo supriria tal voto.

Outro tanto pensamos quanto à opinião dos que nela divisam a faculdade de denegar ao governo os meios necessários para manutenção e andamento dos serviços públicos, no intuito de coagi-lo a uma mudança de política, ou de ministério; seria a nosso ver um péssimo expediente. Se não há opinião pública, o governo, ao menos para o que lhe convenha, achará recursos, e porá a odiosidade da medida sobre as Câmaras. Se há ilustração nacional, essa política, ou ministério, não poderá prevalecer por muito tempo. Em todo o caso, seria mais que injusto fazer pesar sobre a sociedade inocente, sobre seus interesses públicos, sobre o crédito nacional, sobre as diversas classes de empregados, tão grave sacrifício, tanta opressão por culpa alheia. Seria mesmo provocar uma revolução, cujo êxito fôra impossível de prever, mas cujos estragos seriam certos.

Cumpre entretanto examinar qual é a duração das contribuições brasileiras, ou o tempo pelo qual os súditos do Império estão adstritos a solvê-las; se só pelo ano financeiro, salva sua renovação periódica, ou se sem limitação de tempo, enquanto a lei constitutiva de cada uma não for expressamente revogada?

O art. 171 da Constituição declara, quanto às contribuições diretas, à exceção daquelas que estiverem aplicadas aos juros e amortização da dívida pública, que elas serão anualmente estabelecidas pela Assembléia Geral, mas que continuarão até que se publique a sua revogação, ou que sejam substituídas por outras; revogação ou substituição que já se vê que depende de sanção. Assim, combinando este artigo com o § 10° do art. 15 *ibi*, repartir (anualmente) a contribuição direta, parece que esta classe de contribuições é de duração ilimitada ou indefinida, e que somente a sua repartição é que depende da lei ânua.

Pelo que respeita às contribuições *indiretas* a Constituição nada diz, e conseqüentemente pende isso do como o poder Legislativo expressar-se na lei que institui cada uma delas, ou na lei ânua do orçamento.

O art. 41 da Constituição francesa de 1830 dizia: "O imposto territorial não é consentido senão por um ano; os impostos indiretos podem ser por mais anos", independente de lei expressa, o governo francês no art. 29 de seu belo regulamento de 31 de maio de 1838, que bem pode servir de modelo para os governos constitucionais, declarava que as receitas (sem distinção alguma), e as despesas públicas relativas ao serviço de cada exercício, eram autorizadas pelas leis ânuas.

Em todo o caso, os brasileiros não são obrigados a pagar as contribuições senão em virtude de lei, e nem por mais tempo do que aquele que esta marcar. Nossas leis do orçamento podiam ser mais expressas a este respeito.

97. *Garantia administrativa*: A face por que consideramos sumamente importante a lei ânua dos orçamentos das despesas e receitas públicas é a administrativa, é a da economia dos sacrifícios do povo e do aperfeiçoamen-

to do sistema das contribuições, para que pese o menos possível sobre os contribuintes.

Esta lei joga com todos os serviços, ou despesas públicas, dá pois lugar e obriga o poder Legislativo a examinar não só como esses serviços são feitos, mas a investigar e reconhecer a necessidade ou utilidade de cada uma das despesas e do seu respectivo montante; força os ministros a esclarecer e justificar cada verba dela e a corrigir o pouco zelo ou infidelidade do desempenho dos deveres dos administradores.

Fixando ou regulando anualmente as despesas públicas, os representantes da nação têm o direito e o dever de diminuir todas aquelas que não derem à sociedade um proveito correspondente, como, por exemplo, as de teatros, que devem ser deixados às subscrições particulares, dos que quiserem e puderem ter essa distração, e não ser mantidos à custa dos sacrifícios do pobre, pois que não são obrigações sociais; o fim legítimo das despesas e o único título legal do imposto é o serviço público.

É a ocasião que eles têm de recordar-se que é justo e conveniente reconhecer como as mais úteis e reprodutivas das despesas as que se destinam a auxiliar o trabalho, a fertilizar as fontes da produção e riqueza pública, o desenvolvimento das forças industriais, as vias e meios de comunicação e transporte, a aquisição de braços para o trabalho. São avanços que ministram amplas retribuições ao governo, à sociedade e aos indivíduos.

Pelo que toca ao sistema das contribuições, a importância dessa lei é também de imenso alcance. Têm os representantes da nação anualmente o direito e oportunidade de reconsiderá-las, de conservar, modificar, suprimir ou substituir cada uma delas, ou por efeito de melhor estudo, ou de mobilidade, ou variação nas necessidades, conveniências, ou circunstâncias sociais.

O imposto é reconhecido como um mal, posto que necessário; é de mister que esse mal se limite à sua própria natureza, e que não seja agravado por outros acessórios remediáveis, que não prejudique o trabalho, que não embarace a produção, que guarde justiça pesando com igualdade, não excedendo as faculdades dos contribuintes, não aniquilando os capitais.

É também a ocasião de examinar os regulamentos fiscais do governo e de coibir seus abusos para que os impostos sejam arrecadados sem vexame, nas épocas e formas devidas, segundo o modo de percepção legal, com economia e eqüidade; enfim nos precisos termos da lei, sem que sejam distendidos ou agravados pelo pensamento sempre dominante do fisco.

Se os representantes da nação, se os deputados das diversas províncias, defenderem as diversas indústrias, se efetivamente puserem em ação as suas luzes e o seu zelo, é óbvio o imenso proveito que o país recolherá anualmente da discussão dos orçamentos. As leis fiscais serão bem meditadas e claras, para que não deixem arbítrios ao ministério; haverá grande dificuldade de abusos administrativos.

98. *Balanços ou contas*: Para completar, porém, a garantia que a lei ânua tem em vista dar ao país, é indispensável ver ou reconhecer exatamente o como ela é observada. Os orçamentos são estimativas, presunções, previsões dos serviços e dos meios correspondentes e autorizados. É de mister que os legisladores e o país saibam se os serviços públicos foram desempenhados e as despesas efetuadas ou não na conformidade do respectivo orçamento, ou se os ministros passaram créditos de umas para outras rubricas, ou criaram rubricas novas e não contempladas. Se as rendas foram bem arrecadadas pelo modo e termos legais, e como empregadas; qual o seu produto, assim como o montante da despesa e últimos resultados de saldo ou débito.

Sem esse contraste, sem essa prova real, sem contas devidamente processadas e tomadas, os orçamentos são meras e insuficientes formalidades. Os ministros preterirão, ou farão as despesas que quiserem; empregarão, anteciparão rendas, criarão créditos, e em suma disporão dos recursos do Estado a seu contento. O corpo legislativo ignorará grande parte de seus desperdícios e despesas ocultas, só saberá de algumas tardiamente, e porventura sem prova; a responsabilidade legal, sempre difícil, não será ao menos suprimida pela responsabilidade moral.

Tendo em vista estas e outras considerações, ordenou o artigo 172 da Constituição que o ministro da Fazenda apresentasse anualmente, logo depois da reunião das Câmaras, um balanço geral da receita e despesa do Tesouro Nacional do ano antecedente; a lei de 15 de dezembro de 1830, arts. 32 e 39, determinou a maneira por que os balanços, tanto da despesa como da receita, deviam ser organizados. Hoje eles formulam-se, não por ano, sim por exercício, segundo a disposição da lei de 20 de fevereiro de 1840.

Não obstante, porém, estas cautelas, e o direito que as Câmaras têm de nomear comissões para quaisquer exames sobre o tesouro, direito já outrora consignado no art. 38 da dita lei de 15 de dezembro, é fácil perceber o quanto são elas incompletas. É de suma necessidade a criação de um tribunal de contas, devidamente organizado, que examine e compare a fidelidade das despesas com os créditos votados, as receitas com as leis do imposto, que perscrute e siga pelo testemunho de documentos autênticos em todos os seus movimentos a aplicação e emprego dos valores do Estado, e que enfim possa assegurar a realidade e legalidade das contas. Sem esse poderoso auxiliar nada conseguirão as Câmaras.

99. Concluiremos este parágrafo observando que a discussão, leis do orçamento, e respectivos balanços, interessam não só ao próprio país, como esclarecem também os países estrangeiros sobre a situação do respectivo governo. Por esses elementos avalia-se a força das suas finanças e crédito, o estado da sua civilização, a boa ou má administração, ou observância das leis, a firmeza das suas instituições, as garantias da sociedade; enfim, a altura da inteligência e independência das Câmaras Legislativas, que equivalem a grandes recursos. Todos os homens e países ilustrados sabem que não há leis que afetem mais as liberdades e interesses dos cidadãos, que dependam de maior zelo e sabedoria do poder Legislativo do que as dos orçamentos e balanços; a respectiva discussão revela, pois, e orienta muito o juízo que deve formar-se das condições da nacionalidade.

§ 5º Da fixação de forças de mar e terra:
100. Esta outra atribuição da Assembléia Geral está também incluída na atribuição geral de legislar, mas é também tão importante, que a Constituição julgou que devia especificá-la em separado, e determinar que fosse exercida anualmente.

Examinaremos qual a natureza da força pública em geral, da Guarda Nacional e policial, qual a da força de linha em particular, sua fixação e esclarecimentos que ela demanda, distinção da fixação de forças ordinária e extraordinária e finalmente as garantias que esta atribuição oferece.

101. *Força pública em geral*: Em seu complexo ou generalidade, esta força é a nação armada em massa, é todo o poder da sociedade, a reunião inteira das seções de forças dela, da Guarda Nacional, do Exército de linha de terra e mar, dos corpos policiais, enfim de todos os nacionais, como bem expressa o art. 145 da Constituição, quando manda que todos os brasileiros peguem em armas, se tanto for necessário, para sustentar a independência e integridade do Império, e defendê-lo dos seus inimigos internos ou externos. E a grande força levantada e agitada pelo célebre e memorável decreto da Convenção francesa de 23 de agosto de 1793, em que se lê o seguinte:

"Art. 1) Desde este momento até aquele em que os inimigos tiverem sido expelidos do território da pátria, todos os franceses estão em requisição permanente para o serviço das armas. Os homens feitos irão ao combate, os casados forjarão armas, e transportarão víveres, as mulheres farão barracas e roupas militares, e servirão nos hospitais, as crianças desfiarão linho para as feridas, os velhos irão para as praças públicas excitar a coragem dos guerreiros."

Este decreto, que punha todos os franceses e todas as suas fortunas à disposição da França, e que foi recebido com orgulho e gratidão por demonstrar quanto era a confiança depositada sobre a coragem e dedicação francesa, indica bem o que seja o todo da força de uma nação, quando se sabe excitá-la para esmigalhar a agressão do estrangeiro ou o perigo da pátria.

Fora dos grandes perigos, porém, é claro que a força pública não pode ser exercida por todos os nacionais, que têm muitas ocupações diversas e essenciais para subsistência do Estado, e de seus recursos. Daí procede a necessidade de classificar as diferentes relações da segurança nacional, e de organizar convenientemente as forças correspondentes.

102. *Guarda Nacional*: A Guarda Nacional é a maior força, é a nação que se guarda a si mesma, quando cumpre que ela auxilie as forças policiais, ou de linha, na segurança interior ou exterior do Estado; que defenda a Constituição, reprima os grandes crimes e males da rebelião e guerra civil, que mantenha a unidade da nação, e restabeleça a ordem e tranqüilidade pública, ou que faça respeitar as fronteiras ou o solo sagrado da pátria contra a insolência estrangeira. Fora, porém, dessas ou outras circunstâncias graves, a Guarda Nacional não deve ser chamada ao serviço, por isso mesmo que não é uma força ordinária, e porque sobre ser pesado sem necessidade que o justifique, vai distrair inteligências e braços que se ocupam em serviços produtivos, e contrariar todos os princípios econômicos de uma boa administração. É por isso mesmo que a subdivisão da própria Guarda Nacional ativa em simplesmente ativa e móvel, não deixa de ser útil, pois que, quando é indispensável infringir tal regra, os inconvenientes ao menos são menores. A lei orgânica desta milícia cívica é digna de toda a atenção pelas variadas considerações que ela deve atender; a que atualmente vigora é a de 19 de setembro de 1850.

103. *Forças policiais*: O serviço da segurança interna demanda forças especiais; ao mesmo tempo que elas não precisam do espírito e perícia militar, quais demanda o Exército de linha, exigem hábitos apropriados, vigilância constante e adestrada para a prevenção dos crimes, captura dos delinqüentes, e mesmo experiência e conhecimento das condições dos perturbadores profissionais da tranqüilidade pública.

Esta força simultaneamente civil e militar tem sua organização particular adaptada a seu fim: ela não deve exceder da fixação necessária, mas não deve ser menor que a precisa. Sua disciplina deve ser firme, é um instrumento da lei e ordem interior, não deve ter outra vontade senão essa, e a de ser fiel às autoridades administrativas e judiciárias, debaixo de cujas ordens serve.

104. *Exército de linha*: Esta força especial tem por grande e principal missão manter a segurança externa do Estado, repelir ou ir desarmar o inimigo, desafrontar a honra nacional, manter seus direitos nas relações internacionais. É a guarda da soberania exterior, que deve ser enérgica, aguerrida, cheia de perícia militar, de amor da pátria e de sua glória, pronta a marchar, mantida pura por uma disciplina severa. É força que não se cria em dias; que se compõe de diversas armas, estudos, e habilitações importantes e essenciais.

O *quantum* desta força depende de diversas relações do país, como são as suas fronteiras, condições geográficas, seu sistema de defesa, situação de relações internacionais, força dos outros Estados, pontos de guarnição fixa, ou montante dela para avaliar o exército de manobras disponível; e de outro lado dos recursos que a população e as rendas públicas subministram.

105. *Marinha militar:* A força marítima tem também uma bela e nobre missão especial, semelhante e muitas vezes associada à do exército de terra. Ela defende os interesses, os direitos, e a segurança do Estado em suas diversas relações marítimas.

A navegação, o comércio marítimo, é não só de grande vantagem, mas é mesmo uma necessidade para o desenvolvimento de todos os elementos de riqueza e força dos povos. A charrua e o navio são os laços e motores de toda a sociedade e civilização humana. Da necessidade de ter uma marinha mercante resulta o dever de protegê-la. Independente, porém, desse valioso serviço, que a marinha militar presta, é ela quem no caso de guerra marítima defende o litoral do Estado, quebra os recursos e forças inimigas, e vai tentar nos portos e costas do beligerante operações muitas vezes decisivas.

Os navios de guerra são baluartes flutuantes, que levam a ação do poder nacional aonde lhe convém sustentar seus direitos; parece demonstrado que quem dominar o mar dominará a terra.

Uma marinha militar não é obra de um dia, nem quanto ao seu material, nem quanto ao seu pessoal, que demanda estudos variados, perícia e hábitos especiais à vida do mar, para criá-la é preciso um sistema meditado e uma constância permanente.

O *quantum* dessa depende não só de considerações semelhantes às que antes ponderamos, mas ainda de outras especiais, mormente quanto ao pessoal.

106. *Caráter da atribuição da fixação de forças*: O Estado demanda, pois, a existência e conservação de forças permanentes de mar e terra; mas quem

deverá fixá-las? Para levantá-las e mantê-las é indispensável exigir do povo um certo número de homens, ou por outra, uma contribuição de sangue e de liberdade; é portanto necessário ouvi-lo e obter o seu consentimento por meio de seus representantes; é uma atribuição legislativa.

Acresce ainda que a maior ou menor quantidade de forças importa maior ou menor despesa ou sacrifício dos contribuintes, maior ou menor desfalque na produção. Uma força excessiva pode mesmo ser perigosa, ameaçar as instituições e liberdades públicas.

Conseqüentemente, a lei e só a lei é quem deve determinar, fixar a quantidade das forças, tanto de mar como de terra.

Nos governos absolutos esta fixação depende da vontade do governante, que somente consulta suas idéias e não as variadas relações que ela tem com os destinos e bem-ser do Estado; nos governos constitucionais nenhum poder tem o direito de levantar força alguma senão em virtude da lei e nos precisos termos dela; se os ministros tivessem essa atribuição poderiam onerar o Estado e comprimir suas liberdades.

107. *Esclarecimentos necessários*: Para fixar-se convenientemente a força pública, quer de mar quer de terra, cumpre ter em vistas as necessidades vigentes do serviço e segurança do Estado, de maneira que não sobreexceda, nem seja insuficiente, que não haja um sacrifício desnecessário de homens e de fortuna social, nem tampouco falta-nos indispensáveis recursos militares.

A fixação das forças deve ser, pois, proporcionada às necessidades; e como estas são móveis, ou variáveis, por isso mesmo ela deve ser ânua, e nunca determinada senão depois da precisa informação do governo. É este quem está mais habilitado para calcular, ou antes reconhecer a quantidade necessária; é ele quem responde pela segurança interior e exterior do Estado; deve pois apresentar a respectiva proposta.

A lei de 15 de dezembro de 1830, art. 41, cuja disposição é permanente, determinou que os ministros da Guerra e Marinha até o dia 8 de maio, isto é, até cinco dias contados da abertura da sessão ordinária, apresentem as informações necessárias para a fixação das respectivas forças.

108. *Fixação ordinária e extraordinária:* A fixação de forças ordinárias não oferece dificuldades, pois que pode ser bem prevista; outro tanto, porém, não acontece a respeito da fixação das forças extraordinárias, que só poderá ser bem calculada à face da exigência que a motivar. Todavia, como esta exigência naturalmente há de demandar uma convocação extraordinária da Assembléia Geral, convém, para que o Estado não sofra nesse intervalo perda de tempo, que o governo tenha faculdade de ir desde logo levantando as for-

ças adicionais previstas e autorizadas; elas e a Guarda Nacional, que é um forte baluarte da segurança do Império, darão tempo à Assembléia Geral para pôr em ação os recursos necessários.

O art. 146 da Constituição diz: "Enquanto a Assembléia Geral não designar a força militar permanente de mar e terra, subsistirá a que então houver, até que pela mesma Assembléia seja alterada para mais ou para menos"; por isso mesmo que seria inadmissível uma dispersão, ou licenciamento geral ou irrefletido do Exército.

109. *Garantias que esta atribuição oferece:* Além das considerações já expostas, oferece esta atribuição outras garantias importantes.

É um elemento de paz em relação à política exterior; porquanto, embora não impossibilite, não deixa de dificultar uma guerra caprichosa ou imprudente; é também um elemento e discussão que elevará o espírito nacional, a força moral e material do Império, desde que se trata de uma guerra justa. Todos os meios serão previstos, os recursos acumulados e o entusiasmo e dedicação desenvolvidos. Em todo o caso os representantes da nação exercerão a devida influência sobre a política externa.

O poder Legislativo tem assim o dever e oportunidade de examinar anualmente o estado da administração militar e naval, seu material, sua organização, sistema de promoções, recompensas, enfim todas as condições do Exército e Armada no intuito de melhorar sua sorte e adotar todos os aperfeiçoamentos que forem sendo conhecidos.

Fiscalizará periodicamente o emprego da força, para que não tenha aplicação senão no bem do Estado; terá oportunidade de ir também melhorando o importante sistema de recrutamento, para que não penda e se conserve puro do arbítrio ou abusos ministeriais.

110. O art. 150 da Constituição faz ao Exército de terra e mar uma promessa, que cumpre satisfazer e sobre que faremos breves observações.

Primeiramente, notaremos que a força pública, o Exército de terra e mar, têm suas bases constitucionais, que fixam certas condições suas, que são essenciais, e que não podem ser alteradas por nenhuma ordenança, que devem ser sempre estáveis e reguladoras.

1º) A força pública é essencialmente obediente, e jamais pode reunir-se sem que lhe seja ordenado por autoridade legítima; [Constituição, art. 147]. Este preceito fundamental é a base da segurança social, sem ele não seria possível conter uma multidão de homens armados; o Exército seria um grande perigo; cumpre que ele seja puramente passivo, que não delibere, sem isso seria impossível que a força legítima de um homem pudesse prevalecer sobre as idéias de milhares.

2º) Ao poder Executivo compete privativamente empregar a força armada de mar e terra, como bem lhe parecer conveniente à segurança e defesa do Império; [Constituição, art. 148]. A direção e emprego da força não pode partir senão de um centro de unidade; o desenvolvimento dela exige não só celeridade nas ordens, mas harmonia nos movimentos, nos projetos e vistas, na impulsão e ação; exige uma só vontade, um motor único, e este não pode ser senão a Coroa, o poder, que responde pela segurança interna e externa do Estado.

3º) Os oficiais do Exército e da Armada não podem ser privados de suas patentes senão por sentença proferida em juízo competente; [Constituição, art. 149.] Esta útil disposição, que faz prezar os postos militares, é uma segurança dada aos oficiais, que aliás poderiam ser caprichosamente demitidos apesar de seus serviços, desde que incorressem em desagrado, quando devem ter todo o direito à sua honra e posição.

111. A par destas bases o art. 150 da Constituição com razão exige uma ordenança especial, que regule as condições legais do Exército; suas promoções, soldos, disciplina, reformas, pensões, recrutamento. O que respeita à organização interior dos corpos, sua formação, manobras, economia, disciplina secundária, ou detalhes dela, tudo isso é da alçada móvel dos regulamentos; mas os assuntos anteriores não podem pender senão da lei.

Quanto às promoções, temos a lei de 6 de setembro de 1850 e disposições adicionadas a ela. Elas se fazem grau por grau, por antiguidade, merecimento e distinção. O primeiro posto de oficial não pode pender senão de habilitações legais, ou julgadas pelo governo, por isso mesmo que é de necessidade que ao menos certo número de moços comece logo na força da idade a habilitar-se para os postos superiores, o que todavia não exclui a experiência adquirida pelos inferiores que tiverem merecimento; a esse respeito o interesse do bom serviço militar deve ser o princípio predominante.

A escolha abre os postos superiores aos talentos, mérito e serviços, e sem dúvida que à medida que se elevam os postos, maior é a necessidade de energia e capacidade, cumpre todavia que a lei remova quanto possível o perigo do patronato.

Os soldos, ou vencimentos, não podem certamente ser fixados senão pela lei; posto que indispensável, é um dos maiores encargos que pesam sobre a nação.

A disciplina é a vida e a força do Exército, sem ela não há subordinação nem segurança; é indispensável a dedicação ou abnegação do soldado. A disciplina militar tem uma divisão, natural e importante.

Há faltas disciplinares pouco graves, mas que precisam ser prontamente corrigidas, que não toleram processo que não seja de simples e rápida informação; elas estabelecem uma autoridade e competência dos chefes, que não lhes pode ser de modo algum tirada, salva a queixa contra os abusos. Há outras que, embora de mais alguma gravidade, todavia não constituem crimes propriamente ditos, que não demandam um conselho de guerra, mas que exigem contudo um conselho de disciplina, por isso mesmo que importam punição comparativamente maior.

Há crimes militares, violações formais dos deveres do soldado, que exigem punição severa, e por isso mesmo um conselho de guerra, um processo que resguarde a inocência ou atenue o fato, como for de justiça.

Em todos esses casos as penas devem pender da lei, e não da fantasia dos chefes.

A separação entre os crimes, e conseqüentemente o foro militar e civil, não é sem dificuldades.

São crimes militares somente aqueles que infringem as leis militares, os deveres do soldado como soldado, o seu serviço, subordinação ou disciplina. Uma ameaça, uma injúria, ou ferimento, em regra são crimes civis, mas se eles forem praticados por um soldado contra seu superior, embora fora do serviço, ainda assim não atacarão a subordinação militar? Que disciplina poderia haver nos acampamentos, ou quartéis, se o furto entre soldados fosse processado perante os tribunais civis? Caso o corpo marchasse, seriam eles deixados no lugar do delito, ou ficariam impunes pela incompetência da jurisdição militar? É, pois, uma questão de competência que deve ser fixada pela lei, que se relaciona com considerações e detalhes importantes, mas em que não podemos aqui entrar.

As reformas e pensões, o modo de contar o tempo para as primeiras em serviço de paz ou de guerra, o *quantum* e condições das segundas, já por antiguidade, já por serviços notáveis, não podem também fundar-se senão em regras legais.

O recrutamento é um dos fatos que afetam sumamente as liberdades individuais, entretanto não é possível contar com engajamentos voluntários suficientes, mormente em caso de guerra, e porventura menos com a conscrição em vista de nossa população tão heterogênea. É, portanto, indispensável que seja a lei, e não o arbítrio, quem determine as condições da leva forçada, que previna e remova os abusos. Se a Guarda Nacional ativa tivesse uma subdivisão, que classificasse uma guarda móvel, não poderia esta concorrer ao menos em uma certa proporção anual para auxiliar o complemento do Exército de linha?

O sistema de defesa do território, de fortalezas e outros estabelecimentos militares, constitui assuntos conexos com a força pública, mas que interessam mais ao Direito, ou alçada administrativa do que às questões do Direito Público.

§ 6º Da concessão ou denegação da entrada no Império de forças estrangeiras de mar ou terra:

112. A entrada de forças estrangeiras dentro do Império é matéria de grande importância, para que a Constituição olvidasse que ela deve ser determinada por lei, e que se assim não fosse, ficaria inutilizada a atribuição da Assembléia Geral de que tratamos no parágrafo antecedente, atribuição que está inteiramente ligada com a do presente parágrafo, como no decurso dele veremos.

A entrada de forças estrangeiras no Império pode verificar-se por diversos modos e com diferentes fins, por navios de guerra e desembarques, ou entrada pelas fronteiras de terra, com o fim de asilar-se, de obter trânsito, de ocupar o território ou parte dele, ou de prestar serviços no Império; trataremos rapidamente destas hipóteses.

113. *Entrada ou estada de forças estrangeiras nos portos ou águas territoriais por escala ou refresco*: Ainda mesmo em tempo de paz a entrada e demora, embora amigável, de grande força de navios de guerra ou tropas estrangeiras dentro dos portos, baías ou águas territoriais, é assunto que demanda muita atenção; quando mesmo inocente pode isso afetar não só a polícia do porto, como a segurança do território, as condições de salubridade e de subsistência, mover questões sobre a faculdade ou não de desembarque, ou sobre outras muitas relações que não devem ser indistintamente encaradas. Ora, é inquestionável que só a soberania territorial, e conseqüentemente só a lei, é quem tem o direito exclusivo de regular os princípios, os termos, ou condições da respectiva concessão ou denegação.

Em caso de guerra e de neutralidade do Império a matéria exige ainda maiores previsões para se evitarem reclamações ou quebra dos deveres de neutro.

Em circunstâncias normais, não só os Estados concedem asilo, quando demandado, ou outros socorros ou favores de humanidade, mas mesmo os atos de amizade que o uso geral tem estabelecido a respeito entre as nações civilizadas, independente de lei positiva; mas, em regra, os regulamentos dos portos que devem sempre ser respeitados, marcam, quando se trata de grandes forças, o número das que seriam admitidas por sua vez ou turno sucessivo dentro dos portos.

Em circunstâncias especiais, ou em todo o caso, a Assembléia Geral, a lei, tem o direito de regular semelhante concessão ou denegação como for conveniente, o que não lhe impede de atender os usos consagrados.

114. *A entrada de forças de terra por desembarque ou pelas fronteiras terrestres* demanda não só a mesma, mas ainda, maior atenção. É de mister reconhecer, desde logo, o fim da entrada, que não sendo em demanda de asilo, não pode ter lugar sem prévia concessão.

A concessão de trânsito por terra mesmo em estado de paz, e desde que se trata de forças avultadas, não deve ser facultada senão nos termos da lei ou de acordo com a Assembléia Geral. Envolve questões de polícia, subsistência, alojamentos e, sobretudo, de segurança do Estado, que não podem pender somente da vontade do governo, e muito menos sendo o trânsito para um beligerante.

115. *A admissão de tais forças para ocupar ou guarnecer parte do território ou nele prestar serviço militar* não pode, sob pretexto algum, ter lugar sem autorização da Assembléia Geral, sem lei expressa.

O governo, sem esta, não deve cometer o serviço militar, confiar os postos, as armas, a segurança da nação senão a nacionais.

A experiência tem mostrado quanto é perigoso confiar a força pública a mercenários, que em regra não conhecem senão a mão que os paga e, algumas vezes, nem a essa, quando acham maior paga.

Em geral são instrumentos de despotismo, pois que lhes falta o amor da pátria, dos amigos, dos parentes, da sua sociedade natural. Acrescem as rivalidades, ciúmes e os conflitos com as forças nacionais, que são sempre muito prejudiciais.

Não obstante, como é impossível prever tudo, a Constituição, em sua sabedoria, não estabeleceu proibições categóricas e indeclináveis; fez esta e as concessões ou denegações anteriores nos termos expostos dependentes da autorização da Assembléia Geral, ou da lei nacional.

Sem esta importante precaução, que inclui o recrutamento de estrangeiros, embora já residentes no Império, poderá um ministério infiel a seu juramento independer das câmaras e tentar contra as liberdades públicas.

§ 7º Da autorização para empréstimos nacionais:

116. Esta atribuição da Assembléia Geral está intimamente ligada com a de que tratamos no antecedente § 2º, isto é, com a fixação das despesas públicas e dos meios necessários para solvê-las; foi mesmo por guardar a ordem, quanto possível, das disposições constitucionais, que não falamos dela em seguida daquela.

Os empréstimos públicos destinam-se a despesas e importam o consumo antecipado das rendas dos contribuintes, resolvem-se em impostos, em sacrifício mais ou menos pesados, em amortização precisa, ou eventual, mas mediante, sempre, juros mais ou menos altos.

Exercem sempre grande influência sobre o Estado e, em todo o caso, importam o emprego e uso do crédito nacional.

Quando só por estas razões já não devessem pender de autorização da Assembléia Geral, teriam ainda por outras a mesma dependência. Sem dúvida criam direitos e obrigações entre os mutuantes e o Estado que não devem ser estabelecidos senão por lei, e ainda, quando a solução dessas obrigações fosse derivada de propriedades nacionais, importaria isso uma alienação de recursos públicos, que só o legislador poderia autorizar e garantir.

É, pois, uma atribuição que essencialmente pertence à Assembléia Geral; e se não fosse — é evidente que o governo, desde que quisesse inutilizar aquela outra atribuição legislativa de fixação da despesa e receita pública — poderia comprometer a fé e crédito público, alienar as rendas do Estado, dispor do presente e do futuro, burlar enfim do poder Legislativo; seria instituir o poder absoluto, o inteiro arbítrio sobre a fortuna e bem-estar social.

117. *Garantias*: Além dos princípios constitucionais, que assim prescrevem essa atribuição da Assembléia Geral, é de importante garantia para a sociedade, ainda em outros sentidos. Quanto mais importantes são os empréstimos, tanto mais convém que eles sejam bem estudados em todas as suas relações; é o concurso das luzes dos representantes da nação, o exame de todas as conveniências gerais e locais, quem deve reconhecer a verdadeira necessidade desse meio extraordinário, a preferência desse a outro expediente, o modo e as condições por que deverá ser negociado, para que o sacrifício seja o menor possível. A eqüidade mesmo deve entrar em vistas; certas despesas improdutivas, ao menos pelo que pertence a interesses materiais, devem ser com preferência sustentadas pelo imposto, para não gravar as gerações futuras desde que não gozem dos benefícios.

O Brasil tem contraído diferentes e avultados empréstimos, assim no Império como no estrangeiro, que lhe custam sacrifícios bem pesados; pode-se a esse respeito consultar as leis dos orçamentos, e relatórios do Ministério da Fazenda.

A título de depósitos de bens de órfãos, de defuntos, e ausentes, de cauções e descontos de letras, ou bilhetes do tesouro, ou alfândegas, verificam-se também empréstimos públicos mais ou menos avultados, por prazo mais ou menos largo, por maior ou menor juro, que só são legítimos nos casos e nos termos autorizados pela lei, pois que não podem pender da mera vontade do Governo.

§ 8º Da determinação dos meios necessários para o pagamento da dívida pública:

118. Esta atribuição legislativa está também ligada com a do § 2º, com a lei de fixação das despesas e rendas ou recursos públicos.

As dívidas legitimamente contraídas pelo Estado constituem uma obrigação sagrada, que deve ser exatamente cumprida nas épocas e termos correspondentes, é um dever de rigorosa justiça, um empenho da honra, fé, e crédito público.

Para isso precisa o Tesouro Nacional de recursos certos, de impostos, ou aplicações de alguma outra renda, que seja afetada a esse serviço. É pois uma questão de despesa e de receita, que depende do poder Legislativo; ele, e só ele, é quem tem o direito de criar, escolher, ou determinar quais devam ser os meios convenientes para essa solução, quais os menos onerosos à sociedade nas circunstâncias dadas.

A dívida pública, as obrigações pecuniárias contraídas pelo Estado, podem ser ou compor-se de diversas verbas, como as seguintes:

De rendas perpétuas, que não se extinguem, ou só se extinguem quando o devedor prefere reembolsar o capital para exonerar-se da prestação da renda.

De rendas contratadas com amortização certa além do respectivo juro, que se extinguem em tempo determinado segundo a força da amortização.

De rendas vitalícias, que se extinguem por morte daqueles em cujo proveito são estabelecidas.

De dívida flutuante, ou obrigações temporárias, operações de crédito, antecipações, a que o Tesouro Público, nos termos da lei, recorre para obter valores, que lhes permitam esperar pela entrada regular das rendas públicas.

A lei de 15 de novembro de 1827, e disposições posteriores, reconheceram e regularizaram a dívida nacional interna, e a respectiva caixa de amortização; reconheceram também a dívida pública externa.

As leis brasileiras têm conservado e conservarão em sua integridade o crédito nacional, de que o país com toda a razão tanto zela, e por isso mesmo jamais se olvidaram de afetar oportuna e suficientemente, os meios necessários para o serviço da dívida pública.

§ 9º Dos regulamentos para a administração dos bens nacionais e autorização para a sua alienação:

119. A administração dos bens nacionais, o maior ou menor aproveitamento deles, interessa muito assim os serviços como os recursos públicos, liga-se também a receita e despesa do Estado; e, conseqüentemente, deve, sem dúvida, ser regulada pela lei, pender da Assembléia Geral.

A expressão geral de bens nacionais, compreende todos aqueles cujo domínio pertence à nação ou Estado, na qualidade de proprietário. Esses bens podem ser distinguidos em diferentes classes.

Domínio geral da nação: Nesta classe, ou denominação, se incluem os bens imóveis e móveis que a nação ou Estado adquire e conserva, em virtude de sua personalidade política, que representa a sociedade, que resguarda a fortuna dela; bens que, posto que nacionais, não podem ser gozados pelos particulares como direitos individuais, embora possam por eles vir a ser obtidos mediante os meios legais, como as terras devolutas, terrenos de marinha, as matas, minas, salinas, bens vagos, dívidas ativas, etc.; sobre as terras devolutas pode consultar-se a lei nº 601, de 18 de setembro de 1850, e regulamentos de 30 de janeiro e 8 de maio de 1854 e, sobre os terrenos de marinha, o aviso de 20 de outubro de 1832.

Domínio da Coroa: A parte dos bens nacionais que é afetada ao gozo da Coroa e, nesse sentido, desmembrada do domínio geral, toma esta denominação; é inalienável.

Domínio público: Por esta denominação comumente se indica a parte dos bens nacionais que é afetada imediatamente no gozo da Coroa, e nesse sentido desmembrada do domínio geral navegáveis ou boiantes, etc.

Domínio especial da nação ou próprios nacionais: Que incluem os bens que a nação possui por títulos, ou por serviços especiais, como estabelecimentos, ou edifícios públicos, fortalezas, fábricas, fazendas, etc.

Em regra, o Estado só deve possuir e aproveitar por sua conta como proprietário aquilo de que ele, a Coroa, ou uso público, realmente precise; os demais bens devem oportunamente ser alienados em favor da indústria particular; convém que tenham mobilidade, que sejam bem aproveitados; lucram os indivíduos e o Estado.

§ 10º Da criação e supressão de empregos e estabelecimentos de seus ordenados:

120. A criação dos empregos não importa somente despesa pública, importa também autoridade ou função. É pois a lei, e só a lei, quem deve fixar o número deles, determinar as qualidades, ou habilitações dos pretendentes, suas obrigações, responsabilidades e vencimentos.

Não convém criar senão os que são realmente necessários para o serviço público e só nesse intuito, aliás será criar despesas supérfluas e roubar ao trabalho, à produção, homens que nela ocupados poderiam ser úteis a si e ao país.

Se esta faculdade fosse deixada ao poder Executivo, daria lugar a muitos abusos ministeriais, que ainda assim em parte se efetuam a título de comissões gratificadas.

Seria mais um meio ministerial de atender, não os interesses reais da sociedade, mas sim a proteções individuais, a conveniências de partidos, de maioria, de conservação própria.

§ 11º Do regulamento monetário e dos pesos e medidas:

121. A moeda é quem facilita a troca, a permutação dos produtos do trabalho do homem; é o produto por cujo meio ele obtém aquilo que especialmente precisa. É a mercadoria de uso e apreço comum, o intermediário, o instrumento das transações, o agente da circulação dos valores, a alma das relações comerciais; não é possível prescindir do uso dela.

A par de sua necessidade, a ciência econômica tem demonstrado que o poder público não deve deixar a moeda ao acaso, ou ao puro arbítrio particular, e sim adotar um sistema monetário bem meditado, que evite o erro, a fraude, os prejuízos e perigos dos particulares e do público.

Não basta, como a ciência aconselha, adotar o ouro como o produto, o metal precioso mais apropriado para servir de moeda; é além disso de mister determinar a pureza que como tal deve ter, reduzi-lo a peças, tomando um peso por unidade, ou termo de comparação, e assinar-lhe o valor nominal, ou numerário, a lei do pagamento. É o que fez a nossa lei de 11 de setembro de 1846 determinando a pureza do ouro em 22 quilates, e o valor numerário da oitava[26] assim afinada em 4 mil-réis.

Adotado o sistema, é de mister evitar a fraude, tanto em relação à finura, como em relação ao peso, pois que sem isso não se obterá a fé e confiança pública.

Tudo isto é objeto de lei, e é também por isso que a Constituição atribui ao poder Legislativo a determinação do peso, valor, inscrição, tipo e denominação das moedas.

Assim adotada uma forma conveniente, revestida a peça de uma inscrição pública, de um cunho conforme o padrão, ou regulador autorizado, te-

---

[26] A oitava é uma medida de peso, corresponde a 3,586 g.

rão os particulares e o público a certeza de sua fidelidade e integridade, independerão de confrontar seu peso e toque.

A uniformidade no sistema, e a denominação geralmente conhecida das moedas, ministram também importante facilidade às transações.

122. Semelhantemente, a segurança e facilidade das transações depende da exatidão dos pesos e medidas, exatidão que remova o erro e a fraude, depende de um sistema uniforme, que evite a necessidade de cálculos e reduções, que ocasionam enganos, despesas e consomem o tempo em pura perda.

É necessário para isso um tipo, um padrão autêntico, legal, permanente, e que tenha condições naturais, que o possam constatar em qualquer tempo e lugar. Esse padrão não deve ser estabelecido senão pela autoridade da lei.

A uniformidade de pesos e medidas não é um grande bem somente para as diversas províncias, ou partes de um mesmo Estado; seria também de uma grande vantagem comum para todos os Estados a adoção de uma uniformidade geral. A lei que estabelecer tais padrões não deve olvidar-se deste *desideratum*, que é um dos assuntos de esforços econômicos dos sábios.

§ 12º Da inspeção legislativa da Assembléia Geral sobre as Assembléias Provinciais:

123. Se não houvesse uma constante inspeção constitucional do poder nacional sobre as Assembléias Legislativas Provinciais, se estas pudessem violar as condições e limites das leis fundamentais do Estado, não só as províncias por-se-iam em luta entre si, mas os vínculos da nacionalidade assim enfraquecidos seriam em pouco tempo destruídos. A Constituição e o Ato Adicional não teriam existência senão precária, ou nem mesmo essa.

A esperança de que o presidente da província não sancionaria os atos inconstitucionais, posto que de algum valor, não seria por si só completa; o espírito de partido, um erro poderia frustrá-la, e não restaria em tal caso corretivo algum.

Foi para evitar uma tal dissolução, que o Ato Adicional estabeleceu o salutar preceito do seu art. 20, que está em harmonia com o art. 16, e também com o art. 7 da lei de interpretação de 12 de agosto de 1840.

A Assembléia Geral deve cassar toda a lei provincial que direta ou indiretamente ofender a Constituição, os limites traçados pelos arts. 10 e 11 do Ato Adicional, os interesses ou as imposições gerais da nação, os tratados e os direitos de outras províncias.

Não basta, porém, que a Assembléia Geral tenha esse direito e dever, é de suma necessidade que não se olvide de cumprir tão importante obrigação, que as respectivas comissões de Câmara dos Deputados e do Senado não deixem vigorar e permanecer esses atos ilegítimos, não só pelo péssimo precedente, como por suas conseqüências tanto mais nocivas quanto mais inveteradas.

Cumpre ter diante dos olhos, e zelar com ciúme, os princípios que são fundamentais da união nacional, por isso mesmo que ela é a única base poderosa de toda nossa grandeza e seguro porvir.

O Conselho de Estado deve examinar cuidadosamente todas as leis provinciais, e o ministério deve ser o primeiro a ativar perante as Câmaras a cassação das que forem inconstitucionais. A Constituição é a lei das leis.

§ 13º De outras atribuições legislativas da Assembléia Geral:
124. Não enumeramos no princípio desta seção as atribuições que a Assembléia Geral tem de assinar a dotação ao imperador e à imperatriz, os alimentos ao príncipe imperial, os dotes aos príncipes e princesas; a de decretar a reforma da Constituição; e enfim a de suspender algumas das formalidades que garantem a liberdade individual; não as enumeramos senão para integrar o quadro dessa classe de atribuições legislativas, pois que reservamos esses assuntos para deles tratar em seus lugares competentes.

No título do poder Moderador faremos algumas observações sobre as dotações, alimentos e dotes; no capítulo dos direitos políticos nos ocuparemos do que respeita à reforma da Constituição; e quanto à suspensão das sobreditas formalidades, é essa matéria conexa com as do capítulo dos direitos individuais, e aí analisaremos o respectivo parágrafo constitucional.

Seção 4ª: Das atribuições de inspeção ou fiscalização constitucional

É da atribuição da Assembléia Geral:
§ 1º Velar na guarda da Constituição e promover o bem geral da nação. Constituição, art. 15, § 9º.

§ 2º A Assembléia Geral no princípio das suas sessões examinará se a Constituição política do Estado tem sido exatamente observada para prover como for justo. Constituição, art. 173.

§ 3º Na morte do imperador, ou vacância do trono, instituir exame da administração que acabou, e reformar os abusos nela introduzidos. Constituição, art. 15, § 8º.

§ 1º Da inspeção em todo e qualquer tempo e promoção do bem geral da nação:

125. O art. 19, § 9º da Constituição confirma uma atribuição que o direito de fazer as leis por certo importa; ele inclui necessariamente o direito de inspecionar, de examinar se elas são ou não fielmente observadas, aliás de nada valeria. De que serviriam as mais belas leis se não tivessem execução, ou a tivessem morosa, ou infiel? Uma lei mal, frouxa ou infielmente executada, deixa de ser a lei decretada, passa a ser uma coisa diversa e porventura prejudicial, ou opressiva; desde que a lei é lei deve ser cumprida com zelo e exatidão.

Cada poder deve, com efeito, ter as faculdades legais necessárias para satisfazer sua missão; a Assembléia Geral tem a missão de efetivamente dar boas leis à sociedade; é conseqüente que desempenhe a missão conexa de fazê-las práticas e reais. Assim como a sanção das leis exerce uma conveniente inspeção sobre ela, assim também ela deve exercer sobre a fiel execução de seus atos legislativos. É o jogo dos poderes que se apóiam e se corrigem, que são reguladores, que garantem o sistema constitucional.

Este direito de inspeção em todo e qualquer tempo, em que o poder Legislativo se reúne, é um dos principais atributos que a soberania nacional lhe delegou; é uma garantia, um exame, que a sociedade, os administrados exercem sobre seus administradores, um corretivo valioso e indispensável contra os abusos ministeriais, corretivo que procede da índole e essência do governo representativo, que sem ele não se poderia manter.

126. De todas as leis as que demandam maior inspeção, por isso mesmo que demandam o mais alto respeito, são as leis constitucionais; sua observância deve ser religiosa, pois que são o fundamento de todas as outras e da nossa existência e sociedade política. São os títulos dos direitos dos poderes políticos, e não são só títulos de seus direitos, mas também de suas obrigações, não são só brasões da autoridade, são também garantias dos cidadãos; ligam o súdito e o poder; é por isso que a Constituição ordena à Assembléia Geral *que vele na guarda de seus preceitos*.

A principal vigilância que a Assembléia Geral deve exercer é que o poder Executivo se encerre em sua órbita, que não invada o território constitucional dos outros poderes, é a primeira condição da pureza do sistema representativo e que decide das outras; que respeite as liberdades individuais.

A exata observância das leis ordinárias, das leis fiscais, cujos abusos são mui opressivos, das que promovem os melhoramentos vitais do país, como suas estradas e colonização, cuja omissão tanto pode afetar a sorte do povo, enfim de todas as normas da sociedade, muito interessa à nação, ao seu desenvolvimento e bem-estar.

Além da inspeção sobre a observância das leis, cumpre também à Assembléia Geral examinar e reconhecer se o governo tem ou não exercido bem, se tem empregado no sentido dos interesses públicos o poder discricionário que as leis lhe confiam.

Esta fiscalização, que tanto importa aos direitos sociais, não pode ser prejudicial aos ministros que bem cumprirem seus deveres, antes concorrerá para realçar sua força moral e fazer bem conhecido o valor de seus úteis serviços.

127. O direito de que tratamos pode ser exercido por diversos meios, segundo as circunstâncias e exigências.

Pode ser exercido por meio de disposições legislativas, que obriguem a administração e seus agentes a dar publicidade a certos atos, a fim de que a sociedade possa conhecê-los e verificar se estão ou não de acordo com a Constituição, com as leis e com os interesses públicos, e conseqüentemente exercer o direito que o art. 179, § 30, da lei fundamental outorga aos cidadãos, a sua censura pela imprensa. É este um dos motivos que recomendam a publicidade dos relatórios anuais do ministério, e de outros esclarecimentos periódicos, que habilitam assim a sociedade, como os representantes da nação, a avaliar os atos ministeriais.

Pode ser também exercido por meio de comissões ou inquéritos, que penetrem nos detalhes da gestão administrativa, mormente quanto à administração financeira.

Exerce-se igualmente por ocasião da discussão dos orçamentos e fixações de forças ânuas, pois que se entrelaçam com todos os serviços públicos, e com o modo por que são feitos.

O direito de interpelação, que é inseparável ou conjunto com esta atribuição, ou o direito de pedir esclarecimentos ou detalhes de um ato ou serviço administrativo qualquer, direito que pertence a cada um dos representantes da nação, é também um outro meio de exercer esta fiscalização.

Finalmente, ela se exerce nos casos graves pela acusação e responsabilidade moral ou legal agitada contra os ministros, que abusam do poder, que só lhes foi confiado para ser empregado no cumprimento das leis e no desenvolvimento dos interesses sociais.

Para esta inspeção geral ou permanente, a lei não marca nem deverá marcar tempo, ela deve ser exercida sempre que for necessária.

128. *Promover o bem geral da nação*: Esta atribuição, que é intimamente relacionada com a anterior, é inseparável dos representantes da nação; tra-

ta-se do bem-ser desta, quem terá mais direito de intervir a respeito, do que ela mesma, ou mais utilidade em promovê-lo?

Ela inclui por isso mesmo o direito de discutir, de examinar a política, assim interna como externa, seguida pelo governo, ou que ele pretende seguir, e a sua direção administrativa mais ou menos adestrada, independentemente da questão de infração das leis.

Inclui o direito de indicar a política que deve ser preferida, as medidas ou impulsão administrativa mais convenientes a adotar, os melhoramentos que cumpre atender, enfim, o direito de promover todos os serviços públicos ou direta ou indiretamente, por meio de projetos de lei ou de advertência, de recomendações ou censuras.

É a útil e legítima influência da nação, por seus representantes, sobre as próprias atribuições do poder Executivo expressamente sancionada pela lei fundamental do Estado, influência sem a qual não haveria sistema representativo.

§ 2º Inspeção ou fiscalização periódica:

129. Posto que a Constituição reconheça, como acabamos de expor, o direito que a Assembléia Geral tem de examinar a marcha da administração e velar na guarda das leis do Estado, em todo e qualquer tempo; todavia, para mais garantir os grandes interesses públicos, positivamente ordena que essa inspeção tenha sempre, ou periodicamente, lugar no começo de cada sessão.

Parece que em cumprimento desta disposição deveriam as comissões de Constituição, ou outras especiais de cada uma das Câmaras, fazer anualmente um relatório, dando conta à respectiva Câmara de qualquer infração que em virtude de seu exame entendessem ter sido praticada pelo ministério no intervalo das sessões.

Seria um grande corretivo contra as invasões do poder, contra os abusos ministeriais, corretivo periódico, por si só de muito alcance.

Podem os representantes da nação ignorar um ato abusivo dos ministros, pode aquele, que porventura conheça, não querer por motivos pessoais indicá-lo, ou temer que não seja tomado na devida consideração. Um dever oficial imposto a essa comissão, e que afetaria sua honra quando mal desempenhado, tornaria muito eficaz esse valioso corretivo. A simples certeza dessa inspeção, ou exame anual que a Constituição com tanta sabedoria determina, por si só exerceria muita influência, por si só impediria muito que os depositários do poder fizessem dele mau emprego.

A Constituição considerou este exame periódico tão importante ou indispensável, que o classificou no seu título 8, à testa das garantias dos direitos civis e políticos dos cidadãos brasileiros. Cumpre, porém, confessar que as Câmaras brasileiras há tempo que pouco ou nenhum exercício dão a esta sua atribuição; aguardemos a eleição por círculos.[27]

§ 3º Da inspeção por morte do imperador, ou vacância do trono:

130. A disposição do § 8º, art. 15, da Constituição está em acordo, ou harmonia com o que temos observado nos nossos dois parágrafos anteriores; ela tem em vistas um sistema inteiro de fiscalização, uma ampla garantia, que reproduz em toda a oportunidade que se oferece, para bem segurar os direitos e interesses sociais.

Na morte do imperante ou vacância do trono, há sem dúvida maior facilidade, ocasião oportuna e natural para imprimir à administração do regente ou Regência, cujas atribuições podem ser discretamente limitadas, ou à do novo governo imperial, a direção conveniente, e para reformar os abusos anteriores ainda não corrigidos. Não há então a temer a oposição de algum grande prestígio, de alguma grande autoridade.

Prevendo pois essa oportunidade, a Constituição manda que seja ela aproveitada para retificar-se a ordem legal, o regime do Estado; é o mesmo que ditam os princípios constitucionais da Inglaterra, e que seu Parlamento tem por vezes feito com grande proveito da nação.

---

[27] A eleição por círculos foi estabelecida pela lei de 19 de setembro de 1855, e determinava que cada província fosse dividida em tantos distritos eleitorais quantos fossem os deputados que deveriam representá-la na Câmara, cada distrito elegeria um deputado e um suplente.

Capítulo 3:
Das atribuições especiais de cada uma das Câmaras

Seção 1ª: Das atribuições especiais da Câmara dos Deputados

É privativa da Câmara dos Deputados a iniciativa:
§ 1º 1º) Sobre impostos.
2º) Sobre recrutamento.
§ 2º 3º) Sobre a escolha de nova dinastia no caso de extinção da imperante. Constituição, art. 36. *Também principiarão na Câmara dos Deputados.*
§ 3º 1º) O exame da administração passada e reforma dos abusos nela introduzidos.
§ 4º 2º) A discussão das propostas feitas pelo poder Executivo. Constituição, art. 37.
§ 5º A proposição para reforma de algum artigo constitucional, quando necessária, deve ter origem na Câmara dos Deputados. Constituição, art. 174.
§ 6º É da privativa atribuição da mesma Câmara decretar que tem lugar a acusação dos ministros de Estado e conselheiros de Estado. Constituição, arts. 38, 48, 133, 134 e 143.

§ 1º Da iniciativa sobre o imposto e recrutamento:
131. A Constituição, dando em geral a cada uma das Câmaras a iniciativa das leis, fez todavia algumas exceções a esse princípio, em vista de maior segurança das liberdades públicas.
Os impostos e o recrutamento são dois gravames que pesam muito sobre os povos, são dois graves sacrifícios do trabalho ou propriedade, do sangue e da liberdade, são dois assuntos em que a nação demanda toda a poupança, meditação e garantias.
Para robustecer e ampliar essas garantias deu a lei fundamental a iniciativa a respeito à Câmara dos Deputados, como seus representantes mais imediatos, como aqueles que devem ser os mais independentes da influên-

cia ministerial e mais dependentes dos povos, com quem estão em contato permanente e de cujas afeições e confiança depende a sua reeleição ou sua desautoração desde que olvidem seus deveres.

Tal iniciativa não é um atributo indiferente, é pelo contrário de muita importância. A lei do orçamento, qualquer projeto sobre contribuições, a lei da fixação de forças, o recrutamento de mar ou terra, toda e qualquer medida que importar alguns desses sacrifícios, não pode ter nascimento senão no seio da Câmara dos Deputados.

Esse privilégio da proposição, essa prioridade de exame, de discussão e de voto, exerce grande influência. Dá aos deputados uma esfera superior de atividade, uma força maior na fiscalização desses sacrifícios, e dos serviços públicos que estão com eles ligados. A manifestação de suas opiniões a respeito atua como a manifestação das idéias imediatas do país, de suas localidades.

Se essa Câmara rejeita a medida, a rejeição é peremptória, pois que o Senado não pode propô-la; se adota, os termos da adoção vêm já acompanhados do juízo expressado, das circunstâncias dos debates, de uma influência moral ou predomínio importante, que gera impressão sobre a opinião pública e que deve ser bem considerado pelo Senado, que antes disso não é chamado a manifestar suas idéias.

Acresce que, por uma conseqüência lógica e rigorosa, o Senado não pode mesmo emendar tais projetos no fim de aumentar por forma alguma o sacrifício do imposto ou do recrutamento, ou de substituir a contribuição por outra mais onerosa, pois que seria exercer uma iniciativa nessa parte. Seu direito limita-se a aprovar, rejeitar ou emendar somente no sentido de diminuir o peso ou duração desses gravames.

A lógica exige mesmo que todas as medidas que impõem novos encargos sobre a nação, que se resolvem em impostos ou recrutamento, como um tratado que afetasse os direitos de importação, uma sessão territorial que fizesse perder as contribuições do respectivo território, exige, dizíamos, que tenham prioridade de exame, discussão e voto na Câmara dos Deputados.

Tal é o privilégio que a Câmara dos Comuns mais zela na Inglaterra; ela não tolera que nenhuma medida que tem relação direta ou estreita com o *money-bill* possa ser iniciada na Câmara dos Lordes, e muito menos pelo governo.[28]

---

[28] A Câmara dos Comuns era uma das casas do Parlamento inglês, semelhante à Câmara dos Deputados brasileira, era chamada assim em contraposição à outra casa parlamentar, a Câmara dos Lordes, que na época era vitalícia e hereditária. O *money-bill* é um projeto de lei relacionado ao orçamento do Estado.

§ 2º Da iniciativa na escolha de nova dinastia:

132. Esta iniciativa é também de suma importância; para reconhecê-la basta refletir que ela recai sobre uma das mais valiosas deliberações que a Assembléia Geral pode tomar, sobre a escolha daquele que tem de receber o depósito, guarda e exercício da mais alta representação do poder público e de transferir a sua sucessão. É uma escolha que necessariamente põe em ação e movimento o espírito nacional, que decidirá em grande parte dos destinos do país.

Por isso mesmo é também justo, é garantia transcendente, que os representantes os mais imediatos e numerosos da nação sejam os primeiros a indicar, a manifestar onde estão as simpatias, o amor, a confiança dos povos, das províncias e localidades; qual a escolha que reúne maior número de seus votos, qual o seu maior desejo ou preferência.

§ 3º Da iniciativa sobre o exame e reforma dos abusos da administração finda:

133. Semelhantemente é conseqüente a nossa lei fundamental quando dá a iniciativa do exame e reforma dos abusos ainda não corrigidos da administração finda à Câmara dos Deputados. São estes não só os mandatários mais imediatos e dependentes da nação, mas os primeiros representantes das idéias da liberdade, do progresso e da pureza constitucional. São os encarregados de promover, decretar e sustentar a acusação dos ministros por tais abusos, e por isso mesmo os mais competentes para assinalá-los, e iniciar as medidas necessárias para que, ou não se reproduzam na nova administração, ou aliás sejam devidamente reprimidos.

§ 4º Da iniciativa de exame das propostas do poder Executivo:

134. Ainda quando as propostas do poder Executivo não envolvam questões que se resolvam em impostos ou recrutamento, ainda assim é uma disposição muito previdente a que dá a prioridade do exame delas, quaisquer que sejam, à Câmara dos Deputados.

Seguramente, há muitos outros assuntos que não são menos graves. Uma proposta para a suspensão das garantias constitucionais, para a reforma das leis, ou do processo criminal, para supressão do júri, para restringir as liberdades civis ou industriais, e muitas outras enfim, podem, mais ou menos adornadas, ser oferecidas por algum ministro.

Independente de se tratar de objetos tão graves, é fora de dúvida que nenhum ministro apresenta uma proposta senão quando julga ser o seu objeto de importância. Ora, as propostas do poder Executivo só por serem dele, assumem valimento; além disso os ministros desejam, e mesmo forcejam para que sejam adotadas; consideram a rejeição, ou as emendas essenciais, como um certo desar, ou falta de força moral, ainda quando não façam da adoção questão de gabinete.

É pois consentâneo com as previsões do sistema constitucional, que tais propostas, qualquer que for o seu objeto, sejam subordinadas a essa parte da representação nacional a mais popular, a mais numerosa, e que deve ser a mais independente do ministério; é uma garantia que contrabalança a influência ministerial.

§ 5º Da iniciativa de reforma de algum artigo constitucional:

135. Das considerações deduzidas nos parágrafos antecedentes, já poderíamos inferir que a proposição para qualquer reforma constitucional não deve jamais ter origem senão na Câmara dos Deputados; ocorrem porém ainda outras razões, que reforçam esse princípio.

É óbvio que uma tal proposição nunca deveria ser originada pelo impulso do governo, fora isso autorizar uma faculdade perigosa; é claro também que não deveria ser iniciada pelo Senado, pois que seu espírito e missão conservadora é menos própria; bastaria pois esta dupla exclusão para estabelecer a tese constitucional, a competência privativa da Câmara dos Deputados.

Cumpre ainda observar que, se uma reforma constitucional pode ser promovida no sentido de dilatar as liberdades e garantias nacionais, pode também ser dirigida em vistas, ou sentido oposto. Ora, a Câmara dos Deputados é a parte da representação nacional especialmente encarregada, não só de guardar as liberdades consagradas pela Constituição, como de promover o melhoramento e o progresso social, o movimento das idéias do país. Assim, se as circunstâncias, o tempo, a experiência, a modificação dos interesses políticos, aconselharem alguma alteração, ou aperfeiçoamento na lei fundamental, é conseqüente e lógico que essa manifestação seja feita por essa parte da representação nacional.

Demais, um tão valioso assunto jamais deve ser iniciado senão de perfeito, real e inteiro acordo com o pensamento e desejo da nação, e por certo que nem uma parte dos representantes do país é tão própria, tão ligada com ele, tão competente para o efeito como a Câmara dos Deputados; é ela quem melhor conhece o espírito das províncias, das localidades, as idéias predominantes.

Posteriormente trataremos deste importante assunto, e então entraremos em mais amplo desenvolvimento, como ele exige.

§ 6º Da atribuição de decretar a acusação dos ministros ou conselheiros de Estado:

136. A responsabilidade dos ministros é o princípio fundamental, a base do sistema da monarquia representativa que, sem ela, seria puramente nominal.

A inviolabilidade do monarca é a própria monarquia, é a condição essencial dela, e aquela responsabilidade é o correlativo, a garantia desse dogma, é o direito dos povos livres, que nasce da natureza das coisas, das relações da Coroa com a nação, relações que se exercem pelo intermédio dos ministros. São eles os primeiros e indispensáveis agentes encarregados de exercer na forma da Constituição a ação do poder Executivo, a gestão dos serviços e interesses públicos.

Se os ministros não fossem responsáveis, todo o sistema constitucional seria falseado, ou antes aniquilado; as leis, as liberdades e garantias sociais seriam sacrificadas pelo completo absolutismo de um poder, que não teria corretivo senão nas revoluções.

A sua responsabilidade não é pois senão a lógica e indeclinável obrigação que eles têm de dar conta do mau uso que fizeram do poder público, confiado pela lei do Estado, e de sofrer a sanção penal desde que esse uso tiver sido criminoso.

A lei fundamental do Estado certamente não lhes confia o poder, senão para que o exerçam como um princípio de proteção e de ordem, senão para que defendam o reinado das leis, dos direitos e garantias da sociedade e dos indivíduos.

Seus abusos afrontam essa importante missão, causam perdas consideráveis, ofensas, que demandam reparações; a sociedade e indivíduos não devem ser vítimas indefesas, privadas de recursos.

Os crimes destes altos funcionários não ameaçam só o país, eles exercem, algumas vezes, uma fatal influência sobre a própria Coroa.

Conseqüentemente a Constituição brasileira, com toda a sabedoria, não só firmou a responsabilidade ministerial em seus artigos 132 e 133, que depois desenvolveremos, mas declarou, privativa da Câmara dos Deputados, a atribuição de decretar a acusação, assim desses agentes do poder Executivo, como dos conselheiros de Estado, altos funcionários, cujos conselhos muito podem influir sobre a sorte do Império.

Ainda quando o Senado não houvesse de ser o tribunal de julgamento de tais empregados é manifesto de que a atribuição de que nos ocupamos não deveria ser encarregada senão aos deputados da nação, guardas avançados de suas instituições e liberdades.

137. A lei de 15 de outubro de 1827 marcou o modo e termos, segundo os quais esta atribuição deve ser exercida.

Em conformidade dela todo o cidadão ou membro de uma ou outra Câmara, pode denunciar os ministros, ou conselheiros de Estado, por crimes de responsabilidade; e as comissões da Câmara dos Deputados têm não só esse mesmo direito, mas o dever de exercê-lo desde que no exame de quaisquer negócios reconhecerem a existência de tais delitos.

A Câmara dos Deputados, desde que uma tal denúncia lhe é apresentada, manda examiná-la por uma comissão especial e sendo atendível ordena que se colijam as provas necessárias.

Depois de outras solenidades, que essa lei estabelece, julgando-se procedente a denúncia, decreta a acusação. Uma comissão, composta de cinco a sete deputados, que escolhem o seu relator é incumbida de agitar a acusação perante o Senado.

138. Mediante estes e outros termos, teve a Constituição e essa lei regulamentar em vista dar à sociedade garantias reais e não simplesmente aparentes ou ilusórias.

Os ministros têm ainda assim muitos meios de frustrar a sua responsabilidade legal. Eles procuram ter nas Câmaras grande número de funcionários dependentes seus, que por isso mesmo opõem-se a que se decrete sua acusação; procuram formar sempre uma maioria que os proteja, e usam para isso de diferentes recursos.

Se a acusação fosse cometida a qualquer funcionário menos independente que uma comissão da Câmara dos Deputados, seria fraca ou ilusória. Pelo contrário, desde que a maioria da Câmara tiver a necessária energia e independência para decretar a acusação ela será conseqüente na escolha dessa comissão, que exercerá sem dúvida muita influência sobre o processo.

No caso de dissolução da Câmara dos Deputados ou de encerramento da sessão, um dos primeiros trabalhos da sessão seguinte será a continuação do processo começado.

A lei de 1827 trata somente dos crimes de responsabilidade; nos delitos individuais dos ministros ou conselheiros de Estado a acusação é agitada perante o Senado pelo procurador da Coroa [Constituição, art. 48]; a parte ofendida porém não pode ser privada do direito de auxiliá-lo, tanto mais quando na falta que há de um processo especial a respeito, devem necessariamente vigorar as regras gerais do Direito Comum.

Seção 2ª: Das atribuições especiais do Senado e suas reuniões extraordinárias

É da atribuição exclusiva do Senado:
§ 1º 1º) Conhecer dos delitos individuais cometidos pelos membros da família imperial, ministros de Estado, conselheiros de Estado e senadores, e dos delitos dos deputados durante o período da legislatura. Constituição, art. 47, § 1º, e art. 48.
§ 2º 2º) Conhecer da responsabilidade dos secretários e conselheiros de Estado. Constituição, art. 47, § 2º, e art. 48.
§ 3º 3º) Expedir cartas de convocação da Assembléia caso o imperador o não tenha feito dois meses depois do tempo que a Constituição determina, para o que se reunirá o Senado extraordinariamente. Constituição, art. 47, § 3º.
§ 4º 4º) Compete ao Senado, em conseqüência do art. 47, § 4º, da Constituição e dos arts. 27, 28, 29 e 30 do Ato Adicional, expedir ordens para a eleição do regente, nos termos do art. 26, quando o que serve provisionalmente o não faça.
§ 5º As sessões do Senado começam e acabam ao mesmo tempo que as da Câmara dos Deputados. Constituição, art. 49.
À exceção dos casos ordenados pela Constituição, toda a reunião do Senado fora do tempo das sessões da Câmara dos Deputados é ilícita e nula. Constituição, art. 50.

§ 1º Do conhecimento dos delitos individuais mencionados pelo art. 47 da Constituição:

139. Os delitos cometidos pelos membros da família imperial, ministros ou conselheiros de Estado, senadores, ou deputados durante o período da legislatura, ainda quando puramente individuais, demandam por graves considerações de interesse público um tribunal especial.

De um lado cumpre não olvidar a importância de tão altas personagens, de tão altas relações ou funções, de sua influência sobre a ordem social. É de mister que as paixões políticas ou populares não possam predominar sobre o tribunal, ou julgadores; que estes sejam superiores a toda a influência injusta contra tais indiciados.

De outro lado, é indispensável que a corte de um tal julgamento tenha uma inteira independência, que não se ressinta da influência pessoal, ou das relações dos acusados.

É de mister que tenha uma alta ilustração para apreciar a importância, a justiça, as conseqüências de questão tão grave e dos resultados de sua decisão. Não é assunto do foro comum, ele não poderia oferecer as garantias necessárias.

O complexo destas e outras considerações demandava sem dúvida um tribunal especial e elevado, e nenhum poderá oferecer garantias iguais às que o Senado oferece. Sua independência, sua honra, sua posição elevada, sua ilustração, verão todas as considerações políticas, toda a justiça, todos os interesses valiosos da sociedade.

A acusação em tais casos é agitada pelo procurador da Coroa. Constituição, art. 48.

§ 2º Do julgamento da responsabilidade dos ministros e conselheiros de Estado:

140. Já observamos em nº 136 que a acusação dos crimes de responsabilidade destes altos funcionários é decretada e promovida pela Câmara dos Deputados. Já vimos também que essa atribuição foi cometida a essa parte da representação nacional, por isso mesmo que tais delitos afetam profundamente a ordem e interesses públicos, por si e pela elevada posição dos delinqüentes.

Ora, se nos próprios crimes individuais destes reconhecemos que o julgamento no foro comum não oferecia todas as garantias desejáveis, é conseqüente concluir que ainda menos ofereceria no caso de responsabilidade.

Era pois de mister confiar semelhante julgamento a um tribunal inteiramente independente dos ministros e conselheiros de Estado, superior a sua influência, e que ao mesmo tempo não se escravizasse à influência da Câmara dos Deputados, a um tribunal de Justiça Política firme e ilustrado, que não atendesse senão à lei e aos interesses reais da nação. Nem mesmo convinha que a Câmara dos Deputados fosse por sua comissão requerer perante um tribunal comum ou inferior.

§ 3º Da convocação da Assembléia Geral quando não feita pelo poder Executivo:

141. O poder Executivo tem, na forma prescrita pelo art. 102, § 1º, da Constituição, a obrigação de convocar a Nova Assembléia geral ordinária no dia 3 de junho do 39º ano da legislatura existente. Podia essa convocação independer desse ato do poder Executivo e verificar-se de pleno direito em virtude do preceito constitucional por si só; é porém não só uma atribuição de honra, como uma manifestação periódica da identificação dos poderes nacionais com a lei fundamental.

Não é de presumir que a convocação da nova Assembléia Geral seja jamais olvidada; entretanto, a lei, que deve prever tudo que pode afetar os grandes interesses do Estado, assim procedendo impôs ao Senado o dever em tal hipótese de reunir-se extraordinariamente e expedir a convocação.

§ 4º Da expedição de ordens para a eleição do regente quando demoradas:

142. Em conseqüência dos arts. 27, 28 e 29 do Ato Adicional, não compete mais à Assembléia Geral a eleição do regente. Quando finando-se o imperador não deixa parente algum que reúna as qualidades exigidas pelo art. 122 da Constituição para ser o regente do Estado, é este governado pelo ministro do Império, e na sua falta ou impedimento, pelo da Justiça, até que tome posse o regente quadrienal eleito nos termos daqueles artigos. Ainda assim subsiste esta atribuição conservadora do Senado para o efeito de ordenar a eleição do dito regente, quando o provisional, o ministro que como tal governa não o faça em devido tempo.

§ 5º Das reuniões extraordinárias do Senado:

143. O Senado não tem autorização, nem fim constitucional para reunir-se senão em duas circunstâncias, ou para trabalhar como parte da Assembléia Geral, ou para exercer por si só as atribuições que a Constituição lhe conferiu.

No primeiro caso, suas sessões começam e acabam ao mesmo tempo que as da Câmara dos Deputados; no segundo, suas reuniões são previstas e até determinadas, como vimos nos parágrafos antecedentes.

Fora desses casos, toda a reunião do Senado seria contrária à lei fundamental, não teria caráter legal, seria perigosa e por isso mesmo ilícita e nula.

Algumas dúvidas se têm todavia movido, se o Senado pode ou não exercer as atribuições dos §§ 1º e 2º, do art. 47 da Constituição na ausência da Câmara dos Deputados. O art. 50 parece não opor proibição alguma, contudo, cumpre observar que alguma diferença ocorre entre as duas hipóteses desses parágrafos.

Quando a acusação é promovida e sustentada pela comissão da Câmara dos Deputados, pode sem dúvida ser muito conveniente e mesmo conseqüente a presença desta, para que possa inspecionar os termos de execução do seu decreto.

Quando, porém, a acusação é da competência do procurador da Coroa, a presença da Câmara dos Deputados é de todo desnecessária; e não vemos porque impedir o julgamento.

Além de uma justiça mais pronta, essa inteligência oferece a conveniência de desimpedir o tempo da sessão ordinária do Senado, para que possa melhor cumprir os seus deveres legislativos.

Capítulo 4:
Das prerrogativas, acumulações, incompatibilidades de exercício e subsídio dos membros da Assembléia Geral

Seção 1ª: Das prerrogativas dos membros da Assembléia Geral

§ 1º Os membros de cada uma das Câmaras são invioláveis pelas opiniões que proferirem no exercício de suas funções. Constituição, art. 26.

§ 2º Nenhum senador ou deputado durante a sua deputação pode ser preso por autoridade alguma, salvo por ordem de sua respectiva Câmara, menos em flagrante delito de pena capital. Constituição, art. 27.

§ 3º Se algum senador ou deputado for pronunciado, o juiz, suspendendo todo o ulterior procedimento, dará conta à sua respectiva Câmara, a qual decidirá se o processo deve continuar e o membro ser ou não suspenso no exercício de suas funções. Constituição, art. 28.

§ 1º Da inviolabilidade dos representantes da nação por suas opiniões:
144. A inviolabilidade dos representantes da nação quanto às opiniões que proferirem no exercício de suas funções é um atributo, uma condição essencial e inseparável da existência das Assembléias Legislativas; é o princípio de alto interesse público que anima a liberdade das discussões, é a independência da tribuna, o dogma constitucional, a soberania da nação no exercício do poder Legislativo.

Os representantes da nação não devem certamente obedecer senão a seus deveres como mandatários do país, senão à sua honra e consciência, às inspirações sinceras do que julgam útil ao serviço de sua pátria. Eles devem combater os abusos, quaisquer que sejam e donde quer que provenham.

É pois óbvio que, para que possam desempenhar essas valiosas obrigações, devem ser invioláveis por suas opiniões proferidas no exercício de suas funções, assim no presente como em todo o tempo. Sem essa garantia ficariam sujeitos a incômodos, perseguições e reações.

Quanto às opiniões proferidas fora do exercício de suas funções, eles não figuram senão como simples cidadãos, não representam a nação, se nelas houver algum delito será ele sujeito à ação das leis, ao Direito Comum, salvas as disposições que exporemos no parágrafo seguinte.

Esta inviolabilidade legal não produz a inviolabilidade moral na opinião do país, que certamente tem o direito de apreciar como os seus representantes cumprem o seu mandato e a liberdade de reelegê-los ou não, segundo seus atos e opiniões.

§ 2º Da proibição de sua prisão antes de culpa formada:

145. A inviolabilidade de que tratamos no parágrafo antecedente seria precária ou ilusória se ela cobrisse somente as opiniões, e não as pessoas ou os próprios atos dos representantes da nação. É para prevenir a fraude ou ilusão que a lei fundamental determina que, ainda quando indicados ou encontrados em flagrante delito, mesmo de crime inafiançável (salvo somente o de pena capital, de que depois trataremos), não possam eles ser presos por ordem ou mandado preventivo de autoridade alguma, sem que preceda determinação prévia da sua respectiva Câmara.

Assim, se um representante da nação for por qualquer modo indiciado de crime inafiançável, salvo o de pena capital, a autoridade que o quiser prender antes da formação da culpa pedirá à respectiva Câmara autorização prévia, e esta, à vista da requisição, poderá concedê-la ou denegá-la conforme julgar justo e acertado.

É por este modo que a independência dos representantes da nação, e com ela os direitos do país, o exercício da soberania nacional, ficam perfeitamente salvos. A dignidade da Câmara não sacrificará por certo nem os direitos de um membro seu, nem os deveres de justiça e da política, depois que tiver maduramente apreciado a importância do assunto e das circunstâncias que o rodearam.

146. A inviolabilidade, porém, quanto aos atos em flagrante delito deveria certamente ter um termo, e não ser absoluta e ilimitada. Nesse caso de flagrante delito, e de ser ele de pena capital, haveria excesso em não legitimar-se desde logo a prisão; a moral particular e pública ressentir-se-ia muito. Era sem dúvida indispensável estabelecer uma garantia firme contra o abuso da autoridade, contra uma prevenção porventura fraudulenta; quando, porém o representante da nação é encontrado em ato de culpabilidade tão grave, em face de prova patente, desaparece o temor do abuso, e dá-se a urgência de providenciar e evitar a continuação e conseqüências do crime, que podem dilatar-se.

A autoridade que então verificar a prisão deverá comunicá-la imediatamente à respectiva Câmara, se esta estiver reunida, ou logo que se reúna, e ela tem sem dúvida o direito não só de mandar soltar desde logo o membro seu, como de determinar que o respectivo processo não continue, como veremos no parágrafo seguinte. São ilações lógicas do art. 27 da Constituição, e exigidas pelas prerrogativas e dignidade das Câmaras.

147. Esta inviolabilidade quanto ao deputado começa desde que ele é eleito, mas não se prolonga senão pelo tempo em que perdura o seu caráter, pois que a Constituição é expressa nas palavras *durante sua deputação;* quanto ao senador, é vitalícia, porque assim é o seu cargo.

É uma condição concomitante e inseparável do caráter de representante da nação que começa e acaba com ele. Os delitos cometidos antes ou depois sujeitam, portanto, esses simples cidadãos aos efeitos da lei comum.

§ 3º Da proibição de sua prisão mesmo depois de culpa formada:

148. Quando não se trata de prisão em flagrante delito de pena capital, ou nos termos expostos no parágrafo antecedente, e sim depois de culpa formada seja ou não o crime inafiançável, pois que isso é indiferente, nenhuma autoridade pode, não obstante a pronúncia, fazer prender o representante da nação, pois que o seu dever é de suspender todo o ulterior procedimento, e nos termos do art. 28 da Constituição dar parte à respectiva Câmara, para que esta resolva se o processo deve ou não continuar, e no caso afirmativo, se o seu membro deve ou não ser suspenso de suas funções.

Em vista de tal comunicação, a Câmara deve examinar o assunto, especialmente em sua face política, e estabelecer sua determinação.

Se decide que o processo não deve continuar, sua resolução é peremptória e termina toda a questão. Ainda quando o membro seu estivesse preso, por haver sido capturado em flagrante delito de pena capital e não ter sido solto antes, seria desde então posto em liberdade.

Caso porém delibere que o processo continue, então de duas uma: ou determina que não obstante isso ele não seja suspenso do exercício de suas funções, ou determina que fique suspenso. No primeiro caso, embora a pronúncia seja por crime inafiançável, *ipso facto* o representante não pode ser preso, nem mesmo depende de fiança, pois que é isso uma consequência ou necessidade lógica que resulta da deliberação. No segundo caso parece-nos que a pronúncia deve ter todos os seus efeitos legais, e nem vemos porque assim não seja.

149. Esta garantia é o complemento, é quem integra o privilégio da inviolabilidade da representação nacional, quem resguarda a delegação legislativa da soberania da nação.

Sem dúvida o magistrado pode e mesmo deve instituir o processo desde que há crime, mas feito isso e decretada que seja a pronúncia, por isso que haja fundamentos para ela, deve respeitar as imunidades da representação nacional.

Desde que houver delito, desde que razões políticas se não opuserem, parece fora de dúvida que a Câmara deve consentir na continuação do processo: esse é o direito comum, assim exige sua própria dignidade e a do representante da nação, que deve ser sempre pura; ele que se justifique. Tudo o mais será uma falsa aplicação do princípio do privilégio, da inviolabilidade, que certamente não foi instituída para proteger a impunidade do crime, e sim somente a independência legislativa contra os abusos.

Quando a Câmara delibera que continue o processo, é ele remetido ao Senado [Constituição, art. 47, § 1°]; matéria esta de que depois trataremos.

Seção 2ª: Das acumulações, distrações e incompatibilidades de exercício simultâneo dos membros das Câmaras

§ 1° Os senadores e deputados poderão ser nomeados para o cargo de ministro de Estado ou conselheiros de Estado, com a diferença de que os senadores continuam a ter assento no Senado e o deputado deixa vago o seu lugar da Câmara e se procede a nova eleição, na qual pode ser reeleito e acumular as duas funções. Constituição, art. 29. *Também acumulam as duas funções se já exerciam qualquer dos mencionados cargos quando foram eleitos.* Constituição, art. 30.

§ 2° No intervalo das sessões não poderá o imperador empregar um senador ou deputado fora do Império, nem mesmo irão exercer seus empregos quando isso os impossibilite para se reunirem no tempo da convocação da Assembléia Geral ordinária ou extraordinária. Constituição, art. 33.

Se por algum caso imprevisto, de que dependa a segurança pública ou o bem do Estado, for indispensável que algum senador ou deputado saia para outra comissão, a respectiva Câmara o poderá determinar. Constituição, art. 34.

§ 3° O exercício de qualquer emprego, à exceção do de conselheiro de Estado e ministro de Estado, cessa interinamente enquanto durarem as funções de deputado ou senador. Constituição, art. 32.

§ 4° Não se pode ser ao mesmo tempo membro de ambas as Câmaras. Constituição, art. 31.

§ 1° Da acumulação do cargo de ministro ou conselheiro de Estado com o de membro das Câmaras:

150. Posto que os cargos de ministro ou conselheiro de Estado sejam alta e estreitamente ligados a um poder distinto do poder Legislativo, e sobre o qual este deva exercer fiscalização, todavia, muitas razões prevalecem para que a lei fundamental consinta na acumulação desses cargos com o de representante da nação.

O interesse do Estado pode exigir, e muito, os serviços de um senador ou deputado no ministério ou no Conselho de Estado. Por outro lado é também útil que, salva a garantia de reeleição do deputado, possa o representante da nação ter essa nobre ambição, a facilidade de pôr em prática idéias proveitosas, de imprimir uma útil direção ou impulsão aos negócios públicos.

Os ministros que são membros das Câmaras prestam os esclarecimentos necessários no correr das discussões, ou voluntariamente ou desde que são exigidos, o que muito aproveita. Têm oportunidade de retificar suas idéias e atos em vista dos debates e objeções bem fundadas, de ser censurados quando mal dirigidos, de sustentar as medidas tomadas quando úteis; ilustram-se assim os negócios e a opinião pública, a quem essa circunstância mais de uma vez presta uma justa homenagem.

Como o senador é vitalício, não haveria fundamento para, no caso desta acumulação, sujeitá-lo a uma nova eleição e escolha; quanto ao deputado, a Constituição combina sabiamente os direitos da Coroa com os do povo, sujeitando-o a uma nova eleição.

Assim ressalva e deixa aos eleitores a liberdade e facilidade da não reeleição de deputado, desde que este aceitou o cargo de ministro ou conselheiro de Estado, quando por esse ou por algum outro motivo tiver perdido a confiança em que fora tido; ou mesmo porque julguem preferível substituí-lo por outrem na representação, dividindo assim as funções em vez de acumulá-las.

Quando aquele que já servia como ministro ou conselheiro de Estado é eleito deputado deve sem dúvida acumular ambas as funções, pois que os eleitores sabiam que estava em tal exercício, tinham a liberdade de não dar-lhe os seus votos; e dando, manifestaram não só sua confiança, como a intenção de que essa acumulação tivesse lugar.

§ 2º Da distração dos representantes da nação para outros empregos:
151. Não é permitido ao governo empregar um representante da nação fora do Império, nem mandá-lo exercer emprego algum, ainda mesmo dentro do Império, desde que isso o impossibilite de reunir-se no tempo da convocação da Assembléia Geral ordinária ou extraordinária. Independente de

intervenção do governo, o próprio representante da nação é inibido desse exercício desde que possa dar-se o resultado previsto.

Não só é inadmissível a preferência de serviço algum ao de representante da nação, mas acresce que se o governo tivesse tal faculdade poderá achar nela um meio de remover das Câmaras os representantes de maior influência por seus talentos, por sua força moral e veneração pública; poderá privar as Câmaras, os eleitores e o país de serviços porventura muito importantes na presença das circunstâncias políticas deste.

Todavia, prevendo a Constituição que pode não se dar esse abuso, a ser muito útil empregar um representante da nação no desempenho de alguma valiosa comissão, para a qual tenha habilitações especiais, faculta ao governo o pedir o consentimento da respectiva Câmara.

§ 3º Do exercício simultâneo de outro emprego:

152. O exercício de qualquer outro emprego que o representante da nação possa ter, que não seja o de ministro ou conselheiro de Estado, cessa interinamente enquanto durarem as sessões. A Constituição não quer que, durante o período de atividade de suas funções, seja ele distraído de sua alta missão, nem que divida sua atenção para com outros deveres; essa missão, para ser bem desempenhada, demanda atenção e estudos incompatíveis com tal distração.

A letra do art. 32 da Constituição é tão clara que não deixa lugar a dúvida, e consultando o espírito de semelhante preceito vê-se que ele reforça a disposição literal. Acresce mesmo que esse outro emprego também não seria bem servido durante esse tempo, e que não fora conseqüente ser isso censurado nas Câmaras desde que a simultaneidade fosse permitida.

§ 4º Da incompatibilidade de exercício em ambas as Câmaras:

153. Deixando por ora de parte a importante matéria das incompatibilidades eleitorais, de que trataremos quando nos ocuparmos das eleições, limitar-nos-emos a observar, em relação a este art. 31 da Constituição, que a sua disposição é de evidente necessidade.

Ainda quando as horas das sessões fossem diversas, cada uma das Câmaras, além de ter fins e atribuições em parte especiais, tem também o direito e o dever de examinar os atos da outra, de lhes dar a sua aprovação, ou opor o seu veto.

Se tal faculdade, pois, fosse consentida e verificada, mormente em relação a muitos, importaria de fato e de direito uma contradição manifesta e muito prejudicial, com os princípios constitutivos da divisão da Assembléia

Geral e com as garantias dos interesses públicos; seria uma faculdade por todas as faces nociva e perigosa.

Seção 3ª: Dos subsídios dos membros das Câmaras

§ 1º Os deputados vencerão durante as sessões um subsídio pecuniário taxado no fim da última sessão da legislatura antecedente. Além disto se lhes arbitrará uma indenização para as despesas de vinda e volta. Constituição, art. 39.

§ 2º O subsídio dos senadores será de tanto, e mais metade do que tiverem os deputados. Constituição, art. 51.

§ 1º Do subsídio e auxílio de viagens dos deputados:

154. A questão, ou conveniência de abonar ou não um subsídio aos deputados, de exigir que tão honrosa missão seja preenchida gratuitamente, tendo em remuneração a glória que dela resulta, tem razões valiosas por uma e outra face. Nossa Constituição resolveu-a afirmativamente, em nossa opinião com muito acerto.

É o meio de aproveitar os talentos e virtudes que, possuindo pouca fortuna, ou se recusariam, ou sofreriam ruinoso sacrifício, entregando-se ao serviço do Estado sem os recursos necessários, sem essa compensação. Abre pois o acesso à tribuna, ao mérito sem riqueza, o contrário seria estabelecer a aristocracia da riqueza, uma desigualdade política contra a inteligência.

Esta disposição não ofende, como alguns sem razão argúem, a dignidade dos representantes da nação; e por isso mesmo não deve ser permitida a renúncia; pois, que seria pôr em prática uma causa, ou ao menos uma aparência de humilhação, que excitaria sacrifícios a muitos que não poderiam realizá-los.

O subsídio atual marcado pela lei de 13 de setembro de 1852 é de 2 contos e 400 mil-réis, haja ou não prorrogação, e a ajuda de custo da viagem anual de vinda e volta, designada pelos decretos de 2 de abril de 1853, e 28 de fevereiro de 1854, varia de 150 mil-réis até 1 conto e 200 mil-réis, segundo a distância das províncias.

§ 2º Do subsídio dos senadores:

155. Ainda quando se assine aos deputados um subsídio, pode prevalecer a questão de não arbitrá-los aos senadores. A Constituição resolveu-a, porém, também pelo lado afirmativo, mandando abonar tanto e mais metade do que se abona aos deputados.

Se ela não houvesse preferido este expediente, então deveria ser conseqüente, exigindo que o candidato ao Senado tivesse uma renda maior do que aquela que ela designa, e desde então dar-se-iam os inconvenientes ponderados no parágrafo antecedente, mormente em um país novo, onde há poucas fortunas feitas e reunidas à inteligência.

Os senadores não têm direito a auxílios de viagens, por isso que a lei presume que eles têm ou devem ter residência na Corte, capital do Império.

Capítulo 5:
Da duração de cada legislatura, nomeação da mesa, verificação de poderes e polícia das Câmaras

Seção 1ª: Da duração de cada legislatura, sessões imperiais e seu cerimonial

§ 1º Cada legislatura durará quatro anos e cada sessão anual quatro meses. Constituição, art. 17.

§ 2º A sessão imperial de abertura será todos os anos no dia 3 de maio. Constituição, art. 18. *Também será imperial a sessão de encerramento, e tanto esta, como a da abertura, se fará em Assembléia Geral, reunidas ambas as Câmaras.* Constituição, art. 19.

§ 2º Seu cerimonial e da participação ao imperador será feito na forma do regimento interno. Constituição, art. 20.

§ 1º Da duração de cada legislatura:

156. Cada legislatura, isto é, o tempo por que perdura a deputação, o direito que os deputados têm de legalmente reunirem-se nas sessões periódicas ou anuais, é de quatro anos. Havendo, porém, dissolução julga-se finda a legislatura dissolvida e a nova eleição prolonga-se por quatro anos, não havendo outra dissolução, forma, portanto, uma nova legislatura.

A duração de quatro anos é bem calculada. Dá tempo ao deputado para manifestar, desenvolver e sustentar as medidas que julgar úteis aos interesses do país, evita os inconvenientes de eleições reproduzidas em intervalos muito curtos, e de outro lado renova essa parte da representação nacional sem grande demora, para que ela expresse com fidelidade o movimento das idéias, as modificações da opinião pública; para que o voto eleitoral depure, reeleja ou rejeite os deputados, conforme tiverem ou não desempenhado os seus deveres, conservado ou perdido a confiança, como já ponderamos em nº 56.

157. Pelo que toca à sessão anual ordinária manifesta-se que a disposição do art. 17 é não só conseqüente com o voto periódico dos orçamentos

e da fixação de forças de mar e terra, como com a necessidade de rever e melhorar a legislação do país e de decretar as medidas que possam ser precisas ou úteis. É também conseqüente com o exercício do direito que a Assembléia Geral tem de examinar a marcha da administração, a observância das leis, e finalmente com a índole do sistema representativo, de que é uma necessária conseqüência.

A sessão anual por isso mesmo é de pleno direito, independe de convocação especial. Sua duração devia certamente ser limitada e nunca permanente, pois que seria um abuso perigoso. Sendo limitada, se ainda assim durasse por muitos meses tornar-se-ia gravemente incômoda aos representantes da nação e inconciliável com o trabalho, o estudo e atenção que tão alta missão demanda, estorvaria a marcha do poder Executivo, o andamento da administração. A ser de duração muito curta não bastaria para a expedição das leis ânuas e muito menos de outras medidas úteis; o prazo de quatro meses fixa pois um tempo razoável, além do que pode a sessão ser prorrogada quando assim exijam os interesses públicos.

§ 2º Das sessões imperiais de abertura e encerramento das Câmaras:

158. O imperador em pessoa, acompanhado de seus ministros, abre a sessão anual ou ordinária no dia 3 de maio em assembléia geral, reunidas ambas as Câmaras sob a direção do presidente do Senado. [Art. 22.]

A presença do monarca no seio da representação nacional é sempre uma grandiosa e importantíssima solenidade da soberania nacional.

Ele recita o discurso da Coroa, expondo o que mais importa ao Estado, à sua política interior e exterior, manifesta suas vistas, recomenda os projetos de maior importância, revela os resultados que espera do pensamento que dirige o governo, os efeitos mais importantes que já tem obtido, e deixa o mais da administração para os relatórios dos ministros.[29]

O discurso da Coroa é redigido em conselho dos ministros e sob sua responsabilidade moral.

A resposta de cada uma das Câmaras em regra não deve passar de um ato de respeitosa cortesia, diferindo o exame dos atos governamentais para oportunidades ulteriores; pode, porém, excepcionalmente envolver em sua discussão ou mesmo expressar o resultado do exame ou apreciação de alguns

---

[29] O discurso da Coroa que inaugurava a sessão legislativa era chamado de *Fala do Trono*.

atos mais valiosos, por modo que firme ou abale a força moral, a confiança em que possa ser tido o ministério.

A sessão imperial de encerramento tem também lugar por modo igual em assembléia geral; o imperador lê o discurso do encerramento e declara fechada a sessão.

§ 3º Do cerimonial observado pelas Câmaras e Assembléia Geral:

159. Logo que cada uma das Câmaras tem reunido metade mais um de seus membros [Constituição, art. 23], logo que há número legal para se abrir a Assembléia Geral, dá parte ao ministro do Império, pedindo dia, hora e lugar em que o imperador se digne receber a sua deputação. Obtida a resposta do ministro dirige-se uma deputação de cada uma das Câmaras à presença do monarca para pedir respeitosamente que se digne designar dia e hora para a missa do Espírito Santo, e bem assim a hora e lugar para a sessão imperial.

No dia e hora aprazados para a abertura da sessão, anunciando-se a chegada do imperador e da imperatriz, saem duas grandes deputações compostas de deputados e senadores para esperar ss. mm. à porta do edifício, que costuma ser o do Senado. Entrando o imperador na sala é recebido pelo presidente e secretário, que, unindo-se à deputação, acompanham s. m. até o trono, no qual tomando assento manda que se assentem os senadores e deputados. A imperatriz é acompanhada até a tribuna imperial.

Depois de pronunciado o discurso da Coroa, retiram-se ss. mm. com o mesmo cerimonial.

Seção 2ª: Da nomeação da Mesa, verificação de poderes e polícia das Câmaras

§§ 1º a 3º A nomeação dos respectivos presidentes, vice-presidente e secretários das Câmaras, verificação dos poderes[30] *de seus membros, juramento e sua polícia interior, se executará na forma de seus regimentos.* Constituição, art. 21.

---

[30] A *verificação de poderes* era o ato pelo qual se examinavam os títulos ou diplomas da eleição de deputados às Câmaras para verificar se estavam ou não nos termos legais, para que se pudesse, então, reconhecer e proclamar os eleitos. Hoje em dia, a Justiça Eleitoral aplica um processo semelhante.

§ 1º Da nomeação da Mesa:

160. Algumas Constituições indevidamente deram a nomeação dos presidentes das Câmaras ao governo. Essa nomeação, assim como a do vice-presidente e secretários, devem ser filhas da eleição e confiança das Câmaras. São cargos que exercem muita influência não só na ordem, andamento e preferência dos trabalhos, como na marcha, imparcialidade e franqueza das discussões.

O presidente tem necessariamente um certo poder discricionário, que importa muito; é para desejar que ele marche de acordo com o ministério sempre que for possível mas nunca que se sujeite a exigências dos ministros, quando inadmissíveis, ou prejudiciais ao crédito, liberdades da Câmara ou aos interesses públicos.

§ 2º Da verificação dos poderes e juramento dos membros das Câmaras:

161. A verificação dos poderes dos membros de cada Câmara é uma atribuição essencial dela, é uma fiscalização importante, em que deve exercer uma autoridade plena exclusiva. Sem isso não teria corretivo a opor às nulidades ou violências cometidas contra a lei e pureza das eleições, contra a admissão em seu seio de homens que não fossem verdadeiros representantes da nação, que não tivessem mandato legítimo.

Em tal caso o ministério ou facções poderiam abusar, violentar as eleições, e impor às Câmaras criaturas suas a despeito dos direitos do país, e das liberdades de sua representação nacional.

O juramento exigido dos membros das Câmaras é mais um vínculo de honra e de religião, que contribui para o inteiro cumprimento de seus importantes deveres.

§ 3º Da polícia interior do Paço das Câmaras:

162. A polícia interior do Paço das Câmaras pende de cada uma delas, da comissão a que é incumbida na forma do respectivo regimento. Ela atende à segurança e asseio do edifício, a ordem nas galerias e corredores, previne a perturbação do silêncio ou das discussões, faz prender os infratores do regimento, quando delinqüentes, e envia-os ao juízo competente. Tem para isso seus empregados, e guardas próprios.

Quando tratarmos das discussões, mencionaremos as disposições do regimento a respeito.

Capítulo 6:
Do regimento interno de cada uma das Câmaras e de ambas no caso de fusão

Seção 1ª: Das sessões diárias, maioria de votos e publicidade dos trabalhos

§ 1º Não se poderá celebrar sessão em cada uma das Câmaras, sem que esteja reunida a metade e mais um dos seus respectivos membros. Constituição, art. 23.

§ 2º Os negócios se resolverão pela maioria absoluta de votos dos membros presentes. Constituição, art. 25.

§ 3º As sessões de cada uma das Câmaras serão públicas, à exceção dos casos em que o bem do Estado exigir que sejam secretas. Constituição, art. 24.

§ 1º Do número legal de membros das Câmaras para a abertura da sessão diária:

163. O regimento interno das Câmaras é um regulamento de suma importância, é um sistema refletido de disposições e fórmulas que restringem, dilatam, ou governam os direitos dos representantes da nação e seus atos no seio dela; o modo de deliberar suas liberdades, que estabelecem o método, evitam os inconvenientes, previnem as dificuldades. Foi por isso mesmo que a Constituição deixou a cada uma das Câmaras o direito de organizar esse regulamento, salvas algumas condições, que por sua importância ela desde logo determinou como bases, que não deviam ser duvidosas ou alteradas.

A primeira destas condições é a da presença de número legal, ou metade e mais um pelo menos dos membros da Câmara, para que possa haver sessão. É uma disposição previdente, pois que se bastasse qualquer número, e portanto qualquer maioria, poder-se-iam dar abusos e perigos mui prejudiciais. A lei poderá exigir número ainda maior; limitou-se porém a esse, para não dificultar a legitimidade do voto ou decisão, dificuldade que cresceria na proporção de uma maior exigência.

§ 2º Da maioria absoluta de votos:

164. Para que as resoluções sejam procedentes, não exige nossa lei fundamental um número certo, ou especial de votos, sim a simples maioria, isto é, metade e mais um dos votos dos membros presentes.

Este art. 25 tem pois relação com o art. 23, e de sua combinação resulta que pouco mais da quarta parte dos membros de uma Câmara é suficiente para na ausência dos demais estabelecer legalmente uma decisão.

A Constituição deixou ao regimento interno a determinação do modo prático da votação por escrutínio público, secreto, expressão vocal ou simbólica, como ele em vistas da matéria julgar preferível.

§ 3º Da publicidade dos trabalhos legislativos:

165. A publicidade das sessões, e mesmo dos trabalhos das comissões, é uma condição essencial e inseparável do sistema representativo; é necessário e justo que o país assista à discussão dos seus negócios e interesses. Seria absurdo que o governo ou as Câmaras quisessem ocultar a maneira porque cumprem seu mandato aos olhos dos mandantes, ou roubar à nação o conhecimento da marcha de sua vida política e administrativa.

Essa publicidade tão importante, porém, não resulta somente de franquear-se as galerias ao pequeno número de ouvintes que possam ir assistir os trabalhos; resulta principalmente da reprodução sincera e integral das discussões por via da imprensa e distribuição dos impressos pelo país.

É essencial que a publicação seja sincera, pois que uma conta, ou reprodução infiel ou de má-fé, é um crime, ou ofenda os representantes da nação ou iluda a esta. Seria roubar a inviolabilidade moral, cometer uma calúnia contra os membros das Câmaras.

A publicação interessa também muito ao estudo das leis, fazendo conhecer as vistas e motivos delas. Interessa ao crédito e segurança pública, dirige a opinião do país, leva a instrução e o interesse dos negócios do Estado a todas as classes; é finalmente o melhor meio que os eleitores têm de avaliar os serviços dos seus eleitos, e de inspirar-se a confiança nas leis.

Entretanto, motivos graves podem tornar necessário o segredo de alguma discussão ou deliberação. Para que a sessão se torne secreta é preciso que seja isso requerido e o requerimento assinado por um certo número de membros da Câmara, ou que haja pedido de um ministro.

Examinada a matéria, a sessão só continua secreta quando a Câmara reconhece ser assim realmente necessário.

Seção 2ª: Do regimento no caso de fusão das Câmaras

§§ 1º e 2º Na reunião das Câmaras, o presidente do Senado dirigirá os trabalhos; os deputados e senadores tomarão lugar indistintamente. Constituição, art. 22.

§ 1º Da direção dos trabalhos no caso de fusão das Câmaras:
166. No caso de fusão das Câmaras o presidente do Senado é quem preside e dirige os trabalhos, observando o regimento interno do Senado no que é aplicável. Considera-se então a Assembléia Geral como que formando uma só e única Câmara. Seus membros tomam lugar indistintamente e a votação é também promíscua.

Independente da reunião das Câmaras, quando o Senado julgar que uma reunião de uma comissão sua com outra da Câmara dos Deputados pode dar um resultado útil, convida esta para adotar esse expediente.

§ 2º Dos casos em que tem lugar a reunião das Câmaras:
167. Tem lugar a reunião das Câmaras para a abertura e encerramento da Assembléia Geral ou celebração das sessões imperiais, na forma prescrita pelos arts. 18 e 19 da Constituição.

Tem também lugar para receber o juramento do imperador nos termos do art. 103, e do herdeiro presuntivo da Coroa em conformidade do art. 103 assim como para o reconhecimento do príncipe imperial como sucessor do trono, art. 13, § 3º, e lei de 26 de agosto de 1826.

Reúnem-se finalmente elas na hipótese prevista pelo art. 61 da Constituição, assunto de que posteriormente trataremos.

Capítulo 7:
Da proposição, oposição, fusão e aprovação dos projetos de lei nas Câmaras

Seção 1ª: Da proposição, discussão, emendas e adoção ou rejeição dos projetos de lei e remessa à outra Câmara

§ 1° A proposição, oposição e aprovação dos projetos de lei competente a cada uma das Câmaras. Constituição, art. 52.

§§ 2° a 4° Em geral as proposições que a Câmara dos Deputados admitir, e aprovar. serão remetidas à Câmara dos senadores com a fórmula seguinte: "A Câmara dos Deputados envia ao Senado a proposição junta e pensa que tem lugar pedir-se ao imperador a sua sanção". Constituição, art. 57.

§ 1° Da proposição ou iniciativa das leis:

168. A iniciativa, o direito de propor os projetos de lei ou medidas necessárias ao país é muito valioso, é uma atribuição importantíssima. A sabedoria da Constituição deu-a, como devia, a cada uma das Câmaras, salvos os casos em que é privativa da Câmara dos Deputados, e também ao poder Executivo, como depois veremos.

Sem esta atribuição, ou desde que ela fosse exclusiva de um desses ramos do poder, os outros ficariam enervados e dependentes de uma vontade e impulsão estranha. Sem ela não há meio eficaz de reformar os abusos, nem emulação nobre, respeito, força e dependência recíproca.

É finalmente ela quem faz com que cada uma das Câmaras seja um órgão do povo devidamente animado, para expressar as necessidades do país e propor as medidas adequadas para satisfazê-las. É assim que o país aproveita todas as luzes e melhoramentos espontaneamente originados no seio de cada um dos ramos do poder Legislativo.

Conseqüentemente, cada representante da nação exerce a iniciativa, formula e apresenta por escrito o projeto que julga conveniente, para que seja tomado em consideração nos termos do regimento da Câmara.

§ 2º Das discussões:

169. A nossa lei fundamental deixou o regime das discussões à previdência do regimento de cada uma das Câmaras; é um importante assunto, que oferece diversas faces a contemplar e cada uma delas muito valiosa.

É de mister um sistema refletido, que evite a precipitação ou surpresa, que segure o direito que cada representante tem de manifestar sua opinião, mas que não eternize a questão, que mantenha a plena liberdade dos debates, mas que evite abusos, ofensas pessoais, imputações odiosas, que comprometem o decoro parlamentar.

Para premunir cada uma das Câmaras do efeito dos discursos eloqüentes, da surpresa, da precipitação, do entusiasmo do momento, para garantir a calma, a meditação, o maior acerto, estabeleceram os regimentos de cada uma das Câmaras três discussões distintas e separadas por intervalos determinados.

A primeira discussão tem por objeto o exame geral e englobadamente do projeto, seus princípios ou bases, sua constitucionalidade, sua utilidade, ou oportunidade. Na segunda examina-se e debate-se artigo por artigo separadamente, cada detalhe, sua aplicação, suas conseqüências. Na terceira é o projeto novamente debatido em geral, no seu todo, e em relação aos artigos alterados; e havendo alguma emenda nova é a matéria sujeita a uma nova ou quarta discussão.

Desta marcha refletida, destes diferentes graus de instrução, resulta não só a ilustração da matéria, como a madureza da deliberação. É marcha que dá tempo à imprensa, à opinião pública para manifestar-se. O regimento prevê, entretanto, os casos de urgência e providência a respeito.

170. Para assegurar o direito que cada representante tem de falar sobre a matéria, evitando-se ao mesmo tempo o abuso, marca o regimento o número de vezes que ele pode pedir a palavra em cada discussão, não fica isso ao arbítrio; e certamente cada representante depois de ter ouvido as diversas opiniões mais ou menos exatas, as idéias diferentes, ou novas, depois de ter refletido sobre elas, pode ter novos e úteis pensamentos, ou retificar as suas, ou as alheias convicções, e aperfeiçoar as medidas projetadas.

Pelo que respeita à liberdade das discussões deve ela ser ampla como a primeira necessidade ou primeira garantia das opiniões legislativas. Desde que assim não fosse, não poderia haver verdadeira independência de idéias, censura de abusos, debate isento de toda e qualquer influência, ou coação, como é essencial.

Não há dúvida que a dignidade da Câmara, o decoro recíproco dos seus membros, ou devido aos ministros, aos empregados públicos, ou cidadãos, sofrem desde que um representante olvida as atenções que o regimento manda guardar. Não há dúvida que a força moral, a majestade da representação nacional é afetada, quando o representante da nação se esquece de seu próprio caráter, seu brio e honra pessoal; entretanto, não se deve daí derivar a restrição da liberdade das discussões, e só sim providências refletidas, que coibindo tais abusos mantenham todavia essa liberdade.

Não há remédio senão contar de antemão com as paixões; essa é a natureza humana. Dando, como cumpre, ao presidente de acordo com o regimento um justo poder discricionário é, todavia, necessário não despojar o representante da nação do direito de continuar a manifestar suas opiniões, não confundi-las com o abuso de suas expressões, não sacrificar os membros da minoria como vítimas da maioria; e, enfim, salvar as condições do sistema representativo, que estão ligadas com grandes interesses públicos.

§ 3º Das emendas e adiamentos da própria Câmara:

171. Uma outra faculdade que está ligada com a liberdade das discussões e aperfeiçoamento dos projetos é a que tem qualquer membro da Câmara de oferecer alterações, ou emendas, que melhorem suas disposições, ou suprimam as inconvenientes, de propor algum adiamento para se obterem esclarecimentos ou exame prévio de comissões, ou alguma outra condição útil ou oportuna. O proponente é obrigado a motivar a sua emenda ou adiamento, e desde que consegue demonstrar a sua conveniência, obtém a sua adoção.

§ 4º Da adoção ou rejeição dos projetos e sua remessa à outra Câmara:

172. Finda a última discussão, o projeto ou é rejeitado, e nesse caso não pode ser reproduzido na mesma sessão, ou é adotado, e em tal caso, depois de redigido é enviado à outra Câmara.

Esta remessa é feita nos termos do art. 57 da Constituição, mediante a seguinte fórmula: *"A Câmara dos Deputados ou Senadores envia à Câmara (a outra) a proposição junta e pensa que tem lugar pedir-se ao imperador a sua sanção"*.

Seção 2ª: Da oposição ou emendas
da outra Câmara e participação respectiva

§ 1º Se o Senado (ou a Câmara dos Deputados), depois de ter deliberado, julga que não pode admitir a proposição ou projeto, dirá nos termos seguintes: "O Senado torna a remeter à Câmara dos Deputados a proposição tal, à qual não tem podido dar o seu consentimento". Constituição, art. 59.

O mesmo praticará a Câmara dos Deputados para com a do Senado, quando neste tiver o projeto a sua origem. Constituição, art. 60.

§ 2º Se a Câmara dos Senadores (ou Deputados) não adotar inteiramente o projeto da Câmara dos Deputados, mas se o tiver alterado ou adicionado o enviará pela maneira seguinte: "O Senado envia à Câmara dos Deputados a sua proposição (tal) com as emendas ou adições juntas, e pensa que com elas tem lugar pedir-se ao imperador a sanção imperial". Constituição, art. 58.

§ 1º Da oposição ou rejeição da outra Câmara e participação respectiva:

173. Este art. 59 da Constituição confirma o princípio já por ela estabelecido no art. 52, que a oposição dos projetos de lei compete a cada uma das Câmaras.

Este direito de oposição ou rejeição, que cada uma das Câmaras exerce, é importantíssimo, é quem completa sua ação e influência no poder Legislativo; é o *veto* pelo qual cada uma delas equilibra a ação da outra, é quem realiza a grande vantagem da divisão da Assembléia Geral em duas Câmaras.

Já observamos no nº 63, que convém que cada uma das Câmaras seja animada de idéias derivadas de sua missão especial, de sua origem, natureza, idéias que convirjam sempre para o mesmo fim: o interesse social, mas que examinem maduramente os diferentes meios de chegar a ele com segurança e ordem.

Já vimos que a Câmara dos Deputados em grande parte representa os interesses das localidades, as idéias móveis, o pensamento do progresso, o movimento social, mais ou menos sôfrego; e o Senado os interesses gerais o princípio conservador, as idéias de segurança do bem-ser social. Esse é o gênio do sistema representativo, a Constituição devia servir-se dele, e em sua sabedoria serviu-se, como uma garantia, um instrumento de perfeição para conseguir o movimento, o progresso quando real, e paralisar a inovação quando perigosa.

É pois a garantia que evita o pendor do interesse do momento, da paixão política, do predomínio de uma deputação, ou de um partido que dá à sociedade a firmeza do interesse permanente, da reflexão e calma, da força da opinião geral, da igualdade dos direitos.

Se o Senado deixa influir-se pelo poder, se não contém as invasões, ou idéias menos liberais, as medidas pretendidas pelos ministros, a Câmara dos Deputados opõe-lhe o seu *veto*, e as liberdades públicas conservam-se perfeitamente garantidas.

Se, pelo contrário, a Câmara dos Deputados pretende inovações arriscadas ou desnecessárias, o Senado neutraliza o perigo que daí poderá suscitar-se contra a ordem e interesses reais do Estado. Seu voto, entretanto, não impede que a Câmara dos Deputados reconsidere a medida, e a reproduza em outra sessão; ele não será mesmo denegado quando a medida for verdadeiramente útil, pois que em tal caso, seu patriotismo e a força da opinião pública iluminarão sempre suas deliberações.

É essencial, pois, que cada uma das Câmaras tenha este direito, este *veto* recíproco, e que tenha no exercício dele a mais plena e ampla liberdade. Sem isso o grande princípio da divisão da assembléia geral será puramente nominal, e nominais também as garantias que ele oferece ao Estado, aos grandes interesses e liberdades públicas, à permanência das instituições nacionais.

O artigo que desenvolvemos determina o modo de participação deste *veto* à outra Câmara.

§ 2º Das emendas da outra Câmara e participação respectiva:

174. Cada uma das Câmaras tem o direito, não só de opor o seu *veto*, mas de, em vez de opô-lo, emendar o projeto que a outra lhe envia desde que entende que emendando pode ser útil.

É um direito recíproco, um meio de aproveitar e aperfeiçoar as medidas que, convenientemente alteradas, não devem ser rejeitadas; é dar a cada uma das Câmaras o direito que cada membro delas tem em seu seio; é realizar a participação integral da Assembléia Geral na confecção das leis.

Quando uma Câmara altera o projeto recebido da outra, deve dar-lhe disso participação nos termos que o art. 58 determina.

Seção 3ª: Da fusão das Câmaras

§§ 1º a 3º Se a Câmara dos Deputados (ou Senadores) não aprovar as emendas, ou adições do Senado ou vice-versa, e todavia a Câmara recusante julgar que o projeto é vantajoso, poderá requerer por uma deputação de três membros a reunião das duas Câmaras, que se fará na Câmara do Senado, e conforme o resultado da discussão se seguirá a que for deliberado. Constituição, art. 61.

§ 1º Da solicitação da fusão:

175. Quando a Câmara, em que o projeto teve origem, recebe este da outra Câmara acompanhado da participação — *que não pode adotá-lo nos termos em que lhe fora remetido, mas que o adota sendo emendado, ou alterado pela maneira que propõe* — aquela Câmara, dizemos, pode tomar diversas deliberações.

Pode adotar as emendas ou alterações, e conseqüentemente pedir a sanção imperial.

Pode rejeitar o projeto, e com ele as emendas ou alterações, caso em que fica prejudicada qualquer questão ulterior.

Pode finalmente não adotar as emendas, ou alterações em parte ou no todo, e ainda assim entender que o projeto é útil. Neste caso, tem direito de pedir por meio de uma deputação à outra Câmara a fusão de ambas em Assembléia Geral.

§ 2º Da resolução da outra Câmara:

176. A questão se a Câmara a quem tal requerimento é dirigido tem a liberdade de anuir ou não à fusão, ou se é obrigada a aceitá-la, já foi muito agitada, e definitivamente decidida em 1845 no sentido afirmativo.

Não repetiremos as muitas razões que então foram produzidas para estabelecer essa importante decisão, e somente alguns dos fundamentos dela.

Parece com efeito que o direito que a Constituição dá à Câmara que recusa as emendas da outra é de requerer, de solicitar a fusão e não de intimá-la, de impô-la à outra. Ora, desde que é somente de requerer, e não de impô-la, é manifesto que a esta outra assiste o direito recíproco de resolver, de decidir se anui ou não à medida proposta.

Para resolver se anui ou não, pelo que toca ao Senado, é claro que, não ignorando este a desigualdade do número de membros de cada Câmara, terá de resolver a seguinte questão ou dilema: o que convém mais, a adoção do projeto ainda mesmo sem as emendas, ou sua rejeição não se vencendo estas? Se julga que é preferível a adoção do projeto, embora sem as emendas; então deve convir na fusão, se julga o contrário, então não deve anuir, pois que aliás seria ou imprevidente, ou trairia seus deveres sagrados para com o país, suas sinceras convicções sem razão alguma.

Em verdade é fácil compreender que tendo a Câmara dos Deputados número de membros mais que duplo dos do Senado, e sendo a votação promíscua, três quartas partes daqueles é bastante para vencer, não só o voto unânime do Senado, mas ainda a outra quarta parte de seus próprios membros.

Seria a lei adotada, não pelo voto das duas Câmaras como a Constituição quer, sim e somente por essas três quartas partes de uma delas, e isto sem que ao menos o Senado conviesse nisso, e que destarte se pudesse dizer que concorreu ao menos indiretamente.

Este seria o resultado, não só da opinião daqueles que entendiam que o Senado não tinha a liberdade de deliberação, mas mesmo do proceder do

Senado, ainda quando reconhecendo seu direito, não previsse um resultado tão fácil de antever.

Perderia o direito de emendar ou alterar, e só teria o de rejeitar peremptoriamente, o que seria um grave mal. Dizemos que perderia o de emendar, por isso mesmo que esse direito só valeria quando a Câmara dos Deputados consentisse, pois que aliás o nulificaria por meio da fusão, quando a Constituição lhe deu um direito perfeito, e que não pode ser nulificado, ao menos sem o seu consentimento.

Por último, em tal caso o que há não é um só projeto e sim dois; original já rejeitado pelo veto da Câmara, que o não adotou, e o novamente elaborado, emendado por ocasião desse outro; não é pois admissível que uma só Câmara, rejeitando este, faça ressuscitar ou instaurar aquele por meio da coação da outra Câmara; seria aniquilar a divisão da Assembléia Geral, o *veto* recíproco, as garantias que a Constituição com tanta sabedoria instituiu como fundamentais.

§ 3º Do resultado afirmativo ou negativo da fusão:

177. Se a resolução de que tratamos no parágrafo antecedente for afirmativa, seguir-se-á a reunião das Câmaras em Assembléia Geral no paço do Senado, e depois de discutida a matéria, prevalecerá a solução que a maioria de votos estabelecer.

Se, pelo contrário, a resolução for negativa, deixará de ter lugar a fusão, e equivalendo então isso a um *veto*, cairá o projeto, o que todavia não impede que ele seja reproduzido em uma ou outra Câmara com modificações, ou sem elas nos termos de seus regimentos.

Merece ser estudada a lei portuguesa de 27 de julho de 1849, regulamentar do art. 54 da Constituição de Portugal, que resolveu a sua questão correspondente a do nosso art. 61. Deriva-se essa lei, ou antes desenvolve suas disposições sobre o princípio já adotado pelo Senado no art. 125 de seu regimento, o ensaio, ou expediente de comissão mista.

Seção 4ª: Da aprovação da outra Câmara e remessa à sanção

§ 1º Se qualquer das duas Câmaras, concluídas a discussão, adotar inteiramente o projeto que a outra Câmara lhe enviou, o reduzirá a decreto e depois de lido em sessão o dirigirá ao imperador em dois autógrafos assinados pelo presidente e os dois primeiros-secretários, pedindo-lhe a sua sanção pela fórmula seguinte: "A Assembléia Ge-

ral dirige ao imperador o decreto incluso, que julga vantajoso e útil ao Império, e pede a s. m. imperial a sua sanção". Constituição, art. 62.

§ 2º Esta remessa será feita por uma deputação de sete membros, enviado pela Cântaro ultimamente deliberante, a qual ao mesmo tempo informará a outra Câmara, onde o projeto teve origem, que tem adotado a sua proposição relativa a tal objeto, e que a dirigiu ao imperador, pedindo-lhe a sua sanção. Constituição, art. 63.

§ 1º Da aprovação da Câmara a quem o projeto é remetido:

178. Se a Câmara, a quem um projeto é por outra remetido, em vez de usar de seu *veto* e do direito de emendá-lo ou de alterá-lo, lhe der sua aprovação, se concordar em sua adoção tal qual o recebeu, tem nesse caso lugar o que determina este art. 62. É o projeto reduzido a fórmula de decreto redigido, e lida a redação em sessão da Câmara. Antes de ser aprovada a redação pode ser ela não só aperfeiçoada quanto à dicção, ou clareza, mas mesmo impugnada quando envolva algum engano, contradição, ou escape algum absurdo, ao que equivaleria qualquer disposição infratora da Constituição.

§ 2º Da remessa à sanção:

179. Aprovada a redação, é nomeada a deputação de sete membros, que deve levar o projeto de lei à presença do imperador e pedir-lhe a sua sanção, segundo a fórmula estabelecida pelo art. 63.

Segue-se a sanção, ou denegação dela, assunto de que passamos a tratar no capítulo seguinte.

Capítulo 8:
Da sanção do imperador

~

Seção 1ª: Da sanção em geral e prazo dela

§ 1º O imperador dará ou negará a sanção em cada decreto dentro de um mês depois que lhe for apresentado. Constituição, art. 66.

§ 2º Se o não fizer dentro do mencionado prazo, terá o mesmo efeito como se expressamente negasse a sanção, para serem contadas as legislaturas em que poderá ainda recusar o seu consentimento, ou reputar-se o decreto obrigatório por haver já negado a sanção nas duas antecedentes legislaturas. Constituição, art. 67.

§ 1º Da sanção em geral:

180. Já vimos no título antecedente, em n° 51 e seguintes, que na conformidade do art. 13 da Constituição o poder Legislativo é delegado à Assembléia Geral com a sanção do imperador, que por isso é ele dividido em três ramos, as duas Câmaras e a sanção imperial. Tendo pois exposto o que respeitava aos dois primeiros ramos, trataremos agora neste capítulo do terceiro, isto é, da participação do imperador na confecção da lei.

A sanção é a aprovação ou desaprovação, o consentimento ou não, o voto ou veto da Coroa, como terceiro ramo do poder Legislativo; é o ato complementar necessário para que o projeto de lei assuma o caráter e se converta em lei. É a atribuição do poder Moderador descrita no art. 101, § 3º, da Constituição, atribuição que deve ser exercida com plena liberdade.

A necessidade ou dependência da sanção, a conveniência de dar-se à Coroa o direito de examinar o projeto de lei, e, depois de madura reflexão, de adotá-lo ou não, é patente, é uma garantia política de tão elevada importância, que não pode admitir contradição razoável.

Qualquer que seja a face pela qual se contemple a sanção, ela revela-se como um grande elemento de aperfeiçoamento das leis, de harmonia entre os poderes políticos, de ordem contra os perigos ou abusos, e enfim, como um atributo inseparável da monarquia constitucional.

É sem dúvida um elemento de aperfeiçoamento das leis; e para reconhecê-lo basta um pouco de reflexão. Embora se deva contar com as luzes das duas Câmaras, ninguém pretenderá que seja impossível que escape a sua atenção, previsão, ou mesmo a suas convicções, algumas omissões, imperfeições, ou disposições prejudiciais, ainda abstraindo de idéias de partidos ou paixões políticas.

Ninguém duvidará também que a Coroa por si, e, auxiliada do Conselho de Estado e do Conselho de Ministros, é um grande centro luminoso, e o que é mais, de luzes práticas. É o centro da administração do Estado, que reside na mais elevada eminência da sociedade, que dessa altura vê todas as suas relações, todos os seus serviços e necessidades, que está em contatos com elas, com a atualidade e com o futuro. É, pois, sem dúvida necessário ouvir e aproveitar esse centro de luzes.

Ele é quem tem de fazer executar a lei, de responder pelos resultados; se conhece que ela é imperfeita ou prejudicial seria um contra-senso forçá-lo em suas convicções ou desprezar sua previsão; o que cumpre desde então é reconsiderar o projeto, e, ou desistir dele ou aperfeiçoá-lo no sentido conveniente; é o mesmo princípio que aconselha a divisão da Assembléia Geral em duas Câmaras, e que dá a cada uma delas o veto ou direito de oposição.

Embora a Coroa possa uma ou outra vez enganar-se em sua previsão, este mal é incomparavelmente menor do que aqueles que resultariam da denegação de tão essencial atribuição.

Ela importa também radicalmente à harmonia dos poderes políticos. As leis devem ser atos de união da sociedade com os poderes públicos, e destes entre si, e não atos de repulsão ou hostilidades. Ora, desde que se denegasse esse atributo à Coroa, ter-se-ia necessariamente criado um antagonismo entre ela e o poder Legislativo, entre a lei e o seu executor. Se aquele que guia o carro do Estado não tivesse voto sobre o curso dele, se o dirigisse debaixo de coação, por certo que nem iria contente, nem deveria responder pelos acontecimentos.

Sem essa atribuição a Coroa, o poder Moderador, não seria representante da nação, co-legislador, parte integrante da lei, não teria também meios de evitar que o poder Legislativo usurpasse as próprias atribuições do poder Executivo ou do Judicial, que alterasse e confundisse suas atribuições, e conseqüentemente que mudasse a forma de governo.

Não poderia pois manter sua própria harmonia, e muito menos a que deve existir entre os outros poderes.

É portanto um elemento não só de harmonia, mas também de ordem, que neutraliza os perigos que nisso houvera, assim como ainda outros independentes de tal invasão ou confusão.

As Câmaras têm por missão o progresso mais ou menos sôfrego, desde que o entendem conveniente; o governo é de todos os três ramos legislativos o mais próprio para ver o que é perigoso ou inconveniente; aquelas servem mais para propor, este para recusar.

Colocada a Coroa sem rivais acima de todos os interesses do momento, animada de seu princípio de perpetuidade, superior a todos os partidos e paixões, não podendo ter verdadeira glória e força senão na felicidade e vigor da sociedade, senão na estabilidade de suas instituições, na prosperidade nacional, quem deverá temer e desviar mais do que ela qualquer tentativa ou lei perigosa?

Os partidos se sucedem, têm épocas de predomínio, de injustiças, de intolerância, falseiam as liberdades de seus rivais, tentam excluí-los de seus direitos constitucionais, e desde então é necessário que a onipotência legislativa tenha um corretivo dentro em si mesma.

Finalmente, em uma monarquia constitucional a Coroa deve possuir todo o poder que é compatível com as liberdades públicas: a monarquia fraca não é monarquia.

O poder do monarca deve certamente ser revestido dos atributos necessários, de verdadeira força moral e legal, do prestígio, da consciência de que exerce verdadeira autoridade.

A Coroa não seria um poder, e menos independente, sim e apenas um mero instrumento de execução, desde que não possuísse essa atribuição, seria mesmo um instrumento temporário e não perpétuo, móvel e não fixo, desde que as Câmaras assim determinassem.

Concluímos portanto que esse concurso de luzes e garantias, que o primeiro magistrado da nação assim oferece, é indispensável. Dizia Mirabeau, que julgava tão necessário o veto ou sanção que antes quereria viver em Constantinopla absoluta, do que na França constitucional, desde que o rei o não tivesse.[31]

A conveniência é inquestionável, o que pode oferecer alguma questão

---

[31] Honoré Gabriel Victor Riqueti, Conde de Mirabeau (1749-91), político francês, refere-se ao antigo Império Romano do Oriente, sediado em Constantinopla entre 324 e 1204 e entre 1261 e 1453, cujos imperadores dispunham de autoridade e independência absolutas.

são os termos que devem assinar limites a essa atribuição, do que trataremos nos parágrafos seguintes.

§ 2º Do prazo para concessão ou denegação da sanção:

181. Desde que o monarca tem o direito de conceder ou denegar sua sanção, é conseqüente e necessário que use dele como julgar conveniente ao bem do Estado. Não é porém admissível a dúvida ou incerteza por prazo indefinido, se a sociedade deve ou não contar com as disposições do projeto de lei que lhe foi submetido, e que, segundo sua resolução, afetará por uma ou outra forma os direitos, obrigações e interesses sociais, que no entretanto estarão como que suspensos.

É pois por isso que os arts. 66 e 67 marcam o prazo de um mês, contado da apresentação do projeto, para o exercício do mesmo direito, qualificando o silêncio da resolução como uma denegação formal, de cujos efeitos depois nos ocuparemos.

Seção 2ª: Da concessão ou denegação da sanção

§ 1º Se o imperador adotar o projeto da Assembléia Geral, se exprimirá assim: "O imperador consente". Com o que fica sancionado, e nos termos de ser promulgado como lei do Império; e um dos dois autógrafos, depois de assinados pelo imperador, será remetido para o arquivo da Câmara que o enviou, e o outro servirá para por ele se fazer a promulgação da lei pela respectiva secretaria de Estado, onde será guardado. Constituição, art. 68.

§ 2º Recusando o imperador prestar o seu consentimento, responderá nos termos seguintes: "O imperador quer meditar sobre o projeto de lei, para a seu tempo se resolver". Ao que a Câmara responderá, que louva a s. m. imperial o interesse que toma pela nação. Constituição, art. 64.

§ 3º Esta denegação tem efeito suspensivo somente; pelo que todas as vezes que duas legislaturas, que se seguirem àquela que tiver aprovado o projeto tornem sucessivamente a apresentá-lo nos mesmos termos, entender-se-á que o imperador tem dado a sanção. Constituição, art. 65.

§ 1º Da concessão da sanção:

182. Se a Coroa, usando o direito que tem, entende que o projeto é útil, concede-lhe a sua sanção, e desde então por essa acessão, ou ato complementar do terceiro ramo do poder Legislativo, ele se converte e passa a ser lei do Estado, seguindo-se os termos que este art. 68 determina.

Antes da reforma da Constituição, o Conselho de Estado, em conformidade do art. 142, combinado com o art. 101, § 3º, devia necessariamente ser ouvido a respeito. Embora sua opinião fosse meramente consultiva, embora a concessão, ou denegação da sanção ficasse sempre livre, é visível que essa audiência necessária era mais uma garantia importante. Hoje, pela lei de 23 de novembro de 1841, ela é puramente facultativa.[32] Isso mostra que as paixões políticas, ou suas inconseqüências, muitas vezes em lugar de dar, tiram garantias à sociedade.

§ 2º Da denegação da sanção:
183. Ao direito de concessão da sanção está ligado o de denegá-la, desde que a Coroa entende, que em vez de útil, pode o projeto ser prejudicial ao Estado.

Não reproduziremos o que para sustentar este direito já expusemos em nº 180 deste capítulo; observaremos, porém, que se convém que o Conselho de Estado seja ouvido quando subsiste a intenção do consentimento imperial, muito mais convém na hipótese contrária.

A denegação é sem dúvida um direito, mas um direito que não convém ser senão bem aplicado, que não deve ser gasto mesmo para que exerça toda a sua força moral.

Um projeto aprovado pelas duas Câmaras sem oposição ministerial, ou predominando sobre esta, leva sempre consigo uma importância mais ou menos ampla segundo as circunstâncias; nada perde esse direito em ilustrar-se amplamente antes de pôr-se em ação.

§ 3º Dos efeitos da denegação da sanção:
184. Já observamos no fim do nº 180, que apesar de ser o *veto* da Coroa um direito e garantia indispensável, todavia convinha estabelecer com toda a sabedoria os seus limites, pois que muitas e graves considerações do interesse público assim demandam.

Foi o que a Constituição brasileira fez em seu art. 65 pelo modo o mais conveniente.

Por um lado atendeu ela que a Coroa, assim como a Assembléia Geral, apesar de toda a sua sabedoria, pode ser mal aconselhada por seus ministros;

---

[32] A reforma da Constituição deu-se através do Ato Adicional de 12 de agosto de 1834, que aboliu o Conselho de Estado; este conselho foi novamente criado, com algumas modificações, pela lei de 23 de novembro de 1841.

que, se o predomínio peremptório da Assembléia Geral seria um grande mal, ou de um grande perigo, uma denegação da Coroa perpetuada indefinidamente, também poderia ser um mal ou um perigo; e que desde então não convinha que esse direito do trono brasileiro fosse absoluto ou ilimitado, sim temporário ou suspensivo.

Por outro lado, regularizando os termos desse direito limitado, combinou de novo valiosas garantias. Não é um prazo sumamente longo o de duas legislaturas posteriores, mormente no caso de alguma dissolução; não é também sem razão que na hipótese então prevista tem-se a sanção como concedida.

Em verdade, quando três legislaturas pedem a adoção de um projeto reconsiderado tantas vezes em repetidas discussões, quando ele é reclamado nos mesmos termos por mandatários da nação, nomeados em diversas eleições, quando a opinião pública assim insta, pois que sem ela não é possível persistir nessa solicitação, deve concluir-se que a medida é útil.

No entanto, a Coroa ainda então não está privada de mais uma consulta ao país, do seu direito de dissolução, antes que se complete a última adoção obrigatória,

É um sistema tão previdente que sem dúvida estabelecerá um acordo antes da conclusão dos seus termos; e em todo o caso nunca criará uma impossibilidade, que é sempre um erro político e de graves conseqüências, um perigo que ameaça as instituições. O veto suspensivo vem pois a ser um apelo ao povo por duas legislaturas.

Capítulo 9:
Da intervenção do poder Executivo na confecção da lei

~

Seção 1ª: Das propostas do poder Executivo e sua discussão

§§ 1º e 2º O poder Executivo exerce, por qualquer dos ministros de Estado, a proposição que lhe compete na formação das leis; e só depois de examinada por uma comissão da Câmara dos Deputados, onde deve ter princípio, poderá ser convertida em projeto de lei. Constituição, art. 53.

Os ministros podem assistir e discutir a proposta depois do relatório da comissão, mas não poderão votar, nem estarão presentes à votação, salvo se forem senadores ou deputados. Constituição, art. 54.

§ 1º Das propostas do poder Executivo:
185. Esta disposição que faz a proposição da lei comum ao poder Executivo, sem em nada prejudicar a iniciativa das Câmaras, é mais uma das perfeições que caracterizam a nossa lei fundamental, é de alta conveniência.

Ninguém deve estar mais ao fato das necessidades e relações sociais do que o governo; ninguém tem tantas facilidades como ele de coligir todos os esclarecimentos, informar-se de todos os fatos, idéias e opiniões. Está ao leme do Estado, tem todos os meios de ilustração, a valiosa coadjuvação do Conselho de Estado, as consultas dos tribunais, ou comissões que pode criar.

Devia pois ser chamado a auxiliar a Assembléia Geral: é um valioso concurso, tanto mais útil e necessário quando é ele que tem de ser o executor, que deve prever e apreciar as disposições mais convenientes, que melhor conciliem todos os interesses e concorram para o bem-ser social.

Por outra face, esta atribuição impõe ao poder Executivo graves obrigações; desde que ele tem uma tal faculdade, e tantos meios de bem preenchê-las, é indesculpável toda e qualquer omissão sua em melhorar a organização administrativa, e em propor quaisquer outros melhoramentos importantes que o Estado reclame.

Para premunir, todavia, a sociedade ou as liberdades públicas de alguma pretensão ministerial que pudesse afetá-las, ou de alguns sacrifícios por ventura mais custosos, a Constituição com razão determinou que tais propostas fossem apresentadas na Câmara dos Deputados, fossem por ela examinadas, e só depois disso convertidas em projetos de lei, quando de sua apreciação resulte a convicção da conveniência da medida, disposição esta que está de acordo com a do art. 57, § 2º, da Constituição.

§ 2º Da discussão das propostas do poder Executivo:
186. É sem dúvida conveniente que os ministros assistam e discutam a proposta que apresentaram, já para desenvolver e sustentar as idéias dela, já para ministrar as informações e esclarecimentos que as Câmaras possam precisar, a fim de bem apreciar a questão e formular seu voto definitivo.

Eles não são porém admitidos a votar, pois que na simples qualidade de ministros não são membros das Câmaras; é mesmo proibida sua assistência à votação, para que não suceda que por contemplação para com eles um ou outro voto se modifique, ou se minore a liberdade que nesse ato deve sempre prevalecer.

Estas considerações deixam de predominar quando são simultaneamente membros da Câmara, pois então tem direitos como tais.

Seção 2ª: Da aprovação ou rejeição das propostas

§ 1º Se a Câmara dos Deputados adotar o projeto, o remeterá à dos senadores com a seguinte fórmula: "A Câmara dos Deputados envia à Câmara dos Senadores a proposição junta do poder Executivo (com emendas ou sem elas) e pensa que ela tem lugar". Constituição, art. 55.

§ 2º Se não pode adotar a proposição participará ao imperador, por uma deputação de sete membros, da maneira seguinte: "A Câmara dos Deputados testemunha ao imperador o seu reconhecimento pelo zelo que mostra em vigiar os interesses do Império, e lhe suplica respeitosamente se digne em tomar em ulterior consideração a proposta do governo". Constituição, art. 56.

§ 1º Da aprovação da proposta:
187. A proposta do poder Executivo é livremente discutida, emendada ou alterada, como a Câmara dos Deputados entende conveniente aos pú-

blicos interesses; e sendo afinal aprovada e remetida ao Senado, com emendas ou sem elas, como for adotada. A fórmula dessa remessa é estabelecida pelo art. 55.

Seguem no Senado os mesmos termos que já expusemos anteriormente. Os ministros podem ir assistir à respectiva discussão nesta outra Câmara, para o que são convidados.

O direito que cada uma das Câmaras tem de convidar os ministros para assistir à discussão, ainda mesmo quando se não trate de propostas do poder Executivo, é um dos seus privilégios eficazes. É um meio não só de informação, como de inspeção constitucional.

Todo e qualquer membro das Câmaras tem assim facilidade de interrogar o ministro, que não pode iludir as perguntas com a facilidade que a correspondência escrita ministra, não pode socorrer-se de evasivas ou equívocos, e sim vê-se obrigado a dar respostas exatas e satisfatórias, pois que qualquer artifício é logo analisado ou censurado.

Obtém-se conseqüentemente os esclarecimentos necessários sem delongas, liquida-se logo a verdade, os erros, o melhor expediente ou disposição preferível.

Nem há por que temer a presença dos ministros ou sua influência; quando esta não resulta de seus talentos, virtudes e serviços, opera mais às escondidas do que perante as Câmaras. Enfim, eles são órgãos necessários de informação; a discussão se facilita e abrevia; podem promover emendas que estabeleçam a harmonia de vistas dos dois poderes. Eles mesmos por esse meio compenetram-se melhor das idéias dos legisladores e habilitam-se a dar uma melhor execução aos atos legislativos. Não podem, não devem por isso mesmo recusar-se ao convite das Câmaras.

§ 2º Da rejeição da proposta

188. Quando a Câmara dos Deputados julga que a proposta não é conveniente, ou quando em seguida da discussão a rejeita, tem o dever de fazer disso uma respeitosa comunicação à Coroa, pela fórmula determinada no art. 56.

Na Inglaterra a Coroa não tem a faculdade de apresentar propostas ao Parlamento; entretanto, quando um ministro julga conveniente apresentar algum *bill*[33] fá-lo em seu nome pessoal como membro da Câmara, ou faz com que seja apresentada por algum outro membro.

---

[33] Palavra de origem inglesa, designa todo projeto ou proposição de lei apresen-

Julgamos melhor a nossa disposição constitucional, mas talvez fosse preferível considerar as propostas como proposições puramente ministeriais. Seria uma maior cortesia para com a Coroa, que tornaria desnecessária a deputação de que trata este artigo, e abstrairia toda a idéia de que a Câmara dos Deputados não anuísse a uma proposição produzida em nome da Coroa.

---

tado às Câmaras e que, se aprovado, era encaminhado com vistas a obter a sanção real, para então ser reduzido a lei ou ato.

Capítulo 10:
Da promulgação e época em que a lei obriga

~

Seção 1ª: Da promulgação, publicidade e transmissão dos exemplares da lei

§ 1º A fórmula da promulgação da lei será concebida nos seguintes termos: "Dom N, por graça de Deus, e unânime aclamação dos povos, imperador constitucional e defensor perpétuo do Brasil; fazemos saber a todos os nossos súditos, que a Assembléia Geral decretou, e nós queremos a lei seguinte (a íntegra da lei nas suas disposições somente). Mandamos, portanto, a todas as autoridades a quem o conhecimento e execução da referida lei pertencer, que a cumpram e façam cumprir e guardar tão inteiramente como nela se contém. O secretário de Estado dos Negócios (o da repartição competente) a faça imprimir, publicar e correr". Constituição, art. 69.

§ 2º Assinada a lei pelo imperador, referendada pelo secretário de Estado competente, e selada com o selo do Império, se guardará o original no Arquivo Público e se remeterão os exemplos dela impressos a todas as Câmaras do Império, tribunais e mais lugares, onde convenha fazer-se pública. Constituição, art. 70.

§ 1º Da promulgação da lei:
189. A fórmula pela qual as leis devem ser promulgadas é a que fica prescrita no art. 69, que manda que o respectivo ministro, em seguida, as faça imprimir, publicar e correr.

O que é porém, a promulgação em si mesma independente dessa fórmula? A promulgação é a anunciação solene feita ao público da existência da lei, é a leitura, a voz dela manifestada oficialmente pela autoridade, que adverte a sociedade do dever de observá-la, é o ato que comprova o assentamento dessa nova entidade legal no corpo do direito.

A necessidade da promulgação é patente. Embora a lei comece a existir desde o momento em que recebe a sanção imperial, ela não pode ter execução senão depois da promulgação, pois que este ato é, como dissemos, quem anuncia à sociedade que ela foi sancionada, antes disso o público ignora se foi, será ou não, presume que ainda não foi, por isso mesmo que nada se anunciou; conseqüentemente, até então não pode exercer sua força coercitiva.

Em que porém consiste, ou o que constitui propriamente o ato da promulgação?

Na França entende-se que o ato que constitui propriamente a promulgação da lei é o de sua inserção no *Bulletin* das leis nos termos da ordenança de 27 de novembro de 1816.

Entre nós, entende-se que ela resulta da publicação da anunciação oficial feita na secretaria de Estado respectiva pelo oficial-maior dela nos termos do art. 3º da lei de 4 de dezembro de 1830, que aboliu a chancelaria-mor.

§ 2º Da publicidade da lei e remessa de exemplares dela:

190. Não basta que a lei tenha a sua publicação, ou promulgação de direito na secretaria de Estado ou Chancelaria, é demais justo que haja toda a publicidade, toda a notoriedade possível dessa promulgação, não só na localidade em que ela se fez, como em todo o Estado. Antes disso, o conhecimento da promulgação poderá ser objeto de presunção, mas não de fato certo ou real.

Ora, como é sem dúvida preciso que realmente se faça primeiro saber o que a lei ordena, para depois exigir com razão a sua observância, torna-se manifesto que é de mister auxiliar a presunção do conhecimento dela, de todas as providências e meios que produzam a notoriedade geral.

É por isso que o art. 70 e o anterior mandam que, selada a lei, o que tem lugar na Secretaria de Estado da Justiça, antes de guardar-se o original no Arquivo Público, imprimam-se os exemplares necessários e sejam remetidos aos tribunais, municípios, e mais lugares onde convenha que se façam públicos ou notórios.

Essa publicidade nas províncias é feita por meio de editais além da imprensa, sob a inspeção dos presidentes delas, e dos juízes de Direito, nos termos do regulamento de 1º de janeiro de 1838, art. 16 e seguintes.

É indesculpável a morosidade que a imprensa do governo gasta entre nós em dar publicidade às leis.

Seção 2ª: Da época em que a lei começa a obrigar
Oportet ut lux moneat, priusquam feriat

§ 1º Dos princípios que devem determinar essa época:
191. Do que ponderamos na seção anterior, manifesta-se que a lei nunca deve ser reputada obrigatória antes de sua promulgação, e que mesmo depois desta é justo marcar algum prazo para que ela tenha toda a publicidade, toda a notoriedade, ou ao menos para que se possa com razão presumir que tem. Qual deverá porém ser esse prazo, ou como se fixará melhor o momento em que a lei deva começar a ter força coercitiva?

Alguns outrora entenderam que as leis não deviam obrigar senão no dia em que os exemplares oficiais delas chegassem e fossem publicamente lidos nas cabeças dos respectivos distritos ou centros de população. Foi o sistema adotado pelo governo português em relação às comarcas do Brasil, quando colônia, pela lei de 25 de janeiro de 1749, segundo a qual as leis não obrigavam senão depois que tinham publicidade oficial nas cabeças das comarcas.

Este sistema porém é inadmissível pelos muitos inconvenientes que oferece. A força obrigatória da lei ficaria dependente do arbítrio ou omissão do governo, ou autoridades subalternas, desde que demorassem a remessa de tais exemplares, penderia da morosidade dos portadores e de muitos outros acidentes; não haveria tempo prefixo, seria muitas vezes já conhecida a lei sem poder ser ainda invocada, à espera do recebimento material das comunicações, e estaria porventura já em observância em lugares mais longínquos.

Outros julgam que o melhor sistema é determinar que a lei se torne obrigatória em um tempo dado, depois de sua promulgação, em todo o Estado. Este expediente tem também alguns inconvenientes; ficam o lugar da promulgação, a Corte e os lugares vizinhos, privados do benefício da lei já conhecida, somente à espera que expire o prazo geral, que em um grande Estado, como o Brasil, em vista de grandes distâncias de suas províncias, ou há de ser ilusório ou extenso; e essa suspensão pode prejudicar as transações ou direitos.

E outros finalmente opinam que a lei seja obrigatória no fim de certo número de dias contados da promulgação no lugar dela, na Corte; e em relação aos outros lugares no fim desse prazo, e mais tantos dias quantas vezes houver uma distância de léguas determinada entre a Corte e a capital da província, ou cabeça da comarca, de que tratar-se, presumindo-se que desde então é a lei aí conhecida.

Eles alegam que a unidade de tempo não é essencial, e que desde que o governo for ativo em remeter os exemplares da lei, ou a gazeta oficial que a publique, nenhum inconveniente haverá; que a época da obrigação coincidirá quase sempre com a posse do texto; é o sistema francês.

§ 2º Da época em que a lei obriga segundo nosso Direito:
192. Segundo o nosso Direito [Ordenações, liv. 1º, tít. 2º, § 10º], as leis tornam-se obrigatórias na Corte desde o oitavo dia de sua promulgação na chancelaria, hoje na secretaria de Estado respectiva; nas comarcas porém não são obrigatórias senão depois de três meses contados do dia daquela promulgação: *E tanto que qualquer lei ou ordenação for publicada na chancelaria, e passarem três meses da publicação, mandamos que logo haja efeito e vigor, e se guardem em tudo... porém em nossa Corte haverão efeito e vigor como passarem oito dias da sua publicação.*

A lei deve ser promulgada no dia de sua data, isto é, de sua sanção, e, não sendo possível, logo em seguida, e nela se deve lançar e datar a verba de sua promulgação.

Parece-nos que nosso Direito deve ser melhorado; não há razão alguma para que uma ou mais comarcas confinantes com a Corte esperem por três meses, quando a lei já nesta obriga; pode uma tal circunstância prejudicar gravemente as relações entre localidades tão vizinhas, relações freqüentes e sujeitas por tanto tempo a disposições de Direito entre si diversas.

Quando a lei contém em si a cláusula de que obrigará em prazo diverso do prescrito pela sobredita ord., deixa a regra desta de ter o seu efeito, que nesse caso é substituído por essa cláusula.

Título terceiro:
Do poder Legislativo provincial

Capítulo 1:
Dos interesses provinciais, poder das Assembléias Legislativas, sua unidade, mandato, número e condições eleitorais de seus membros

Seção 1ª: Dos interesses provinciais
e das respectivas Assembléias Legislativas

§ 1º A Constituição reconhece e garante o direito de intervir todo o cidadão nos negócios de sua província, e que são imediatamente relativos a seus interesses peculiares. Constituição, art. 71.

§ 2º O direito reconhecido e garantido pelo art. 71 da Constituição será exercido pelas Câmaras dos distritos e pelas Assembléias, que, substituindo os conselhos gerais, se estabelecerão em todas as províncias com o título de Assembléias Legislativas Provinciais. A autoridade da Assembléia Legislativa da província em que estiver a Corte não compreenderá a mesma Corte, nem o seu município. Ato Adicional., art. 1; substitutivo do art. 72 da Constituição.

§ 1º Dos interesses provinciais:
193. O Estado, a sociedade política tem interesse de diferentes ordens: tem interesses que, por seu caráter ou magnitude, onde quer que se agitem, afetam toda a nacionalidade, importam ao bem-ser, segurança ou relações dela; são os interesses gerais ou nacionais. Estes não podem ser dirigidos e regulados senão por ela; é negócio de toda a associação, só os seus representantes gerais têm o direito, e direito exclusivo, de regulá-los, nenhuma localidade ou fração nacional tem a faculdade de dispor deles, ou de comprometê-los ou prejudicar de forma alguma.

Têm outros interesses que não afetam a nação inteira, que não lhe importam imediatamente, que respeitam mais a uma certa porção ou certo número de cidadãos, a uma província ou localidade; são os interesses provinciais, municipais ou locais. A justiça e as verdadeiras conveniências sociais exigem que estes sejam dirigidos e regulados por aqueles a quem eles pertencem. Exige a justiça, por isso que seria injusto dar a direção de tais interesses a quem eles importam menos, e denegá-la àqueles a quem afetam imediata e valiosamente. Exigem as verdadeiras conveniências sociais por muitas razões terminantes. Demandam conhecimentos locais, soluções acertadas e prontas; e o governo ou poderes gerais não têm esses conhecimentos, não podem obtê-los senão com muita morosidade e, porventura, inexata ou infielmente; e, ainda quando obtenham as melhores informações, não tem o tempo necessário, não deverão desviar sua atenção dos negócios gerais para fixá-la sobre negócios locais. Entretanto, estes não devem perecer, pois que a soma do bem-ser e da riqueza das províncias é quem compõe a felicidade e riqueza nacional; devem, portanto, ser entregues a quem por direito pertencem. A grande sociedade nacional tem, à sua sombra e debaixo de sua inspeção e proteção, diversas sociedades parciais, provinciais e municipais; e as provinciais são, sem dúvida, de todas as mais importantes.

O direito de intervir ou antes de dirigir tais negócios ou interesses é o que o art. 71 reconhece e garante, salvas as necessárias limitações, de que depois trataremos.

§ 2º Da natureza do poder Legislativo provincial:

194. Do que temos deduzido já manifesta-se que o poder Legislativo provincial não é uma delegação da soberania nacional, não é um poder geral e sim uma representação puramente provincial, e autorizada somente para a missão que as leis fundamentais do Estado lhe incumbem.

As Assembléias Legislativas Provinciais, como bem expressa o art. 1 do Ato Adicional, não são criadas senão para o exercício, senão para realizar o direito que o art. 71 da Constituição reconhece e garante, isto é, para dirigir os negócios puramente provinciais, os que *são imediatamente relativos a seus interesses peculiares*.

Sua alçada encerra-se no círculo das atribuições que o Ato Adicional conferiu-lhe, e em caso nenhum pode penetrar no domínio dos interesses gerais ou nacionais. A Assembléia Geral é a representação da nação, de todas as províncias e partes do Estado, da igualdade do direito; as Assembléias Provinciais não são senão a representação das cidades ou localidades da província, representação parcial subordinada à nacional nos termos da Constituição.

Seção 2ª: Da unidade das Assembléias Legislativas, nomeação de duração do mandato de seus membros, número e condições eleitorais destes

§ 1º O poder Legislativo geral poderá decretar a organização de uma segunda câmara legislativa para qualquer província, a pedido de sua assembléia, podendo esta segunda câmara ter maior duração do que a primeira. Ato Adicional, art. 3.

§ 2º A eleição destas assembléias far-se-á da mesma maneira que se fizer a dos deputados à Assembléia Geral Legislativa, e pelos mesmos eleitores, mas cada legislatura provincial durará só dois anos, podendo os membros de uma ser eleitos para as seguintes. Ato Adicional, art. 4 [Constituição, art. 74].

§ 3º O número de membros de cada Assembléia Legislativa Provincial é alterável por lei geral. Ato Adicional, art. 2 [Constituição, art. 73].

§ 4º A idade de 25 anos, probidade e decente subsistência são as qualidades necessárias para ser membro (destas assembléias) destes conselhos. Constituição, art. 75.

§ 1º Da unidade ou divisão das Assembléias Legislativas:

195. No nº 53 observamos que a divisão da Assembléia Geral Legislativa em duas Câmaras é não só de alta conveniência, mas de indeclinável necessidade.

Reconhecemos que há diferença entre a Assembléia Geral Legislativa e a Assembléia Legislativa Provincial, entre os grandes interesses do Estado e os interesses puramente locais, entre um poder soberano e um poder limitado, que se exerce sob a inspeção daquele. Ainda assim, porém, quase todas as razões que já desenvolvemos prevalecem, e aconselham a divisão das Assembléias Legislativas em duas seções, senão em todas as províncias, ao menos naquelas que por sua população, ilustração e meios financeiros possam, desde já, permitir esse grande melhoramento.

É uma questão de tempo, pois que é uma conseqüência direta dos sãos princípios que a Constituição adotou, da diversidade real dos interesses sociais, da previdente conveniência ou necessidade de remover a precipitação, as paixões, os erros e perigos que dominam freqüentes vezes nas discussões de uma só Câmara, de obter sempre exame profundo e inteira madureza nas deliberações; e muito principalmente quando nem ao menos existe o corretivo da dissolução da Assembléia Legislativa Provincial, nem dependência da sanção da presidência que não possa ser removida pelos dois terços de votos.

Foi, por estas e outras considerações, que o art. 3 do Ato Adicional já consagrou a oportuna criação de uma segunda Câmara nos termos que prescreve.

Esta segunda Câmara deve, sem dúvida, ter maior duração e renovar-se parcialmente. Em nossa opinião seus membros deverão ser propostos em listas tríplices à escolha da Coroa por intermédio das presidências; seria isso mais um elemento de ordem e de união nacional.

Teríamos o poder Legislativo provincial dividido como o geral em três ramos, divisão que por todos os princípios é fundamental, e que por isso mesmo deve ter esta aplicação, e representar nas províncias a imagem do governo do Estado.

Reservamos para a seção competente o que respeita à sanção da Presidência.

§ 2º Da nomeação e duração do mandato de seus membros:

196. O processo da eleição dos membros das Assembléias Legislativas Provinciais é o mesmo que se observa na eleição geral, os eleitores são também os mesmos, como melhor veremos no título das eleições.

A duração, porém, do mandato provincial é de dois anos, e não de quatro, salva a reeleição. Esta diferença é bem fundada, atenta a diversidade das duas missões, a maior facilidade que há de renovar uma eleição puramente provincial, e o menor excitamento e inconvenientes dessa renovação, que portanto pode combinar-se com a vantagem que assim têm os eleitores de reconduzir, ou mudar os seus mandatários.

Esta eleição faz-se por círculos na forma prescrita pela lei que ultimamente adotou essa reforma; lei de 19 de setembro de 1855.[34]

§ 3º Do número de membros das Assembléias Provinciais:

197. O art. 2 do Ato Adicional estabeleceu o número de membros das Assembléias Legislativas de cada uma das províncias, sendo de 36 nas províncias de Pernambuco, Bahia, Rio de Janeiro, Minas e São Paulo; de 28 nas do Pará, Maranhão, Ceará, Paraíba, Alagoas e Rio Grande do Sul; de 20 em todas as outras.

O número, porém, de membros de tais Assembléias é alterável por lei geral, e sem dúvida devia assim ser, já porque deve estar em relação com a população das províncias, já porque no caso de divisão das ditas Assembléias em duas seções ou Câmaras, terá essa divisão de influir a respeito.

Em conformidade da previsão do Ato Adicional, a lei nº 842, de 19 de setembro de 1855, art. 1, § 16º, elevou a 42 o número de membros da As-

---

[34] Ver nota 24.

sembléia Provincial da Bahia, a 40 o número dos de Minas Gerais, e a 39 o de Pernambuco, como melhor se verá das disposições desse parágrafo.

§ 4º Das condições eleitorais dos membros das Assembléias Legislativas Provinciais:

198. O Ato Adicional, nada inovando a este respeito, deixou em vigor o art. 75 da Constituição; entendemos portanto que a idade de 25 anos, probidade e decente subsistência, são as habilitações necessárias para ser membro de tais Assembléias, uma vez que o candidato esteja no gozo de seus direitos políticos.

Se o Ato Adicional pretendesse outras, ou mais definidas condições, devera expressá-las; no seu silêncio cumpre aplicar aos que substituirão os membros dos Conselhos Gerais as condições que para estes eram exigidas. Tocaremos de novo nesta matéria, quando tratarmos do gozo dos direitos políticos.

Capítulo 2:
Das prerrogativas e incompatibilidades dos membros das Assembléias Legislativas Provinciais

Seção 1ª: Das prerrogativas e subsídios
dos membros das Assembléias Legislativas Provinciais

§ 1º Os membros das Assembléias Provinciais serão invioláveis pelas opiniões que emitirem no exercício de suas funções. Ato Adicional, art. 21.

§ 2º Os membros das Assembléias Provinciais vencerão diariamente, durante o tempo das sessões ordinárias, extraordinárias e das prorrogações, um subsídio pecuniário, marcado pela Assembléia Provincial na primeira sessão da legislatura antecedente. Terão também, quando morarem fora do lugar de sua reunião, uma indenização anual para as despesas da ida e volta marcada pelo mesmo modo, e proporcionada à extensão da viagem. Ato Adicional, art. 22.

§ 1º Da inviolabilidade dos membros das Assembléias Legislativas Provinciais:

199. A garantia da inviolabilidade que no nº 144 demonstramos ser indispensável para que os representantes gerais da nação possam bem preencher sua alta missão, tem aplicação, é demandada em relação aos membros das Assembléias Legislativas Provinciais, não em toda a sua extensão, mas no que essencial.

Estas Assembléias, além de decretarem as leis provinciais, e entre elas os impostos, têm de fiscalizar sua execução, de censurar os abusos, de velar na guarda da Constituição na respectiva província, e de exercer outras atribuições importantes; é de mister, pois, que tenham a necessária garantia de inteira liberdade e independência de opiniões, sem o que não poderiam bem desempenhar esses encargos do serviço social.

E a garantia indispensável ou essencial que o Ato Adicional estabeleceu; e se não dilatou-a em toda a extensão dada aos representantes gerais da nação, é porque não subsistem as mesmas razões, as mesmas atribuições políticas, únicas, que podem justificar privilégios tão exorbitantes, e que não podem ser prodigalizados sem grave perigo da ordem pública.

§ 2º Dos subsídios dos membros das Assembléias Provinciais:
200. Já demonstramos anteriormente a conveniência e justiça de retribuir o serviço da representação geral do Estado, de auxiliar os talentos que não têm grande fortuna, e que devem ser aproveitados; essas razões subsistem e são aplicáveis ao serviço de representações provinciais.

Estes subsídios diversificam nas diferentes províncias segundo suas circunstâncias; eles são marcados nos termos prescritos pelo art. 22 do Ato Adicional.

Seção 2ª: Das incompatibilidades relativas
aos membros das Assembléias Legislativas Provinciais

§ 1º Os membros das Assembléias Provinciais que forem empregados públicos não poderão, durante as sessões, exercer o seu emprego, nem acumular ordenados, tendo porém a opção entre o ordenado do emprego e o subsídio que lhes competir como membros das ditas Assembléias. Ato Adicional, art. 23.

§ 2º Não podem ser eleitos para membros (das Assembléias Provinciais) do Conselho Geral, o presidente da província, o secretário, e o comandante das armas. Constituição, art. 79.

§ 3º O § 20º do art. 1 da lei de 19 de setembro de 1855 estabelece as incompatibilidades relativas de outros empregados além dos mencionados no art. 79 da Constituição; elas compreendem os generais em chefe, os inspetores de fazenda, chefe de polícia, delegados e subdelegados, juízes de Direito e municipais.

§ 1º Do exercício simultâneo de outro emprego:
201. O art. 23 do Ato Adicional proíbe que os membros das Assembléias Legislativas Provinciais que forem empregados públicos possam exercer seus empregos durante as sessões; proíbe o exercício simultâneo, e dá preferência ao serviço da Assembléia. Deve porém entender-se que esta disposição é limitada aos empregados na mesma província, e que não se estende aos que depois de eleitos são empregados em outras, por isso que desde então trata-se de serviços provinciais diversos, e que não têm título de preferência entre si.

Dando o Ato Adicional preferência ao serviço legislativo provincial, deixa todavia a opção do ordenado ao empregado, para que não seja prejudicado por essa preferência.

§ 2º Das incompatibilidades constitucionais:

202. O art. 79 da Constituição não foi revogado pelo Ato Adicional, e certamente que as funções da presidência da província, que constituem também um ramo do poder Legislativo provincial, são por sua natureza incompatíveis com as de membro da respectiva Assembléia. A incompatibilidade do cargo de secretário e do comandante das armas funda-se não só na falta que tais empregados fariam ao serviço geral, mas além disso em outros inconvenientes que são de simples intuição.

§ 3º Das incompatibilidades da lei eleitoral:

203. Além das incompatibilidades do parágrafo anterior, de novo reconhecidas pela lei de 19 de setembro de 1855, estabeleceu demais esta as dos generais em chefe, inspetores de fazenda geral e provincial, chefes de polícia, delegados e subdelegados, juízes de Direito e municipais, pelo que toca aos colégios eleitorais dos distritos em que exercerem autoridade ou jurisdição. Os votos que recaírem em tais empregados para membros das Assembléias Provinciais nesses colégios serão reputados nulos. Nós trataremos desta matéria com mais desenvolvimento quando nos ocuparmos das eleições.

Capítulo 3:
Da reunião, e sessões das Assembléias Legislativas, nomeação da Mesa, regimento interno, e publicidade de seus trabalhos

~

Seção 1ª: Da reunião e sessões das Assembléias Legislativas

§ 1º A sua primeira reunião far-se-á nas capitais das províncias, e as seguintes nos lugares que forem designados por atos legislativos, provinciais. Ato Adicional, art. 5; Constituição, art. 76.

§ 2º Todos os anos haverá sessão que durará dois meses, podendo ser prorrogada quando o julgar conveniente o presidente da província. Ato Adicional, art. 7; Constituição, art. 77.

§ 3º O presidente da província assistirá à instalação da Assembléia Legislativa Provincial, que se fará no dia que ela marcar, terá assento igual ao presidente dela, e à sua direita, e ali dirigirá à mesma Assembléia sua fala, instruindo-a do estado dos negócios públicos, e das providências que mais convier à Província para seu melhoramento. Ato Adicional, art. 8; Constituição, art. 80.

§ 1º Do lugar da reunião das Assembléias Provinciais:
204. O lugar da reunião, ou sessão anual das Assembléias Legislativas Provinciais, foi deixado, à exceção da primeira, à disposição de um ato legislativo da Assembléia. É uma disposição a nosso ver pouco fundada, e que pode produzir resultados muito inconvenientes. Embora as Assembléias Provinciais tenham a notável atribuição de decretar a mudança da capital das províncias, art. 10, § 1º, atribuição de que depois trataremos, é manifesto que pela amplitude deste art. 5 podem, independente dessa mudança, designar para sua reunião uma cidade qualquer da província, e vencer sua determinação por dois terços de votos, ainda quando não sancionada pela presidência, art. 15.

Teríamos em tal caso a Assembléia Legislativa funcionando em lugar diverso da sede do governo provincial, seria o presidente obrigado a deixar a administração e negócios públicos, a fazer uma viagem de ida e volta mais ou menos larga, e porventura em circunstâncias políticas anormais, ou aliás as relações entre a presidência e Assembléia tornar-se-iam morosas, e a primeira autoridade da província teria fora de suas vistas e inspeção a segurança pública, o estado político da cidade que servia de lugar da reunião!

Se por um lado manifestam-se estes inconvenientes, por outro não vemos quais as vantagens, ou fundamentos desta disposição. A localidade natural e normal é a capital da província. Se esta se acha em estado de desordem tal, que a lei não pode superar desde logo, é melhor que no entretanto não se reúna a Assembléia.

§ 2º Da sessão anual e sua prorrogação:

205. A necessidade da sessão anual é manifesta, não só por causa da fixação das despesas e rendas anuais, mas para a revisão de outras leis, melhoramento dos serviços públicos, e sua fiscalização.

O termo de dois meses é razoável, e tanto mais quando esse termo pode ser prorrogado, desde que alguma medida importante, ou a afluência de negócios assim aconselhe.

§ 3º Da sessão de instalação:

206. A sessão de instalação verifica-se no dia designado pela assembléia, havendo número legal de membros.

O presidente da província assiste à instalação nos termos determinados pelo art. 8, e dirige à Assembléia sua fala, instruindo-a do estado dos negócios públicos e das providências que mais convier à província para seu melhoramento.

É uma conveniente imitação da marcha dos poderes centrais do Estado, uma útil combinação, ou reprodução dos termos do sistema representativo.

Como o Ato Adicional, talvez, sem razão, denegou às presidências a faculdade de fazer apresentar às assembléias as propostas que possam julgar convenientes, devem os presidentes em sua fala aproveitar a oportunidade para prestar esse serviço ao menos em relação às necessidades, ou conveniências já conhecidas e estudadas.

O Ato Adicional não obriga os presidentes a assistir à sessão de encerramento.

Seção 2ª: Da Mesa, regimento das Assembléias Legislativas e publicidade de seus trabalhos

§ 1º A nomeação dos respectivos presidentes e secretários, verificação dos poderes de seus membros, juramento e sua polícia e economia interna, far-se-á na forma de seus regimentos. Ato Adicional, art. 6; Constituição, art. 76.

§ 2º Compete às Assembléias Legislativas organizar os regimentos internos sobre as seguintes bases:

1º) Nenhum projeto de lei ou resolução poderá entrar em discussão sem que tenha sido dado para ordem do dia pelo menos 24 horas antes.

2º) Cada projeto de lei ou resolução passará pelo menos por três discussões.

3º) De uma a outra discussão não poderá haver menor intervalo do que 24 horas. Ato Adicional, art. 11, § 1º.

Para haver sessão deverá achar-se reunida mais de metade do número de seus membros. Constituição, art. 78.

§ 3º Os seus trabalhos ou sessões serão públicos. Argumento do artigo 82 da Constituição.

§ 1º Da nomeação da Mesa, verificação dos poderes e polícia interna das Assembléias Provinciais:

207. Para manter a independência das Assembléias Legislativas, o direito de julgar da legalidade da eleição de seus membros, e a liberdade de regular como entendam conveniente a ordem de seus trabalhos, deu-lhes o Ato Adicional, no art. 6, a faculdade de regulamentar o processo de tais matérias por meio de seu regimento; pode ver-se o que a respeito de tais assuntos já observamos em nº 161 e seguintes.

§ 2º De outras disposições do seu regimento interno:

208. Além das disposições que acabamos de referir, o Ato Adicional em seu art. 10, § 1º, deixou às Assembléias Provinciais o direito e liberdade de organizar seus regimentos internos, nos termos convenientes, salvas as bases que expressamente determinou para segurar a pausa das discussões e madureza das resoluções, bases as quais se deve acrescentar a do art. 78 da Constituição, que o Ato Adicional não revogou e que é também fundamental; em caso nenhum poderá haver sessão sem que se ache reunida mais de metade do número de seus membros.

Não damos maior desenvolvimento a este parágrafo por isso mesmo que já nos ocupamos de matéria idêntica em relação à Assembléia Geral.

§ 3º Da publicidade dos trabalhos das Assembléias Provinciais:

209. A respeito da publicidade dos trabalhos das Assembléias Legislativas Provinciais é aplicável quanto já expusemos em nº 165. Essa publicidade é correlativa do sistema representativo, é inseparável dele, e a manifestação feita à sociedade dos interesses ou negócios dela, e da maneira por que seus mandatários cumprem seus deveres. Só em casos excepcionais pode ser lícito interrompê-la por momentos.

Capítulo 4:
Das atribuições das Assembléias Legislativas Provinciais e restrições delas

~

Seção 1ª: Das atribuições das Assembléias Legislativas Provinciais e suas restrições em geral

§ 1º Das atribuições em geral:

210. Nenhuma dúvida pode haver de que a criação dos conselhos gerais de província foi uma instituição constitucional, um germe político de sabedoria e de lisonjeiras esperanças. Convimos também com inteira convicção em que esse princípio fecundo devia ser desde já mais desenvolvido.

Já no nº 193 observamos que os interesses provinciais ou locais que não afetam imediatamente as relações nacionais, devem certamente ser deixados às províncias ou localidades. A razão política esclarecida, a civilização atual, não cura de concentrar mais ou menos poder administrativo, sim de promover o bem-ser do Estado e de todas as suas partes componentes pela melhor forma possível de preencher bem o fim da associação.

Se a centralização a respeito de algumas matérias, mormente políticas, sem dúvida é um elemento de força, de unidade e ordem nacional, a respeito de outras torna-se elemento de enervação e torpor social.

É necessário que um olhar penetrante, que vistas profundas saibam apreciar e reconhecer com exatidão a natureza dos interesses para bem dividi-los em suas classes.

Todos os interesses graves, ou que, por sua natureza, podem afetar a nação, demandar sua ação imediata, a uniformidade nacional como indispensável à observância de princípios políticos gerais, todos eles devem ser centralizados sob o impulso dos poderes gerais. Felizmente não formamos um grupo de repúblicas federadas, de Estados independentes, mais ou menos aliados, sim um todo nacional, que prevê a grandeza de sua missão, um futuro de força e de elevada importância na balança das nações, ou antes, do mundo.

Tudo, porém, que por sua natureza ou gravidade não entrar nessa classe, ou antes tudo aquilo que afetar só o bem-ser provincial ou local, deve pertencer aos especialmente interessados nesse bem-ser. Não só é justo mas é político; é o elemento do amor da pátria, é a escola das habilitações políticas, é o foco da atividade, da riqueza, da felicidade geral, do brio e do poder da nação nas províncias.

A vida social não deve estar em um só centro senão no que é essencial, no que é a vida nacional; a local deve estar nas localidades. Então, por mais extenso que seja o Estado, a sua união pode ser indissolúvel, as distâncias desapareçam, os interesses identificam-se porque se harmonizam, a nacionalidade não é um peso, sim uma grande necessidade, a força, o respeito, a preponderância. Não se espera senão por aquilo que todos conhecem, que devem esperar, não há queixas de morosidade ou incúria.

Entretanto, quando se trata de praticamente definir e separar essas duas classes de interesses, a tarefa torna-se de uma magnitude e responsabilidade mais que grave.

Para que melhor possamos analisar o como o Ato Adicional resolveu tão importante problema, dividiremos em três classes as atribuições das Assembléias Legislativas Provinciais, guardando quanto possível a ordem seguida pelo dito Ato Adicional e faremos a respeito de cada uma das atribuições, resumidas observações.

§ 2º Das restrições dessas atribuições em geral:

211. A par dessas justas prerrogativas conferidas às províncias convém, pois, não consentir que suas assembléias se julguem autorizadas a dispor de princípios ou interesses gerais da nação, de direitos ou liberdades individuais dos respectivos habitantes, que não podem ser diferentes nas diversas localidades e que dependem só da lei nacional. Convém não tolerar tendência alguma de considerarem-se as províncias como individualidade à parte, de pôr suas idéias ou interesses em oposição com as leis, princípios ou serviços gerais. Essa tendência, quanto mais quaisquer atos dessa natureza, enfraqueceria muito a segurança do governo constitucional, a força do Estado e todo o seu futuro, que repousa sobre a grande unidade nacional.

Tratando da inspeção da Assembléia Geral sobre as leis provinciais, em nº 123, já fizemos algumas observações a este respeito, e na última seção deste capítulo procuraremos detalhar melhor estas importantes restrições ou limites das atribuições legislativas provinciais. É o próprio amor da pátria e liberdade quem deve ser austero sobre tão valioso assunto.

Seção 2ª: Das atribuições de meras propostas subordinadas à Assembléia Geral, limitações a respeito e sua solução

§ 1º Compete às Assembléias Provinciais propor, discutir e deliberar, na conformidade dos arts. 81, 83, 84, 85, 86, 87 e 88 da Constituição. Ato Adicional, art. 9.

Estes conselhos terão por principal objeto propor, discutir e deliberar sobre os negócios mais interessantes das suas províncias; formando projetos peculiares e acomodados às suas localidades e urgências. Constituição, art. 81.

§ 2º Não se pode propor, nem deliberar nestes conselhos projetos:
1º) Sobre interesses gerais da nação.
2º) Sobre quaisquer ajustes de umas com outras províncias.
3º) Sobre imposições (gerais), cuja iniciativa é da competência particular da Câmara dos Deputados (assim se deve entender depois do Ato Adicional).
4º) Sobre execução de leis, devendo porém dirigir a este respeito representações motivadas à Assembléia Geral e ao poder Executivo conjuntamente. Constituição, art. 83.

§ 3º As resoluções dos conselhos gerais de província serão remetidas diretamente ao poder Executivo pelo intermédio do presidente da província. Constituição, art. 84.

Se a Assembléia Geral se achar a esse tempo reunida lhe serão imediatamente enviadas pela respectiva secretaria de Estado, para serem propostas como projeto de lei, e obter a aprovação da Assembléia por uma única discussão em cada Câmara. Constituição, art. 85.

Não se achando a este tempo reunida a Assembléia, o imperador as mandará provisoriamente executar se julgar que elas são dignas de pronta providência, pela utilidade que de sua observância resultará ao bem geral da província. Constituição, art. 86.

Se porém não ocorrerem essas circunstâncias, o imperador declarará que — suspende o seu juízo a respeito daquele negócio. Ao que o Conselho responderá que — recebeu mui respeitosamente a resposta de s. m. i. Constituição, art. 87.

Logo que a Assembléia Geral se reunir lhe serão enviadas assim essas resoluções suspensas, como as que estiverem em execução, para serem discutidas e deliberadas na forma do art. 85. Constituição, art. 88.

§ 1º Das propostas das Assembléias Provinciais::
212. O Ato Adicional não suprimiu o direito, que a Constituição dava aos conselhos gerais, de propor aos poderes centrais o que julgassem conveniente à sua província, antes confirmou esse direito; o que ele fez foi de-

terminar de mais as matérias sobre que elas, em vez de simplesmente propor, podiam legislar; mas, quanto aos negócios sobre que não podem legislar, conservou-lhe essa outra atribuição, salva a limitação de que trataremos no parágrafo seguinte.

Assim, posto que não possam legislar sobre um porto marítimo da província, sobre uma estrada geral que por ela passe, sobre estabelecimentos nacionais de instrução pública e sobre muitas outras matérias, podem todavia propor os projetos que julguem convenientes a respeito, discuti-los e deliberar se os adotam ou não, para que como tais subam à presença da Assembléia Geral e do governo imperial.

É o que dispunha o art. 81 da Constituição, em harmonia com os arts. 71 e 72 e o que confirma o art. 9 do Ato Adicional; é uma classe de atribuições distintas das que este confere pelos seus arts. 10 e 11. É um direito que dilata a esfera do poder provincial, e que o habilita a pedir e formular as modificações que certas medidas ou leis gerais possam demandar em relação às circunstâncias peculiares de uma ou outra província; direito precioso e que não pode dar resultados nocivos, pois que esses projetos não terão seguimento desde que não mereçam a aprovação do poder geral. Tais propostas devem ser consideradas como simples representações, e podem portanto, ser emendadas pela Assembléia Geral.

§ 2º Das limitações do sobredito direito de propostas:

213. Este direito de propor, ou de formular projetos, era limitado pelo art. 83 da Constituição, e o art. 9 do Ato Adicional manda observar a disposição desse artigo. Em conseqüência, as Assembléias Provinciais não podem dirigir ao poder geral propostas sobre interesses gerais da nação, sobre ajustes de umas com outras províncias, e menos efetuá-los, sobre impostos gerais e sobre execução de leis, a cujo respeito têm todavia o direito de representar quanto convenha, nos termos do referido art. 83.

A discussão de tais matérias poderia ocasionar muitos inconvenientes no espírito das províncias, nem sempre seriam apreciadas com toda a imparcialidade, nem com todos os esclarecimentos necessários. Têm elas seus deputados gerais e senadores, que são os seus legítimos representantes para advogar seus interesses a respeito; têm além disso, a imprensa livre, têm os respectivos cidadãos o direito de petição, para que, pois, desviar as Assembléias Legislativas Provinciais de sua útil missão especial, e consentir que entrem nesse terreno e, porventura, armadas de paixões?

É, portanto, uma restrição que não deve ser censurada, e que evitará projetos contraditórios ou opostos das diversas províncias em matérias tão graves. O que essencialmente pertence à nacionalidade deve ser pelo poder nacional apreciado.

§ 3º Do processo e solução das sobreditas propostas:
214. O art. 9 do Ato Adicional, mandando observar os arts. 84 e seguintes da Constituição, confirmou os trâmites a seguir sobre este assunto.

Tais propostas são dirigidas por intermédio das presidências ao poder Executivo, o imperador pode mandá-las executar provisoriamente, e em todo o caso são apresentadas à Assembléia Geral Legislativa, onde são convertidas em projetos de lei, ou como tais consideradas, e sujeitas a uma só discussão, para obter ou não a sua aprovação, segundo o seu merecimento. Assim, combina-se o interesse geral com o provincial.

Seção 3ª: Das atribuições legislativas das Assembléias Provinciais

Compete às Assembléias Legislativas Provinciais legislar:
§ 1º 1º) Sobre a divisão civil, judiciária e eclesiástica da respectiva província, e mesmo sobre a mudança da sua capital para o lugar que mais convier. Ato Adicional, art. 10, § 1º.

§ 2º 2º) Sobre instrução pública, estabelecimentos próprios a promovê-la, não compreendendo as faculdades de medicina, os cursos jurídicos, academias atualmente existentes, e outros quaisquer estabelecimentos de instrução que para o futuro forem criados por lei geral. Ato Adicional, art. 10, § 2º.

§ 3º 3º) Sobre os casos e a forma por que pode ter lugar a desapropriação por utilidade municipal ou provincial. Ato Adicional, art. 10, § 3º.

§ 4º 4º) Sobre a polícia e economia municipal, precedendo propostas das Câmaras. Ato Adicional, art. 10, § 4º.

§ 5º 5º) Sobre a fixação das despesas municipais e provinciais e os impostos para elas necessários, contanto que estes não prejudiquem as imposições gerais do Estado. As Câmaras poderão propor os meios de ocorrer às despesas dos seus municípios. Ato Adicional, art. 10, § 5º.

As despesas provinciais serão fixadas sobre orçamento do presidente da província, e as municipais, sobre o orçamento das respectivas Câmaras. Ato Adicional, art. 10, § 6º.

§ 6º 6º) Sobre repartição da contribuição direta pelos municípios da província, e sobre a fiscalização do emprego das rendas públicas provinciais e municipais, e das contas da sua receita e despesa. Ato Adicional, art. 10, § 6º.

§ 7° 7°) *Sobre criação, supressão e nomeação para os empregos municipais e provinciais e estabelecimento dos seus ordenados.*

São empregos municipais e provinciais todos os que existirem nos municípios e províncias, à exceção dos que dizem respeito: à administração, arrecadação e contabilidade da fazenda nacional; à administração da Guerra e Marinha; à dos correios gerais.

Dos cargos de presidente de província, bispo, comandante superior da Guarda Nacional, membro das relações e tribunais superiores; e empregados das faculdades de medicina, cursos jurídicos e academias, em conformidade da doutrina do § 2° deste artigo. Ato Adicional, art. 10. § 7°.

§ 8° 8°) *Sobre obras públicas, estradas e navegação no interior da respectiva província, que não pertençam à administração geral do Estado.* Ato Adicional, art. 10, § 8°.

§ 9° 9°) *Sobre a construção de casas de prisão, trabalho, correção e regime delas.* Ato Adicional, art. 10, § 9°.

§ 10° 10°) *Sobre casas de socorros públicos, conventos e quaisquer associações políticas ou religiosas.* Ato Adicional, art. 10, § 10°.

§ 11° 11°) *Sobre os casos e a forma por que poderão os presidentes das províncias nomear, suspender e ainda mesmo demitir os empregados provinciais.* Ato Adicional, art. 10, § 11°.

Também compete-lhes:

§ 12° 2°) *Fixar sobre informação do presidente da província a força policial respectiva.* Ato Adicional, art. 11, § 2°.

§ 13° 3°) Autorizar as Câmaras Municipais e o governo provincial para contrair empréstimos com que ocorrerão às suas respectivas despesas.

§ 14° 4°) *Regular a administração dos bens provinciais. Uma lei geral marcará o que são bens provinciais.* Ato Adicional, art. 11, § 4°.

§ 15° 5°) *Promover cumulativamente com a Assembléia e o governo geral, a organização da estatística da província, a catequese e civilização dos indígenas, e o estabelecimento de colônias.* Ato Adicional, art. 11, § 6°.

§ 1° Da divisão civil judiciária e eclesiástica e mudança da capital da província:

215. Esta primeira atribuição dada às Assembléias Legislativas Provinciais não nos parece conforme aos princípios. Compreendemos que elas tivessem o direito de decretar a divisão provincial que fosse necessária para boa execução das leis e serviços puramente provinciais, como a sua divisão fiscal ou de coletorias, de instrução pública, de estradas provinciais e, porventura, outros objetos.

A divisão, porém, relativa a serviços gerais não deverá, de modo algum, deixar de constituir um direito do poder nacional, que decreta e regula esse assunto. A divisão judiciária não pode deixar, ao menos sem graves inconvenientes, de pertencer ao poder que tem o direito de decretar os códigos ou leis do processo civil e criminal. Tais processos são inseparáveis da organização judiciária, da Constituição e alçadas dos tribunais de primeira instância, do estabelecimento regular dos tribunais de recurso ou de segunda instância dos termos correlativos dessa divisão. É um só todo, que deve ser calculado em toda a sua compreensão, em seu jogo regular e perfeita harmonia. Dar parte desse todo a um e outra parte a outrem é não querer uma ordem regular, uma concepção completa e homogênea.

Outro tanto sucede com a divisão eclesiástica. O serviço da religião do Estado é assunto de grande interesse nacional e que afeta mesmo as relações exteriores do Estado para com a Santa Sé. É assunto que demanda unidade de vistas, um sistema previdente, justo, que não proteja umas províncias mais do que outras.

Se uma Assembléia Provincial quisesse abusar desta atribuição poderia, senão suprimir todas as comarcas em sua província, pelo menos reduzi-las a uma só, o que equivaleria frustrar a administração da justiça, deixar os réus impunes ou sem julgamento, enervar, assim, as leis do processo e ação do poder central. Poderia, semelhantemente, aniquilar o serviço dos párocos, o serviço da religião do Estado; será, porventura, isso um princípio regular? Uma supressão total acharia ainda um corretivo na declaração da inconstitucionalidade da medida, por isso que inutilizara, abertamente, um direito constitucional do poder geral; mas a redução, desde quando começará a ser inconstitucional, embora seja logo visivelmente prejudicial? Deverão os dois terços de votos dispor assim da segurança de uma província?

O abuso contrário de multiplicar demais as comarcas ou paróquias gera também graves inconvenientes. Oneram desigual e injustamente os cofres nacionais, e caso o governo central não queira verificar os provimentos, teremos essas localidades ou sem administração judiciária e religiosa, ou com administração interina por tempo indefinido e com graves prejuízos públicos; em todo o caso dar-se-á um conflito muito prejudicial.

Pelo que toca à mudança mais ou menos arbitrária da capital da província é necessário desconhecer, ao menos por momentos, a importância que, em muitos casos, esta questão pode ter para tirar, ao poder geral, seu direito a respeito. O estabelecimento ou designação da localidade da capital de uma província é complexa com a defesa desta e com a sua segurança interior, mormente em relação às províncias marítimas ou colocadas sobre territórios, que confinam com outros Estados. Não é, pois, uma questão somente de serviços provinciais, sim de caráter político e muito importante que, quando mais não fora, pudera inutilizar muitos e valiosos estabelecimentos gerais da capital abandonada.

Bastava que sobre tais assuntos, as Assembléias Provinciais tivessem a faculdade de propor o que julgassem conveniente, formulando seus projetos e submetendo-os à sabedoria da Assembléia Geral. Cumpre confessar que o Ato Adicional em mais de uma disposição foi obra de precipitação.

§ 2º Da instrução pública e estabelecimentos respectivos:
216. A atribuição constante deste parágrafo parece-nos não só muito útil, mas muito bem concebida.

O Ato Adicional, habilitando as províncias a desenvolver sua inteligência, não inibiu o governo geral de coadjuvá-las, não só por meio de uma universidade, onde mais convenha, de faculdades superiores, ou de liceus, como nem mesmo de escolas ou estabelecimentos de instrução primária.

Se destinássemos os fundos que, anualmente, se consomem no Teatro Provisório para criar um elemento de unidade nacional podia o governo geral ter duas ou três escolas, bem dotadas, de instrução primária em cada província. Desde que os professores fossem bem pagos serviriam de modelos por seu método, seus compêndios, sua educação religiosa, moral e política para os professores provinciais; os frutos compensariam esse cuidado.

Desde que se queira fundar uma nacionalidade, uma unidade popular, dever-se-á, necessariamente, reconhecer que essa grande condição da integridade e força dos Estados está, sobretudo, na educação das gerações que se sucedem, até que a ação do tempo e dos hábitos, assim animada, imprima e transmita a uniformidade que para isso é indispensável.

Nossa administração, porém, entende que deve abdicar aquelas atribuições relativas às províncias, que o Ato Adicional lhe não tirou, desde que não pertencem a certas faces de política palpável ou do momento; o futuro precisa ser visto de antemão.

§ 3º Da desapropriação por utilidade municipal ou provincial:
217. Esta atribuição é, sem dúvida, muito importante, mas certamente, devia ser conferida às Assembléias Provinciais, já para não enervar os melhoramentos por elas decretados na órbita de seus poderes, já para evitar as delongas de resolução do poder geral sobre essa medida, quando necessária.

As leis provinciais a respeito têm, demais limites estabelecidos nas garantias de que a Constituição reveste o direito de propriedade, têm modelos na lei geral, não há porque temer abusos, mormente se as presidências souberem cumprir bem os seus deveres.

§ 4º Da polícia e economia municipal:

218. A atribuição de que trata este parágrafo compreende somente a polícia municipal e não a polícia provincial, sobre que as Assembléias Legislativas não podem legislar, como foi com razão declarado pela lei interpretativa de 12 de maio de 1840.[35]

Para que ela possa ser exercida, mesmo sobre a polícia municipal é de mister que precedam propostas das Câmaras.

Finalmente, tal atribuição refere-se só à polícia administrativa e não à polícia judiciária, como também declarou a referida lei.

Todas estas determinações são muito valiosas, e têm seus fundamentos na ordem pública e bem entendidos interesses do Estado e das localidades.

A polícia em geral é a constante vigilância exercida pela autoridade para manter a boa ordem, o bem-ser público nos diferentes ramos do serviço social; é ela quem deve segurar os direitos e gozos individuais e evitar os perigos e os crimes. Chama-se administrativa ou preventiva na parte em que se destina ou dirige a manter tais gozos e prevenir os delitos, e então entra na competência do poder administrativo; chama-se judiciária quando tem por encargo rastrear e descobrir os crimes que não puderam ser prevenidos, capturar seus autores, coligir os indícios e provas, e entregar tudo aos tribunais.

A polícia administrativa não admite outra divisão que não seja geral ou local, não admite a qualificação intermediária de provincial. Concebe-se bem as necessidades especiais dos municípios, de suas fontes, iluminação, limpeza, mercados e outros serviços, mas não iguais especialidades como características de uma província inteira, sem atenção a outras ou ao Estado; desde então o assunto é tão extenso ou importante que deve por necessidade ser classificado na polícia geral, pois que uma província não é uma pequena localidade, sim uma grande parte da nacionalidade, como quem agita valiosas e contínuas relações. Que produziriam regulamentos sanitários diferentes em cada província?

É, pois, bem declarado que a atribuição em questão não se refere senão à polícia municipal e não à provincial, que é geral. É também muito justa a exigência de que precedam propostas das Câmaras Municipais, elas estão

---

[35] Trata-se da lei de interpretação do Ato Adicional.

a respeito para com as Assembléias Provinciais como estas para com a Assembléia Geral. Cumpre respeitar a sociedade municipal, sua câmara, que melhor pode reconhecer e apreciar os interesses da localidade.

A polícia judiciária é, por sua natureza, sempre geral, pois que o interesse da repressão dos crimes nunca pode deixar de afetar a segurança e o interesse de todos, da sociedade inteira, que deve proceder como unidade, montá-la de modo que os seus respectivos agentes se entendam e concorram em toda a parte para capturar e entregar os criminosos e as provas dos crimes nas mãos da justiça. É, pois, exato que semelhante atribuição refere-se só à polícia administrativa e não à judiciária.

Pelo que toca ao regime econômico das municipalidades é desnecessário demonstrar que seria muito inconveniente, senão absurdo, legislar a respeito sem que fossem ouvidos os conhecimentos e interesses, locais, isto é, sem sua iniciativa.

§ 5º Da fixação das despesas municipais e provinciais e impostos respectivos:

219. Desde que o Estado tem reconhecido quais são as despesas de caráter geral ou nacional, e quais os melhores meios de ocorrer a elas, deve deixar o que respeita a iguais serviços provinciais ou municipais às províncias e municípios. Estas necessidades locais são diferentes e não uniformes, é de mister consultar a variedade delas, assim como a variedade das fontes de produção, das circunstâncias especiais, já para que as necessidades sejam bem satisfeitas, já para que as contribuições sejam menos onerosas.

Foi o que o Ato Adicional determinou, ressalvando três condições que são muito valiosas.

É sem dúvida essencial que as despesas provinciais sejam fixadas sobre proposta da presidência, e as municipais sobre propostas das Câmaras, pois que são os centros que melhor conhecem as necessidades respectivas, e que melhores esclarecimentos podem ministrar, são os responsáveis pelos resultados de tais administrações.

É também necessária a condição ou limitação prescrita de não prejudicar as imposições gerais, como depois melhor veremos; é, finalmente, muito útil, pelo que já temos ponderado, a faculdade dada às Câmaras de propor os meios que, conforme suas circunstâncias locais, sejam os mais adequados para ocorrer às suas despesas.

§ 6º Da repartição da contribuição direta e inspeção fiscal:

220. Pelo que toca à contribuição direta, de que fala este parágrafo do

Ato Adicional e a Constituição em seu art. 15, §§ 10 e 171, ela ainda não está estabelecida, dificilmente será por bastante tempo.

Quanto à fiscalização das rendas provinciais e municipais, e das respectivas contas, esta atribuição é uma justa necessidade, conseqüência das atribuições do parágrafo antecedente.

Fora útil que as Assembléias Provinciais mais ilustradas fossem ensaiando o estabelecimento de um tribunal de contas da receita e despesa provincial. Seria um serviço muito útil, e oportunamente imitado pelas outras províncias, seria uma realidade do sistema administrativo de que dariam exemplo.

§ 7º Da criação, supressão e nomeação de empregos e seus ordenados:
221. Nada mais justo e conseqüente do que dar esta ou estas atribuições às Assembléias Provinciais, pelo que toca aos empregos propriamente provinciais, isto é, aqueles que têm por encargo, funções propriamente locais, e não gerais, ou de interesse nacional. Nada, porém, mais extraordinário e fora dos princípios do que a definição que este § 7º do Ato Adicional deu de empregos municipais e provinciais: *o que está no município é municipal, o que se exerce na província é provincial, salvas algumas exceções!*

Deste modo não se examina a natureza dos serviços, ou funções, nem seu caráter, ou interesse, se geral, provincial, ou local: confunde-se tudo atendendo-se somente à localidade! Se fôssemos ao rigor literal, diríamos que um juiz municipal, ou do cível, ou comércio que exercesse jurisdição em um só município, seria empregado municipal e não geral? Que o juiz de Direito é provincial e não nacional? Mas a lógica constitucional, onde ficaria?

Se, além disso, se entendesse que essas prerrogativas importavam de estabelecer as condições de tais empregos, ainda quando criados por lei geral, e para serviços gerais, de modificar suas atribuições, então ou teríamos uma completa anarquia, ou veríamos a Assembléia Geral Legislativa e o governo central despojados de todos, ou quase todos os meios essenciais de poder manter a ordem e administração nacional.

A administração da justiça civil, comercial e criminal, a organização das Câmaras Municipais e suas funções, a Guarda Nacional, os juízes de paz, e muitos outros serviços, seriam radicalmente transformados, vários artigos da Constituição jazeriam inertes e sem significação; de fato, cada província seria um Estado distinto.

Se o Brasil é, como de direito, e de fato deve ser, um só Estado, torna-se conseqüente e indispensável que aquilo que é interesse geral ou nacional seja idêntico, um só e o mesmo de todas as suas províncias, salvo alguma modificação excepcional aprovada pelo poder geral. Nesse caso está a administração da justiça nacional; o brasileiro por mudar de província, ou por transitar por uma delas, não deve mudar de direitos; as condições essenciais das municipalidades, da Guarda Nacional e de outros serviços gerais não são interesses desta ou daquela localidade, sim da nação inteira, de seus princípios fundamentais, de sua segurança interna e externa como um só todo; e mesmo como garantias idênticas da liberdade.

Felizmente, a lei interpretativa de 12 de maio de 1840 em seu art. 2 declarou que esta atribuição, em relação aos empregos estabelecidos por leis gerais, ou a respeito de toda e qualquer matéria ou assuntos sobre que as Assembléias Provinciais não podem legislar, não importa nenhuma outra faculdade, senão, de aumentar ou diminuir o número de tais empregos, e nunca de alterar, por forma alguma, sua natureza ou atribuições.

Foi, sem dúvida, um justo e valiosíssimo serviço feito à união brasileira, mas talvez tivesse sido ainda mais lógico e completo o interpretar essa atribuição, declarando que ela só se estendia, ou compreendia os empregos que exerciam ou exercessem atribuições sobre que as Assembléias Provinciais podiam legislar, e conseqüentemente, que em relação aos outros, nem mesmo o seu número poderia ser por elas alterado.

Os abusos que podem provir dessa parte da atribuição, que lhe foi talvez indevidamente julgada, identificam-se como os que indicamos no § 1º desta seção. Pode uma Assembléia Provincial extinguir os juízes de Direito, os oficiais da Guarda Nacional, maior ou menor número de vereadores em sua província? Pode aumentar esse número como lhes aprouver?

Tudo que não é extremar sincera e exatamente a administração dos interesses gerais e a dos interesses provinciais, e dar a cada uma o que é seu, tudo que é invasão de um desses elementos no território do outro é injustiça e anarquia em maior ou menor escala, mas em todo caso, sempre muito prejudicial. É preciso não confundir franquezas provinciais com dissolução nacional; não convém concentração indevida, nem tampouco desordem na organização do Estado e seus poderes.

§ 8º Das obras públicas, estradas e navegação provinciais:

222. A disposição deste parágrafo do Ato Adicional, não só está bem redigida, mas importa atribuições que com toda a justiça e alta conveniência deviam ser dadas às Assembléias Provinciais; elas valem uma carta de liberdade aos melhoramentos das províncias.

As obras públicas, estradas, pontes, canais, navegação fluvial, que por seu caráter ou importância não pertençam à administração geral, por que título deveriam pender dela? Desde que são interesses de caráter provincial, como esperar por decisões morosas, mais ou menos indiferentes da administração central? Esta não poderia mesmo velar de longe sobre tais melhoramentos, sua conservação, reparação, entretenimento.

Só o espírito do interesse provincial, os conhecimentos locais, é que pode bem julgar, dirigir, avaliar essas conveniências, que tanto facilitam o comércio interior da província, e satisfazem suas importantes necessidades.

Cumpria ressalvar a competência da administração geral a respeito, porque é a competência do interesse nacional; o Ato Adicional ressalvou, como já notamos, e ressalvou não para que o poder central cruze os braços e sirva somente de estorvo às províncias, sim para que promova e desenvolva quanto possa esse interesse geral, pois que em tal caso fará conjuntamente o bem provincial que aí se inclui.

§ 9º Das casas de prisão, trabalho e correção:

223. Nenhum inconveniente, antes muitas vantagens há em que as Assembléias Provinciais curem destes estabelecimentos que tanto importam à segurança e moral pública. Todavia, como o assunto afeta a segurança pública, e sobretudo como em relação à execução das penas trata-se não só de uma parte grave da administração da justiça criminal, do sofrimento e de direitos de brasileiros embora delinqüentes, ou como tais julgados, parece evidente que o poder central não pode ser despojado da inspeção e obrigação que tem a respeito, como foi bem ponderado pelo aviso de 15 de janeiro de 1844.

É de mister que o plano de tais obras lhe seja submetido, que as duas administrações marchem de acordo, como depois melhor indicaremos no capítulo dos direitos individuais, quando analisarmos o § 21º do art. 179 da Constituição.

§ 10º Das casas de socorros públicos, conventos e associações políticas ou religiosas:

224. A redação deste parágrafo do Ato Adicional é vaga, e por isso mesmo inconveniente em sua parte final.

Pelo que respeita a casas de socorros públicos, como hospitais, casas de expostos, asilos da infância, e outros estabelecimentos semelhantes, com que a civilização e as virtudes cristãs amparam as desgraças ou sofrimentos humanos, nada mais justo do que reconhecer o direito que as províncias têm de socorrer os seus habitantes.

Quanto aos conventos e associações religiosas, fora para desejar que Ato Adicional definisse positivamente quais as atribuições que a respeito conferia. Não o tendo feito, é de necessidade reconhecer que o exercício desta atribuição é limitado pelos princípios que distinguem e separam o interesse nacional do interesse puramente provincial. A religião, e mormente a do Estado, não é por certo negócio local, e conseqüentemente o exercício da atribuição de que tratamos não pode estender-se em circunstância alguma de modo que possa afetá-la.

É também manifesto que nenhuma lei provincial terá direito de infringir as disposições dos arts. 15 e 179, § 5°, da Constituição do Império.

Enfim, as Assembléias Provinciais não podem, a pretexto de exercer esta atribuição, decretar disposição alguma sobre assuntos a respeito de que não estejam autorizadas a legislar.

Em conformidade destes princípios, o aviso de 21 de abril de 1837 declarou que elas não podem legislar sobre limites dos bispados, por isso que suas disposições a respeito iriam afetar as atribuições dos respectivos bispos e interesses de outros bispados, atribuições sobre que não exercem essa autoridade. Um outro aviso de 12 de abril do mesmo ano também declarou que elas não podem autorizar corporações de mão morta a possuir bens de raiz, por isso que tal concessão é prejudiciária às imposições gerais do Estado, o imposto da sisa.[36] É, pois, atribuição que deve ser exercida dentro de seus justos limites.

O maior inconveniente, porém, deste parágrafo, está nas expressões *associações políticas ou religiosas*. Se se entende que a palavra *políticas* é sinônimo da palavra *religiosas* e que se refere às associações que não forem católicas apostólicas romanas, não haverá dificuldades a resolver. Se se entender, porém, que são coisas distintas, então haverá mais de uma dificuldade e mais de um perigo.

Por essa expressão *políticas* não se pode literalmente entender, nem uma sociedade puramente civil, literária, comercial ou industrial; e o que se entenderá então? Serão os clubes políticos, ou sociedades secretas de que trata o Código Criminal, art. 283? Certamente que não, pois que não só são assuntos da polícia geral, sobre que as Assembléias Provinciais não podem legislar, mas também objetos da segurança e política nacional, que não podem ser

---

[36] Corporações de mão morta eram agremiações religiosas, hospitais e outras instituições semelhantes cujos bens eram inalienáveis, também não pagavam impostos ou contribuições ao Estado. O imposto da Sisa, presente nas Ordenações do Reino, foi introduzido no Brasil por d. João em 1809, consistia na cobrança de 10% do valor das transações de compra, venda e arrematações de bens de raiz.

subordinados a uma localidade. Entendemos, pois, que a partícula "ou" empregada nesse parágrafo denota sinônimo e não diversidade de objetos.

§ 11º Da nomeação, suspensão e demissão dos empregados provinciais:
225. A inteligência deste parágrafo foi bem retificada pelo art. 3 da lei de 12 de maio de 1840, que declarou que a respectiva atribuição da Assembléia Provincial compreende somente os empregados provinciais propriamente ditos, somente aqueles que têm por funções, assuntos sobre que as ditas Assembléias podem legislar e nunca aqueles que são criados por leis gerais relativas a matérias da competência do poder Legislativo geral. Este é o princípio que julgamos que deverá ser aplicado em relação à divisão territorial, e empregos de que tratamos nos §§ 1º e 7º desta seção.

Em todo o caso seria anárquico que as assembléias e governos provinciais pudessem dispor como quisessem dos empregos e dos empregados, criados e nomeados pelo poder legislativo nacional e pelo imperante, que pudessem destruir as garantias das liberdades públicas, destruindo a independência do poder Judicial, que pudessem, enfim, dispor dos serviços nacionais como entendessem. Uma tal anarquia não duraria por muito tempo; a interpretação do Ato Adicional foi salvadora.

§ 12º Da fixação da força policial das províncias:
226. Esta atribuição não deixa de oferecer alguns inconvenientes, um deles é de onerar os cofres provinciais com esta verba de despesas sempre considerável. Cremos, porém, que desde que as províncias tivessem segurança de que o governo geral conservaria sempre nelas, salvas as circunstâncias extraordinárias, forças policiais suas, suficientes para os seus diferentes serviços, e mormente se fossem por ele pagas, cremos que aproveitariam melhor as suas rendas, empregando-as em melhoramentos provinciais. Limitar-se-iam, então, só à sua restrita atribuição de fixar o *quantum* dela em relação ao serviço provincial.

As Assembléias Provinciais, apesar desta atribuição, não têm direito de autorizar recrutamento para semelhante força nem penalidades, nem alguma outra disposição semelhante, pois que são matérias que afetam a liberdade individual sobre que não podem legislar; a iniciativa do recrutamento é, além disso, privativa da Câmara dos Deputados [Constituição, art. 36, § 2º]. Podem, todavia, oferecer as convenientes propostas, como expressamos em nº 212.

A necessidade da proposta ou informação da presidência para a fixação de que se trata é óbvio, é um esclarecimento importante, um valioso elemento de apreciação ministrado pela autoridade responsável pelo serviço provincial.

§ 13º Da autorização para empréstimos:

227. A disposição deste parágrafo é uma lógica conseqüência da atribuição de fixação das despesas provinciais e municipais, de que já tratamos, e dos meios de ocorrer a elas.

Poderão, porém, tais empréstimos ser contraídos fora do Império sem o consentimento dos poderes gerais? Entendemos que não, pois que podem afetar por mais de uma eventualidade as relações internacionais, que são de interesse geral, e em tal caso é visível que um governo estranho não virá reclamar ou entender-se com os governos das províncias, nem isso seria admissível. Conseqüentemente, cumpre que o poder geral seja ouvido e consinta.

§ 14º Do regulamento da administração dos bens provinciais:

228. É também uma atribuição conseqüente com outras das Assembléias Provinciais, é um serviço que importa às rendas das províncias, e que pode minorar o peso das suas contribuições.

Será muito útil designar logo que for possível todos os bens que devam ser considerados provinciais.

Em nº 119 tratamos de objeto análogo em relação à Assembléia Geral e bens nacionais; nossas observações, ali expressadas, são aplicáveis a este parágrafo.

§ 15º Da estatística, catequese e civilização dos indígenas e estabelecimento de colônias:

229. Com razão fez, o Ato Adicional, esta atribuição cumulativa entre as Assembléias Provinciais e Geral. São serviços que interessam conjuntamente aos dois poderes, e que reclamam deles ação comum em benefício do Estado e das províncias. A colonização, sobretudo, é a necessidade a mais palpitante sobre que o governo central não deve escassear sua coadjuvação, e muito menos enervar sua ação, que infelizmente já tem perdido muito tempo precioso; oxalá que o futuro não faça pagar mui caro esse erro fatal e que este se limite somente a atrasar por alguns anos o nosso desenvolvimento e nascente riqueza.

Seção 4ª: Das atribuições políticas
das Assembléias Provinciais

§ 1º Decidir quando tiver sido pronunciado o presidente da província, ou quem suas vezes fizer, se o processo deve continuar e ele ser ou não suspenso do exercício de suas funções, nos casos em que pelas leis tem lugar a suspensão. Ato Adicional, art. 11, § 6º.

§ 2º Decretar a suspensão, ainda mesmo a demissão do magistrado contra quem houver queixa de responsabilidade, sendo ele ouvido, e dando-se-lhe lugar à defesa. Ato Adicional, art. 11, § 7º.

§ 3º Exercer cumulativamente com o governo geral nos casos e, pela forma, marcados no § 35 do art. 179 da Constituição, o direito que esta concede ao mesmo governo geral. Ato Adicional, art. 11, § 8º.

§ 4º Velar na guarda da Constituição e das leis na sua província e representar à Assembléia e ao governo geral contra as leis de outras províncias que ofenderem os seus direitos. Ato Adicional, art. 11, § 9

§ 1º Da intervenção da Assembléia Provincial sobre a pronúncia do presidente da província:

230. O Ato Adicional previa que pode dar-se algum caso em que não obstante ser o presidente, ou vice-presidente da província pronunciado, não convenha ao serviço desta que o processo continue, e que ele seja suspenso do exercício de suas funções; e, conseqüentemente, conferiu às Assembléias Provinciais esta atribuição que pode ser útil.

O perigo de qualquer abuso a respeito tem corretivo nas atribuições do governo central, pois que este pode demitir o presidente ou vice-presidente, desde que a justiça ou conveniências públicas assim aconselhem, e esta medida, tomada em tempo, prejudicaria o exercício da atribuição de que tratamos, no caso de um dissentimento inconveniente.

§ 2º Da suspensão e demissão dos magistrados:

231. A inteligência do § 7º do art. 11 do Ato Adicional foi bem definida pela lei de 12 de agosto de 1840. Declarou esta em seu art. 4, que na palavra *magistrado*, de que o dito § 7º usa, não se compreendem os membros das relações e tribunais superiores, sobre os quais as Assembléias Provinciais certamente não podem legislar.

Declarou mais em seu art. 5, que na decretação e suspensão, ou demissão dos outros magistrados, procedem as Assembléias Provinciais como tribunal de justiça, não podendo impor pena senão em virtude de queixa por crime de responsabilidade, e pena estabelecida pela lei para o caso vertente, observada a forma do processo previamente estabelecido. O decreto de suspensão ou demissão deve, além disso, conter o relatório do fato, a citação da lei respectiva e os fundamentos da decisão tomada.

Outra qualquer inteligência seria absurda, seria dar às Assembléias Provinciais o direito de derrogar, quando quisessem, artigos expressos da Constituição do Estado, defraudar os atributos da Coroa, impor penas não estabelecidas por lei anterior, e destruir o poder Judicial, e com ele as liberdades individuais; seria um despotismo inqualificável.

A lei constitutiva de tais processos demanda muita meditação e garantias, para que em matéria tão grave se ressalvem os princípios e a justiça; ela é, sem dúvida, da alçada do poder geral, pois que nenhum artigo do Ato Adicional autoriza as Assembléias Provinciais a decretar processos criminais, nem para com os próprios empregados provinciais, quanto mais para com os magistrados nacionais. Esses processos afetam não só a segurança do emprego, mas os sagrados direitos individuais da honra e da defesa. Enquanto não houver disposições especiais vigora o Código do Processo Criminal e regulamento das relações.

§ 3º Da suspensão de garantias:

232. Dá o Ato Adicional às Assembléias Provinciais a este respeito uma faculdade cumulativa com o governo geral, isto é, a faculdade de suspender algumas das formalidades que garantem a liberdade individual nos casos de rebelião ou invasão, quando assim reclame a segurança do Estado, e caso não se ache a esse tempo reunida a Assembléia Geral.

É uma medida provisória de alta gravidade, de que jamais se deve abusar, mas que pode ser útil, mormente atendendo-se às distâncias de algumas províncias. Nós trataremos de novo deste assunto quando analisarmos a disposição constitucional a respeito, no capítulo dos direitos individuais.

§ 4º Da vigilância sobre a Constituição e leis de outras províncias

233. Têm finalmente as Assembléias Provinciais o direito e o dever de velar na guarda da Constituição e das leis em sua província, e de representar à Assembléia o governo geral contra as leis de outras províncias que ofenderem os seus direitos.

Quanto à primeira parte, já vimos na seção 2ª, § 2º deste capítulo, que em conformidade do art. 83 da Constituição, mandado observar novamente pelo art. 9 do Ato Adicional, as Assembléias Provinciais têm o direito de dirigir à assembléia e governo geral suas representações motivadas sobre quaisquer abusos na execução ou inobservância das leis e mormente das leis constitucionais.

Quando se tratar de inobservância de leis puramente provinciais, é manifesto que as ditas Assembléias podem por si mesmas e independente de representações, tomar as medidas ou providências que couberem em suas atribuições.

Em relação às leis de outras províncias, a atribuição de que tratamos não só é útil, mas está em harmonia com a disposição do art. 16 do Ato Adicional, que com razão manda que as províncias respeitem mutuamente seus direitos e legítimos interesses. Não são Estados diversos e menos rivais, sim partes integrantes de uma mesma nacionalidade.

Convém que tais representações sejam circunstanciadas ou bem motivadas, para que os poderes gerais possam resolver com inteiro conhecimento de causa e inteira justiça.

Seção 5ª: Das restrições ou limitações do poder das Assembléias Provinciais

§ 1º As Assembléias Provinciais não podem legislar:

§ 2º Sobre assuntos ou por modo que ofendam a Constituição, casos em que a Assembléia Geral deve revogar tais atos. Ato Adicional, art. 20.

§ 3º Sobre objetos não compreendidos nos arts. 10 e 11 do Ato Adicional. Dito ato, art. 12.

§ 4º Sobre interesses gerais da nação. Ato Adicional, art. 9; e Constituição, art. 83.

§ 5º Sobre impostos de importação, nem sobre qualquer matéria por modo que prejudique as imposições gerais do Estado. Ato Adicional, arts. 12 e 10, §§ 5º e 20º.

§ 6º Sobre tratados feitos com as nações estrangeiras. Ato Adicional, arts. 16 e 20.

§ 7º Nem por modo que ofenda os direitos de alguma outra província. Ato Adicional, arts. 16 e 20.

§ 1º Observação preliminar:
234. A linha ou linhas divisórias mais claras e fixas, que o Ato Adicional estabeleceu para distinguir e separar as duas classes de interesses nacionais e provinciais, as duas competências, geral e local, são as que estão consignadas nos parágrafos desta seção.

Ainda mesmo nos assuntos sobre que as Assembléias Provinciais podem legislar, suas disposições não têm o direito de penetrar no território, na esfera dos objetos ou interesses resguardados por estas demarcações, pois que é fora de dúvida que as diferentes determinações ou preceitos da Constituição e Ato Adicional não podem ser entendidos e observados isolada e menos contraditoriamente, sim em seu todo e recíproca harmonia.

O governo e administração de um Estado é um grande maquinismo, cujo movimento não pode ser desencontrado, mas sim mantido em ordem e perfeito acordo, para que se não despedace e sim ministre o seu valioso produto, o bem de todos e de cada um.

Cumpre, pois, que as Assembléias Provinciais e reciprocamente os poderes gerais respeitem com veneração, religiosamente, estas balizas fundamentais das competências políticas e bem-estar do Império.

§ 2º Das leis provinciais ofensivas da Constituição:
235. É evidente que qualquer lei provincial que ofender a Constituição, ou porque verse sobre assunto a respeito de que a Assembléia Provincial não tenha faculdade de legislar, ou porque suas disposições por qualquer modo contrariem algum preceito fundamental, as atribuições de outro poder, os direitos ou liberdades individuais ou políticas dos brasileiros, é evidente, dizemos, que tal lei é nula, que não passa de um excesso ou abuso de autoridade.

Um ato tal, é uma espécie de rebelião da autoridade provincial contra seu próprio título de poder. A própria Assembléia Geral não tem direito para tanto, as Assembléias Provinciais não podem, pois, pretendê-lo. No caso de se dar tal abuso ele deve ser desde logo cassado.

§ 3º Dos objetos não compreendidos nos artigos 10 e 11 do Ato Adicional:
236. Esta linha limitativa das atribuições das Assembléias Provinciais é muito clara e categórica. Elas não podem legislar senão sobre os assuntos que lhe foram expressamente cometidos ou subordinados pelos diversos parágrafos dos arts. 10 e 11 do Ato Adicional. Não têm, pois, direito de legislar sobre nenhum outro assunto, qualquer que ele seja.

Por uma conseqüência rigorosa e indeclinável é manifesto que, ainda mesmo legislando sobre os assuntos que lhes são subordinados, não podem sob esse pretexto estender a ação ou disposições de suas leis sobre qualquer objeto que não lhes foi sujeitado, por isso que seria sofismar e legislar fora do círculo de suas atribuições. Seria violar o ato constitucional, com a única diferença de violá-lo direta ou indiretamente.

Esta limitação está de acordo com a do parágrafo anterior, importaria tal abuso uma ofensa à Constituição, ou nascesse do assunto ou do modo de exercer o poder além de suas raias.

§ 4º Da limitação quanto aos interesses gerais da nação:
237. Se o art. 83 da Constituição vedava até as próprias propostas sobre tais assuntos, se o art. 9 do Ato Adicional confirmou esse princípio, por um valioso argumento de menos para mais, é lógico concluir que quem não tem esse menor direito de propor, não tem por certo o outro maior de legislar, exceto se uma disposição clara e terminante dos arts. 10 e 11 do Ato Adicional revogasse em alguma hipótese o sobredito art. 83.

Esta revogação, porém, não existe, nem devera existir, pois que fora absurdo sujeitar os interesses gerais da nação à direção ou disposição de um poder provincial.

É, portanto, evidente pelos princípios e pela lei que as Assembléias Provinciais não podem legislar sobre tais assuntos, direta nem indiretamente.

§ 5º Dos limites quanto aos impostos gerais:
238. O Ato Adicional poderá deixar de enumerar este limite, por isso que ele está incluído nas disposições que já temos referido; entendeu, porém, conveniente especializá-lo nomeadamente atenta a importância da matéria.

Não podem as Assembléias Provinciais legislar sobre impostos de importação, nem tampouco prejudicar por disposição alguma sua qualquer outra imposição geral. São visíveis os inconvenientes, as contradições e conflitos que deveriam nascer de uma tal faculdade.

Pouco importa que o prejuízo seja direto ou indireto, a lei fundamental veda-o indistintamente.

§ 6º Da restrição quanto aos tratados:
239. Os tratados celebrados com nações estrangeiras importam relações ou interesses gerais da nação, que não podem ser alterados ou modificados pelo poder provincial. É tese já também compreendida nas limitações anteriores e de fundamento tão patente que fora ocioso desenvolver; basta refletir que tanto faz legislar a respeito deles imediatamente, como sobre as condições ou conseqüências que logicamente deles se deduzem.

§ 7º Da restrição quanto aos direitos de outras províncias:
240. Já vimos anteriormente que não era nem devia ser lícito a uma

província ofender os direitos de outra, ainda quando isso fosse aparentemente útil, pois que não são Estados distintos, sim partes de um mesmo Estado, mutuamente interessados no bem-ser comum.

São sociedades não rivais, sim paralelas, que vivem no seio da grande sociedade nacional, que têm necessidades comuns e que se têm outras particulares devem harmonizá-las com aquelas e não excitar represálias que acabariam pelo prejuízo de todas.

Capítulo 5:
Da sanção, promulgação e atribuições das presidências relativas ao poder Legislativo provincial

Seção 1ª: Da sanção em relação à conveniência dos projetos de lei

§ 1º As leis e resoluções das Assembléias Legislativas Provinciais sobre os objetos especificados nos arts. 10 e 11 serão enviados diretamente ao presidente da província a quem compete sancioná-las.

Excetuam-se as leis e resoluções que versarem sobre os objetos compreendidos no art. 10, §§ 4º, 5º, e 6º, na parte relativa à receita e despesa municipal; e § 7º na parte relativa aos empregos municipais, e no art. 11, §§ 1º, 6º, 7º e 9º, as quais serão decretadas pelas mesmas assembléias sem dependência da sanção do presidente. Ato Adicional, art. 13.

§ 2º Se o presidente entender que deve sancionar a lei ou resolução, o fará pela seguinte fórmula, e assinada de seu punho: "Sanciono, e publique-se como lei". Ato Adicional, art. 14.

§ 3º Se o presidente julgar que deve negar a sanção por entender que a lei ou resolução não convém aos interesses da província, o fará por esta fórmula: "Volte à Assembléia Legislativa Provincial", expondo debaixo de sua assinatura as razões em que se fundou. Neste caso será o projeto submetido a nova discussão; e se for adotado tal qual, ou modificado no sentido das razões pelo presidente alegadas, por dois terços dos votos dos membros da assembléia, será reenviado ao presidente da província, que o sancionará. Se não for adotado não poderá ser novamente proposto na mesma sessão. Ato Adicional, art. 15.

§ 4º O presidente dará, ou negará a sanção no prazo de dez dias, e não o fazendo ficará entendido que a deu. Neste caso, e quando, tendo-lhe sido reenviada a lei, como determina o art. 16, recusar sancioná-la, a Assembléia Legislativa Provincial a mandará publicar com esta declaração, devendo, então, assiná-la, o presidente da mesma Assembléia. Ato Adicional, art. 19.

§ 1º Da necessidade da sanção da presidência:

241. A conveniência, ou antes necessidade de submeter as leis e resoluções da Assembléia Legislativa Provincial à sanção do presidente, é manifesta e muito mais por isso mesmo que tal Assembléia não se compõe senão de uma só câmara.

É de necessidade que a utilidade da medida seja examinada em todas as suas faces, que não seja obra só da maioria dessa Câmara, porventura de um partido, de um interesse do momento de uma paixão, entusiasmo, erro ou ilusão, que não cause prejuízo, em vez de benefícios à província. O presidente é quem tem de ser o executor, de ver as dificuldades e inconvenientes, é o centro de esclarecimentos, da experiência, e dos conhecimentos práticos da administração provincial, deve ser ouvido, e ter o direito de dar ou negar o seu assentimento, motivando as razões em que neste caso se funde; deve ser parte, ser considerado como um ramo do poder Legislativo provincial.

Vigoram a este respeito em grande parte, posto que em menor transcendência, as observações que fizemos no nº 180.

242. Entretanto, é de notar que o Ato Adicional fizesse independer da sanção muitas disposições e algumas delas importantes.

Independem da sanção as resoluções tomadas sobre propostas das Câmaras relativas à sua polícia e economia municipal, § 4º do art. 10, assuntos que jogam com os interesses, direitos e liberdades dos cidadãos do município, e que teriam mais uma garantia na inspeção e sanção da presidência.

Independem as propostas sobre despesas e impostos municipais, § 5º do dito artigo, e por certo que este assunto, mormente em sua última parte, não é de pouca importância; cumpria mesmo que a presidência examinasse se tais impostos municipais afetam ou não as imposições gerais.

A fiscalização das contas, da receita e despesa municipal, § 6º do art. 10, podem dispensar a sanção; não está, porém, no mesmo caso o que respeita aos empregos municipais, § 7º do art. 10, empregos que o Ato Adicional não definiu em termos, e que demandam uma definição, pois que, para bem qualificá-los, não basta dizer — são os que estão nos municípios — pois que nessa simplicidade de expressão todos seriam empregos municipais. É matéria que em muitos casos pode ser importante, segundo os serviços ou atribuições de que tratar-se.

O que respeita ao regime interno da Assembléia, § 1º do artigo 11, devia com efeito independer da sanção, assim como a matéria de que trata o § 6º do mesmo artigo e o § 9º. Quanto ao § 7º, ao menos enquanto a Assembléia não se compuser senão de uma só câmara, não daríamos nosso voto para essa independência; as atribuições do poder Legislativo provincial devem ser modeladas no sentido das garantias sociais, e não em vistas de darlhes uma intensidade excessiva de que possam abusar sem corretivo; é preciso contar com os partidos e paixões políticas e procurar neutralizá-las.

É claro que nestas leis ou resoluções, que independem da sanção, não é lícito incluir disposição alguma estranha, ou que dela dependesse; a darse esse abuso deve ser sujeita à sanção, pois que, aliás, a disposição seria inconstitucional, violaria os limites e dependência dos poderes públicos e não deveria ter execução.

§ 2º Do assentimento da presidência:
243. Se o presidente entende que deve sancionar a lei, fá-lo pela forma estabelecida: "Sanciono e publique-se como lei".

Neste caso não há questão; e por isso somente observaremos que seria muito útil dar aos presidentes um conselho de presidência, cujo voto, posto que só consultivo, pode, mormente nos casos duvidosos, ser de muito auxílio e esclarecimento.

Seria demais uma imagem, ou representação subalterna do Conselho de Estado. Sempre que a unidade e harmonia do sistema nacional puder sem inconveniente ser reproduzido nas províncias e demonstrar nelas as vantagens que oferece, não se deve menosprezar essa transcendente conveniência; os hábitos, o amor da pátria, as idéias, unidades e vínculos sociais têm seu berço não só nas províncias, mas mesmo nos municípios; é onde nascem ou se alentam a educação, os pensamentos e germes sociais.

§ 3º Da denegação da sanção por inconveniência do projeto:
244. Se o presidente julga o projeto inconveniente e que, portanto, deve denegar seu assentimento, assim se expressa pela formulação: *"Volte à Assembléia Legislativa Provincial"*, expondo debaixo de sua assinatura as razões em que se funda.

O efeito desta denegação é de sujeitar o projeto a uma nova discussão, mas se dois terços de votos dos membros da Assembléia torna a insistir, ou a adotá-lo tal qual, não obstante as razões do presidente, entende-se que está sancionado.

É esta em conclusão a disposição do Ato Adicional, que a nosso ver tirou muita força e importância ao voto da presidência, e deu excessiva preponderância aos dois terços dos votos da Assembléia composta de uma só câmara e, porventura, de um só partido, que triunfou numa eleição.

Se ao menos em tal caso ficasse o projeto adiado para ser reconsiderado na sessão do ano seguinte, haveria tempo para madura reflexão, evitar-se-ia a precipitação, a ilusão da paixão ou do interesse momentâneo; dar-se-ia espaço à opinião provincial para que se pronunciasse, aos deputados proprietários para que viessem tomar os lugares ocupados pelos suplentes. O princípio, porém, consignado, não evita o mal, não ilustra, não amadurece a questão.

Neste caso o conselho da presidência seria ainda mais útil para auxiliar e reforçar o presidente. Desde que ele combinasse na negativa da sanção, interporia, por certo, suas relações, sua força moral para com os membros das assembléias para retificar as opiniões e evitar a formação dos dois terços de votos; seria um corretivo de má disposição do Ato Adicional.

Concluiremos este parágrafo notando que o Ato Adicional exige *dois terços dos votos dos membros da Assembléia* e não dois terços dos membros presentes, o que importaria uma garantia porventura ainda muito menor, quando a matéria por sua importância fez formular e demanda toda aquela cautela; seria um contra-senso minorar esse único corretivo, contra-senso não irrefletido, sim intencional. Fora deste corretivo, não resta ao presidente senão o adiamento, que só em alguns casos poderá ser útil.

§ 4º Do tempo para a sanção:

245. O prazo assinalado para o presidente dar ou negar sua sanção é de dez dias contados daquele em que o projeto lhe for para esse efeito apresentado; dilação sem dúvida muito limitada.

Se dentro desse prazo ele não a denega, entende-se que assentiu. Neste último caso, assim como no figurado pelo art. 15, se o presidente não manda publicar a lei, é ela promulgada pelo presidente da Assembléia com essa declaração.

O Ato Adicional deverá ter determinado positivamente o prazo, findo o qual possa ter lugar esta promulgação; em todo caso, não pode ela realizar-se senão depois de passados os dez dias de sua apresentação, ou seja, pela primeira ou segunda vez.

Seção 2ª: Da sanção em relação à inconstitucionalidade dos projetos de lei

§ 1º Quando, porém, o presidente negara sanção por entender que o projeto ofende os direitos de alguma outra província, nos casos declarados no § 8º do art. 10, ou os tratados feitos com as nações estrangeiras, e a Assembléia Provincial julgar o contrá-

rio por dois terços dos votos, como no artigo precedente, será o projeto com as razões alegadas pelo presidente da província levada ao conhecimento do governo e Assembléia Geral, para esta definitivamente decidir se ele deve ser ou não sancionado. Ato Adicional, art. 16.

§ 2º *Não se achando nesse tempo reunida a Assembléia Geral, e julgando o governo que o projeto deve ser sancionado, poderá mandar que ele seja provisoriamente executado até definitiva decisão da Assembléia Geral.* Ato Adicional, art. 17.

§ 3º *O presidente da província enviará à Assembléia e governo geral cópias autênticas de todos os atos legislativos provinciais que tiverem sido promulgados, a fim de se examinar se ofendem à Constituição, os impostos gerais, ou direitos de outras províncias ou os tratados, casos únicos em que o poder Legislativo geral os poderá revogar.* Ato Adicional, art. 20.

§ 1º Da denegação da sanção por inconstitucionalidade:

246. Quando o presidente da província denega o seu assentimento, não por questão de conveniência, ou de inconvenientes do projeto, sim porque ele é ofensivo da Constituição, ou direta ou indiretamente, é o projeto reenviado à Assembléia com a mesma fórmula: "Volte à Assembléia Legislativa Provincial", e com as razões justificativas de sua inconstitucionalidade. Se depois da respectiva discussão, dois terços de votos dos membros da Assembléia ainda assim não concordam com as razões do presidente, é o projeto com estas transmitido e subordinado ao conhecimento da Assembléia Geral, para que esta decida a questão, e declare se o projeto deve ou não ser sancionado.

A lei de 12 de maio de 1840, art. 7, declarou que o art. 16 do Ato Adicional compreendia o caso de ofensa à Constituição; essa declaração, sem dúvida exata, pudera mesmo ser dispensada à vista da disposição tão patente do art. 20, que manda cassar as leis provinciais que ofenderem a Constituição, os impostos gerais, direitos de outras províncias e tratados.

Na seção 5ª do capítulo anterior já demonstramos como uma lei provincial pode ofender a Constituição direta ou indiretamente, e conseqüentemente, é claro que em nenhum dos casos aí enumerados, deve o presidente dar-lhe sua sanção e sim, denegá-la.

Na hipótese de que tratamos não podia, não devia o Ato Adicional adotar nenhum outro expediente senão o que estabeleceu.

A questão é, desde então, muito importante para que um dos ramos do poder Legislativo provincial imponha a outro sua opinião, e porventura, uma responsabilidade tal, uma decisão que, quando errônea, terá conseqüências muito prejudiciais.

Demais, uma semelhante questão relaciona-se com a inteligência dos preceitos constitucionais, com uma interpretação mais ou menos formal do Ato Adicional, e essa interpretação é da exclusiva competência da Assembléia Geral. Veja-se o que já observamos acerca da atribuição do poder Legislativo geral de interpretar as leis.

§ 2º Da execução provisória de tais atos:

247. Não obstante o que acabamos de expressar, o art. 17 do Ato Adicional autorizou o governo imperial, caso a Assembléia Geral não se ache funcionando, a ordenar à presidência que faça observar provisoriamente a disposição, quando julgue que se não dá a inconstitucionalidade argüida.

É uma determinação favorável ao poder das Assembléias Provinciais, que pode ser útil, quando a inconstitucionalidade for absolutamente infundada, e não resultarem inconvenientes graves de uma execução provisória, que possa ser depois mandada sustar pela opinião divergente, ou contrária da Assembléia Geral.

A opinião do governo imperial, que será sem dúvida precedida de todos os esclarecimentos necessários, é uma valiosa garantia que sobreexcede muito ao predomínio que se houvesse de dar à da Assembléia Provincial sobre a do presidente, ou vice-versa.

§ 3º Da remessa dos atos legislativos provinciais ao poder central:

248. Já em número anterior tratamos deste assunto, e não fazemos dele aqui menção, senão para integrar a matéria desta seção.

Acrescentaremos só uma observação, e é que os presidentes de províncias jamais devem olvidar que não têm poder próprio, que não são senão agentes da Coroa, do poder Executivo nas presidências, e que, portanto, o seu dever de honra e de fidelidade obriga-os na questão de sanção, ou impugnação das leis provinciais, na inteligência da Constituição ou do Ato Adicional, a ligar-se ao pensamento do governo imperial. Se sua consciência é oposta ofereçam sua demissão; não, porém, é lícito nem honroso aceitar tais cargos para trair as convicções sinceras de quem os confia.

Convém que os presidentes ponham em prática o dever de remeter os exemplares dos atos legislativos provinciais ao poder central com breve regularidade; a morosidade pode ser muito prejudicial.

Seção 3ª: Da promulgação e interferência da presidência no poder Legislativo provincial

§ *1° Sancionada a lei ou resolução, a mandará o presidente publicar pela fórmula determinada pelo art. 18 do Ato Adicional. Em seguida será impressa, publicada e distribuídos os seus exemplares pelas Câmaras e mais lugares convenientes.* Dito art. 18.

§ *2° Além das atribuições que por lei competirem aos presidentes das províncias, compete-lhes também*:

1°) Convocar a nova Assembléia Provincial, de maneira que possa reunir-se no prazo marcado para suas sessões. Não a tendo o presidente convocada seis meses antes deste prazo, será a convocação feita pela Câmara Municipal da capital da província.

2°) Convocar a Assembléia Provincial extraordinariamente, prorrogá-la e adiá-la quando assim o exigir o bem da província, contanto, porém, que em nenhum dos anos deixe de haver sessão.

3°) Suspender a publicação das leis provinciais nos casos e pela forma marcados nos arts. 15 e 16.

4°) Expedir ordens, instruções e regulamentos adequados à boa execução das leis provinciais. Ato Adicional, art. 24.

§ 1° Da promulgação das leis provinciais:

249. O que expusemos, tratando da promulgação das leis gerais no n° 189 e seguintes, é aplicável respectivamente à promulgação e publicidade das leis provinciais.

O tempo em que elas se tornam obrigatórias tem sido definido com alguma diversidade em diferentes leis de diversas províncias; infelizmente em algumas delas ainda não há imprensa, e conseqüentemente falta-lhes o melhor dos meios de publicidade de seus atos legislativos e regulamentares.

§ 2° Da interferência da presidência no poder Legislativo provincial:

250. O presidente da província, além da participação que tem no poder Legislativo provincial por meio da sanção, de que já tratamos, tem algumas outras atribuições importantes, pelas quais intervém no exercício desse poder.

Tem a atribuição de convocar a Assembléia Provincial para sua reunião em cada legislatura, tem também a de convocá-la extraordinariamente, quando assim exija o bem do serviço provincial, faculdade útil, e que certamente não lhe devera ser denegada. Conseqüentemente pode também prorrogá-la, como é expresso.

Não tem o direito de dissolvê-la, e sim somente de adiá-la, contanto, porém, que em nenhum ano deixe de haver sessão. Embora o direito de adiamento em alguns casos seja suficiente e deva mesmo dispensar a dissolução, parece-nos que este último deveria ser também conferido às presidências, ainda quando se fizesse depender de autorização do governo imperial. Em circunstâncias graves, compondo-se a Assembléia de uma só câmara, e independendo da sanção do presidente desde que tem dois terços de seus votos reunidos no mesmo pensamento, pode acontecer que a falta dessa atribuição force a violação da lei, ou ponha em manifesto perigo a província; pode não bastar a faculdade do adiamento. Demais, se a Câmara dos Deputados gerais pode ser dissolvida, por que título não poderia ser a Assembléia Provincial? A nosso ver é uma das imperfeições do Ato Adicional e uma das considerações que nos fazem crer útil a criação de uma segunda câmara nas províncias mais importantes.

Tem finalmente o direito de suspender a publicação das leis provinciais nos termos dos arts. 15 e 16, isto é, de toda e qualquer lei provincial que direta ou indiretamente ofender a constituição do Estado, exceder os limites traçados pelo Ato Adicional, os interesses ou imposições gerais da nação, os tratados e os direitos de outras províncias. Conseqüentemente, tem igual direito quanto às leis que independem de sanção, desde que por abuso incluam disposições sujeitas a ela: as que dependem de propostas das Câmaras, quando por abuso a Assembléia Provincial tenha preterido essa iniciativa; pois que nesses e outros casos semelhantes há violação das leis fundamentais e ilegitimidade manifesta desses atos, salva a responsabilidade do presidente da província, caso seja ele quem abuse.

Quando tratarmos da atribuição que o governo central tem de expedir ordens, instruções e regulamentos adequados à boa execução das leis, desenvolveremos a natureza e limites desta faculdade; e como nossas observações serão aplicáveis a esta atribuição presidencial, julgamos desnecessário entrar já aqui nesses detalhes.

Título quarto:
Das eleições

Capítulo 1:
Do direito eleitoral, das eleições diretas e indiretas e da elegibilidade

Seção 1ª: Do direito eleitoral, voto universal e voto ativo brasileiro

§§ 1º a 3º Tem voto nas eleições primárias:
1º) Os cidadãos brasileiros que estão em gozo de seus direitos políticos.
2º) Os estrangeiros naturalizados. Constituição, art. 91.
São excluídos de votar nas assembléias paroquiais:
1º) Os menores de 25 anos, nos quais se não compreendem os casados, e oficiais militares, que forem maiores de 21 anos, os bacharéis formados e clérigos de ordens sacras.
2º) Os filhos-famílias que estiverem na companhia de seus pais, salvo se servirem ofícios públicos.
3º) Os criados de servir, em cuja classe não entram os guarda-livros e primeiros caixeiros das casas de comércio, os criados da Casa Imperial que não forem de galão branco e os administradores das fazendas rurais e fábricas.
4º) Os religiosos e quaisquer que vivam em comunidade claustral.
5º) Os que não tiverem de renda líquida anual cem mil-réis por bens de raiz, indústria, comércio ou empregos. Constituição, art. 29.
§ 4º Os que não podem votar nas assembléias primárias de paróquia não podem ser membros, nem votar na nomeação de alguma autoridade eletiva nacional, ou local. Constituição, art. 93.

§ 1º Da importância do direito eleitoral ou voto ativo:
251. O direito eleitoral, ou voto ativo, é um direito político de suma importância, é a principal garantia das nações livres para manter a sua liberdade, é a participação do cidadão no poder político, na alta administração do Estado, na confecção das leis, no imposto, no recrutamento. É o meio que

ele tem de fiscalizar a observância da Constituição, de emitir suas idéias, fazer valer suas opiniões, desejos e interesses, e, enfim, de influir sobre sua sociedade política.

Este direito e seu livre exercício é quem qualifica o sistema de governo e dá-lhe o caráter de representativo, como já expusemos no nº 22; é quem confirma que os poderes públicos são delegações da nação. Sem ele a nação não tem meio valioso de expressar a sua vontade, de modificar o poder, de dirigi-lo, de fazer respeitar as suas liberdades.

E, pois, o próprio sistema representativo mais ou menos amplo, e desenvolvido, segundo este direito é mais ou menos largo, ou restringido, segundo se alia mais com a liberdade ou depende do governo, ou de condições que o enfraqueçam.

§ 2º Do voto universal:
252. O governo deriva-se sem dúvida da soberania nacional, que é a fonte de todos os poderes, o princípio fundamental da autoridade, a expressão dos direitos e vontade de todos que compõem a nação, e conseqüentemente à primeira vista parece lógico que toda a nação, que todos devem ter o voto ativo, a faculdade eleitoral, o direito de intervir no exercício dos poderes delegados, parece mesmo que aí está o princípio de igualdade e de justiça.

Entretanto, quando desse pensamento abstrato, quando da teoria se desce à realidade, ao ser prático da sociedade, o espírito o mais liberal não pode deixar de reconhecer que o voto universal é uma verdadeira utopia. A razão e o interesse público não podem deixar de necessariamente admitir as incapacidades resultantes do sexo, da menoridade, da demência, da falta de luzes e da ausência das habilitações, que convertessem o voto em um perigo social.

A necessidade ou sistema das exclusões não tem sido mesmo seriamente contestado pelos espíritos ainda exagerados, eles o admitem, a questão vem a ser outra, e é: quais os limites que devem ser estabelecidos? Quais as condições que devem ser julgadas suficientes?

O voto universal reduz sem dúvida os cidadãos a simples cifras, sem atenção às condições da inteligência e da propriedade; estabelece uma igualdade absoluta, apesar da diversidade e mesmo oposição das circunstâncias dos indivíduos; sujeita a parte pensadora da nação, que é sempre comparativamente pouco numerosa, à multidão que não pensa, que não oferece as garantias necessárias, e uma desta é o sentimento e o fato da independência do votante. Em último resultado, as escolhas serão perigosas, e porventura escravas do poder desde que ele queira e saiba adular a multidão. Quais serão, porém, as habilitações que façam presumir a existência das garantias necessárias? Quanto maiores forem as exigências, menos participação terá a nação no exercício do poder, mais concentrado ou pouco numeroso será o elemento aristocrático que se irá criar; maior modificação sofrerá a pureza do sistema representativo.

§ 3º Da amplitude do direito ou voto ativo no Brasil:
253. A Constituição brasileira resolveu o problema que acima indicamos por um modo verdadeiramente liberal, quase que estabeleceu o voto universal, excluiu apenas aqueles que evidentemente não ofereciam as condições inflexivelmente indispensáveis, tais são:
1º) Os cidadãos nascidos tais ou naturalizados que não estão no gozo de seus direitos políticos. Não estão nesse gozo os que têm perdido tais direitos por naturalizarem-se em país estrangeiro; por ter aceito emprego, pensão ou condecoração estrangeira sem licença; ou por terem sido banidos [art. 7]. Não estão também aqueles a quem esse exercício foi suspenso por incapacidade física ou moral, ou por sentença condenatória nos termos do art. 8. Ora, quanto a esta disposição, é claro que a lei não trata de excluir, ela reconhece que tais indivíduos possuíam o direito, proíbe que usem dele, ou porque o perderam, ou porque está suspenso; seria mesmo contraditório que nessas circunstâncias fosse seu exercício admitido.
2º) Exclui, pois, propriamente, só as cinco classes, que enumera em seu art. 92, como passamos a observar.

A primeira exclusão, dos menores de 25 anos, em que não se incluem os casados e oficiais militares que forem maiores de 21, os bacharéis formados e clérigos de ordens sacras, tem seu fundamento na natureza antes do que em restrição política. É a condição da idade, do desenvolvimento da razão, como já ponderamos no nº 59.

A segunda exclusão, a dos filhos-famílias que estão em companhia de seus pais, salvo se servirem ofícios públicos, é também uma disposição conseqüente com o direito civil. Não são ainda *sui juris*, sua vontade é dependente da de seus pais, não são ainda membros ativos da sociedade política, salvo se servirem ofícios públicos, pois que essa circunstância importa sua emancipação política.

A terceira exclusão é a que começa a verificar o sistema das restrições, mas em última análise ela só importa a denegação do voto aos criados de servir, em cujo número entram os da Casa Imperial que forem de galão branco. Ninguém dirá por certo que um tão importante direito lhes devesse ser dado, seria conferi-lo àqueles a quem servem, são pessoas totalmente dependentes, e ainda mais que os filhos-famílias.

A quarta exclusão, dos religiosos ou membros de comunidades claustrais, não é uma restrição política, sim uma conseqüência lógica de sua instituição, da vida que não se dedica ao mundo temporal.

Resta a quinta exclusão, dos que não têm cem mil-réis de renda líquida anual por bens de raiz, indústria, comércio ou empregos. Ora, no Brasil quase que é preciso ser mendigo para não possuir tal rendimento, ou pelo menos ser homem perfeitamente vadio e inútil.

Assim, a Constituição brasileira veio em último resultado a excluir, somente os criados de servir, ou mendigos e vadios; instituiu, como dissemos, o voto quase universal.

§ 4º Da conseqüência da falta desse direito:
254. A disposição do art. 93, que declara que aqueles que não têm o voto ativo não podem ser membros, nem votar na nomeação de autoridades eletivas nacionais ou locais, como juízes de paz, Câmaras Municipais ou outros, é conseqüente e tão bem fundada que seria ocioso demonstrar; o contrário seria dar um direito maior a quem se denegava um menor.

SEÇÃO 2ª: DA ELEIÇÃO DIRETA E INDIRETA,
CENSO ELEITORAL, CONDIÇÕES DOS ELEITORES E ELEGIBILIDADE

§§ 1º e 2º A eleição dos deputados e senadores para a Assembléia Geral (e dos membros das Assembléias Legislativas Provinciais) será feita por eleições indiretas, elegendo a massa dos cidadãos ativos em assembléias paroquiais os eleitores de província, e estes os representantes da nação e províncias. Constituição, art. 90.

§ 3º Podem ser eleitores e votar na eleição dos deputados e senadores (e membros das Assembléias Legislativas Provinciais) todos os que podem votar na assembléia paroquial. Excetuam-se:

1º) Os que não tiverem de renda líquida anual 200 mil-réis por bens de raiz, indústria, comércio ou emprego.

2º) Os libertos.

3º) Os criminosos pronunciados em querela ou devassa. Constituição, art. 94.

§ 4º Da elegibilidade: remissivamente.

§ 1º Da eleição direta e indireta:
255. Chama-se direta a eleição quando os votantes por via dela confe-

rem, sem intermediários, imediata ou definitivamente, o mandato ou funções de que se trata, ou que devem ser exercidas pelos eleitos. Chamam-se indiretas quando não conferem o mandato imediatamente, e sim escolhem intermediários ou eleitores para que estes sejam os que confiram as funções.

Parece, ao menos em tese, que a eleição direta oferece vantagem e garantias que a indireta não ministra.

Ela é a expressão imediata da vontade, o voto genuíno, fiel, não modificado dos votantes, e conseqüentemente a representação positiva e sincera de suas idéias, desejos, crenças e pensamentos políticos. É mesmo o princípio lógico, pois que se os mandatários podem e devem ser eleitos imediatamente pelos mandantes, por aqueles cujos interesses vão representar, para que ou por que serão nomeados por entidades interpostas, que podem alterar o pensamento do mandante, ou pelo menos ser dispensadas?

É o sistema que dá maior força moral, maior independência aos deputados que os liga mais estreitamente aos povos.

Além dessas vantagens, é de clara intuição que isso concorre poderosamente para tornar as eleições livres, e neutralizar ou demover toda a influência ministerial.

Os ministérios, quaisquer que sejam, desejarão sempre ter os seus amigos nas Câmaras, arredar delas os seus antagonistas, obter recursos e coadjuvação, e não oposições e censuras.

Os ministros têm e servem-se de muitos recursos, mas se podem influir sobre os eleitores, dificilmente influirão sobre toda a massa dos cidadãos ativos, é impossível corrompê-la em muitas localidades e assenhorear-se de sua inteligência e opiniões políticas. Os empregos, as graças, os empenhos perderão muito de sua força, por isso mesmo que não chegarão para tanto. A própria influência dos empregados públicos será debilitada na razão direta do número dos votantes comparado ao dos eleitores. Evita-se demais a possibilidade de fraude na nomeação dos eleitores.

É o sistema da Inglaterra, da França, dos Estados Unidos, da Bélgica.

Cumpre, entretanto, reconhecer que desde que prevalece a eleição direta, a lei eleitoral não deve ser tão ampla ou liberal como é a nossa.

§ 2º Do censo eleitoral:
256. Desde que o sistema da eleição direta é adotada, desde que o número e não as condições dos votantes é quem tem de *per si* escolher os representantes da nação, faz-se necessário que esses votantes, que são verdadeiros eleitores, ofereçam maior soma de garantias, a fim de que a simples circunstância da multidão, sem propriedade e sem luzes, não prevaleça

sobre as fortunas que compõem a riqueza do Estado, e sobre a inteligência, que é quem tem o direito de governá-lo, mesmo para o bem e interesse de todos.

É desde então necessário que o votante ministre à sociedade uma maior segurança, ou ao menos fundada presunção de moralidade, inteligência e interesse pela causa pública; é desde então necessário combinar com maior reflexão o direito do indivíduo com o da ordem social, para que esta e a liberdade não sejam sacrificadas a título de dilatar o voto.

Estas são as considerações que deram nascimento, nos países em que a eleição direta prevalece, ao princípio ou regulamento do censo eleitoral.

O censo eleitoral, ou por outra, a quota, ou quantidade de imposto ou contribuição exigida como condição necessária para o gozo do direito de voto seja ou não um estímulo industrial, seja ou não um contingente atendível, que ocorre e auxilia as despesas públicas; é em todo caso prova de uma certa renda, de um certo capital, que a lei calcula como uma fonte das garantias necessárias.

Uma certa propriedade é com efeito, ao menos em regra geral, uma prova ou sinal de certa educação, inteligência, interesse pela causa pública e conseqüente independência de caráter e de opiniões. São, pois, as garantias desde então exigidas em escala mais alta, como condições indeclináveis em atenção ao bem-estar e à segurança política do Estado e de suas instituições. É nas eleições que está a base a mais segura do sistema, e moralidade constitucional; cumpre, pois, que essa base seja firme.

§ 3º Das condições dos eleitores por nossa lei:
257. A nossa lei fundamental, art. 90, adotou a eleição indireta, mas por modo ou combinação tão liberal, que nada deixará a desejar desde que a lei regulamentar das eleições quiser aproveitar sua ampla generosidade.

Primeiro que tudo, observamos que ela estabeleceu somente um grau, o que muito importa, pois que quanto maior é o número de graus, menos nacional se torna a eleição.

Em segundo lugar, quais são as condições exigidas para o eleitorado? São que o indivíduo, além das qualidades de votante, não seja liberto, e que não esteja pronunciado em querela ou devassa; além destas condições, que certamente ninguém impugnará, apenas demanda mais que tenha a renda anual de 200 mil-réis por bens de raiz, indústria, comércio, ou emprego. Ora, não é possível exigir menos do que isto, que qualquer operário de alguma habilidade tem por certo anualmente.

O que, porém, oferece a maior das garantias é a liberdade que a Constituição deixou à lei regulamentar de estabelecer o número de eleitores em relação ao de votantes como julgasse necessário ou conveniente, de sorte que cada dezena de votantes pode ser representada por um eleitor, e dessarte ter-se um corpo eleitoral igual ao que se teria pelo sistema da eleição direta.

Se fôssemos hoje adotar a eleição direta privaríamos grande número de brasileiros do voto na eleição primária, e muitos outros da capacidade de eleitor, que ora têm, por isso mesmo que desde então a lei não se contentaria somente com as condições que atualmente exige. Não vejo em que o país ou a liberdade ganhasse, ainda mesmo fazendo abstração dos incômodos e perdas de trabalho que as viagens e grandes distâncias entre nossas povoações ocasionariam.

A medida que parece que deve ser reclamada, mormente hoje que vigora a eleição por círculos, é a do aumento do número dos eleitores. Nenhum círculo deverá ter menos de 120 eleitores, senão mais; não é só pela conveniência de interessar maior número de cidadãos, é principalmente porque o maior número segura melhor a liberdade eleitoral, resiste facilmente às cabalas, intrigas e influências pessoais, os empenhos e manobras do ministério, de seus agentes e dos empregados públicos das localidades. É evidente que custa muito mais corromper um grande número que um pequeno. A nossa lei de 19 de agosto de 1846, art. 52, estabeleceu a proporção de um eleitor por 40 votantes, seja ela por 20 e teremos uma dobrada garantia.

A lei francesa de 19 de abril de 1831, que estabeleceu o censo de 200 francos, determinava que em cada círculo *arrondissement*, houvesse pelo menos 150 eleitores, e que se para inteirar esse número fosse necessário abaixar o censo, que fosse ele rebaixado, é exemplo que não devemos preterir, mormente se estudarmos as valiosas considerações que o motivaram. Não basta imitar uma boa instituição, é demais essencial não truncá-la, não despojá-la das condições indispensáveis para que ela frutifique, aliás o que em outra parte é um elemento de liberdade e conveniências políticas, assim contrariado será uma fonte de abusos e de descrédito.

§ 4º Da elegibilidade dos deputados, senadores e membros das Assembléias Legislativas Provinciais:

258. Para não truncar o exame da formação da Câmara dos Deputados, Senado e Assembléias Legislativas Provinciais, condições eleitorais e número de seus membros, já tratamos anteriormente de tais matérias, que aliás teriam aqui assento.

Pode ver-se quanto aos deputados nossas observações no título 2°, n° 58 e seguintes.

Pelo que toca aos senadores, no mesmo título de n° 61 em diante; e finalmente em relação às Assembléias Provinciais, pode ver-se o que observamos no título respectivo.

Capítulo 2:
Da lei regulamentar das eleições, das incompatibilidades e do processo eleitoral

Seção 1ª: Da importância da lei regulamentar e da eleição por círculos

§§ 1º e 2º Uma lei regulamentar marcará o modo prático das eleições, e o número dos deputados relativamente à população do Império. Constituição, art. 97.

§ 1º Da importância da lei regulamentar das eleições:
259. A lei regulamentar das eleições é de alta importância, é uma lei matriz; qualquer alteração nela equivale ou assemelha-se a uma revolução, pois que afeta e modifica o poder, fazendo passar maior ou menor parte dele de umas para outras mãos.

Todo o sistema constitucional ou representativo depende da boa e livre escolha dos representantes da nação, da escolha genuína isenta de toda a influência ilegítima.

É esta lei que traça as regras, os trâmites, o modo, as garantias, que devem segurar a expressão da verdadeira vontade, da escolha fiel da eleição e representação sincera da nação; é ela quem tem de proteger a liberdade eleitoral de todo o constrangimento, de toda a fraude ou abuso do poder. Se não o faz, se é ilusória, todo o sistema constitucional não passa de uma quimera, de uma burla; verifica-se a sentença *corruptio optimi pessima est*.[37] O governo torna-se absoluto de fato, e nasce e germina o descontentamento público, primeira fonte da agitação.

§ 2º Da eleição por círculos:
260. Nossas eleições para a Câmara dos Deputados se faziam por pro-

---

[37] Os bons, quando se corrompem, tornam-se péssimos.

víncias; elas passaram a ser feitas por círculos, ou distritos provinciais, nos termos da lei de 19 de setembro de 1855.

Parece-nos que foi um grande melhoramento, que foi um elemento que, senão logo, ao menos em tempo, dará valiosos benefícios.

A eleição por províncias tinha muitos inconvenientes; o sistema dos círculos ministra importantes vantagens. Facilita a manifestação e representação de todos os interesses e opiniões desde que tenham alguma importância, pois que desde então conseguiram maioria em um ou outro distrito, e não serão aniquilados pela maioria provincial; é este um grande melhoramento, é mesmo um princípio de justiça, pois que o direito de ter representantes no Parlamento pertence a todos os brasileiros, e não deve ser monopolizado por uma só opinião, ou maioria provincial.

A representação por classe seria difícil, senão impossível, entretanto que, verificando-se por círculos, pode ter uma conveniente efetividade. A localidade em que a indústria agrícola, comercial, ou manufatureira predominar, facilmente triunfará na escolha de quem venha representar seu interesse predominante.

Este sistema reforça a dependência dos deputados para com os respectivos eleitores, o que é de muita conveniência para o exato desempenho do mandato, enfraquece o espírito do provincialismo que entorpece a fusão e homogeneidade nacional; evita a agitação de grandes massas nas épocas eleitorais, e declina influências pessoais que podem ser nocivas, mormente quando provinciais.

A sobredita lei, distribuindo por círculos as eleições dos deputados e membros das Assembléias Provinciais, conservou o sistema anterior, ou a eleição por províncias quanto aos senadores; e nisso procedeu bem. Os deputados, como representantes dos interesses locais e móveis, devem relacionar-se mais com as localidades e acompanhar o movimento das idéias delas. Os senadores, representantes dos interesses gerais e das idéias conservadoras, devem depender de uma base mais larga e menos móvel, ainda quando se faça abstração da conveniência de uma mais ampla latitude para sua escolha.

Os detalhes dessa lei, em que não queremos entrar para não darmos mais extensão do que convém a este parágrafo, podem ser examinados na íntegra dela; donde também se vê qual o número de círculos, ou deputados de cada uma das províncias, assunto sobre que já fizemos algumas observações quando tratamos da formação da Câmara dos Deputados.

Seção 2ª: Das incompatibilidades eleitorais e do processo das eleições

§ 1º Das razões fundamentais das incompatibilidades:

261. Para que haja verdadeiro sistema representativo, para que prevaleça uma divisão dos poderes políticos real e eficaz, e não quimérica, nominal, e sem os necessários resultados, é preciso que a repartição pratique que o exercício dos poderes seja efetivamente mantido de modo que os homens que animam ou agitam um, não tenham parte em outro, salvas as exceções que um reconhecido interesse público aconselhar.

Desde que os mesmos indivíduos que exercem um poder têm também exercício em outro, defrauda-se essa divisão, confundem-se os poderes, ou o exercício deles, o que é equivalente; os inconvenientes revelam-se desde logo por diferentes modos.

As eleições que devem ser livres e independentes, que devem ser a genuína e sincera expressão da vontade e consciência dos votantes, passam a ser dominadas ou corrompidas pela influência dos agentes de outros poderes que se apresentam candidatos, e a quem a jurisdição que exercem dá muitos meios de ação.

A Câmara dos Deputados, que deve ser essencialmente independente, pois que aliás não será fiel aos grandes interesses nacionais, povoa-se em grande parte de empregados, ou agentes de outros poderes, e especialmente de pessoas subordinadas ao ministério, sujeitas aos favores ou injustiças dos ministros.

Desde então cessa e debilita-se a independência do primeiro órgão da representação nacional, predomina a influência ministerial, as sugestões do interesse e ambição pessoal, fica entorpecida toda a fiscalização constitucional, e frustrados os direitos e interesses nacionais. Em regra, quem ocupa um emprego que pertence a um poder não deve ocupar outro que pertença a outro poder enquanto conservar aquele. O fundamento das incompatibilidades é, pois, de garantir a natureza, índole, independência e atribuições de cada poder, e com isso a liberdade pública.

§ 2º De algumas leis estrangeiras a respeito

262. É pelas considerações que acabamos de indicar que todas as legislações constitucionais têm fixado sua atenção sobre o importante assunto das incompatibilidades eleitorais.

O artigo 5 da Constituição dos Estados Unidos prescreve que nenhum deputado ou senador do Congresso Geral poderá possuir ofício algum dependente da União, em conseqüência de que ele, ou outrem por ele, receba proveitos, ou emolumentos. Na Inglaterra é longa a enumeração das incompatibilidades, mormente em relação à Câmara dos Comuns. Citaremos somente as dos xerifes, *maires*,[38] os coletores de rendas, comissários de presas,[39] empregados fiscais do Exército de mar e terra, os que percebem pensões revogáveis, os fornecedores, ou que contratam fornecimentos com o governo, enfim, muitos outros empregados ou dependentes da administração.

A lei francesa de 19 de abril de 1831 criou e classificou as incompatibilidades absolutas ou gerais, e relativas ou locais. Nenhum prefeito, subprefeito, recebedor geral, e outros funcionários podiam ser eleitos deputados por parte alguma do Estado. Os generais comandantes de divisões e subdivisões, os procuradores gerais perante as Cortes reais, procuradores da Coroa, chefes das alfândegas e outros não podiam ser eleitos pelos respectivos distritos. Pode ver-se também a lei de 15 de março de 1849.

A lei belga de 26 de maio de 1848 determina que os funcionários e empregados salariados pelo Estado, sendo nomeados representantes da nação, antes de prestar juramento façam opção entre o mandato parlamentar e suas funções, ou empregos, salvas poucas exceções.

Portugal tem também sua extensa lista de incompatibilidades.

Por mais de uma vez tem-se julgado que nem mesmo deverá ser lícito aos deputados aceitar condecorações durante o seu mandato, para não sujeitá-los a essa gratidão, ou influência que pode afetar a independência de suas opiniões.

§ 3º De nossa lei sobre esta matéria:

263. A Lei de 19 de setembro de 1850 estabelece no § 20º de seu art. 1 as incompatibilidades seguintes: "Os presidentes de província e seus secretários, os comandantes de armas e generais em chefe, os inspetores de fazenda geral e provincial, os chefes de polícia, os delegados e subdelegados, os juízes de Direito e municipais não poderão ser votados para membros das

---

[38] Os *xerifes* eram a primeira autoridade do condado inglês, estavam encarregados da manutenção da ordem pública e da execução das sentenças judiciais, também exerciam atribuições relativas às eleições para o Parlamento. O termo francês *maire* provavelmente está sendo usado em substituição ao termo inglês *mayor*, designação dada ao cargo de presidente das Câmaras Municipais, ou seja, o prefeito eleito entre o Conselho da Vila para exercer as funções executivas deste.

[39] As *presas* são os objetos tomados dos inimigos durante a guerra ou operações militares.

Assembléias Provinciais, deputados ou senadores, nos colégios eleitorais dos distritos em que exercerem autoridade ou jurisdição. Os votos que recaírem em tais empregados serão reputados nulos."

Estas incompatibilidades, mormente pelo que toca à Câmara dos Deputados, são sem dúvida convenientes. É preciso, é essencial, que o espírito do deputado se conserve em plena liberdade, que suas opiniões estejam isentas de todo o constrangimento, para que ele possa preencher bem o seu mandato. Ora, tais incompatibilidades não só evitam abusos eleitorais muito prejudiciais, mas concorrem também para esse outro fim ainda mais importante.

Como esperar essa independência dos presidentes de província e chefes de polícia? Sua posição, qualquer que seja seu caráter, deve, de necessidade ou levá-los a dar sua demissão, ou inibi-los de censurar os atos ministeriais. As idéias da subordinação administrativa, da confiança, das medidas reservadas, de suas relações íntimas, estarão sempre presentes em sua memória; certa decência, certo decoro voluntário ou forçado há de recordar-lhes que estão em oposição consigo mesmo, com uma ou outra classe de seus deveres opostos.

Não é possível servir simultaneamente a dois interesses, desde que eles são ou tornam-se contraditórios.

Entretanto, desde que a vigilância dos mandatários do povo não está atenta sobre os atos ministeriais, desde que ela deixa silenciosa que eles passem sem censura, por certo que crescerão em número e intensidade.

Desde que a Câmara dos Deputados torna-se criatura dependente dos ministros, baixa de sua posição, não é mais um ramo do soberano poder Legislativo, e menos o baluarte dos direitos e liberdade públicas.

Se estas observações vigoram a respeito desses funcionários e dos oficiais generais em certas circunstâncias, como não prevalecerão a respeito de outros empregados administrativos de ordem inferior, e por isso mesmo mais dependentes?

É de mister não só que o governo não possa ditar as eleições, mas que a Câmara dos Deputados não seja povoada de empregados dele; aliás será conservar as formas aparentes de um governo livre para à sombra delas estabelecer e alimentar o despotismo.

Ocorrem ainda outros inconvenientes: os funcionários públicos são responsáveis, e os representantes da nação são invioláveis; embora uma parte ofendida por um tal funcionário possa, em relação ao direito, intentar a ação de responsabilidade, é visível a dificuldade desta e os sacrifícios que sofreria.

Não convém que os que fazem a lei vão ser eles mesmos os instrumentos de sua execução; muitas vezes não terão toda a obediência e veneração que o aplicador da lei deve ter.

Já antes da atual lei de 19 de setembro de 1855 tivemos dois atos legislativos que instituíram incompatibilidades.

A lei de 18 de setembro de 1828 estabeleceu a incompatibilidade dos membros do Supremo Tribunal de Justiça em relação aos cargos de ministros e conselheiros de Estado, que são cargos políticos e fundados sobre um direito político. É o mesmo princípio, embora aplicado em relação a outro poder político.[40]

A de 12 de agosto de 1831 declarou incompatíveis os cargos de vereadores com os de membros dos conselhos gerais de províncias, dando aos eleitos a opção; esses dois cargos são ambos de eleição popular, e ambos fundados também em direitos políticos.

Infelizmente, as incompatibilidades da lei de 19 de setembro podem ser iludidas, como começam já a ser, e muito facilmente. O que convém é que a Câmara dos Deputados não se povoe de presidentes e secretários de províncias, de inspetores de tesourarias e alfândegas, e não que se use de maior ou menor contradança para que eles venham antes por um ardil do que por outro; a inteligência nacional não se ilude facilmente.

§ 4º Do processo das eleições:

264. O nosso processo eleitoral estabelecido pela lei de 19 de agosto de 1846 é bem organizado.

A qualificação dos votantes, a formação das juntas respectivas, as reclamações e recursos, são instituídos com previsão e sobre idéias liberais.

Outro tanto julgamos da organização das mesas paroquiais e mais disposições dessa lei, que não cabe aqui detalhar.

A nova resolução de 19 de setembro de 1855 veio ainda melhorá-la e trazer a inovação fundamental dos círculos; cumpre aguardar os resultados práticos.

Qualquer porém que seja a perfeição de um sistema ou processo eleitoral, para que possa produzir seus úteis efeitos é de mister que a ação ministerial e de seus agentes não abuse de sua influência e dos numerosos meios que possui para falsear as eleições. É necessário pois que, mormente a Câmara dos Deputados, fiscalize sempre com zelo e energia o como se executam as leis eleitorais; aliás teremos belas teorias e péssima execução.

---

[40] A lei de 18 de setembro de 1828 criou o Supremo Tribunal de Justiça e declarou suas atribuições.

Título quinto:
Do poder Moderador, sucessão do Império e família imperial

Capítulo 1:
Da natureza do poder Moderador e atributos do imperante

~

Seção 1ª: Da natureza do poder Moderador e sua delegação

§§ 1º e 2º O poder Moderador é a chave de toda a organização política, e é delegado privativamente ao imperador como chefe supremo da nação e seu primeiro representante, para que incessantemente vele sobre a manutenção da independência, equilíbrio e harmonia dos mais poderes políticos. Constituição, art. 98.

§ 1º Da natureza do poder Moderador:

265. O poder Moderador, cuja natureza a Constituição esclarece bem em seu art. 98, é a suprema inspeção da nação, é o alto direito que ela tem, e que não pode exercer por si mesma, de examinar o como os diversos poderes políticos, que ela criou e confiou a seus mandatários, são exercidos. É a faculdade que ela possui de fazer com que cada um deles se conserve em sua órbita, e concorra harmoniosamente com outros para o fim social, o bem-estar nacional: é quem mantém seu equilíbrio, impede seus abusos, conserva-os na direção de sua alta missão; é enfim a mais elevada força social, o órgão político mais ativo, o mais influente de todas as instituições fundamentais da nação.

Este poder, que alguns publicistas denominam poder real ou imperial, poder conservador, incontestavelmente existe na nação, pois que não é possível nem por um momento supor que ela não tenha o direito de examinar e reconhecer como funcionam os poderes que ela instituiu para o seu serviço, ou que não tenha o direito de providenciar, de retificar sua direção, de neutralizar seus abusos.

Existe, e é distinto não só do poder Executivo, como de todos os outros; não pode ser exercido, como já indicamos, pela nação em massa, precisa de ser delegado.

As questões, pois, que podem oferecer-se só terão de versar sobre a melhor delegação a fazer, ou sobre as atribuições que propriamente devam pertencer-lhe.

§ 2º Da delegação do poder Moderador:
266. Na maior parte das monarquias constitucionais e representativas o poder Moderador está reunido ao poder Executivo, de quem forma a parte a mais elevada, e que é exercida pela Coroa, pela ação e direção do monarca. É, porém, mais lógico e conveniente não confiá-lo, e menos confundi-lo, com nenhum outro poder, por isso mesmo que ele tem de inspecionar a todos, já sobre seu exercício próprio, já sobre suas relações recíprocas.

Pelo que toca à personalidade a quem deva ser confiado, não pode haver dúvida em que deve ser ao imperante, por isso mesmo que é o único poder exclusivamente próprio da Coroa, independente do ministério.

O depositário deste grande poder neutro deve estar cercado de todos os respeitos, tradições e esplendor, da força da opinião e do prestígio. A consciência nacional precisa crer que, superior a todas as paixões, a todos interesses, a toda rivalidade, ninguém pode ter maior desejo e glória do que ele em que os outros poderes ativos funcionem segundo os preceitos fundamentais do Estado e façam a felicidade deste.

É quem tem todos os meios de observar as suas tendências, a força necessária para reprimir as paixões, é quem está sobre a cúpula social vigiando os destinos da nação.

O exercício do poder Moderador é quem evita nos perigos públicos o terrível dilema da ditadura ou da revolução; todos os atributos do monarca levam suas previdentes vistas a não querer nem uma nem outra dessas fatalidades, que quase sempre se entrelaçam e reagem.

Resta, pois, somente examinar quais devam ser suas atribuições, e disso nos ocuparemos no capítulo seguinte.

SEÇÃO 2ª: DOS ATRIBUTOS DO IMPERANTE

§§ 1º a 3º A pessoa do imperador é inviolável e sagrada; ele não está sujeito a responsabilidade alguma. Constituição, art. 99.

Os seus títulos são: imperador constitucional e defensor perpétuo do Brasil; e tem tratamento de majestade imperial. Constituição, art. 100.

§ 1º Dos atributos pessoais do imperador:
267. Como o poder Moderador é sinônimo do poder imperial, com razão a Constituição em seguida dele reconheceu logo a inviolabilidade e irresponsabilidade do imperante.

Estes atributos são inseparáveis da monarquia, são dogmas políticos consagrados por justo e irrecusável interesse público. É um princípio de ordem e segurança nacional, princípio quanto ao poder perfeitamente resguardado pela responsabilidade ministerial, e quanto aos fatos individuais pela fundada crença de que tão alta posição, a majestade e suas virtudes e ilustração jamais terão ocasião de infringir as leis. Só um sofrimento moral poderia contrariar essa crença.

É por isso mesmo que a lei não institui tribunal algum a respeito, nem pudera estabelecer; nenhum poderia ser competente, nem hábil para julgar a mais alta delegação da soberania nacional, esta teria de descer, deixaria de ser tal desde que fosse obrigada a justificar-se de qualquer acusação. As razões de interesse público, que dão em parte inviolabilidade ao senador, ao deputado, e até aos membros das Assembléias Provinciais, atuam a respeito do imperante em toda a sua força: ele não é sujeito nem à responsabilidade legal, nem à censura que a lei não pode tolerar sem palpável contradição. A qualidade de imperante é inseparável da pessoa que a exerce; a inviolabilidade ou há de ser geral, ou inútil; não há meio termo, o monarca ou há de ser monarca ou deixar de sê-lo; um faccioso não deve ter o arbítrio de acusá-lo por título algum; o que seria uma Coroa chamada aos tribunais?

§ 2º Dos títulos e tratamento do imperador:
268. O imperante é a primeira e a mais elevada representação da soberania e majestade da nação; seus títulos devem ostentar esse alto poder, sua suprema autoridade interior, sua ampla independência exterior.

O título de defensor perpétuo é um título de honra que recorda os atributos do poder Moderador, mas que não atribui à Coroa nenhuma outra autoridade que não esteja estabelecida na Constituição. A qualificação de constitucional ligada ao imperante é um tributo, uma homenagem à lei fundamental do Estado.

§ 3º Das relações destes atributos e títulos:
269. É desnecessário recordar que estes atributos e títulos estão intimamente ligados com o que já expusemos sobre a delegação dos poderes, representação da nação, sua forma de governo, sua dinastia, e com o que depois observaremos sobre a sucessão do poder imperial.

É um só todo que embora por método, e por seguir a ordem da Constituição, analisemos em partes separadas, nem por isso deixa de constituir uma unidade, que deve ser completa em suas condições essenciais, para que possa distribuir ao Estado todos os seus benefícios, e fazer a pública felicidade.

Capítulo 2:
Das atribuições do poder Moderador

~

Seção 1ª: Das atribuições do poder Moderador
em geral

Parágrafo único. Observações a respeito:
270. Já notamos que o poder Moderador existe na ordem e natureza real dos direitos, e necessidades sociais, que alguém deve exercê-lo, porque não pode ser exercido pela nação em massa, e que a sua delegação não pode ser confiada senão ao imperante como prerrogativas, atos próprios e diretos da Coroa.

O que pode ser objeto, segundo também já indicamos, de alguma questão é a natureza e amplitude das respectivas atribuições.

Como o poder Moderador inspeciona e se exerce sobre todos e cada um dos outros poderes, para maior clareza dividiremos este capítulo em outras tantas seções, e tratando das atribuições assim classificadas, faremos as observações correspondentes.

Seção 2ª: Das atribuições do poder Moderador
relativas ao poder Legislativo

§ 1º O imperador exerce o poder Moderador:
1º) Nomeando os senadores na forma do art. 43. Constituição, art. 101, § 1º.

§ 2º Convocando a Assembléia Geral Extraordinária nos intervalos das sessões quando assim o pede o bem do Império. Constituição, art. 101, § 2º.

§ 3º 3º) Sancionando os decretos e resoluções da Assembléia Geral, para que tenham força de lei, art. 62. Constituição, art. 101, § 3º.

§ 4º 4º) Aprovando e suspendendo interinamente as resoluções das Assembléias Provinciais, arts. 86 e 87. Constituição, art. 101, § 4º, e Ato Adicional, art. 9.

§ 5º 5º) Prorrogando, ou adiando a Assembléia Geral, e dissolvendo a Câmara dos Deputados, nos casos em que exigir a salvação do Estado; convocando imediatamente outra que a substitua. Constituição, art. 101, § 5º.

§ 1º Da nomeação ou escolha dos senadores:
271. Esta atribuição, sem dúvida útil e conseqüente, não pode ser impugnada por título algum, e não deve pertencer a nenhum outro poder senão ao Moderador.

Além das conveniências que apresenta sobre a formação e caracteres do Senado, de que já tratamos em nº 64, é um atributo lógico que deve residir em toda sua liberdade na autoridade imperial, já para que o senador independa do poder Executivo, da influência ministerial, já para que o poder Moderador possa equilibrar as opiniões no Senado ou dirigir suas previsões como as condições políticas aconselharem, já finalmente para que crie os pontos de coadjuvação, ou apoio moral, que em circunstâncias dadas, em uma mudança política, ou no exercício de outras atribuições conservadoras, pode necessitar no Senado, nas províncias, na opinião pública. É uma prerrogativa tanto mais conveniente, por isso mesmo que é limitada pela candidatura, ou apresentação do corpo eleitoral, ao que acresce que a Coroa pode ouvir a opinião do Conselho de Estado sempre que julgue útil.

§ 2º Da convocação extraordinária da Assembléia Geral:
272. Esta atribuição é também inseparável do poder Moderador; é um justo direito discricionário que não pode ser bem exercido senão por ele, e ao mesmo tempo é um meio indispensável para que possa dirigir e ocorrer às necessidades ou interesses momentosos da nação em circunstâncias imprevistas ou graves. A convocação é feita por decreto, e com a necessária antecedência.

§ 3º Da sanção das leis ou resoluções da Assembléia Geral:
273. Não devemos reproduzir o que já expusemos em nº 180, onde demonstramos que esta atribuição é uma condição inauferível da monarquia constitucional.

Observaremos somente que ela por sua natureza pertence ao poder Moderador, e que se assim não fora não teria este outro meio de derivar ou remover os perigos de uma medida nociva ou fatal, senão o da dissolução, meio extraordinário que tem limites na natureza das coisas, que agita muitas vezes as paixões, e que pode oferecer graves inconvenientes.

§ 4º Da aprovação ou suspensão interina das resoluções ou propostas das Assembléias Provinciais:

274. Esta atribuição não está, como alguns pensam, prejudicada pelo Ato Adicional, antes sim em seu inteiro ser e vigor.

Em nº 212 já demonstramos que o art. 9 do Ato Adicional dera às Assembléias Provinciais, além de atribuições legislativas, a faculdade de propor as medidas sobre assuntos a cujo respeito não podem legislar, que julgassem úteis, salvas as restrições consignadas no art. 83 da Constituição.

Tem pois o poder Moderador esta atribuição, que é lógica e conveniente, e que em circunstâncias especiais pode ser de alta utilidade e evitar graves danos a uma província.

É uma sanção, ou não assentimento, provisória sobre providências, que se relacionam de perto com interesses gerais, e que podem demandar uma solução urgente na ausência da Assembléia Geral, isto é, quando ela não se acha reunida.

§ 5º Da prorrogação, adiamento e dissolução da Câmara dos Deputados:

275. A atribuição da prorrogação é inseparável da faculdade da convocação extraordinária, é de conveniência intuitiva ou em presença de circunstâncias graves, ou no fim de tornar possível a expedição das leis ânuas ou de utilidade e urgência.

A faculdade do adiamento está na mesma ordem; independente da efervescência de paixões pode este ser exigido, ou pela necessidade de prontificar esclarecimentos, ou trabalhos preparatórios de importância, ou pela previsão de circunstâncias especiais que se aproximem ou pela presença de uma peste, ou outra eventualidade extraordinária. Pode também ser aconselhada pela prudência política em uma luta de paixões, durante a irritação dos partidos, poupar uma dissolução, e ser mesmo muito preferível a esse meio. A razão recuperará sua calma e as idéias do bem social predominarão exclusivamente em tempo oportuno.

Pelo que toca à atribuição da dissolução, é preciso cerrar os olhos, não estudar a história política, não consultar a razão, nem as paixões, para poder impugná-la.

A Câmara dos Deputados é, e deve ser, a guarda avançada, o baluarte das liberdades públicas, o motor enérgico dos progressos sociais. Sua missão é indispensável, mas por sua força mesma não é sem perigos; a razão e a história o demonstram.

Desde que ela se põe em luta com o ministério, e muito mais quando essa luta é animada de paixões veementes, de excessos, de idéias irritantes, de aspirações frenéticas, qual o meio de evitar os males resultantes desse despotismo ou intolerância? Estará sempre a razão da parte dela, e nunca da parte do ministério, para que seja sempre este quem deva retirar-se?

É sem dúvida uma prerrogativa indispensável e essencialmente ligada ao poder Moderador. Predomine ou não uma facção, intente ou não uma política fatal, desde que se dá um desacordo inconciliável entre a Câmara dos Deputados e o ministério, o poder Moderador é, pela natureza das coisas, chamado a examinar, e em sua consciência apreciar onde entende estar a razão. Se da parte da Câmara cumpre dissolver o ministério; se da parte deste cumpre dissolver aquela, e destarte consultar a nação, para que uma nova eleição manifeste o seu juízo e desejos. Se a nova maioria vem animada das mesmas idéias, então o ministério deve retirar-se; se pelo contrário é de diverso pensar, o acerto da dissolução fica demonstrado, e a harmonia restabelecida.

A Constituição diz com razão, que a dissolução só deve ter lugar em casos graves, por isso mesmo que é medida grave já em si, já em sua origem, que pode estar na má política, ou nos abusos do ministério, porventura já pressentidos pelo país.

É assunto em que a audiência do Conselho de Estado deve ser sempre útil, como observaremos na última seção deste capítulo.

À medida da dissolução deve suceder a convocação imediata da nova Câmara.

Seção 3ª: Das atribuições do poder Moderador em relação ao poder Executivo

§§ 1º e 2º O imperador exerce o poder Moderador, nomeando e demitindo livremente os ministros de Estado. Constituição, art. 101, § 6º.

§ 1º Da influência do poder Moderador sobre o poder Executivo:
276. Embora o imperante, o poder Moderador, seja chefe do poder Executivo, estes dois poderes são, e devem ser distintos; senão teríamos apenas uma fraseologia, e não uma realidade diferente.

O imperante sem o ministro não é poder Executivo, nem os atos deste poder têm vigor sem a assinatura ministerial, sem a responsabilidade, que é garantia indispensável da sociedade.

Compreende-se que o poder Moderador, chefe do poder Executivo, deixe todos os detalhes, toda a administração secundária aos ministros, já para não distrair sua alta atenção fixada sobre os grandes interesses do Estado, já para que as pequenas questões, os pequenos interesses e paixões individuais, pesem só sobre os ministros, tanto no sentido prático da Constituição, como em todas as relações, já finalmente para evitar delongas sumamente prejudiciais; é o que acontece com as presidências, que estão abaixo do ministério. É, porém, também fácil de compreender que o poder imperial tem a missão de influir muito sobre todos os grandes interesses do Estado, como chefe que é do poder Executivo.

Na dependência de sua vigilância permanente estão as instituições, os progressos da civilização, as necessidades sociais, o bem-estar geral. É a alta direção, o espírito elevado, a apreciação da política e da administração superior, enfim o pensamento de impulsão que prefixa a harmonia dos poderes, que tudo antevê, que previne a vigilância nacional.

É o pensamento com que Napoleão I organizava fortemente a França, e Luís Felipe[41] desenvolvia os seus grandes recursos e interesses materiais, para elevar a riqueza nacional, e com ela o poder francês; e é por certo manifesto que antes de exercer-se a atribuição da admissão ministerial, cumpre que os ministros saibam em tempo qual o pensamento que devem ter em vista, ou para que sejam em tudo fiéis a ele, ou para, retirando-se, não o estorvem, no que cometeriam uma falta inqualificável.

§ 2º Da nomeação e demissão dos ministros:

277. O atributo da livre nomeação e demissão do ministério, no todo ou em parte, é de tal modo inerente à Coroa que não é possível compreender o exercício dela sem essa prerrogativa.

Demitir ou dissolver um ministério é mudar o pessoal do poder Executivo, menos o chefe desse poder; e muitas vezes é mudar a marcha política e administrativa do governo em maior ou menor amplitude.

A dissolução de um ministério é e deve ser um ato que independa de dificuldades, desde que os próprios ministros a solicitam ou que o poder Moderador a julgue conveniente. A composição porém, de um ministério é muito difícil. É preciso descobrir pessoas não só dotadas das habilitações precisas, mas que tenham idéias análogas, as mesmas vistas sobre os negócios públicos, os mesmos princípios; é preciso que essas idéias tenham apoio nas Câ-

---

[41] Luís Felipe, ex-combatente dos exércitos revolucionários e membro do clube dos jacobinos, foi proclamado rei dos franceses pela Câmara dos Deputados, reinou entre 1830 e 1848. Para Napoleão ver nota 1.

maras e no país. Sem essas e outras condições o ministério ver-se-á em breve sem adesões, sem força, sem poder dar conta de sua árdua missão.

Em regra a Coroa designa o presidente do Conselho de Ministros, ou o compositor do ministério, e o encarregado sob sua inspeção de compô-lo.

Seção 4ª: Das atribuições do poder Moderador em relação ao poder Judicial

§ 1º O imperador exerce o poder Moderador:
1º) Suspendendo os magistrados nos casos do art. 154. Constituição, art. 101, § 7º.

§ 2º 2º) Perdoando e moderando as penas impostas aos réus condenados por sentença. Constituição, art. 101, § 8º.

§ 3º 3º) Concedendo anistia em caso urgente, e que assim aconselhem a humanidade e bem do Estado. Constituição, art. 101, § 9º.

§ 1º Da suspensão dos magistrados:
278. Havendo queixa contra os magistrados ou incorrendo eles em responsabilidade, depois de serem ouvidos, das informações necessárias e consulta do Conselho de Estado, se se mostra precisa a sua suspensão, é de necessidade que ela seja determinada, e a ninguém pode com mais propriedade competir essa atribuição do que ao poder Moderador.

O poder Judicial é independente, mas por isso mesmo é de mister que ele seja detido em seu abuso, que não contrarie sua missão, que não postergue e viole impunemente as leis que tinha, por dever, cumprir e fazer respeitar.

É medida reservada para os casos graves, mas que neles deve ser empregada; e medida conservadora em relação à ordem e poder Judicial.

§ 2º Do perdão ou moderação das penas:
279. Depois de analisar a natureza desta atribuição em suas diversas partes, procuraremos demonstrar a necessidade dela e sua relação com o poder Moderador.

O perdão ou graça é a remissão da condenação, da pena pública; pode ser total ou parcial; ele supõe o delito e a culpabilidade já julgada, e impede a execução.

Pode ser concedido a um ou a muitos, sem que por isso se confunda com a anistia, como depois veremos; não exime a obrigação de indenizar a parte ofendida, como declara o art. 66 do Código Criminal, e como é de justiça. Pela nossa legislação, o perdão total reintegra o condenado em seus direitos da data dele em diante, pois que em nenhum caso pode ter efeito retroativo, que a própria lei não tem. Segundo algumas legislações a graça não opera senão sobre a remissão da pena, não desfaz as incapacidades civis e políticas, que pendem do processo de reabilitação.

Em vez do perdão total pode ele, como já dissemos, ser parcial, conservando a natureza da pena, mas minorando sua duração ou pelo contrário transformar a pena mais grave em outra menos pesada, caso em que o perdão parcial toma o nome de comutação.

280. Embora alguns impugnem esta faculdade da graça, a razão prática, os ditames da eqüidade a defenderam sempre. Qualquer que seja a perfeição ou bondade da lei penal, ela jamais poderá prever e apreciar *a priori* todas as circunstâncias que podem acompanhar um crime e a pessoa do criminoso, circunstâncias que podem ser excepcionais e demandar uma modificação mais ou menos ampla na inflexibilidade da lei; é impossível prever tudo; e a pena não deve prevalecer senão quando é útil à sociedade, quanto serve de exemplo e preenche seus fins.

É pois de mister que haja possibilidade de conciliar a lei com a eqüidade de imitar em nossas imperfeitas instituições humanas esses atributos da Divindade, que anda ao lado da sua justiça.

A quem deverá porém pertencer esta atribuição? Não será ela mais própria do poder Executivo e da responsabilidade ministerial, por isso mesmo que no caso de abuso pode ser muito prejudicial? Sem que desconheçamos a força de algumas das razões que são alegadas, sem impugnarmos a necessidade que há de grande discernimento para evitar a surpresa, para bem apreciar todas as circunstâncias, a necessidade que o coração generoso tem de premunir-se contra as inspirações da compaixão quando não merecida, ainda assim entendemos que é um atributo apropriado ao caráter e natureza do poder Moderador, salva a audiência, ou consulta do Conselho de Estado, que julgamos ser sempre indispensável, e muito principalmente, em certas classes de crimes.

A responsabilidade ministerial a este respeito seria sujeita a muitos inconvenientes, seria preciso estabelecer regras, assemelhar esta atribuição a um novo julgamento; e seria além disso muito difícil, ao mesmo tempo que poderia empecer, ou excitar o exercício de tão bela faculdade quando não conviesse, quando ela não devesse partir senão da inspiração própria da alta inteligência do imperante.

Conforme a lei de 11 de setembro de 1826, a pena de morte jamais é executada sem que primeiro seja interposto o recurso de graça. O decreto de 9 de março de 1837 e o art. 501 do regulamento de 31 de janeiro, confirmam essa justa disposição.

§ 3º Da concessão da anistia:
281. A anistia é o olvido, a abolição do crime antes mesmo do julgamento dos indivíduos que nele têm tido parte; ela previne a condenação fazendo com que o juízo criminal não proceda ulteriormente; aos ofendidos só resta a ação civil.

A anistia, quando expressamente não excetua algum, compreende todos os delitos concomitantes, e mesmo os que já estão julgados. Quando em vez de geral é limitada, observa-se então os termos dela, ou de sua limitação.

É uma grande atribuição aconselhada assim pela humanidade como pelo bem do Estado, quando se reconhece que os delinqüentes procedem mais desvairados, ou arrastados pelas paixões políticas, ou causas extraordinárias, que pela imoralidade ou inspirações dos crimes. É medida que não deve ser tomada senão quando a ordem pública permite, e quando há razão de presumir que ela produzirá seus úteis efeitos.

É um ato de alta política; algumas vezes um importante meio de governo, de calma, de conciliação; convém empregá-lo a propósito para que não perca a sua eficácia.

SEÇÃO 5ª: DA RESPONSABILIDADE PELOS ATOS
DO PODER MODERADOR

§ 1º Os conselheiros de Estado serão ouvidos em todas as ocasiões em que o imperador se proponha exercer qualquer das atribuições próprias do poder Moderador, indicadas no art. 101, à exceção da 6ª. Constituição, art. 142.

§ 2º São responsáveis os conselheiros de Estado pelos conselhos que derem opostos às leis, e ao interesse do Estado, manifestamente dolosos. Constituição, art. 143.

§ 1º Da garantia da audiência do Conselho de Estado:
282. A sabedoria da Constituição, ao tempo que reconhecia e consagrava a existência do poder Moderador, reconhecia também que suas atribuições não deviam, à exceção da 6ª, ser exercidas sem prévia audiência do Conselho de Estado, e certamente ninguém duvidará que essa audiência necessária era uma garantia, já para o menor uso de tão importantes atribuições, já para neutralizar inspirações ministeriais porventura inconve-

nientes, e já enfim porque ela se ligava com a responsabilidade dos conselheiros de Estado.

O nosso Ato Adicional, entre outros erros, em seu art. 32, sem razão, sem fundamento, sem previsão alguma, suprimiu o Conselho de Estado constitucional, como que ignorando o que esta instituição é, e quanto necessária se faz sua existência mormente em um Estado constitucional. Conservar o poder Moderador e suas atribuições e abolir o Conselho de Estado, a audiência necessária a garantia e responsabilidade do exercício de tais atribuições, e isto a título de liberdade política, é realmente uma aberração original e inexplicável!

Hoje a audiência do Conselho de Estado pela lei de 23 de novembro de 1841 é puramente facultativa!

§ 2º Responsabilidade dos conselheiros de Estado:

283. O poder Executivo é separado e distinto do poder Moderador. Os ministros de Estado não são agentes, nem intervêm no exercício deste último poder, pelo menos essa é a presunção, ou crença constitucional; assinando tais atos seu nome não aparece senão para autenticar o reconhecimento, a veracidade da firma imperial, não são pois responsáveis por eles.

Ora, em princípio geral, e salva uma ou outra exceção, em que a responsabilidade equivalera a denegação de uma atribuição indispensável, nem um ato do poder deve deixar de ter quem por ele se responsabilize. Foi por isso que a Constituição fez necessária a audiência do Conselho de Estado, e consagrou a responsabilidade dos conselheiros em sua dupla categoria, isto é, ou quando seus conselheiros são opostos às leis, a quem juraram fidelidade, ou quando no silêncio delas são eles manifestamente dolosos.

Nem se diga que sua audiência é de pouca importância, por isso que seu voto é puramente consultivo, e pode por isso ser preterido. Posto que puramente consultivo é uma soma de votos de alta garantia; se não é unânime, obtém-se a segurança da responsabilidade dos que se pronunciaram em favor da medida adotada; se é unânime, nunca ou quase nunca essa unanimidade, essa força moral será preterida.

É sem dúvida preciso contar com a imperfeição das instituições humanas, mas é essencial reduzir essa imperfeição à menor expressão possível, e não aumentá-la.

Quando não há uma responsabilidade legal, há, qualquer que seja a teoria, a vontade a mais reta, inconvenientes os mais palpitantes, ou uma responsabilidade moral, que é altamente prejudicial.

Capítulo 3:
Da sucessão do Império e da Regência

~

Seção 1ª: Da sucessão do Império

§ 1º O senhor d. Pedro I, por unânime aclamação dos povos, imperador constitucional e defensor perpétuo, imperará sempre no Brasil. Constituição, art. 116.

§ 2º Sua descendência legítima sucederá no trono, segundo a ordem regular de primogenitura e representação, preferindo sempre a linha anterior às posteriores; na mesma linha o grau mais próximo ao mais remoto; no mesmo grau o sexo masculino ao feminino; no mesmo sexo a pessoa mais velha à mais moça. Constituição, art. 117.

§ 3º Extintas as linhas dos descendentes legítimos do senhor d. Pedro I, ainda em vida do último descendente, e durante o seu império, escolherá a Assembléia Geral nova dinastia. Constituição, art. 118.

§ 4º Nenhum estrangeiro poderá suceder na Coroa do Império do Brasil. Constituição, art. 119.

§ 5º O casamento da princesa herdeira presuntiva da Coroa será feito a aprazimento do imperador; não existindo o imperador ao tempo em que se tratar deste consórcio, não poderá ele efetuar-se sem aprovação da Assembléia Geral. Seu marido não terá parte no governo, e somente se chamará imperador depois que da imperatriz tiver filho ou filha. Constituição, art. 120.

§ 1º Da perpetuidade da monarquia:
284. A expressão do art. 116 é a reprodução do princípio fundamental consagrado nos arts. 3 e 4 da Constituição, e sobre que já fizemos anteriormente algumas observações.

É o princípio monárquico hereditário, ou perpetuado na dinastia do fundador do Império, que assim imperará sempre no Brasil. É o princípio de ordem e de segurança da nossa monarquia constitucional e representativa, que fixa o direito da transmissão do poder imperial, que evita toda a incerteza, toda a dúvida, todos os perigos de qualquer outro sistema.

§ 2º Da ordem da sucessão:

285. Fixando a ordem da sucessão a lei fundamental do Estado deve ser clara e completa, é matéria tão importante que não tolera, sem grave perigo, dubiedade ou omissão alguma.

Nossa Constituição política preenche estas valiosas condições. Ela chama ao trono somente a descendência legítima do senhor d. Pedro I, chama a sua descendência legítima segundo a ordem regular da primogenitura e representação, preferindo sempre a linha anterior, na mesma linha o grau mais próximo, no mesmo grau o sexo masculino, no mesmo sexo a maior idade.

A ordem da sucessão imperial, desta importante representação especial, designa pois claramente qual a augusta pessoa que em quaisquer circunstâncias deva subir ao trono.

Preferem os filhos, e entre estes o mais velho, depois deles as filhas, e entre elas a mais velha, na falta de filhos e filhas, é chamado o parente mais próximo, descendente do sangue do senhor d. Pedro I.

Este sistema de sucessão é calculado, como deve ser, sobre o interesse e bem-ser do Estado, pois que é evidente que não se trata da transmissão de direitos patrimoniais, sim de direitos nacionais, que devem ser resguardados de modo que sejam inacessíveis a toda e qualquer ambição, e exercidos segundo as condições que oferecem maiores vantagens.

Como a sucessão verifica-se na linha descendente e direta, e como na falta dela, na linha colateral não se passa de uma a outra enquanto nessa existe alguma pessoa, sucede que um sobrinho do último imperante preferirá como herdeiro de seu pai, primeiro irmão do mesmo imperante, ao segundo irmão deste, por isso que aquele que recebe a sucessão firma desde logo o direito de sua descendência com preferência a outros embora mais próximos do último soberano. Além da conveniência de uma ordem fixa e clara, é este sistema fundado em outras considerações de alto interesse público.

§ 3º Da extinção da descendência do senhor d. Pedro I:

286. No caso da extinção da descendência do senhor d. Pedro I, eventualidade que só por suas possibilidades deverá ser prevista no interesse da nação, não resta senão o recurso estabelecido pelo artigo 118, como já ponderamos em nº 76. Não resta senão a escolha de uma nova dinastia, uma espécie de adoção política, por meio da qual a Assembléia Geral perpetua a família do fundador do Império.

Para que não haja modificação alguma na forma de governo, para que a representação imperial não seja interrompida, essa escolha deve ser feita ainda em vida do último imperante.

§ 4º Da exclusão dos estrangeiros:

287. A Constituição com muita razão veda que nenhum estrangeiro possa suceder na Coroa do Império do Brasil. A alta dignidade e poder imperial, tão elevada expressão da soberania nacional, não pode ser conferida senão ao primeiro dos nacionais.

Se não fora esta disposição poderá dar-se a hipótese de monarca de um outro Estado vir a ser ao mesmo tempo imperante do Brasil, reduzindo-se o Império a um vice-reinado, embora independente.

Por morte de d. Fernando de Portugal, posto que ele tivesse uma filha casada com o rei de Castela, elegeu-se d. João I, mestre de Aviz, para reinar.[42]

§ 5º Do casamento da princesa herdeira presuntiva da Coroa:

288. O casamento da augusta princesa herdeira presuntiva da Coroa está ligado aos mais altos interesses do Estado, às considerações e sistema da sucessão do Império, e é por isso que o artigo 120 da Constituição estabelece as condições que são essenciais para que ele possa realizar-se.

Como já tivemos ocasião de tratar desse importante assunto referimo-nos ao que observamos em nº 79.

Seção 2ª: Da Regência e tutoria

§ 1º O imperador é menor até a idade de 18 anos completos. Constituição, art. 121.

§ 2º Durante a sua minoridade o Império será governado por uma Regência, a qual pertencerá ao parente mais chegado do imperador, segundo a ordem da sucessão, e que seja maior de 25 anos. Constituição, art. 122.

§ 3º Se o imperador não tiver parente algum que reúna as qualidades exigidas pelo art. 122 da Constituição, será o Império governado, durante a sua minoridade, por um regente eletivo e temporário, cujo cargo durará quatro anos, renovando-se para este fim a eleição de quatro anos. Constituição, art. 123; Ato Adicional, art. 26.

---

[42] D. Fernando de Portugal reinou de 1367 a 1383, sua única herdeira, d. Beatriz, casou-se com o rei de Castela. O temor da união entre os dois reinos fomentou a formação de um partido que reuniu o povo das cidades, os mesteirais das corporações de ofícios e a burguesia comercial, gerando uma série de insurreições que levaram à aclamação, nas Cortes de Coimbra de 1385, de d. João (filho ilegítimo de d. Pedro I, pai de d. Fernando) como rei de Portugal.

Esta eleição será feita pelos eleitores da respectiva legislatura; os quais, reunidos nos seus colégios, votarão por escrutínio secreto em dois cidadãos brasileiros, dos quais um não será nascido na província a que pertencerem os colégios, e nenhum deles será cidadão naturalizado. Apurados os votos, lavrar-se-ão três atas do mesmo teor, que contenham os nomes de todos os votados e o número exato de votos que cada um obtiver. Assinadas estas atas pelos eleitores e seladas serão enviadas uma à Câmara Municipal a que pertencer o colégio, outra ao governo geral por intermédio do presidente da província, e a terceira diretamente ao presidente do Senado. Ato Adicional, art. 27.

§ 4º O presidente do Senado, tendo recebido as atas de todos os colégios, abri-las-á em Assembléia Geral, reunidas ambas as Câmaras, e fará contar os votos; o cidadão que obtiver maioria destes será o regente. Se houver empate, por terem obtido o maior número de votos dois ou mais cidadãos, entre eles decidirá a sorte. Ato Adicional, art. 28.

§ 5º O governo marcará um mesmo dia para esta eleição em todas as províncias do Império. Ato Adicional, art. 29.

§ 6º Enquanto o regente não tomar posse, e na sua falta e impedimento, governará o ministro de Estado do Império, e na falta ou impedimento deste, o da Justiça. Ato Adicional, art. 30.

§ 7º Se o imperador, por causa física ou moral evidentemente reconhecida pela pluralidade de cada uma das Câmaras da Assembléia, se impossibilitar para governar, em seu lugar, governará como regente o príncipe imperial, se for maior de 18 anos. Constituição, art. 126.

§ 8º Tanto o regente como a Regência prestará o juramento mencionado no art. 103, acrescentando a cláusula de fidelidade ao imperador, e de lhe entregar o governo logo que ele chegue à maioridade, ou cessar o seu impedimento. Constituição, art. 127.

§ 9º Os atos da Regência e do regente serão expedidos em nome do imperador pela seguinte fórmula: manda a Regência em nome do imperador — manda o príncipe imperial regente em nome do imperador. Constituição, art. 128.

§ 10º Nem a Regência nem o regente serão responsáveis. Constituição, art. 129.

§ 11º Durante a minoridade do sucessor da Coroa, será seu tutor quem seu pai lhe tiver nomeado em testamento; na falta deste, a imperatriz, mãe, enquanto não tornar a casar; faltando esta, a Assembléia Geral nomeará tutor, contanto que nunca poderá ser tutor do imperador menor aquele a quem possa tocar a sucessão da Coroa na sua falta. Constituição, art. 130.

§ 1º Da maioridade do imperador:

289. A maioridade do imperador é fixada aos 18 anos completos, e esta disposição é previdente e sábia. Aos 18 anos a inteligência, o desenvolvimen-

to do sucessor do trono está, sem dúvida, perfeito em conseqüência de sua educação rodeada de toda a ilustração, de mestres hábeis e de suas altas e luminosas relações. Cumpre, portanto, desde então, acabar com os inconvenientes de uma minoridade que conserva sempre a nação em um estado provisório e anormal. É uma maioridade especial, política, que não depende da lei civil.

§ 2º Da regência do parente mais próximo do imperador:
290. Enquanto o imperador é menor, o império é governado pelo seu parente mais próximo, segundo a ordem da sucessão, uma vez que tenha mais de 25 anos. É uma disposição perfeitamente lógica, pois que o parente mais próximo do imperador é o seu herdeiro aparente na sucessão do Império. Se porém tiver menos de 25 anos, será regente o parente imediato, que reúna as condições constitucionais, até que aquele complete a referida idade, se antes disso o imperador não completar os 18 anos.

§ 3º Do regente eletivo:
291. Se o imperador não tiver parente algum, que reúna as condições exigidas pela Constituição, será o Império governado, durante sua minoridade, por um regente eletivo e temporário, se antes algum parente do imperador não adquirir aquelas condições.
O art. 27 do Ato Adicional determina claramente como deverá ser feita a eleição do regente em lista dupla, e os termos desse importante processo eleitoral; nós já fizemos algumas observações a respeito em nº 71.

§ 4º Da apuração da eleição do regente:
292. A apuração da eleição do regente é feita em Assembléia Geral, reunidas ambas as Câmaras; o cidadão que obtém a maioria de votos é declarado regente; no caso de empate, a sorte decide a precedência, como é determinado pelo art. 28 do Ato Adicional; veja-se o dito nº 71.

§ 5º Do tempo da eleição:
293. O art. 29 do Ato Adicional incumbe o governo de marcar um mesmo dia para a eleição do regente em todas as províncias do Império, a fim de que os partidos, as paixões políticas, ou os interesses individuais não possam viciar a pureza desta eleição, e do genuíno voto nacional, o que seria fácil se uma ou mais províncias pudessem, de antemão, conhecer a votação de outras.

§ 6º Da Regência provisional:
294. Enquanto o regente não toma posse, e na sua falta ou impedimento, o Estado é governado pelo ministro do Império, e na falta ou impedimento deste, pelo da Justiça; é o que dispõe o art. 30 do Ato Adicional, que reformou o art. 124 da Constituição, procurando estabelecer a unidade do centro executivo em lugar da regência trina, que fora estabelecida pela nossa lei fundamental.

§ 7º Da Regência no impedimento do imperador:
295. No caso de que o imperante, por causa física ou moral, fique impossibilitado para governar, governará em seu lugar o príncipe imperial, como regente, se for maior de 18 anos, e aliás observar-se-á o que dispõem a Constituição e o Ato Adicional nos artigos que temos analisado nesta seção. Já fizemos algumas reflexões a este respeito na seção 2ª do capítulo 2 do título 2º.

§ 8º Do juramento do regente:
296. O juramento do regente, a que em nº 70, já aludimos, é uma garantia, confirmada pela santidade da religião, que ele dá à nação de ser fiel às suas leis e, simultaneamente, ao imperador, a quem deve entregar o governo logo que ele chegue à maioridade, ou que cesse o seu impedimento.

§ 9º Da fórmula dos atos da Regência ou regente:
297. Os atos da Regência ou regente devem, como determina o art. 128 da Constituição, ser expedidos em nome do imperador, por isso mesmo que o seu poder não é próprio, sim exercido como em substituição temporária do imperador.
A autoridade do imperador não se interrompe; quando ele não pode exercê-la por si mesmo, exerce-a pela Regência ou regente.

§ 10º Da irresponsabilidade da Regência ou regente:
298. A Regência ou regente são irresponsáveis; a responsabilidade de seus atos recai sobre os ministros. Esta disposição é conseqüente com os nossos princípios constitucionais, com as idéias fundamentais da monarquia, que não se alteram. Essa substituição no exercício do poder imperial conserva as condições da teoria e forma do governo brasileiro.

§ 11º Da tutoria do imperador:

299. O art. 130 da Constituição estabelece todas as regras que devem ser observadas na importante tutoria do imperador. O tutor é nomeado pelo imperador; na falta dessa augusta nomeação é tutora a imperatriz mãe enquanto não tornar a casar; e finalmente a Assembléia Geral é chamada a providenciar a respeito, como já expusemos em nº 74.

Capítulo 4:
Da família imperial, sua dotação e instrução dos príncipes

~

Seção 1ª: Dos títulos e tratamento dos príncipes, e do juramento do príncipe imperial

§ 1º O herdeiro presuntivo do Império terá o título de príncipe imperial, e o seu primogênito de príncipe do Grão-Pará; todos os mais terão o de príncipes. O tratamento do herdeiro presuntivo da Coroa será o de alteza imperial, e o mesmo será o do príncipe do Grão-Pará; os outros príncipes terão o tratamento de alteza. Constituição, art. 105.

§ 2º O herdeiro presuntivo, em completando 14 anos de idade, prestará nas mãos do presidente do Senado, reunidas as duas Câmaras, o seguinte juramento: "Juro manter a religião católica apostólica romana, observar a Constituição política da nação brasileira, e ser obediente às leis e ao imperador". Constituição, art. 106.

§ 1º Dos títulos e tratamento dos príncipes:

300. Os filhos do imperante, os príncipes, devem sem dúvida ter títulos apropriados à sua alta origem, títulos que recordem o seu direito mais ou menos próximo de ocupar o trono, e que o graduem.

É por isso mesmo que a Constituição dá ao herdeiro presuntivo da Coroa o título de príncipe imperial, ao seu primogênito e sucessor aparente o de príncipe do Grão-Pará, e a ambos o tratamento de alteza imperial.

Os demais príncipes têm o tratamento somente de alteza. A família imperial compõe-se em geral de todos os príncipes e princesas, que podem suceder na Coroa, e restritamente dos que estão na linha imediata da sucessão.

Os títulos e denominações dos príncipes da família imperante relacionam-se com certas denominações e afeições políticas, além do prestígio que lhes é próprio.

§ 2º Juramento do príncipe imperial

301. O príncipe imperial desde que complete 14 anos deve prestar o juramento determinado pelo art. 106 da Constituição do Estado. É o seu futuro imperante, que de antemão ratifica o pacto de perpétuo acordo, de recíprocos direitos com a nação. É a sua promessa solene e sagrada de manter a religião nacional, suas leis fundamentais, sua submissão e fidelidade ao imperador.

Este juramento é prestado nas mãos do presidente do Senado em Assembléia Geral, reunidas ambas as Câmaras, como já expusemos em nº 70.

O príncipe imperial, como seu augusto pai, ou sua augusta mãe, quando imperante, deve ter sua residência dentro do Império, e não sair dele sem autorização da Assembléia Geral.

A imperatriz ou é imperante, ou só esposa; no primeiro caso é a soberana; no segundo é a esposa do soberano, que tem suas prerrogativas e direitos próprios, sua personalidade civil, propriedades, dotações especiais.

SEÇÃO 2ª: DA DOTAÇÃO IMPERIAL
E ALIMENTOS AOS PRÍNCIPES E DOTES

§ 1º A Assembléia Geral, logo que o imperador suceder no trono, lhe assinará e à imperatriz sua augusta esposa uma dotação correspondente ao decoro de sua alta dignidade. Constituição, art. 107.

§ 2º A Assembléia assinará também alimentos ao príncipe imperial, e aos demais príncipes desde que nascerem. Os alimentos dados aos príncipes cessarão somente quando eles saírem para fora do Império. Constituição, art. 109.

§ 3º Quando as princesas houverem de casar, a Assembléia lhes assinará o seu dote, e com a entrega dele cessarão os alimentos. Constituição, art. 112.

§ 4º Aos príncipes que se casarem e forem residir fora do Império se entregará por uma vez somente uma quantia determinada pela Assembléia, com o que cessarão os alimentos que percebiam. Constituição, art. 113.

§ 5º A dotação, alimentos e dotes, de que falam os artigos antecedentes, serão pagos pelo Tesouro Público, entregues a um mordomo nomeado pelo imperador, com quem se poderão tratar as ações ativas e passivas concernentes aos interesses da Casa Imperial. Constituição, art. 114.

§ 6º Os palácios e terrenos nacionais possuídos atualmente pelo senhor d. Pedro I ficarão sempre pertencendo a seus sucessores; e a nação cuidará nas aquisições e construções que julgar convenientes para a decência e recreio do imperador e sua família. Constituição, art. 115.

§ 1º Da dotação imperial:

302. A dotação conferida ao imperador e à imperatriz é um dever nacional, que respeita não só ao tratamento do monarca, e de sua augusta esposa, mas também ao alto prestígio, ao esplendor do trono às liberalidades e benefícios que ele derrama.

A atual dotação de 800 contos de réis é visivelmente insuficiente para tão altos fins.

A dotação de s. m. a imperatriz é 96 contos de réis; veja-se o decreto de 28 de agosto de 1840.

Estas dotações, para evitar toda a mobilidade inconveniente, devem ser designadas no começo de cada reinado, mas cremos que isso não impede o fato de integrar-se em qualquer tempo o valor que elas tinham ao tempo em que foram assinadas. O art. 108 da Constituição previu as circunstâncias, que então dominavam e as que deviam depois prevalecer; nossa observação se inclui na previsão desse artigo e alteração do valor da moeda.

§ 2º Dos alimentos devidos aos príncipes:

303. Os príncipes pertencem à nação, simbolizam suas esperanças, suas garantias de ordem e de segurança, além do que o imperador, preocupado sempre com os grandes interesses e serviços do Estado, não deve ser deles distraído para cuidar de recursos particulares.

O decreto de 28 de agosto de 1840 assinou os alimentos devidos ao príncipe imperial, ao príncipe do Grão-Pará e aos demais príncipes e princesas da família imperial.

§ 3º Do dote devido às princesas:

304. No mesmo caso estão os dotes devidos às princesas, são obrigações do Estado, são condições inseparáveis da monarquia, do decoro do trono nacional, e ligadas à ordem de sua sucessão. O dote das princesas substitui e faz cessar o dever dos alimentos; veja-se a lei de 29 de setembro de 1840.

§ 4º Do dote devido aos príncipes:

305. Iguais razões prevalecem em relação ao dote que deve ser assinado aos príncipes que se casarem e forem residir fora do Império. Quando eles se casam, e ficando residindo no Império, conservam seu direito aos alimentos, que lhes são devidos, ou antes a uma dotação correspondente ao alto decoro de sua pessoa e família; veja-se a lei de 29 de setembro de 1840, arts. 1 e 11.

§ 5º Da mordomia da Casa Imperial:

306. A dotação, alimentos e dotes de que tratam os parágrafos antecedentes são pagos pelo Tesouro Público e entregues ao mordomo da Casa Imperial. Este é a pessoa competente para com ela agitarem-se as ações ativas e passivas concernentes à casa do imperador.

§ 6º Dos palácios e propriedades possuídos pela Coroa:

307. Os palácios e mais propriedades necessários para a comodidade, decoro e recreio do imperador, e de sua augusta família, devem ser prontificados pela nação, fazem parte acessória da dotação imperial.

O art. 115 da Constituição não só estabelece a transmissão do que o senhor d. Pedro I possuía a seus sucessores, mas recorda o dever em que a nação está de providenciar a respeito de novas e necessárias aquisições.

Seção 3ª: Da instrução dos príncipes

§ 1º Os mestres dos príncipes serão da escolha e nomeação do imperador, e a Assembléia lhes designará os ordenados, que deverão ser pagos pelo Tesouro Nacional. Constituição, art. 110.

§ 2º Na primeira sessão de cada legislatura, a Câmara dos Deputados exigirá dos mestres uma conta do estado do adiantamento dos seus augustos discípulos. Constituição, art. 111.

§ 1º Dos mestres dos príncipes:

308. É de muita importância para a nação a instrução de seus príncipes, eles não só adornam o trono nacional, mas exercem influência moral nos negócios do Estado. A educação do sucessor da Coroa demanda, se é possível, ainda maior cuidado; sobre ele pesarão os destinos do seu povo.

A Constituição confia a escolha dos mestres dos príncipes ao imperador; ninguém melhor que ele saberá desempenhar os deveres de soberano e de pai em prol da instrução de seus primeiros súditos, e seus filhos. São os sucessores de sua sabedoria, suas virtudes, e de sua alta dignidade e poder nacional.

§ 2º Das informações que os mestres dos príncipes devem prestar:

309. Por isso mesmo que a instrução dos príncipes interessa muito a nação, manda a Constituição, em seu art. 111, que no começo de cada legislatura a Câmara dos Deputados exija dos mestres dos príncipes uma con-

ta, ou informação do estado do seu adiantamento. É o zelo, e a inspeção nacional, que não se olvida de seus interesses e afeições, que por meio desse exame refletirá e observará o aproveitamento e os meios de aperfeiçoar ainda mais quando assim seja de mister, uma tão importante educação.

Título sexto:
Do poder Executivo

Capítulo 1:
Da natureza e diferentes caracteres do poder Executivo

Seção 1ª: Da natureza e delegação do poder Executivo

§§ 1º a 3º O imperador é o chefe do poder Executivo, e o exercita por seus ministros de Estado. Constituição, art. 102.

§ 1º Da definição ou natureza do poder Executivo:
310. O poder Executivo é a delegação da soberania nacional encarregada não só da execução das leis de interesse coletivo da sociedade, mas também da deliberação e impulsão, da segurança e gestão da alta administração do Estado.

Tem pois uma dupla natureza, uma dupla competência, duas ordens de atribuições que se ligam estreitamente, mas que nem por isso deixam de ser distintas.

Como encarregado e fiscal da execução das leis sua competência compreende, salvas as exceções expressas, todas as leis de interesse geral, tanto políticas como administrativas, isto é, todas as leis do Estado, à exceção das que por sua natureza pertencem à ordem judiciária, por isso que respeitam não ao interesse social coletivo, sim aos interesses individuais entre si, ou das que, embora de interesse genérico, estão expressamente incorporadas à ordem judiciária, como as leis penais.

Como agente da deliberação e impulsão, como guarda da segurança interna e externa e diretor da alta administração do Estado, sua missão é muito elevada e ampla, é quase indefinível. É quem deve promover, dirigir e secundar todos os diferentes interesses sociais, internos e externos, perante o poder Legislativo, nos países estrangeiros e no seio da sociedade nacional; é quem deve remover todos os males e perigos intestinos ou estranhos; é enfim quem deve em tudo e por tudo encaminhar a sociedade a seu fim social. É a força da ação social, que deve ser forte, mas que não ameace a liberdade.

Posto que o poder Executivo ou administrativo seja uma e a mesma coisa, ou sinônimos, todavia alguns publicistas, para melhor assinalar seu duplo caráter reservam-lhe para o caso em que ele é mero executor a denominação de poder administrativo, e para o caso em que ele promove e imprime sua impulsão ao Estado a de governo ou poder governamental. Com efeito, no primeiro caráter não é senão um simples administrador ou executor das leis respectivas e de suas conseqüências; no segundo é muito mais importante, é o governo do país, menos a confecção das leis e ação da justiça particular, e salva a inspeção do poder Moderador e Legislativo.

Posteriormente veremos quais as variadas e importantes atribuições que se derivam destas duas missões gerais; por ora só acrescentaremos que a constituição deste importante poder, as atribuições de que ele é dotado, o modo por que as exerce são as condições que estabelecem a diferença entre os governos, entre a república, a monarquia constitucional ou a monarquia pura.

§ 2º Da delegação do poder Executivo:
311. O poder Executivo é delegado ao imperador com seus ministros de Estado. Ele é o chefe, mas não o exerce por si, sim por estes agentes necessários e constitucionais, que completam e respondem por este poder. Sem que os ministros referendem ou assinem os atos desta delegação nacional, eles não são exeqüíveis. Constituição, art. 132.

Estas condições do poder Executivo não só oferecem as garantias que são indispensáveis à sociedade, mas são também elas que distinguem e separam este do poder Moderador.

Daí também se infere que nos assuntos de maior importância faz-se necessário o acordo do pensamento do chefe do poder com os ministros, já porque ele tem o direito de demiti-los desde que falta esse acordo, já porque estes não podem nem devem em tais assuntos ir de encontro à sua convicção e consciência, e pelo contrário preferir desde então dar a sua demissão antes do que trair os seus deveres para com os direitos e públicos interesses.

§ 3º Da necessidade da delegação deste poder em ambas as suas partes:
312. A necessidade desta delegação, da existência do poder Executivo pelo que toca à ação das leis, à tarefa de realizá-las, de dar-lhes vida prática, é de simples intuição. É manifesto que o poder legislativo não decreta as medidas sociais necessárias para que fiquem inativas e sem observância, sim para que efetivamente atuem sobre a sociedade e tenham a devida existência, os seus úteis resultados. É pois indispensável que haja um instru-

mento organizado que anime essas medidas, que seja o motor de sua vitalidade real.

Pelo que toca à missão de impulsão, de velar sobre a segurança do Estado, de dirigir a sociedade, missão indispensável e que por sua natureza não pode ser bem circunscrita, a quem confiá-la senão a este mesmo poder, e tanto mais quando ela está ligada com a sua primeira incumbência? Nenhum outro poder tem a vida permanente, nem os meios de ilustração e de ação que ele possui.

Seção 2ª: Dos diferentes caracteres da autoridade executiva

§ 1º Da autoridade mais ou menos plena do poder Executivo:

313. O poder Executivo, ou ele opere como poder puramente administrativo, isto é, como simples administração, ou opere como poder político, governamental, como administração ativa ou direção superior, expressões que são equivalentes, pode atuar em uma de duas posições, em uma de duas órbitas. *Primo,* pode agitar exercer os atos de sua competência por modo que não fica, que não ofenda nenhuma lei e conseqüentemente nenhum direito, e então sua autoridade é plena e soberana. *Secundo,* pode exercer os atos, posto que de sua competência, por modo que vão de encontro ou ofendam alguma lei e, conseqüentemente algum direito, e então sua autoridade, por isso mesmo que excedeu seus limites, não é soberana, e pelo contrário é suscetível de contestação legal.

Nós passamos a especializar melhor esta distinção nos parágrafos seguintes e a demonstrar na continuação deles a diversidade de recursos que daí se deriva.

§ 2º Da autoridade dos atos do poder Executivo não suscetível de reclamação contenciosa:

314. O poder Executivo, mormente quando dirige o governo do Estado, sua marcha política, suas relações exteriores, sua segurança, ou quando promove os interesses coletivos sociais ou mesmo trata de realizá-los ou regulamentá-los; quando ele é a alta direção moral dos interesses gerais da nação, o instrumento de sua vida social, seu órgão de iniciativa, apreciação e impulsão, seu espírito e pensamento, pela natureza das coisas precisa ter uma ampla latitude de ação, livre escolha dos meios. Sem isso não é possível que ele possa preencher bem a sua missão, servir bem a sociedade.

As instituições e as leis de um Estado civilizado prevêem e reconhecem esta necessidade e, conseqüentemente, dão-lhes essa latitude, essa esfera não arbitrária, mas de uma discrição ilustrada, salvos sempre os limites dos poderes políticos e os direitos dos indivíduos.

É uma latitude essencial, pois que o poder Executivo tem muitas vezes a necessidade de dirigir-se pelo direito das gentes, diplomático ou eclesiástico, tem de estudar, compreender e adotar as medidas sociais porventura não as melhores possíveis, sim as melhores que pode realizar; tem enfim a necessidade de remover dificuldades ou perigos não previstos, e alguns mesmo impossíveis de prever-se.

Ora, enquanto sua ação ou atos são ditados dentro dessa órbita, enquanto respeitam os limites dos poderes, as leis e os direitos dos indivíduos, gozam não só de uma autoridade incontestável, mas produzem uma obrigação formal de inteira e inquestionável obediência, são atos ou determinações de inteiro império.

Não importa que esses atos prejudiquem interesses particulares, subordinando-os ao serviço ou interesse público, pois que este deve predominar, e os simples interesses não são direitos. É útil conciliá-los todos, mas na impossibilidade devem ceder ao interesse coletivo.

Em tal caso não é admissível reclamação alguma contenciosa da parte dos cidadãos, resta-lhes apenas o recurso gracioso.

Podemos figurar o caso na demissão de um emprego, a respeito do qual o poder Executivo tenha o direito de prover ou demitir *ad nutum*;[43] qualquer que seja o prejuízo ou interesse do demitido, ele não pode contestar a legitimidade de um ato tal de mero império; e se estes atos pudessem ser contestados por via contenciosa, a ação administrativa seria enervada, tornar-se-ia incapaz de preencher sua alta missão, não teria a faculdade que lhe foi conferida.

§ 3º Da autoridade dos atos do poder Executivo suscetível de impugnação contenciosa:

315. Quando pelo contrário os atos do poder Executivo, em vez de conterem-se só nessa latitude, ou órbita, infringem leis do Estado e, conseqüentemente, direitos individuais ou fórmulas protetoras desses direitos, então sua autoridade é suscetível de contestação de recurso contencioso.

---

[43] À vontade.

Desde então a questão não é mais de mero interesse, é de um direito, da infração de uma lei, de um abuso, é de justiça e não de discrição administrativa. Nem outro deve ser o princípio, pois que desde então há, da parte da administração, violação de lei e a obrigação de reformar o seu ato; o contrário seria constituir a vontade ministerial como superior à lei, inutilizar ou aniquilar o poder Legislativo, e falsear, ou antes, destruir todo o sistema e garantias constitucionais, não haveria segurança de direitos.

Enquanto a administração não suscita tais reclamações é indiferente, como bem pondera Vivien;[44] examinar se suas medidas partem de sua autoridade limitada, ou de sua latitude discricionária; desde porém que há reclamação contenciosa cumpre reconhecer se, com efeito, trata-se de um simples interesse ou de um direito. Qualquer que seja o assunto sobre que a administração, ou governo opere, desde que se reclama em virtude de um direito, se este existe dá-se um recurso contencioso e muito legal, que deve ser deferido com inteira justiça.

É desnecessário ponderar que os direitos ou são constituídos pela lei, ou são expressões da natureza moral do homem por ela reconhecidos explícita ou implicitamente como tais não têm outras fontes, mas desde que realmente desta se derivam, é claro que não existia, a esse respeito, a pretendida autoridade discricionária, pois que esta nunca se estende a derrogar as leis, ou a destruir os direitos.

§ 4º Algumas observações a respeito dos parágrafos antecedentes:

316. Posto que a matéria dos parágrafos antecedentes possa parecer mais própria do direito administrativo, todavia ela pertence também ao direito público; e julgamos conveniente resumi-la ao menos no que indicamos para orientar a defesa dos direitos dos cidadãos em suas relações para com os governantes. O direito administrativo explicará os termos do recurso gracioso, que tem sempre lugar ante a Coroa, e os do recurso contencioso, que deve ser interposto por via do Conselho de Estado, bem mal organizado em nosso país; e que ainda assim tem prestado muitos, e muitos valiosos serviços.

No que expusemos deixamos de indicar a inspeção que o poder Legislativo em todo o caso exerce sobre o poder Executivo, e o recurso de responsabilidade ministerial, porque de uma dessas condições constitucionais já tratamos, e de outra falaremos ainda de novo posteriormente.

---

[44] Alexandre François Vivien (1799-1854), homem de Estado francês, foi deputado, conselheiro de Estado e ministro da Justiça.

§ 5° De outros caracteres ou condições do poder Executivo:

317. Assim como o poder Legislativo deve ser organizado mediante as condições que observamos para que possa bem preencher sua missão, também, o poder Executivo demanda atributos essenciais à sua natureza, e sem os quais não poderia satisfazer os valiosos serviços que lhe são cometidos. Entre os seus principais caracteres, ou condições, figuram os seguintes:

Necessidade de unidade de ação, ou antes de execução em seus diferentes graus. A deliberação é, e deve ser obra de muitos, que discutam e ilustrem as resoluções; a ação ou execução deve ser confiada a uma unidade, a um centro único; é condição que tem por si não só a experiência, mas a previsão. Sem isso não é possível a harmonia de vistas, a celeridade ou prontidão, enfim a força.

Se na deliberação a morosidade é compensada pelo acerto das resoluções, na execução ela não tem outro efeito senão de paralisar e enfraquecer; a ação não se concilia com o concurso de opiniões encontradas, e demais entorpece a responsabilidade.

É, pois, essencial reunir, na administração central, sob a ação do monarca e, nas províncias, sob a ação da presidência, tudo quanto respeita ao governo geral e provincial, de modo que prevaleça a unidade de vistas, a prontidão, e a energia; nada de centros coletivos de execução.

Convém que o próprio poder Executivo tenha em seus diferentes graus os seus conselhos consultivos, para que precedentemente se ilustre, e evite a precipitação; mas desde que se julgar esclarecido, a sua ação deve ser livre e pronta.

Independência: Por isso mesmo, e porque é responsável, é também essencial que sua ação se mantenha independente de todo e qualquer estorvo, quanto aos meios que são precisos para exercer suas atribuições. Em sua esfera legal não deve sofrer obstáculo algum; se os outros poderes tivessem o direito de opô-los ficaria à mercê deles, e impossibilitado de preencher sua missão.

Subordinação dos seus agentes: A condição de ramificar-se por meio de seus agentes em todo o território, de modo que nem uma parte deixe de estar debaixo de sua ação pronta e eficaz, é de necessidade intuitiva; a conseqüente necessidade da subordinação de tais agentes é ainda mais palpitante. É essencial que sejam fiéis e obedientes, pois que aliás em vez de coadjuvarem, criariam obstáculos, enervariam o governo, a ordem e os interesses sociais.

Essa subordinação pela natureza das coisas acompanha as hierarquias e competências administrativas, e estabelece os respectivos direitos de inspeção, reforma e revogação dos atos dos subordinados. São os meios de corrigir as omissões, os erros, e de manter a unidade, a ordem, e justiça administrativa.

Os agentes do poder administrativo, que por qualquer motivo não quiserem cumprir suas determinações, ou dar o seu concurso a suas idéias, ou política, têm o direito e o dever de demitir-se; enquanto porém servem os cargos que por ele lhe foram confiados, estão na rigorosa obrigação de ser subordinados e fiéis.

Centralização indispensável, mas não a concentração administrativa, que seria fatal: A centralização política, que fortifica e perpetua a ação do governo nas relações políticas do Estado, quer internas, quer externas, deve ter um só foco: todas as relações dos serviços e interesses gerais da nação devem ser agitadas em perfeita harmonia por uma só inteligência. O motor político e nacional não pode ser senão um e único.

Competências ou meios suficientes para sua missão: Pois que é de primeira necessidade dar a cada poder as faculdades, ou recursos, que são precisos, para que possa desempenhar seus deveres, é por isso mesmo que as questões contenciosas da administração devem ser por ela decididas.

Organização harmoniosa e completa: Que marche e funcione sempre de acordo, e que se reproduza, ou agite em todas as localidades do Estado, onde a ação administrativa deve ter vida, ou movimento.

Capítulo 2:
Das atribuições políticas e governamentais do poder Executivo

Seção 1ª: Das atribuições políticas e governamentais do poder Executivo em geral

Parágrafo único. Observações a respeito:
318. O poder Executivo, como já observamos, pode ser considerado por duas faces distintas, como entidade política e governamental, ou como mero administrador.

Na qualidade de poder político e governamental tem ele atribuições correspondentes à sua missão, atribuições que se relacionam com o poder Legislativo, Judicial, eclesiástico ou espiritual. Tem também atributos indispensáveis à direção e serviço das relações internacionais, à segurança externa do Estado. No seu caráter de motor político e governamental sua missão abraça tanto a política interior como exterior em todas as suas dependências.

Neste capítulo exporemos cada uma dessas atribuições em seção correspondente. Em capítulo posterior consideraremos este poder na outra qualidade sua de simples administrador, e indicaremos então quais sejam suas respectivas funções.

Seção 2ª: Das atribuições do poder Executivo em relação ao poder Legislativo

§ 1º São suas principais atribuições:
Convocar a nova Assembléia Geral ordinária no dia 3 de junho do terceiro ano da legislatura existente. Constituição, art. 102, § 1º.

§ 2º Oferecer ao poder Legislativo as propostas que julgar convenientes para que se convertam em projetos de lei. Constituição, art. 53.

§ 3º Apresentar anualmente o balanço e o orçamento da receita e despesa do Estado [Constituição, art. 172], *e a informação necessária para a fixação das forças de mar e terra.* Constituição, art. 15, § 11º.

§ 4º Fazer a promulgação das leis e sua remessa às estações competentes. Constituição, arts. 68 e 69.

§ 5º Expedir os decretos, instruções e regulamentos adequados à boa execução das leis. Constituição, art. 102, § 12º.

§ 6º Decretar a aplicação dos rendimentos destinados pela Assembléia Geral aos vários ramos da pública administração. Constituição, art. 102, § 13º.

§ 1º Da convocação da nova Assembléia Geral:

319. A nova Assembléia Geral podia, como já observamos em nº 141, ser convocada de pleno direito, ou só pela ação da lei independente desta atribuição do poder Executivo; entretanto é um ato importante, que não deve efetuar-se sem sua intervenção, sem essa harmonia da Coroa com a liberdade pública.

Demais, se houvesse demora na regularidade da renovação da Câmara eletiva, o Senado cumpriria o dever que lhe é imposto, como já observamos no citado número.

Vê-se pois que o dever de convocar a Assembléia Geral não importa o direito de deixar de convocá-la, direito que seria incompatível com a segurança da ordem constitucional.

§ 2º Das propostas do poder Executivo:

320. Não reproduziremos o que a este respeito já expusemos em nº 134 e 168. Acrescentaremos somente que esta faculdade é inseparável da impulsão que o poder Executivo deve dar a todas as medidas necessárias aos interesses e serviços públicos. Seria mesmo pouco racional proibir que o poder que está mais habilitado para bem sentir as necessidades sociais, e apreciar os meios de satisfazê-las, pudesse oferecer as proposições correspondentes e auxiliar eficazmente o bem-ser geral, objeto e fim que todos os poderes públicos devem ter em vistas.

§ 3º Da apresentação dos orçamentos, balanços e informações para a fixação de forças:

321. Como já em nº 95 observamos, é o poder Executivo que tem de realizar os diferentes serviços públicos, quem está mais habilitado para indicar e orçar as despesas necessárias ao Estado.

É demais ele que preside à execução das leis do orçamento, que responde pela legalidade das despesas e boa fiscalização da receita, quem deve apresentar os respectivos balanços e prestar as devidas contas.

Sua audiência ou informação para a fixação de forças é também indispensável, por isso mesmo que é ele o encarregado de manter a segurança interna e externa do Estado, e auxiliar a ação da administração judicial, como já expusemos em n° 100 e seguintes.

§ 4° Da promulgação das leis e remessa de seus exemplares:

322. A promulgação é, como já demonstramos em n° 189, um ato indispensável para fixar-se o tempo em que a lei começa a ser obrigatória. Nesse mesmo número e seguinte também observamos que este ato deve ser seguido de sua necessária publicidade.

Não reproduziríamos a matéria deste, e dos três parágrafos antecedentes, se não fora a conveniência de enumerar todas as atribuições do poder Executivo que fazem objeto desta seção, ao menos remissivamente.

§ 5° Dos regulamentos, decretos e instruções necessários para a boa execução das leis:

323. Já vimos anteriormente que a divisão dos poderes políticos, e sua exata e real separação, é a primeira e essencial condição da veracidade do sistema constitucional. Já observamos também em n° 81 que ao poder legislativo, só e exclusivamente a ele, compete decretar os princípios gerais, as normas, ou disposições reguladoras da sociedade, dos direitos e obrigações dos indivíduos; que tudo que é criar, ampliar, restringir, modificar, ou extinguir direitos, obrigações ou penas, é do privativo domínio da lei. Fixados estes princípios, torna-se fácil reconhecer onde pára a esfera da atribuição regulamentar dada ao governo; nós indicaremos primeiramente a necessidade desta atribuição, e depois sua definição e seus limites.

324. *Necessidade da atribuição*: Seria não só inconveniente, mas porventura mesmo impossível, que o poder Legislativo, tendo de decretar a lei, previsse e descesse a todos os detalhes de sua execução. Seria inconveniente, porque fora tolher toda a ação do poder Executivo demandada pelas necessidades e condições locais e móveis, ou pelas variadas circunstâncias do público serviço. Seria quase impossível, por isso mesmo que as leis abraçam todo o Estado, todas as suas localidades e condições diversas, que não podem ser apreciadas de antemão, e só sim em face das ocorrências que exigem medidas e detalhes mutáveis, e não disposições fixas, como são as da lei.

Conseqüentemente, como a lei em sua execução demanda providências, detalhes variáveis, mobilidade conveniente, para que preencha bem os seus fins, para que não encontre obstáculos, com razão atribuiu a Constituição do Império, ao poder Executivo, a tarefa de expedir os atos necessários para a boa execução dos preceitos legislativos.

É mesmo uma atribuição indispensável ao governo, um dos modos por que ele consegue preencher sua missão executiva, por que segura a observância da lei, remove as dificuldades e imprime sua impulsão, ou direção administrativa.

325. *Sua definição*: Os regulamentos são pois atos do poder Executivo, disposições gerais revestidas de certas formas, mandadas observar por decreto imperial, que determinam os detalhes, os meios, as providências necessárias para que as leis tenham fácil execução em toda a extensão do Estado. São instruções metódicas circunscritas, e não arbitrárias, que não podem contrariar o texto, nem as deduções lógicas da lei, que devem proceder de acordo com os seus preceitos e conseqüências, que não têm por fim senão empregar os expedientes acidentais e variáveis, precisos para remover as dificuldades e facilitar a observância das normas legais. São medidas que regulam a própria ação do poder Executivo, de seus agentes, dos executores, no desempenho de sua missão; são atos, não de legislação, sim de pura execução, e dominados pela lei.

Em todos os graus da hierarquia administrativa os respectivos depositários do poder têm a necessidade e o encargo, dentro das condições e limites legais de tomar as medidas necessárias, as que são reclamadas, para que as leis, cuja guarda lhes é confiada, sejam cumpridas e observadas; é uma atribuição que resulta da necessidade de desempenhar o serviço.

Eis o que são os regulamentos, estes atos da magistratura executiva, estes meios estabelecidos para a boa execução das leis.

326. *Limites da atribuição*: Do que temos exposto, e do princípio, também incontestável, que o poder Executivo tem por atribuição executar, e não fazer a lei, nem de maneira alguma alterá-la, segue-se evidentemente que ele cometeria grave abuso em qualquer das hipóteses seguintes:

1º) Em criar direitos, ou obrigações novas, não estabelecidos pela lei, porquanto seria uma inovação exorbitante de suas atribuições, uma usurpação do poder Legislativo, que só poderá ser tolerada por câmaras desmoralizadas. Se assim não fora, poderia o governo criar impostos, penas, ou deveres, que a lei não estabeleceu, teríamos dois legisladores, e o sistema constitucional seria uma verdadeira ilusão.

2º) Em ampliar, restringir ou modificar direitos ou obrigações, porquanto a faculdade lhe foi dada para que fizesse observar fielmente a lei, e não para introduzir mudança ou alteração alguma nela; para manter os direitos e obrigações como foram estabelecidos, e não para acrescentá-los ou diminuí-los, para obedecer ao legislador, e não para sobrepor-se a ele.

3º) Em ordenar, ou proibir o que ela não ordena, ou não proíbe, porquanto dar-se-ia abuso igual ao que já notamos no antecedente número primeiro. E demais, o governo não tem autoridade alguma para suprir, por meio regulamentar, as lacunas da lei, e mormente do direito privado, pois que estas entidades não são simples detalhes, ou meios de execução. Se a matéria como princípio é objeto de lei deve ser reservada ao legislador; se não é, então não há lacuna na lei, sim objeto de detalhe de execução.

4º) Em facultar, ou proibir, diversamente do que a lei estabelece, porquanto deixaria esta de ser qual fora decretada, passaria a ser diferente, quando a obrigação do governo é de ser em tudo e por tudo fiel e submisso à lei.

5º) Finalmente, em extinguir ou anular direitos ou obrigações, pois que um tal ato equivaleria à revogação da lei que os estabelecera ou reconhecera; seria um ato verdadeiramente atentatório.

327. O governo não deve por título algum falsear a divisão dos poderes políticos, exceder suas próprias atribuições, ou usurpar o poder Legislativo.

Toda e qualquer irrupção fora destes limites é fatal, tanto às liberdades públicas, como ao próprio poder.

O abuso dos regulamentos de 25 de julho de 1830 em França devia ter imposto grave pena sobre os ministros prevaricadores, que por esse meio traíram seus deveres sagrados para com Carlos X.[45] É um dos maiores abusos pois que se deriva justamente do poder, que mais deveria zelar da lei; é ele então o primeiro que a corrompe.

Desde que o regulamento excede seus limites constitucionais, desde que ofende a lei, fica certamente sem autoridade porquanto é ele mesmo quem estabelece o dilema ou de respeitar-se a autoridade legítima e soberana da lei, ou de violá-la para preferir o abuso do poder Executivo.

Desde então o deixar de observar o regulamento não é resistir à ação ministerial, é obedecer ao preceito da lei. A autoridade judiciária não tem o direito de declará-lo nulo, por medida geral ou revogá-lo, mas tem o dever de declará-lo inaplicável no caso vertente, pois que ela é também guarda da

---

[45] Carlos X, rei da França de 1824 a 1830, foi obrigado a abdicar em conseqüência da eclosão de um movimento revolucionário liberal. Os fatos se precipitaram depois que o rei assinou as três ordenanças de julho, pretendendo dissolver a Câmara dos Deputados, abolir a liberdade de imprensa e modificar a lei eleitoral.

lei em sua aplicação e adstrita a respeitar os direitos e obrigações individuais, e não um instrumento cego e bruto da arbitrariedade; é obrigada a defender a lei, a não violá-la.

Os cidadãos ofendidos em tal caso têm demais, ou além dos tribunais, o recurso contencioso ao poder Legislativo, ou ao imperante em seu Conselho de Estado. Se não podem, por esse meio, atacar tais regulamentos em sentido geral, para que sejam revogados, podem inquestionavelmente, recorrer deles no sentido da ofensa do seu direito particular para que ou não lhe seja aplicado, ou seja, essa ofensa reparada.

Tem mesmo por via graciosa a faculdade de pedir sua inteira revogação, demonstrando a sua ilegalidade ou mesmo seus erros, e inconvenientes.

Quando pelo contrário os regulamentos circunscrevem-se, dentro das respectivas atribuições, são perfeitamente obrigatórios, participam da força da respectiva lei, e com ela como que se confundem.

A Constituição inglesa e a americana denegam esta atribuição, aliás necessária a seus poderes Executivos; é uma lacuna prejudicial, e é a razão por que as leis desses países são tão difusas e minuciosas.

A Constituição francesa de 1830 e a portuguesa são, a este respeito, semelhantes à nossa. A Constituição belga, além de semelhante, acrescenta em seu art. 107, que as cortes e tribunais observarão os regulamentos *quando conformes às* leis. Esta conformidade resulta de duas circunstâncias, isto é, que o administrador, de que eles emanam, tenha poder legal e que circunscreva suas disposições dentro dos limites de suas atribuições.

Por isso mesmo que os regulamentos não são leis e sim meios de execução destas, nem sempre têm um caráter estável e permanente; podem portanto variar, e acomodar-se às circunstâncias emergentes. O poder Executivo, que está sempre em ação, sempre informado das necessidades e conveniências públicas, tem pois o direito de alterá-los, e muito mais de interpretá-los, salvas sempre as disposições legais. É esta uma das razões por que a infração dos regulamentos por si só não pode fundar a concessão de uma revista; não são leis.

328. Pelo que respeita aos decretos e instruções ministeriais, observaremos somente que os decretos são atos redigidos em nome do monarca, por ele assinados e referendados pelo respectivo ministro, que, segundo os estilos de cada Corte, são reservados para medidas mais importantes, que não devem depender somente da assinatura ministerial. As instruções são atos ministeriais que se destinam a desenvolver o pensamento dos regulamentos ou ordens do governo, ou suas idéias sobre o modo de resolver as dificuldades que possam ocorrer na execução das leis ou realização dos atos admi-

nistrativos. São avisos detalhados que prescrevem a marcha que os agentes da administração devem seguir para bem do público serviço, para que haja unidade, harmonia e atividade governamental.

Concluiremos observando que em nº 90 já notamos que o abuso ministerial a título desta atribuição, por mais de uma vez tem pretendido usurpar o direito de interpretar as leis, e demais disso obter do poder legislativo delegações que a Constituição não permite para erigir-se em legislador, como também já ponderamos.

Esta faculdade regulamentar é necessária, mas deve conter-se em seus limites constitucionais e jamais ultrapassá-los.

§ 6º Da aplicação das rendas públicas aos diversos serviços administrativos:

329. A faculdade que o governo tem de decretar a aplicação dos rendimentos destinados pelo poder Legislativo aos vários ramos da pública administração é a reprodução da mesma atribuição regulamentar especializada em relação a essa importante parte do serviço do Estado.

Ele não pode ultrapassar os limites das respectivas leis, ou dos créditos abertos, alterar os seus destinos, ou deixar de fazer os serviços determinados. É uma faculdade que lhe é outorgada para a boa execução das leis de finanças, e nunca deverá ser exercida por modo inverso a seu fim.

Podem ocorrer circunstâncias que obriguem a pedir à Coroa em seu conselho ministerial a abertura de créditos, para suprir a escassez dos que foram autorizados pela lei do orçamento, ou para o ajuste de contas de um exercício, ou mesmo para despesas urgentes e não previstas.

No primeiro caso esses créditos têm a denominação de suplementares. São os que no decurso do serviço do exercício dos ministros na ausência das Câmaras pedem ao monarca que autorize, atenta a insuficiência dos fundos afetados ao respectivo serviço pela lei de finanças. Tais autorizações devem ser apresentadas ao corpo legislativo logo que ele se reúne, para que sejam convertidas ou aprovadas em lei, depois de justificada a sua necessidade pelo respectivo ministro, e sob sua responsabilidade.

Dá-se o nome de créditos complementares aos que ao tempo da liquidação das contas de um exercício são necessários para saldar os serviços dele, quando os fundos votados não são para isso suficientes. Estes créditos podem ser provisoriamente autorizados pela Coroa em conselho dos ministros, mas devem ser regularizados pelo corpo legislativo na lei de aprovação das contas.

Denominam-se créditos extraordinários, por oposição aos contemplados pelo *budget*[46] que se chamam ordinários, os que os ministros pedem para serviços não previstos, nem contemplados nele, mas que se tornam urgentes e indispensáveis. Podem ser autorizados como os suplementares e como deles sujeitos ao *bill* de indenidade[47] à aprovação do corpo legislativo, depois de justificados.

É manifesto que as Câmaras devem fiscalizar com inteira atenção estes atos ministeriais, e obstar os abusos a respeito, que podem ser fatais.

Seção 3ª: Das atribuições do poder Executivo em relação ao poder Judicial

§ 1º São suas atribuições:
Nomear magistrados. Constituição, art. 102, § 3º.

§ 2º Os magistrados não podem ser suspensos senão pelo poder Moderador [Constituição, arts. 101, § 7º; e 154], *nem demitidos senão nos termos do art. 155 da Constituição*.

§ 1º Da nomeação dos magistrados:
330. Posto que o poder Judicial seja um poder independente e diretamente delegado pela nação, nos termos dos arts. 10, 12 e 151 da Constituição, todavia esta com razão deu ao poder Executivo a atribuição de nomear os magistrados, mediante as condições estabelecidas pelas leis.

Se essa nomeação fosse feita por eleição popular, ressentir-se-ia de muitos e graves inconvenientes. Para que fosse realizada sob proposta ou apresentação do Supremo Tribunal de Justiça faltariam a este, quanto à primeira instância, informações indispensáveis, e seria mesmo dar-lhe uma atribuição menos própria de sua instituição.

É o poder Executivo, e só ele, quem está habilitado para prover com acerto os lugares da primeira instância; quanto à segunda, a nossa lei de 26 de junho de 1850 é providente: as nomeações para o Supremo Tribunal são determinadas somente pela antiguidade.

---

[46] O *budget* é o orçamento de despesas do Estado.

[47] Chamava-se *bill de indenidade* a proposição ou projeto de lei apresentado ao Parlamento para que se aprovasse algum ato ministerial não legal, mas justificável pelas circunstâncias.

Não há pois inconveniente nessa faculdade, que é regulada pelo art. 44 do Código do Processo e pela lei de 3 de dezembro de 1841,[48] art. 21; e quando um ou outro abuso possa dar-se, é fora de dúvida que eles seriam mais graves se a atribuição fosse cometida a outrem.

§ 2º Da suspensão e demissão dos magistrados:

331. Embora o poder Executivo tenha a atribuição que acabamos de referir, desde que o magistrado é nomeado perde toda a ação sobre ele, pois que desde então passa a ser membro de um poder distinto e independente.

Em relação aos empregos administrativos o direito de nomeação, em regra, inclui o de suspensão e demissão, por isso mesmo que são agentes subordinados e da confiança do poder que os nomeia. Os magistrados porém não são agentes desse poder, sim membros de um outro; sua suspensão não pode ser determinada senão pelo poder Moderador, como já observamos no nº 278, ou pelas Assembléias Legislativas Provinciais, nos termos expressados pelo Ato Adicional.

Eles não podem ser demitidos senão em virtude de sentença que os declare incursos em crimes a que a lei tenha imposto essa pena.

Quando tratarmos do poder Judicial voltaremos sobre este assunto; nosso fim na atualidade foi somente de indicar as atribuições do poder Executivo, e suas limitações quanto ao poder Judicial a este respeito.

Seção 4ª: Das atribuições do poder Executivo em relação ao poder espiritual

§ 1º Compete ao poder Executivo:
Manter a religião católica apostólica romana, e a tolerância dos outros cultos. Constituição, arts. 5, 103 e 179, § 5º.

§ 2º Nomear bispos e prover os benefícios eclesiásticos.[49] Constituição, art. 142, § 2º.

§ 3º Conceder ou negar beneplácito aos decretos dos concílios e letras apostólicas, e quaisquer outras constituições eclesiásticas que se não opuserem à Constituição; pre-

---

[48] A lei de 3 de dezembro de 1841 reformou o Código do Processo Criminal.

[49] O benefício era um ofício eclesiástico ao qual se anexava uma renda.

cedendo aprovação da Assembléia se contiverem disposição geral. Constituição, art. 102, § 14º.

§ 1º Da proteção religiosa:
332. Em nº 10 já observamos que a religião é um complexo de princípios reguladores de nossos pensamentos e ações para com Deus; que a religião católica apostólica romana é a religião do Estado, mas que os outros cultos são tolerados dentro dos limites e condições que aí indicamos.

O poder Executivo, em virtude desta atribuição, deve pois proteger a religião do Estado, sua crença, sua moral, seu culto, zelar da sua pureza, não consentir que seja ofendida.

Desta atribuição derivam-se necessariamente outras, de que passamos a tratar nos parágrafos seguintes.

§ 2º Da nomeação dos bispos e provimento dos benefícios eclesiásticos:
333. Independente do direito do padroado imperial[50] e de concordatas com a Santa Sé, esta atribuição é com razão conferida ao poder Executivo pela nossa lei fundamental. A par das funções espirituais, os bispos, os párocos e mais empregados eclesiásticos exercem também funções civis de alta importância; eles influem muito sobre a moral do povo, sobre a instrução religiosa, sobre a direção social. É pois de mister que o poder público, que deve manter os bons costumes, a segurança e a tranqüilidade nacional, tenha o impreterível direito de reconhecer e preferir os sacerdotes que por suas virtudes e conhecimentos ofereçam as garantias necessárias, que não venham perturbar a ordem política, levantar conflitos ou dificuldades.

O poder Executivo nomeia os bispos, e o papa dá-lhes a confirmação. Quanto aos benefícios eclesiásticos, são eles providos nos termos prescritos pelo alvará de 14 de abril de 1781, denominado das faculdades, lei de 22 de setembro de 1828, art. 2, § 11º, e mais disposições respectivas.

§ 3º Do beneplácito para a observância dos decretos e mais determinações eclesiásticas:
334. Os decretos dos concílios, letras apostólicas e quaisquer outras constituições eclesiásticas não podem ter execução no Império quando conti-

---

[50] O direito do padroado imperial, herdado do Reino português, concedia ao poder secular a nomeação de clérigos para cargos eclesiásticos, em seguida, a autoridade religiosa competente concedia a instituição canônica.

verem disposição geral, sem prévia aprovação da Assembléia Geral; quando porém não contiverem senão disposição particular, e não se opuserem à Constituição política do Estado, basta para que tenham execução que hajam obtido o beneplácito do poder Executivo.

Essas constituições ou determinações eclesiásticas contêm disposição geral somente quando estatuem em relação a toda a Igreja cristã, quando decretam um princípio, norma ou decisão que tem de vigorar em toda a Igreja universal.

A disposição é, pelo contrário, particular quando não se dirige à Igreja universal e só sim a uma parte dela, à igreja de um Estado especialmente.

A disposição, quando geral, é de importância muito elevada, por isso mesmo que constitui um preceito, norma ou decisão para toda a Igreja católica apostólica romana. Sua não recepção poderia originar dificuldades, contestações ou cisão; e por outro lado sua recepção indistinta poderia importar graves inconvenientes. É por isso que a nossa lei fundamental reserva a decisão em tal caso à Assembléia Geral Legislativa. Embora a disposição geral tenha por objeto dogmas ou doutrina essencial à Igreja, ainda assim essa aprovação prévia é indispensável, por isso que na respectiva constituição, bula ou decisão pode porventura o legislador eclesiástico incluir algum princípio nocivo ao Estado.

A disposição puramente particular não tem tanta gravidade, e quase sempre é mesmo impetrada pelo poder político do Estado em benefício da respectiva igreja, e portanto basta para sua execução o beneplácito do poder Executivo, que o não concede sem o necessário exame.

A aprovação ou beneplácito nos termos expostos é essencial, é atribuição inauferível do poder político, de sua inspeção e responsabilidade pela ordem e bem-estar social, pela defesa de seus direitos e pela prevenção do que lhe possa ser nocivo. É de mister que o poder eclesiástico não invada, não usurpe os direitos da soberania nacional, nem perturbe a paz pública.

Embora a Igreja e o Estado sejam sociedades distintas quanto a seus fins, elas estão entre si tão ligadas que o poder político não pode, nem deve prescindir do direito e do dever que tem pela lei divina e humana de manter a existência e a felicidade de sua associação.

Desde, porém, que a disposição eclesiástica nada tem de nocivo à sociedade, é do dever do poder político dar-lhe publicação e execução, pois que toda apreciação da doutrina dogmática, ou da fé, é da competência da Igreja e das consciências; e o dogma, a fé não podem certamente contradizer o fim, o bem-estar do Estado, procedem do mesmo autor, e jamais serão contraditórios.

Por estes mesmos princípios é manifesto que as constituições dos bispados brasileiros, e disposições criadas pelos bispos da nossa igreja nacional, dependem do beneplácito do imperante, do poder Executivo.

Seção 5ª: Das atribuições do poder Executivo quanto às relações internacionais do Estado

§ 1º São suas principais atribuições:
Nomear embaixadores e mais agentes diplomáticos e comerciais. Constituição, art. 102, § 6º.

§ 2º Dirigir as negociações políticas com as nações estrangeiras. Ibid., § 7º.

§ 3º Fazer tratados de aliança ofensiva e defensiva de subsídio e comércio, levando-os depois de concluídos ao conhecimento da Assembléia Geral, quando o interesse e segurança do Estado o permitirem. Se os tratados concluídos em tempo de paz envolverem cessão ou troca de território a quem o Império tenha direito, não serão ratificados sem terem sido aprovados pela Assembléia Geral. Ibid., § 8º.

§ 4º Declarar a guerra e fazer a paz, participando à Assembléia as comunicações que forem compatíveis com os interesses e segurança do Estado. Ibid., § 9º.

§ 5º Prover a tudo que for concernente à segurança externa do Estado, na forma da Constituição. Ibid., § 15º.

§ 6º Conceder cartas de naturalização, na forma da lei. Ibid., § 10º.

§ 1º Da nomeação dos embaixadores e mais agentes diplomáticos e comerciais:

335. A nomeação destes agentes administrativos, tanto diplomáticos como comerciais, não pode deixar de pertencer exclusiva e privativamente ao poder Executivo. Para reconhecer que é uma atribuição inseparável dele, basta refletir que ele é o poder encarregado de dirigir as negociações internacionais, tanto políticas como comerciais do Estado, que é quem responde por elas e pela segurança externa do Império.

Desde então é manifesto que ele, e só ele, é quem tem a necessidade e o direito de avaliar as habilitações, a fidelidade, a confiança que mereçam a sua escolha, que lhe pareçam as mais apropriadas às suas vistas, ao êxito das negociações.

São seus auxiliares, seus delegados, seus instrumentos, que devem compenetrar-se de seu pensamento e promovê-lo com todo o zelo e desteridade; sem essa indispensável atribuição o poder Executivo não teria a possibilidade de bem preencher sua importantíssima missão.

Conseqüentemente, a ele compete também exonerar esses agentes seus das comissões que lhes tiver confiado desde que julgue ser isso conveniente, ou porque não preencham bem suas vistas, ou porque hajam algumas outras razões que assim aconselham; só ele é quem pode bem avaliar.

Embora esta classe de empregos seja da ordem daqueles que demandam talentos e estudos profissionais, que devem formar uma carreira e oferecer garantias, é de mister que a lei combine estas condições sem ofensa da plena liberdade que o poder Executivo deve ter; é quem responde por eles, cumpre que tenha as faculdades correspondentes a essa responsabilidade.

A nossa lei de 22 de agosto de 1851, que organizou o corpo diplomático brasileiro, e regulamento de 20 de março de 1852, tiveram em vistas estas considerações; assim como o regulamento consular de 11 de junho de 1847.

§ 2º Da direção das negociações internacionais:
336. Os interesses internacionais do Império demandam um estudo, uma atenção, uma vigilância contínua. Qualquer inovação na legislação ou relações de qualquer Estado pode reagir sobre os direitos ou interesses brasileiros, e tornar-se por isso mesmo objeto de negociações internacionais. Pode, a necessidade destas, proceder de interesses ou ocorrências que tenham origem em nosso próprio país, ou que se derivem de suas próprias relações.

Tais negociações demandam conhecimentos profundos e não interrompidos da situação política, comercial e militar, não só do próprio país, mas de cada um dos outros com que elas se relacionam. É de mister que o poder nacional contemple e acompanhe atentamente todas as fases e modificações dessas situações, que penetre em suas tendências, que preveja os resultados, decifre e resolva os interesses pátrios.

É demais preciso que não veja, não escute somente uma ou outra necessidade ou negociação, sim que coordene todas, que as harmonize, que estabeleça um sistema, que não suscite dificuldades de parte de um ou outro país, que o conserve em boa posição, que não sacrifique nenhum de seus interesses.

Para preencher tão ampla missão é de necessidade que o poder encarregado dela seja não só um centro de unidade, mas de informações, ação e vigilância contínua, que seja o centro do movimento das forças e recursos sociais, que seja enfim o poder Executivo.

§ 3º Da celebração de tratados:
337. Considerada só em teoria, a atribuição de celebrar tratados não deveria pertencer ao poder Executivo, sim ao Legislativo; quando porém se

trata de examinar e fixar as condições práticas deste importante serviço nacional, e as razões de conveniência pública sobre a delegação de semelhante faculdade, é fácil de reconhecer que ela não pode ser atribuída senão ao poder Executivo.

Pertenceria pela teoria ao poder Legislativo, porquanto é um ato de soberania, uma expressão do voto nacional; e porque tais convenções internacionais se transformam em leis internas do país, que devem ser religiosamente observadas, que produzem direitos e obrigações.

Entretanto, praticamente compreende-se que além dos conhecimentos que são indispensáveis, assim de todos os interesses nacionais, como dos países estrangeiros é de mister que o centro negociador não tenha interrupções em sua vigilância e ação, como tem o poder Legislativo, que esteja sempre esclarecido de todas as informações, que opere muitas vezes em segredo, que aproveite as ocorrências e oportunidades; compreende-se que a celebração de tratados não pode ser cometida senão ao mesmo poder que é encarregado de nomear os agentes diplomáticos, e de dirigir as negociações internacionais; seria dividir a unidade de vistas e de ação, e comprometer os interesses públicos.

Também se manifesta que a dependência para ratificação de prévia aprovação do poder Legislativo, quando eles não ultrapassam as atribuições do Executivo, não seria fundada, e pelo contrário enervaria muito a ação deste, basta que prevaleça essa dependência sobre os assuntos que não cabem em sua alçada.

Pelo que acabamos de indicar já se vê que a faculdade dada ao poder Executivo não é arbitrária, sim limitada pelos princípios constitucionais do Estado, que ele jamais deve ultrapassar de suas atribuições, que nada pode ratificar que exceda suas faculdades, nada que contrarie as atribuições dos outros poderes ou as leis do Estado, nada que viole as propriedades ou direitos dos súditos nacionais.

Se em um tratado de aliança se estipularem cláusulas que estabeleçam prestações do Tesouro Nacional, estas não produzirão direitos e obrigações senão depois de aprovadas pelo poder Legislativo, porquanto pela Constituição e só a este compete exclusivamente o autorizar despesas públicas, e porque as atribuições do poder Executivo não derrogam as do Legislativo, antes sim entendem-se em harmonia. Estes mesmos princípios são aplicáveis aos tratados de subsídios, desde que seja o Estado quem os tem de prestar e o contrário poderia ser a ruína da nação.

Semelhantemente, em um tratado de navegação, comércio, postal ou outro qualquer, o poder Executivo não é autorizado a alterar os direitos estabelecidos de importação, exportação, a derrogar nenhuma disposição das leis ou sejam administrativas, civis, comerciais, criminais ou de processos, pois que seria exceder suas atribuições e obras sem poderes.

Se a título de celebrar tratados fosse permitido um tal abuso, então o poder Executivo se erigiria em supremo ditador; poderia por este meio alterar toda a Constituição e leis nacionais, pactuar por exemplo a intolerância religiosa, suprimir a liberdade de imprensa, alterar o sistema de impostos, de heranças, enfim anular as instituições e os outros poderes políticos.

As estipulações que contrair não podem pois exceder da órbita do que ele pode dispor, do que está e pende de suas faculdades; quando ultrapassem, o poder Legislativo está em seu direito de não aprovar ou declarar nulas, embora fique prejudicado todo o tratado. Nem o governo estrangeiro terá direito algum de reclamar, por isso que antes de efetuar a negociação tinha o dever de consultar e saber quais as leis fundamentais do Império, ver que elas não davam tais faculdades ao poder Executivo, e refletir que a convenção feita com quem não tem poderes é nula *ipso jure*, ou feita só *ad referendum*,[51] e portanto sujeita a essa eventualidade.

Quanto aos tratados de limites ou de cessão ou troca de território, ou de possessões, o nosso direito constitucional consente que no conflito da guerra possam ser ratificados sem prévia aprovação do poder Legislativo; é uma disposição excepcional, que pode ser reclamada por uma necessidade de igual caráter. Em tempo porém de paz não é isso permitido, é essencial que proceda autorização legislativa desde que se tenha de desmembrar ou ceder território ou possessões brasileiras, de que em regra o poder Executivo não é habilitado a dispor, tanto mais que é assunto de suma importância, como já observamos em n° 80.

Salvas estas limitações, e considerada a atribuição em si, em seu uso legítimo, ela é resguardada já pelo nenhum interesse, e sim oposição, de qualquer ministro em fazer um tratado ruinoso, em sacrificar sua pátria ao estrangeiro, e já em sua responsabilidade legal.

Durante o curso das negociações, e mesmo enquanto o interesse e segurança do Estado não permitir, convém ou pode ser necessário não dar publicidade a tais assuntos; cumpre porém que os ministros não levem a excesso, que não abusem desta faculdade, pois que o poder Legislativo tem não só o direito de ser informado, mas de tomar-lhes contas, e mesmo de res-

---

[51] Para apreciação.

ponsabilizá-los. Não seriam pois admissíveis subterfúgios que tendessem a nulificar esta inspeção e direitos, que tanto interessam à sociedade.

§ 4º Da declaração de guerra e Negociação da paz:

338. A atribuição de declarar a guerra e de fazer a paz está no mesmo que a atribuição de que tratamos no parágrafo antecedente.

Em teoria pertence ao poder Legislativo, pois que não só é uma das mais importantes resoluções da soberania nacional mas é manifesto que a guerra exige grandes sacrifícios de sangue e dos recursos financeiros, e nem o recrutamento, nem as despesas públicas podem ser autorizados senão pelo poder Legislativo; acresce mesmo que uma guerra desastrosa pode arruinar uma nação, e uma paz mal estipulada prejudicá-la gravemente, ou porque custe sacrifícios que podiam ser evitados, ou porque não consiga os benefícios, reparações ou garantias convenientes.

Quando se trata porém, não do direito em si mesmo, sim da melhor delegação, da lógica do interesse nacional, vê-se que pela natureza das relações internacionais esse direito deve necessariamente ser exercido pelo poder Executivo. É ele o incumbido das negociações externas, e dos tratados, é quem dirige as missões diplomáticas, quem deve estudar e estar em dia com todas essas relações, intrigas dos partidos, ciúmes das nacionalidades, pretensões, vistas e atos dos diversos governos para com o Império; é o guarda permanente da segurança, interesses e direitos deste.

Nenhum outro poder tem os meios necessários para estar tão habilitado a reconhecer as necessidades nacionais, os recursos do Estado e do estrangeiro, as suas forças militares de mar e terra, a direção que devem ter, os resultados a esperar; enfim é ele quem responde pela segurança nacional.

Se se fosse delegar semelhante direito ao poder Legislativo, os interesses públicos seriam comprometidos pela morosidade das decisões, excitamento das paixões, impossibilidade dos segredos, e muitos outros inconvenientes irremediáveis.

Além disso, a declaração da guerra pressupõe negociações prévias que procurem evitá-la, preparativos acumulados na proporção de sua probabilidade, demanda unidade de vistas, de ação, de ativa prontidão. Em tal caso seria conseqüente atribuir todas estas condições ao poder Legislativo, fazê-lo permanente, e dar-lhes as demais faculdades conexas, isto é, reunir em suas mãos as duas autoridades, o que seria instituir um despotismo temível.

Só o poder Executivo é quem pode repelir desde logo as hostilidades de terra ou mar, ir de frente à invasão, encontrar a luta quando a guerra lhe é imposta, e por certo que seria inadmissível a idéia de esperar por decisões legislativas.

Nem se faça distinção entre a guerra ofensiva e defensiva; estas duas condições muitas vezes se confundem; em muitos casos a ofensiva poder ser indispensável, pode ser a defesa a mais eficaz, quando empreendida de pronto, quando previne a acumulação dos recursos hostis.

É portanto indispensável que semelhante atribuição, apesar de toda a sua magnitude, seja confiada ao poder Executivo.

Por outro lado este poder oferece as necessárias garantias para não abusar desta faculdade, não é só a de uma responsabilidade tão grave, é também a do princípio, do espírito de nacionalidade; não é possível conceber que nos governos representativos ele não preveja todos os resultados de uma humilhação nacional, que sepultará um ministério. Em tais governos a opinião pública, a imprensa, o espírito nacional, servem de grande corretivo; e as Câmaras de quem pende a autorização para o levantamento de forças, e de recursos pecuniários, sem que seja necessário arriscar a sorte do Estado, abrir o seu seio às armas estrangeiras, tem por sua censura, oposição discreta e força moral, meios suficientes de obrigar os ministros a retirar-se, ou a negociar a paz, e de puni-los oportunamente.

339. Alguns publicistas pretendem que quando uma Constituição dá ao poder Executivo o direito *de declarar* a guerra, nem por isso se segue que lhe dê o direito *de resolvê-la*. Dizem que são atos muito diferentes, muito distintos, que a resolução, ou adoção de uma tão grave medida é um ato da soberania nacional, que pertence à representação da nação, ao poder Legislativo; que a declaração não é senão um resultado da resolução, um ato de execução, uma atribuição do poder Executivo, e que portanto cumpre não confundir essas entidades, e não viciar a inteligência da lei fundamental.

Não concordamos com esta argumentação, nem pelo lado da inteligência literal, nem pelo que revela o espírito da organização dos poderes políticos e conveniências sociais.

Observaremos por último que a Constituição com razão manda que o governo comunique à Assembléia Geral tudo quanto a este respeito ocorra, desde que não seja isso incompatível com os interesses e segurança do Estado; é um meio indispensável para que as Câmaras possam exercer sua fiscalização constitucional, tão necessária e importante em casos tais.

§ 5º Da manutenção da segurança externa do Estado:

340. Conseqüente com as atribuições e meios dados ao poder Executivo, a lei fundamental impõe-lhe a responsabilidade pela segurança externa

do Estado, pela manutenção dos direitos e interesses internacionais, de que o constitui guarda.

Para manter essa tão necessária segurança é de mister uma constante vigilância sobre a marcha das potências estrangeiras, e especialmente daquelas cujas relações possam exercer maior influência ou perigos sobre o Estado.

É de mister essa indispensável vigilância para conservar ilesos os direitos e interesses do país, para perceber e acautelar em tempo, e discretamente, as dificuldades ou lesões que se originem, ou preparem, que possam dar ulterioridade nocivas, ou perigosas; enfim é preciso desviar tudo quanto possa prejudicar o Império e pôr em perigo sua segurança, ou envolvê-lo na necessidade de uma luta.

A natureza das ocorrências é que pode e deve indicar os meios, ou negociações adequadas, os recursos os mais apropriados e eficazes.

A segurança exterior do Estado pode ser posta em perigo por muitas e diferentes causas. Podem o seu domínio, limites, ou jurisdição territorial ser contestados, seu comércio ou navegação prejudicados injustamente, seus súditos maltratados, seus direitos, sua honra, seus legítimos interesses contrariados ou ofendidos por uma humilhante desigualdade. Não basta que o Estado evite de sua parte todo o motivo de desinteligência, toda a causa de dificuldades ou perigos; é além disso indispensável que faça valer seus direitos; aliás, sofrerá graves danos, e entre eles ver-se-á o seu governo rodeado do descontentamento ou indignação pública, o que é também um grave perigo.

§ 6º Da naturalização dos estrangeiros:

341. A naturalização dos estrangeiros, se por um lado pode ser considerada como um assunto de pura administração interior, por outro não deixa de ter relações internacionais, que em casos dados podem ser de importância.

É ela um contrato político, um ato pelo qual um estrangeiro torna-se membro da nacionalidade a que deseja pertencer, ato que o assemelha ao nacional, que lhe dá a qualidade de súdito permanente do Estado, que faz perder o caráter que tinha de membro de sua associação, ou pátria anterior, salvo alguns deveres a que ainda assim fica sujeito para com esta.

É uma concessão que, mormente um país novo que precisa de população, deve franquear mas não indistintamente, pois que nada ganha em adquirir súditos inúteis ou viciosos.

Nessa legislação a respeito inclui-se na lei de 23 de março de 1832, decreto de 30 de agosto de 1843, lei de 18 de setembro de 1850, art. 17; de 16 de setembro de 1853, art. 8; e uma última resolução cuja data não temos à vista pela morosidade da impressão das leis.

O corpo legislativo concede também muitas vezes a naturalização por meio de resoluções especiais, que talvez devessem ser reservadas em favor das pessoas notáveis por seus serviços ou talentos.

Pode ter lugar uma naturalização em massa por efeito da lei, ou de fatos políticos, como urna incorporação territorial ou criação de colônias.

Na opinião que nos parece fundada, de alguns publicistas, e entre eles Foelix,[52] e a *Revista Estrangeira*, a naturalização do pai importa a dos filhos menores que estão no país em que ele se naturaliza, a do marido importa também a da mulher em igual circunstância, como uma conseqüência natural dos laços íntimos da família, e de um fato celebrado pelo representante legal dela em benefício da mesma; esses publicistas asseveram que este é o princípio de direito internacional, não só vigente mas não contestado.

Posto que a naturalização desligue o homem de sua antiga pátria, ainda assim há certos deveres da antiga fidelidade que ele não deve violar; o principal deles é não tomar armas contra ela; as leis criminais em geral consideram esse fato como um crime de traição.

Na naturalização em país estrangeiro não extingue o direito que a antiga pátria teria de fazer punir o naturalizado por crimes que tivesse ali cometido, caso apareça em seu território.

Seção 6ª: Das atribuições do poder Executivo
em relação à política e segurança interior do Estado

§ *1º Compete ao poder Executivo*:
Observar e fazer observar a Constituição política da nação brasileira, e prover ao bem geral do Brasil. Constituição, art. 103.

§ *2º Prover a tudo que for concernente à segurança interna do Estado na forma da Constituição.* Constituição, art. 102, § 15º.

§ 1º Da direção política interior:
342. A ação e impulsão do poder Executivo na política interior do Estado é de alta magnitude, como já tivemos ocasião de observar.

É o poder que exerce a maior influência sobre a sorte, progresso, e bem-

---

[52] Foelix (1791-1853), jurisconsulto de origem alemã, naturalizou-se francês em 1829, fundou e foi diretor da *Revue etrangère de législation et d'economie politique*.

ser do povo sobre suas necessidades, sua imaginação, satisfação ou descontentamento público.

A sociedade em nenhum de seus passos pode subtrair-se à sua inspeção constante, à sua intervenção permanente; ele tem mil meios de secundar ou obstar os desejos, os atos, os votos individuais ou populares.

É ele quem encaminha a marcha do Estado, o pensamento e espírito nacionais para as idéias mais ou menos liberais, para uma organização administrativa mais ou menos protetora, quem reprime ou deixa impune os abusos dos funcionários públicos na ordem política, quem poupa ou desperdiça os recursos nacionais, enfim quem favorece ou retarda os elementos da civilização e prosperidade social; e por isso sobre ele pousam as esperanças, ou os desgostos populares.

Os abusos do poder Executivo na política interior são uma das principais causas das revoluções, ou porque elas contrariem e posterguem as instituições do país, porque hostilizem as idéias e votos nacionais, ou porque obstem que a sociedade possa conseguir os seus fins, sua prosperidade, seu bem-ser.

Basta que o poder Executivo seja omisso ou frouxo no cumprimento de seus deveres, basta que não use das atribuições que lhe foram dadas para entreter e desenvolver atividade social, para que cause grande dano ao povo, a seus direitos e interesses, e gere o descontentamento geral, primeiro gérmen das revoluções.

A verdadeira e segura direção política do Estado não pode fundar-se senão sobre uma inteira e sincera fidelidade para com as instituições fundamentais dele, respeito às leis e às liberdades públicas, e a par dessas condições, senão sobre um zelo enérgico e ativo, uma impulsão viva a bem de todos os melhoramentos sociais: o povo que vive sem necessidades, que vive satisfeito, tem o maior dos interesses em conservar a sua atualidade.

Para obter essa impulsão é essencial uma boa e completa organização administrativa, dar os empregos só aos talentos, à probidade, à energia, não temer o vício e a corrupção, embora atrevida e inquieta. É preciso uma política que tenha fé em si mesma e na nação.

§ 2º Da segurança interna do Estado:

343. A segurança interna do Estado depende principalmente da impulsão política que lhe é dada; entretanto, os perigos públicos podem provir não só dos homens, como das próprias coisas e de seus resultados.

É de mister prever tudo, mas prever ilustrada e discretamente uma política administrativa verdadeiramente ilustrada é um grande bem; quando, porém, suspeitosa, ou opressora, é uma grande calamidade, é uma punição só pela possibilidade do abuso ou do delito.

Cumpre remover todas as causas que produzam a miséria e a ignorância, mães dos crimes, socorrer as populações que sofrem calamidades, facilitar os meios de produção e subsistência, os gozos inocentes, e não vedá-los; enfim, considerar a sociedade como o importante objeto de todos os cuidados, contínua vigilância e proteção permanente.

A repressão dos crimes é o equivalente da garantia dos direitos da associação e dos ofendidos, é uma exigência da moral e da liberdade individual, condição sem a qual não há segurança.

A existência da força pública necessária, sua disciplina e moralidade, a poupança das contribuições, uma política exterior previdente e nobre são, entre outros elementos, outros tantos meios convergentes para o grande fim da conservação da segurança interior.

A polícia em sua grande compreensão é o complexo de todos os meios de ordem, segurança e bem-estar público; é uma das grandes tarefas do governo.

Seção 7ª: Da atribuição de empregar a força pública

§ 1º Ao poder Executivo compete privativamente empregar a força armada de mar-e-terra, como bem lhe parecer conveniente à segurança e defesa do Império. Constituição, art. 148.

§ 2º Nomear os comandantes da força de terra-e-mar, e removê-los, quando assim o pedir o serviço da nação. Constituição, art. 102, § 5º.

§ 1º Do emprego da força pública:

344. A alta direção da força pública, tanto de terra como de mar, não pode deixar de pertencer ao poder que é incumbido, e responsável pela segurança interna e externa do Estado. Impondo-lhe tão graves obrigações, é indeclinável a necessidade de dar-lhe os meios indispensáveis de bem cumpri-las, e este é o meio o mais essencial, é o recurso de que não pode prescindir.

Nem outro é o fim da força pública, da organização e armamento de uma porção de cidadãos que o Estado mantém à custa de seus sacrifícios, senão para que sirva de instrumento de ordem e segurança sob a direção do poder público competente.

Conseqüentemente, a este mesmo poder compete exercer uma vigilância contínua sobre tudo que pode melhorar o serviço militar, os meios de defesa e de segurança do Estado, a organização do Exército e da Armada, seu equipamento, armamento, fortificações, perícia, disciplina, e enfim, sobre tudo quanto respeita a tão importante ramo do serviço público.

A força militar por isso mesmo é, e não pode deixar de ser essencialmente obediente; ela jamais pode reunir-se, e muito menos operar sem que lhe seja ordenado pela autoridade legítima, como expressamente prescreve o art. 147 da Constituição, e sem o que, em vez de ser um instrumento de ordem e segurança social, seria um elemento de perigo e despotismo militar.

A força pública compõe-se não só do exército de linha, como das guardas policiais e da Guarda Nacional; é ao direito administrativo que pertence expor os detalhes e relações dessas diferentes porções dela; assim findaremos este parágrafo, acrescentando somente a observação da referência que ele tem, com que expusemos em n° 100, e seguintes.

§ 2° Da nomeação dos comandantes das forças de mar e terra:

345. Do que expusemos no parágrafo antecedente resulta que a atribuição de nomear os chefes ou comandantes da força pública é inseparável do poder Executivo; é uma comissão muito importante, e que não pode ser conferida, nem conservada senão pela confiança desse poder, por aquele que dispõe da força, e de seu emprego.

O monarca não deve por si mesmo, ou pessoalmente, comandar as forças, mormente em campanha, já porque, segundo os princípios constitucionais, ele não expede ordens senão por intermédio de seus ministros, já porque o bem do Estado não tolera que arrisque sua augusta pessoa.

Seção 8ª: Das atribuições
de conferir empregos e títulos

§§ 1° e 2° Ao poder Executivo compete:
Prover os empregos civis e políticos. Constituição, art. 102, § 4°.
§ 3° Conceder títulos, honras, ordens militares[53] e distinções em recompensa dos serviços feitos ao Estado, dependendo as mercês pecuniárias da aprovação da Assembléia, quando não estiverem já designadas e taxadas por lei. Constituição, art. 102, § 11°.

---

[53] As ordens militares eram espécies de classes de honra instituídas pelo soberano para recompensar o mérito pessoal dos súditos, os indivíduos condecorados adquiriam alguns privilégios e o direito de usar das insígnias da ordem.

§ 1º Do provimento dos empregos:

346. Esta atribuição, por sua natureza, é também inerente ao poder Executivo, ou a lei a confie à sua reta discrição, ou estabeleça condições especiais para o provimento, como já observamos.

Nem um outro poder tem iguais habilitações para bem desempenhá-la, e demais não é ato legislativo, nem judicial.

No exercício desta faculdade há, quase sempre, senão sempre, algum poder discricionário, e por isso mesmo cumpre ao governo recordar que ela não lhe foi conferida por nenhuma outra consideração que não fosse o serviço público, que deve antepor sempre o bem deste, e as condições legais à liberdade de ação, que lhe foi outorgada, que é preciso escolher o homem que possa servir bem o emprego, e bem desempenhar as respectivas obrigações, e não o emprego que possa servir bem, ou ser útil ao homem.

Ainda mesmo nos empregos políticos, ou de confiança, para cujo provimento o governo precisa ter mais latitude, é de necessidade não olvidar que só os talentos e probidade são os que podem bem preenchê-los, e não deixar em falta o poder que exerce tal atribuição e a sociedade que tem o direito de exigir bons serviços.

Quanto às promoções, ou elas sejam reguladas por condições legais de antiguidade, ou desta combinada com o merecimento, ou atribuídas à justa discrição do governo, predominam os mesmos princípios. Elas, as remoções ou demissões jamais devem ter outro fundamento que não seja a lei ou o verdadeiro interesse do serviço público.

§ 2º Dos abusos a este respeito:

347. Não deve, portanto, o governo sacrificar os interesses da boa administração do Estado a bem de suas vistas puramente políticas; não deve dá-los a quem não tenha o mérito necessário, só para haver adesões ou facilitar os seus fins. Além de que, os atos da administração devem ser atos de justiça e de verdadeiro interesse público, é um erro político o contentar uma ou outra individualidade descontentando a generalidade social, que desaprova e pronuncia-se contra escolhas injustas ou pouco dignas, com nomeações que não podem desempenhar o público serviço.

Demais, aberta uma vez essa porta de abusos, é quase impossível cerrá-la mais; desde então os ciúmes, as ambições sem mérito julgam-se com direito, empregam suas forças, conseguem seu predomínio e excitam afinal, e com razão, a reprovação pública. Nada de sacrificar a administração aos interesses dos ministros ou de sua política pessoal.

§ 3º Dos títulos, honras, distinções e mercês pecuniárias:
348. Iguais considerações prevalecem a respeito dos títulos, honras, distinções e mercês pecuniárias. São sem dúvida, recompensas necessárias, mas, que só devem ser distribuídas ao mérito, aos verdadeiros serviços prestados ao Estado.

Só quando bem distribuídas, só então é que podem pagar essa dívida nacional, significar a gratidão do país, excitar nobres paixões, louvável emulação. Fora disso, essa mola de movimento e dedicação social perde toda a sua força, e não só degenera, mas até retira-se, e fica substituída pelo patronato, afeições ou empenhos ministeriais.

Os títulos e honras, quando bem distribuídos, além de servirem de recompensas nacionais, servem também de adornos e de solidez à grande pirâmide, em cujo cimo está colocado o trono nacional, que não deve estar isolado por intervalos excessivos.

As mercês pecuniárias gravam a nação, só devem ser concedidas segundo os recursos públicos, e quando essa espécie de recompensa for necessária; é, pois, com razão, que a Constituição sujeita tais mercês à aprovação do poder Legislativo, salvos os casos em que elas estejam estabelecidas por lei.

SEÇÃO 9ª: DAS ATRIBUIÇÕES DE EXECUÇÃO DAS LEIS
E PROMOÇÃO DOS SERVIÇOS ADMINISTRATIVOS

§§ 1º e 2º Compete ao poder Executivo:
Observar e fazer observar as leis do Império e prover ao bem geral do Brasil. Constituição, art. 103.

§ 1º Da execução das leis políticas e administrativas:
349. Além de suas atribuições políticas, tem o poder Executivo, como uma de suas principais tarefas, a de executar e fazer executar as leis políticas e administrativas; é encargo que se identifica com a sua natureza e missão; é ele quem deve dar movimento e vida a todas as disposições que regulam a administração do Estado em todas as localidades e detalhes.

A execução das leis administrativas é de grande amplitude, é um ato complexo, que se decompõe em variados assuntos e em diferentes graus. Os diversos serviços de interesse coletivo muito ganham ou perdem, segundo a impulsão ou inspeção e vigilância empregada pelo governo, para que as leis tenham fiel observância e produzam todas as suas vistas e fins.

A instrução pública, os meios de comunicação e transporte, o comércio, a navegação interior e exterior, a agricultura, indústria, rendas públicas, prisões, enfim todos os serviços públicos ressentem-se do modo por que o poder administrativo, por si e seus agentes, satisfaz esta importante atribuição, que deve merecer-lhe inteira e enérgica atenção.

É por ocasião, e por meio desta atribuição, que o poder Executivo exerce sua ação direta sobre as pessoas e sobre as coisas, que tem de expedir seus regulamentos e direção executiva, que tem de fiscalizar a ação de seus agentes, ouvir as queixas dos cidadãos, aprovar, censurar ou reformar os atos daqueles, enfim observar e fazer observar, em todo o Estado, e em todas as relações, as leis que se referem ao interesse geral da sociedade.

§ 2º Da promoção dos serviços administrativos:

350. A tarefa do poder Executivo não se limita simplesmente a essa execução, tem de mais o dever de estudar os defeitos das leis, o melhor modo de aperfeiçoá-las, de preencher suas lacunas, de regularizar os serviços ainda não regulados, e que demandem normas ou garantias. Tem a obrigação de ver todas as necessidades sociais para indicar os meios de satisfazê-las, todos os melhoramentos que são praticáveis para promovê-los, enfim todos os progressos e aperfeiçoamentos sociais.

A administração é o coração do Estado, é sua mola central, dela deve partir a vida, a energia para animar todos os meios do bem-ser público; deve para isso recolher todos os esclarecimentos necessários, organizar os elementos de sua ação, circundar-se de coadjuvações prestantes, enfim desempenhar em grau elevado o que faz um bom administrador particular quando quer e sabe desempenhar seu encargo, nada olvidar, tudo prever, reprimir quanto é nocivo, promover, secundar, realizar tudo que é útil.

Capítulo 3:
Do ministério, sua responsabilidade, Conselho dos Ministros e oposição constitucional

Seção 1ª: Dos ministros e sua participação no poder Executivo

§ 1º Haverá diferentes secretarias de estado; a lei designará os negócios pertencentes a cada uma e seu número; as reunirá ou separará, como mais convier. Constituição, art. 131.

§ 2º Os ministros de Estado referendarão, ou assinarão todos os atos do poder Executivo, sem o que não poderão ter execução. Constituição, art. 132.

§ 3º Os estrangeiros, posto que naturalizados, não podem ser ministros de Estado. Constituição, art. 136.

§ 1º Da divisão das secretarias de Estado:

351. A divisão das secretarias de Estado, ou por outra o número dos ministros, tem íntima relação e dependência com a extensão e importância do Estado, por isso que o concurso e expedição dos negócios e serviços públicos é proporcionado a essas condições.

Uma suficiente e boa divisão do ministério concorre muito para que a administração seja rápida e ilustrada para que os serviços sejam desempenhados por modo enérgico e satisfatório.

Quando o peso do trabalho é excessivo, quando além desse defeito tem a atenção do ministro de repartir-se sobre assuntos inteiramente estranhos entre si, não há forças nem talentos que possam servir bem. As decisões, ou tornam-se sumamente morosas, ou precipitadas e superficiais. Ressente-se toda a administração, e com ela o Estado e os interesses dos particulares, que com toda a razão se queixam, porque o governo deve ser vida e atividade, e não fonte de indecisão, morosidade, incômodos e prejuízos.

A divisão do trabalho é em tudo um poderoso meio de perfeição. Cumpre de um lado não exigir trabalho excessivo, não demandar robustez e talentos mais que extraordinários, e de outro classificar bem, reunir as funções análogas debaixo da mesma direção, já para que haja unidade de vistas, já para que o estudo de cada matéria ilustre e facilite a resolução das outras que estão com ela relacionadas. A confusão das funções produz a confusão dos serviços, a desordem administrativa.

Embora não seja possível nem conveniente deixar de atribuir a cada repartição algumas classes de serviços diferentes, pois que seria prejudicial reproduzir excessivamente o número dos ministérios, cumpre ao menos classificar o melhor possível, e ligar os assuntos que tenham entre si maior analogia, e em todo o caso não sobrecarregar repartição alguma com mais trabalho do que a prudência e a previsão aconselham, não exigir esforços mais que humanos.

Desde então os serviços poderão ser bem desempenhados, não só pelos ministros, como pelas secretarias de Estado.

As secretarias de Estado são repartições criadas não só para expedir as ordens e resoluções ministeriais, mas também para coadjuvar os ministros; são seus colaboradores, arquivos vivos, depósitos ativos de informações e tradições apresentadas a propósito, a tempo. Tanto mais difícil será achar para elas bons oficiais-maiores, quanto mais excessivo e variado for o trabalho.

Temos atualmente seis secretarias de Estado, e em nosso pensar deveriam ser elevadas a oito, criando-se mais duas, uma do comércio e trabalho industriais ou públicos, e outra de instrução pública e cultos.

A nossa secretaria de Estado do Império está sumamente pensionada não só por grande peso de trabalho, mas pela concentração nela de serviços inteiramente heterogêneos entre si. De um lado tem ela numerosas e importantes relações com as Câmaras Legislativas, com o serviço da Corte e Casa Imperial, títulos, graças e honras, Conselho de Estado, presidência das províncias, saúde pública e estabelecimentos correspondentes, colonização, catequese, naturalização, correios, e muitos outros objetos. De outro pesam sobre ela serviços relativos ao comércio, à indústria, à cultura, criação, minas, matas e terras públicas, navegação, pesca, estradas, canais, obras públicas, e ainda demais à instrução pública. Ora, que ligação têm porventura assuntos entre si tão diversos, e qual o homem que terá talentos tão variados e tempo suficiente para expedir com brevidade e perfeição um tal complexo de serviços?

Cada um dos oito ministérios que indicamos por si só ocuparia um homem hábil todo inteiro, e sem dar-lhe tempo para descanso senão por necessidade.

É de mister que o ministro do Império, que é o centro da administração interior, o inspetor das presidências, das municipalidades, e que tem tantas outras atribuições importantíssimas, tenha tempo de dar conta delas.

É também de mister olhar com olhos fixos para a instrução pública e para os cultos. Esse ministério deverá desenvolver a inteligência nacional, e aperfeiçoar os costumes. A ação da inteligência e das virtudes é superior à ação das leis, consegue o que estas não podem conseguir. Será essa divisão um passo dado para a criação de uma universidade, para adoção de um plano de educação nacional, não na Corte somente, sim em todo o Império.

§ 2º Do cargo de ministro de Estado:

352. Os ministros são não só os primeiros agentes do monarca no exercício do poder Executivo, mas também partes integrantes ou complementares deste poder; sem que eles referendem ou assinem os atos, não há atos do poder Executivo, não tem força obrigatória. Antes disso são projetos de atos ou atos incompletos, e cujo cumprimento imporia aos executores inteira responsabilidade, pois que procederiam sem ordem ou autorização legítima.

São agentes importantíssimos da Coroa, são seus conselheiros administradores, juízes administrativos, tutores dos estabelecimentos pios e de proteção, executores das leis do interesse coletivo ou social encarregados de dirigir e inspecionar os agentes da administração; enfim, são as forças vivas do chefe do Estado para o andamento e bem-estar deste.

§ 3º Da exclusão de estrangeiros do ministério:

353. Estabelece a Constituição brasileira que o estrangeiro, posto que naturalizado, não pode ser ministro de Estado. Posto que em algum caso muito excepcional esta disposição pudesse prejudicar o serviço de algum talento muito notável, todavia, a importância das funções ministeriais é tão alta, tanto nas relações interiores como nas exteriores, que não se deve recriminar esta diminuição nos direitos políticos do cidadão adotivo.

A qualidade de cidadão nato não é somente mais uma garantia, ela evita também a colisão em que se acharia um cidadão adotivo quando tivesse de sustentar como ministro questões importantes, ou hostilidades com o governo de quem já fora súdito. Seria um conflito desagradável e prejudicial entre os seus deveres atuais e os anteriores: sua demissão poderia ser também inconveniente, o que é prudente prever e evitar.

Seção 2ª: Da responsabilidade dos ministros

§ 1º Os ministros de Estado serão responsáveis:
§ 2º 1º) Por traição, 2º) por peita, 3º) por abuso do poder, 4º) por falta de observância da lei, 5º) pelo que obrarem contra a liberdade, segurança ou propriedade dos cidadãos, 6º) por qualquer dissipação dos bens públicos. Constituição, art. 133.
§ 3º Uma lei particular especificará a natureza destes delitos e a maneira de proceder contra eles. Constituição, art. 134.
§ 4º Não salva aos ministros da responsabilidade a ordem do imperador, vocal ou por escrito. Constituição, art. 135.

§ 1º Da responsabilidade ministerial em geral:
354. O princípio da responsabilidade ministerial é fundamental, é um axioma constitucional, que cobre a inviolabilidade da Coroa e garante a ordem e bem-estar social.

São os agentes constitucionais interpostos entre a Coroa e a Lei, a fim de conservar sempre a harmonia entre a vontade daquela e desta, da pessoa sagrada do monarca e do exato serviço nacional e justiça da administração.

A irresponsabilidade dos ministros aniquilaria toda a ordem e garantias públicas, estabeleceria uma completa escravidão política e administrativa; não forneceria recurso senão o único das revoluções.

São funcionários instituídos para ser órgãos fiéis da Constituição e das leis, e conseqüentemente agentes leais do imperador e da nação. O monarca nunca pode querer o mal, apenas poderá, uma ou outra vez, enganar-se sobre os meios de fazer o bem, e então cumpre ao ministro demonstrar-lhe respeitosamente o como esse equívoco afeta ou contraria a lei.

Esta responsabilidade não é de sorte alguma injusta, sim perfeitamente fundada e reta, pois que o ministro é um órgão necessário e inseparável do poder Executivo, que sem ele não pode funcionar, não pode expedir ato algum obrigatório. Se, pois, em vez de retificar um meio ilegal, o adota, é fora de dúvida que o fez seu, e deve, conseqüentemente, responder por ele e suas conseqüências; não há, pois, ficções, há justiça patente e irrecusável; ele tem o direito de demitir-se.

A responsabilidade é mesmo um grande refúgio contra qualquer equívoco da Coroa, um meio de fazer com que ela renuncie a esse desejo; é também uma grande defesa da Coroa contra o ministro, contra suas seduções ou sua usurpação, ou abusos que ela não autorizou ou que poderá ignorar.

Assim, todas as vezes que um ministro violar a Constituição ou as leis, ou seja, contra o Estado ou contra os particulares, pode ou deve ser chamado à responsabilidade.

Cumpre, entretanto, reconhecer, e reconhecer bem, que para conseguir que a responsabilidade legal dos ministros não seja impossível, ou puramente nominal, é essencial, e indispensável, que as leis que garantem os direitos do Estado e dos cidadãos sejam perfeitas e claras, que não tenham lacunas, que não sejam confusas ou equívocas, pois que desde então não faltarão sofismas e meios de iludir essa garantia política fundamental. Em tal caso não haverá senão a responsabilidade moral, que mais de uma vez é ineficaz; veja-se nº 125. É sobretudo essencial não autorizar o abuso das delegações legislativas.

§ 2º Dos casos de responsabilidade expressos na Constituição:

355. Posto que a lei regulamentar tivesse o direito de enumerar os casos da responsabilidade ministerial, a Constituição julgou conveniente determinar desde logo as classes dos crimes pelos quais os ministros devem ser acusados.

A primeira de suas responsabilidades é a de traição, crime que cometerá atentando contra a forma estabelecida do governo, contra o livre exercício dos poderes políticos, contra a independência, integridade e defesa da nação, contra a pessoa ou vida do imperador, da imperatriz ou de algum dos príncipes ou princesas da família imperial, contra a religião, nos termos do art. 19, da lei de 15 de outubro de 1827.

A segunda é a dos casos de peita, suborno, ou concussão detalhados no art. 2 da mesma lei.

Em terceiro lugar são responsáveis por abuso de poder, ou quando usam mal de sua autoridade, nos casos não especificados na lei, causando prejuízo ou dano ao Estado ou a qualquer particular, ou usurpando, usando incompetentemente de qualquer das atribuições do poder Legislativo ou Judicial. [Lei, art. 3.]

Em quarto lugar, pela falta de observância de lei, o que se verifica não cumprindo a lei ou fazendo o contrário do que ela ordena, ou deixando de fazer efetiva a responsabilidade de seus subalternos. [Lei, art. 4.]

Respondem também pelo que obrarem contra a liberdade, segurança ou propriedade dos cidadãos, ou contra qualquer dos direitos individuais reconhecidos pelo art. 179 da Constituição. [Lei, art. 5.]

Finalmente, pela dissipação dos bens públicos: 1º) ordenando ou concorrendo de qualquer modo para despesas não autorizadas pela lei, ou para que elas se façam contra a forma estabelecida, ou para que se celebrem contratos manifestamente lesivos; 2°) não pondo em prática todos os meios ao seu alcance para a arrecadação ou conservação dos bens móveis, imóveis ou rendas da nação; 3°) não pondo ou não conservando em bom estado a contabilidade de sua repartição. [Lei, art. 6.]

§ 3° Da respectiva lei regulamentar:
356. A lei regulamentar desta responsabilidade é a já citada, de 15 de outubro de 1827; ela estabelece suas condições ou processo.

Garante o direito de denúncia conferindo-o: 1°) a todo e qualquer cidadão em relação aos delitos que ela especifica [lei, art. 8 e Constituição, art. 179, § 30°], este direito, porém, prescreve passados três anos; 2°) conferindo-o a todo e qualquer membro de uma ou outra Câmara, dentro do mesmo prazo [dito artigo]; 3°) impondo às comissões da Câmara dos Deputados o dever de anunciar os delitos que encontrarem no exame de quaisquer negócios [art. 8].

A denúncia é examinada por uma comissão especial da Câmara dos Deputados, nos termos dos arts. 10 a 13, e afinal a mesma Câmara decreta se tem lugar ou não a acusação [art. 14 a 17].

Esse decreto afirmativo vale pronúncia, e produz os efeitos enumerados no art. 17. Uma comissão da Câmara, dos Deputados sustenta a acusação perante o Senado [art. 18], que em tal julgamento observa o processo marcado no art. 20, e seguintes.

Quando condenados, têm as partes lesadas o direito de demandar a indenização que lhes é devida perante as justiças ordinárias [art. 59 da lei].

Esta lei é uma das conquistas gloriosas do poder Legislativo brasileiro nos tempos em que ele exercia todas as suas atribuições e era circundado de grande força moral.

§ 4° Da improcedência do pretexto de ordem imperial:
357. Não salva aos ministros da sua responsabilidade a ordem do imperador, vocal ou por escrito. Ainda quando houvesse um ministro que tivesse a falta de pundonor necessária para destarte descobrir a Coroa e sua inviolabilidade, é manifesto que uma tal escusa jamais poderia ser admitida.

A Coroa jamais coage ministro algum, este não responde pela vontade irresponsável, qualquer que ela seja, sim pelo seu próprio ato, por sua própria vontade, pois que a não ser esta o ato não existiria. Seu dever era de ilustrar a questão, de apresentar a disposição da lei, as razões do interesse público, os resultados da medida, de demover qualquer equívoco; em todo o caso era livre de pedir respeitosamente a sua demissão.

Não é pois admissível uma tal escusa nem para atenuar o delito, quanto mais para justificá-lo; seria mesmo desonroso que um ministro quisesse inverter as noções e princípios do sistema representativo, e colocar a sua justa condição de responsabilidade na elevada posição da impecabilidade, desse princípio fundamental da ordem pública e constitucional.

Seção 3ª: Do Conselho de Ministros e seu Presidente

Decreto de 20 de julho de 1847
§ 1º Do Conselho de Ministros:
358. Cada ministro dirige a repartição que lhe é confiada; o Conselho de Ministros é o governo em seu todo, salva a sanção da Coroa quando não está presente.

A reunião e deliberação dos ministros em conselho é de inquestionável necessidade, para que possa haver um sistema de política e de alta administração uniforme no seu todo e em cada uma de suas partes. Sem isso não haverá unidade, harmonia, força política e administrativa; é o meio de ilustrar as matérias, de esclarecer o pensamento comum, de levar os negócios bem meditados à presença do monarca.

Cumpre, todavia, distinguir os assuntos que devam ser tratados em conselho daqueles que devam ser expedidos por cada um dos ministros, independentemente de deliberação comum. Não devem ser sujeitos a esta senão os negócios de importância, aliás a administração tornar-se-á muito morosa, perdendo o tempo em pequenos detalhes, ou adiando-os indefinidamente pela concorrência de matérias de maior gravidade.

Os assuntos de que o Conselho de Ministros se deve ocupar podem ser resumidos nas seguintes classes:

Discutir os negócios políticos e administrativos mais graves, isto é, todos aqueles que não devam ser expedidos sem prévia aprovação do imperador.

Deliberar sobre o provimento dos empregos que devam ser conferidos pela assinatura do monarca, a fim de propor-lhe os serventuários.

Resolver sobre todos os negócios em que o Conselho de Estado ou uma seção dele tiver sido ouvida; sobre propostas de lei ou regulamentos.

Sobre todos os negócios que possam implicar ou resolver-se em um princípio de governo ou de administração.

Sobre polícia geral, segurança pública, conflitos de atribuições, recursos à Coroa, ou recursos administrativos.

A respeito de todo e qualquer assunto que o imperador determinar que o Conselho delibere.

O Conselho de Ministros tem de mais o direito de inspecionar os atos, a ação de todos e de cada um dos ministérios, pois que esta afeta igualmente a todos; cada ministro pode sujeitar e pedir a opinião do conselho, ainda mesmo sobre matérias não reservadas à deliberação comum, desde que ocorra alguma circunstância que ministre importância.

§ 2º Do presidente do Conselho de Ministros:

359. O presidente do Conselho de Ministros, quando este não trabalha perante o imperador, é o primeiro-ministro que toma essa denominação, ordinariamente dada ao organizador do ministério. É ele quem dirige a ordem dos trabalhos e das discussões, quem especialmente zela da unidade de vistas, e dos princípios políticos e administrativos, em todos os assuntos que são sujeitos à deliberação comum; quem deve ter não só o seu voto de membro do gabinete, mas também de desempate.

À exceção destas atribuições não conhecemos nenhuma mais que deva pertencer ao presidente do conselho, e julgamos mesmo que seria prejudicial que ele assumisse uma excessiva preponderância sobre seus colegas, significaria isso que em todas as matérias e em todos os casos ele tinha mais inteligência do que todos os outros ministros reunidos, o que importara a demonstração da má escolha que fizera de seus colegas.

Parece-nos muito providente uma disposição do *motu proprio* dos estados da Igreja, promulgado com data de 29 de dezembro de 1847, e que regula o Conselho de Ministros. Nele se determina não só que as deliberações sejam tomadas pelo voto da maioria, mas que redija-se uma ata resumida de cada sessão do Conselho de Ministros, e que uma cópia dela seja apresentada ao soberano pontífice, sempre que o Conselho trabalhe fora de sua presença. Nessa ata deve notar-se quais os votos divergentes. Em vistas dela o soberano fica habilitado para exigir as informações ou fundamentos dos votos divergentes, para reconhecer quando a maioria do Conselho está em discordância com o seu presidente, para apreciar as razões opostas e adotar as que julgar melhores.

O sistema de apresentar à Coroa as deliberações como filhas de unânime acordo, quando elas não procedem de uma unidade de vistas espontânea e real, e sim do sacrifício da opinião de alguns feito à preponderância de outros, é privar a Coroa de meios de ilustração, e ao país do valor de diversas inteligências, subordinando os seus interesses porventura a uma só, e reduzindo os outros ministros a meros subsecretários de Estado.

360. Desde que há divergência parece que deve dar-se um dos seguintes resultados. Se a divergência é tal que constitua questão de gabinete, e de um lado está a maioria do ministério e do outro o presidente do Conselho em minoria, deve este ou aquela retirar-se, à escolha da Coroa.

Se a questão não é tal que decida ao gabinete, se os ministros ou presidente do Conselho, ainda quando vencidos, tenham de continuar no ministério, então o voto de preferência deve sem dúvida ser entregue à Coroa, e não ao presidente do Conselho. Assim, cumpre que em todo o caso o imperante seja perfeitamente informado das vistas diversas de seus ministros.

O que significaria um ministério cujos membros fora do Conselho fossem em totalidade ou em grande maioria de opinião oposta ao seu presidente, e ali sempre escravizado à sua preponderância? Que força moral poderiam eles exercer sobre o espírito público? E por outro lado, a influência do primeiro-ministro, por maior que fosse, igualaria a de todos os seus companheiros, quando cada um deles tivesse o apreço e confiança pública correspondente? Em qual das duas hipóteses lucrariam mais os interesses ou serviços públicos?

Seção 4ª: Da oposição ao ministério

§ 1º Da oposição constitucional:
361. Denomina-se oposição o complexo de vistas, de idéias ou princípios políticos que contraria as medidas, o pensamento político, ou mesmo administrativo do ministério ou seus agentes, para que não prevaleçam, ou não continuem. A oposição pode ser manifestada pelas Câmaras Legislativas, pela imprensa, pela opinião pública, pelos partidos ou indivíduos.

A oposição que se forma, que se agita, suas idéias por amor dos princípios, pela força de suas convicções sinceras, pelo serviço legal das instituições nacionais e do país; que aspira os progressos sociais, a glória de sua pátria, a sua prosperidade, faz um importante e verdadeiro serviço.

Ela não terá jamais em vista desmoralizar os princípios reais do governo, os princípios da ordem; pelo contrário procurará esclarecer e orientar o pensamento público, conquistar a maioria. Não combaterá o governo em medida alguma útil, pelo contrário dar-lhe-á em tais casos o seu voto, pois que será favorecer ao bem público; não plantará um mal precedente ou mau princípio, pois temerá que reverta contra si própria, quando chamada ao poder; não iludirá o povo com vãs promessas para não ficar em falta e descrédito.

Esta oposição merece o nome de constitucional, pois que dirige seus esforços no intuito de fiscalizar a ação do governo, de reclamar contra a violação das garantias sociais, contra os prejuízos dos interesses públicos abandonados ou sacrificados.

Sua linguagem deve por isso mesmo, posto que enérgica, ser decente e sisuda, grave e refletida. É a oposição que conquista, que se prepara para o poder, que presta serviço valioso e cuja falta se faz sentir e adultera o sistema representativo, fazendo-o cair em frouxidão e marasmo, em uma atonia muito prejudicial, como já temos experimentado. O ministério então abusa, nasce a descrença e um descontentamento geral que enerva a vida política e pode dar resultados prejudiciais.

§ 2º Da oposição sistemática:

362. A oposição porém, que se agita não por esses nobres sentimentos e convicções, sim por paixões mesquinhas ou pessoais, ou de pura ambição do poder, que não escolhe meios, que por sistema opõe-se sempre ao governo, ainda quando ele tem a razão de sua parte, ainda quando o seu pensamento ou medida é útil, essa é uma verdadeira calamidade pública. Ela desmoraliza a si própria e ao poder, os princípios do governo e da ordem pública, que procura rebaixar para alcançar mais depressa. Não reflete, não cura das futuras conseqüências, olvida-se do país, atende somente suas pequenas paixões, ou a sede do mando.

É a oposição inimiga da tranqüilidade do Estado, são ambiciosos ligados entre si, que prometem benefícios impossíveis, que jogam com a intriga e com as ilusões, que levados ao poder não têm forças de manter a ordem, e são muitas vezes vítimas de suas próprias doutrinas e maus princípios.

É do dever dos ministros atender às reclamações de uma oposição constitucional, respeitá-la, corrigir os seus atos políticos ou administrativos, desde que elas se mostrem fundadas; e pelo contrário é de sua obrigação combater uma oposição sistemática, ou antes facciosa, demonstrar seus erros, os perigos que cria, impedir que ela possa danificar a sociedade.

Quer em um como em outro caso, o meio o mais eficaz de que o ministério pode usar é o da fiel observância das leis do Estado, da boa escolha de seus agentes, do verdadeiro zelo e impulsão dos interesses públicos.

Capítulo 4:
Do poder Executivo como administrador ou da administração central

Seção 1ª: Da administração central em geral

§ 1º Da natureza da administração central:
363. Nos capítulos anteriores deste título, consideramos o poder Executivo em si e suas atribuições em seu caráter de entidade política e governamental, como a autoridade que se associa ao poder Legislativo, que prevê, combina, oferece as vistas e planos convenientes, enfim, que promove os meios do bem-estar social e ocorre com as medidas que ele demanda. Neste capítulo passamos a considerá-lo como executor ou administrador propriamente dito.

Administrar é também governar, mas governar não só segundo as leis e suas conseqüências, como também segundo a impulsão política ou superior que o chefe do poder Executivo em seu Conselho de Ministros tem estabelecido e adotado; é a realização, posto que ilustrada, todavia, subordinada a esses princípios, é a execução detalhada e prática deles, que se reparte e opera por cada uma das repartições ministeriais.

Esta missão é ampla, pois que abraça todos os serviços, constitui o corpo inteiro das funções e do direito administrativo; é uma missão complexa, que se decompõe em numerosos atos e em diversos graus administrativos.

O direito público só pode indicar os princípios ou noções cardiais, o direito administrativo é quem refere e analisa o mais.

§ 2º Das principais funções da administração em geral:
364. A atividade administrativa deve conservar a sociedade, protegê-la, aperfeiçoá-la, não olvidar nenhum dos serviços para isso necessários.

Estes serviços são e devem por isso mesmo ser divididos pelas diferentes repartições ministeriais, e nem todos, antes poucos, podem ser realizados diretamente pelos ministros, já porque estão espalhados pelo Estado, já porque eles não têm tempo para penetrar nos detalhes.

A primeira função administrativa é a boa escolha dos agentes necessários, pois que dos detalhes administrativos é que nascem os elementos da prosperidade pública, o conhecimento das necessidades locais e sociais, o estudo das medidas adequadas; esses agentes são os anéis da grande cadeia administrativa que enlaça todas as conveniências sociais.

As outras funções administrativas podem ser classificadas debaixo das seguintes rubricas:

1º) A ação direta de cada ministro em sua repartição sobre as pessoas e coisas, nas diversas relações em que elas são submetidas à autoridade administrativa, e sobre a escolha dos meios legítimos os mais convenientes para dirigir essa ação.

2º) Transmissão das leis e regulamentos, e expedição das ordens administrativas necessárias para a realização dos diferentes serviços públicos que devem ser executados nas diversas partes do Estado.

3º) Animação da ação administrativa; pois que não basta expedir as ordens, é de mister providenciar para que elas sejam indefectível e perfeitamente observadas. Esta tarefa pode ser subdividida em muitos atos que por vezes têm de ocupar a atenção ministerial, como são os que vamos enumerar.

Instrução, ou dever que tem o ministro de explicar convenientemente aos agentes administrativos as vistas da administração, o verdadeiro sentido das ordens que se trata de executar.

Direção, ou dever de ocorrer com as ordens ou modificações que as circunstâncias que sobrevierem possam demandar para a boa execução ou aperfeiçoamento dos serviços, ou para vencer as dificuldades emergentes.

Impulsão, ou dever de ativar a execução, para que seja realizada em tempo devido ou oportuno, sem morosidade ou delongas prejudiciais.

Inspeção, ou dever de atender o como as ordens se cumprem, e de verificar se a execução delas se realiza em forma e termos convenientes.

Fiscalização, ou o dever de fazer dar contas da execução e circunstâncias porventura ocorridas, assim como das observações ou reclamações das pessoas interessadas.

Apreciação, ou o dever de examinar para autorizar ou rejeitar as proposições de interesse público que são dependentes ou sujeitas ao poder administrativo.

Aprovação ou *reprovação*, ou o dever de examinar para confirmar ou não os atos de seus agentes, conforme forem acertados e legais ou não.

Censura, ou a obrigação de chamar a seus deveres os respectivos agentes que deles se olvidam ou que os desconhecem.

Reforma, ou o dever de anular os atos contrários às leis, às ordens da administração ou aos interesses públicos.

Reparação, ou o dever de fazer sanar as omissões ou injustiças que tiverem sido praticadas.

Correção, ou o dever de suspender os funcionários incapazes; de destituí-los, e responsabilizar, ou fazer responsabilizar, como for devido.

Estas funções ou deveres administrativos podem verificar-se nos diversos serviços ministeriais de que vamos tratar nas seguintes seções.

Seção 2ª: Dos serviços comuns a todos os ministérios

§ 1º Dos serviços comuns em relação a matérias legislativas:

365. Em relação à ordem legislativa têm os ministros diferentes e importantes serviços a seu cargo; eles devem:

1º) Organizar os orçamentos de despesas de sua repartição e apresentar os seus relatórios, como já antes expusemos.

2º) Oferecer à Câmara dos Deputados as propostas ou projetos de lei necessários para melhorar os serviços do seu ministério.

3º) Tomar parte na discussão das Câmaras, ainda quando nelas não tenham assento, se forem convidados, responder às interpelações e prestar as informações precisas.

4º) Fazer publicar as leis, e providenciar sobre a pronta, regular e efetiva remessa delas e dos regulamentos às repartições e autoridades competentes.

5º) Propor em Conselho dos Ministros os regulamentos, decretos e instruções para a boa execução das leis.

6º) Determinar a aplicação dos créditos concedidos pelo poder Legislativo, ou sua distribuição pelos vários serviços de sua repartição.

7º) Fazer examinar as leis provinciais para que sejam revogadas as que forem ofensivas dos princípios ou condições constitucionais do Estado.

8º) Examinar, ouvindo quando for necessário a seção de Conselho de Estado, as propostas das Assembléias Provinciais que por sua repartição demandarem a aprovação do imperador, para indicar o que lhe parecer acertado.

9º) Concorrer no Conselho dos Ministros com sua opinião e voto sobre todos os assuntos políticos, como de sanção de leis, prorrogação da Assembléia Geral, adiamento ou dissolução da Câmara dos Deputados.

§ 2° Dos serviços comuns em relação à alta administração do Estado:

366. Os serviços da alta administração do Estado, que em geral têm face política e que são sempre de grave importância, resolvem-se em Conselho de Ministros, e então é dever de cada ministro:

1°) Concorrer com seu estudo e voto para que os direitos e interesses externos do país sejam mantidos e resguardados; e sobretudo a sua segurança.

2°) Proceder semelhantemente em relação aos negócios de política e segurança interior, velando ao mesmo tempo na guarda e manutenção dos princípios constitucionais.

3°) Fazer observar exatamente as leis, regulamentos e ordens, e manter as vistas do governo e as normas da subordinação administrativa.

4°) Prestar particular atenção sobre os conflitos de atribuição, usurpações da autoridade eclesiástica, e defender os direitos da soberania nacional e limites das jurisdições.

§ 3° Dos serviços comuns em relação à administração ordinária:

367. Além do que já se acha incluído nos parágrafos anteriores, os ministros têm ainda outros deveres comuns quanto à simples administração, como são:.

1°) Dirigir e superintender a respectiva Secretaria de Estado para que nela se mantenha a boa ordem e atividade.

2°) Propor os indivíduos que sejam os mais aptos para os empregos e comissões de sua repartição.

3°) Iniciar todas as medidas e providências necessárias, ou que possam melhorar os serviços administrativos a seu cargo.

4°) Inspecionar a ação de todos os seus agentes, como já indicamos no § 2° da seção anterior.

5°) Não perder de vistas a polícia preventiva ou administrativa concernente à sua repartição, e desempenhar os demais deveres especiais desta.

Seção 3ª: Dos serviços especiais do Ministério do Império

§ 1° Da Repartição do Império:

368. Segundo o alvará de 29 de novembro de 1643 havia somente duas Secretarias de Estado: a do Estado, Mercês e Expediente; e a da Assinatura. O alvará de 28 de julho de 1736 derrogou aquele, e criou três secretarias de Estado, uma das quais era a do Reino, que era unida com a da Jus-

tiça; até que foram separadas pela lei de 23 de agosto de 1821; ela se rege em seu serviço interior, pelo regulamento de 30 de março de 1844.

O nosso ministério do Império acumula serviços excessivos e heterogêneos, como observaremos nos parágrafos seguintes.

§ 2º Dos seus serviços especiais como ministério do Estado ou da Corte e Casa Imperial:

369. O ministro do Império nesta relação tem por encargos:

Informar a Assembléia Geral de quanto for necessário sobre as dotações devidas à família imperial, casamentos dos príncipes e princesas, ou outras ocorrências; necessidade de palácios para sua comodidade e recreio; de mestres para o seu ensino e do que convier para o serviço do gabinete do imperador.

É ele que expede as nomeações dos oficiais mores, menores e criados de honra da Coroa, regulamento de 23 de dezembro de 1847. É também quem expede as graças, os títulos, honras, distinções, ordens e mercês pecuniárias.

É o grande notário da Coroa, que lavra os atos de nascimento, casamento e óbitos da mesma augusta família; e tem a seu cargo quanto respeita às funções da Corte, seu cerimonial e etiquetas.

§ 3º Dos seus serviços especiais como ministro do Interior:

370. Nesta qualidade, este ministério tem os deveres de manter e regularizar o movimento das relações administrativas no interior e de prover a certo número de necessidade dessa ordem.

1º) É o ministro do Interior quem expede os atos de convocação, adiamento, prorrogação e dissolução da Câmara dos Deputados; quem inspeciona os processos de eleições gerais, provinciais e municipais, e quem expede as cartas de nomeação dos senadores.

2º) Tem a seu cargo a organização e aperfeiçoamento da respectiva administração e seus auxiliares ou agências, assim centrais como provinciais ou locais, e conseqüentemente do Conselho de Estado, diretorias de serviços gerais, arquivos públicos, presidências, municipalidades e mais repartições dependentes do seu ministério. É quem expede as nomeações de conselheiros de Estado, presidente, vice-presidentes, secretários e mais empregados respectivos.

3º) Por isso mesmo pertence a esta repartição a divisão administrativa do Império, a sua corografia, estatística de limites e distâncias, e mais esclarecimentos necessários a essa divisão, e que auxiliam outros serviços.

4º) Meios de comunicação, os quais compreendem os correios, suas administrações e regulamentos, os paquetes, contratos, ou providências respectivas, os telégrafos elétricos e a inspeção e melhoramento progressivo de todos estes serviços.

5º) O censo e incremento da população, o que abrange a respectiva estatística convenientemente organizada, colonização, naturalização, catequese e civilização dos indígenas, aldeamentos, serviços dos missionários e outros que são conexos com estes assuntos.

6º) Saúde pública, classe que inclui a instituição vacínica; quarentenas, junta de higiene, inspeção de saúde dos portos, polícia médica, águas termais e minerais, casas de saúde, banhos, salubridade de hotéis, regulamentos sobre estabelecimentos insalubres, incômodos ou perigosos, cemitérios e matérias dependentes.

7º) Estabelecimentos pios, de previdência ou de caridade, e conseqüentemente hospitais, casas de expostos, lazaretos, asilos de mendigos, estabelecimentos de órfãos, montepios, caixas econômicas e outras instituições semelhantes, seus regulamentos, alta inspeção e progressos.

8º) Pensões e socorros públicos, que têm lugar no caso de serviços feitos ao Estado e falta de recursos, ou de proteção reclamada por sofrimentos públicos, como inundações, peste, grandes incêndios, fomes ou outros flagelos, em que o governo como representante da sociedade tem o dever de acudir à porção dela que sofre tais males.

9º) Gozos e recreios públicos, teatros, espetáculos, jardins, passeios e outros divertimentos públicos, sua polícia, segurança e mais relações de exatidão, comodidade, etc.

10º) Polícia das subsistências, ou gêneros alimentares, seu livre trânsito e comércio regular, não monopolizado ou impedido por atravessadores; praças de mercado e fontes públicas.

11º) Outros serviços de polícia geral, e mesmo municipal, sobre que deve manter constante inspeção para prevenir delitos, desastres, incômodos ou prejuízos públicos ou individuais.

§ 4º De seus serviços especiais como ministro do Comércio, Indústria e Trabalhos Públicos:

371. É manifesto que bastavam os serviços que ficam referidos para ocupar toda a atenção e talentos do mais hábil ministro, mas na atualidade eles não formam nem metade dos encargos que pesam sobre a repartição do Império.

Como Ministério do Comércio, Agricultura, Artes e Trabalhos Públicos, pesam sobre o mesmo ministério outros importantes encargos.

1°) Comércio interno e externo, e conseqüentemente a impulsão e providências convenientes para o seu livre desenvolvimento e progresso; medidas concernentes às suas instituições auxiliares ou conexas, como escolas e sociedades comerciais, seguros, bancos, que não devem pender do Ministério da Fazenda; sistema de pesos e medidas, estatística comercial, etc.

2°) Agricultura, e por conseqüência todos os serviços que se incluem debaixo desta denominação. A cultura, seu progresso, processos, máquinas e instrumentos, escolas e colônias agrícolas, serviço de demarcação e venda de terras devolutas, aquisições de plantas e sementes, conservação de matas, serviço das águas, estatística respectiva, e sobretudo braços para o trabalho.

Criação e aperfeiçoamento das raças, aquisições para isso precisas, ensino relativo ao seu tratamento e maiores proveitos a retirar.

Pesca no alto mar, nas costas, e no interior, estabelecimentos e associações correspondentes.

Mineração em suas numerosas e variadas espécies, e conseqüentemente tudo que respeita a leis e regulamentos respectivos, estudos, associações e questões emergentes.

3°) Indústria, manufaturas ou artes, fábricas e oficinas de diferentes espécies e de diversos produtos, patentes de invenção, de introdução ou melhoramento, prêmios, medidas adequadas sobre matérias-primas, sobre operários e mais relações econômicas.

4°) Vias e meios de transporte, navegação de longo curso, de cabotagem, interior, construções marítimas ou fluviais, navegação a vapor, canais, melhoramentos dos rios, serviços acessórios, servidões de suas margens e águas, estradas de ferro, de carros e outros sistemas, empresas, auxílios respectivos.

5°) Outras obras ou trabalhos públicos, como palácios, repartições para o serviço de Estado, obras de necessidade ou segurança pública, administração respectiva, engenheiros civis.

§ 5° De seus serviços especiais como ministro da Instrução Pública:

372. O ministro do Império é ainda o ministro da Instrução Pública, como se esta por si só não devesse formar uma repartição separada.

A instrução e educação pública são como que um poder público, e de grande força, de imensa influência. As ciências, artes e os bons costumes são necessidades de todos os tempos e de todos os lugares; são entidades que elevam a força da inteligência, são manufatureiras agrícolas, comerciais, artistas de todos os gêneros, e defensoras valentes do Estado, são os meios de aperfeiçoamento, riqueza, prosperidade material e moral, e segurança nacional.

Todos os ramos do serviço público, todas as necessidades sociais, reclamam o auxílio delas; e os de uma educação moral que desenvolva as boas inclinações e idéias naturais que faça desde logo conhecer os deveres e os direitos do homem. Quereis que o Estado floresça, dizia Napoleão I, formai o homem e o cidadão de sorte que seja inteligente e moralizado. Com efeito, não basta criar boas instituições e leis sábias, são precisas luzes e costumes que as sustentem e desenvolvam os seus frutos, e para isso uma instrução e educação cuidadosa; daí é que nascerá uma geração digna, uma nacionalidade valiosa, amor da pátria, paixões nobres, artes, riqueza, força; do contrário só teremos trevas e degradação.

Entretanto, todos os conhecimentos são úteis, todos se ligam entre si por muitas e úteis dependências, todos tendem a aperfeiçoar-se e todos os dias se alargam mais. É, portanto, necessário um plano de instrução; e este plano por si só já é um objeto de profundo estudo, e não por uma vez só, mas de todos os dias, e que jamais terá um termo, porque o progresso é indefinido. E qual é o plano que seguimos? Temos criado um sistema? Marchamos com vistas fixas? Estão criados e repartidos os necessários estudos preparatórios, as escolas superiores, as relações e inspeções centrais indispensáveis, ainda mesmo no só município da Corte?

Ora, o que tem de comum o grande serviço da instrução pública com acumulação de tantos trabalhos heterogêneos que pesam sobre a repartição do Império?

É de mister criar um ministério especial, ligando somente a ele o serviço de culto público, serviço homogêneo e dependente.

Apesar de nosso estado, já temos as escolas de direito, de medicina, de comércio, de belas artes, de instrução secundária e primária, museu, algumas corporações, sociedades científicas e escolas particulares, que já motivam um grande movimento de inspeção, nomeações, demissões, jubilações, estatutos, regulamentos, compêndios, métodos, estatísticas, mais que suficiente para ocupar toda a atenção de um homem de talentos.

SEÇÃO 4ª: DOS SERVIÇOS ESPECIAIS DO MINISTÉRIO DA JUSTIÇA

§ 1º Da Repartição da Justiça:
373. A Repartição da Justiça fazia parte da do Império, nos termos do alvará de 28 de julho de 1736. A lei de 23 de agosto de 1821 a separou. Em

conseqüência dessas leis e do decreto de 3 de julho de 1822 tem ela a seu cargo os serviços que passamos a referir. Ela se rege pelo regulamento de 19 de abril de 1844, que está o governo autorizado a reformar.

§ 2º Dos seus serviços especiais como Ministério da Justiça:
374. Como Ministério da Justiça esta repartição tem a seu cargo:

1º) As providências necessárias a bem da ordem, tranqüilidade e segurança pública, e até mesmo a suspensão das garantias constitucionais no caso e termos previstos pela Constituição.

2º) A polícia não só administrativa na parte que lhe toca, como a polícia judiciária, e por isso mesmo os serviços anexos, como são.

A divisão policial, sua organização, nomeações, demissões e os numerosos e variados objetos de sua vigilância e ação. Os seus serviços especiais, e entre eles os que respeitam aos telégrafos na parte policial, iluminação, vadios, mendigos, sociedades secretas, moeda falsa, tráfego de africanos, prisão de criminosos, etc.

Melhoramento das respectivas leis e regulamentos, instruções e ordens a respeito.

3º) A extensa e importante administração da Justiça Civil, Comercial e Criminal em seus diversos ramos, que compreendem muitos assuntos, entre os quais figuram os seguintes.

4º) Divisão judiciária civil, comercial e criminal, e organização de cada uma dessas administrações em primeira e segunda instância, além do Tribunal Supremo.

Movimento na magistratura, nomeações, promoções, remoções, suspensão, responsabilidade, relações com o poder Moderador em tais casos, licenças, aposentadorias, alterações, assentamento, estatística respectiva.

Ofícios da Justiça, seus provimentos e necessária inspeção.

5º) Informação sobre o exercício prático dos tribunais civis, comerciais e criminais, lacunas e imperfeições do direito civil, comercial e criminal, ou dos processos respectivos, seu aperfeiçoamento; estatísticas concernentes e análise de seus resultados; conflitos de atribuição ou de jurisdição.

6º) Sistema hipotecário, sua organização, melhoramento e inspeção ativa e especial, bem como sobre os falimentos.

7º) Serviços anexos à administração criminal, prisões, casas de correção, colônias penais, transportes e sustento de presos pobres e suas enfermidades, cumprimento de sentenças, sistema penitenciário.

8º) Relações com o poder Moderador sobre graças ou perdão, anistia, comutações.

9º) Relações de justiça internacional particular no cível ou crime, cartas rogatórias, expulsão de estrangeiros e outras medidas respectivas.

10º) Ministério Público, sua organização no cível e crime, na primeira e segunda instância, no Tribunal Supremo, seus diferentes serviços.

11º) Instituto dos advogados, solicitadores e mais agentes judiciários, regulamentos, inspeção.

12º) Guarda Nacional, organização, nomeações, promoções, demissões, disciplina, instrução, armamento, serviços e outras relações, estatística.

13º) Força policial permanente, sua organização e variadas providências e serviços.

§ 3º Dos seus serviços especiais como Ministério do Culto:

375. Os serviços que temos referido bastavam, sem dúvida, para ocupar toda a atenção do ministro da Justiça, mas ele é, além disso, ministro dos Cultos, e como tal tem a seu cargo os serviços relativos, ou seguintes:

1º) A divisão eclesiástica dos bispados, vigararias gerais, da vara, e paróquias, sobre que deve exercer sua inspeção.

2º) Provimento dos bispados e diversas relações com os bispos, apresentações de párocos, benefícios eclesiásticos e permutas.

3º) Relação metropolitana, juízes eclesiásticos, recursos à Coroa, sobre que deve exercer a necessária atenção.

4º) Catedrais, cabidos, sés, vagas, bens eclesiásticos, fábricas das igrejas, seminários.

5º) Conventos, confrarias, capelas, oratórios, polícia exterior dos templos.

6º) Relações com o poder espiritual, dispensas, breves, beneplácitos, concordatas.

7º) Providências sobre os diversos cultos, casamentos evangélicos, ou mistos, polícia sobre as associações religiosas.

8º) Estatística dos diversos cultos.

Seção 5ª: Dos serviços especiais
do Ministério dos Negócios Estrangeiros

§ 1º Da Repartição dos Negócios Estrangeiros:

376. Esta repartição era unida ao Ministério da Guerra em conformidade do alvará de 28 de junho de 1736.

A carta régia de 6 de janeiro de 1801, desanexou as duas repartições, mas o aviso de 23 de julho do mesmo ano reuniu-as novamente.

Anexado depois ao Ministério do Reino, como se vê das instruções que acompanharam o decreto de 22 de abril de 1821, foi afinal definitivamente separado pelo decreto de 13 de novembro de 1823.

Sua secretaria é regida pelo decreto e regulamento de 26 de fevereiro de 1842, que sofreu algumas alterações em virtude do decreto de 20 de abril de 1844.

§ 2º Dos seus serviços especiais:

377. Este ministério, por sua própria natureza e leis que o regem, tem importantes deveres, ou serviços, que podem ser considerados por duas faces, política e comercial, pois que ele deve não só defender os direitos do Estado em suas relações exteriores, mas também promover os seus interesses mercantis ou antes industriais.

Como esses encargos se enlaçam, nós o classificaremos conjuntamente.

1º) Presidir e manter as relações internacionais para com o corpo diplomático e consular estrangeiro residente no Império, ouvir suas proposições e reclamações, discuti-las e afinal resolvê-las de acordo com as ordens da Coroa em seu Conselho de Ministros, direitos e interesses nacionais.

2º) Organizar, dirigir e inspecionar os diferentes serviços do corpo diplomático e consular brasileiro nas diversas cortes e países estrangeiros por meio de suas instruções e despachos a bem dos direitos e interesses do Estado, e de seus súditos.

3º) Dirigir e inspecionar os serviços das comissões mistas ou internacionais, que convier criar, e resolver sobre seus trabalhos, esclarecimentos necessários, dúvidas, ou conclusões.

4º) Observar e fazer observar o cerimonial político entre o Império e os demais Estados em relação à nação, ao imperador, sua augusta família, soberanos e príncipes estrangeiros, agentes diplomáticos, forças navais ou de terra, em conformidade dos princípios e usos recebidos e como precedente para manutenção da boa e recíproca harmonia.

5º) Fazer respeitar os princípios fundamentais da soberania brasileira, os atributos de seus poderes constitucionais, sua religião ou cultos religiosos, e tolerância, resguardando a reciprocidade dos direitos.

6º) Manter nas relações exteriores o direito de domínio, ou posses do Estado sobre seu território, rios, portos, baías, golfos e mares territoriais; e semelhantemente fazer respeitar as linhas de seus limites.

7º) Conservar os direitos exclusivos da jurisdição territorial do Império, não perdendo, todavia, de vistas os princípios recebidos e recíproca conveniência de obter que os estatutos ou leis pessoais brasileiras sejam respeitadas nos países estrangeiros em relação à nacionalidade, casamentos, testamentos ou sucessões, e outras condições pessoais dos súditos brasileiros.

8º) Combinar os direitos da jurisdição territorial com os princípios recebidos sobre os estatutos ou leis reais, conflitos de direitos reais, e bem assim sobre as questões de passaporte, entrada, residência, trânsito de estrangeiros, correios, mercadorias, forças, expulsão dos mesmos, e aplicação dessas relações no caso das águas territoriais.

9º) Defender e manter os direitos nacionais nas questões de aplicação de suas leis administrativas aos súditos estrangeiros, sobre sua polícia, suas diferentes indústrias, impostos, e quaisquer outros assuntos dessa ordem, e bem assim sobre as que possam afetar a jurisdição nacional voluntária ou contenciosa, validade dos atos ou administração da justiça civil, comercial, ou criminal em suas relações internacionais.

10º) Dirigir oportuna e discretamente as negociações internacionais, prevendo e reconhecendo bem o valor e extensão dos interesses, e providenciar para que os tratados uma vez celebrados sejam fielmente observados, e conseqüentemente por mais essa razão concorrer para a repressão do tráfico de africanos.

11º) Promover pela parte que lhe toca o comércio, navegação, e outros ramos da indústria nacional, procedendo de acordo com os respectivos ministérios, coligindo por meio das legações e consulados todos os esclarecimentos convenientes sobre invenções, novos produtos, aperfeiçoamento de processos ou de meios produtivos, e mais melhoramentos.

12º) Concorrer semelhantemente, e obter todos os esclarecimentos concernentes ao aperfeiçoamento dos serviços administrativos e da ordem judiciária, organização, impostos, colonização, estabelecimento de proteção, caridade, instrução e outros.

13º) Prevenir quanto possível, e evitar os prejuízos, ofensas ou perigos contra o Estado; cuidar em tempo de coligir, ou preparar os meios de ação ou defesa, armamento, alianças, auxílios ou outras cooperações.

14º) Dirigir em tais casos as reclamações e protestos, transigir convenientemente, usar dos direitos de retorsão ou represálias que forem concordantes com os interesses do Estado.

15º) Intervir, quando os direitos do Império exigirem, para que eles não sejam lesados, ou guardar neutralidade nas questões internacionais, política de mediação, arbitramento, garantia.

16º) Manter no caso de neutralidade os verdadeiros e convenientes princípios dessa posição, embargo de navios, contrabando de guerra, visitas marítimas, bloqueio, corso, presas[54] e outras relações do neutro, ressalvando os interesses nacionais.

17º) Evitar o rompimento ou guerra, e no caso extremo votar por sua preferência antes do que sacrificar a honra, os direitos, ou os grandes interesses do Estado, procurando por meio de relações internacionais a coadjuvação possível, e não olvidando jamais que o fim da guerra é a paz honrosa e útil; obtê-la, ou verificá-la na primeira oportunidade por modo que seja segura e duradoura; restabelecer as convenientes relações internacionais.

Seção 6ª: Dos serviços especiais do Ministério da Fazenda

§ 1º Da Repartição da Fazenda:
378. A administração da Fazenda Nacional começou a ser regularmente organizada em Portugal pela lei de 22 de dezembro de 1761, e no Brasil pela de 28 de junho de 1808. Depois do sistema constitucional foi ela reorganizada pela lei de 4 de outubro de 1831, e ultimamente em virtude da lei de 4 de julho de 1850, é regida pelo regulamento de 2 de novembro do mesmo ano.

§ 2º Dos seus serviços especiais:
379. A administração da fazenda nacional é um dos serviços dos mais importantes do Estado, e por isso mesmo mereceu que a Constituição se ocupasse dele em um capítulo especial, arts. 170, 171 e 172. Ela criou o Tribunal do Tesouro para ser incumbido dessa administração, arrecadação, e contabilidade respectiva.

Tratando das atribuições do poder Legislativo, em nº 95 já indicamos alguns dos deveres deste ministério; eles, porém, são muito numerosos e variados.

As rendas públicas são por um lado um dos recursos mais poderosos do Estado, que sem elas não se poderia manter, e menos prestar serviços à sociedade e defendê-la; são, porém, por outro lado, um dos mais pesados encargos que afetam a sociedade e os indivíduos, porque elas não se compõem em quase toda a sua totalidade senão por meio de contribuições públicas, que não devem jamais exceder das faculdades dos contribuintes. Além de opressiva, elas arruinariam a própria fonte donde se derivam.

---

[54] Para presas ver nota 36.

Um dos primordiais deveres deste ministério é o de uma economia ilustrada, e de um estudo profundo das complicadas matérias de sua repartição; e muito mais enquanto não tivermos um tribunal de contas. Ele tem a seu cargo:

1º) A organização de sua repartição, ministério e Tesouro Nacional; nomeação dos seus empregados, sua promoção, responsabilidade, demissões, aposentadorias, remunerações.

2º) A arrecadação das rendas públicas, e conseqüentemente a direção, inspeção e fiscalização desse serviço, tanto em relação ao tesouro como às tesourarias, alfândegas, consulados, coletorias e demais repartições, arrematações ou contratos de arrecadação delas. Cobrança da dívida ativa, aproveitamento dos bens nacionais.

3º) Observar os efeitos que os impostos, ou o sistema de sua arrecadação produzem sobre os diversos ramos da riqueza pública, e conseqüentemente propor a respeito o que for mais conveniente, quando isso não caiba em suas atribuições.

4º) Proceder semelhantemente sobre as relações fiscais da indústria nacional, isenção de direitos de matérias-primas para as fábricas ou outras empresas, fazendo observar as leis, e propondo as medidas adequadas.

5º) Inspecionar e propor o que for útil sobre os empréstimos e conservação do crédito público.

6º) Dirigir as operações de crédito e movimento de fundos; inspeção sobre os depósitos feitos no tesouro e sobre os bancos.

7º) Decretação ou distribuição dos créditos concedidos ao seu ministério, e expedição das ordens necessárias sobre a dos outros ministérios às repartições fiscais; e inspeção para que não sejam excedidos.

8º) Pagamento e mais serviços da dívida pública, caixa de amortização, empréstimos em Londres, bilhetes do tesouro, exercícios findos, contratos de despesas.

9º) Questões sobre ordenados, tenças,[55] pensões, ou obrigações fiscais semelhantes.

10º) Providenciar sobre o melhor sistema de escrituração e contabilidade, orçamento e balanços, estatística comercial, de importação e exportação, e esclarecimentos convenientes.

---

[55] A tença era uma espécie de pensão concedida para o sustento daqueles que prestavam importantes serviços ao Estado.

11º) Tomada ou julgamento de contas das diversas repartições ou empregados que tiverem a seu cargo a arrecadação e dispêndio dos dinheiros públicos, ou valores nacionais, suspensão de tais funcionários, fianças, multas, seqüestro, prisão, concessão de prazos para o pagamento e mais providências respectivas.

12º) Providências sobre dúvidas ocorridas acerca da inteligência das leis fiscais, e de sua execução; meios de corrigir os abusos introduzidos neste ramo de serviço.

13º) Sobre conflitos ou questões de competência entre as repartições ou empregados da Fazenda, e julgamento dos recursos interpostos das decisões de tais repartições ou empregados.

14º) Inspeção sobre a Casa da Moeda, Oficina de Apólices e Tipografia Nacional.

15º) Todo e qualquer outro melhoramento sobre legislação ou serviço da Fazenda Nacional para corrigir seus defeitos ou insuficiência, não só quanto à arrecadação, distribuição, contabilidade ou fiscalização, como quanto à sua organização, seu processo contencioso, juízo de seus feitos e mais serviços.

16º) Seria também conveniente que este ministério, de acordo com o dos Negócios Estrangeiros, coligisse os convenientes esclarecimentos sobre os direitos de porto que nossos navios, e sobre os de importação, que os nossos principais produtos pagam nos países estrangeiros, e os similares de outra origem.

Seção 7ª: Dos serviços especiais do Ministério da Guerra

§ 1º Da Repartição da Guerra:
380. A secretaria de Estado dos Negócios da Guerra, criada pelo alvará de 28 de julho de 1736, era unida a dos Negócios Estrangeiros, de que depois foi separada, como já dissemos tratando da última.

É, atualmente, regida pelo decreto e regulamento nº 350, de 21 de abril de 1844, que o governo está autorizado a alterar.

§ 2º Dos seus serviços especiais:
381. Esta importante repartição, que tanto interessa à segurança interior e exterior do Estado, e de que a Constituição ocupou-se em um capítulo especial, arts. 145 a 150, tem a seu cargo, além dos deveres comuns dos ministérios, e do que já expusemos em nº 100, os seguintes serviços:

1º) Direção e inspeção de sua contadoria e repartições consultivas, Conselho Supremo Militar, comissões de melhoramentos e de promoções, inspeção de corpos, e de outros serviços militares.

2º) Inspeção das repartições de justiça criminal militar, auditorias de guerra, juntas de justiça militar, e conselho supremo como tribunal criminal.

3º) Igual inspeção, em relação a outras repartições de expediente, como quartel-general e comandos de armas.

4º) Instrução militar, escolas, arquivo, e oficina respectiva.

5º) Serviço de Exército, sua organização, suas diferentes armas, estado-maior, engenharia, artilharia, infantaria, cavalaria, seus diferentes corpos, disciplina, exercícios, promoções, reformas, vencimentos, recompensas, etc.

6º) Engajamentos, recrutamento, depósitos e ensino dos recrutas e voluntários.

7º) Repartições de saúde do Exército, hospitais militares, regimentais, de inválidos.

8º) Repartição eclesiástica do serviço do Exército, e capelães militares.

9º) Repartições de fazenda militar, pagadorias e comissariados.

10º) Material do Exército, arsenais de guerra, armamento, equipamento, armazéns, ou depósitos de artigos bélicos, oficinas de armas, de pólvora, laboratório pirotécnico, fábricas de ferro, coudelarias e depósitos de cavalhada.[56]

11º) Direção e movimento das forças, fornecimentos, transportes, planos militares de segurança interna e externa, campanha e providências relativas.

12º) Quartéis, fortalezas, praças de guerra, presídios, fortificações, obras militares, guarda de prisioneiros de guerra.

Seção 8ª: Dos serviços especiais do Ministério da Marinha

§ 1º Da Repartição da Marinha:

382. O Ministério da Marinha, que, como os outros, passou pela lei de 23 de agosto de 1821 a constituir uma repartição separada, rege-se pelo decreto e plano, ou regulamento de 20 de abril de 1844, que o ministro está autorizado a reformar.

---

[56] As coudelarias eram estabelecimentos, em geral do Estado, cujo fim era criar e apurar as raças de cavalos; o responsável pelo aras, chamado de coudel, era um militar.

§ 2º Dos seus serviços especiais:

383. É uma importante repartição, que com o desenvolvimento do Império há de necessariamente ter uma progressiva expansão; seus principais encargos são os seguintes:

1º) Inspeção de suas repartições consultivas, conselho naval, comissões de melhoramentos e outras.

2º) Justiça criminal da Armada, auditoria da Marinha, Conselho Supremo Militar, e presas marítimas.

3º) Quartel-general da Marinha, intendências e serviços respectivos.

4º) Instrução, academia e escolas da Marinha, artilharia da armada, pilotagem, observatórios astronômicos, biblioteca.

5º) Pessoal da Armada, marinhagem, imperiais marinheiros, aprendizes menores, fuzileiros, disciplina, exercícios, promoções, reformas, vencimentos.

6º) Engajamentos, recrutamento, e inscrição marítima.

7º) Repartições de saúde, hospitais e enfermarias da Marinha, inválidos.

8º) Repartição eclesiástica do serviço da Armada.

9º) Material da Armada, sua força, conservação, melhoramento, matas, cordoarias, estações navais, maquinismos, modelos de construção.

10º) Estabelecimentos de construção e armamento, arsenais, oficinas, diques, artífices de embarque.

11º) Direção e movimentos das forças, comissários de fornecimentos.

12º) Polícia e serviços dos portos e costas, capitanias, melhoramentos deles, praticagem de barras, faróis e atalaias de sinais.

13º) Polícia de navegação e da pesca, providências sobre naufrágio.

14º) Obras marítimas e mais serviços respectivos.

Observação comum:

384. Os diferentes serviços deste e dos outros ministérios, sua ordem, regularidade e detalhes, assim como a organização das repartições por onde eles se verificam, formam o corpo e objeto do direito administrativo, que compreende também as relações que por ocasião desses serviços se agitam entre a administração e os cidadãos.

CAPÍTULO 5:
Do Conselho de Estado

~

SEÇÃO 1ª: DA NATUREZA E NECESSIDADE DESTA INSTITUIÇÃO

§§ 1º a 3º Haverá um Conselho de Estado, composto de conselheiros vitalícios, nomeados pelo imperador. Constituição, art. 137; lei de 23 de novembro de 1841, arts. 1 e 2.

§ 1º Da natureza desta instituição:
385. O Conselho de Estado é uma importante instituição que tem por destino auxiliar o governo e a administração nacional com suas luzes, experiência e opiniões ou pareceres; é o conselheiro o coadjuvador de suas tarefas; e também o fiscal das competências administrativas, e o seu tribunal em matéria contenciosa de sua alçada.

A Constituição em seu art. 137 e seguintes havia criado um Conselho de Estado com as condições que esses artigos revelam; o Ato Adicional em seu art. 32 suprimiu pura e simplesmente essa instituição, e isso a título de *uma garantia às liberdades públicas*. Se a reforma constitucional estabelecesse ao menos que a última parte do art. 142 da Constituição seria observada mediante a audiência do Conselho de Ministros, mediante a responsabilidade do art. 143, teríamos uma garantia substituída por outra, embora menos conveniente; mas suprimir pura e simplesmente a garantia que existia, quando as atribuições do poder Moderador ficavam subsistindo quais eram, é realmente notável!

Posto que uma lei ordinária não pudesse restabelecer o Conselho de Estado como instituição constitucional, podia, todavia, estabelecê-lo como instituição ordinária, e foi o que felizmente fez a lei de 23 de novembro de 1841, que, todavia, não constituiu a audiência do Conselho como necessária nas matérias do art. 142 da lei fundamental, como dantes era. Essa restrição ficou extinta, mas ainda assim a lei de 1841 diminuiu o mal dessa infundada e prejudicial supressão; o regulamento que acompanha essa lei é datado de 5 de fevereiro de 1842.

§ 2º Da necessidade desta instituição como auxiliar do governo e da administração:
386. Basta refletir-se por um pouco sobre as importantes funções do poder Moderador e do Executivo, sobre a extensão de sua alta missão, para reconhecer-se a necessidade que eles têm de semelhante auxiliar.

O poder Moderador tem em suas mãos a chave de toda organização política, o nível do equilíbrio e harmonia dos demais poderes, e altas e enérgicas atribuições, para que possa desempenhar tão elevada missão. Quem poderá supor que qualquer dessas atribuições, salva a do § 6º do art. 101 da Constituição, deva prescindir de maduro Conselho e profundos esclarecimentos?

O poder Executivo tem atribuições políticas de imenso alcance, em que precisa antever tudo, dominar o futuro, até as eventualidades e contingências. Tem atribuições administrativas de sumo valor, pois que do exercício delas depende a realização do seu pensamento político, ou a sua contrariedade.

Em tudo o poder Executivo precisa de luzes variadas, de conselhos sábios e independentes, que esclareçam a sua resolução e a sua marcha, que facilitem todo o acerto e exatidão.

O Conselho de Estado ministra grande coadjuvação nos assuntos da política e da administração, tanto interna como externa.

Em matéria de legislação e regulamentos que demandam profundos e variados estudos, é também ele quem prepara os projetos, discute as dificuldades e conveniências, e coadjuva poderosamente o governo e a administração.

Ele resolve e esclarece as dúvidas por seus pareceres ou consultas; e faz-se indispensável para a existência de uma marcha estável, homogênea, para unidade de vistas e de sistema. É o corpo permanente, ligado por seus precedentes e princípios, que conserva as tradições, as confidências do poder, a perpetuidade das idéias; é portanto, quem pode neutralizar os inconvenientes resultantes da passagem muitas vezes rápida, da instabilidade dos ministros, depositários móveis da autoridade que tem vistas e pretensões administrativas, às vezes não só diferentes, mas até opostas.

Outro e grande serviço do Conselho de Estado é o que ele presta em benefício da uniformidade na inteligência e aplicação das leis administrativas, pois que a esse respeito é como que o supremo tribunal dessa classe de leis. É, enfim, o julgador dos conflitos de atribuições, serviço importantíssimo, pois que se destina a evitar a confusão dos poderes políticos.

Em resumo, é um precioso guia e auxiliar para o governo e para cada um dos ministérios, como a análise de suas atribuições pode melhor demonstrar.

§ 3º Da necessidade do Conselho de Estado como tribunal de justiça administrativa:

387. Além de necessária como guia e auxiliar, esta instituição é de mais indispensável como julgador do contencioso da administração, julgador que de um lado resguarde a independência do poder administrativo, mas que de outro segure o direito das partes com inteira imparcialidade e exata justiça.

Para que o poder administrativo possa cumprir sua missão de defender os interesses coletivos da sociedade, é sem dúvida de mister que ele possa conhecer e julgar das reclamações opostas a suas determinações. Desde que esse julgamento fosse atribuído a outro poder, ele ficaria subordinado à vontade deste, e entravado em sua marcha não poderia mesmo ser responsável.

Entretanto, desde que essas reclamações não se fundarem só em conveniências individuais, e sim em direitos propriamente ditos, é de mister que essa faculdade sua seja exercida por modo e mediante garantia que façam respeitar as leis e esses direitos individuais.

Daí procede a necessidade indeclinável de tribunais e de um processo administrativo que satisfaçam essa missão de justiça. O Conselho de Estado é o superior desses tribunais, ou o tribunal superior dessas reclamações.

Por qualquer face que se encare pode talvez asseverar-se que é preciso não conhecer bem esta instituição para pronunciar um voto por sua supressão.

Seção 2ª: Da composição do Conselho de Estado

§ 1º Do número de conselheiros:
388. O Conselho de Estado é composto de 12 conselheiros de serviço ordinário; número, sem dúvida, insuficiente; e de 12 de serviço extraordinário, isto é, que são chamados nos impedimentos daqueles, ou quando convém para alguma consulta, sendo todos eles de nomeação do imperador [lei, arts. 1 e 3; Constituição, art. 138]. Nesse número de conselheiros ordinários não se conta com o príncipe imperial, que logo que tem 18 anos é por direito membro do Conselho, nem com os demais príncipes da Casa Imperial, que o imperador pode nomear, mas que só servirão no Conselho reunidos quando para isso convidados [lei, art. 6; Constituição, art. 144].

Convém por mais de uma razão extinguir a diferença entre conselheiros de serviço ordinário e extraordinário, que além de infundada tem inconvenientes; basta que haja número duplo do necessário, e que a Coroa tenha o direito de chamar ao serviço aqueles que preferir.

Os ministros de Estado, ainda quando não são membros do Conselho, têm assento nele [lei, art. 1; Constituição, art. 139].

§ 2º Das condições para a nomeação e duração do cargo:

389. Para que possam ser nomeados devem ter as habilitações exigidas para o cargo de senador [lei, art. 4; Constituição, art. 140].

Este importante cargo é, e deve ser vitalício, para que possa ter independência [lei, art. 2; Constituição, art. 137]; o imperador, porém, pode dispensar qualquer conselheiro de suas funções por tempo indefinido [dito, art. 2]. Esta dispensa, e mesmo a passagem do serviço ordinário para o extraordinário, convém que seja efetuada por decreto, ouvido o Conselho de Ministros; é uma garantia necessária à importância e independência do cargo de conselheiro, garantia que obsta os abusos ministeriais.

§ 3º Do juramento e responsabilidade dos conselheiros:

390. Antes de entrar em serviço, os conselheiros prestam o juramento determinado pela lei, art. 5 [Constituição, art. 141].

Eles são responsáveis pelos conselhos que derem ao imperador opostos à Constituição e aos interesses do Estado, nos negócios relativos ao exercício do poder Moderador [lei, art. 4; Constituição, art. 143]. O tribunal que conhece de sua responsabilidade é o Senado nos termos da lei de 15 de outubro de 1827.

Quanto aos negócios dependentes do poder Executivo, ou administrativo, toda a responsabilidade pesa só sobre os ministros, pois que têm inteira liberdade de ação, e o dever restrito de não infringir a lei, nem prejudicar os interesses nacionais; não têm, portanto, pretexto algum por que declinem essa responsabilidade.

§ 4º Das honras, distinções e vencimentos:

391. Nos atos públicos, e funções da corte, ocupam os conselheiros de Estado o primeiro lugar depois dos ministros, gozam das mesmas honras, tratamento e uniforme destes [lei, art. 8; regulamento, art. 57].

Os conselheiros de Estado que estão em exercício de serviço ordinário percebem a gratificação anual de 4 contos de réis.

§ 5º De seus impedimentos, substituições e incompatibilidades:
392. Quando um conselheiro de Estado, de serviço ordinário não pode exercer suas funções por mais de 15 dias contínuos, é substituído por um conselheiro de Estado de serviço extraordinário. Cessando o impedimento, cessa a substituição independente de nova ordem [regulamento, art. 53].

Os conselheiros de Estado que servem de ministros, ou que são empregados em outras comissões incompatíveis com as funções do Conselho, consideram-se impedidos [regulamento, art. 54].

Foram muito para desejar que nossa lei declarasse as funções do Conselho de Estado incompatíveis com o exercício de empregos administrativos ou judiciários; são acumulações de serviços diversos, e por, vezes opostos; acumulações, conselho, administração e julgamento, que complicam os negócios, afetam o caráter da inamovibilidade do conselheiro, confundem a divisão dos poderes, afrouxam a responsabilidade e distraem a atenção e zelo para muitos assuntos diferentes.

§ 6º Dos referendários ou auditores:
393. O nosso Conselho de Estado, bem como quase todas as nossas instituições, é por ora acanhado.

O gênio de Napoleão I via tudo em grande, e em toda a extensão; preparava de antemão os homens que deviam prestar os grandes serviços, aproveitando-os, no entretanto, mesmo para julgá-los.

Ele compreendeu facilmente que não convinha multiplicar muito os cargos de conselheiros de Estado, mas que não era possível ter menos que os necessários; que seria útil incluir no Conselho os talentos que se formavam para auxiliar os conselheiros, diminuindo seu trabalho, verificando e instruindo os negócios, e que assim não só poupava aquele número, mas criava hábeis administradores para os diversos serviços superiores. Era fundar uma grande escola da alta administração, do exame, discussão, e preparação dos projetos de leis, regulamentos e questões administrativas. Esses talentos que iam completar assim o seu desenvolvimento, inspecionados pelos conselheiros, sob os olhos do governo, dariam a prova de sua capacidade, penetrar-se-iam dos princípios e máximas da administração, criariam mesmo úteis dedicações, e quando fossem encarregados de funções públicas estariam bem habilitados e amadurecidos.

Estes funcionários adjuntos prestam, no entretanto, um trabalho auxiliar muito importante, pois que verificando, instruindo e relatando os negócios que lhes são cometidos, abreviam a solução deles. Seu concurso poupa o número e a diferença dos vencimentos dos conselheiros de Estado, que aliás seriam necessários. Eles preenchem também as funções do Ministério Público, de procuradores da Coroa, no contencioso da administração perante o Conselho de Estado, o que é indispensável.

Esta instituição de Napoleão, como muitas outras, tem sido geralmente adotada. Tais funcionários comumente denominados auditores ou referendários constituem duas classes, isto é, funcionários de 1ª e 2ª classe, passando de uma a outra por acesso. Não podem ser nomeados sem que tenham as necessárias habilitações, e percebem a devida gratificação.

Só na exposição, ou estudo do direito administrativo, seria possível entrar em mais amplos detalhes a respeito.

§ 7º Dos advogados do Conselho de Estado:
394. O nosso Conselho de Estado tem dez advogados, e só a eles é permitido assinar as petições e quaisquer outros artigos ou razões que tiverem de ser presentes ao conselho, ou às seções; só eles, como tais, podem assistir aos depoimentos e mais atos do processo administrativo [regulamento de 5 de fevereiro de 1842, art. 37].

O advogado que faltasse ao devido respeito ao Conselho, seção, ou a algum conselheiro em matéria de ofício, além de demitido, seria demais punido nos termos legais [art. 38].

Nenhum deles deve apresentar como contenciosos negócios que não tenham esse caráter, nem recorrer ao Conselho sobre assuntos que sejam da competência de outra autoridade.

A instituição é direito exclusivo de tais advogados, tem por fim impedir que homens obscuros agitem pretensões injustas ou infundadas, envolvendo as partes em sacrifícios e perdas, só pelo desejo do ganho. Destina-se pois a dar-lhes homens que ministrem garantias por seu saber e qualidades morais; pensamos, entretanto, que as partes que forem formadas em direito poderão sem dúvida assinar suas petições e sustentar por si mesmas suas reclamações.

§ 8º Do secretário e secretaria do Conselho de Estado:
395. O Conselho de Estado tem por secretário um dos conselheiros que é para isso nomeado, e que é quem escreve os atos ditos [regulamento, art. 52].

O nosso Conselho de Estado não tem ainda uma secretaria e arquivo próprio, de que muito precisa, assim como de oficiais seus, que façam as intimações às partes, aos advogados, e cumpram as demais ordens e diligências do serviço.

Conviria que os pareceres e consultas do Conselho sobre negócios não contenciosos fossem divididos em duas classes, conservando-se reservada a que demandasse segredo, e tendo publicidade a que não exigisse essa reserva.

Quanto aos pareceres ou consultas sobre matérias contenciosas, é claro que devem ter toda a publicidade, pois que assim requer o direito das partes, e reclama a jurisprudência administrativa. O Conselho de Estado de França, mormente no tempo da realeza, fornece um exemplo digno de ser imitado.

Seção 3ª: Das diversas atribuições do Conselho de Estado

§ 1º O art. 142 da Constituição, que se acha substituído pelo art. 7 da lei de 23 de novembro de 1841, incumbe às seções ou ao Conselho de Estado de dar seu parecer ou consultar sobre todos os negócios em que o imperador houver por bem ouvi-lo, e especialmente sobre os seguintes.

§ 2º Sobre os assuntos ou ocasiões em que o imperador se propuser a exercer qualquer das atribuições do poder Moderador indicadas no art. 101 da Constituição.

§ 3º Sobre decretos, regulamentos e instruções para a boa execução das leis, e sobre propostas que o poder Executivo tenha de apresentar à Assembléia Geral.

§ 4º Sobre declaração de guerra, ajustes de paz, e negociações com as nações estrangeiras.

§ 5º Sobre quaisquer matérias da administração interior.

§ 6º Sobre assuntos de natureza quase contenciosa, como questões de presas, de indenizações, conflitos entre as autoridades administrativas, e entre estas e as judiciárias, e abusos das autoridades eclesiásticas.

§ 7º Sobre negócios de justiça administrativa contenciosa.

§ 1º Das atribuições do Conselho de Estado em geral:
396. O Conselho de Estado, como anteriormente já notamos, tem atribuições ou incumbências de ordens diferentes, por isso mesmo que deve dar seu parecer ou consulta sobre todos os assuntos em que o imperador quiser ouvi-lo, e mesmo preparar trabalhos ou resolver questões, conforme a matéria que lhe for cometida.

Para maior clareza ou método separaremos essas atribuições em classes distintas nos termos dos parágrafos seguintes.

Observaremos, porém, antes de descer a esses detalhes, que a maior ou menor extensão das atribuições de um Conselho de Estado, a obrigação ou mera faculdade em ouvi-lo em alguns ou muitos assuntos, a natureza somente consultiva ou deliberativa de seus pareceres ou consultas, tudo isso depende do Direito Público ou leis especiais de cada Estado. Entretanto, a razão e teoria da alta administração devem ser ouvidas sempre que se tratar de constituir ou melhorar tão valiosa instituição, que não deve por certo ter outro fim digno que não seja o do bem-ser nacional.

§ 2º Das atribuições do Conselho de Estado em relação às funções do poder Moderador:
397. O art. 142 da Constituição fazia, como já observamos, necessária a audiência do Conselho de Estado para o exercício das funções do poder Moderador, salva a única exceção da nomeação ou demissão do ministério. O art. 7 da lei atual enumera essa audiência, não como indispensável, só sim como especial; procedendo assim diversamente do que havia determinado a disposição constitucional que vigorava antes da reforma.

Quando tratamos das atribuições do poder Moderador já fizemos algumas reflexões a este respeito. Embora porém tal audiência seja puramente facultativa, é claro que a sabedoria da Coroa jamais deixará de ouvir o Conselho de Estado desde que a magnitude do negócio assim demandar.

Posto que já enumerássemos as diversas funções do poder Moderador, faremos por integridade deste parágrafo uma rápida reprodução delas em relação ao Conselho de Estado.

É o imperante quem escolhe os senadores, na forma do art. 43 da Constituição, pois que é um importante ato deixado a seu pensamento, à sua ilustração, às vistas e relações que ele julga deverem predominar na consideração do bem público; todavia, o Conselho de Estado tem o dever de manifestar-lhe sua opinião motivada, quando ele a consulte sobre a preferência dos candidatos ou outra qualquer dúvida, pois que pode querer conhecer essa opinião ou algum desses fundamentos que porventura não lhe tenham ocorrido.

A atribuição da convocação extraordinária da Assembléia Geral está no mesmo caso; entretanto é também um ato muito importante; pode o complexo das necessidades políticas e administrativas de um lado, e o estado dos partidos ou paixões de outro, ser tal que o imperante deseje ouvir as previsões do Conselho de Estado. Em todo o caso essa audiência nunca pode ser prejudicial.

Semelhantemente é a aprovação ou suspensão das resoluções das Assembléias Provinciais, nos termos dos arts. 9, 16, 17 e 20 do Ato Adicional; a prorrogação ou adiamento, e sobretudo a dissolução da Câmara dos Deputados, dependem de estudo e considerações políticas valiosas, e segundo as circunstâncias de previsões ponderosas sobre o estado e tendências dos partidos e resultados das futuras eleições, da conservação da ordem e paz públicas.

A suspensão dos magistrados, de que trata o art. 101, § 7, e o art. 154 da Constituição, é uma outra atribuição que demanda toda a justiça e madureza; é necessário reconhecer previamente e com toda a precisão os fundamentos e conveniência dessa medida, a força das razões dadas pelo magistrado que deve ser ouvido, e o pensamento ministerial a respeito. A ação moderadora de um poder político sobre outro é sempre objeto de séria meditação.

O perdão, ou moderação das penas, deve ser sempre fundado, em razões de conveniência pública, ou alta e discreta eqüidade; é conveniente que o coração do imperante seja premunido contra suas próprias impressões de clemência, ou contra sugestões ministeriais, pela audiência do Conselho de Estado.

A concessão de uma anistia envolve considerações ainda mais importantes e por isso mesmo ainda mais necessária se torna a opinião dos conselheiros de Estado.

Concluiremos observando que o parecer ou consulta do Conselho de Estado não passa de um meio de ilustração e acerto, não tem outra força senão de opinião, que pode ser ou não adotada.

§ 3º Das atribuições do Conselho de Estado em relação a matérias legislativas ou regulamentares:

398. O poder Executivo tem, para preencher a importante atribuição que o art. 53 da Constituição lhe confere, um valioso auxiliar no Conselho de Estado. É ele quem consulta, prepara, ou esclarece as propostas ou projetos de lei que o governo julga conveniente oferecer à Assembléia Geral. Como um dos centros de luz administrativa, em contato com as vistas do governo e com as necessidades públicas, ninguém melhor que ele pode concorrer para o aperfeiçoamento da legislação do Estado, e impulsão de seus melhoramentos.

Em conformidade do art. 11 de seu regulamento, ele consulta também, ou prepara os decretos, regulamentos, ou instruções necessárias para a boa execução das leis. Convém muito que seja mesmo sempre ouvido a respeito, não só pelo auxílio de suas luzes, como para que por seus estudos anteriores, suas idéias e hábitos, defenda a unidade das regras administrativas, e harmonia e concordância desses atos com as leis existentes, a ordem, clareza, o bom regime da administração.

Incumbe-lhe também, pelo art. 21 de seu regulamento, examinar as disposições das leis provinciais, para que as assembléias respectivas não usurpem atribuições dos poderes gerais, ou não prejudiquem os interesses nacionais. É uma tarefa que ele deve desempenhar com muita atenção e zelo, pois que importa muito à existência e bem do Estado, como o art. 20 do Ato Adicional bem reconhece.

Em regra, o Conselho de Estado não tem iniciativa; quando porém no exame dos negócios as seções entendem que é necessária alguma lei, regulamento, decreto ou instruções, tem a faculdade de propor o respectivo projeto, formulando as disposições e expondo circunstanciadamente os motivos e conveniências da medida [regulamento, art. 23].

§ 4º Das atribuições do Conselho de Estado em relação às funções políticas do poder Executivo:

399. O Conselho de Estado é obrigado a consultar sobre todos os negócios políticos ou medidas governamentais, em que o imperador houver por bem ouvi-lo [lei, art. 7; Constituição, art. 142].

Esta classe de matérias compreende graves assuntos, tais como a declaração de guerra, os ajustes de paz, as negociações ou relações com nações estrangeiras, ou com o poder espiritual ou chefe da Igreja Católica.

Cada um desses assuntos pode oferecer variadas e graves questões, afetar princípios internacionais de alto valor e mesmo as leis fundamentais do Império.

Convém pois que ele seja sempre ouvido a respeito, salvo algum caso excepcional, por isso mesmo que estes assuntos demandam variadas luzes, e experiência bem amestrada no serviço do Estado.

§ 5º Das atribuições do Conselho de Estado em relação às matérias de administração interior:

400. O sobreditos arts. 7 da lei e 142 da Constituição incumbem o Conselho de Estado de consultar sobre todos os negócios administrativos, quando o imperador haja por bem ouvi-lo, ou alguma lei assim recomende.

Conseqüentemente, tem a este respeito atribuições tão extensas e multiplicadas quantos são os atos administrativos.

Os melhoramentos gerais, estradas de ferro, navegação, colonização, o sistema de impostos, os estabelecimentos de crédito, a organização do Exército ou Armada, e muitos outros assuntos de magnitude, têm por vezes de ocupar a atenção dos conselheiros. Só o estudo do direito administrativo poderia entrar em detalhes a este respeito.

§ 6º Das atribuições do Conselho de Estado em relação aos negócios quase contenciosos:

401. Há alguns assuntos administrativos que participam de caráter contencioso, sem que todavia possa este predominar sempre, já porque não se dá propriamente litígio, já porque alguma vez é necessário conservar a administração uma certa liberdade ou latitude de ação a respeito, como indispensável aos interesses públicos. Neste caso estão as questões de presa, os conflitos de atribuições, as questões de competência entre autoridades administrativas, e os recursos por abuso das autoridades eclesiásticas.

402. *Presas*: O julgamento das presas marítimas pertence pela natureza das coisas ao poder administrativo. Além de que seu processo deve ser pronto e expeditivo para não prolongar indevidamente o cativeiro ou prisão da tripulação, e para não deixar deteriorar-se ou destruir-se o valor das embarcações e carregamentos aprisionados, acresce que esse julgamento é muitas vezes subordinado a considerações diplomáticas de alta importância, e que só pelo governo podem ser avaliadas.

A inteligência do direito internacional, a interpretação de tratados, os precedentes, e estado de relações internacionais, não devem ser preteridos na consideração de tais decisões, pois que cumpre prever todos os resultados.

É por isso mesmo que semelhante assunto deve pender da atribuição e alta competência do Conselho de Estado, como declara a lei de 23 de novembro de 1841, art. 7, § 3º, e o regulamento, art. 32, que lhe comete as decisões em primeira e última instância.

403. *Conflitos de atribuição*: O conflito de atribuição é a luta que se eleva entre uma autoridade administrativa e outra judiciária, que disputam competência sobre uma questão dada. Ele se denomina positivo quando ambas as autoridades se julgam competentes para conhecer da questão, e negativo quando ambas se julgam incompetentes, deixando por isso mesmo de expedir os negócios e fazer justiça às partes.

A teoria ou sistema de intervir e decidir o conflito da atribuição é uma necessidade, um meio de direito público instituído no interesse da ordem política e social, para manter-se a distinção e independência recíproca dos poderes e de suas funções.

Qual deverá porém ser o poder que tenha o direito de moderar e decidir essa luta? O poder Legislativo não, porquanto isso não é função legislativa, e demais ele não está reunido continuamente. Se fosse o Supremo Tribunal de Justiça, ele seria juiz e parte interessada, subordinaria a si o governo.

Resta o governo, e embora ele seja também juiz e parte interessada, que pode tirar aos tribunais algumas atribuições, esse inconveniente será menor, e corrigido pela ação das Câmaras, além do que cumpre circundar essa atribuição de condições e regras fixas e convenientes.

A Constituição francesa de 4 de novembro de 1848 em seu art. 89 criou um tribunal misto, composto de membros da Corte de Cassação[57] e do Conselho de Estado, para julgar os conflitos sob a presidência do ministro da Justiça. O regulamento de 26 de outubro de 1849 determinou o modo de proceder deste tribunal. A nova Constituição imperial inutilizou tais disposições, porventura bem fundadas.

Por nosso direito [lei, art. 7, § 3º; e regulamento, art. 24 e seguintes], só os presidentes das províncias, e na Corte só o procurador da Coroa *ex officio*, ou a requerimento da parte, podem levantar o conflito; convinha com efeito restringir este direito para evitar abusos que seriam muito prejudiciais.

Em regra, o conflito não deve ser levantado sem que primeiro seja oposta a exceção declinatória, e sem que se aponte a lei ou princípio que atribui à administração a atribuição contestada.

Depois de ouvir a autoridade judiciária, o presidente da província, ou o procurador da Coroa, vendo que as razões não procedem, e que pelo contrário, ela usurpa atribuições administrativas, deve oficiar-lhe para que sobreseja em procedimento ulterior, até que, mediante os necessários termos sumários, decida provisoriamente; remetendo desde logo sua decisão e papéis ao Ministério da Justiça para que ouça a respectiva seção do Conselho de Estado.

Nossa lei não providencia senão sobre o caso em que a autoridade judiciária invade sobre a autoridade administrativa; seria bem útil que ela atendesse o caso oposto de invasão da autoridade administrativa sobre a judiciária; o interesse público reclama tanto uma como outra providência.

Nossas leis confundem às vezes os conflitos de atribuição com os de jurisdição, quando são bem diversos, e essa falta de precisão na linguagem da lei só serve para gerar questões prejudiciais.

Concluiremos observando que o Conselho de Estado na decisão do conflito limita-se a reivindicar a atribuição administrativa, e não anula os julgados senão indiretamente, e só naquilo em que houve incompetência, ou usurpação da autoridade do governo.

404. *Questões de competência entre autoridades administrativas*: Pode dar-se o caso de suscitarem-se tais questões entre as próprias autoridades adminis-

---

[57] Ver nota 11.

trativas, entre dois ministérios, entre uma presidência e uma câmara municipal, ou entre outros funcionários. Em tais casos o Conselho de Estado é quem deve interpor a sua opinião, para que se estabeleça a decisão imparcial; é como que a Corte de Cassação, o Supremo Tribunal da Administração, que deve manter a ordem legal de tais competências [lei, art. 7, § 4°].

405. Recurso por abusos das autoridades eclesiásticas: Este recurso é um importante meio de direito, uma valiosa garantia que se interpõe, e invoca a proteção da Coroa em seu Conselho de Estado contra o uso ilegítimo da jurisdição eclesiástica, qualquer que seja, a fim de fazer cessar ou reprimir o abuso. É uma salvaguarda dos direitos e liberdades públicas e individuais, que aproveita aos próprios eclesiásticos quando oprimidos.

Este recurso é filho do Direito Público, e funda-se na prerrogativa e obrigação natural e política que tem o soberano de proteger os seus súditos e livrá-los das violências perpetradas por quem quer que seja; funda-se na indeclinável missão de manter ilesa a soberania nacional, e conservar segura a ordem e tranqüilidade do Estado, direito e dever que é inseparável da Coroa. Tal é o nosso Direito Público desde os antigos tempos da monarquia, como atestam as Ordenações, liv. 1, tít. 90, § 12°; tít. 65, § 28°; o repert. vol. 3, p. 158, vol. *Juízo da Coroa*; decreto de 21 de maio de 1821; lei de 22 de setembro de 1828; regulamento das relações de 1833; dito de 19 de fevereiro de 1838; lei e regulamento do Conselho de Estado; e ultimamente o decreto n° 1.406, de 3 de junho de 1854.

Assim, pois, a Coroa, independente das concordatas celebradas com a Santa Sé, tem pela natureza das coisas, por poder próprio, o direito natural e positivo de conhecer de tais abusos, de toda e qualquer infração das leis do Estado e de sua ordem pública.

É um recurso que não tem caráter contencioso propriamente dito, sim político e administrativo, recurso universalmente reconhecido em todos os Estados e pelo próprio poder eclesiástico.

Nossas leis com razão declaram competentes para conhecer deles as presidências e o Conselho de Estado; cumpre porém notar que esta jurisdição quanto aos abusos não contraria as jurisdições ordinárias, quando além de abusos há crimes, pois que a respeito destes prevalece a ação da justiça criminal competente.

Este meio de direito pode ser invocado ou interposto, tanto pelo ofendido, ou seja eclesiástico ou secular, como *ex officio* pelo procurador da Coroa no caso de usurpação de jurisdição ou violação das leis do Estado.

Tem lugar este recurso em toda e qualquer causa, ou seja judicial ou extrajudicial, temporal ou espiritual, e qualquer que seja a autoridade, juízo ou instância eclesiástica; uma vez que respeite ao culto. Conseqüentemente vigora também, ou se trate de uma sentença, ordem, decisão, pastoral, ou sermão.

Desde que houver usurpação de jurisdição ou violência dá-se fundamento para a repressão. Pode isso acontecer em muitos casos que se compreendam nas seguintes classes:

Excesso de poder, que envolve sempre abuso; contravenção às leis ou regulamentos do Estado, seus costumes e privilégios, pois que isso perturba a ordem pública; infração das regras consagradas pelos cânones ou normas eclesiásticas recebidas, pois que à Coroa pertence defender a sua exata observância; atentados contra as liberdades e fraquezas da Igreja nacional, violências no exercício do culto, ou ataques contra o exercício de outros cultos.

O regulamento do Conselho de Estado, art. 30, e a disposição a que ele se refere, determinam a ordem do respectivo processo, os efeitos do recurso e os meios de sua execução.

§ 7º Das atribuições do Conselho de Estado em relação aos negócios propriamente contenciosos:

406. Não só pela disposição geral do art. 7 da lei, como pelos arts. 45 e 46 do regulamento, incumbe ao Conselho de Estado consultar, mediante a interposição de recurso, assim sobre as resoluções ou decisões dos presidentes das províncias, ou ministros de Estado, como sobre todos e quaisquer negócios desta espécie em que o imperador queira ouvi-lo. Mesmo quando a questão tenha sido decidida por decreto sem audiência do Conselho, se o decreto é embargado tem lugar a audiência [art. 48 e 49].

Em nº 313 já indicamos a grande diferença que há entre a justiça administrativa e a simples administração. Com efeito uma coisa é a pura administração mais ou menos discricionária que prepara, coordena e decide do interesse coletivo ou social sem ofensa das leis, e sim na órbita de suas atribuições, embora afete alguns interesses individuais; e outra muito distinta é a justiça, a questão de dar a cada um o que é seu, o que lhe está garantido por um direito; isto nada tem de comum com o poder discricionário.

Já observamos também que contra as decisões da administração pura, ou discricionária, não há senão a via do recurso gracioso, que ela pode atender ou não, como julgar melhor a bem do interesse coletivo da sociedade. Nessa parte o cidadão não tem a faculdade de contariá-la, de pôr em litígio sua decisão.

Pelo que toca porém à justiça administrativa, à obrigação que o governo tem de não infringir as leis que seguram direitos individuais, de resguardar estes em seus atos, o caso é diverso. Então o cidadão tem o direito de legítima contradição, de litigar com ela, e de requerer a reforma de sua decisão.

Toda a reclamação contra um ato administrativo que viola um direito individual garantido por lei, regulamentos, contratos feitos com a administração; ou que viola as competências, formas de instrução, ou regras de decisão; ou que usurpa jurisdição, forma parte do todo dessas contestações que tomam o nome de contencioso administrativo. A violação de qualquer lei administrativa pode dar lugar a uma tal reclamação; o cidadão é, por exemplo, obrigado a pagar o imposto ou a sofrer a desapropriação, mas não a pagar mais do que ela ordena, ou ceder sua propriedade fora dos casos previstos, ou contra as fórmulas prescritas, o ato que assim infringisse seu direito seria suscetível de contradição, tomaria o caráter de contencioso.

O contencioso administrativo não é pois um todo distinto, sim o complexo de todos e quaisquer atos da administração em que ela viole um direito perfeito. Desde que há um ato administrativo, um tal direito por ele ofendido é competência do Estado, há contencioso, ou questão de justiça na administração. É indiferente que se trate de rendas públicas, minas, pensões, estradas, recrutamento, ou qualquer outro assunto, não há mais administração pura, ou de mero império, e sim o dever de justiça, de respeito à lei, ao direito se realmente existe.

Os próprios atos, que em geral se denominam de mero império, ou ação governamental, podem tornar-se excepcionalmente contenciosos por isso que ofendam uma lei, um direito rigoroso. Um regulamento do poder Executivo que atacasse um direito tal, autorizaria sem dúvida o cidadão ofendido a recorrer à Coroa em seu Conselho de Estado por via contenciosa, não para pedir a revogação geral, mas sim especial em relação a seu direito, para que não lhe seja aplicado. Com efeito seria inadmissível e insustentável a transgressão da lei e a postergação do direito.

407. Alguns publicistas têm opinado que toda a questão contenciosa deve ser subordinada aos tribunais judiciários, e que o contencioso administrativo não é senão uma usurpação feita à justiça ordinária; outros porém têm demonstrado com toda a evidência a diferença essencial que há entre a contestação administrativa e a judiciária, assim como a necessidade de atribuir o conhecimento daquela ao governo pelo seu Conselho de Estado.

O contencioso judicial não inclui, nem tem porque compreender senão as questões dos particulares entre si por amor de seus interesses individuais, e só pode subordinar a administração no único caso em que ela figura como um mero particular.

Pelo contrário, o contencioso administrativo afeta, não só os atos do poder administrativo como tal, mas também os interesses do Estado como Estado, o bem social, o interesse coletivo em suas relações com os administrados.

Se alguma exceção dá-se nesta linha divisória, ela é rara, deve ser expressa, e motivada por poderosa conveniência social.

Resolver as questões administrativas ou governamentais é administrar ou governar; dar esta importante parte da administração ou governo à autoridade judiciária e a seu processo moroso seria enervar, subordinar e aniquilar toda a força governamental, impossibilitá-la de preencher sua grande missão e tornar injusta toda a sua responsabilidade. O que faria o governo sobre o contrato de fornecimento de víveres para um exército, sobre a reparação de uma ponte, a abertura de uma estrada, ou serviços semelhantes, enquanto a questão pendesse dos tribunais?

408. Outra questão tem também sido agitada, e com melhores fundamentos. O Conselho de Estado deve decidir as contestações desta ordem por voto puramente consultivo, ou por voto deliberativo, como um tribunal supremo? Os que opinam por este último expediente alegam que o cidadão, quando reclama contra o ministério pela ofensa de um direito perfeito, não deve ter por juiz a parte interessada, o ofensor poderoso; que embora se diga que é parte de uma natureza especial, não por interesse próprio, sim por interesse público, ainda assim seu juízo não oferece a desejada imparcialidade, a garantia contra o erro já cometido, contra o pensamento e orgulho já prevenido. A lei francesa de 3 de março de 1849, art. 6, decretou que o Conselho de Estado estatuiria em última alçada sobre o contencioso administrativo.

Não obstante, porém, à força dessas razões, pensamos, como outros, que o voto do conselho de estado, mesmo neste assunto não deve ser senão consultivo. A opinião contrária de um lado enerva a ação ministerial, subordinando-a ao Conselho de Estado, o que poderia alguma vez ser de grave perigo; e de outro limita a responsabilidade ministerial, que não poderia mais existir nessa hipótese.

A estas considerações acresce que o voto do Conselho de Estado em tais matérias será sempre de muita força, que o ministério teria o corpo de delito feito quando o contrariasse sem razão palpitante, e que o poder Legislativo não está inibido de reparar a injustiça que o ministério fizesse, contrariando o voto justo do Conselho de Estado.

Nossa lei e seu regulamento é muito imperfeita em relação ao contencioso administrativo; não cria, como devia, uma seção especial no Conselho de Estado; não há organização, nem processo completo para tão importante serviço.

Seção 4ª: Das diferentes formas
porque o Conselho de Estado trabalha

§ 1º Da reunião plena do Conselho e sua presidência:
409. O Conselho de Estado, conforme a natureza das matérias e ordens do imperador, trabalha em reunião plena e por consulta, ou em seções e por pareceres [lei, art. 1].

Quando trabalha em reunião plena, junta-se nos paços imperiais no lugar e tempo que lhe é determinado [regulamento, art. 19].

Para que haja conferência é preciso que estejam presentes pelo menos sete conselheiros em efetivo serviço [regulamento, art. 12], pois que o maior número deles dá mais força e peso às consultas.

O Conselho assim reunido é presidido pelo imperador [lei, art. 1]; parece porém que a lei não deve obstar que ele seja presidido pelo ministro presidente do Conselho, quando o imperador, por incômodo, ou outra razão que o impeça, assim ordenar.

§ 2º Dos avisos e esclarecimentos para a reunião plena do Conselho:
410. Os avisos para a reunião ou consulta são pelo ministério dirigidos à seção ou seções a que os negócios tocam, quer elas já tenham dado ou não parecer a respeito [regulamento, art. 10]. Elas em todo o caso devem desde logo coligir e coordenar todos os esclarecimentos que possam obter, e ilustrar o Conselho em seus debates [dito, art. 10].

Nos avisos aos demais conselheiros são-lhes também comunicados, e com antecipação sempre que é possível, os assuntos da consulta [regulamento, art. 14].

Estas condições ordinárias podem todavia ser dispensadas, ou quando há urgência, ou quando a natureza do negócio assim exige [regulamento, art. 15].

§ 3º Da discussão, votação e presença dos ministros:
411. Os conselheiros de Estado, exposto o assunto, falam e votam quando o imperador lhes dá a palavra ou ordena [regulamento, art. 16].

Os ministros de estado, ainda quando o imperador lhes dê a palavra, e por isso tomem parte na discussão, não votam; nem mesmo assistem à votação quando a consulta versa sobre a dissolução da Câmara dos Deputados ou do ministério [regulamento, art. 18].

§ 4º Da consulta, votos separados e sua resolução:
412. Findos os debates e votação, as consultas são redigidas pelas seções a que seu objeto toca e assinadas pelos conselheiros que foram presentes [regulamento, art. 19].

Não havendo unanimidade, os membros divergentes podem redigir, e fundamentar por escrito o seu voto separado e assiná-lo [regulamento, art. 17].

O imperador com oportuna e ilustrada madureza resolve sobre a consulta, e sua resolução é expedida por decreto [regulamento, art. 20].

§ 5º Do trabalho do Conselho por seções e sua divisão e presidência:
413. Fora do caso de reunião plena ou consulta, de que tratamos nos parágrafos antecedentes, o Conselho de Estado trabalha por seções.

Para esse fim ele se divide em quatro seções, cada uma das quais é composta de três conselheiros, que devem ser para isso designados por decreto e por ele removidos quando convenha, de uma para outra, segundo seus talentos especiais e necessidades do serviço, para que não penda isso de simples arbítrio dos ministros.

Essas quatro seções são as seguintes:
1º) Seção dos Negócios do Império.
2º) Seção dos Negócios da Justiça e Estrangeiros.
3º) Seção dos Negócios da Fazenda.
4º) Seção dos Negócios da Guerra e Marinha.

Vê-se pois que temos a indesculpável lacuna de uma seção especial para o contencioso administrativo. As seções a quem o negócio toca ocupam-se de tais questões contenciosas por modo muito incompleto, moroso e sem garantias. Não há seções regulares para o expediente da justiça administrativa e direitos dos cidadãos; nem é possível que haja unidade de jurisprudência.

A necessidade de uma seção especial do contencioso é visível, já para que as outras seções ministeriais não sejam impedidas de auxiliar os ministros nos assuntos de suas repartições, já para que não sejam elas mesmas, de antemão prevenidas, que ministrem parecer sobre assuntos de rigorosa justiça, que acharão maior imparcialidade em uma seção própria. Esta deve ter uma organização especial, auditores que perante ela sirvam de comissários da Coroa, que assistam a todas as sessões, que sustentem o interesse da lei e do Estado, e as formas do respectivo processo; enfim, deve ter ordem, reuniões regulares, e ser um tribunal, embora consultivo, de exata justiça.

Quando se reflete o que é o nosso Ministério do Império, e vê-se apenas uma seção de três membros para auxiliar todos os serviços e trabalhos dessa repartição, que, além de tantos e tão valiosos assuntos, compreende a instrução pública, agricultura, comércio, trabalhos públicos e artes, assuntos que demandam grandes e variadas habilitações, tem-se o pesar de reconhecer que nossas coisas estão talhadas em muito estreitas vistas ou dimensões.

As seções são presididas pelos respectivos ministros [lei, art. 19; e regulamento, art. 3]. Seria bom que, quando o ministro estivesse impedido, e visse que sua presença não era indispensável, pudesse a seção trabalhar sob a presidência de um de seus membros por ele designado.

O ministro é quem designa o lugar, dia e hora da reunião da seção.

Quando a importância ou complicação dos negócios demanda, podem reunir-se duas ou três seções debaixo da presidência do ministro que exige a reunião, e que se entende a respeito com os outros ministros [regulamento, art. 4].

§ 6º Dos relatores das seções e esclarecimentos precisos:

414. O respectivo ministro nomeia para relator de cada negócio o membro da seção que julga conveniente [regulamento, art. 7], e deve fornecer-lhe todos os esclarecimentos necessários para o acerto das deliberações. O relator e mais membros devem também pedir e coligir todos os demais esclarecimentos que possam auxiliar seu estudo [regulamento, art. 10].

Podem mesmo ouvir a quaisquer empregados públicos, ou pessoas que julguem necessárias, as quais não devem denegar-se a prestar todas as informações verbais, ou por escrito [regulamento, arts. 22 e 58].

§ 7º Da discussão, votação e parecer da seção:

415. Depois das necessárias conferências, debates e votação respectiva, o relator apresenta o parecer minutado, o qual depois de aprovado é assinado; salvo o voto separado, havendo; o ministro não vota [regulamento, art. 8].

Quando o parecer versa sobre projeto de lei, regulamento, ou instruções, deve apresentar e fundamentar esses trabalhos com inteiro desenvolvimento para que possa ser bem e completamente apreciado [regulamento, art. 11].

Outro tanto deve verificar-se quando se trate de questões ou reclamações de caráter contencioso, pois que as decisões de justiça devem ser bem claras e fundamentadas.

§ 8º Da resolução do parecer da seção:
416. Apresentado pelo respectivo ministro ao imperador o parecer da seção, tem ele em seu Conselho de Ministros o direito de resolvê-lo como for mais acertado, sem ouvir, ou ouvindo previamente o Conselho de Estado pleno.

A resolução imperial tomada sobre o parecer da seção é também expedida por decreto [regulamento, art. 20].

SEÇÃO 5ª: DO PROCESSO PERANTE O CONSELHO DE ESTADO

§ 1º Do processo administrativo em geral:
417. O processo perante o Conselho de Estado segue as condições do processo administrativo em geral, de que faz parte.

A autoridade administrativa, para poder preencher sua variada e importante missão, pôr em prática seus pensamentos, realizar suas medidas e decisões, tem como os demais poderes necessidade de meios de informação, de exame e discussão, conforme a natureza dos negócios.

Precisa ver as coisas em suas diferentes faces, em suas diversas combinações, em seus meios de execução, e precisa também ser justa.

O seu processo, que deve ser rápido, isto é, calculado no sentido dos interesses públicos, mas também no sentido dos direitos dos cidadãos, pode ser dividido em duas espécies, processo de administração ativa ou pura, e processo do contencioso administrativo.

§ 2º Do processo de administração ativa ou pura:
418. O processo administrativo puro, isto é, não contencioso, e que também se pode chamar ativo ou gracioso, não tem termos, fórmulas, nem dilações ou condições fixas. É o complexo dos meios mais apropriados para esclarecer o assunto, ou a reclamação de que se trata, ordenado segundo a natureza do negócio pela autoridade competente. Ou seja para tomar uma resolução, ou para atender à petição de um cidadão que reclama a favor de seus interesses, não há dúvida que assim o ministério, como o Conselho de Estado ou suas seções, devem circundar-se de todos os esclarecimentos convenientes e combinar os interesses coletivos com os individuais quanto possível.

Não há leis precisas a respeito; as regras, o método de ilustração são indicados pela natureza da matéria, experiência e discretas instruções ministeriais.

É preciso verificar bem o verdadeiro interesse público, quando mesmo não se trate de execução de lei é necessário não atropelar as conveniências individuais. O interesse público é muito complexo, compõe-se dessas conveniências, não atende só o presente, deve coordenar todas as previsões.

Este processo tem como que duas partes, as informações e a apreciação.

Como meios de informações pode a autoridade ouvir os que têm ou devem ter conhecimento da matéria, recorrer à publicidade da imprensa, a concursos, inquéritos, planos, orçamentos, exame de peritos, coligir as observações das localidades, como no caso da direção que deva ter uma estrada, enfim usar dos meios mais apropriados para o acerto da deliberação ou decisão.

A apreciação e conseqüente determinação compete peremptoriamente à autoridade. Como no caso deste processo não se trata de direitos e só sim de interesses, como já indicamos, a autoridade tem a inquestionável faculdade de formular sua decisão como for inspirada pela utilidade ou interesses coletivos da sociedade. Finalmente, suas decisões em tais assuntos ou reclamações não têm caráter definitivo, isto é, imutável, pois que podem ser alteradas de ofício ou por nova reclamação.

Quanto temos exposto é aplicável assim às consultas, como aos pareceres do Conselho de Estado, ou suas seções, quando se trata de negócios da administração pura.

§ 3º Do processo contencioso e sua divisão:
419. Quando se trata não de simples interesses ou de administração pura, sim de direitos rigorosos ou justiça administrativa, então é manifesto que as condições do processo devem ser outras, por isso mesmo que os direitos, a justiça nunca podem ser assuntos de jurisdição discricionária, não podem ter como norma reguladora senão a autoridade da lei. Desde então deve prevalecer sempre um processo regular em que as fórmulas fixas e tutelares da citação, contestação, discussão, provas e sentença motivada sejam necessariamente mantidas.

O processo contencioso pode ser dividido em duas espécies: ordinário e especial. O ordinário ou comum, que encerra aqueles termos essenciais, é o processo de que deve usar todo e qualquer particular que quiser recorrer de um ato ou decisão administrativa, desde que ele ferir um direito seu subordinado a tal poder. O especial é aquele que a lei formula, com mais ou menos modificação destes termos, para certos negócios que não são perfeitamente contenciosos e que por seu caráter demandam regime particular. Nós exporemos resumidamente os trâmites de um e outro.

§ 4º Do processo contencioso ordinário e seus termos:

420. Em conformidade do regulamento de 5 de fevereiro de 1842 os termos deste processo são os seguintes:

Interposição do recurso: A parte que quer interpor seu recurso ao Conselho de Estado, ou seja contra as resoluções das presidências de províncias, ou das decisões dos ministros, arts. 45 e 46, deve apresentar na respectiva secretaria de Estado a sua petição convenientemente instruída. Ela deve conter a exposição sumária dos fatos, expressar as razões demonstrativas do gravame sofrido e da existência do direito em que funda o recurso intentado, expor suas conclusões ou deferimento que pretende, referir os nomes e residências das partes, e não só ajuntar as decisões de que recorrer e mais documentos com que pretende justificar sua intenção, como indicar os demais meios de prova de que pretende apoiar-se [regulamento, art. 33]. Tal petição deve ser assinada por um dos advogados do Conselho de Estado [art. 37]. Estas condições todas são calculadas no interesse público e individual, e na conveniência de uma pronta apreciação e decisão dos negócios.

421. *Prazo para a interposição ou apresentação do recurso*: Para fixar bem este prazo é preciso distinguir os dois casos ou hipóteses seguintes:

1º) Quando o recurso é intentado contra a decisão do ministro tomada por ele imediatamente, isto é, quando não é tomada sobre recurso já interposto das presidências. Neste primeiro caso o prazo designado às partes para que possam interpor ou apresentar seu recurso, quando residam na Corte ou seu termo,[58] é de dez dias [regulamento, art. 39]; quando residam fora da Corte têm prazo maior, que o regulamento não define, mas que por seu art. 40 confiou ao Ministério da Justiça o definir segundo as distâncias.

Observaremos primeiramente que esse prazo de dez dias deve ser contado da intimação ou publicação da medida, quando não tenha lugar aquela; e que nos parece prazo muito curto para coligirem-se os documentos necessários, achar-se advogado do Conselho de Estado, organizar-se e instruir-se o recurso; um mês não seria demais. Observaremos, em relação ao sobredito art. 40, que até hoje a sua disposição ainda não está cumprida!

---

[58] *Termo* é o nome dado a uma subdivisão de comarca ou à circunvizinhança de uma cidade.

2º) Quando o recurso é intentado contra a decisão do ministro tomada sobre reclamação já interposta das presidências é aplicável o que acima dissemos quanto ao prazo da interposição; cumpre porém fazer algumas observações a respeito.

Notaremos que a dilação para recorrer das resoluções ou decisões das presidências é também de dez dias [regulamento, art. 45]; o que se deve entender residindo a parte na capital ou seu termo [argumento do art. 40]; que interposto o recurso é o presidente quem deve remetê-lo com sua informação à respectiva secretaria de Estado; e finalmente que o ministério, em vez de confirmar, revogar ou modificar a decisão da presidência, pode limitar-se a levar o assunto ao Conselho de Estado.

422. *Remessa do recurso à seção do Conselho de Estado*: Entregue o recurso na secretaria do Estado deve ele ser inscrito em um registro, que deve existir por ordem de datas, na do dia de sua apresentação, do que se deve fazer naquele a conveniente anotação. Se o ministro, usando da autorização referida pelo art. 46 do regulamento, não quer cometer o negócio ao Conselho de Estado, pode resolvê-lo mesmo por decreto, que é embargável nos termos dos arts. 47 e 49; aliás deve remetê-lo à respectiva seção do Conselho, ou antes à secretaria deste, *quando ele a possuir;* e sem dúvida convém que a lei marque prazo para isso, a fim de que o direito das partes não fique dependente ou olvidado pela incúria ou desleixo ministerial.

423. *Recebimento e exame preliminar*: Recebida a petição de recurso e examinada, tem a seção de declarar se ela é ou não atendível [art. 34]. Julgando-se que não é atendível, é desprezada, isto é, indeferida. É desnecessário notar que a seção deve observar a respeito normas fixas e justas. Pode o recurso não merecer atenção: 1º) por não ser a matéria contenciosa; 2º) por falta de qualidade, de ação ou interesse da parte; 3º) por ser apresentado fora de tempo ou não vir em forma; 4º) por insuficiência das peças dos meios ou outras razões procedentes, que devem ser enumeradas nos regulamentos.

Convinha determinar que as petições fossem remetidas à secretaria do Conselho de Estado, que convém criar; que aí fossem inscritas em um registro na data de seu recebimento e dentro em dois dias entregues ao respectivo relator, notando-se isso mesmo no registro; e enfim que fossem os negócios, quanto possível, relatados pela ordem de sua inscrição, salvo o caso de urgência ou dilações necessárias.

424. *Audiência dos interessados*: Julgando-se que o recurso é atendível, devem ser ouvidos os interessados, para o que deve ser expedida a necessária determinação e intimada [art. 34]. Em regra, pode essa ordem ser entregue ao autor, para que este faça retificar a intimação por um oficial de jus-

tiça do juízo da localidade; seria conveniente que a lei determinasse prazo, tendo em vista as distâncias, dentro do qual devesse ser feita a notificação.

425. *Dilação para a contestação*: A parte interessada, caso resida na Corte, tem a dilação de dez dias contados da intimação para responder ou contestar, e quando resida fora, a que for designada nos termos do art. 40. Cumpre atender que nem sempre a parte será singular, que pode ser coletiva, como uma municipalidade, confraria, tesouro público, etc., e que nesse caso a dilação deve ter em vista essa circunstância.

A contestação deve ser entregue na secretaria do Conselho, quando exista, e aí inscrita em sua data; durante a dilação, devem os documentos ser franqueados, para que possam ser aí examinados. Já observamos que o governo deve ter um auditor, que como agente da Coroa, seja sempre ouvido no interesse da lei e do Estado.

426. *Dilação para as provas*: Para a produção das provas assina o art. 40 do regulamento a necessária dilação; os advogados das partes assistem às inquirições quando têm lugar.

427. *Esclarecimentos coligidos pela seção*: A seção, independente de requerimento das partes ou em conseqüência dele, pode requerer de seu presidente os esclarecimentos que julgar necessários, como avaliações, depoimentos, interrogatórios e mais diligências, e proceder nelas por si mesma quando assim for de mister, ou incumbi-las aos tribunais [regulamento, art. 35]. Pode ouvir novamente o ministério diretamente ou por intermédio do auditor, enfim reunir todas as informações precisas para o acerto de sua deliberação.

428. *Trâmites do processo*: Na marcha do processo devem ser observadas todas as disposições que, contribuindo para o descobrimento da verdade, se combinem com a celeridade indispensável à marcha administrativa e não se oponham às disposições do regulamento [argumento do art. 31].

Conseqüentemente, quando não houver inconveniente, produzidas as provas e antes do relatório de que em seguida trataremos, pode a seção assinar um prazo curto às partes e ao auditor para que, examinando dentro da secretaria as peças e referidas provas ajuntem suas razões ou análise que ilustrem a matéria.

429. *Relatório*: Na sessão designada, depois de ultimadas as diligências, o relator apresenta a sua exposição ou relatório em presença das partes ou seus advogados e do auditor, que podem fazer as observações que forem justas e pedir a verificação delas, a retificação de qualquer engano ou lacuna, ou esclarecimento de alguma dúvida. Não vemos inconveniente em conceder-se mesmo aos advogados das partes uma defesa ou recapitulação oral resumida.

Findos estes atos é que o relator deve apresentar a sua opinião, ou projeto de decisão, redigido e fundamentado, para que em sessão particular, com assistência somente do auditor ou procurador da Coroa, se discuta e delibere o que for de justiça.

430. *Resolução imperial*: Redigido o parecer da seção e voto separado se houver, é ele levado por intermédio do ministro ao conhecimento do imperador, que pode ouvir o Conselho pleno a respeito, ou tomar sua resolução independente disso, e fazê-la publicar por decreto [arts. 20 e 47].

431. *Embargos à resolução*: A parte pode opor embargos à resolução, para que se não execute, mas só nos dois únicos casos seguintes:

1º) Por não ter sido notificado alguns dos prejudicados;

2º) Por ter corrido o processo à revelia sem culpa que possa ser imputada ao condenado [art. 47].

Tais embargos só podem ter lugar antes que o decreto seja remetido à autoridade judiciária, ou dentro de dez dias contados do dia em que for feita a intimação ao condenado [regulamento, art. 48]. Os embargos são apresentados na secretaria de Estado e pelo ministério ao Conselho, que consulta se devem ser desatendidos, ou se a resolução deve ser reformada, ou enfim se a matéria deve ser de novo examinada pela respectiva seção [art. 49].

432. *Efeito dos embargos*: No caso de serem os embargos procedentes, de modo que a resolução imperial, quando não reformada, deva pelo menos ser de novo examinada, pode sua execução ser suspensa pelo respectivo ministro, uma vez que da demora não resulte perigo, e da execução possa resultar dano irreparável [art. 50].

Observaremos, por esta ocasião, que o recurso contencioso nunca tem efeito suspensivo, salvo se por exceção esse feito for expressamente estabelecido em algum caso, ou deixado por lei à apreciação do ministério ou do Conselho.

433. *Execução*: Quando tem de ser executada, a resolução imperial é remetida ao juízo respectivo, e aí cumprida como uma sentença judiciária e pela mesma forma por estas são executadas. O tribunal porém nada pode alterar nas disposições dela. Quando a administração é vencida e condenada, então a execução é feita administrativamente [regulamento, art. 51].

434. *Revista*: O regulamento, ou lei do Conselho de Estado, deve definir com precisão os únicos casos e termos em que deve admitir o recurso de revista. Cormenin,[59] expondo o direito francês a respeito, indica além do caso

---

[59] Ver nota 13.

de preterição de fórmulas essenciais: 1º) o caso de ser a decisão dada sobre documentos falsos; 2º) o caso de ter sido a parte condenada por falta de apresentação de documento decisivo, ocultado e retido pela parte adversa.

§ 5º Dos incidentes que podem ocorrer no processo contencioso:

435. O processo contencioso não deve ser suspenso senão nos casos previstos, pois que a marcha administrativa deve ser livre e rápida; estes casos são os seguintes [regulamento, art. 41].

Falecimento da parte ou seu advogado: Em tal caso cumpre sem dúvida dar o tempo necessário para que os respectivos herdeiros se habilitem, ou para que se nomeie novo advogado; o caso de impedimento repentino e manifesto deste merece a mesma consideração.

Incidente de falsidade: Opondo-se a argüição de falsidade contra qualquer documento ou testemunha, cumpre que a seção do Conselho examine se esse meio de prova é indispensável para a decisão do negócio e conseqüentemente se é de mister ou não a decisão prévia do incidente; no caso afirmativo, e não querendo a parte que produziu o documento ou testemunha que se argüi de falso, renunciar essa prova, suspende-se o processo até que em juízo competente se decida a falsidade [regulamento, art. 42].

Se a seção, porém, entende que pode prescindir do documento ou testemunha, por isso que não são indispensáveis para a decisão do negócio, continua o processo sem embargo da sobredita organização; art. 43. Esta mesma disposição verifica-se quando a parte que produziu o documento ou testemunha que se argüi de falso, ou desiste disso, ou sendo ouvida nada responde em tempo [art. 44], pois que se rejeita o documento ou testemunha, e continua o processo.

Outros incidentes: Quanto a outros incidentes que possam ocorrer, como de intervenção ou oposição de terceiro, perempção ou desistência, cumpre aplicar as regras do processo comum, que não forem opostas ao regulamento do Conselho de Estado, nem à natureza do direito e processo administrativo.

§ 6º Do processo administrativo ou contencioso especial:

436. Certos assuntos que não são propriamente contenciosos, como já ponderamos, que são como que mistos, e ao mesmo tempo muito importantes, demandam, e têm um processo e discussão especial apropriada à sua condição, e esclarecimentos necessários para o acerto da decisão; tais são os seguintes:

Processo de presas: Este processo pode ser considerado em diversas hipóteses, como a de presas em tempo de guerra, ou por ocasião do criminoso tráfico dos africanos, ou por causa de pirataria.

A legislação que regia a competência e processo das presas feitas em tempo de guerra, consta dos alvarás e disposições de 7 de dezembro de 1796, 9 de maio de 1797, 19 de janeiro de 1803, 4 de maio de 1805, 1º de abril de 1808, que criou o Conselho Supremo Militar; 4 de outubro de 1819, 30 de dezembro de 1822, sobre o corso; 5 de dezembro de 1823, 17 e 21 de fevereiro de 1824, 29 de novembro de 1837; e pelo que toca ao recurso de graça especialíssima, acresciam as disposições de 5 de novembro de 1799, 18 de setembro, 4 e 11 de outubro de 1827 e 21 de maio de 1828.

Em conseqüência desta legislação, os auditores da Marinha, e na falta deles as justiças territoriais, preparavam o processo de presas em primeira instância, e era ele julgado em segunda pelo Conselho Supremo Militar, como tribunal do almirantado. Atualmente o processo é preparado semelhantemente pelo auditor da Marinha, e na falta dele pelo respectivo juiz de Direito, e julgado em primeira e última instância pelo Conselho de Estado [regulamento, art. 32].

Os principais termos do processo são os seguintes: logo que entra no porto a presa, dá-se parte ao auditor da Marinha, ou dito juiz de Direito, que vai logo a bordo, e aí recebe dos apresadores e apresados, assim como de quaisquer outros interessados, que convida por editais, todos os papéis apreendidos e esclarecimentos necessários. Procede na vistoria determinada pelo § 20 do alvará de 7 de dezembro de 1796, faz lavrar auto de tudo, e manda que as partes aleguem, contestem e provem sua intenção, ou pretensões, dentro de 8 dias, que assina a cada uma delas; feito o que lhes dá igual prazo para suas conclusões ou razões finais. Preparado assim o processo, envia-o ao governo para ser presente ao Conselho de Estado, que, ouvidas novamente as partes e o procurador da Coroa, e depois dos demais esclarecimentos que entende necessários, julga afinal. O julgamento pode ser embargado, e o recurso de graça especialíssima subsiste sempre no sentido de que o governo pode mandar rever o julgado, conformar-se ou não com ele, e por último providenciar como for justo e mais adequado aos interesses do Estado.

437. *Pelo que toca às presas feitas por motivo do tráfico de africanos*: É esta matéria regulada pelas leis de 7 de novembro de 1831, 4 de setembro de 1840, regulamento de 14 de outubro do mesmo ano, e disposições posteriores.

Estas apreensões são processadas e julgadas em 1ª instância pelo auditor da Marinha, e em sua falta pelo respectivo juiz de Direito, e em 2ª e última instância pelo Conselho de Estado; lei de 4 de setembro, art. 8.

Apresada a embarcação, o apresador inventaria e guarda, selados, rubricados e lacrados, todos os papéis; fecha as escotilhas quando possível, e logo que chega ao porto, declara por escrito ao auditor o fato do apresamento, dia, hora e lugar dele, bandeira com que a embarcação navegava, sua fuga à visita, resistência e enfim todas as demais ocorrências. A autoridade vai logo a bordo, examina os livros e papéis, procede na vistoria e busca necessária, inventaria, guarda tudo e faz os devidos interrogatórios.

Havendo escravos verifica o número, procede nos convenientes exames e faz depósito seguro deles.

Finalmente, coligidas as provas e ouvidas as partes julga em 1ª instância e transmite o processo ao governo para ser presente ao Conselho de Estado, que julga em 2ª e última instância em termos análogos aos das outras presas.

438. Parece-nos que a competência dos auditores e Conselho de Estado estende-se semelhantemente ao caso de apresamento de embarcação empregada no crime de pirataria, ainda mesmo em tempo de paz.

439. *Processo no conflito de atribuição*: Anteriormente já indicamos a competência do Conselho de Estado a este respeito e a diferença que há entre o conflito de atribuição e o de simples jurisdição ou competência; trataremos pois somente do respectivo processo.

Quando o presidente de uma província, ou o procurador da Coroa na Corte, tiver notícia de que uma autoridade judiciária está efetivamente conhecendo de algum objeto ou negócio administrativo, exigirá dela os esclarecimentos precisos, bem como a exposição das razões pelas quais julga ter jurisdição sobre tal assunto [regulamento, art. 24].

Examinados esses esclarecimentos e razões produzidas, se se mostrarem improcedentes, ordenará o presidente, ou o procurador da Coroa, que cesse todo o ulterior procedimento, e sejam citados os interessados, para que em prazo razoável deduzam seu direito sobre a competência legal [regulamento, art. 25].

Findo o prazo e em face da conveniente discussão, se o presidente ou procurador da Coroa entender que o negócio é administrativo, assim o resolverá provisoriamente, remetendo todos os papéis ao Ministério da Justiça, para serem presentes ao Conselho de Estado. Se porém entender que não é administrativo, à vista dos últimos esclarecimentos que tiver obtido, declarará que não tem lugar o conflito e que portanto continue o processo no foro judicial [regulamento, art. 26].

No primeiro caso, remetidos os papéis à seção do Conselho de Estado e ouvidas por esta as partes, caso requeiram, interpõe ela seu parecer [art.

27]. Quando o conflito for negativo, isto é, a julgar-se tanto a autoridade judiciária, como a administrativa incompetentes, procede-se semelhantemente [art. 28].

440. *Processo de conflito de jurisdição, ou competência entre autoridades administrativas*: A decisão neste conflito, ou antes questão de competência, pertence também ao Conselho de Estado, e o respectivo processo segue termos análogos aos que acima indicamos. As autoridades administrativas entre quem estabelecer-se semelhante questão, devem logo dar parte a quem lhes for superior à presidência ou na corte ao ministério, da dúvida ou contestação em que laboram.

Quando o conflito, ou questão de competência tem lugar entre autoridades judiciárias, a decisão não é da alçada do Conselho de Estado, sim do poder Judiciário. Se a contestação ocorre em primeira instância, a resolução é afetada à relação do distrito[60] [lei de 22 de setembro de 1828, art. 2, § 6°; e regulamento das relações, art. 9, § 9° e art. 61]; nas províncias em que não há relações, parece que compete aos presidentes delas decidir, isso provisoriamente, enviando logo os papéis à relação do distrito [lei de 3 de outubro de 1834, art. 5, § 11°]; embora seja uma intervenção anormal da autoridade administrativa na ordem judiciária, pode ela ser considerada como filha da necessidade.

Quando a questão de competência dá-se entre relações, o julgamento é da alçada do Supremo Tribunal de Justiça [Constituição, art. 164, § 3°; e lei de 18 de setembro de 1828, art. 5, § 3° e arts. 34 e 35].

441. *Processo por abusos cometidos pela autoridade eclesiástica*: Os presidentes de província e o Conselho de Estado, em última alçada são os competentes para conhecer destes abusos, e conseqüente recurso à Coroa, como já expusemos.

Este recurso era processado nos termos da lei de 18 de janeiro de 1765, 21 de maio de 1821 mandada observar pela de 20 de outubro de 1823, e posteriormente nos termos do regulamento de 19 de fevereiro de 1838. Este regulamento expõe com clareza a marcha a seguir-se, e muitos de seus termos são ainda aplicáveis não obstante a competência administrativa, que substituiu a das relações.

Independente do recurso ao juízo da Coroa por violências, injustiças e usurpações de jurisdição, podem ocorrer questões, e porventura graves, de jurisdição ou competência entre prelados e autoridades eclesiásticas. Nos

---

[60] As *relações* eram tribunais de segunda instância.

termos do art. 9, § 10º do regimento das relações, e da lei de 22 de setembro de 1828, art. 2, § 6º, a atribuição do decidir tais questões era conferida às relações, hoje porém deve entender-se que isso também pertence ao Conselho de Estado; entretanto nem a lei, nem o regulamento respectivo são bem expressos como convinha.

Quando cumprir que o poder temporal intervenha a respeito, e isso pode ser mais de uma vez indispensável, parece fora de dúvida que deve intervir por meio da autoridade administrativa, e não da judiciária.

Finalmente o dito regulamento de 19 de fevereiro de 1838 providencia sobre os termos da execução das decisões do Conselho de Estado, que sem dúvida devem ser exatamente cumpridos, ainda quando a autoridade eclesiástica queira opor contumácia.

Capítulo 6:
Da administração provincial e municipal

~

Seção 1ª: Da administração das províncias

§ 1º e 2º Haverá em cada província um presidente nomeado pelo imperador, que o poderá remover, quando entender que assim convém ao bom serviço do Estado. Constituição, art. 165.

§ 3º a 5º A lei designará as suas atribuições, competência e autoridade, e quanto convier ao melhor desempenho desta administração. Constituição, art. 166.

§ 1º Da necessidade dos centros administrativos provinciais:

442. A administração ministerial ou central tem a seu cargo todos os serviços sociais que pertencem ao interesse coletivo, ou geral, mas ela por si mesma não tem ubiqüidade. Os serviços estão espalhados por toda a superfície do Estado, movem-se em grandes distâncias e não é possível que ela possa exercer a necessária impulsão, inspeção e fiscalização, senão por meio de suas ordens, e de intermediários ou agentes de sua escolha e confiança. É pois preciso que tenha tais agentes, que eles sirvam de centros locais, que executem fielmente suas ordens e instruções, que inspecionem os diversos importantes serviços administrativos.

Para esse fim é de mister repartir convenientemente o território em grandes divisões ou províncias, como já observamos.

Acresce ainda a necessidade que há de dar-se um centro de vida e ação aos negócios puramente provinciais, de que também já tratamos.

§ 2º Da livre nomeação e demissão dos presidentes de província:

443. Esses agentes da administração central são os motores, as sentinelas avançadas da ação executiva, os encarregados de esclarecer o governo geral, de guardar a ordem, a paz pública, de promover os interesses, o progresso, o bem-ser das províncias, de coadjuvá-lo enfim em suas impor-

tantes e variadas funções. São os representantes o complemento da administração, emanações ou canais de sua luz e movimento.

A autoridade e a força pública não devem portanto ser postas em suas mãos, nem nelas conservadas senão pela confiança do governo central.

Sem esta atribuição, sem a livre faculdade de tal nomeação e demissão, o poder Executivo não teria meios, nem obrigação de responder pelos atos dos presidentes.

A nomeação e demissão dos vice-presidentes estão nas mesmas condições, como foi justamente reconhecido pelo decreto de 18 de setembro de 1841.

§ 3º Das atribuições dos presidentes:

444. As atribuições dos presidentes são numerosas e importantes, por isso mesmo que eles são representantes da administração geral, são os agentes imediatos dos diversos ministérios, que têm de coadjuvar e desempenhar os serviços de cada um deles na respectiva província.

Além das atribuições que a lei de 3 de outubro de 1834, que substituiu a de 20 de outubro de 1823 enumera, tem os presidentes as que constam do Ato Adicional e as que são estabelecidas em muitas outras leis. Basta observar-se que eles, como já dissemos, são os agentes provinciais de cada um dos ministérios, e ver os diferentes serviços destes, para reconhecer quão numerosos são os seus encargos. Seria conveniente que o regimento dos presidentes estabelecesse com melhor método e inteira clareza ao menos as suas atribuições mais valiosas, aliás nem sempre estarão todas elas presentes ao espírito de todos, e muito menos dos vice-presidentes.

§ 4º Dos conselhos das presidências:

445. A existência de um conselho da presidência livremente nomeado pelo governo central, e puramente consultivo é de manifesta conveniência. Seria um proveitoso concurso de ilustração, de conhecimentos variados, de informações locais, de debate, de deliberação meditada. Serviria demais para instrução e julgamento das questões contenciosas da administração, salvos os recursos para o Conselho de Estado.

A lei de 20 de outubro de 1823 tinha estabelecido um conselho de presidência; em vez de aboli-lo melhor tivera sido aperfeiçoá-lo; custa porém menos destruir do que edificar.

§ 5º Dos agentes das presidências:

446. Assim como o governo central precisa de delegados nas províncias,

assim também os presidentes precisam de agentes seus nos municípios, e em outras localidades. O poder administrativo deve, por meio de suas ramificações, estar presente em todas as partes do Estado, por isso mesmo que em toda a parte ele deve providenciar sobre a ordem pública, estudar todas as necessidades, e ocorrer com as medidas adequadas.

É uma das graves lacunas da referida lei das presidências a de não ministrar à primeira autoridade, ao centro administrativo da província, delegados do mesmo poder que coadjuvem a sua ação.

Seção 2ª: Da administração municipal

§ 1º Em todas as cidades e vilas ora existentes, e nas mais que para o futuro se criarem, haverá câmaras, às quais compete o governo econômico e municipal das cidades e vilas. Constituição, art. 167.

§ 2º As Câmaras serão eletivas e compostas do número de vereadores que a lei designar, e o que obtiver maior número de votos será presidente. Constituição, art. 168.

§ 3º O exercício de suas funções municipais, formação das suas posturas policiais, aplicação das suas rendas e todas as suas particulares e úteis atribuições serão decretadas por uma lei regulamentar. Constituição, art. 169.

§ 1º Das municipalidades:
447. A população de cada cidade, vila ou município, forma, pela natureza das cousas, uma sociedade especial, uma existência particular e própria, uma unidade, uma agregação de indivíduos que faz sim parte do Estado, mas que tem seus direitos próprios, suas idéias comuns, suas necessidades análogas e seus interesses idênticos, que demandam regulamentos apropriados à sua índole e especialidades.

São como que grandes famílias de membros ligados por tradições, hábitos, propriedades comuns, enfim, por todas as condições que formam uma sociedade íntima, natural e necessária.

Não é pois uma associação criatura da lei, sim uma conseqüência normal da vizinhança, do contato, da mútua dependência, dos gozos e perigos comuns, do complexo de suas numerosas relações diárias.

O poder municipal é conseqüentemente aquele cuja necessidade se faz primeiro sentir que nenhum outro, é a primeira idéia de ordem, de polícia, de autoridade que se manifesta.

O município demanda pois seu conselho e sua ação peculiar. Este conselho deve ser formado dentre seus membros, pois que são os mais interessados no bem-ser comum e os que melhor conhecem as condições especiais da localidade.

A par disto são os municípios o primeiro foco e elemento do laço social, da agregação nacional e cuja vida muito influi na sorte da nacionalidade.

§ 2º Da organização das Câmaras Municipais:

Os conselhos municipais, como dissemos, devem ser eleitos dentre os habitantes do município, em número suficiente e proporcional à população, salvos os limites necessários. São os proprietários escolhidos para deliberar sobre os interesses comuns, e é justo que o mais votado seja o presidente.

A lei regulamentar da eleição e organização das municipalidades é credora de maduro estudo. É a primeira pátria em que o cidadão toma parte nos negócios públicos, o seu primeiro amor.

Essa lei tem de estatuir sobre a duração dos conselhos municipais, sua renovação, suspensão, responsabilidade, dissolução e sobretudo, a respeito de suas atribuições.

Talvez que as Câmaras devam ser formadas por membros eleitos separadamente pelas respectivas paróquias dentre os habitantes do município, em vez de serem compostas por eleição geral dele, caso em que deveria atender-se à proporção da população de cada uma das paróquias. Assim todas estas teriam representantes seus; é uma necessidade que se faz sentir mormente nos grandes municípios.

§ 3º Das atribuições municipais:

449. A natureza do poder municipal revela quais devam ser suas atribuições essenciais. Tudo quanto respeita especialmente à sociedade local, tudo quanto não for de interesse provincial ou geral, deve ser atribuído ao conselho da família municipal. É justo e conveniente que essa associação se governe como melhor julgar em tudo quanto essa liberdade não ofender os outros municípios ou os interesses do Estado.

É de mister que tenha suas rendas, faça suas despesas especiais, seus melhoramentos, que mantenha suas disposições policiais apropriadas.

Quando as atribuições municipais são insignificantes, quando as Câmaras não podem prestar bons serviços, os cidadãos mais notáveis fogem de onerar-se com o cargo inútil de vereador, e a instituição cai em desprezo e nulidade. Pelo contrário, quando são importantes, desde que podem dar alguma glória, aparecem nobres emulações e os cidadãos prestantes disputam a candidatura.

Talvez que a lei orgânica devesse determinar o mínimo da população necessária para o estabelecimento de um município, pois que a falta de rendas e de recursos de inteligência é uma outra das causas que desmoralizam muito esta útil e necessária instituição.

§ 4º Do magistrado executor nos municípios:
450. A instituição municipal tem duas partes distintas: a primeira é a que delibera, que vota, que recebe e examina as contas, é o conselho e como que o poder Legislativo local; a segunda a que executa, que presta as contas, é uma autoridade que emana do poder administrativo. Isto não só é uma conseqüência do princípio da monarquia representativa, cuja imagem convém representar desde os municípios, e entranhar em todos os hábitos sociais, mas é mesmo uma conseqüência natural das cousas. Para consultar e deliberar a pluralidade, para executar a unidade.

Esta unidade deve sem dúvida ser escolhida dentre os habitantes do município, porém livremente; há mais de uma razão para assim pensar-se, e que não cabe aqui expor.

Título sétimo:
Do poder Judiciário

Capítulo 1:
Da natureza do poder Judiciário, sua delegação, independência e responsabilidade

~

Seção 1ª: Da natureza e missão do poder Judiciário

§§ 1º a 3º O poder Judiciário é um poder político reconhecido pela Constituição. Ele é uma delegação da nação. Constituição, arts. 10 e 12.

§ 1º Da natureza do poder Judicial:

451. O poder Judiciário, segundo o nosso Direito Público, é um poder político distinto e independente, é, como os demais poderes, uma emanação da autoridade soberana da nação. Igual declaração é enunciada pela Constituição belga em seus artigos 25 e 30, e pela Constituição portuguesa, art. 11; esse é também o princípio reconhecido pelo direito constitucional da União Americana e da Inglaterra.

Alguns publicistas querem considerar o poder Judicial como um ramo, posto que distinto, do poder Executivo, alegando que a vida em movimento social se encerra na resolução e ação, ou por outra, na confecção da lei, e em sua execução.

Além de que o rigor da teoria excluiria também por esses mesmos princípios o poder Moderador, é preciso não olvidar que ainda quando a ação ou execução possa em sentido lato considerar-se como uma mesma entidade, esta por sua natureza demanda divisão especial, para cujo exercício a soberania nacional pode erigir e organizar poderes distintos e independentes. Em todo o caso, essa questão que outrora ressentia-se do resto das idéias feudais, pouca importância pode ter desde que esses mesmos publicistas afinal concluem que entre o poder Executivo, ou administrativo e o Judiciário, há sempre uma diferença ou separação essencial, uma completa e recíproca independência, que jamais deve ser turbada, ou invadida.

O poder Executivo, quer em sua parte política ou governamental, quer em sua parte administrativa, tem funções perfeitamente distintas da missão judicial. Ou ele promove o interesse social em suas relações interiores, ou exteriores, ou trate da execução de leis de interesse geral e comum, opera sempre em território distinto da alçada judiciária, cuja missão é outra. São executores de classes diversas de leis, que têm organização, condições e ações distintas, que devem ser extremados por marcos bem altos, que dividam formal e claramente seus limites.

§ 2º Da missão do poder Judicial:

452. O poder Judiciário deduz seu nome de sua própria missão; é ele quem examina a natureza e circunstâncias dos fatos, ou questões de interesse privado e as disposições das leis, ou direito respectivo, e determina, julga, declara quais as relações que vigoram entre essas questões e o direito.

Sua atribuição ou missão consiste pois em conhecer das contestações dos direitos ou interesses que se suscitam entre os particulares, e em punir os fatos criminosos pela aplicação das leis civis e penais.

Já no título preliminar, § 2º, observamos que em todas as sociedades nacionais existem dois grandes e distintos interesses, o coletivo ou geral, e o interesse privado ou particular, e que o poder sobre eles deve ser distribuído separada e independentemente, para que nem um nem outro seja sacrificado.

As leis que regulam as relações dos cidadãos entre si não devem certamente pender do poder Executivo, aliás poderia ele comprimir a sociedade, os cidadãos, seus direitos e liberdades debaixo de sua pressão, seria um poder despótico desde que quisesse, pois que à grande autoridade, que lhe é própria, reuniria a faculdade de atuar sobre os direitos os mais caros, os da família, fortuna e vida dos cidadãos.

A inteligência das sociedades civilizadas, amestrada pelas luzes de dolorosas experiências, tem reconhecido profundamente que os direitos e relações individuais do homem, que esses bens, os mais caros e preciosos, não devem depender de uma vontade móvel e discricionária, como pela natureza das cousas em grande parte é a vontade da autoridade executiva, e sim da justiça e proteção legal, fixa e estável.

São direitos que têm sua origem na natureza, que são atributos permanentes e inseparáveis da entidade moral do homem, e que não devem ser sacrificados, pois que nem mesmo o interesse coletivo exige tal sacrifício.

Essa é a missão do poder Judiciário, a de distribuir exata justiça, não tendo por norma senão a lei, e só a lei ou o direito.

A Constituição belga expressa com muita clareza estes mesmos princípios em seus arts. 92 e 93: "As contestações que têm por objeto direitos civis, são exclusivamente da alçada dos tribunais. As contestações que têm por objeto direitos políticos são também da alçada dos tribunais, salvas as exceções estabelecidas pela lei".

§ 3º Da importância do poder Judicial:
453. Por isso mesmo que a sociedade deve possuir e exigir uma administração de justiça protetora, fácil, pronta e imparcial; por isso mesmo que este poder exerce preponderante influência sobre a ordem pública e destinos sociais, influência que se estende sobre todas as classes, que se exerce diariamente sobre a honra, liberdade, fortuna e vida dos cidadãos; por isso mesmo, dizemos, é óbvio que nem a Constituição nem as leis orgânicas deveriam jamais olvidar-se das condições e meios essenciais para que ele ministre todas as garantias, para que possa desempenhar sua alta missão, e ao mesmo tempo não possa abusar sem recursos ou impunemente.

A constituição especial do poder Judiciário é um objeto digno de toda a atenção nacional; e felizmente a nossa lei fundamental firmou, e bem, as bases as mais importantes.

Nas seções e capítulos seguintes indicaremos o que acabamos de expressar, acrescentando algumas observações, que são conseqüência desses luminosos princípios constitucionais.

SEÇÃO 2ª: DA DELEGAÇÃO DO PODER JUDICIAL

§ 1º O poder Judicial será composto de juízes e jurados, os quais terão lugar assim no cível como no crime nos casos e pelo modo que os códigos determinarem. Constituição, art. 151.

§ 2º Os jurados pronunciam sobre o fato, e os juízes aplicam a lei. Constituição, art. 152.

§ 1º Dos juízes e jurados:
454. A Constituição, como se vê de seu art. 151, delegou a faculdade de distribuir a justiça aos juízes e jurados nos termos das leis orgânicas, que em caso nenhum deverão contrariar as normas fundamentais do nosso direito público.

Os juízes, pois, e os jurados, em suas respectivas competências e salvos os recursos legais, ou por outra em suas respectivas alçadas, são os mandatários nacionais autorizados e responsáveis pelo exercício desta parte da soberania nacional.

A intervenção dos jurados na administração da Justiça é uma garantia muito importante para as liberdades, interesses e justiça social.

Considerado em relação à liberdade política, o júri é o mais firme baluarte dela, a mais sólida garantia da independência judiciária. Nem todos os juízes, embora perpétuos ou inamovíveis, se olvidam que o governo é quem verifica as promoções e distribui as graças, as honras e as gratificações pecuniárias; nem todos têm a coragem civil, o caráter firme, a consciência do dever, que não se curva às insinuações, às simpatias, aos desejos de punição, aos ódios dos partidos políticos ou à sua parcialidade. O júri é uma barreira contra tais abusos, é uma instituição nesse sentido tão valiosa que devemos considerá-lo como um tesouro que nos cumpre legar aos nossos descendentes, que, com a ação do tempo, o aperfeiçoarão de todo.

Pelo lado da liberdade, ou antes da justiça criminal, de sua boa administração, da eqüidade, a instituição é a mais moral e filosófica possível. Por efeito dela, a liberdade, a honra, a vida de um cidadão não serão jamais sacrificadas sem a intervenção e assentimento de seus pares. Evita-se o perigo que provém dos hábitos duros, inflexíveis, suspeitosos do juiz singular. Acostuma-se a ver e a reprimir os crimes e os criminosos, sua imaginação previne-se contra o acusado, inclina-se logo a supô-lo autor do crime imputado, a descobrir força nos indícios e depois nas provas. O júri, tirado do corpo escolhido pela lei e chamado para decidir casualmente a imputação, sem esses hábitos prejudiciais, examina a questão por modo mais livre e mediante debates detalhados. Demais, sua resolução não pende de um só pensar, de um só modo de ver ou opinião. Quando um dos jurados tenha algum ódio ou outra paixão prejudicial, quando ele não tenha sido depurado pelas recusas, o seu voto é neutralizado por uma grande maioria.

455. Em todo o caso é uma grande vantagem o poder-se substituir, dar a preferência à certeza, à prova moral em vez da certeza ou prova legal. Esta, sempre inflexível, absoluta, invariável, muitas e muitas vezes é absurda e irracional; é tal que contraria e força a consciência do julgador contra o que ela leal, sincera e intimamente está reclamando. De um lado o conluio de duas testemunhas, que ele não pode demonstrar, mas que presume ou crê exige a pena, de outra sua íntima convicção pede a absolvição, e a prova legal manda-lhe que fira!

Os que com mais ou menos razão atacam os abusos dos jurados nunca se animam a atacar a instituição; a bondade dela é superior a todo embate. O ataque pois vem em última análise a depor contra o estado moral da nação, a não ser a imperfeição da lei orgânica. Se o instrumento, pois, em si é bom, se é um baluarte da liberdade, uma coluna da justiça distributiva, esforcemo-nos por fortificá-lo ainda mais, por depurá-lo e não por destruí-lo; façamos que ele seja bem compreendido, atuemos sobre os costumes, sobre a moral nacional, pelos meios mais apropriados.

Os juízes singulares também cometem muitos e graves abusos; também na sua escolha jamais deve o poder que os institui perder de vista as habilitações, o saber, a probidade, as virtudes que devem ser deles inseparáveis e que nem sempre prevalecem.

As grandes instituições, como os grandes pensamentos, demandam tempo e esforços para produzir todos os seus benefícios; não trabalhamos só para o dia de hoje, sim para o grande futuro de um grande império.

§ 2º Da competência do jurado e do juiz:
456. Em todo o julgamento há sem dúvida duas operações, duas questões distintas, a do fato e do direito. A primeira é uma contestação pura e simples, que não demanda senão o bom senso e a sincera expressão da convicção pessoal; a segunda demanda conhecimentos profissionais, a ciência e inteligência das leis, o reconhecimento da disposição, do direito que literal ou implicitamente previu a hipótese dada.

São apreciações de ordem diversa, e é uma grande vantagem o separar o seu pronunciamento. O abuso é fácil desde que a apreciação dessas duas questões depender da inteligência e vontade de um mesmo indivíduo, e pelo contrário, quando o juiz tiver de dirigir-se e aplicar a lei por modo conseqüente com a decisão preliminar, seu poder nada terá de temível.

As questões de fato em matéria cível são muitas vezes complexas e difíceis; em matéria criminal porém não há esse inconveniente, e esta é a parte que ainda mais interessa à sociedade.

Em conclusão, a nossa sábia lei fundamental delegou o poder Judiciário aos juízes e jurados, e nisso procedeu com alta inteligência, justiça e previsão; é um germe abençoado que algum dia dará abundantes e salutares frutos.

SEÇÃO 3ª: DA INDEPENDÊNCIA DO PODER JUDICIÁRIO

§ 1º O poder Judiciário é independente. Constituição, art. 151.
§ 2º Os juízes de Direito serão perpétuos, o que todavia se não entende que não possam ser mudados de uns para outros lugares pelo tempo e maneira que a lei determinar. Constituição, art. 153.
§§ 3º ao 5º Só por sentença poderão estes juízes perder o lugar. Constituição, art. 155.

§ 1º Da independência dos juízes:

457. A independência da autoridade judiciária do magistrado consiste na faculdade que ele tem, e que necessariamente deve ter de administrar a justiça, de aplicar a lei como ele exata e conscienciosamente entende, sem outras vistas que não sejam a própria imparcial justiça, a inspiração do seu dever sagrado. Sem o desejo de agradar ou desagradar, sem esperanças, sem temor algum.

Ministro da lei civil e penal, órgão imediato por esse lado do poder Legislativo, é ele quem dá vida e ação a tais leis em toda a sua pureza, em sua verdadeira inteligência.

A independência do magistrado deve ser uma verdade, não só de direito como de fato; é a mais firme garantia dos direitos e liberdades, tanto civis como políticas do cidadãos; é o princípio tutelar que estabelece e anima a confiança dos povos na reta administração da justiça; é preciso que o povo veja e creia que ela realmente existe. Tirai a independência ao poder Judiciário, e vós lhe tirareis sua grandeza, sua força moral, sua dignidade, não tereis mais magistrados, sim comissários, instrumentos ou escravos de um outro poder.

Sem essa condição essencial os juízes teriam de espreitar os acenos ministeriais; os direitos dos fracos, dos pobres não prevaleceriam mais perante as pretensões do forte, do rico, do poderoso. O império da lei, e com ele o da segurança, ordem e paz públicas desapareceriam, e as questões civis e criminais não achariam recurso senão no desforço pessoal.

É preciso, como bem diz Delolme,[61] que os próprios e mais altos servidores da Coroa, que indevidamente lembrem-se de contar com a proteção dela, para se alçarem sobre os direitos de outrem, tenham a convicção de que nem esse prestígio pode alterar os deveres, a justa sentença do magistrado, *lex magna est, et proevalebit*.

Não é pois por amor, ou no interesse dos juízes, que o princípio vital de sua independência deve ser observado como um dogma, é sim, por amor dos grandes interesses sociais.

É fácil de reconhecer que as leis que garantem as liberdades e legítimos interesses dos cidadãos não ofereceriam verdadeiras garantias, não seriam acreditadas sem essa independência em sua inteligência e aplicação. Desde que a vontade ou erro do governo pudesse substituir as normas delas, essa

---

[61] Delolme, jurisconsulto suíço, cuja obra mais célebre é a *Constitution de l'Angleterre*.

vontade ou erro seria a verdadeira lei. Não subsistiria mais o equilíbrio político a real separação, que distingue o poder Judiciário dos outros poderes, ele seria absorvido e escravizado.

É pois fora de toda a dúvida que, no importante exercício da delegação nacional, que lhe foi confiada, o magistrado não deve obedecer senão à lei e ao Direito, e nunca a insinuação ou disposição alguma que viole a santidade das leis. A justiça pública seria nominal e ilusória desde que o magistrado, em vez de obedecer à lei, e só à lei, fosse adstrito a atender à vontade móvel de qualquer outra origem.

Assim, e por isso mesmo que o poder Judiciário é independente, por isso mesmo que é ele quem deve aplicar as leis civis e penais, suprir suas lacunas com os princípios de direito e da eqüidade, estabelecer sua inteligência doutrinal, como já demonstramos no nº 87, é claro que nada resta ao poder Executivo sobre a verdadeira missão daquele importante poder, que é uma das colunas da liberdade, e ordem pública e privada.

§ 2º Da perpetuidade e remoção dos magistrados:

458. Os juízes de Direito são perpétuos, isto é, não podem ser destituídos de seu caráter e exercício. A perpetuidade, ou inamovibilidade dos magistrados, é uma das primeiras conseqüências, ou antes um dos elementos indispensáveis para sua independência. O magistrado temporário ou amovível, é antes um comissionado para julgar, do que um verdadeiro julgador; a independência desaparece perante a amovibilidade.

É a perpetuidade quem abriga o juiz de todo o desagrado, quem o acoberta da violência, e coloca-o na alta posição de não temer senão a lei, de não atender senão à obrigação de ser justo.

Todavia esta perpetuidade não se entende, como diz a Constituição, por tal modo, que eles não possam ser mudados de uns para outros lugares pelo tempo e maneira que a lei determinar.

A mudança pode, pois, ser determinada pela lei em períodos que ela prescreva em vista do melhor serviço público, ou em virtude de acessos. Pode também verificar-se só por efeito da conveniência da remoção nos casos e termos legais.

A resolução nº 559, de 28 de junho de 1850 estabelece que os juízes nunca poderão ser removidos, salvo requerimento seu, para comarca de classe inferior, e que mesmo para comarca de classe igual a remoção só poderá ter lugar nos casos de rebelião, guerra, sedição, ou insurreição dentro da província, ou conspiração dentro da comarca, ou por efeito de representação da respectiva presidência, ouvido neste caso o Conselho de Estado. Manda, além disso, essa resolução, abonar uma ajuda de custo da viagem nos termos do seu artigo 3.

A resolução nº 560, de igual data, determina quais os vencimentos que terão os juízes removidos no caso de aceitarem ou não os novos lugares, e também o caso em que serão considerados avulsos, art. 5, posição essa em que, sem preceder sentença, ficam sem exercício, sem contar antiguidade, sem vencimentos, e sem garantia de obter um novo lugar; essa disposição precisa ser novamente vista e aperfeiçoada.

§ 3º Da perda do lugar:
459. Só por efeito de uma sentença podem os juízes perder o seu lugar, isto é, só nos casos em que a lei cominar tal pena, e em que ela for aplicada por um julgamento. Para isso deve preceder, ou mediar o necessário processo perante autoridade competente, ou seja a relação do distrito, ou a Assembléia Legislativa da Província.

A expressão constitucional do art. 155 parece não se referir a comarca, ou localidade em que o juiz está servindo, e sim ao lugar de magistratura, ao cargo que, como magistrado, tem. Outra inteligência estabeleceria antinomia entre este e o art. 153.

A Constituição belga, em parte, difere da nossa; o seu art. 100 inclui as seguintes disposições: "Nenhum juiz pode ser privado de seu lugar, nem suspenso senão por sentença. A deslocação de um juiz não pode ter lugar senão por uma nomeação nova, e com seu consentimento".

§ 4º De outras condições necessárias para a independência dos juízes:
460. Além da perpetuidade, ou inamovibilidade, muito convém que as leis atendam algumas outras condições, que muito podem influir sobre a independência do poder Judicial.

As condições da nomeação dos magistrados importam muito; entre nós eles são instituídos pelo monarca, mediante os termos prescritos pelo art. 24 da lei de 3 de dezembro de 1841. A nomeação por via de eleição tem graves inconvenientes; em tal caso seria preferível que a Coroa tivesse a escolha entre candidatos oferecidos pelas relações dos distritos e Supremo Tribunal de Justiça.

O sistema das promoções pode também ter grande influência sobre a independência dos magistrados; é muito conveniente que ele seja bem definido, e fixado pela lei. Por nosso Direito Constitucional a promoção ao Supremo Tribunal opera-se pelo princípio de antiguidade do serviço dos desembargadores. Pelo que respeita ao acesso para a segunda instância, verifica-se segundo os termos estabelecidos pela resolução n° 557, de 26 de junho de 1850. A promoção de uma a outra entrância tem lugar segundo as condições da resolução n° 559, de 28 de junho de 1850.

Os vencimentos ou gratificações dos magistrados devem, semelhantemente, ser fixados pela lei, e de modo que não fique ao arbítrio do governo alterá-los, nem para mais nem para menos.

Entre todas estas condições a mais importante é a das incompatibilidades, mormente em relação à ordem administrativa. É essencial separar o magistrado dos hábitos, paixões, ambições e lutas da administração. Além de que convém que ele seja sempre imparcial, sem ódios, sem alianças políticas, acresce que o processo administrativo, sua sujeição ao ministério, o amor do poder discricionário, geram no espírito do magistrado modificações que não são as mais conformes e características do julgador. Diminui-se a confiança de sua imparcialidade ao menos no pensar dos partidos contrários.

As comissões administrativas dadas aos juízes turbam e confundem o equilíbrio, as linhas demarcadoras da separação dos poderes políticos.

§ 5° De algumas conseqüências da independência do poder Judicial:

461. Desde que se tem em vistas estabelecer a independência do poder Judicial por modo verdadeiro e eficaz, e não ilusório, é lógico reconhecer as justas conseqüências desse princípio fundamental, que muito importa aos direitos sociais.

Uma dessas conseqüências é a do § 12 do art. 179 da Constituição: "Será mantida a independência do poder Judicial; nenhuma autoridade poderá avocar as causas pendentes, sustá-las, ou fazer reviver os processos findos". Certamente a autoridade judiciária não seria independente desde que pudesse ser despojada de sua competência, ou por via de avocação, ou porque sua ação fosse sustada, salvo o caso de anistia. Também não seria independente se suas decisões soberanas pudessem ser postas de novo em dúvida, ou ficar destituídas de seus legítimos resultados; desde que são legalmente estabelecidas devem ter inteira execução.

Uma outra e justa conseqüência é a do § 17° do dito art. 179: "À exceção das causas, que por sua natureza pertencem a juízes particulares na conformidade das leis, não haverá foro privilegiado, nem comissões especiais nas causas cíveis ou crimes". Em verdade, a independência judiciária seria iludida desde que o governo pudesse criar privilégios ou competência judiciárias, pois que dessarte distrairia os cidadãos de seus juízes naturais e os sujeitaria a seus comissionados.

A criação de tribunais extraordinários, a abreviação de formas, mesmo por efeito de leis excepcionais, são sempre atos mais ou menos inconstitucionais, e em todo o caso sempre perigosos.

Mesmo na criação de juízes especiais deve o legislador empregar toda a atenção e reserva; o foro comum é o mais natural e protetor.

Seção 4ª: Da responsabilidade legal e moral dos juízes

§ 1º Todos os juízes de Direito e os oficiais de Justiça são responsáveis pelos abusos de poder e prevaricações que cometerem no exercício de seus empregos; esta responsabilidade se fará efetiva por lei regulamentar. Constituição, art. 156.

§ 2º O imperador poderá suspendê-los por queixas contra eles feitas, precedendo audiência dos mesmos juízes, informação necessária, e ouvido o Conselho de Estado. Os papéis que lhe são concernentes serão remetidos à relação dos respectivos distritos, para proceder na forma da lei. Constituição, art. 154.

§ 3º Por suborno, peita, peculato e concussão haverá contra eles a ação popular, que poderá ser intentada dentro de ano e dia pelo próprio queixoso, ou por qualquer do povo, guardada a ordem do processo estabelecido na lei. Constituição, art. 157.

§ 4º Nas causas crimes a inquirição das testemunhas, e todos os mais atos do processo, depois da pronúncia, serão públicos desde já. Constituição, art. 159.

§ 1º Da responsabilidade legal:
462. Já observamos que a independência da autoridade judicial não foi instituída por amor dos juízes e sim por consideração dos interesses sociais, por amor dos direitos individuais. Se os juízes pois, olvidando seus deveres, abusam do poder que lhes foi confiado para violar a lei, que deviam defender, é conseqüente e indispensável que respondam pelos abusos cometidos.

Desde que o poder Judiciário pudesse abusar impunemente, os cidadãos e a sociedade não teriam mais garantia alguma segura. A necessidade desta responsabilidade é tal que não pode admitir questão.

O Código Criminal em seu título 5 designa as penas correspondentes às prevaricações ou delitos que podem ser cometidos pelos magistrados.

§ 2º Da suspensão e juízo em caso de responsabilidade:
463. Tratando do poder Moderador, já observamos que esta atribuição era necessária como um ato conservador, como um meio de conter de pronto o abuso do juiz, quando a ordem e a justiça pública assim exigem, e mediante a audiência do magistrado, informações necessárias e consulta do Conselho de Estado, para que se reconheça bem a verdade da queixa ou

violação da lei. Se de um lado é medida necessária, de outro demanda razão suficiente, e bem demonstrada.

Desde que for suspenso o juiz, devem os documentos indicadores do seu delito ser enviados à relação respectiva, para que proceda na forma da lei, verificando a responsabilidade. É o foro, o juízo especial que a Constituição com razão estabeleceu, pois que tais delitos envolvem questões de Direito, e demandam conhecimentos apropriados, assim como a competência de um tribunal superior. O Código do Processo, e regimento das relações determinam a forma e termos do respectivo processo.

Quando o magistrado é desembargador, o juízo competente é o Supremo Tribunal de Justiça, em conformidade do § 2º do art. 164 da Constituição, ou o delito seja de responsabilidade ou individual.

§ 3º Da ação popular contra os juízes:
464. Os cidadãos ou indivíduos ofendidos em seus direitos ou legítimos interesses têm ação própria contra os juízes que cometerem tais abusos. Os cidadãos em geral, mesmo os não ofendidos, têm o direito de denunciar e assim provocar a responsabilidade dos magistrados quando violem a lei.

A Constituição porém, não contente com isto, e para mais garantir a probidade dos juízes, deu a qualquer do povo o direito de intentar a ação criminal contra aquele que porventura se torne delinqüente por suborno, peita, peculato ou concussão.

Não só são crimes, mas crimes de um caráter tão vergonhoso, tão ofensivo da honradez do julgador, que quebrantam a moral pública; é pois justo que qualquer do povo possa vindicar essa injúria feita à lei e à sociedade, promovendo por si mesmo a devida punição.

§ 4º Da publicidade dos atos judiciais:
465. A publicidade, salvos os únicos casos previstos pela lei, é sempre útil, é um corretivo contra os abusos e um meio de obter-se responsabilidade moral do juiz.

É de mister que a opinião e a justa censura acompanhem os atos judiciais, possam analisá-los e servir de garantias às partes, mormente nos processos e julgamentos criminais.

A publicidade anima as discussões, enfraquece os preconceitos, as intrigas, os empenhos. Os juízes não podem olvidar que os olhos do povo estão sobre eles, e que seus erros ou abusos serão bem percebidos e expostos com energia à reprovação. A opinião pública é o tribunal da responsabilidade moral.

É por isso mesmo que as decisões judiciárias devem ser sempre motivadas, já para que se possa reconhecer se os fundamentos são ou não exatos, já também para que as partes interessadas possam considerar o como deverão instruir os respectivos recursos.

As decisões bem motivadas, a dedução lógica que justifica a aplicação da lei ou disposição de direito, formam os arestos, os casos julgados que ilustram a jurisprudência.

Se fosse possível, seria de grande utilidade que os atos judiciais, mormente os mais importantes, fossem publicados oficialmente pela imprensa.

Capítulo 2:
Da organização, instâncias e divisão judiciária

Seção 1ª: Da organização judiciária

§ 1º Da organização judiciária em geral:

466. No capítulo anterior já vimos qual a natureza, delegação e condições fundamentais do poder Judiciário, sua independência e responsabilidade, tanto legal como moral.

Por organização judiciária entende-se a constituição dos diversos órgãos, a composição ou coordenação sistemática dos tribunais, agentes ou instrumentos da administração da Justiça, o complexo das condições que estabelecem o todo e cada um dos tribunais ou jurisdições, seus graus ou recursos instituídos para proteger os direitos individuais, ordem e paz públicas.

O sistema que organiza os tribunais judiciários não tem por certo um tipo invariável, modifica-se segundo as circunstâncias do Estado; entretanto, é fora de dúvida que deve respeitar os princípios que o Direito Público reconhece como condições essenciais da justiça e interesse social.

As leis não servem senão por sua aplicação religiosa e exata. Os regimentos dos juízes, os códigos de processo, ou civil ou criminal, não são senão os trâmites legais que eles devem observar para realizar essa aplicação; é pois preciso que a organização, as condições dos juízes ou tribunais sejam bem calculadas, para que em harmonia com tais trâmites eles possam e sejam adstritos a desempenhar bem a sua alta missão, de proteger os direitos do cidadão e a ordem da sociedade.

§ 2º De algumas referências da organização judiciária em geral:

467. A organização judiciária deve atender, entre outras coisas:

1º) À composição dos tribunais, se de juízes singulares ou em número coletivo, sem ou com o concurso do júri, as habilitações necessárias segundo as competências, os oficiais de Justiça que devam servir perante eles.

2º) Deve discriminar com precisão as competências ou atribuições, pois que um dos piores abusos é a confusão delas, ou acumulação de funções incompatíveis.

3º) Cumpre que evite quanto possível a criação de juízos ou foros especiais, pois que toda autoridade pública desnecessária é não só dispendiosa, mas perigosa, e todo o juízo de exceção é um privilégio, uma desigualdade contra o direito comum.

4º) Deve garantir diversos graus de jurisdição, ou por outra um sistema de recursos protetores. Na seção seguinte trataremos deste assunto, e afinal do Supremo Tribunal de Justiça, que coroa a organização judiciária.

§ 3º Da separação da polícia judiciária e da Justiça:
468. A organização judiciária quanto ao crime não só demanda garantias idênticas às que referimos, mas ainda maiores.

É sabido que a polícia administrativa não só é distinta da Justiça, como da própria polícia judiciária. Cumpre porém que mesmo esta seja bem separada da Justiça, são entidades diversas e que não devem de modo algum ser confundidas.

A polícia recebe as denúncias ou queixas, colige os indícios, forma o sumário, prende os indiciados, e entrega tudo à justiça, pois que aí pára a sua ação. Ativa, pronta, governa-se por presunções, opera e decide-se sempre por modo sumário e provisório. A Justiça pensa refletidamente, examina as provas sem suspeita, sua missão é de julgar definitivamente e com inteira imparcialidade.

Se é de necessidade que a polícia prenda para que o indiciado não fique impune pela evasão, é também de mister que um juiz circunspecto examine desde logo se procedem ou não os motivos da prisão.

Sem uma separação completa entre a polícia e a Justiça, sem leis claras que determinem os únicos casos em que aquela possa prender, mormente por prevenção, não haverá perfeita segurança.

§ 4º Da separação entre as atribuições da pronúncia e julgamento:
469. Uma outra separação que não deve ser olvidada por uma boa organização judiciária é a da competência da pronúncia e julgamento. Convém muito que o magistrado que julga definitivamente seja diverso do que pronunciou, isto é, do que confirmou a pronúncia.

Com efeito, o que interveio na pronúncia pode mesmo involuntariamente ficar prevenido, perder a imparcialidade, a plena liberdade de espírito que o julgador deve ter. A tarefa da pronúncia é de descobrir indícios, de combiná-los; o amor próprio se interessa e o pensamento dominante é de não deixar que o crime fuja.

Se for o mesmo magistrado quem tem de julgar afinal, ele quererá porventura alguma ou sustentar seus atos anteriores, sua previsão mesmo mediante alguma dubiedade; em todo o caso é útil que não haja a possibilidade de abuso ou erro de uma mesma pessoa em dois atos tão importantes.

O júri oferece neste sentido mais uma de suas vantagens, por isso que concorre a separar positivamente o julgamento do ato da pronúncia e muito mais quando separa a própria instrução de sua decisão, ou ratificação dela.

Seção 2ª: Dos tribunais de 1ª e 2ª instâncias, ou dos recursos

§ 1º Da primeira instância em geral.

§ 2º Nas causas cíveis e nas penais civilmente intentadas poderão as partes nomear juízes-árbitros. Suas sentenças serão executadas sem recursos se assim o convencionarem as mesmas partes. Constituição, art. 160.

§ 3º Sem se fazer constar que se tem intentado o meio de reconciliação, não se começará processo algum. Constituição, art. 161. *Para esse fim haverá juízes de paz, os quais serão eletivos pelo mesmo tempo e maneira por que se elegerem os vereadores das Câmaras. Suas atribuições e distritos serão regulados por lei.* Constituição, art. 162.

§ 4º Para julgar as causas em segunda e última instância haverá nas províncias do Império as relações que forem necessárias para comodidade dos povos. Constituição, art. 158.

§ 1º Da primeira instância em geral:
470. A Constituição, como se vê do seu art. 158, criou duas e únicas instâncias, e esse é o princípio geralmente admitido como o mais perfeito desde que a civilização começou a segurar os progressos sociais.

Se os juízes julgassem em um só grau, se todas as questões fossem decididas peremptoriamente em sua alçada, se houvesse uma só instância, não haveria meio de corrigir o abuso ou erro que eles cometessem, por isso mesmo que não haveria recurso propriamente dito. Ainda quando fossem responsabilizados, a injustiça ficaria consumada. Seria uma tirania.

É pois indispensável que haja dois graus de jurisdição, como um meio justo de conseguir imparcial justiça, de purificar as decisões do abuso, ou do erro. O juiz da 1ª instância empregará por isso mesmo maior atenção, evitará a parcialidade, a influência dos interesses e paixões locais, pois que temerá a censura superior, e mesmo a responsabilidade.

§ 2º Dos juízes árbitros:
471. A nossa lei fundamental, protetora e liberal como é, ao mesmo tempo que constitui a justiça, ou tribunais de jurisdição pública em benefício dos cidadãos, faculta a eles, nos termos do seu art. 160, o direito de preferir juízes de sua própria escolha, a quem autorizem para que decidam suas questões particulares, e legitima mesmo o compromisso de ser esse julgamento peremptório e sem recurso.

O juízo arbitral voluntário é com efeito o tribunal mais natural, é o fruto da escolha, e aprazimento das partes, sem delongas, sem despesa, sem inimizades e injúrias. A lei não deve impô-lo senão com muita reserva, e só em casos especiais, mas deve garanti-lo, como faz, sempre que proceder de inspiração das próprias partes.

§ 3º Do meio conciliatório:
472. O pensamento do art. 161 da Constituição é de prevenir demandas inconsideradas, e com elas inimizades e prejuízos que causam males aos indivíduos, assim como à paz das famílias, e à riqueza pública.

A instituição de magistrados eletivos, de juízes populares, ou de paz, que a Constituição estabelece em seu artigo 162, é sem dúvida a mais apropriada ao fim a que ela se propõe.

A lei de 15 de outubro de 1827 criou os juízes de paz, que são eleitos nos termos da lei de 1º de outubro de 1828.

Suas atribuições, além da conciliação têm variado, e hoje é limitada em conformidade da lei de 3 de dezembro de 1841, art. 91.

§ 4º Da segunda instância:
473. Do que expusemos no § 1º já se infere que a segunda instância é um juízo superior, onde a questão recorrida é revista, e novamente julgada por magistrados mais provectos e graduados.

A composição da 2ª instância debaixo de forma coletiva oferece sem dúvida garantias, não só de incerteza dos juízes, como de maior número de luzes; mas nem sempre é possível aproveitar essa vantagem.

Quando as questões são de um valor ou importância mínima, os recursos em vez de ser um bem seriam um gravame, um mal entregue ao arbítrio de uma das partes para onerar a outra; esse é o fundamento das alçadas.

Em outros casos, ou em certas matérias, é preferível conceder sim o recurso, mas para a autoridade superior mais vizinha, para evitar que as despesas e incômodos importem mais que o provimento.

A 2ª instância no cível conhece tanto do fato, ou fundo da causa, como do direito; no crime tem igual autoridade, salvas as disposições legais quanto às decisões que são proferidas pelo júri.

Seção 3ª: Da divisão judiciária

§ 1º Da divisão judiciária em geral:

474. A divisão judiciária é a determinação do número, e a repartição ou distribuição dos tribunais, assim da primeira como da segunda instância pelas diversas localidades do Estado. Esta importante matéria tem mais de uma relação com o Direito Público. É de mister que ela satisfaça as condições do respectivo poder, as públicas conveniências, por isso mesmo que é esse poder quem distribui a ação da Justiça com maior ou menor presteza, comodidade e facilidade.

Posto que até certo ponto possa a divisão judiciária depender de prudente arbítrio, e mesmo variar, conforme variarem as circunstâncias, cumpre não esquecer que as melhores leis não satisfazem seus fins senão por meio de sua aplicação; e que os juízes, ou tribunais, são os instrumentos dessa aplicação, que por bem da ordem deve ser verificada com prontidão e energia.

§ 2º Das condições de uma boa divisão judiciária:

475. Se houvesse de apreciar somente uma das faces da divisão judiciária, teríamos que a perfeição fora de fazer a autoridade do juiz presente em todas as localidades, ao alcance de todos, sem delongas, sem dispêndio, sem sacrifícios de viagens que oneram e inutilizam os recursos legais, mormente em relação aos pobres.

Sem dúvida que aquele que dela precisa, para que proteja sua liberdade, sua segurança, seus direitos, ou para que reprima a violência, pouco ou nada conseguirá quando tiver de ir procurá-la ao longe, com grave prejuízo ou perigos.

Isso, porém, gravaria demasiadamente os cofres públicos, demandaria número excessivo de magistrados, nem todos muito habilitados, e demais tirados a outras profissões úteis.

É, pois, necessária uma distribuição meditada em todas as suas faces, e de acordo e harmonia com a organização dos tribunais; é de mister atender à área de cada uma das divisões e subdivisões, às distâncias dos centros de recursos, às condições dos magistrados, se ambulantes ou de residência fixa, para que cada autoridade possa, na órbita determinada, concorrer em harmonia e funcionar com perfeição.

Em todo caso, convém que a administração da Justiça não seja difícil ou morosa, que não desloque freqüente e numerosamente os cidadãos de sua residência, e portanto, não se devem perder de vistas as distâncias, a importância da população e das transações ou negócios que se agitam nas localidades.

§ 3º Dos inconvenientes de uma má divisão judiciária:

476. Desde que para obter-se o recurso legal torna-se necessária uma viagem gravosa, desde então nasce a tendência fatal de recorrer aos desforços ou vinganças pessoais. Pela maior parte das vezes os pobres sofrerão e os poderosos dominarão. A sociedade deixará de pagar a dívida sagrada de fazer justiça, e os crimes perturbarão a ordem pública.

Por certo que muitos, em vez de renunciar seus direitos, não tendo meios fáceis de recorrer à lei, recorrerão à vingança, à luta do mais forte, e às suas conseqüências desastrosas.

A necessidade, pois, de facilitar a ação da Justiça é um dever da primeira ordem. Todas as ações do homem podem a cada momento depender dela, ou porque peçam proteção ou repressão. Embora haja alguma despesa mais, esta consideração é secundária desde que é necessário mais um ou outro tribunal; a renda pública não procede senão da própria sociedade, e não se arrecada senão para que as pessoas, propriedades e direitos de seus membros sejam real e eficazmente protegidos.

A conclusão é pois que os tribunais não sejam mais numerosos do que a necessidade real dos povos exigir, mas que também nunca sejam menos do que ela demandar.

Um dos defeitos do Ato Adicional foi cometer a divisão judiciária aos poderes locais; é uma fonte de desarmonia e também desigualdade entre as províncias em sua administração judicial.

Capítulo 3:
Da natureza, importância e composição do Supremo Tribunal de Justiça

Seção 1ª: Da natureza e importância do Supremo Tribunal

§§ 1º e 2º Na capital do Império, além da relação que deve existir, assim como nas demais províncias, haverá também um tribunal com a denominação de Supremo Tribunal de Justiça. Constituição, art. 163.

§ 1º Da natureza e fim desta instituição:

477. A instituição do Supremo Tribunal de Justiça, ou Corte de Cassação, é filha de um alto, de um sublime pensamento, que compôs graves dificuldades, e que conseguiu firmar a ordem e harmonia na divisão dos poderes políticos de acordo com a perfeição e a inteira independência do poder Judicial.

É uma instituição mista de caráter político e judiciário, e em que o primeiro predomina mais, por isso mesmo que é o que mais garantias oferece à ordem social.

Para melhor expor e apreciar-se em toda a extensão o alcance desta valiosa instituição, não há remédio senão reproduzir algumas idéias que já temos indicado, pois que assim exige a ligação e integridade delas.

O poder Judicial, como já dissemos, é o único intérprete competente, o aplicador exclusivo da lei nas questões que são regidas pelo Direito Civil, Penal, e mesmo Político, na parte em que este é incluído na alçada de sua jurisdição. No desempenho dessa importantíssima missão que tem por fim proteger a liberdade, a fortuna e vida dos cidadãos, assim como a ordem e segurança social, ele deve ser perfeitamente independente, mas deve também cumprir impreterivelmente a obrigação sagrada de não se desviar jamais da lei. Esta, e só ela, deve ser o seu norte, deve ser a norma que tem de aplicar em toda a sua pureza, em todos os casos, com toda a igualdade.

Foi para isso que recebeu o poder social, essa é a condição da verdadeira legitimidade de seus atos, e também a indeclinável exigência da razão e dos interesses sociais.

Entretanto há uma multidão de tribunais, de juízes, que decidem diariamente de valiosos direitos do cidadão nas diferentes localidades do Estado, e esses juízes são homens, e como tais podem algumas vezes errar, ou por paixões olvidar-se de seus deveres sagrados.

Para resguardar com mais firmeza o cumprimento da alta missão dos juízes quanto a esses direitos e corrigir os erros, os abusos, a parcialidade ou paixões em que pudessem laborar, a ciência e a lei concordaram em criar, além da primeira instância, um segundo grau de jurisdição, uma segunda instância, que, desprendida das impressões do primeiro julgador, e animada de imparcialidade, posição e ilustração superior, de novo examinasse o julgado, e retificasse seus erros ou vícios, fazendo reta justiça às partes.

Adotada esta sábia previsão, a teoria e a lei entenderam que tinham dado aos direitos individuais as garantias que eram possíveis, que haveria grandes inconvenientes ou mesmo impossibilidade moral de ir além. Com efeito, criar mais de duas instâncias seria não atender os verdadeiros interesses sociais, fora onerar muito as partes, conservar por muito tempo os direitos e as fortunas em dubiedade e deterioração, e enfim não impor oportunamente um termo às questões. Demais, se duas instâncias podem laborar em erro, ou parcialidade, nada evitaria que uma terceira fosse quem nesse defeito incorresse. O último julgado seria sempre obra dos homens, e como tal sujeita à sua falibilidade e imperfeição.

478. Se porém era forçoso parar aí no sentido dos direitos ou interesses individuais, restava todavia uma grave questão em um outro sentido, em relação ao interesse da ordem pública, do império da lei, questão de alta importância, que cumpria resolver com inteiro acerto.

Em verdade o ato do juiz, o julgado em última instância já não sujeito a recursos ordinários, pudera atacar não somente os interesses ou direitos particulares, e sim também a autoridade das leis, rebelar-se contra estas, afrontar os seus preceitos, e assim ameaçar a ordem social, quebrar a fé que deve haver no poder público e na religiosa observância do Direito.

Ocorria além disso a consideração de que há uma multidão de tribunais, cada um dos quais tem sua inteligência e vontade distinta, e que ainda mesmo sem intenção de abuso, pode seguir doutrina diversa, tanto mais porque a aplicação das leis nem sempre se faz sem dúvida e dificuldades, mesmo por causa da concisão de seus preceitos; e uma tal divergência romperia a unidade da lei, que deve ser igual e a mesma para todos.

Era pois essencial, indispensável descobrir um meio, criar uma autoridade que tivesse a alta missão não de ser uma terceira instância, sim de exercer uma elevada vigilância, uma poderosa inspeção e autoridade, que defendesse a lei em tese, que fizesse respeitar o seu império, o seu preceito abstrato, indefinido, sem se envolver na questão privada, ou interesse das partes, embora pudesse aproveitar ou não a elas por via de conseqüência. A sua missão direta e fundamental devia dirigir-se a reconduzir os tribunais ao sagrado respeito da lei, à pureza e uniformidade de sua aplicação, a obedecê-la religiosamente.

479. Esta autoridade, porém, a quem seria confiada? Conferi-la ao poder Executivo seria dar-lhe uma intervenção e predomínio incoerente e prejudicial na ordem judiciária, seria aniquilar a divisão dos poderes e sua recíproca independência, que é a maior garantia dos direitos sociais. Conferi-la ao poder Legislativo seria armá-la de uma onipotência perigosíssima além das suas verdadeiras atribuições. Conferi-la ao próprio poder Judiciário seria sim conseqüente, mas a não variar a constituição e índole da autoridade para isso criada, não se faria mais do que estabelecer uma terceira instância reprovada, e que não removeria o perigo que cumpria neutralizar.

Para resolver pois todas estas dificuldades criou-se o Supremo Tribunal de Justiça com uma constituição e missão especial que, como já dissemos, é mais política do que judicial.

Com efeito, esta elevada autoridade, que forma a cúpula do poder Judicial é uma espécie de dependência do poder Legislativo e do poder conservador, é a inspeção viva, o guarda das leis na ordem judiciária; é o juiz dos juízes, o censor das sentenças, o defensor do império e pureza da lei no sentido do interesse público, é quem cassa, quem declara que não há cousa julgada quando a lei é violada. Dizia um deputado da Assembléia Nacional da França na sessão de 24 de maio de 1790, como refere o *Monitor*[62] dessa época, que o tribunal que se ia e devia criar era uma espécie de comissão extraordinária do poder Legislativo, encarregada de guardar o domínio da lei, e de reprimir a desobediência dos magistrados que julgam contra ela; alguns queriam mesmo que ele se denominasse *conselho nacional conservador das leis*.

---

[62] Referência ao periódico parisiense *Le Moniteur Universel*, fundado em 1789 com o nome de *Gazette Nationale ou Le Moniteur Universel*. Em 1800, Napoleão converteu-o em órgão oficial do governo, prerrogativa conservada até 1869, quando foi substituído pelo *Journal Oficiel*; a partir de então, o *Moniteur Universel* tornou-se um periódico privado e conservador.

Só ao poder Legislativo compete interpretar a lei por via geral de autoridade; conseqüentemente, como este Supremo Tribunal tem e deve ter o direito não só de cassar a interpretação do juízo inferior, mas de substituí-la pela sua, embora só para o caso vertente, por certo que era fundada a observação que se fazia naquela Assembléia, ao menos em parte.

Tal é a natureza desta sublime instituição ainda tão desconhecida, e tão pouco considerada em nosso jovem país; ela porém, está plantada no terreno constitucional, e a Providência há de fecundá-la; há de ser entre nós o que é em outros Estados, aos quais tem prestado úteis e gloriosos serviços!

§ 2º De sua importância judicial e política:

480. Do que expusemos no parágrafo antecedente já se infere quanto é a importância do Supremo Tribunal em relação à ordem civil ou judiciária; a Justiça é uma religião social, e o Supremo Tribunal é o grande sacerdote dela, é o guarda de sua pureza, de sua igualdade protetora, o espírito conservador de seus decretos. Ele regulariza a ação dos tribunais, retifica as suas decisões irregulares, fixa os verdadeiros princípios dessa religião civil.

O grande juiz, ministro da Justiça no tempo de Napoleão I, abrindo a audiência solene da Corte de Cassação em França em dezembro de 1803, assim se expressou: "Venho a este santuário da Justiça unir meu voto ao voto da França inteira e aplaudir com ela os vossos generosos esforços. Vós vos tendes compenetrado bem de vossos altos deveres, tendes dado à Justiça todo o seu esplendor, não obstante a força dos acontecimentos; vosso constante estudo tem conciliado em vosso favor a estima pública, que não se obtém em um dia".

A voz de um outro ministro dizia na Câmara dos Deputados em 1814: "É coisa admirável que desde a democracia a mais dissoluta até o despotismo o mais concentrado, que ao passo que se tem esgotado todas as combinações e alterações políticas, no meio de todas as revoluções e ruínas, se tenha respeitado sempre a Corte de Cassação! Imutável em sua base, ao redor dela tudo se tem mudado, dez governos se têm passado; ela tem sido por todos julgada sem ser ouvida, e tem triunfado sempre!".

Não é só à ordem civil, ou judiciária, que esta instituição presta tais serviços; a ordem política deve-lhe também valiosas garantias, é um guarda vigilante da exata divisão dos poderes, da independência da autoridade judiciária.

Forte de sua própria independência, colocada no direito e no dever de não aplicar senão as disposições legais, esta instituição se degradaria se se tornasse um instrumento cego do despotismo. Quando algum ministro, por erro, ou usurpação, expedisse um regulamento ilegal, ela deve fazer o que por vezes tem feito a Corte de Cassação em França. Esta não decide por disposição geral que tal regulamento é ilegal, mas decide que não é aplicável na hipótese vertente, porque a lei dispõe de outra sorte, decide mesmo virtualmente que a interpretação ministerial não passa de uma opinião; vejam-se, entre outras decisões suas, as de 14 de março de 1832 e 4 de dezembro de 1839.

Regulando as competências judiciárias e julgando imparcialmente os delitos de altos funcionários sujeitos à sua jurisdição criminal, ela oferece ainda estas outras garantias que muito influem sobre a ordem e regime político.

Oxalá que o nosso Supremo Tribunal estude sempre profundamente o caráter de sua instituição, e profundamente se compenetre de sua alta missão.

Seção 2ª: Da composição do Supremo Tribunal de Justiça

§§ 1º e 2º Ele será composto de juízes letrados tirados das relações por suas antiguidades; e serão condecorados com o título do Conselho. Constituição, art. 163.

§ 1º Da composição atual do Supremo Tribunal:
481. O Supremo Tribunal é composto de 17 juízes tirados das relações pela ordem de antiguidade. Os conselheiros que o compõem não podem exercer nenhum outro emprego, salvo de membro do poder Legislativo [lei de 18 de setembro de 1828].

Esta espécie de incompatibilidade estabelecida pela organização da nossa Corte de Cassação é muito coerente com os interesses públicos.

O presidente do tribunal é eleito pelo imperador pelo tempo de três anos dentre os membros que o compõem; ele exerce as atribuições que lhe são conferidas pelo art. 49 da referida lei.

§ 2º Da divisão do tribunal por seções:
482. O nosso Tribunal Supremo tem um número pequeno de conselheiros, e trabalha em corpo coletivo sem divisão de seções, qualquer que seja a questão, ou civil ou criminal.

Sua divisão em duas seções correspondentes a essas duas grandes partes do Direito seria de muita vantagem em diferentes sentidos.

O expediente dos negócios poderia e deveria ser mais ativo, e com isso lucrariam muito os direitos e interesses, assim individuais, como da justiça e riqueza pública.

Formar-se-iam pela divisão do trabalho as luzes e habilitações muito mais aperfeiçoadas entre seus membros, não seriam distraídos pelo emprego interpolado de sua atenção a esses ramos diferentes.

Finalmente ter-se-ia a vantagem de reunir as duas seções para a concessão ou denegação da segunda revista, quando o primeiro tribunal revisor se opusesse à interpretação estabelecida pelo Supremo Tribunal. A discussão e voto dos conselheiros da seção que não interviesse nessa interpretação ofereceria a garantia não só de um acréscimo de luzes, mas de uma inteira imparcialidade.

A divisão que indicamos é geralmente observada nesta importante instituição.

Capítulo 4:
Da principal atribuição do Supremo Tribunal de Justiça, ou da revista

∽

Seção 1ª: Da revista no interesse da parte, e das sentenças que são suscetíveis deste recurso

§§ 1º a 9º A este tribunal compete: conceder ou denegar revistas nas causas, e pela maneira que a lei determinar. Constituição, art. 164, § 1º.

§ 1º Da natureza e fim desta revista:

483. A revista, como recurso da parte, é o último meio que ela pode intentar, quando no processado ou julgado há violação de lei, embora não recorra tanto por amor da pureza desta, como por bem de seu interesse particular.

O fim que a parte tem em vista é que o Supremo Tribunal de Justiça, atenta a violação da lei, casse, anule o processo ou a sentença, que conseqüentemente mande retificar o processado, ou julgar de novo a causa, e que dessarte possa sua sorte ser melhorada pela nova sentença.

Cumpre a este respeito notar bem que pouco importa que a parte seja uma pessoa particular, ou seja um membro do Ministério Público, o procurador da Coroa; desde que este figura na causa como parte principal, que como tal interpõe o recurso, acha-se colocado nas mesmas condições que vigoram a respeito do particular, e só pode interpor semelhante recurso nos mesmos casos e no mesmo tempo ou dilação que a lei autoriza.

Nos crimes públicos, policiais, ou que não admitem fiança, deve considerar-se o Ministério Público como parte direta ou principal. Nas causas cíveis, quando ele não exerce a ação por si mesmo, e figura só como parte adjunta, como protetor dos direitos de pessoas miseráveis ou estabelecimentos públicos, que têm outros agentes competentes, nestes casos, não pode interpor esta revista, por isso mesmo que então não tem direito de obrar como parte principal, de invocar ou prolongar a ação.

§ 2º Das condições necessárias para uso desta revista consideradas em geral:

484. Para conseguir seus importantes fins sem dar lugar a abusos, sem turbar a marcha regular das questões e atos judiciais, devia a lei sem dúvida determinar quando, e em que tempo seria lícito à parte interpor este recurso.

Não bastaria por certo declarar que ele só tem lugar quando há violação da lei, do que trataremos em seção posterior; era demais necessário evitar que por esse pretexto se interrompesse prematuramente o andamento dos assuntos judiciais, se preterisse os recursos ordinários, ou se deixasse em suspenso a firmeza do julgado, do direito entre as partes indefinidamente.

Em conseqüência a lei designou não só as condições das sentenças que são suscetíveis deste recurso, mas também a dilação em que deve ser interposto, como passamos a observar nos parágrafos seguintes.

§ 3º Das sentenças contra que a parte pode interpor revista no cível:

485. A lei de 18 de setembro de 1828, art. 6º, declarou que podia ter lugar a revista quando se desse violação de lei em causas cíveis julgadas em todos e quaisquer juízos em última instância.

O art. 5 do decreto de 20 de dezembro de 1830 acrescentou a declaração de que essa faculdade prevalecia, ainda que os juízes fossem privilegiados, exceto os do Senado e Supremo Tribunal.

A disposição provisória acerca da administração da justiça civil de 1832, em seu art. 19, nada altera a respeito.

O regulamento de 15 de março de 1842 é bem expresso. Em seu art. 31 diz que as revistas cíveis continuarão a ser processadas e julgadas em conformidade da lei de 18 de setembro de 1828, do decreto de 20 de dezembro de 1830, e mais disposições legislativas e regulamentares em vigor. Em seu art. 32 acrescenta que não se dará recurso, ainda mesmo de revista, das sentenças proferidas em causas cujo valor couber na alçada dos juízes que as houverem proferido.

Vê-se pois destas disposições que para poder a parte interpor o recurso de revista é de mister:

1º) Que a causa seja julgada ou a sentença proferida em última instância, e com razão, porquanto, se não é proferida em última instância, se ainda há recursos ordinários, então a questão não está definitivamente terminada, ainda restam esses meios de que pode lançar mão. O contrário seria preterir os meios graduais e regulares para ir invocar prematuramente o remédio extremo, pois que a revista é a última razão judicial.

Sendo porém a sentença proferida em última instância, pouco importa saber se esta é primeira ou segunda, porquanto a primeira instância algumas vezes figura como primeira e última. Desde que a decisão é terminada em última instância, como a lei expressa, prevalece sua disposição, por isso mesmo que não resta nenhum outro recurso.

Podemos ter um exemplo no juízo de paz e juízo de Direito, onde se julga em última instância as causas de locação de serviços, qualquer que seja seu valor, e de que se dá o recurso de revista nos termos do art. 15 da lei de 11 de outubro de 1827. As decisões ou provimentos cíveis dos juízes de Direito em correição podem também, conforme forem eles, dar lugar a este recurso.

2º) É também de mister que a sentença seja proferida em causa cujo valor não caiba peremptoriamente na alçada do juiz que a proferir, como é expresso no supracitado art. 32 do regulamento de 15 de março, e acertado, pois que a fixação das alçadas tem por fim evitar as despesas e sacrifícios, que o capricho mormente das partes poderosas muitas vezes ocasiona em questões que valem menos do que esses sacrifícios, ou que deveriam por outras razões terminar-se prontamente; além do que, fica salvo o recurso no interesse da lei, e bem assim o do caso de questão de competência ou excesso de poder, pois que tal valor excede sempre as alçadas, como depois demonstraremos.

Observadas estas duas condições da lei, subsiste pois a regra, que no cível pode a parte interpor o recurso de revista de toda e qualquer sentença proferida em última alçada, ou seja definitiva, ou interlocutória com força de definitiva, uma vez que seja superior à alçada do juiz que a tiver proferido; e quaisquer que sejam os juízes, ou comuns, ou privilegiados, e por conseqüência sejam de paz, municipais, órfãos, provedorias, de direito do cível, dos feitos da Fazenda, ou outros quaisquer; salvas somente as exceções expressamente declaradas por lei, de que passamos a tratar.

§ 4º Das sentenças cíveis que não admitem o recurso de revista da parte ou exceções ao parágrafo antecedente:

486. A regra que referimos no parágrafo anterior tem, quanto ao cível, as limitações que passamos a expor, deixando as que acrescem quanto ao crime para o parágrafo competente.

Não tem lugar a revista:

1º) Das decisões do Conselho de Estado e tribunais administrativos, pois que não são juízos da ordem judicial, e obstam os princípios fundamentais da divisão dos poderes. Quando mesmo a questão fosse de atribuições, seria isso resolvido pelos princípios que prevalecem a respeito dos conflitos, como depois veremos.

2°) Das sentenças proferidas no foro militar de terra e mar, caso possa dar-se aí alguma decisão no cível, exceto se versar sobre incompetência, e for invocada por pessoa que não seja militar, nem assemelhada pela lei em atenção às suas funções ou outra razão especial. Esta exceção deduz-se não só da mesma divisão de poderes já indicada, como do Código do Processo, art. 155, § 3°; e lei de 3 de dezembro de 1841, art. 90, § 2°. É idêntica a disposição da lei francesa de 27 *ventose*, ano 8, art. 77, e 21 *fructidor*, ano 4.[63]

3°) Das que são proferidas nos tribunais eclesiásticos sobre matérias espirituais. É uma competência distinta, e assim declaram o decreto de 20 de dezembro de 1830, art. 6; Código do Processo, art. 155, § 4°; e lei de 3 de dezembro de 1841, art. 90, § 2°.

4°) Das decisões do próprio Supremo Tribunal, pois que fora revista de revista, o que é inadmissível. [Decreto de 20 de dezembro de 1830, art. 5.]

5°) Das sentenças que cabem na alçada dos juízes que as proferirão; regulamento de 15 de março de 1842, art. 32. Quando porém versa a questão sobre competência, ou excesso de poder, deve entender-se que a nossa lei dá o recurso, porquanto o valor de tal questão excede sempre a alçada, e afeta gravemente a ordem pública.

Essa é a disposição da lei francesa, e também da reforma judiciária de Portugal, art. 329. O governo já reconheceu a importância deste princípio quanto aos agravos, como se vê do decreto n° 1.574, de 7 de março de 1855, e deve sem dúvida reconhecer também na hipótese de que tratamos.

6°) Das interlocutórias que não têm força de definitiva em última instância. [Lei de 18 de setembro de 1828, art. 9.] Quando a interlocutória, embora possa prejudicar o fundo da causa ou motivar dano, todavia não decide da causa em última instância, não pode haver lugar à revista, pois que o juízo não fica irrevogavelmente ligado, e tal despacho pode pelo contrário ser neutralizado, ou reformado ulteriormente, já porque por sua natureza não passa de ato preparatório, já porque em tempo pode ser no recurso examinado e retificado.

7°) Das sentenças a que as partes deram sua aquiescência expressa ou

---

[63] Segundo o calendário republicano francês, instituído pela Convenção Nacional Francesa em outubro de 1793, o mês de *fructidor* corresponde, aproximadamente, ao período de 18 de agosto a 16 de setembro, o ano IV corresponde ao período que se estende de 22 de setembro de 1795 a 21 de setembro de 1796. Para 27 *ventose* ver nota 10.

tácita, não recorrendo em tempo. Desde que há essa aquiescência, entende-se que renunciarão, ou transigirão sobre seus interesses: *volenti non fit injuria*.[64]

8º) Das sentenças arbitrais proferidas em virtude de compromisso voluntário [Constituição, art. 160]; portanto tais sentenças nesse caso não são senão o efeito e observância do compromisso que a lei garante para terminar as questões sem delongas e outros inconvenientes. Em tal caso não tem lugar a revista nem mesmo no só interesse da lei, pois que o juízo arbitral é de transação, ou compromisso.

§ 5º Do tempo dentro do qual deve ser interposta a revista da parte no cível:

487. A parte que quiser interpor o recurso de revista cível deve fazê-lo dentro do prazo de dez dias em conformidade do artigo 9 da lei de 18 de setembro de 1828, prazo esse que é peremptório e improrrogável nos termos do decreto de 20 de dezembro de 1830, art. 10. Tal recurso deve ser intimado à parte como prescreve o dito art. 9 da lei, e os arts. 15 e 21 do mencionado decreto.

Posto que a violação da lei fira não só o interesse da ordem pública, mas também o interesse particular, é fora de dúvida que aquele geral e abstrato é permanente, inalterável, imprescritível, e que este outro, individual e prescritível, deve ser exercido em prazo razoável, para que não prejudique outros interesses; e interpostos só se a parte quiser; a lei não deve fazer mais do que assinalar-lhe prazo, para que faça o que entender, na certeza de que essa dilação é peremptória.

§ 6º Das sentenças contra que a parte pode interpor revista no crime:

488. Segundo o art. 6 da lei de 18 de setembro de 1828, a parte podia interpor o recurso de revista de todas as sentenças criminais proferidas em última instância, conforme a latitude desse mesmo artigo, que não fora contrariado pelo art. 306 do Código do Processo Criminal.

A lei de 3 de dezembro de 1841, porém, modificou essas disposições, restringindo-as.

O art. 89 desta lei permite a revista nos seguintes casos:

1º) Das sentenças do juízo de Direito proferidas em grau de apelação sobre o crime de contrabando, nos termos do art. 17 da dita lei, art. 89 § 1º.

---

[64] Não se faz injúria a quem consente.

2º) Das sentenças do mesmo juízo sobre a prescrição de que trata o art. 35 da referida lei, quando se julgar procedente [dito art. 89, § 1º].

3º) Das decisões das relações sobre sentenças definitivas proferidas pelos juízes de Direito [arts. 89, § 2º; e 78, § 2º].

Nesta classe entram também as sentenças definitivas sobre moeda falsa, resistência, tirada de presos do poder da Justiça, bancarrota, roubo e homicídio cometidos nas fronteiras, crimes que eles julgam em virtude da lei de 2 de julho de 1850.[65] Incluem-se igualmente os crimes que os mesmos juízes sentenciam nos casos e termos da lei de 18 de setembro de 1851,[66] § 5º.

4º) Das decisões das relações sobre as sentenças interlocutórias com força de definitivas proferidas pelos juízes de Direito nos casos em que lhes compete haver por findo o processo [arts. 89, § 2º; e 78, § 2º].

5º) De idênticas decisões sobre sentenças dos juízes de Direito que absolverem ou condenarem em crimes de responsabilidade [arts. 89, § 2º; e 78, § 3º].

6º) Das decisões dos mesmos tribunais nas três hipóteses do art. 301 do Código do Processo Criminal [arts. 89, § 2º; e 78, § 4º].

Posto que o regulamento de 3 de janeiro de 1842, no art. 464, diga que o recurso de revista criminal não é permitido senão nos restritos casos especificados no art. 89 da sobredita lei de 3 de dezembro, é óbvio que essa declaração deve ser entendida somente em relação às hipóteses que a mesma lei previu, concedendo ou denegando, e sem prejuízo de outras disposições legislativas anteriores ou posteriores, que concedam ou donde virtualmente resulte o recurso de que tratamos, que o art. 69 da lei de 18 de setembro garantia em conveniente amplitude.

Assim é que ele prevalece também nos seguintes casos:

7º) Das sentenças das relações sobre a responsabilidade dos juízes de Direito e comandantes militares, de que trata o Código do Processo Criminal em seu art. 155, § 2º, pois que nem o art. 6 da mencionada lei de 18 de setembro, nem o art. 306 do referido código, deixam de estar em vigor a este respeito.

8º) Das decisões das relações sobre sentenças dos auditores de Marinha nos crimes do tráfego de africanos, em conformidade da lei de 4 de se-

---

[65] O decreto de 2 de julho de 1850 determinou quais tipos de crime deveriam ser processados pelos juízes municipais e julgados pelos juízes de Direito.

[66] Esta lei declarou penas e processos para alguns crimes militares.

tembro de 1850, art. 9, e 5 de junho de 1854, pois que prevalece a respeito o art. 6 da lei de 18 de setembro, não revogado nessa parte, que a lei de 3 de dezembro não previu.

§ 7º Das sentenças crimes que não admitem o recurso da revista da parte:

489. Não tem lugar esta revista crime:

1º) Em casos idênticos aos que indicamos no § 4º, porquanto em relação aos nºs 1, 2, 3 e 4, que ali enumeramos, prevalecem os mesmos fundamentos pelos quais ela não é admissível, salva a questão de competência mencionada no nº 2. Em relação ao nº 5 essa restrição não é aplicável ao crime, assim como também não é aplicável a de nº 8. Pelo que toca ao nº 6, já expusemos no parágrafo anterior quais as interlocutórias que são suscetíveis deste recurso; e finalmente quanto ao nº 7 exporemos a relativa disposição da lei no parágrafo seguinte.

Não tem também lugar nos casos que passamos a referir:

2º) Dos julgamentos do Senado, pois que obsta não só a divisão dos poderes, como a consideração de que o Senado, embora convertido em tribunal de justiça, não é todavia um simples tribunal ordinário, e sim simultaneamente político. [Decreto de 20 de dezembro de 1830, art. 5.]

3º) Das sentenças de que trata a lei de 10 de junho de 1835, lei de 3 de dezembro de 1841, art. 80,[67] por motivo de segurança pública, mas que talvez não é o mais justo, nem bem fundado; esta exceção não exclui a questão de competência.

4º) Das sentenças de pronúncia, de concessão ou denegação de fiança; e de quaisquer interlocutórias que não tiverem força de definitivas [lei de 3 de dezembro de 1841, art. 90, § 1º, que revogou o art. 295 do Código do Processo Criminal].

5º) Das sentenças proferidas sobre crimes policiais, pois que o art. 89 da lei de 3 de dezembro exclui deste recurso tais crimes referidos no § 1º do seu art. 78, revogando assim o art. 298 do Código do Processo Criminal, salva, todavia, a questão de competência.

---

[67] A lei de 10 de junho de 1835 determinou as penas impostas aos escravos que matassem ou ofendessem fisicamente seus senhores, estabelecendo as regras para o processo; a lei de 3 de dezembro de 1841 reformou o Código do Processo Criminal e no seu art. 80 determinou que não houvesse recurso, nem mesmo de revista, das sentenças proferidas nos crimes de que trata a lei de 10 de junho citada.

§ 8º Do tempo em que pode ser interposta a revista crime da parte:

490. Segundo o art. 9, da lei de 18 de setembro de 1828 e art. 16 do decreto de 20 de dezembro de 1830, a revista crime pelo que toca à parte acusadora não pode ser interposta senão dentro de dez dias, mas pelo que respeita ao réu condenado pode ser interposta:

1º) Dentro dos dez dias contados da intimação nos termos desses artigos.

2º) Ainda mesmo depois desse prazo, enquanto durar a pena, até depois de executadas as sentenças, quando os punidos quiserem mostrar sua inocência.

Refletindo-se sobre esta segunda disposição, forçoso é reconhecer que ela confundiu a simples revista criminal com a revisão extraordinária, sem distinguir esses dois recursos diversos e suas diversas condições; confusão donde podem resultar graves inconvenientes.

O respeito devido à coisa julgada e a sua conseqüente execução é tão necessário no crime, como no cível; a lei criminal deve garantir todos os termos, fórmulas e meios de defesa que forem racionais, deve dar o recurso para os diferentes graus de jurisdição, mas feito isso deve limitar-se a assinar um prazo fatal para a revista. Se a parte não usar dela dentro desse prazo, a culpa não é da lei. Deixar-lhe porém um tempo indefinido a seu arbítrio, e conseqüentemente pôr em dúvida o direito do ofendido em relação à sua indenização, conservar assim aberto o meio de atacar a coisa julgada indistintamente, e sem ao menos limitar-se aos únicos casos excepcionais, de que trataremos no parágrafo seguinte, é realmente muito prejudicial confusão.

Ainda quando se quisesse conservar esta faculdade indefinida só para o caso de pena capital, ainda assim teria inconvenientes. Vê-se do art. 7 da lei que um condenado à morte pode ser até executado sem que ele queira usar do recurso de revista; entretanto, é sabido que a execução não deve ter lugar sem que antes se interponha o recurso de graça [lei de 11 de setembro de 1826, art. 1], quando, pois, naquele caso de silêncio do réu deverá ser este recurso interposto? E se for denegada a graça, o réu porventura espaçou sua revista indevida, ou intencionalmente poderá ainda interpô-la?

A novíssima reforma judiciária de Portugal não concede senão dez dias à parte para a interposição da revista crime, arts. 1.193, 682, § 2º; e 681, § 2º; o Código de Instrução Criminal da França não concede senão cinco dias, arts. 373, 371 e 409; em todo caso, a dilação de dez dias é muito suficiente.

§ 9º Da revisão extraordinária:

491. O recurso extraordinário da revisão deve ser garantido, mas deve ter lugar somente em presença de circunstâncias graves e excepcionais. Com

efeito, esgotados os trâmites legais, é indispensável que a questão criminal tenha um termo, que a presunção da justiça da sentença seja tal, que não se admita mais contestação alguma. Esta consideração, essencialmente ligada à ordem pública, não deve ceder, senão quando de todo não puder sustentar-se, por isso que claramente se demonstre que ela funda-se em erro visível e em matéria grave.

Quando uma evidência palpável destrói em face da sociedade a infalibilidade atribuída à coisa soberanamente julgada, o que fazer? Sacrificar a inocência apesar da evidência? Não; opõem-se a isso a justiça e a humanidade. O que cumpre pois é considerar e formular os únicos casos em que essa rara evidência pode vir apresentar-se perante os tribunais, e só neles admitir esse meio extremo e exorbitante.

A análise e razão legislativa têm classificado como únicos casos dessa evidência palpável os seguintes:

1º) O caso de duas condenações simultâneas ou sucessivas contra acusados diferentes em razão de um só e mesmo crime que não fosse possível ser cometido senão por um só deles, em razão de tempo, lugar, ou outra circunstância que implicasse contradição e a inocência de um dos condenados.

2º) O caso em que um réu fosse condenado por homicídio e posteriormente houvesse provas da existência da pessoa que se presumira assassinada pelo dito réu.

3º) O caso em que depois da condenação os depoimentos das testemunhas fossem declarados falsos pelo juízo, ou julgada procedente a queixa de peita ou suborno de algum dos jurados ou juízes que interviessem na sentença condenatória.

Em tais casos a evidência inculca erro no julgado e sacrifício da inocência.

Então é indiferente que a revista não houvesse sido interposta no prazo fatal que a lei assinalou, ou que tendo já havido revista houvesse sido desprezada, que o processo tivesse sido ou não regular, que aparentemente não houvesse violação alguma de lei, nada disso deve embaraçar o sentimento da razão, da justiça, do dever social de aliviar a sorte ou memória do inocente, quer a sentença esteja ou não já executada. Então não só o réu deve em todo ou qualquer tempo ter este recurso aberto, mas a própria autoridade deve interpô-lo *ex officio* desde que lhe constar que dá-se essa evidência demonstrativa da imperfeição da justiça humana.

São estes os princípios adotados pelo Código de Instrução Criminal da França em seus arts. 443 e seguintes, pela Novíssima Reforma Judiciária de Portugal em seus arts. 1.263 e seguintes, e outras legislações.

Estes mesmos são os princípios e termos em que deve ser retificada a disposição do art. 9º de nossa lei, de que tratamos no parágrafo antecedente.

Seção 2ª: Da revista no só interesse da lei

§ 1º Da natureza e fim desta revista:
492. O art. 18 da lei de 18 de setembro de 1828 autoriza o procurador da Coroa e Soberania Nacional a interpor este recurso no interesse da lei, sem que em tal caso a sentença da revista possa aproveitar aqueles que por seu silêncio aprovaram a decisão anterior.

Esta disposição é análoga às das leis francesas de 1º de dezembro de 1790, arts. 25 e 27, *ventose* do ano 8, art. 80.

A revista no só interesse da lei é o recurso que o Ministério Público, o procurador da Coroa, interpõe por ocasião de violação daquela, não como parte na causa, sim como autoridade, como guarda e fiscal da ordem legal, do respeito devido à autoridade da lei.

Só o Ministério Público pode interpor este recurso; um particular não tem competência para isso, não é agente da Coroa.

O fim deste recurso não é de alterar a sorte das partes, de melhorá-la ou em piorá-la; ele não aproveita nem prejudica o seu interesse particular, que continua a subsistir tal qual foi julgado. O seu único, mas importante fim é de reivindicar o império e dignidade da lei ofendida, não consentir que passe como lícito ou vigente um princípio ilegal, um arresto oposto à tese, ao preceito dela, de reprimir enfim o abuso do julgador. Pode, todavia, em relação ao crime, aproveitar ao réu nos termos que depois exporemos.

§ 2º Da importância deste recurso:
Este recurso é o meio legítimo e eficaz que o governo tem de sustentar a autoridade da lei na ordem judiciária, de reprimir e aniquilar a injúria feita a ela.

Sem este importante meio, que neutraliza os maus efeitos da prevaricação e a omissão, transações ou impossibilidade em que as partes possam laborar para interpor em tempo seu recurso, o império da lei não poderia ser mantido em todos os casos e em toda a sua força.

É pois o grande expediente de que o governo, sem invadir as atribuições e independência do poder Judicial, deve lançar mão para manter os juízes no círculo de seus deveres, fiscalizar a exata e rigorosa observância do Direito, conservar sua pureza e uniformidade, e promover a responsabilidade dos infratores da lei. É um atributo que não deve ser olvidado pela Coroa; ela tem o direito e o dever de fazer respeitar as leis, não deve ser inútil é impotente testemunha de sua violação.

§ 3º Das sentenças cíveis contra que pode ter lugar a revista no interesse da lei e únicas exceções a respeito:

493. A lei de 18 de setembro de 1828, em seu art. 18, autoriza, como já vimos, o procurador da Coroa a interpor a revista, no interesse da lei, de todas e quaisquer causas, ou sentenças cíveis entre partes, proferidas em última instância, uma vez que tenha passado o prazo que lhes é concedido para intentar o seu recurso particular, caso a lei lhe faculte esse meio na hipótese dada.

Caso, porém, a lei não conceda à parte esse recurso, ou não tenha ela usado dele em tempo, tem o Ministério Público, desde que houve violação de lei, o direito de interpor a revista no interesse desta. Não obsta que a sentença caiba ou não na alçada, desde que ela é proferida em última instância, qualquer que seja o juízo, é suscetível deste recurso. O art. 18 da lei de 18 de setembro, nem lei alguma posterior, impôs restrições ao Ministério Público a respeito.

As únicas exceções que o Ministério Público deve respeitar são as de nºs 1, 2, 3, 4, 6 e 8 do § 4º da seção antecedente, pelas razões expendidas nesses números, que são comuns à ação tanto particular como pública.

Idênticas são as disposições das leis francesas, como pode ver-se do art. 88 da de 27 *ventose* ano 8, e julgado da Corte de Cassação de 21 de abril de 1813.

§ 4º Do tempo em que pode ser interposta a revista cível no só interesse da lei:

494. Enquanto o recurso da revista pode ser interposto pela parte, o Ministério Público não deve prejudicar o seu direito. Passados, porém, os dez dias assinados às partes pelo art. 9 da lei de 18 de setembro, fica livre ao ministério essa interposição. O artigo 18 da mesma lei não lhe marca tempo, e a disposição do art. 27 do decreto de 20 de dezembro de 1830 refere-se só aos casos em que o procurador da Coroa figura como parte na causa, e não como autoridade pública movida somente pelo interesse da lei. Idêntica é a disposição das leis francesas, como pode se ver nos lugares citados no fim do parágrafo antecedente. O interesse da lei, e com ela da ordem, é com efeito imprescritível e absoluto; é sempre tempo para restabelecer o império de seus preceitos, de suas teses abstratas, de suas normas reguladoras;

a sociedade lucra sempre, e nenhum particular sofre, qualquer que seja o lapso de tempo.

§ 5º Das sentenças crimes contra que pode ter lugar a revista no só interesse da lei e exceções a respeito:
495. A autorização que o art. 18 da lei de 18 de setembro de 1828 dá ao Ministério Público é tão ampla em relação ao crime quanto em relação ao cível; nem esse artigo, nem lei alguma posterior restringiu, nem devia restringir semelhante faculdade.

Desde que a decisão judicial é proferida em última instância que a parte não tem recorrido ou não pode recorrer, e que entretanto, há violação de lei, está o recurso aberto ao Ministério Público no interesse da lei, e ainda com mais amplitude do que no cível, como depois observaremos.

As únicas exceções que limitam tal faculdade são as que referimos no § 7º, da seção antecedente em nºs 1 e 2, pois que das próprias sentenças de que trata a lei de 10 de junho de 1835, é sem dúvida admissível a revista no só interesse da lei, assim como da sentença que não pronuncia, ou despronuncia em última instância, e finalmente das que são proferidas sobre crimes policiais com esse caráter irrevogável.

Não só concordam com esta amplitude as leis francesas que já citamos, mas também o art. 442 do seu Código de Instrução Criminal, que é muito expresso.

Vê-se pois que a única limitação a este recurso vem a ser a de não ter lugar contra decisões meramente interlocutórias, e além disso sem caráter de última alçada.

A respeito, porém, ainda mesmo desta última restrição, o Código de Instrução Criminal da França é tão providente que merece ser imitado.

O seu art. 441 diz: "Quando, mediante a exibição de uma ordem formal expedida pelo Ministério da Justiça, o procurador geral junto à corte de cassação denunciar atos judiciários, decisões ou sentenças contrárias à lei; estes atos, decisões ou sentenças poderão ser anulados; e os oficiais de polícia ou os juízes, processados; se assim for justo, pela maneira exposta no cap. 3 do tít. 4 da presente lei".

Este artigo, como se vê, não faz diferença alguma de atos ou decisões em última alçada ou não, isso é indiferente para o recurso por ordem, que é distinto do recurso *ex officio*, de que trata o art. 442 e em que essa condição é necessária.

O art. 441 dá uma grande faculdade ao governo; desde que em matéria criminal há uma grande violação de lei, uma incompetência ou excesso de poder, que é urgente reprimir desde logo, tem o governo esse meio eficaz, qualquer que seja o estado do processo, hajam ou não outros recursos. É também por esse meio que a Corte de Cassação em França mantém a sua autoridade sobre todos os tribunais com prontidão em tais casos.

§ 6º Do tempo em que pode ser interposta a revista crime no interesse da lei:

496. Pelo que já temos ponderado e nos termos do art. 9 da lei de 18 de setembro, manifesta-se que o ministério não tem prazo peremptório para interpor esta revista. Quando obra *ex officio*, desde que passam os dez dias de que tratamos no § 8º da seção antecedente, sem que as partes recorram, pode ele usar da faculdade que a lei lhe concede, dando-se para isso fundamento. Quando obra em virtude de ordem do governo, deve proceder nos termos dela desde logo.

§ 7º Dos efeitos deste recurso, e como pode ele aproveitar à parte:

497. A revista interposta no interesse da lei em relação ao cível não aproveita, nem prejudica as partes. Em relação ao crime, quando o Ministério Público obra por ordem antes de terminada a causa, pode aproveitar por via de conseqüência. O provimento do recurso aniquila a decisão que viola a lei, ele deve ser registrado no tribunal *a quo*, e, conseqüentemente, deve este reformar seu despacho desde logo, se ainda é possível.

Se, em vez de simples revista, se tratasse da revisão que mencionamos no § 9º da seção anterior, é claro que se dirigiria também em proveito da parte.

Seção 3ª: Dos únicos casos que autorizam o provimento da revista

§ 1º Da violação da lei em geral:

498. Em análise rigorosa, há só um caso que pode fundamentar a concessão da revista, e é o da violação da lei e conseqüente nulidade do ato; como porém a lei pode ser violada, ou em relação ao processo, ou em relação ao julgado, costuma dizer-se que há dois casos, e que são os de nulidade do processo e de nulidade do julgado.

É isto mesmo o que diz a lei de 18 de setembro de 1828 em seu art. 6, expressando-se pelas palavras *nulidade manifesta*, que se refere ao processo, e *injustiça notória*, que se refere à violação da tese da lei no julgado, como depois demonstraremos.

Ora, desde que a lei é violada, desde que o julgador em um ou outro desses casos atenta contra os seus preceitos, é claro que o ato abusivo não deve subsistir; porquanto é a lei e não sua infração quem deve prevalecer.

O julgador ou tribunal pode violar a lei que estabelece as fórmulas, os termos do processo, direta ou indiretamente, já não se conformando com sua disposição, ou recusando ou omitindo a sua aplicação, já não anulando os atos feitos por seus subalternos ou pelas partes com preterição dos preceitos legais. Em um e outro caso há infração, pois que ele tem não só o dever de observar, como de fazer observar as normas reguladoras das fórmulas do processo, que são calculadas pela sabedoria do legislador para proscrever o arbítrio, a parcialidade, resguardar os direitos e esclarecer a verdade e a justiça.

Pode também o julgador violar a lei no teor ou disposição do seu julgado, atacando a tese dela, determinando o contrário do que ela determina, ou aplicando uma disposição inaplicável ao caso.

Nós passamos a especializar nos parágrafos seguintes, assim uma como outra, de tais infrações.

§ 2º Da violação da lei em relação ao processo e sua conseqüente nulidade:

499. Pode, pois, como dissemos, ser a lei violada quanto às fórmulas ou condições legítimas do processo, e resultar daí a nulidade.

Entretanto, como o fato de anular-se um processo é sempre de grave prejuízo, cumpre atender que nem toda a inobservância da lei a esse respeito importa uma reprovação tal que produza a anulação; cumpre distinguir o que é instituído no sentido do interesse público e o que se estabelece somente no interesse das partes.

Há nulidades que são substanciais, que afetam a essência legal dos atos, que fazem com que deixem de existir, de ter caráter legítimo. As nulidades desta ordem são absolutas e peremptórias, e não podem ser supridas nem mesmo pelo consentimento das partes. No mesmo caso estão as outras, que embora não pareçam substanciais, são, todavia, expressadas por cominação positiva da lei em face da razão que ela tem em vista.

Outro tanto, porém, não acontece quando a inobservância da lei não é substancial, não é relativa ao interesse público, nem sancionada por cominação legal, e sim somente relativa ao interesse privado. Esta preterição, quando consentida pela parte, ou não reclamada em tempo, não pode autorizar a cassação; as partes podem renunciar esses seus direitos privados.

Feitas estas observações, entraremos em uma análise resumida das nulidades do processo no todo ou em parte, pois que, embora não seja matéria própria do Direito Público, é, por outro lado, conveniente para complemento das idéias relativas à instituição do Supremo Tribunal de Justiça, pouco estudada entre nós.

As violações da lei e conseqüentes nulidades do processo podem ser classificadas debaixo das seguintes rubricas:

500. *Nulidade do processo por incompetência ou defeitos de poder do juízo ou tribunal*, o que se verifica nas hipóteses que passamos a referir:

1º) *A incompetência* é uma nulidade substancial ou absoluta, que vicia e invalida radicalmente os atos; ela é como tal referida por diversos títulos de nossas ordenações e outras leis, e pelos princípios filosóficos da jurisprudência.

2º) *Falta de jurisdição*: É outra nulidade substancial e absoluta dos termos do processo, tanto por sua natureza, como por declaração expressa de nosso Direito; a jurisdição é sinônimo de poder legal, e, conseqüentemente, os atos praticados por quem não tem autorização legítima são, sem dúvida, nulos.

3º) *Excesso de poder*: Este excesso equivale à falta de poder, ou incompetência, porquanto, ainda que o julgador para outros fins tivesse caráter legal, desde que sai fora dos limites ou alçada que a lei marcou-lhe, desde que ultrapassa, procede sem autoridade; aliás, poderia criar penas que a lei não criou, ou conhecer de negócios além dessa alçada.

4º) *Decisões tomadas por número ilegal de juízes*: É também uma outra nulidade substancial, ou absoluta, que importa infração legal, e que se identifica com as antecedentes. Um número legal ou diverso do que a lei permite ou determina, não possui poder legítimo para os atos do processo e, conseqüentemente, opera sem autorização, como bem declaram nossas leis.

5º) *Determinação estabelecida contra a maioria dos votos*: Esta nulidade substancial ou absoluta pode verificar-se nos tribunais coletivos, por exemplo em uma relação, caso se lavrasse um despacho por modo diverso do que fora resolvido pelos votos vencedores. Seria um ato despido de autoridade, que afronta o preceito das Ordenações, liv. 1, tít. 1, § 13º, e outras leis do Estado.

6º) *Nulidade dos atos praticados em férias*: Esta nulidade, posto que por sua natureza não seja substancial, tem todavia, este caráter, torna-se absoluta por expressa cominação da lei, que por consideração da moral pública e respeito à religião, suspende durante as férias divinas, ou que ela refere, a jurisdição dos juízes e proíbe-lhes exercê-las, salvas as exceções que enumera [Ordenações, liv. 3, tít. 18, e outras].

7º) *Suspeição*: É a última nulidade da classe das que afetam o poder dos juízes, e é substancial se absoluta. Desde que a lei declara os casos em que o julgador não deve servir como tal, tira-lhe por esse mesmo fato o poder ou jurisdição. A suspeição é julgada como nulidade na instância superior ou na revista, ainda quando não alegada, desde que se patenteia dos autos. A recusação, porém, que só se refere ao interesse da parte, deve ser por esta promovida.

Em nossos apontamentos sobre as formalidades do processo civil, desenvolvemos extensamente cada uma dessas nulidades, que aqui apenas indicamos.

501. *Nulidade do processo por ilegitimidade das partes ou sua incapacidade para estar em juízo, e conseqüente nulidade*: Para que o processo possa ser válido é de mister que ele seja agitado entre partes legítimas que tenham capacidade legal. Desde que não são tais, que figuram contra a proibição da lei, os autos e processos são sem dúvida nulos [lei de 22 de setembro de 1761]. A necessidade dessa legitimidade é essencial e calculada no interesse público de resguardar os direitos civis. A ilegitimidade pode dar-se em diversas relações, e tais são:

1º) *Ilegitimidade da pessoa do autor*: Ela se verifica no caso de demência, prodigalidade, de surdez e mudez, de minoridade, de ausência, interdição, falta de autorização marital, ou outorga, escravidão, ou finalmente por alguma de outras causas que enumeramos em nossos apontamentos sobre as formalidades do Processo Civil, tít. 2, cap. 2, que podem ser consultados.

2º) *Ilegitimidade da pessoa do réu*: Esta nulidade pode provir de causas análogas ou iguais às que acabamos de referir, e que também desenvolvemos nos sobreditos apontamentos; e é evidente que ninguém pode ser validamente acionado para responder por uma obrigação, desde que não for competente para satisfazê-la, ou que houver preterição dos termos legais.

3º) *Ilegitimidade ou nulidade das procurações*: Neste caso é evidente que não há poderes, ou representação legítima das partes, e conseqüentemente não pode haver também discussão nem termos válidos.

4º) *Falta de habilitação*: Quando por falecimento, ou cessão de direitos, são estes transmitidos, por certo que é indispensável demonstrar o fato e a legitimidade dessa transmissão, para que os habilitandos sucedam, e ocupem o lugar dos autores ou réus originários.

502. *Nulidade do processo por preterição de algum ato substancial ou da ordem essencial do juízo, ou de fórmula exigida pela lei*: Qualquer contravenção substancial nos diferentes casos desta terceira classe de nulidades necessariamente vicia o processo, por isso que impede a legítima discussão da causa ou infringe os preceitos da lei, como sucede nas seguintes hipóteses.

1º) *Falta de prévia diligência de conciliação*: É um preceito legal estabelecido no interesse público de diminuir o número dos litígios, e que não deve ser violado pelo arbítrio das partes.

2º) *Falta de citação inicial do réu, sua mulher e outros interessados nos termos da lei*: Nenhum interessado na causa deve ser condenado ou prejudicado sem ser ouvido, embora o interesse seja mais ou menos intenso, seja do Ministério Público, de um menor, de seu tutor ou pai, desde que a lei o resguardou não pode pender da vontade da parte prescindir desse princípio de justiça positiva. A falta de citação em outros atos ou casos em que a lei a exige de novo, ainda quando tenha havido a inicial, produz também a nulidade; e finalmente é patente que uma citação nula, por isso que não se guardaram as condições da lei, nada vale, é o mesmo que se não existira.

3º) *Inobservância da ordem essencial do juízo*: Esta nulidade substancial pode provir de diferentes contravenções, como a substituição do processo ordinário pelo sumário, de sua mutilação ou marcha tumultuária, como expusemos em nossos sobreditos apontamentos.

4º) *Denegação dos meios, ou diligências necessárias para a ação ou defesa*: Tal denegação ofenderia essencialmente o direito das partes, que a lei tem em vista resguardar. Se uma parte deixasse de ser ouvida sobre incidentes ou termos prejudiciais, se lhe fossem denegados esclarecimentos ou meios de prova, exames ou vistorias, seria o seu direito sacrificado com inteira violação da lei e da justiça.

5º) *Preterição de alguma outra forma exigida pela lei como essencial*: A admissão de um libelo inepto, a falta de assinatura dos atos prejudiciais, de juramentos, confissões, renúncias, de pagamentos de certos direitos exigidos com essa comunicação, ou outras infrações semelhantes, produzem também a nulidade respectiva, por isso que importam uma violação do preceito legal de ordem pública.

503. *Violação da lei, ou nulidade quanto ao ato da sentença considerada como ato do processo*: A sentença deve ser considerada em duas relações; como um ato e termo complementar do processo, e parte integrante dele; ou em relação ao julgado, à respectiva tese da lei, ao seu mérito quanto ao direito.

Nós trataremos dela nesta segunda consideração no parágrafo seguinte; pois que por agora vamos considerá-la somente no primeiro sentido.

A sentença como ato do processo, como termo complementar dele, pode ser nula, ainda quando o dispositivo dela se conformasse com o teor do Direito pelo que toca ao julgado. É bem claro que no caso figurado seria nula a sentença dada por juiz incompetente, ainda quando não tivesse havido este vício quanto ao processo; ou dada sem jurisdição, porque porventura tivesse cessado esta; ou dada com excesso de poder, ou por número ilegal de julgadores, contra o vencido, em férias; ou enfim por juiz que se tornasse suspeito, pois que quanto dissemos anteriormente a respeito de outros termos do processo, é também aplicável ao termo ou ato da sentença como parte dele. Semelhantemente seria nula, por conseqüência necessária, a sentença proferida entre partes ilegítimas, ou em autos em que houvesse alguma preterição das que mencionamos como substanciais.

Pode demais disso ser nula a sentença por preterições de fórmulas, ou condições especiais que a lei tem estatuído especialmente para o ato dela, para autenticá-la ou solenizá-la, como requisitos externos e independentes do julgado, do que é intrínseco a este, enfim como uma condição prejudicial.

Nós passamos a referir quais sejam estas fórmulas, algumas das quais respeitam a redação literal das sentenças; outras a redação do dispositivo delas; outras as cominações que devem evitar-se.

1°) *Nulidade da sentença não escrita, não datada, ou não assinada pelo juiz*: Uma sentença tal infringiria as disposições expressas e fundadas das Ordenações, liv. 1, tít. 1, § 13° e tít. 6, § 16°, deixaria dúvida sobre sua existência e seus efeitos, como tivemos ocasião de observar em nossos apontamentos sobre as formalidades do Processo Civil, tít. 6, cap. 10.

2°) *Nulidade da sentença não fundamentada*: É de mister que a sentença encerre sua própria justificação, que indique a questão de fato e de direito, e forneça assim às partes o meio de poder dela recorrer, de fazer valer o direito que porventura tenha, como expusemos no cap. 9 dos ditos apontamentos, onde indicamos que esta preterição da lei pode não exceder do caráter de irregularidade.

3°) *Nulidade da sentença não publicada ou intimada*: É de mister que a sentença seja publicada na presença das partes, ou intimida para que possa ter a sua execução; aliás não haveria segurança de direitos, nem prescrição certa. Só depois da intimação segundo os termos da lei, é que se autentica a existência do julgado.

4°) *Nulidade da sentença prematura ou extemporânea*: Esta nulidade, assim como a da sentença proferida sobre libelo ou processo inepto, respeita mais ao próprio processo do que ao ato da sentença. Um julgado extemporâneo provaria a mutilação do processo.

5°) *Nulidade da sentença obscura*: O julgado deve ser claro, é ele quem estabelece o direito das partes; conforme fosse o grau de sua obscuridade, ou dificuldade de ser compreendido, tornar-se-ia de execução impossível.

6°) *Nulidade da sentença incerta*: A sentença deve ser positiva, certa; uma decisão ou condenação incerta, duvidosa ou não suscetível de liquidação na execução, não seria sentença, não fixaria direitos, nem obrigações.

7°) *Nulidade da sentença condicional*: Esta nulidade procede das mesmas considerações que acabamos de expor, desde que a condição não fosse das que a lei admite ou das que são conseqüências necessárias do julgado, isto é, desde que tornasse a sentença puramente eventual, como ponderamos em nossos sobreditos apontamentos, tít. 6°, cap. 7.

8°) *Nulidade da sentença alternativa*: Por isso mesmo que a sentença deve ser precisa e certa, proíbe a lei que seja alternativa, exceto se a natureza das obrigações ou da ação assim exigir [*ibid.*, capítulo 8].

9°) *Nulidade da sentença dissonante do libelo, extra, ultra ou citra petita*:[68] Certamente a sentença não deve julgar cousas diversas do que foi pedido e discutido, nem mais do que se pede, nem deixar de decidir algum dos pontos da questão, o que pode interessar a toda ela [*ibid.*, cap. 3].

10°) *Nulidade da sentença de impossível execução*: A sentença é proferida para firmar o direito das partes, para ter seus efeitos legais; desde que sua execução fosse impossível não poderia por certo prevalecer, seria ilusória.

11°) *Nulidade da sentença contraditória em suas disposições*: Uma sentença cujas determinações fossem entre si contraditórias seria de impossível execução, e portanto radicalmente nula; não haveria julgamento porque suas partes se oporiam e destruiriam mutuamente.

12°) *Nulidade da sentença proferida contra outra sentença passada em julgado*: Esta nulidade é também radical [Ordenações, livro 3, tít. 75; e tít. 87, § 1°], porquanto a lei segura e garante a coisa julgada, e sua devida execução, e a Constituição, art. 179, § 12, proíbe que se façam reviver processos findos, pois que fora atacar altos interesses públicos, a segurança da propriedade e dos direitos.

Se a sentença que julgasse contra outra sentença estabelecesse, ou dissesse que é lícito proferir uma sentença contra outra, salvo o caso de recurso, ofenderia o direito expresso, porque enunciaria uma proposição contra a tese das sobreditas leis, e prevaleceria então o que observaremos no parágrafo seguinte. Sem avançar porém esse princípio oposto à lei, uma tal sentença por si mesma incorre no vício e nulidade prejudicial de ofender a coisa julgada, qualquer que seja o merecimento ou acerto da nova disposição. Duas sentenças contrárias não podem prevalecer e obter execução sem que uma destrua a outra; ora, como a segunda é quem ataca os direitos já adquiridos e que repousam sobre a fé e segurança pública, é manifesto que esta é

---

[68] A sentença não pode decidir além do que foi pedido (*ultra petita*), nem aquém (*infra ou citra petita*), nem fora da questão proposta na inicial (*extra petita*).

justamente a que não deve prevalecer. Examinado pois que já houve coisa soberanamente julgada, e que a nova sentença está em contradição com ela, não resta senão anulá-la, qualquer que seja o fundo do julgado, pois que há uma condição da lei violada nesse ato e garantida até pela exceção peremptória *rei judicatae*, que deveria aniquilar o processo.

Em nossos mencionados apontamentos desenvolvemos melhor esta importante matéria, como pode ver-se do seu cap. 2, tít. 5°.

13°) *Nulidade da sentença dada por dolo, prevaricação ou coação*: Um tal julgado, proscrito pela razão e pelas Ordenações, liv. 3, tít. 75 e 87, não deve subsistir; é porém de mister, para que a nulidade possa ser declarada, que na própria causa ou processo se manifeste a prova de um desses vícios, pois que aliás só pode ser ela feita ou atendida pela ação rescisória ou de nulidade.

14°) *Nulidade da sentença dada por falsa causa*: Esta nulidade demanda, como a antecedente, prova existente no mesmo processo, pois que nas revistas não se juntam novos documentos; existindo porém essa prova, é manifesto que não deve prevalecer uma condenação sem causa, ou derivada de causa suposta, mas falsa, ou de causa reprovada.

15°) *Nulidade da sentença dada por falsa prova*: Uma vez que se demonstre legal e competentemente que a sentença foi proferida por efeito de falsa prova, ficará demonstrado que foi filha da ilusão e erro. Cumpre porém que concorram as condições necessárias, e que expendemos em nossos apontamentos, tít. 5°, cap. 5, para que esta nulidade possa ser declarada procedente.

16°) *Nulidade da sentença prejudicada por documentos preexistentes, mas descobertos posteriormente*: Esta nulidade, que deve sem dúvida ser atendida, não pode ser demandada senão pela ação rescisória, porquanto, ou esses documentos vêm juntos ao processo, e então não são descobertos depois do último julgado, ou não vêm reunidos, e então não se podem juntar de novo em grau de revista; veja-se o dito tít. 5°, cap. 6.

504. Findaremos este parágrafo pelas seguintes observações; primeiramente, que entendemos conveniente enumerar todas as nulidades que podem viciar uma sentença considerada como ato complementar do processo, mas que nem todas elas são objeto de revista, pois que isso depende das condições legais de que se apresentarem revestidas, e porventura da disposição da lei, que estabeleça para algumas o outro recurso da ação rescisória. Observaremos finalmente que nos casos que temos enumerado, o Supremo Tribunal, para anular o processo em todo ou parte, para conceder ou denegar a revista, não tem de examinar o fundo do julgado, o seu merecimento, a tese

do Direito em si mesma, e sim a questão prejudicial do vício dos atos do processo ou do ato da sentença, para que seja desde esse ponto retificado. É pois um exame e questão diversa da que oferece o exame do merecimento intrínseco do julgado, ou sua conformidade com a tese da lei, questão esta de que vamos ocupar-nos no parágrafo seguinte.

Esta distinção é importante e deve ser atendida quando tratar-se de melhorar a nossa lei orgânica do Supremo Tribunal; ela é quem deve determinar os casos em que a decisão deste seja definitiva ou peremptória, e os outros em que seja somente de revista propriamente dita.

§ 3º Da violação da lei em relação ao julgado, e conseqüente nulidade:
505. Pode um processo ser em todos os seus termos perfeitamente legal, e a sentença como ato complementar dele não ter vício algum externo, não incorrer como tal em cominação alguma da lei; e no entretanto violar a lei quanto à decisão que estabelece, ordenando o contrário do que ela ordena, ou infringindo-a por outro modo positivo, e com ela os direitos e propriedades que o legislador garantia no interesse da sociedade e de seus membros.

A violação da lei no julgado pode verificar-se pelas seguintes formas, que vamos enumerar e fundamentar, resumidamente, ou só quanto baste para auxiliar o estado do Direito Público.

506. *Violação do direito expresso, ou do texto formal da lei*: Quando uma sentença julga, ou manda diretamente o contrário do que a lei determina, dá-se uma violação, uma rebelião aberta contra ela, que ofende gravemente a sociedade e os indivíduos [Ordenações, liv. 3, tít. 75].

Os tribunais são criados para defender e aplicar os preceitos da lei, para observá-la religiosamente e não para desobedecê-la e erigir sua vontade em norma superior a ela. Em tal caso a sentença, e não a lei, é quem deve ser cassada e reprimida; em tal caso o Supremo Tribunal exerce a grande e salutar atribuição de anular semelhante julgado, citar a lei que rege a questão e o verdadeiro preceito dela, e mandar que a causa seja de novo julgada, pois que essa sentença ilegal ficou aniquilada.

Para que, porém, dê um julgado contra direito expresso é de mister que ele encerre contravenção a uma lei escrita, a uma lei positiva do Estado, ou aos princípios fundamentais do Direito de que depois falaremos. Com efeito, se não houvesse uma lei positiva, um preceito nacional escrito, se ele violasse somente uma regra de jurisprudência, uma analogia, uso, ou somente o espírito da lei, não haveria contravenção ao direito expresso, e conseqüentemente não poderia haver cassação ou nulidade.

As Ordenações, liv. 3, tít. 75, § 2º, dão-nos um exemplo da violação do direito expresso ou texto da lei; diz ela expressamente que *o menor de 14 anos não pode fazer testamento*; ora se um juiz dissesse que um tal menor podia fazê-lo, essa sentença seria nula, porque ia de frente contra o direito expresso, contra o texto formal da lei.

507. *Violação da lei por aplicação ou interpretação dela manifestamente errada*: A aplicação de um texto da lei manifestamente errada, ou quando ele não era aplicável, e sim outro à questão vertente, equivale à infração de que tratamos no número anterior.

Certamente essa disposição não era estabelecida, nem apropriada a essa hipótese, não regia tais direitos ou obrigações, uma tal aplicação infringia pois formalmente a lei. Aplicar, por exemplo, a um contrato de compra e venda uma disposição especial do contrato de depósito, ou outro, seria interpretar erradamente a lei, e inverter o uso de suas normas ou preceitos.

O Supremo Tribunal em tal caso cassa o julgado, demonstra o erro da interpretação ou aplicação e manda julgar de novo a causa.

508. *Violação do preceito formal da lei por omissão ou alguma outra contravenção positiva*: Posto que em regra qualquer violação formal da lei possa ser incluída em um dos dois números antecedentes, algumas legislações como a portuguesa, para evitar dúvidas, articulam a proposição geral que enunciamos neste número.

Uma sentença que, por omissão ou ignorância, deixasse de aplicar uma disposição de lei positiva para aplicar um princípio de eqüidade, em rigor incorreria na nulidade do número antecedente; mas pudera não parecer isso claro a todos. O mesmo diremos de uma sentença que, sem avançar que uma escritura pública não fosse prova legal, todavia a preterisse quando conforme a lei não a devesse preterir.

509. *Violação dos princípios ou preceitos fundamentais do Direito, ou aplicação deles manifestamente errada*: Na falta de lei expressa, os princípios fundamentais do Direito valem leis. Cumpre mesmo notar que as legislações, embora aperfeiçoadas, deixam de converter em texto seu alguns desses princípios que são geralmente recebidos.

Alguns jurisconsultos impugnam esta doutrina e não querem atender senão às leis, e não aos princípios de Direito, embora fundamentais, porque pode dar-se questão sobre esse caráter de fundamentais ou não, e opinam que o legislador deve converter os que assim qualificar, em textos positivos e evitar todo o arbítrio e incertezas.

Os países que têm, como a França, a fortuna de possuir códigos completos e incessantemente melhorados e esclarecidos, podem, e porventura devem atender essa opinião. Nós, porém, que regemo-nos ainda pelas Ordenações de 1500,[69] tão omissas para a sociedade atual, que nos regulamos mais pelos princípios de direito do que por textos legais que não temos; se denegássemos este meio de cassação, daríamos grande arbítrio aos tribunais da primeira e segunda instâncias e enervaríamos a ação do Supremo Tribunal de Justiça.

No caso desta violação o Supremo Tribunal deve cassar a sentença, expressar o verdadeiro preceito do princípio de direito, demonstrar que este é fundamental e mandar julgar de novo a causa.

§ 4º Da competência do Supremo Tribunal no exame do julgado:

510. É uma regra fundamental, e que deve ser sempre observada, que o Supremo Tribunal não julga os fatos, o fundo da causa, sim as sentenças, e só na relação delas com a lei.

Ele não foi, nem devia ser, instituído como uma terceira instância para estudar os fatos, ou para apreciar as provas, sim e só para manter o império da lei, a sua plena observância, a unidade de seus preceitos, a uniformidade da jurisprudência como já observamos.

É preciso fazer-se uma idéia justa e exata da natureza do Supremo Tribunal e de suas funções, para apreciar bem e saber derivar as conseqüências.

A revista não é senão um recurso dirigido a essa alta autoridade para que ela casse, anule o ato violador da lei, do Direito, desta divindade tutelar, e não para que se envolva no fundo das controvérsias do interesse privado.

Ele trabalha só no império intelectual da lei e não no domínio material das questões privadas, julga da inteligência dela na sua região pura, geral e abstrata, e sem consideração dos fatos; quanto a estes, os tribunais de segunda ou última instância têm jurisdição exclusiva e soberana.

Aceita os fatos e as provas tais quais são apreciados por esses tribunais de que se recorre; seu exame consiste em verificar se a tese da lei foi respeitada e, conseqüentemente, aplicada como devia ser aos fatos assim, e tais quais qualificados.

Conclui-se que a tese geral, o direito da lei foi respeitado, denega a revista sem se importar com o fundo da causa, com o bem ou mal julgado em

---

[69] As *Ordenações* eram o conjunto de leis que regia a sociedade portuguesa do antigo regime, o texto refere-se às *Ordenações manuelinas*, publicadas em 1514 e promulgadas em 1521; algumas de suas determinações foram observadas no Brasil até 1916, data da promulgação do primeiro Código Civil brasileiro.

relação à parte; se conclui o contrário, cassa a sentença e para que o império da lei seja restabelecido, expressa as razões pelas quais a julgou violada, expõe a inteligência que entende ser a verdadeira, e manda a causa a outro tribunal para que profira nova sentença.

Estes princípios são exatos em todas as suas faces. De um lado convém que prevaleçam em sua plenitude para que o Supremo Tribunal possa desempenhar bem a sua alta missão, para que seja no todo e sempre imparcial, esteja sempre acima dos interesses, afeições e ódios particulares, estranho aos indivíduos, a tudo que não for a lei, e só a lei. De outro lado, não escapará, por certo, a nenhum governo ou sociedade esclarecida o grande perigo que houvera de dar-lhe o direito de conhecer do fundo dos negócios ou questões individuais; seria um poder imenso e concentrado que o constituiria senhor absoluto dos juízes e das fortunas e direitos dos particulares. Em suma, é preciso impor fim aos litígios, terminá-los na segunda instância e ressalvar somente a tese da lei em geral.

O mal julgado, a injustiça contra a parte, embora operada sem violação da tese da lei, é sem dúvida um mal; para evitá-lo a sociedade fez o que pôde, criando as duas instâncias, como já ponderamos; perante a instituição do Supremo Tribunal não se trata mais disso, e só sim do grande interesse público, que não consente que o direito da lei seja violado, e que a desobediência do juiz, a sua rebelião, prevaleça sobre ele.

Felizmente são estes mesmos os princípios formalmente estabelecidos e consagrados por nossas leis, embora por vezes olvidados pelo Supremo Tribunal; e senão examinemos por um pouco o que elas determinam.

511. A lei de 18 de setembro de 1828, em seu art. 6, declarou que só teria lugar a revista nos dois únicos casos de manifesta nulidade, ou de injustiça notória. A nulidade manifesta, isto é, substancial, absoluta, refere-se sem dúvida ao processo, e dela tratamos no § 2º desta seção.

A expressão *injustiça notória* poderá gerar dúvidas e induzir alguns espíritos menos conhecedores da teoria e sistema das revistas a crer que este recurso podia ter cabimento não só no caso de nulidade do processo ou sentença como ato dele, mas ainda quando se desse um mal julgado ou injustiça contra a parte, e, conseqüentemente, que o Supremo Tribunal tinha direito de conhecer do fundo da causa, fatos e provas.

Para obviar essa aberração veio a resolução de 20 de dezembro de 1830, e em seu art. 8 disse: "Os dois casos de manifesta nulidade ou injustiça notória só se julgarão verificados nos precisos termos da carta de lei de 3 de novembro de 1768, §§ 2º e 3º. E quando ocorrerem casos tais, e tão graves e intrincados, que a decisão de serem ou não compreendidos nas disposições desta lei se faça duvidosa no Tribunal, solicitará ele as providências legislativas por intermédio do governo".

A dita lei de 3 de novembro de 1768, depois de dizer no § 1º: "que a revista só terá lugar por nulidade ou injustiça", acrescenta, no § 2º: "E, para que em um ponto tão importante, que dele depende a tranqüilidade pública, hajam certas e infalíveis regras, que qualifiquem e fixem as sobreditas manifesta nulidade e notória injustiça, que hão de servir de fundamento aos recursos revisórios; mando que estas somente se possam julgar tais, nos casos literalmente expressos nos dois preâmbulos das Ordenações do liv. 3, tits. 75 e 95, concordando-se ambos os sobreditos preâmbulos para o dito efeito, etc.". Finalmente no § 3º acrescenta ainda mais: "E porque sobre os termos em que as sentenças se devem julgar *notoriamente injustas pelo princípio de serem proferidas contra direito expresso*, há também diversas opiniões que têm constituído perplexidade no direito das partes e contrariedade nas decisões das revistas; determino que o direito expresso de que se trata nas referidas leis deve ser o direito pátrio, e não as leis imperiais ou direito civil, de que resultaria a mesma perplexidade".

Ora, em face de disposições tão terminantes, da declaração formal deste § 3º, de que a injustiça notória procede de ser a sentença *proferida contra direito expresso*, de laborar nessa violação da lei, do direito dela, não pode restar dúvida alguma sobre a exatidão dos princípios que sustentamos.

E se ainda, apesar do que ponderamos, pudessem ser necessários mais amplos esclarecimentos, nós os teríamos nas duas citadas Ordenações do liv. 3, tits. 75 e 95.

Examinados os dois preâmbulos destas Ordenações, vê-se que eles, em suma, declaram o seguinte: quanto ao processo e sentença como ato dele, que são nulos, quando há falta de citação legítima ou incompetência, quando a sentença é proferida contra outra passada em julgado, ou é dada por peita ou suborno, quando é fundada em falsa prova ou proferida por número ilegítimo de juízes. Quanto à sentença, ou preceito do julgado, declaram que é este nulo quando proferido contra direito expresso, isto é, quando viola o preceito da lei, a sua tese geral.

As Ordenações, liv. 3, tít. 75, em seu preâmbulo e no § 2º, expressa isto pelo modo o mais perfeito e terminante que se pudera desejar. Depois de dizer que o juiz julgaria contra direito expresso se por exemplo dissesse que o menor de 14 anos pode validamente fazer testamento, por isso que a lei expressa e formalmente declara que nem tal menor não o pode fazer validamente; acrescenta o outro exemplo de uma sentença injusta somente contra o direito da parte, e que, portanto, não é nula por direito. No dito § 2º, assim se expressa: "Porém, se o juiz julgasse contra o direito da parte, e não contra o direito expresso, não será a sentença por direito nem uma, mas sim valiosa, salva a reforma por via de apelação. Por exemplo, se fosse contenda sobre um testamento, dizendo-se por uma parte que o testador era menor de 14 anos ao tempo em que o fez, e de outra parte se dissesse que era maior, posto que pelas inquirições se provasse que era menor da dita idade ao dito tempo, todavia o juiz julgasse o testamento por bom, não porque um menor de 14 anos pudesse fazer testamento válido, sim porque o julgasse maior, não obstante a prova em contrário, esta sentença é válida, salvo o recurso de apelação, porquanto é injusta contra o direito da parte, mas não contra o direito expresso, o direito da lei". Único que poderia fundamentar a revista.

Não é possível qualificar melhor, nem melhor distinguir a questão do fundo da causa, dos fatos e apreciação das provas, da outra questão do Direito em si mesmo, em sua conformidade com a lei.

Vê-se pois, evidentemente, que o Supremo Tribunal de Justiça nunca deve envolver-se, ou conhecer do fundo da causa, pois que todas as leis que temos referido, terminantemente lhe proíbem. A segunda instância conhece do fato e do direito, ele conhece só do direito.

Embora pareça duro a quem não profundar bem o estudo desta instituição e dos interesses sociais, estes princípios são todavia fundamentais e tutelares, e devem ser observados em todo o seu rigor. Não são novos, foram luminosamente desenvolvidos pela Assembléia Constituinte da França, e dominam ainda hoje ali, assim como na legislação belga, portuguesa, sarda, e porventura de outros povos.

Seção 4ª: Da autoridade das decisões de revista proferidas pelo Supremo Tribunal

§ 1º Da autoridade dessas decisões em geral:
512. As decisões de revista do Supremo Tribunal não só têm os efeitos positivos que a lei lhe confere, mas têm, além disso, uma autoridade moral, importante, e que resulta das luzes e prestígio de tão alta instituição; autoridade que se exerce sobre o espírito dos tribunais e que muito concorre para a uniformidade da jurisprudência, ou aplicação da lei. Posto que não sejam regras imperativas de direito, exercem todavia muita influência, tanto mais que ameaçam os julgamentos em contrário de uma cassação quase certa. Assim, posto que indiretamente, são reguladoras da doutrina legal.

Essa autoridade, porém, é diferente segundo a diversidade da decisão, isto é, quando denega a revista ou quando a concede pela primeira, ou pela segunda vez, como veremos nos parágrafos seguintes.

§ 2º Da autoridade da decisão que denega a revista:
513. O efeito desta denegação é de não anular nem o processo, nem o julgado; mas o único aresto que além disso pode resultar é que os meios de nulidade que foram produzidos, não são procedentes; quanto ao mais, a decisão não importa a declaração de que os atos argüidos eram perfeitos, e só sim que não houve violação positiva de lei, ou tal que devesse produzir a cassação.

§ 3º Da autoridade e conseqüências da decisão que concede a primeira revista:
514. Quando o Supremo Tribunal concede a revista, essa concessão importa a declaração de que os atos argüidos violaram a lei, e conseqüentemente que a doutrina oposta, e que ela expressa, é a verdadeira, é a que deve substituir a que foi anulada.

A interpretação doutrinal do Supremo Tribunal não é imperativa ou obrigatória, nem mesmo em relação ao tribunal a quem ele envia a causa para ser de novo julgada, mas sem dúvida que é de muita força moral.

O tribunal revisor coloca-se na posição que ocupava aquele que proferiu a sentença anulada, examina o fato e o direito, e julga livremente, isto é, como entende de direito. Não só pode apreciar e qualificar os fatos diversamente, julgar, por exemplo, que não se dá a questão vertente de prescrição, e sim de novação, mas conserva sua plena inteligência desembaraçada para conformar-se ou não com a interpretação estabelecida pelo Supremo Tribunal.

Se conforma-se, não resta questão, e então se estabelece um aresto, um caso julgado que, embora não tenha força de lei, é de grande peso e pode ser invocado como tal.

Se porém não se conforma, expõe e fundamenta as razões de sua opinião divergente. Esta pode diversificar não só da doutrina do Supremo Tribunal, mas também da que fora estabelecida pela sentença anulada, ou confirmar esta.

Algumas opiniões querem que a primeira decisão do Supremo Tribunal firme desde logo a questão ou inteligência do direito imperativamente, e que não fique ao tribunal revisor senão a liberdade de apreciar diversamente os fatos; estas opiniões porém não são bem fundadas.

É de alta conveniência que o primeiro tribunal revisor conserve toda a plenitude de sua inteligência e liberdade para que possa examinar, avaliar e discutir a questão e os princípios de direito em todas as suas faces e combinações da lei. A liberdade, uma grande fortuna, a vida do cidadão podem pender desse exame; embora haja alguma demora, é preciso aprofundá-lo com independência e toda sabedoria; além disso, poucos casos se darão dessa divergência.

Por certo que o tribunal revisor não se animará a ir de encontro à doutrina do Supremo Tribunal sem que produza razões de muita força e ilustração; seria diminuir sua própria reputação. É possível que apresente considerações de tanto peso que o Supremo Tribunal, reconsiderando a questão, rejeite sua própria opinião e adote essa oposta. Demais, é de uma discussão assim ilustrada que resultam os melhoramentos que devem ser propostos com inteira segurança ao poder Legislativo.

Nossa lei é muito imperfeita a esse respeito, como demonstraremos no parágrafo seguinte, e por isso mesmo demanda pronta reforma. Quando desta se trate convirá fazer uma útil distinção. Se a nulidade for só do processo, em todo ou parte, ou mesmo da sentença como ato dele, dever-se-á dar ao Supremo Tribunal o direito de anulá-lo desde o ato vicioso, peremptória e soberanamente, mandando proceder de novo; é uma questão de fórmulas, questão prejudicial que não penetra no fundo da causa, que não demanda as cautelas da questão do julgado; quanto a esta, devem prevalecer as observações que temos exposto.

Parece-nos desnecessário recordar que quando a revista é pronunciada ou concedida só em relação a uma parte do julgado não influi no resto, que deve ter sua plena execução.

Semelhantemente, quando só alguns réus recorrem e outros não, embora anteriormente tivessem partilhado uma sorte comum como co-acusados de um mesmo crime, o recurso não aproveita nem prejudica os que não recorreram, por isso que se sujeitaram a cumprir a sentença, quando os outros abriram uma nova ação, na qual aqueles não figuram; rompeu-se toda a comunidade entre eles, sua posição deixa de ser idêntica, prevalece a seu respeito a autoridade da cousa julgada.

§ 4º Da autoridade e conseqüências da decisão que concede a segunda revista:

515. Quando o tribunal revisor deixa de aplicar a doutrina do Supremo Tribunal, pratica isso ou porque aprecia os fatos e julga por um novo modo, ou porque se opõe à sua doutrina. No primeiro caso extingue-se a

questão anterior, e quando muito pode dar-se o caso de uma outra nova e diversa revista, fundada em outros meios e outra questão de direito. No segundo caso, que importa reprodução do julgamento anulado, dá-se um fato de suma importância e profunda atenção, que deve autorizar a parte a pedir uma segunda revista.

O Supremo Tribunal, que deve então trabalhar com seções reunidas quando tenha diversas, examinará nova e atentamente as razões opostas à sua doutrina. Se são tais que deva acender, está na obrigação de adotá-las, e conseqüentemente, de denegar essa segunda revista; estabelecer-se-á então um aresto luminosamente discutido e solenizado.

Se, pelo contrário, persiste em sua opinião e reprova a oposta, anula esta, reforça de novo as suas razões, e concede a segunda revista.

Entretanto cumpre então prever que a questão de direito não deve continuar indecisa; é preciso que cesse, que o segundo tribunal revisor não possa reproduzir o mesmo julgado já duas vezes anulado. Dá-se, não obstante terem-se ensaiado os meios mais perfeitos de resolver a dificuldade, uma condição forçada de terminar. Quem deverá em tal caso firmar a regra de direito na hipótese especial dada?

A questão não deve ficar suspensa à espera de uma interpretação legislativa, seria uma lei *export facto*, uma aberração dos princípios, que inverteria o legislador em juiz. Ela deve ser decidida pela lei atual tal qual é; quem estabelecerá porém a sua verdadeira inteligência; será o Supremo Tribunal, o segundo tribunal revisor?

Todos os fundamentos e fins da instituição do Supremo Tribunal ditam que seja ele o incumbido de proferir em tal caso essa inteligência, é como obrigatória para o caso particular dado. O contrário seria uma inversão de gradação e hierarquia, seria romper a idéia de unidade ou uniformidade da jurisprudência. Deixaria de haver um centro único, um laço que prenda os tribunais, que evite a diversidade e oposição da doutrina, a contrariedade dos julgados. Seria alentar a divergência dos tribunais e desmoralizar o foco provecto de luzes, que deve imprimir direção a mais ilustrada, prescrever as falsas opiniões e manter a pura e genuína inteligência da lei.

Assim, embora fique livre ao segundo tribunal revisor apreciar os fatos como entender de justiça, a questão de direito, a inteligência controvertida da lei estará firmada e será obrigatória na espécie em litígio. O poder Legislativo deverá ser informado em sua primeira reunião dessa interpretação especial.

§ 5º Da autoridade de tal decisão em relação a hipóteses futuras:

516. Deverá porém uma tal decisão servir de regra obrigatória para o futuro enquanto não houver medida legislativa? Certamente não.

Pode tal decisão laborar em erro, e não convém impedir uma nova discussão quando reapareça questão perfeitamente idêntica, o que será difícil. Se aparecer, aí está o aresto para ser invocado, ele deve ter muita autoridade moral como fruto de uma discussão solene, deve merecer toda a consideração — *non ratione autoritatis, sed autoritate rationis*. Se os tribunais se conformarem com ele, nenhum inconveniente haverá em deixar de ter caráter obrigatório; se tiverem razões para se não conformar cumpre ouvi-las.

Uma decisão obrigatória em caso singular dispõe só dele, mas quando ela vale disposição geral toma o caráter de lei, cria direitos e obrigações, torna-se uma norma social, e isso é da alçada exclusiva do legislador. Este e só este é quem tem o direito e obrigação de estudar, discutir e estabelecer os preceitos gerais.

Seria confiar-lhe uma delegação legislativa e ilimitada, pois que nem ao menos seria possível prever quais os assuntos sobre que a exerça, nem o modo por que os regularia.

Finalmente teríamos dois legisladores, e o Supremo Tribunal reunindo a essa autoridade a que tem por sua instituição de cassar as sentenças, valeria um poder temível capaz de pôr-se em luta com os outros poderes, suas decisões seriam leis que abateriam todas as barreiras.

Convém examinar a ilustrada discussão que teve lugar nas Câmaras Francesas a este respeito, nos *Monitores* de janeiro a março de 1837. Esta mesma era a opinião entre muitos do ministro da Justiça Persil,[70] e enfim, é a disposição da legislação da França e de outros Estados.

Entre nós, por uma aberração inqualificável, quem firma a inteligência da lei para o caso vertente é o primeiro e único tribunal revisor, e essa decisão é definitiva, pois que nem ao menos se admite nova revista! Não há nada mais perigoso do que um estudo imperfeito na transplantação das leis e instituições de um para outro país.

---

[70] Jean Persil (1785-1870), político e magistrado francês, foi ministro da Justiça em 1834 e entre 1836 e 1837.

Capítulo 5:
Das outras atribuições do Supremo Tribunal de Justiça

~

Seção 1ª: De sua atribuição
sobre os conflitos de jurisdição entre
os tribunais das relações e sobre suspeições

§§ *1º a 3º Compete-lhe conhecer e decidir sobre os conflitos de jurisdição e competência das relações provinciais.* Constituição, art. 164, § 3º; e lei de 18 de setembro de 1828, art. 5, § 3º e art. 34.

§ 1º De sua atribuição sobre os conflitos:
517. O conflito é, como já dissemos tratando do Conselho de Estado, a controvérsia ou debate que se eleva entre duas autoridades em relação à sua competência, para conhecer ou não de um assunto. Quando se eleva entre uma autoridade de ordem administrativa e outra de ordem judiciária, toma o nome de conflito de atribuição. Quando se eleva entre autoridades da mesma ordem, como entre dois juízes, tem o nome de conflito de jurisdição, ou antes de questão de competência.

Em um e outro caso ele pode ser positivo, ou negativo; positivo quando ambas as autoridades pretendem ser competentes para conhecer do negócio excluindo a outra; negativo quando ambas sustentam que não são competentes, e portanto não querem conhecer do negócio, ficando por isso as partes sem ter quem lhes administre justiça.

Em todo caso o conflito, ou questão de competência, importa muito não só ao interesse das partes, como à ordem pública, à divisão e limites dos poderes.

Pelo que toca ao conflito de atribuição, ou questão de competência entre autoridades administrativas, o Supremo Tribunal não tem direito de conhecer disso, pois essa atribuição pertence ao Conselho de Estado, como já expusemos.

Pelo que respeita à questão de competência entre autoridades judiciárias, isto é, entre relações, tem então o Supremo Tribunal exclusivamente esta atribuição, como é declarado pelo art. 164, § 3º da Constituição, e lei de 18 de setembro de 1828, artigos 5, § 3º; 34 e 35. Outro tanto deve entender-se quando a questão de competência se suscite entre autoridades de 1ª instância pertencentes a distritos de relações diversas.

No nº 440 já indicamos que a questão de competência entre autoridades judiciárias de 1ª instância de uma mesma relação é por esta decidida.

Ainda quando porém decidida pelas relações uma tal questão, o Supremo Tribunal vem a conhecer dessa decisão por ocasião da revista, e sua atribuição, que assim se completa, é coerente com sua instituição, pois que ele é o supremo regulador e guarda das competências na ordem judiciária. Toda a usurpação ou excesso de poder que equivale à incompetência, ofende diretamente o interesse público, os limites das jurisdições.

§ 2º Das recusações opostas aos membros do Supremo Tribunal:

518. Quando algum membro do supremo tribunal for suspeito, ele mesmo deve declarar-se tal em observância das Ordenações, liv. 3, tít. 21, e do art. 61 do Código do Processo Criminal. Quando porém não o faça em algum caso por não se considerar suspeito, tem sem dúvida a parte o direito de interpor sua recusação.

Não conhecemos disposição especial que regule este processo; não hesitamos porém em crer que em tal silêncio deve aplicar-se a lei que rege o processo das recusações opostas aos desembargadores, pois que dão-se os mesmos fundamentos e condições de direito.

O regulamento das relações de 3 de janeiro de 1833, arts. 9, § 12º, e 63 e seguintes, é providente a respeito; temos além disso o decreto de 23 de novembro de 1844.

§ 3º Da suspeição de presidente ou chanceler das relações:

519. A lei de 22 de setembro de 1828, art. 2, § 9º, declara que ao Supremo Tribunal pertence conhecer dos recursos e mais objetos pertencentes ao ofício de chanceler-mor, em que intervinha a Mesa do Desembargo do Paço,[71] à exceção das glosas, que estão abolidas; e que os papéis que o

---

[71] O Tribunal ou Mesa do Desembargo do Paço foi criado no reinado de d. João II (1481-95). Em 1808, com a transferência da Corte portuguesa para o Brasil, foi criado outro Desembargo do Paço adaptado à situação brasileira. Era o tribunal que julga-

chanceler-mor não pode passar pela chancelaria, conforme as Ordenações, liv. 1, tít. 2, § 21°, serão passados pelo ministro mais antigo do Supremo Tribunal.

O chanceler, na forma das Ordenações, liv. 1, tít. 2, é quem fiscaliza a contagem das custas e resolve as questões que possam suscitar-se a respeito; ele intervém no julgamento das recusações opostas aos desembargadores, mas em um e outro caso pode ele mesmo ser suspeito, assim como é no caso do § 21 dessas Ordenações, em que não deve fazer passar pela chancelaria suas próprias decisões. A sobredita lei de 22 de setembro estabeleceu pois a competência do Supremo tribunal, ou do conselheiro mais antigo, para o expediente em tais hipóteses. Teria sido melhor incumbir isso ao vice-presidente da relação, que é o desembargador mais antigo, por si só, ou com adjuntos, pois que cumpre não olvidar que estamos no Império do Brasil, onde há largas distâncias das sedes das relações à Corte, e que não se deve onerar as partes com graves delongas e despesas sem necessidade, e só quando for indeclinável.

Seção 2ª: De sua atribuição sobre os delitos e erros de ofício de certos empregados privilegiados

§§ 1° e 2° Compete-lhe conhecer dos delitos e erros de ofício que comprometerem os seus ministros, os das relações, os empregados do corpo diplomático e os presidentes das províncias. Constituição, art. 164, § 2°, lei de 18 de setembro de 1828, art. 5, § 2°.

§ 1° Do fundamento desta atribuição:
520. A Constituição do Império, no art. 179, § 17°, fiel ao princípio da igualdade da lei, proscreveu os foros privilegiados; foi porém ela mesma quem criou esta competência do Supremo Tribunal em vista não tanto destes altos funcionários, como de verdadeiro interesse público. Era sem dúvida

---

va as graças e pedidos feitos ao monarca, tais como petições de graça, cartas de privilégios e liberdade, cartas de legitimação, confirmação de perfilhamento e de doação, cartas de restituição de fama, cartas de emancipação e suplemento de idade, cartas de perdão, petições para vincular bens, entre outros. Desde 1750, a presidência desse tribunal era exercida, em geral, em acumulação com o cargo de chanceler-mor do Reino e desempenhada pelo desembargador mais antigo.

de mister atribuí-la a uma corte ilustrada e independente para que se tivesse a garantia de um julgamento imparcial. Demais, a ordem hierárquica, as idéias da conveniente subordinação, não permitiam que funcionários tais fossem submetidos ao julgamento de autoridades subalternas.

Por essas mesmas considerações fez-se extensiva aos bispos a competência de que tratamos, como veremos no título seguinte, quando ocuparmo-nos dos privilégios.

§ 2º Do processo respectivo:

521. O processo estabelecido para o julgamento dos delitos e erros do ofício de tais funcionários é descrito pela lei de 18 de setembro de 1828, arts. 20 e seguintes. Ele oferece os termos e meios necessários para o conhecimento da verdade, e entre outras garantias ministra no art. 32 a de recusação peremptória de dois membros do Tribunal em favor do réu e de um em favor do acusador.

Capítulo 6:
Do Ministério Público

~

Seção 1ª: Do Ministério Público em geral

§ 1º Da natureza e importância desta instituição:

522. O Ministério Público é uma grande e útil instituição, é o braço direito da sociedade e do governo, é a sua vigilância e intervenção perante os tribunais de Justiça. É por meio dele que a sociedade e o governo são ali representados e tomam parte legítima nos processos e discussão das decisões judiciárias que se fazem ouvir em benefício da lei, da ordem pública, dos interesses do Estado e também em benefício dos direitos de seus membros e súditos que reclamam sua proteção especial.

O governo tem o dever e necessidade de defender perante os tribunais a propriedade e manutenção dos direitos da Coroa ou nacionais, outrora denominado *direitos reais*, e os direitos da jurisdição e soberania do Estado; tem a obrigação de inspecionar a exata observância das formas e da aplicação do Direito, assim criminal como civil, no interesse da lei e justiça social; tem o dever de proteger os cidadãos que por suas circunstâncias não podem fazer valer os seus direitos, e finalmente de zelar das instituições e estabelecimentos públicos que reclamam a sua tutela.

O Ministério Público é quem o informa de todas as relações destes valiosos serviços, de tudo quanto importa a justiça pública; é o órgão por cujo meio o governo goza do direito de ser ouvido perante os tribunais, de exercer sua intervenção e ação, sem a qual seria privado de atribuições indispensáveis.

É enfim por intermédio desta instituição que se estabelece o elo, a ligação da ordem judiciária com a ordem administrativa, e que se vivifica a autoridade do Ministério da Justiça perante os diversos graus do poder Judiciário.

§ 2º Da organização do Ministério Público, nomeação e demissão de seus membros:

523. O Ministério Público tem de cumprir deveres e defender direitos da sociedade e do governo perante todas as instâncias e tribunais, é portanto conseqüente que ele seja graduado e ramificado desde o Supremo Tribunal de Justiça até os juízos municipais e delegacias de polícia; aliás a autoridade ficará privada de agentes necessários e conseqüentemente de direitos.

Entre nós existe o procurador da Coroa que serve como tal perante o Supremo Tribunal e também perante as relações; temos os promotores de comarca, mas não temos agentes auxiliares nos termos perante os juízes municipais, o que é uma lacuna muito prejudicial.

A organização francesa, belga e portuguesa a este respeito é digna de formal imitação.

Pelo que toca a nomeação e demissão de tais empregados, não pode haver dúvida alguma séria de que isso dependa inteiramente do juízo do governo. Ele é o representante da sociedade, o encarregado e responsável pelos direitos, ordem e segurança da sociedade. Os membros do Ministério Público não são senão agentes seus, de sua escolha e confiança, são molas de sua autoridade que devem ser conservadas ou destituídas como ele entender conveniente ao serviço público. Que recurso teria o governo contra a frouxidão, ou má vontade de um procurador seu que não pudesse demitir? É indispensável dar ao governo os meios necessários para que possa bem cumprir as obrigações que se lhe impõem.

Cumpre mesmo não confundir a magistratura em geral com a magistratura propriamente dita, ou por outra judicatura. A magistratura em geral é a função pública encarregada da aplicação ou execução das leis, tanto na ordem administrativa como judiciária. A judicatura é uma função puramente civil ou criminal de aplicação das leis às relações dos indivíduos entre si, aplicação que importa julgamento. Os membros do Ministério Público não julgam, não proferem sentenças, pelo contrário são partes; não estão pois nas condições dos juízes que devem ser independentes e perpétuos.

SEÇÃO 2ª: DO MINISTÉRIO PÚBLICO
EM RELAÇÃO À COROA, SOBERANIA NACIONAL
E ESTABELECIMENTOS PÚBLICOS

§ 1º De seus serviços em relação à Coroa Nacional:

524. É o Ministério Público quem defende perante os tribunais a pro-

priedade dos bens ou direitos da Coroa, outrora denominados bens ou direitos reais, e hoje nacionais; quem os sustenta e reivindica.

As nossas Ordenações do liv. 1, tít. 9 e tít. 12, e a do liv. 2, tít. 26 enumeram quais sejam os direitos reais ou nacionais, salvas as modificações do regime constitucional. Entre eles alguns há que demandam toda atenção, como são a propriedade das estradas, rios navegáveis e suas margens, portos de mar e encoradouros, salinas e minas, heranças jacentes, comissos, terras devolutas e matas. São direitos importantes que não devem ser usurpados, que demandam vigilância e proteção, e em todo o caso, intervenção e audiência do procurador da Coroa perante os tribunais. Outro tanto se deve dizer em relação aos direitos e interesses da Fazenda Nacional, ou Tesouro Público.

§ 2º De seus serviços em relação à soberania nacional:

525. Igual vigilância, defesa e proteção demandam os importantes direitos da soberania nacional para que sejam mantidos em toda a sua extensão e plenitude.

O direito de jurisdição nacional, qualquer que seja a sua relação é sempre de sumo valor. Ou se trate de jurisdição territorial ou águas adjacentes, ou da faculdade de exercer ou não alguma autoridade, a questão afeta sempre grande interesse do Estado.

O Ministério Público tem pois de prestar serviços indispensáveis nesses e outros casos como os seguintes:

Questões de limites de jurisdição dos tribunais, existência ou cessação de poder legítimo.

Questões de competência ou de excesso, de poder, ou conflitos de atribuição.

Usurpações da autoridade eclesiástica ou recursos à Coroa por seus abusos ou violências.

Enfim, sempre que se trate de jurisdição ou soberania nacional é evidente que o governo deve intervir por seus agentes do Ministério Público. [Alvará de 2 de agosto de 1637; Ordenações, liv. 1, tít. 12.]

§ 3º De seus serviços em relação a certas instituições e estabelecimentos de utilidade pública:

526. Há certas instituições ou estabelecimentos de utilidade pública que demandam uma tutela e proteção especial do Estado para que seus direitos e legítimos interesses sejam sempre bem defendidos e resguardados, e não menosprezados ou defraudados.

Em tal caso estão as municipalidades, os estabelecimentos pios, hospitais de caridade, fábricas das igrejas e outras instituições semelhantes; o Ministério Público deve ser ouvido em seus litígios para que prevaleçam os seus direitos.

Seção 3ª: Do Ministério Público em relação à Administração da Justiça Criminal

§ 1º Da ação pública no crime:

527. Todo o ato criminoso, toda a violação da lei penal, produz um mal social, uma perturbação da ordem pública, um ataque aos direitos garantidos pelo poder nacional; é de mister reprimi-lo para que cesse e não se reproduza; é também de mister que o mal por ele feito seja perfeitamente reparado.

A ação para a imposição das penas não pertence senão à sociedade, é uma ação pública, superior, própria e direta dela, é o seu direito de punir a violação de suas leis; ela pode ceder essa ação aos particulares em alguns casos que julgar conveniente; fora disso nem um deles tem direito algum de preferi-la. A ofensa ou lesão sofrida pelo particular não tem outra ação própria senão a de reparação.

Além de que esse é o direito, acresce que a concessão da ação criminal a qualquer do povo ou a qualquer dos ofendidos tem grandes inconvenientes no espírito de partido, ódios, interesses, paixões e abusos de toda casta.

O Ministério Público é quem deve promover e agitar essa importante ação em bem da ordem e segurança social é o representante da sociedade ou do governo; não é o acusador cheio de cólera e vingança, é a voz imparcial da lei que reclama a punição pelo ataque que sofreu.

§ 2º Das atribuições do Ministério Público na ação da Justiça Criminal:

528. O Ministério Público é pois o guarda vigilante contra a violação da lei penal, e como tal deve ele vigiar também a ação dos agentes de polícia para que não seja omissa ou frouxa.

A polícia indaga dos crimes, colige os indícios, verifica a prisão dos delinqüentes e como não tem a atribuição de instruir, de formar o processo, provoca essa competência do Ministério Público.

Este tem a seu cargo:

1º) Auxiliar a polícia, mormente em matérias graves, coligindo os indícios e promovendo a prisão dos delinqüentes.

2º) Receber as denúncias, formular as suas e provocar a ação criminal.

3º) Coadjuvar o processo de instrução.

4º) Ser ouvido nas pronúncias e fianças e recorrer dos despachos preparatórios, em que suas reclamações não forem atendidas.

5º) Produzir o ato de acusação e sustentá-lo com as provas necessárias e com a lei.

6º) Recorrer das sentenças por apelação, quando não atendido, e sustentar o direito da sociedade na segunda instância.

7º) Interpor a revista no interesse da justiça ou só da lei, segundo as circunstâncias.

8º) Requerer e promover a execução das sentenças criminais para que se verifique a pena.

É pois vital a ação do Ministério Público na administração da Justiça Criminal.

§ 3º De outras atribuições criminais do Ministério Público:

529. O Ministério Público tem ainda outras atribuições especiais de ordem criminal, e que são de suma importância.

1º) É ele quem requer e promove o processo de responsabilidade dos juízes de 1ª e 2ª instância, dos empregados do corpo diplomático, presidentes de província e mais empregados públicos. É um meio de ação poderoso do governo, assim na ordem judiciária como administrativa.

2º) É também ele quem faz a acusação dos crimes individuais cometidos pelos membros da família imperial, ministros de Estado, conselheiros de Estado, senadores e deputados durante a legislatura.

3º) Finalmente, esta magistratura exerce uma inspeção útil sobre as prisões e sobre o melhoramento da legislação criminal em seus diversos ramos. É um grande auxiliar do governo a bem da ordem e segurança social.

Seção 4ª: Do Ministério Público em relação à administração da Justiça Civil e Comercial

§ 1º De suas atribuições civis:

530. Além de política, ou administrativa e criminal, o Ministério Público é também uma útil magistratura civil.

É o procurador da sociedade ou do governo nos negócios civis que interessam o Estado, como já individuamos na seção 2, zela dos direitos da Coroa e da Fazenda Pública, é quem promove a desapropriação exigida pela necessidade do serviço público, e finalmente representa, nesta parte, a administração perante os tribunais.

A estas funções se ligam ainda outras dignas de todo o apreço, porque são filhas da civilização protetora dos governos. O Ministério Público toma a proteção das pessoas que em conseqüência de seu estado não podem por si mesmas defender utilmente seus direitos.

É o protetor social dos menores, dos interditos e dos ausentes; é também ouvido nas causas de liberdade; ampara a todas as pessoas miseráveis.

Exerce sua inspeção sobre o serviço dos tutores e curadores, suprimento de idades, falta de autorização dos pais para casamentos, ou das mulheres para que os maridos possam litigar.

Protege também os direitos dotais das mulheres e ressalva-os em relação às obrigações hipotecárias dos respectivos maridos. Enfim, presta serviços análogos em muitos outros casos, que uma legislação providente deve atender e cometer à sua guarda.

§ 2º De suas atribuições comerciais:

531. Além de ter o Ministério Público em relação à administração comercial atribuições idênticas às que tem no cível, deve ter uma outra muito valiosa. As sociedades comerciais ou industriais que pendem de autorização do governo demandam uma inspeção pública, um guarda encarregado de vigiar que elas não se apartem de seus estatutos nem de seus fins, das regras de sua constituição legítima. Esta inspeção não estorva a que é particular aos sócios, é diversa dela e não lhes pode mesmo ser confiada, por isso mesmo que não é instituída tanto no interesse privado deles como no interesse público, para que as sociedades não defraudem a lei, nem suas obrigações ou engajamentos para com terceiros. É o meio de ação do governo na observância do Direito quanto a tais sociedades; e o seu agente deve ser o Ministério Público.

É escusado repetir que tanto na administração criminal, civil, como comercial, o Ministério Público, quando não for atendido, deve interpor os recursos competentes, não só para obter melhoramento, como porque é esse o meio que ele tem de procurar que prevaleça a sua interpretação doutrinal dada às leis.

Título oitavo:
Dos Direitos dos brasileiros

Capítulo 1:
Dos direitos em geral e de sua divisão

~

Seção única: Dos direitos e sua divisão

§ 1º Da definição do Direito em relação às pessoas:

532. O Direito é uma entidade real, porém moral ou abstrata, difícil de ser bem definida; ela se apresenta claramente ao espírito, e o domina, mas este não pode traduzi-la a seu gosto diretamente. É a faculdade moral de obrar, faculdade que não deve ser impedida sempre que conservar-se em seus limites morais, é aquilo que é justo, que é reto, que procede da natureza do homem ou da lei, que sua sociabilidade criou; é enfim o poder do homem em suas relações morais, é a sua legítima competência pessoal de fazer, não fazer, ou exigir que outrem faça ou não faça alguma cousa.

§ 2º Da divisão do Direito em relação às pessoas:

533. O Direito considerado nesta relação divide-se em três classes que por sua importância devem ser bem compreendidas e distintas. São os direitos naturais ou individuais, os direitos civis e políticos.

Os primeiros são filhos da natureza, pertencem ao homem porque é homem, porque é um ente racional e moral, são propriedades suas e não criaturas da lei positiva, são atributos, dádivas do Criador.

Os segundos ou civis compreendem duas partes, uma que se compõe dos mesmos direitos individuais reconhecidos e garantidos pela lei civil, outra que resulta puramente das instituições e disposições cíveis de cada nacionalidade.

Os terceiros ou políticos são filhos unicamente das leis ou constituições políticas, são criações das conveniências e condições destas, e não faculdades naturais.

Todos os indivíduos, ou sejam nacionais ou estrangeiros, possuem os primeiros, por isso mesmo que são homens. Os segundos, na parte em que são puramente civis, não pertencem senão aos nacionais, porque a nacionalidade é o título deles. Para o gozo dos terceiros não basta ser homem, nem somente nacional, é de mais necessário ter a capacidade, as habilitações que a lei política exige, é indispensável ser cidadão ativo, membro da comunhão política.

Quando se analisa cada uma destas três classes, percebe-se com maior clareza esta distinção, que é fundamental e que muito importa por suas conseqüências. Nós trataremos de cada uma destas classes em capítulo separado.

Capítulo 2:
Dos direitos individuais ou naturais

~

Seção 1ª: Dos direitos individuais em geral

§§ 1º e 2º A inviolabilidade dos direitos civis (individuais) dos cidadãos brasileiros, que tem por base a liberdade, a segurança individual e a propriedade, é garantida pela Constituição pela maneira seguinte. Constituição. art. 179.

§ 1º Do que sejam os direitos individuais e no geral:
534. Os direitos individuais, que se podem também denominar naturais, primitivos, absolutos, primordiais ou pessoais do homem, são, como já indicamos, as faculdades, as prerrogativas e morais que a natureza conferiu ao homem como ser inteligente; são atributos essenciais de sua individualidade, são propriedades suas inerentes à sua personalidade, são partes integrantes da entidade humana.

Não são pois criaturas das leis positivas, sim criações de Deus, atributos do ser moral que Ele formou, condições inalienáveis, imprescritíveis, por isso mesmo que sem elas o homem seria abatido e aviltado, deixaria de ser o que é.

O direito que o homem tem de defender sua existência física e moral, sua liberdade, seus direitos naturais; essa faculdade antecede a todas as leis positivas, provém da natureza e domina o homem porque é homem.

O primeiro dever da lei positiva é de reconhecê-los, de respeitá-los, de garanti-los, por isso mesmo que o único fim legítimo da sociedade é de defendê-los, de assegurar o gozo deles, de consagrá-los como faróis luminosos que devem estar bem expostos aos olhos e ao respeito de todos.

§ 2º Das diversas espécies de direitos individuais:
535. Os principais direitos individuais são, como o art. 179 da Cons-

tituição e seus parágrafos reconhecem, os de liberdade, igualdade, propriedade e segurança, mas não só cada um deles se divide em diversos ramos, mas também eles se combinam entre si, e formam outros direitos igualmente essenciais.

Nós veremos na seção seguinte como se ramifica o direito de liberdade, ou por outra, como ele se desenvolve e aplica em variadas relações; e posteriormente veremos também como na liberdade do trabalho, ou indústria, e da associação, se contém e combinam diversos direitos.

Todos estes direitos têm, como bem se expressa o sobredito artigo da Constituição, por base a liberdade, a segurança e a propriedade, e por isso são por ela garantidos.

Seção 2ª: Do direito de liberdade em geral

§ 1º O direito de liberdade é reconhecido e garantido pela Constituição do Império, arts. 178 e 179.

§ 2º Nenhum cidadão pode ser obrigado a fazer ou deixar de fazer alguma coisa senão em virtude da lei. Constituição, art. 179, § 1º.

§ 3º Nenhuma lei será estabelecida sem utilidade pública. Constituição, art. 179, § 2º.

§ 4º Sua disposição não terá efeito retroativo. Constituição, art. 179. § 3º.

§ 1º Do que seja o direito de liberdade:
536. A liberdade no estado ou consideração puramente natural do homem é o direito, a faculdade que ele tem de fazer ou não fazer tudo quanto queira sem outro limite que não seja a proibição da lei natural, ou por outra, tudo quanto não viole seus deveres para com Deus, para com os outros homens, e para consigo mesmo. No estado social a liberdade é esse mesmo direito, salvas não só essas restrições da lei natural, mas também as restrições da lei social.

A liberdade é o próprio homem, porque é a sua vida moral, é a sua propriedade pessoal a mais preciosa, o domínio de si próprio, a base de todo o seu desenvolvimento e perfeição, a condição essencial do gozo de sua inteligência e vontade, o meio de prefazer seus destinos.

É o primeiro dos direitos e salvaguarda de todos os outros direitos que constituem o ser, a igualdade, a propriedade, a segurança, e a dignidade humana.

O Criador não fez do homem um ente puramente físico, sim inteligente e moral, deu-lhe faculdades correspondentes, e não só o direito, mas a necessidade de exercê-las, de cultivar as numerosas relações que delas nascem, e que são indispensáveis para o seu bem-estar.

Se não fora o direito de gozar livremente de suas faculdades naturais, de que serviriam estas, o que valeria a existência?

O bem-estar do homem é tanto maior quanto maior é a sua liberdade, quanto menor é o sacrifício ou restrições dela.

O melhor governo é pois aquele que conserva ao homem a maior soma de suas liberdades, a maior extensão delas, a consciência e convicção de que ele pertence a si mesmo, à sua inteligência, a seus fins naturais.

As maiores ou menores restrições feitas a esta primeira e essencial condição moral do homem são quem assinalam e distinguem os bons e maus governos. Tais restrições não devem exceder jamais do que for essencialmente necessário para respeitar os direitos alheios, por isso mesmo que eles são iguais, e não pode haver direito contra direito.

Em suma, a liberdade é um dom de Deus, e o fim da sociedade é de protegê-la, e não de proscrevê-la.

§ 2º Da extensão do direito de liberdade:

537. O homem não é obrigado a fazer ou deixar de fazer alguma coisa senão em virtude de lei e, conseqüentemente, tudo que ela não proíbe é permitido, é lícito, pelo menos no foro social.

Como dita a razão esclarecida, e como expressa formalmente a nossa tese constitucional, a liberdade não é pois uma exceção, é sim a regra geral, o princípio absoluto, o direito positivo; a proibição, a restrição, isso sim é que são as exceções, e que por isso mesmo precisam ser provadas, achar-se expressamente pronunciadas pela lei, e não por modo duvidoso, sim formal, positivo; tudo o mais é sofisma.

Em dúvida prevalece a liberdade, porque é o direito que não se restringe por suposições ou arbítrio, que vigora porque é *facultas ejus, quod facere licet, nisi quid jure prohibetur.*

Esta disposição é sancionada pelo art. 180 do Código Criminal; impedir que alguém faça o que a lei permite, ou obrigar a fazer o que ela não manda, pena de prisão por um a seis meses e multa correspondente à metade do tempo da prisão. Se este crime for cometido por empregado público, que para isso se servir de seu emprego, incorrerá, além das penas declaradas, na de suspensão do emprego por dois meses a quatro anos.

Sem dúvida a lei, e só o preceito claro da lei, é quem pode ter o direito de restringir a liberdade, e não o arbítrio ou vontade de alguém, que deve ser impotente desde que o princípio do governo não é o da escravidão, sim o dos direitos do homem.

§ 3º Da restrição legítima da liberdade:

538. Nenhuma lei deve ser decretada ou estabelecida senão porque a utilidade pública a reclame. A lei, ainda mesmo quando vem garantir algumas das relações da liberdade, afeta outras; ela cria sempre obrigações e penalidades que lhe servem de sanção; conseqüentemente, sempre que não for ditada por verdadeira utilidade pública, estabelecerá um sacrifício injusto e porventura uma tirania.

Nenhuma lei deve pois ser concebida senão depois de bem reconhecido que é de verdadeira utilidade social, e esta jamais pode estar em oposição com as condições morais do homem e da sociedade.

Toda a lei, toda a restrição da liberdade que não for ditada pelos princípios da moral, pelo respeito recíproco dos direitos individuais, ou por claro e lícito interesse da comunidade social, será uma injustiça ou um erro lamentável que a civilização, que a ilustração pública deve, desde logo, procurar corrigir pelos meios legais que o sistema constitucional facilita.

§ 4º Da garantia de não retroatividade das leis:

539. A garantia é uma promessa, uma segurança que a lei estabelece para fazer respeitar efetiva e eficazmente um direito. Ora, nem a liberdade, nem a segurança teriam garantia alguma desde que as leis pudessem ter efeito retroativo.

O homem não deve, em circunstância alguma, ser julgado, nem mesmo interrogado pelo poder público, senão em virtude de uma lei anterior e constante. Enquanto essa lei não existia, sua liberdade não estava limitada no sentido dela; seus atos eram lícitos, eram filhos do seu direito; não tinha que responder por eles senão a Deus e à sua consciência.

A lei que instituindo uma obrigação ou penalidade fizesse com que ela retrogradasse e fosse dominar os fatos ocorridos antes de sua promulgação e publicidade legal, aniquilaria toda a idéia de segurança e liberdade. Nenhum homem poderia em dia algum asseverar que deixaria de ser perseguido, pois que qualquer dos atos de sua vida anterior poderia ser erigido em delito.

O sagrado princípio da não retroatividade da lei deve ser respeitado ainda mesmo no caso de interpretação, como expusemos no nº 86, e essa é a norma dos governos constitucionais.

§ 5º Das diversas espécies ou relações da liberdade:
540. A liberdade é sempre uma e a mesma, mas como ela pode ser considerada em diferentes relações, por isso costuma-se dividi-la ou classificá-la como liberdade do pensamento e sua comunicação, de consciência ou religião, de locomoção, viagem ou emigração, de trabalho ou indústria, de contratar e de associação. Nós trataremos destas diferentes relações nas seguintes seções.

Seção 3ª: Da liberdade do pensamento e sua comunicação

§§ 1º a 3º Todos podem comunicar seus pensamentos por palavras, escritos, e publicá-los pela imprensa, sem dependência de censura, contanto que hajam de responder pelos abusos que cometerem no exercício deste direito, nos casos e pela forma que a lei determinar. Constituição, art. 179, § 4º.

§ 1º Da liberdade do pensamento:
541. A liberdade do pensamento em si mesmo, enquanto o homem não manifesta exteriormente, enquanto o não comunica, está fora de todo poder social, até então é do domínio somente do próprio homem, de sua inteligência e de Deus.

A sociedade, ainda quando quisesse, não tinha meio algum de penetrar nessa esfera intelectual, suas leis não chegam até lá.

§ 2º Da comunicação privada das opiniões ou pensamentos:
542. O homem porém não vive concentrado só em seu espírito, não vive isolado, por isso mesmo que por sua natureza é um ente social. Ele tem a viva tendência e necessidade de expressar e trocar suas idéias e opiniões com os outros homens, de cultivar mútuas relações; seria mesmo impossível vedar, porque fora para isso necessário dissolver e proibir a sociedade.

Esta liberdade é pois um direito natural, é uma expressão da natureza inteligente do homem.

É todavia necessário que o uso dela não perca os caracteres de direito, não seja alterado pelas paixões, pelo crime, que não se dirija a fazer o mal.

Enquanto a comunicação das idéias ou opiniões não passa de palavras ou de escritos particulares, enquanto não tem publicidade além de certo número, ou não se dirige a prejudicar os direitos de outrem ou da sociedade, deve ser perfeitamente livre; é o comércio das relações naturais do homem; o contrário seria estabelecer a hipocrisia e imbecilidade.

§ 3º Da publicidade do pensamento ou opiniões, especialmente pela imprensa:

543. Desde porém que a comunicação se estende por mais de um certo número de pessoas, que a lei deve definir, como faz o nosso Código Criminal em seu art. 7, desde então ela se torna muito mais importante pelos resultados que pode produzir.

De todos os meios de comunicação a imprensa é sem dúvida o mais amplo e poderoso, sobreexcede mesmo a gravura e a litografia. É um instrumento maravilhoso, que leva as idéias ou opiniões a todas as localidades, que as apresenta a todos os olhos, atravessa os Estados, percorre o mundo, consegue o assenso de muitos, porque comunica-se com todos, porque põe em movimento o pensar de milhões de homens.

É por isso mesmo um instrumento poderoso, cujo uso e liberdade é característica dos povos e governos livres.

Convém extremar e distinguir a imprensa literária ou industrial da imprensa política; ambas são preciosas, mas têm alguns caracteres especiais.

544. Os benefícios da imprensa literária ou industrial são imensos, incomensuráveis. É ela quem tem promovido a civilização, desenvolvido as faculdades humanas, fertilizado os conhecimentos, o trabalho, a indústria, a riqueza.

Seu eco propala as invenções apenas descobertas, noticia os processos, os métodos, os progressos de todas as artes e ciências, é uma fonte perene de luzes e conseqüentemente de bem-ser social. Enfim, posto que indiretamente, ela concorre com grande força para a liberdade dos homens porque não pode haver escravidão desde que o espírito do povo tem conseguido ilustração; a escravidão só se mantém no assento da ignorância.

A liberdade da imprensa literária ou industrial deve ser amplamente franqueada, não só aos nacionais, como aos estrangeiros; a livre expressão da inteligência, desde que não se envolve no governo político do país, pertence ao homem porque é homem, qualquer que seja sua nacionalidade.

545. A imprensa política é também assaz preciosa; não é menos do que o direito que tem e deve ter o cidadão de participar, de intervir no governo de seu país, de expor publicamente o que pensa sobre os grandes interesses da sociedade de que ele é membro ativo. É um direito antes político do que natural ou individual, como reconhece o art. 7 do Código Criminal, que só dispensa a qualidade de cidadão ativo quando se trata de defesa própria, que é por si muito recomendável.

A imprensa política é a sentinela da liberdade, é um poder reformador dos abusos e defensor dos direitos individuais e coletivos. Quando bem manejada pelo talento e pela verdade esclarece as questões, prepara a opinião, interessa a razão pública, triunfa necessariamente. É o grande teatro da discussão ilustrada, cujas representações têm mudado a face do mundo político. Encadeá-la fora entronizar o abuso e o despotismo.

Mas, por isso mesmo que tal é a alta missão da imprensa, é claro que se não deve abusar dela e transformá-la em instrumento da calúnia ou injúria, de desmoralização, de crime. Sua instituição tem por fim a verdade e o direito, não os ataques grosseiros, os sarcasmos, as perfídias, a desordem e anarquia. Em tais casos os próprios direitos individuais e públicos são os que clamam pela repressão.

Para evitar a parcialidade na respectiva lei regulamentar, o Direito Constitucional estabelece as seguintes garantias essenciais: 1ª) o direito de livre publicação não pode ser impedido; 2ª) não pode haver censura prévia; 3ª) o julgamento da criminalidade será de competência do júri; tudo mais pertence à lei regulamentar, que é sujeita à reforma e perfeição, e que não pode ser imutável.

Seção 4ª: Da liberdade de consciência e religião ou culto

§ 1º Ninguém pode ser perseguido por motivo de religião, uma vez que respeite a do Estado e não ofenda a moral pública. Constituição, art. 179, § 5º.

§ 2º A religião católica apostólica romana continuará a ser a religião do Império. Todas as outras religiões serão permitidas com seu culto doméstico ou particular, em casas para isso destinadas sem forma alguma exterior de templo. Constituição, art. 5º.

§ 1º Da liberdade da consciência e da fé religiosa:

546. Não reproduziremos o que já dissemos no nº 10; a liberdade da consciência está acima do poder social, é a liberdade do pensamento moral, o sentimento íntimo, a crença, o culto interior que não pode ser constrangido.

Quando mesmo o culto se revele exteriormente, mas por modo puramente particular, a sociedade não tem direito de impedi-lo senão quando ele, deixando de ser tal, ofenda a moral ou ordem pública, aos cidadãos ou aos direitos sociais; é a adoração que o homem oferece privadamente a Deus, segundo crê que lhe será mais agradável.

O culto externo particular deve pois em regra ser tão livre como a própria crença, como o culto interno.

Pelo que toca ao culto externo, quando se torna público pode a lei restringi-lo segundo as considerações da ordem política demandarem; seria porém uma iniqüidade o perseguir alguém por motivo de religião, uma vez que respeite a do Estado e não ofenda a moral pública.

A religião é o complexo de princípios que dirigem os pensamentos, ações e adoração do homem para com Deus; ela compreende a crença ou dogma, a moral ou a aplicação da crença e o culto; constranger o homem a renunciar suas inspirações sinceras a esse respeito é desconhecer a diversidade dos espíritos, das idéias, da inteligência humana; persegui-lo seria exercer uma tirania amaldiçoada pela Divindade.

§ 2º Das restrições do culto público:
547. A lei do Estado garante uma proteção especial à religião católica apostólica romana, como já observamos; e restringe o culto público de outras religiões, na forma do seu art. 5.

É fora de dúvida que o Estado tem direito de exercer sua polícia sobre os cultos, de apreciar a doutrina deles, sua disciplina, suas tendências, de impedir que defraudem as propriedades ou fortunas particulares; que as sociedades religiosas se apresentem em forma coletiva, usurpando existência própria, pretendendo exercer direitos de prédicas ou procissões públicas, ou praticando excessos ou perturbações. Sem essa polícia e inspeção o governo não poderia julgar se elas contrariam ou não a ordem social, nem tampouco, defender a sociedade e os cidadãos.

Assim, e conforme as idéias e hábitos nacionais de cada país, as respectivas leis concedem, mais ou menos, amplitudes à publicidade dos diversos cultos.

Nossa disposição constitucional não só garantiu uma justa tolerância, mas concedeu a liberdade essencial, o culto não só doméstico, mas mesmo em edifícios apropriados e para isso destinados, não devendo somente ter formas exteriores de templos.

Esta liberdade é tanto mais preciosa quanto é certo que uma das primeiras necessidades do Brasil é a de uma numerosa colonização, que venha desenvolver e fecundar o trabalho, as fontes de riqueza que nosso país contém.

SEÇÃO 5ª: DA LIBERDADE DE VIAJAR OU DE EMIGRAR

§§ 1º e 2º Qualquer um pode conservar-se ou sair do Império, como lhe convenha,

levando consigo os seus bens, guardados os regulamentos policiais e salvo o prejuízo de terceiro. Constituição, art. 179. § 6°.

§ 1° Do direito de viajar ou sair do Império:
548. Posto que o homem seja membro de uma nacionalidade, ele não renuncia, por isso, suas condições de liberdade, nem os meios racionais de satisfazer suas necessidades ou gozos. Não se obriga ou reduz à vida vegetativa, não tem raízes, nem se prende à terra como escravo do solo.

A faculdade de levar consigo os seus bens é um respeito devido ao direito de propriedade. Desde que o homem não contraria os regulamentos de polícia ou obrigações a que está ligado para com terceiros, a lei não tem razão alguma para impedir a livre disposição que ele faz de sua própria pessoa.

Só por efeito de pena, como no caso de degredo, é que o homem pode ser adstrito a uma residência fixa; mas nós não tratamos de crimes e penas, sim do direito.

Os regulamentos de polícia e passaportes não devem estabelecer as restrições senão essencialmente necessárias, já para não ocasionarem despesas e incômodos opressivos nos casos ordinários, já porque são facilmente iludidos nas circunstâncias em que porventura conviera que fossem observados.

§ 2° Do direito de emigração:
549. O direito de emigração é uma conseqüência necessária do direito anterior. O Estado não é prisão, e também não pode obrigar-se a satisfazer as necessidades dos seus súditos ou habitantes. O homem tende por uma força irresistível a procurar melhorar a sua sorte, a ser feliz; como prendê-lo ou obrigá-lo a regressar?

Uma boa política e administração que cimente o bem-ser e o amor da pátria, o desenvolvimento da inteligência e da indústria, e com ela a facilidade de uma existência agradável são os únicos meios que podem evitar a emigração.

Só circunstâncias extraordinárias ou o caráter e condições políticas dos membros da família reinante podem porventura modificar estes princípios, que são derivações ou conseqüências dos direitos do homem.

Seção 6ª: Da liberdade do trabalho ou indústria

§§ 1° a 3° Nenhum gênero de trabalho, de cultura, indústria ou comércio, pode ser

proibido, uma vez que não se oponha aos costumes públicos, à segurança e saúde dos cidadãos. Constituição, art. 179, § 24º.

§ 4º Ficam abolidas as corporações de ofícios, seus juízes, escrivães e mestres.[72] Constituição, art. 179, § 25º.

§ 1º Da liberdade do trabalho ou indústria:
550. A livre escolha e exercício do trabalho, indústria ou profissão, sua livre mudança ou substituição, a espontânea ocupação das faculdades do homem, tem por base não só o seu direito de liberdade, mas também o de sua propriedade.

O homem tem por seu destino natural necessidades que precisa e aspira satisfazer; para preenchê-las a Providência deu-lhe a inteligência e outras faculdades correspondentes.

Ele é o senhor exclusivo delas, assim como dos seus capitais que o trabalho anterior tem produzido e economizado; tem pois o livre arbítrio, o direito incontestável de empregar estas forças e recursos como julgar melhor, segundo sua inclinação ou aptidão. Impedir o livre uso desse direito, sua escolha espontânea, ou querer forçá-lo a alguma ocupação industrial determinada, seria violar a mais sagrada das propriedades, o domínio de si próprio.

Teria o homem em tal caso o direito de dizer ao governo imbecil que assim infringisse suas prerrogativas naturais, e os verdadeiros princípios econômicos, que estão sempre de acordo com elas: Já que comprimis meus esforços para melhorar minha sorte e assim destruís o patrimônio que a natureza me deu, sede conseqüente, ou restituí-me minha independência natural ou satisfazei minhas necessidades; vós não fostes instituído para usurpar e despojar-me de meus direitos, sim para garanti-los; eu não sou servo a quem possais determinar o serviço industrial.

§ 2º Das únicas restrições constitucionais:
551. As únicas restrições que o nosso artigo constitucional estabelece são que o trabalho ou indústria não se oponha aos costumes públicos, ou à segurança ou saúde dos cidadãos.

---

[72] Instituição de origem medieval através da qual elementos de uma mesma profissão se associavam. As corporações de ofícios formavam corpos jurídicos com legislação e organização internas próprias que zelavam pela qualidade dos produtos e determinavam preços, salários e número de jornaleiros e de aprendizes por mestre; existiram no Brasil até 1824, compreendiam profissões como as de carpinteiros, alfaiates, sapateiros, pedreiros, ferreiros, serralheiros, padeiros, entre outras.

As pinturas ou representações imorais, as casas de deboche[73] ou coisas semelhantes, ofenderiam sem dúvida os costumes e moral pública, e não deveriam ser toleradas; seria um abuso e não um direito, um emprego reprovado da atividade humana.

As fábricas ou estabelecimentos perigosos, ou insalubres, entretidos no centro das povoações, põem certamente em risco a vida e saúde dos cidadãos, direitos que devem ser inteiramente respeitados; outro tanto diremos do fabrico de instrumentos próprios para roubar [Código Criminal, art. 300].

À exceção destas duas classes de limitações, nossa lei fundamental promete, garante aos brasileiros uma plena liberdade industrial; mas essa garantia é porventura respeitada por nossa administração? Não; e muito pelo contrário essa liberdade civil tem sido muito contrariada. Tem-se suposto que a razão pública é idiota, e olvidado que a riqueza é planta que não prospera se não no terreno da liberdade.

§ 3º Do sistema preventivo e regulamentar:

552. Nossa administração de tempos a esta parte em vez de concorrer para o livre desenvolvimento industrial do país, em bem da atividade social, ação e energia de suas forças, não tem tido outro pensamento e missão que não seja de embaraçá-lo.

Seu único esforço tem sido de paralisar a liberdade industrial pelo só medo ou só possibilidade do abuso dela; é uma administração que contraria o próprio fim de sua instituição.

Semelhante sistema, que enerva e embrutece a sociedade, embora não expresse, considera os homens como escravos ou máquinas da associação; olvida-se dos seus direitos e liberdades; entende que uma parte deles é dominada pela ignorância e inépcia, e outra parte pela fraude e imoralidade; não conta com a razão pública, e só confia na inteligência do governo, na inteligência própria, que se erige em tutor de menores ou sandeus! É realmente um sistema detestável!

Desde que o trabalho, a empresa, ou indústria qualquer, em si é lícita, desde que não é imoral, ou que por sua natureza não afeta a segurança ou saúde dos cidadãos, o só temor, ou só possibilidade de abuso, não é razão nem fundamento suficiente para proibir o seu livre uso; se verificar-se o abu-

---

[73] Prostíbulos.

so, reprimi-o, esse é o único direito e dever da administração; estudai e estabelecei para esse fim leis inteligentes.

Se pela só possibilidade do abuso, se a título dos maus efeitos que pode alguma empresa produzir, a administração se julga autorizada a proibi-la, então pelo mesmo título está autorizada a restringir todas as indústrias sem exceção de nenhuma empresa, pois que em todas pode haver abusos e maus efeitos. É dizer-se à sociedade: "para prevenir-se o abuso de vossas ações, proíbo vossas ações, vossa atividade, cruzai pois os braços; a ordem pública assim exige, e ordem pública não é a manutenção dos direitos, é sim a escravidão paciente".

Um tal sistema destrói evidentemente todas as condições do regime constitucional, de um governo livre, por isso mesmo que deixa tudo à discrição do poder, aos erros e paixões dos ministros e seus conselheiros; tem-se uma ou mais vontades que se arrogam o direito de dominar o Estado e de sujeitar a razão pública a seu sistema ou ilusões.

Cumpre sem dúvida conter as pretensões que em si mesmas forem más, nesse caso não há perigo de tolher uma liberdade útil, criadora, não há o abuso de se querer governar os interesses lícitos; a concorrência natural, os esforços individuais; quando porém não forem tais, porque escravizá-las?

Se esse sistema fosse conseqüente, isto é, se ele tivesse forças suficientes, pois que desejos não lhe faltarão, pena de ser contraditório, deveria desde logo proibir a liberdade da tribuna e da imprensa, pois que nada oferece maior possibilidade ou facilidade de abusos, e porventura fatais.

Se a liberdade da indústria é um direito, e se basta a possibilidade de abuso de um direito para poder ser ele proibido, qual será então o direito que a administração não poderá proibir?

É uma punição que antecede o crime ou abuso, por isso mesmo que a privação de um direito é uma pena; o cidadão deve sofrê-la, porque a administração entendeu que ele poderia abusar! É reunir despotismo à tirania, porque nem ao menos se limita a castigar as intenções, mas sim até a mera possibilidade delas. Tal é a jurisprudência absurda e bárbara da imaginação tímida, que não vê na sociedade senão ignorância e fraude, e que presume que fora de seus desvarios não há senão crises e ruínas. Atrasa-se um país por muito tempo, e em vez de fazer-se amado o governo, faz-se aborrecido, porque ao em vez de ser um princípio de proteção, torna-se um instrumento de opressão!

Desde que o governo é o único apreciador, que consente ou não, segundo quer, o exercício dos direitos industriais dos cidadãos, estes não são mais senhores de dispor de sua inteligência e esforços, de formar seus planos, de organizar seus trabalhos ou empresas com certeza e segurança, e daí provém necessariamente o desânimo e o esmorecimento social.

O sistema de repressão legal é o único racional, ele deve traçar as condições e previsões legislativas necessárias, enunciar claramente os direitos e obrigações que forem justas, e deixar o mais à liberdade dos cidadãos, que ficarão assim já prevenidos de que serão punidos quando abusem, e punidos por seus tribunais competentes, e não pelo arbítrio ministerial.

Só então pode o homem contar com suas faculdades e esforços, prever, combinar e dispor de seus meios e recursos; sabe a lei em que vive, não tem que lutar com um sistema de desconfiança e humilhação, que apregoa que só o governo é previdente e moral.

O sistema de repressão não concentra a atividade social exclusivamente nas mãos dos ministros, não faz do governo o dispensador das indústrias e dos interesses particulares, não sujeita estes aos erros, morosidade, desleixo, parcialidade ministerial. O governo por sua parte fica também livre das queixas de ser afrontado como a causa dos sofrimentos sociais, já pelo que autoriza, já pelo que denega. Obtém-se um regime fixo, que não depende da mudança dos ministérios e suas vistas diferentes; os cidadãos são os únicos artistas inteligentes de seu próprio destino, livres de uma tutela odiosa contam com os seus braços, capitais e capacidade; emancipa-se a razão nacional, confia em si mesma e não tem direito de esperar da administração mais do que ela deve e pode.

A conseqüência final, salva uma ou outra dificuldade passageira, será a prosperidade geral, carreira aberta à mocidade que não verá sua esperança só em mesquinhos empregos; a consciência e a satisfação do gozo real dos direitos sociais garantidos pela Constituição, e não uma vã promessa, uma decepção irrisória.

Estas considerações, que se fundam nos ditames do Direito, se fundam também nos verdadeiros princípios econômicos. Ainda quando alguém erradamente pensasse o contrário, em todo o caso deveriam preferir e prevalecer os direitos naturais, por isso mesmo que os homens não são máquinas de trabalho, e sim seres inteligentes, que têm destinos seus. Demais, a Providência, cheia de bondade e sabedoria, não criou uma economia social contrária aos direitos individuais, suas obras são harmoniosas e o Direito é o farol e o mais luminoso das verdadeiras idéias econômicas; todo o pensamento econômico que contrariar o Direito é filho do erro e da mentira.

Deixe o governo que os esforços industriais dos brasileiros entrem em ampla e livre concorrência em todas as suas relações; cure por sua parte de auxiliar certos serviços essenciais ou necessários ao público quando a indústria particular não puder satisfazê-los bem; proceda por modo criador, inteligente, deixando a todos os trabalhos e empresas seu livre desenvolvimento, e conte com o futuro, com a riqueza e com a força. Antes a riqueza às vezes febril da União Americana do que a imobilidade da pobreza napolitana. É preciso contar com a razão pública e com os milagres da liberdade.

§ 4º Da abolição das corporações de ofícios:
553. A disposição do § 25º do art. 179 da Constituição nada mais é do que a promessa de que não se reproduzirá mais o abuso da criação de tais corporações, que eram um dos produtos do reprovado sistema regulamentar ou preventivo, pois que o abuso produz abusos.

O trabalho é a lei do homem, é o meio único pelo qual ele subsiste e se melhora; em vez de reconhecer o direito sagrado que ele tinha de procurar a escolher os meios e combinações mais favoráveis para cumprir o preceito dessa lei, tais corporações não serviam senão para disputar privilégios e monopólios, para pretender direitos e extorsões.

De um lado oprimiam os talentos e interesses dos operários e das profissões que queriam aperfeiçoar-se pela livre concorrência, de outro impediam que a sociedade tivesse a livre escolha dos produtos que desejava, e que obtivesse seus suprimentos por preço cômodo.

O direito de trabalhar era como que um direito dominial, que podia ser vendido ou aforado pelo governo em favor de alguns e à custa dos interesses de todos.[74]

Esse abuso, já proscrito pela civilização, é pois expressamente condenado pela nossa garantia constitucional. Convém que o governo deduza dela algumas aplicações que ainda restam por verificar; não é necessário marcar para o foro comum número de advogados às localidades e manter outras disposições semelhantes; as necessidades públicas e a livre escolha das partes interessadas, que atenderão à capacidade dos concorrentes, é o melhor dos regulamentos.

---

[74] O direito dominial era aquele que o senhor exercia sobre suas terras e tudo o que estivesse estabelecido sobre seus domínios. O direito de posse desses mesmos domínios era concedido mediante o pagamento de uma certa renda anual, designada pelo foro.

Seção 7ª: Da liberdade de contratar e de associação

§ 1º Da liberdade de contratar:

554. O direito ou liberdade de contratar é de tal modo evidente que ninguém jamais dirigiu-se a impugná-lo; seria para isso necessário pretender que homem não pode dispor de sua inteligência, vontade, faculdade ou propriedade.

Não basta porém reconhecer este direito como inconcusso, é demais necessário saber respeitá-lo em toda a sua latitude e suas lógicas conseqüências, senão o princípio, posto que consagrado, será mais ou menos inutilizado com grave ofensa dos direitos do homem; entraremos pois em resumida análise a respeito.

O contrato não é uma invenção ou criação da lei, sim uma expressão da natureza e razão humana, é uma convenção ou mútuo acordo, pela qual duas ou mais pessoas se obrigam para com uma outra, ou mais de uma, a prestar, fazer ou não fazer alguma coisa. É um ato natural e voluntário constituído pela inteligência e arbítrio do homem, é o exercício da faculdade que ele tem de dispor dos diversos meios que possui de desenvolver o seu ser e preencher os fins de sua natureza, de sua existência intelectual, moral e física.

O contrato não é mais do que um expediente, uma forma que o homem emprega para dispor do que é seu, dos seus direitos privados, segundo sua vontade de condições do seu gosto, segundo suas necessidades e interesses; é o meio de estipular suas relações recíprocas; é em suma a constituição espontânea, livremente modificada, que cria ou transporta seus direitos ou obrigações particulares, de que pode dispor como lhe aprouver.

555. Inibir ou empecer direta ou indiretamente esta faculdade, o livre direito de contratar, é não só menosprezar essa liberdade, mas atacar simultaneamente o direito que o homem tem de dispor de seus meios e recursos, como de sua propriedade. Uma das primeiras garantias, sem a qual não há plenitude de propriedade, é a da livre disposição dela; ora, proibir ou restringir a liberdade de contratar é evidentemente proibir ou restringir o livre uso e disposição da propriedade.

Os contratos devem ser entregues à vontade das partes, essa é a sua verdadeira lei, a razão de sua existência e o princípio e regra de sua interpretação.

A lei do Estado não deve intervir senão para dois únicos fins.

1º) Para prescrever as formas legais ou solenidades externas que devam ser observadas, já para melhor prova, já para a percepção de impostos, e já finalmente para alguma outra condição exterior que possa ser conveniente.

2º) Para sancionar as solenidades internas ou condições racionais e essenciais da validade dos contratos, condições muito conhecidas desde que os romanos tornaram a razão escrita e gravada sobre esta parte do direito, e por tal modo que ninguém presuma que virá descobrir erros ou lacunas.

Estas condições têm em vista defender o verdadeiro e livre consentimento, proscrevendo a fraude ou dolo, violência ou erro substancial quando procedente. Têm por objeto reconhecer e firmar a capacidade das partes, pois que é manifesto que os menores ou interditos não podem obrigar-se validamente. Destinam-se a observar que os contratos tenham uma causa e que essa seja lícita, porquanto não pode haver obrigação sem causa; ou procedente, quando afeta a lei, a sã moral e bons costumes. Finalmente, demandam a intervenção de cousa certa que seja o objeto dos direitos e obrigações, pois que sem isso não seriam realizáveis.

Eis os únicos assuntos das solenidades internas; o mais tudo, o fundo do contrato, suas condições, cláusulas, modificações, que podem ser infinitamente variadas, devem ser deixadas à vontade das partes.

Com efeito, desde que as formas legais são observadas, e que as condições internas ou essenciais da validade dos contratos são respeitadas, que tem o governo de vir intrometer-se no direito privado dos cidadãos quando é no todo incompetente? Sua intervenção não pode ter em vistas senão a arbitrariedade ou a tutela discricionária.

À exceção de algumas garantias ou penalidades que a lei deva porventura estabelecer ou cominar para pôr os indivíduos em guarda contra sua própria imprudência, como pode verificar-se nos contratos aleatórios, ou para premunir e resguardar os direitos de terceiro, o mais tudo pertence ao livre e exclusivo arbítrio dos homens e não dos governos, que não são senão instrumentos da lei.

À exceção dessas cautelas, o mais é mesmo desnecessário. Se tiver havido fraude o contrato será anulado pela lei comum, por isso mesmo que quando ela existe não há verdadeiro consentimento. Se for ilícito ou imoral, será também nulo pelo mesmo direito e por sua causa reprovada. Se porém, não viola a lei, se é lícito, porque proibir ou empecer?

Cumpre não confundir o direito com a moral, com a ciência do bem conscioncioso, pois que essa confusão é fatal para a liberdade dos povos. O Estado não é regulador das consciências, e só sim o magistrado do direito e da justiça política e civil; ele não tem a missão de julgar as intenções, nem de aplicar os ditames das máximas morais, sim de julgar somente os atos externos e segundo as leis positivas; não é o chefe da Igreja ou sociedade religiosa, sim o chefe da sociedade civil e política.

Já não estamos no tempo da condenação da usura ou fixação do juro legal, aí está a nossa lei de 24 de outubro de 1832 declarando que o *quantum* dele será aquele que as partes convencionarem.[75]

O que convém é ilustrar o povo, premuni-lo por esse meio contra a agiotagem e imprudências, contra todos os abusos industriais, e aperfeiçoar nossa imperfeita legislação, e não pensar que a máxima sabedoria cifra-se unicamente em proibições; é caminho curto e cômodo, que pode encobrir mesmo a incapacidade do aperfeiçoamento das leis, mas em que se precisa não encontrar o estorvo da inteligência pública.

§ 2º Do direito de associação:

556. O direito de associação é virtual e logicamente reconhecido pelo art. 179 da Constituição, por isso mesmo que ele tem por base a natureza racional, a liberdade e propriedade individual, assim como o direito de trabalho livre, e de contratar.

O princípio de associação ou sociabilidade está implantado na natureza humana, é um dos seus caracteres distintivos, morais e inteligentes; o destino do homem é de ser social; essa é a base de todo o progresso humano.

A legislação que impedisse ou dificultasse o desenvolvimento desse princípio, liberdade, e necessidade da inteligência, seria eminentemente contraditória, porque condenaria o próprio fato da respectiva existência, da sua própria associação civil e política; a sociedade é mesmo menos um ato legal que natural.

O gênero humano não é mais do que uma grande associação dividida em diferentes sociedades nacionais; e a condição, o caráter da humanidade por certo não se enervou só com essas duas expressões de sociabilidade, pelo contrário, quanto maior é o incremento da civilização e pontos de contato entre os homens, tanto mais essa condição da perfeição humana se desenvolve, combina e amplia. E o meio o mais eficaz que ela possui para chegar a seus fins, é a reunião e combinação das forças, assim como das luzes da inteligência, que se concentra, e realiza tudo o que é possível realizar. É uma potência, uma segunda criação, que tem melhorado prodigiosamente a sorte dos povos e dos indivíduos. A ela se devem as estradas de ferro, os canais, o desenvolvimento da navegação, manufaturas, comércio, enfim, o incremento de todos os recursos humanos.

---

[75] A lei de 24 de outubro de 1832 diz respeito aos juros ou prêmios em dinheiro de qualquer espécie.

A própria sociedade política ou nacional, tem a necessidade irrecusável de subdividir-se em provincial, municipal, e paroquial, e de manter em seu seio a sociedade, ou sociedades religiosas; porque todas as necessidades e interesses idênticos irremissivelmente procuram entender-se e harmonizar-se; para impedir seria necessário proibir a comunicação do pensamento e a liberdade de contratar e de trabalhar. Sem essa proibição o homem procurará sempre a coadjuvação recíproca dos outros homens, verá que por si só não chega para seus variados fins, que precisa dar e receber o concurso da inteligência e da atividade dos outros. Verá que sem isso não utilizará suas forças, que serão perdidas. É um princípio providencial, e o isolamento é uma pena.

Ora, se o direito de associar-se é incontestável, o de reunião lícita não é menos, porque se inclui naquele; ele é reconhecido pelo art. 285 do Código Criminal; e por isso mesmo julgamos não ser preciso deter-nos sobre ele.

§ 3º Das restrições ao direito de associação:

557. Nosso sistema de administração é verdadeiramente notável a este respeito. Nos termos do nosso Código Criminal, art. 282, têm os brasileiros a mais ampla liberdade de formar as sociedades políticas que quiserem, e para o fim que julgarem conveniente, salva a participação que devem fazer à autoridade pública na forma desses artigos, que alguma cousa têm de imprevidentes.

Quando porém se trata de sociedades industriais muito mais inocentes, o governo opõe dúvidas e dificuldades numerosas. É o sistema, de que há pouco tratamos, de impedir a liberdade do trabalho.

Tem-se chegado a pensar que o direito de associação, e de suas variadas combinações, constitui uma faculdade do governo, ou dominial, que só pode ser concedida por exceção ou privilégio, quando é justamente o contrário, pois que é um direito natural, que só pode ser impedido por exceção muito bem fundamentada e demonstrada, pois que estamos em um estado livre e não sob um regime absoluto.

O que porém acontece entre nós? Embora uma empresa ou sociedade projetada em nada contrarie a lei e a boa-fé comercial, embora tenha todas as probabilidades de ser bem sucedida, embora as pessoas dos empresários e subscritores ministrem todas as garantias desejáveis, embora sejam satisfeitas todas as condições do decreto de 10 de janeiro de 1849,[76] basta que o

---

[76] O decreto de 10 de janeiro de 1849 estabeleceu regras para a incorporação de sociedades anônimas.

ministério julgue que a pretensão prejudica os interesses da indústria em geral, ou algum interesse do Tesouro, que promove a agiotagem, ou que encerra outro qualquer inconveniente, para impor o seu *veto*. Ora, isto não é sujeitar ilimitadamente toda a indústria nacional e com ela o direito natural de associação, a liberdade de contratar e de dispor de sua inteligência, trabalho e capitais, ao arbítrio discricionário do ministério? Se isto não é subordinar-lhe todo o desenvolvimento da atividade nacional, então não sabemos o que seja. A este respeito a nossa liberdade civil está tal qual permaneceria sob a tutela ou mando peremptório de um governo perfeitamente absoluto.

558. A sociedade anônima é sobre todas o objeto da desconfiança e dificuldades administrativas. Ainda quando se obtenha a autorização, tem-se de sofrer antes um processo longo e humilhante pela dependência ministerial, que é fatigante e quase fabulosa, que gasta meses e até anos, que desconcerta todos os planos e causa perdas que podem ser consideráveis.

Se fosse possível, nada seria melhor do que detalhar a lei todas as condições, obrigações e garantias necessárias à incorporação das sociedades, para que, satisfeitas elas, pudessem os cidadãos contar com o seu direito, e não com uma sorte puramente casual e arbitrária, senão errônea e parcial.

À proporção porém que a civilização brasileira engrandecer-se, os interesses individuais se multiplicarão, aumentarão suas aspirações de progresso, apresentarão vistas variadas, combinações numerosas e ativarão sua luta contra semelhantes restrições, que necessariamente hão de cair impotentes ante o sentimento e força da liberdade, sem deixar senão a memória do mal que fizeram retardando por muitos anos o desenvolvimento nacional. À medida que os homens se esclarecem, os abusos enfraquecem.

559. Veja-se a estatística das sociedades da Grã-Bretanha, da França, da Bélgica, e sobretudo, da Nova Inglaterra, e notar-se-á quanto é fecundo e ativo o princípio da associação, e inteligente o da sua liberdade: ciências, artes, melhoramentos materiais e morais, tudo deve-lhe prodigiosos serviços. Sem ele hoje não é mesmo possível entrar em concorrência; os povos que o adotam terão necessariamente uma imensa superioridade sobre os que o rejeitam ou enfraquecem; é condição de progresso.

Nos estados do norte da União, denominados por alguns Nova Inglaterra, onde a legislação e administração é mais liberal que em outro qualquer país, e principalmente em Massachussets, e Rhode Island, todas as localidades estão cobertas de sociedades anônimas aplicadas a todas as espécies de trabalhos; bibliotecas, teatros, caixas econômicas, bancos locais proporcionados às respectivas necessidades, liceus, seguros, fábricas, construções, estradas, canais, enfim todos os trabalhos úteis, ou de beneficência, recebem vida e animação.

Haja embora uma ou outra crise, elas são passageiras, a atividade se restabelece, e esse povo da União, aventureiro como o chamam, vai ou irá impor leis à política do temor e da enervação!

Sem dúvida que a liberdade, que o desenvolvimento amplo dos interesses de um povo há de dar ocasião a algumas dificuldades, mas se abatido o valor destas resta ainda um saldo prodigioso em comparação da política oposta, qual é o homem pensador que pode hesitar na escolha? É preciso contar em tudo com a imperfeição humana, renunciar à utopia da regularidade perene, do céu sempre puro, e adotar o que entre os inconvenientes inevitáveis é melhor ou menos prejudicial. A liberdade cura as suas próprias feridas.

Sem ela a propriedade e a inteligência pouco valem; a liberdade de associar-se ou contratar é mesmo uma condição ou necessidade tal, que sem o sentimento dela não pode dar-se o pensamento de verdadeira felicidade, pois que é por meio dela que os homens estabelecem, estendem, limitam, modificam como querem suas relações ou estipulações, seus gozos e interesses, que escolhem os meios que preferem de seu bem-ser.

560. Se o tal sistema preventivo, a que já aludimos, não consentindo que o espírito de empresa tome a si os melhoramentos nacionais, ao menos se encarregasse de agitá-lo, teria ainda essa desculpa ou explicação, mas não, ele impede os braços alheios e cruza os seus.

Embora se alegue que o país precisa de estradas como os instrumentos os mais valiosos e complementares de sua produção e circulação; embora se clame que aquilo que facilita e fertiliza o trabalho cria capitais; que a ação do crédito é para a máquina industrial como a ação da água para a máquina que ela alimenta, e que deixa de funcionar desde que a força motora lhe é recusada; embora se reclame que será um erro fatal enervar a ação e energia de um país novo, que quer trabalhar e enriquecer-se; denegam-se recursos ou opõe-se morosidade e tropeços às vias ou artérias da circulação, adiam-se todas as idéias que apartam-se da rotina, e comprime-se a ação do crédito por quantos modos se pode excogitar; é ele o inimigo qualificado como o mais perigoso de todos!

Opõem-se mesmo até pretendidos direitos da pequena indústria, olvida-se que associação quer dizer interesse comum a muitos, e não puramente individual ou egoísta; nem se atende os esforços que a civilização européia começa a empregar para dar uma nova e melhor organização à indústria sobre a base de associação.

Se há sistema que possa tornar um governo impopular, é sem dúvida este, por isso mesmo que o homem não vive só para viver, sim para seus fins racionais. As questões políticas comparativamente interessam a poucos; as questões industriais afetam todos, porque afetam as relações do trabalho e dos interesses universais de todos os dias e de todos os esforços da existência, de todas as fortunas e de todas as aspirações.

Nós temos fé que semelhante odioso sistema não perdurará sobre nosso país, desde que o raio da verdade a luz espalhe.

§ 4º Das diferentes formas das sociedades:

561. As espécies da sociedade consideradas em si mesmas, em seus objetos ou fins, são inumeráveis, são infinitas, por isso mesmo que podem ser tantas quantos são os objetos ou fins dos contratos humanos. A religião, a moral, as ciências de toda espécie, as artes, a agricultura em todas as suas dependências, as manufaturas, o comércio, navegação, estradas, crédito, seguros, os objetos variados do Direito, os interesses da própria família, a nação, províncias, confederações, enfim, todas as relações humanas, e em diferentes sentidos, podem ser assunto da sociedade.

Suas formas legais mais usadas são três: a forma coletiva, comanditária e anônima. Qualquer delas considerada em si é muito racional, lícita e útil. Se algum inconveniente pode de alguma delas resultar, o que cumpre é organizá-la melhor e não o proibi-la, nem direta nem indiretamente.

O governo, estabelecendo as diversas formas das sociedades, só deve ter em vista facilitar o uso delas, e procurar resguardar e fazer observar bem as condições que são essenciais para a validade dos contratos. Fora disso, as próprias formas devem mesmo ser livres ou combinadas livremente pelos contratantes, como são na Inglaterra.

A lei inglesa, como atestam Westoby e Coquelin,[77] em sua notável dissertação sobre as sociedades comerciais, é amplamente livre. Segundo ela há duas espécies de sociedades, incorporadas ou não incorporadas, isto é, ordinárias.

As primeiras regem-se pelos atos de sua incorporação.

As segundas são perfeitamente livres, e, salva a responsabilidade ilimitada, livres em todo o sentido. Podem ter o número de sócios que queiram, dividir ou não o seu fundo capital em ações como entendam, pois que

---

[77] Referência a William A. S. Westoby, jurista inglês autor do *Resumé de legislation anglaise*, publicado em 1854; e a Charles Coquelin (1805-52), economista francês.

a lei inglesa nem proibiu, nem facultou isso, não julgou que isso fosse objeto de lei, sim da vontade das partes e do direito de propriedade, que regulariam seus interesses como quisessem, não supôs que pudesse haver dúvida a respeito.

Aí está preparando a civilização européia uma nova forma na associação dos operários, e talvez ainda novas combinações tenham de aparecer, segundo o desenvolvimento da atividade e relações do homem e da sua indústria.

562. Alguns entendem que não há moral, nem direito natural ou comum, e sim privilégio sem responsabilidade solidária e ilimitada; é um perfeito e insustentável erro, derivado de alguma opinião datada de tempos em que a ciência do Direito estava ainda pouco esclarecida nessa parte.

O verdadeiro princípio do direito comum e da eqüidade é que ninguém responda por mais do que aquilo pelo que se responsabilizou.

Se há privilégio, não é, por certo, na sociedade anônima e comanditária, e sim no rigoroso princípio da sociedade coletiva, que ministra aos respectivos credores a prerrogativa excepcional e desconhecida pelo direito comum, de ir haver daquele sócio que escolher importância total do que lhe é devido, quando visivelmente ele não é o seu único devedor; aí é que está o privilégio, e não em responder só pelo que se obrigou.

O que é essencial e não deve ser olvidado pela lei é, como muito bem pondera Horace Say,[78] que ela não consinta que os direitos de terceiros possam ser induzidos em erro. Cumpre que o contrato social seja registrado e tenha mesmo toda a publicidade, para que os terceiros saibam bem com quem e com que garantias tratam, o que podem esperar. Desde que a lei lhes fornece esse indispensável esclarecimento, e que são perfeitamente livres de entrar ou não em transações com a sociedade, o que mais podem eles pretender? Eles não têm título algum de direito que não seja o do contrato social, da obrigação a que os sócios se sujeitaram. Cumpre, como já dissemos, não confundir a moral com o direito.

563. Os homens devem, pois, ser perfeitamente livres na escolha da forma e responsabilidade da sociedade que quiserem preferir; é um direito seu. Não deve, portanto, o governo, direta nem indiretamente, servindo-se da proibição da divisão do fundo social em ações, ou usando de outros obstáculos, coagi-los a ir servir-se de outra forma que não desejavam, ou renunciar a seu direito de associar-se.

---

[78] Horace Emile Say (1794-1860), economista e político francês, foi conselheiro de Estado e ajudou a fundar a *Société d'Économie Politique* e o *Journal du Commerce*.

Esse é também o grande princípio econômico visto com largueza. Em verdade, por que coagir o homem a empregar ou perder toda a sua atividade ou recursos em uma só sociedade, quando ele não quer? Quem melhor que ele conhece sua vontade, suas forças e capitais? Ele deve ser livre de partilhar suas faculdades, de reproduzi-las, de agitar seus meios como entender e puder em variadas indústrias ou empresas, de animar assim diferentes trabalhos com lucro seu e do Estado enfim, de amparar seus próprios riscos, não engajando além de uma prudente proporção os seus recursos em uma só especulação ou empresa.

A Bélgica em 1841 criou uma comissão central de indústria composta de homens competentes e práticos, para que ministre seu parecer, depois dos convenientes exames e esclarecimentos, sobre a utilidade e exeqüibilidade dos projetos de associações industriais. Seu parecer não passa de consultivo, mas é público, e ilustra assim o governo, como o país e os interessados; entre nós o parecer da seção do Conselho de Estado fica em segredo, e os cidadãos nem ao menos sabem o porque se lhes denega seus próprios direitos. Se houver erro, ele não poderá ser combatido, restará a obediência cega! Será isto um princípio regular, um governo livre?

Seção 8ª: Do direito de segurança

§§ 1º e 2º Todo o cidadão tem em sua casa um asilo inviolável. De noite não se poderá entrar nela senão por seu consentimento, ou para o defender de incêndio ou inundação; e de dia só será franqueada a sua entrada nos casos e pela maneira que a lei determinar. Constituição, art. 179, § 7º.

§ 3º Ninguém poderá ser preso sem culpa formada, exceto nos casos declarados na lei; e nestes, dentro de 24 horas contadas da entrada na prisão, sendo em cidades, vilas ou outras povoações próximas aos lugares da residência do juiz, e nos lugares remotos dentro de um prazo razoável, que a lei marcará atenta a extensão do território; o juiz por uma nota por ele assinada fará constar ao réu o motivo da prisão, os nomes de seu acusador e os das testemunhas, havendo-as. Constituição, art. 179, § 8º.

§ 4º Ainda com culpa formada, ninguém será conduzido à prisão ou nela conservado, estando já preso, se prestar fiança idônea nos casos que a lei admite; e em geral nos crimes que não tiverem maior pena do que a de seis meses de prisão ou desterro, para fora da comarca poderá o réu livrar-se solto. Constituição, art. 179, § 9º.

§ 5º À exceção de flagrante delito, a prisão não pode ser executada sendo por ordem escrita de autoridade legítima. Se esta for arbitrária, o juiz que a deu e quem a tiver requerido serão punidos com as penas que a lei determinar. O que fica disposto acerca

da prisão antes de culpa formada não compreende as ordenanças militares, estabelecidas como necessárias à disciplina e recrutamento do Exército, nem os casos que não são puramente criminais, e em que a lei determina todavia a prisão de alguma pessoa por desobedecer os mandados de justiça ou não cumprir alguma obrigação dentro de determinado prazo. Constituição, art. 179, § 10º.

§ 6º Ninguém será sentenciado senão por autoridade competente e em virtude de lei anterior, e na forma por ela prescrita. Constituição, art. 179, § 11º.

§ 7º Será mantida a independência do poder Judiciário. Nenhuma autoridade poderá avocar as causas pendentes, sustá-las ou fazer reviver os processos findos. Constituição, art. 179, § 12º.

§ 8º Organizar-se-á quanto antes um código civil e criminal, fundado nas sólidas bases da justiça e eqüidade. Constituição, art. 179, § 18º.

§ 9º Desde já ficam abolidos os açoites, a tortura a marca de ferro quente e todas as mais penas cruéis. Constituição, art. 179, § 19º.

§ 10º Nenhuma pena passará da pessoa do delinqüente. Portanto não haverá em caso algum confiscação de bens, nem a infâmia do réu se transmitirá aos parentes em qualquer grau que seja. Constituição, art. 179, § 20º.

§ 11º As cadeias serão limpas e bem arejadas, havendo diversas casas para a separação dos réus, conforme suas circunstâncias e natureza dos crimes. Constituição, art. 179, § 21º.

§ 12º Do direito de defesa ou resistência.

§ 1º Do direito de segurança em geral:
564. O direito de segurança é a garantia da liberdade e mais direitos naturais; é o primeiro sentimento do homem e mesmo o instinto dos animais, é a conservação, a defesa de si próprio, é a proteção da existência individual, o direito de viver e de não sofrer.

Conseqüentemente, no estado social é o direito que o homem tem de ser protegido pela lei e sociedade em sua vida, liberdade, propriedade, sua saúde, reputação e mais bens seus. É finalmente o direito de não ser sujeito senão à ação da lei, de nada sofrer de arbitrário, de ilegítimo. É a proteção social que substitui a proteção, a força individual do homem, que ele faria prevalecer se não estivesse em sociedade, e que pela natureza das coisas ele conserva quando se acha em circunstâncias tais que não pode pedir ou receber o socorro social para defender-se.

Este direito, assim como o da liberdade, apresenta diferentes faces ou aplicações, segundo a variedade dos casos ou ocorrências, como veremos nos parágrafos seguintes.

§ 2º Da inviolabilidade ou segurança da casa do cidadão:
565. A inviolabilidade da casa do cidadão durante a noite não é somente um direito, e portanto um dever legal da autoridade, é demais uma obrigação moral de todo o governo civilizado; a casa é o asilo da família, de seu sossego, de sua honestidade. Nada mais grosseiro e imoral do que expô-la ao susto ou aos vexames. Só o consentimento do chefe da família ou a reclamação de socorro pode legitimar a entrada, quanto mais a visita ou busca.

Entretanto, como a Justiça não deve ser paralisada indistintamente em sua ação necessária para manter a ordem pública, para verificar a prisão do criminoso ou a busca e descoberta de indícios ou instrumentos de crimes, deve a entrada ser permitida durante o dia, nos casos e pela maneira que a lei atenta e circunstanciadamente determinar.

Os arts. 185 a 201 do Código do Processo Criminal determinam as condições respectivas, e não cabe aqui entrar na análise delas; vejam-se também os arts. 209 a 214 do Código Criminal, que são bem concebidos e previdentes.

É escusado observar que as casas públicas, ou abertas de noite ao público, estão por esse mesmo fato abertas também para os agentes da autoridade.

§ 3º Da segurança pessoal e da prisão:
566. A prisão é uma privação mais ou menos ampla do direito de liberdade e da segurança pessoal. Depois de culpa formada, e salva a fiança quando admissível, ela é de necessidade indispensável para a manutenção da ordem e justiça pública. Antes disso só pode ter lugar por considerações ou circunstâncias graves, previstas e assinadas pela lei, só então pode ser permitida. Os arts. 131 e 175 do Código do Processo Criminal declaram que essa prisão tem lugar no caso de flagrante delito, ou em virtude de ordem escrita por indiciamento de crime que não admite fiança, e o art. 181 do Código Criminal pune os abusos cometidos a respeito.

Em tais circunstâncias a prisão é indispensável, é um sacrifício exigido da liberdade a bem da segurança pública, uma prevenção indeclinável para que um grande crime, ou não continue, ou não fique impune.

Por isso mesmo porém que é um tão grave sacrifício, a lei deve por suas sábias determinações precaver e impedir toda a arbitrariedade. É nesse intuito que ela ordena a entrega da nota da culpa ao preso, prescreve as condições legais da ordem de prisão, e que pune a infração de seus preceitos [Código do Processo Criminal, arts. 176 a 178, e Código Criminal, arts. 142 e 181].

É também por isso, e para ministrar uma garantia pronta e eficaz, que ela adotou a bem meditada instituição do *habeas corpus*, capítulo precioso da legislação inglesa e digno de todos os povos livres; veja-se o Código do Processo, arts. 340 e seguintes; Código Criminal arts. 183 e seguintes, e o que expusemos em nossos apontamentos sobre o Processo Criminal, 2ª parte, capítulo 17. É o grande recurso que faz cessar todo o constrangimento ilegal, restaurar a liberdade do homem e punir a autoridade arbitrária.

§ 4º Da fiança ou livramento sem prisão:
567. Ainda com culpa formada o cidadão não deve ser preso ou conservado em prisão, não deve perder sua liberdade nos casos em que a lei admite fiança e ele a presta idônea. É uma garantia adicionada à anterior, e regulada pelos arts. 100 a 113 do Código do Processo Criminal, e 37 a 43 da lei de 3 de dezembro.

Independente de fiança, ele não deve ser preso ou conservado em prisão quando a pena aplicável não exceder de seis meses ou for de desterro para fora da comarca, como expusemos em nossos apontamentos sobre o Processo Criminal, 2ª parte, capítulo 5; Código do Processo Criminal, art. 100, e lei de 3 de dezembro de 1841, art. 37.

Em tais casos o indiciado tem menos interesse de evadir-se do que de obedecer à Justiça; se fugisse, impor-se-ia a si mesmo pena maior; é justo, pois, que o homem pobre continue a trabalhar, a receber os jornais com que sustenta a si e à sua família. São disposições sábias e protetoras; cumpre que sejam religiosamente observadas.

§ 5º Da ordem de prisão:
568. Para mais explicar e robustecer a garantia de que já tratamos no anterior § 3º, a Constituição declara que, à exceção do caso de flagrante delito, a prisão não pode ser executada, haja ou não culpa formada e, embora seja o crime inafiançável, senão por ordem escrita de autoridade legítima, e que se esta for arbitrária, tanto o juiz que a deu, como aquele que a tiver requerido serão punidos. [Código Criminal, arts. 142 e 181.]

Sem dúvida que só a autoridade legítima, e só por esse meio legítimo, é quem tem poder legal para privar o cidadão de sua liberdade, e não outrem qualquer que sem delegação da lei quisesse usurpar o poder social que lhe não foi conferido.

A segunda parte do § 10º do art. 179 da Constituição faz uma fundada exceção dos casos previstos pelas ordenanças militares, e dos casos que não são puramente criminais [Código Criminal, artigo 310], nos quais se incluem, além das penas puramente disciplinares, as disposições das leis civis sobre depositários, dívidas comerciais e outras de que não nos podemos atualmente ocupar.

§ 6º Da abolição de penas arbitrárias e juízos de comissão:
569. A garantia do § 11º do art. 179 da Constituição, expressando que ninguém será sentenciado senão por autoridade competente, em virtude de lei anterior e na forma por ela prescrita, é uma das mais valiosas que nossa lei fundamental consagrou em benefício dos direitos brasileiros.

Não é possível contar com liberdade, nem segurança alguma, desde que o homem pode ser julgado em virtude de leis *expost facto* ou que tenham efeito retroativo, ou que imponham penas arbitrárias, o que tudo vale o mesmo.

Semelhantemente, nenhuma segurança ou imparcialidade pode ser esperada de juízes de comissão, cuja escolha por si mesma já é um título de suspeita.

O processo, sua forma e garantias devem também anteceder e não suceder aos fatos, por isso que importam muito à sorte dos indiciados.

Estas garantias são ao mesmo tempo bases fundamentais do poder Judicial, e tão valiosas que bem demonstram a importância e proteção que a ordem judiciária ministra aos cidadãos quando ela é bem organizada e independente.

§ 7º Da garantia proveniente da independência do poder Judiciário:
570. Já tivemos ocasião de demonstrar que a independência do poder Judiciário é uma das mais firmes garantias das liberdades e segurança individual.

Enquanto houver magistrados instruídos, honrados e independentes, não é possível que o poder político ou administrativo, por mais ambicioso que seja, consiga estabelecer o despotismo. Para que este triunfe é indispensável que ele possa dispor dos direitos, das propriedades, das liberdades individuais e das penas; sem isso será sempre impotente.

Desde que o poder Judicial é independente, é conseqüente que as causas tenham seu curso regular e que suas decisões definitivas sejam respeitadas, que firmem os direitos, e não possam ser postas de novo em dúvida.

Só assim há segurança de direitos, e com ela orgulho, satisfação e brio nacional, patriotismo e força. Essa é a razão previdente e valiosa por que o Parlamento e o povo inglês sabem defender e apoiar com toda a força a independência de seus dignos magistrados; e também punir severamente, como puniram o chanceler Bacon, apesar de suas grandes qualidades pessoais,[79] por suas condescendências com o poder, ou por olvidar-se de sua honra e deveres sacrossantos.

§ 8º Da garantia ou justiça das leis civis e criminais:
571. A promessa do § 18 do art. 179 da Constituição, da organização de um código civil e criminal fundado nas sólidas bases da justiça e eqüidade, é mais uma garantia de segurança dos direitos brasileiros. Não basta uma organização judiciária boa e independente, é demais necessário que as propriedades e mais direitos individuais não fiquem sujeitos a disposições duvidosas e dissonantes, a interpretações variadas, a decisões que não guardem unidade, que estabeleçam uma jurisprudência desigual ou incerta.

O exercício dos direitos políticos constitui, como dizia o sábio Cambacérès,[80] a liberdade; o livre e seguro exercício dos direitos civis constitui a felicidade prática da sociedade, firma a ordem e a moral civil, é quem faz efetivos, quem dá inteira realidade a todos os direitos em suas relações individuais.

O nosso Código Criminal honra a inteligência que o organizou; falta-nos, porém, ainda, um código civil, cuja redação metódica, fácil, clara, precisa, possa ser bem compreendida não somente pelos legistas, mas quanto possível pela generalidade nacional. É a lei de todos, de cada instante, de todos os direitos e interesses, é a moral civil da sociedade, e deverá ser a sua razão escrita, justa, luminosa, positiva e duradoura.

§ 9º Da abolição das penas cruéis:
572. Nossa antiga legislação criminal, datada de três séculos anteriores, quando os conhecimentos jurídicos e sociais estavam ainda muito acanhados, reconhecia as penas degradantes ou bárbaras de açoites, tortura, marca de ferro e outras semelhantes.

O homem, por ser delinqüente, não deixa de pertencer à humanidade; é de mister que seja punido, mas por modo consentâneo, com a razão, próprio de leis e do governo de uma sociedade civilizada.

---

[79] Referência a Francis Bacon (1561-1625), filósofo inglês e chanceler durante o reinado de Jaime I (1603-25). Em 1621, a Câmara dos Comuns condenou Bacon por corrupção.

[80] Jean-Jacques Régis de Cambacérès (1753-1824), jurista e político francês, foi segundo cônsul e arquichanceler do Império. Concebeu o primeiro projeto de um código de leis civis para a França, em 1793, projeto este que serviu de base para o Código Civil dos Franceses, de 1804, posteriormente chamado de Código de Napoleão.

É uma garantia de segurança para o homem, ainda mesmo delinqüente, e ninguém está isento da desgraça de infringir as leis; o excesso de uma paixão, concurso fortuito de circunstâncias, quantas vezes não tem levado homens estimáveis ao crime?

§ 10º Da personalidade dos crimes e das penas:
573. Um outro abuso de nossas antigas leis, e porventura ainda mais revoltante, era de não contentar-se em punir o delinqüente, de estender a pena sobre seus filhos, ou família inocente! Eram punidos sem que tivessem cometido crime algum! O patrimônio da família era confiscado, e uma geração nascente entregue à desmoralização e à miséria! Era combater o crime por um meio feroz, por outro crime!

Não há coração algum bem formado que, recordando essas leis draconicas, filhas da ignorância e da tirania, não bendiga os nobres esforços da razão filosófica e o triunfo do sistema constitucional, que veio reivindicar os foros humanos barbaramente ignorados ou vilipendiados!

Estes atos de barbaridade não se reproduzirão jamais contra o brasileiro, essa é a norma sagrada da nossa lei fundamental, que para sempre os prescreveu.

§ 11º. Das garantias relativas às casas de prisão:
574. O nosso artigo constitucional 179, § 21º, procedendo justamente no sentido oposto ao desses tempos de trevas, dá segurança e consolo aos próprios delinqüentes. Ele quer que as cadeias sejam seguras, limpas e arejadas, para que não causem a enfermidade, o desespero, a morte aos detidos. A separação dos réus segundo suas circunstâncias e crimes é também não só de eqüidade, como de justiça e mesmo de previdente interesse social.

As prisões públicas devem ser objeto de uma atenção particular do governo, que deve estudar um plano, um sistema inteiro a respeito, e ir dando-lhe execução harmoniosa e constante segundo as necessidades mais palpitantes e recursos de que for podendo dispor.

Estes estabelecimentos de segurança e defesa social, de repressão e de moralização, exercem não só sobre a sorte dos presos, mas também sobre a moral pública, efeitos muitos importantes. Eles podem ser classificados ou distribuídos porventura na seguinte ordem:

1º) Casas de simples detenção, por municípios, destinadas a reter os indiciados, até que sejam julgados. Por economia, estas casas podem servir também em repartições separadas para os condenados à prisão simples por menos de um, ou mesmo dois anos.

2º) Casas ou prisões de simples justiça, por comarcas, destinadas ao cumprimento das penas de prisão por mais de dois anos.

3º) Casas ou prisões de justiça e correção nas capitais das províncias para o cumprimento das penas de prisão com trabalho.

4º) Prisões dos forçados ou galés nos lugares determinados pelo governo, junto aos arsenais, fábricas, trabalhos, ou estaleiros nacionais, para o cumprimento das respectivas penas.

5º) Colônias penais semelhantemente confiadas à ação do governo, e a uma disciplina especial e vigorosa.

O sistema dessas prisões, seu plano, divisões, segurança, enfim suas condições, não devem ser deixadas ao acaso nas províncias do Estado.

O serviço do vestuário, alimentos, enfermarias, trabalhos, polícia, tudo deve ser previsto pelos regulamentos, que devem ser subordinados à necessária aprovação; e visitas periódicas e outras extraordinárias, devem fiscalizar a observância deles, coligir esclarecimentos estatísticos convenientes e ministrar detalhadas informações.

§ 12º Do direito de defesa ou resistência:

575. Este direito, cujo abuso é sem dúvida muito perigoso, não obstante isso existe, e de tal sorte, que em casos graves pode ser não só um direito, mas uma necessidade, e porventura um dever sagrado.

Vejamos como um ilustre magistrado inglês, que não pode ser suspeito, se explica a este respeito em seus comentários. Em seu livro 1, cap. 1, diz Blackstone,[81] que o uso do direito de defesa, de conservação pessoal, de resistência, quando as regras da sociedade e suas leis são insuficientes para reprimir a violência da opressão, não pode ser contestado. No cap. 7 do mesmo livro ele observa que nem os advogados da escravidão, nem os demagogos ou facciosos sabem ou querem compreender bem a natureza e limites deste direito. E finalmente, no liv. 6, cap. 23 assim se expressa: "Neste intervalo diversas leis têm sido decretadas... estes atos têm determinado nossas liberdades... confirmado e apoiado pelo exemplo a doutrina da resistência, quando o poder porventura queira derribar a Constituição".

Como seria mesmo possível proscrever esse direito em circunstâncias extremas de um povo; e quando vemos que o sistema constitucional na maior parte dos Estados não teria prevalecido se não fora apoiado dele? Dever-se-

---

[81] Referência a William Blackstone (1723-80). Jurista inglês, foi conselheiro real e membro da Câmara dos Comuns.

ia porventura consagrar a legitimidade da opressão ilegítima? Não; que o direito existe não sofre dúvida, o que cumpre é não exagerá-lo, não substituí-lo pelo abuso, que produz as mais funestas conseqüências para os indivíduos e para a sociedade.

576. Em relação aos partidos ou forças coletivas é muito difícil ver em um Estado livre casos que possam legitimar a resistência. A pretensão de impor sua vontade sobre a vontade nacional, de fazer prevalecer suas crenças por via da força, quando a grande maioria nacional não adota essas crenças, não é por certo um direito de defesa, é sim um crime. Em um país livre, que tem os recursos da imprensa, o direito de petição, a faculdade eleitoral, o poder da tribuna, é mais que difícil conceber perigos ou opressões tais que estabeleçam uma colisão extrema. Se a pretensão é justa, se houve alguma grave arbitrariedade, aquela triunfará e esta será reprimida mediante os trâmites legais, e sem abalo e desastres sociais; não é necessário a veemência das paixões, nem o jogo sangrento da forças e seus incertos e perigosos resultados, cujo desfecho, quando mesmo vitorioso, é às vezes de uma escravidão não vista e menos esperada.

577. Em relação a casos ou fatos puramente individuais nossa legislação é previdente; o Código Criminal em seu art. 142 pune não só toda a ordem ou requisição legal, mas também a sua execução, desde que aquela procede de autoridade incompetente, que é destituída das solenidades essenciais para sua validade, ou se mostra manifestamente contrária à lei. No art. 14, § 5º, acrescenta o mesmo código, que se torna justificável o crime quando ocorrido em resistência à execução de ordens ilegais, não se excedendo os meios necessários para impedi-las.

Embora o abuso em tais casos possa ser fatal, como denegar esse direito quando não haja outro recurso, quando não haja abuso? O § 4º deste mesmo art. 14 dá-nos um exemplo de que nos serviremos.

Se uma autoridade, olvidando seus deveres sagrados, mandar uma força invadir de noite a casa do cidadão em caso que a lei não permita a entrada, deverá o chefe de família adivinhar que é uma violência dessa autoridade não uma quadrilha de salteadores, ou mesmo prever até onde chegarão os excessos dessa autoridade? Deverá entregar sua vida e família a essa força brutal?

Se um agente da autoridade pública, um presidente de província, traindo a confiança que o governo nele depositou, atraiçoando sua honra e deveres, reúne a Guarda Nacional ou o povo para o rebelar contra o próprio governo, deverão porventura esses cidadãos obedecer? Não; o direito existe e deve ser reconhecido, para o abuso dele é que não há direito.

Cumpre mesmo notar que o fato de uma autoridade ou agente subalterno não cumprir a ordem manifesta, evidentemente contrária à lei, não é propriamente resistência. Dada essa violação real da lei, de um lado ele deve evitar a pena que sofreria se executasse tal ordem, de outro ele observa esse art. 142, que lhe determina a não execução; e quem observa a lei certamente não resiste. Dá-se alguma diferença entre o ato de dois agentes da autoridade e aquele que ocorre entre uma autoridade e um mero particular; no primeiro caso há colisão de responsabilidades.

Enfim, a civilização e moral pública de um lado, e a sabedoria e justiça do governo de outro, dispensarão toda a questão sobre tal direito.

Seção 9ª: Do direito de igualdade

§ 1º A lei será igual para todos quer proteja, quer castigue, e recompensará em proporção dos merecimentos de cada um. Constituição. art. 179, § 13º.

§ 2º Todo o cidadão pode ser admitido aos cargos públicos civis ou militares, sem outra diferença que não seja dos seus talentos e virtudes. Constituição, art. 179, § 14º.

§ 3º Ninguém será isento de contribuir para as despesas do Estado em proporção dos seus haveres. Constituição, art. 179, § 15º.

§ 4º Ficam abolidos todos os privilégios que não forem julgados essencial e inteiramente ligados aos cargos por utilidade pública. Constituição, art. 179, § 16º.

§ 5º À exceção das causas que por sua natureza pertencem a juízes particulares na conformidade das leis, não haverá foro privilegiado, nem comissões especiais nas causas cíveis, ou crimes. Constituição, art. 179, § 17º.

§ 1º Do direito de igualdade em geral:
578. A natureza, circunstâncias ou educação, ou ambas, criam e constituem os homens com desenvolvimento de suas faculdades físicas, intelectuais e morais por modos diferentes. Suas idéias, aptidões, paixões, gostos, variam e estabelecem uma desigualdade que ninguém pode destruir, e que é mesmo um princípio providencial. Parece mesmo que a natureza é caprichosa, ou antes admiravelmente sábia; e que não segue a esse respeito lei alguma, que o homem possa dirigir, ou subordinar. O filho do sábio, do homem probo, é muitas vezes inepto ou vicioso; o filho do ignorante e vicioso, é por outras vezes cheio de talentos e de probidade; os dois primeiros filhos do primeiro homem formaram um notável contraste.

Embora porém exista essa desigualdade importante e incontestável, por outro lado é fora de dúvida que todos os homens têm a mesma origem e destino, ou fim idêntico. Todos têm o mesmo direito de exigir que os outros respeitem os seus direitos, de alegar que uns não nasceram para escravos, nem outros para senhores, que a natureza não criou privilégios, favores e isenções para uns, penas, trabalhos e proibições para outros; enfim que não tirou uns da cabeça de Brama, e outros do pó da terra.[82]

Conseqüentemente, qualquer que seja a desigualdade natural ou casual dos indivíduos a todos os outros respeitos, há uma igualdade que jamais deve ser violada, e é a da lei, quer ela proteja, quer castigue, é a justiça, que deve ser sempre uma, a mesma, e única para todos sem preferência ou parcialidade alguma. É de justiça que cada homem seja senhor de si próprio, que tenha igual liberdade de procurar satisfazer suas necessidades por seu trabalho, de elevar-se nas condições sociais por seus serviços e merecimentos, e de obter em proporção deles justa recompensa.

Tal é pois a sábia disposição de nossa tese constitucional, justa e bem explícita.

§ 2º Da igualdade na admissão dos cidadãos aos cargos públicos:

579. A admissão dos cidadãos nos cargos públicos, sem outra diferença que não seja de seus talentos e virtudes, é uma bela e lógica conseqüência da igualdade perante a lei.

Não são pois as condições de nascimento, as distinções, ou prejuízos aristocráticos, e sim a capacidade, as habilitações, o mérito pessoal, que dão a preferência aos cargos públicos; é uma conquista preciosa da civilização e da Justiça, que produz importantes resultados.

Primeiramente é óbvio que os empregos, que os serviços públicos, não podem ser bem desempenhados senão pela capacidade, pelos talentos e virtudes; sem isso os negócios sofrerão e a sociedade terá o duplo sacrifício de contribuir para as respectivas gratificações e de ver os seus interesses mal dirigidos e sacrificados.

Em segundo lugar cumpre reconhecer que os talentos e a probidade, além das garantias que dão, e serviços que prestam, são forças naturais e de grande intensidade, pois que dispõem de muitos meios, recursos, e de muitas outras forças. A arte e o tino do governo está em assinar aos homens que reúnem o talento à probidade o lugar que lhes compete, não só para que o auxiliem, como para que não lhe criem embaraços e não procurem

---

[82] Referência às teorias sobre a criação do homem segundo a tradição induísta e a judaico-cristã, respectivamente.

abrir carreira, forçando as traves que lhe são opostas. A natureza quer que eles sejam aproveitados e não desvairados, quer que se associe a inteligência ao poder porque ela é poder, nada se ganha pois em olvidá-los. Se em vez de reunir a probidade aos talentos, eles são ímprobos, então o caso é outro, pois que cumpre não só desprezá-los, mas atender que não usurpem influência, que não se tornem perigosos; tudo que contribuir para dar-lhes importância ou valimento será um erro, porquanto tais homens, sempre ambiciosos e turbulentos, são por caráter ingratos e não oferecem garantia alguma; ou o governo se há de escravizar a eles, ou tê-los pela menor contradição em luta.

A diferença de opinião política por si só não tira aos homens os seus merecimentos, nem os despoja dos direitos de cidadão. À exceção dos empregos essencialmente políticos, que demandam perfeita unidade e reprodução de idéias e princípios, todos os demais não têm por que exigir senão a capacidade, a honra, a fidelidade; e nem um homem probo aceitará um cargo para ser traidor.

Nosso parágrafo constitucional é pois cheio de justiça, de previdência e de vantagens sociais: *"jadis on pouvait être beaucoup par sa position, maintenant on n'est quelque chose que par soi-même; jadis on voulait des titres, maintenant on demande des talents, nouvelle espèce de noblesse, qui s'étend dans l'avenir, comme l'ancienne dans le passé"*.

§ 3º Da igualdade em relação às contribuições:

580. Assim como a igualdade nas vantagens sociais é de manifesta justiça, assim também é justa e indispensável nos ônus ou contribuições públicas. Os privilégios ou isenções outrora concedidos aos ricos e poderosos não serviam senão para elevar sua fortuna e oprimir ainda mais os pobres. A razão política e econômica se revoltava contra tão intolerável abuso.

Todas as classes da sociedade, todas as espécies de bens, todas as fortunas devem concorrer proporcionalmente para as necessidades e serviços sociais, pois que são de interesse comum e aproveitam a todos.

O governo, mediante as luzes econômicas, deve trabalhar, para que não se exija dos povos contribuições que excedam de suas faculdades, nem que sejam em desproporção dos haveres de cada um; nessa proporção está a justiça e a igualdade, e em uma bem entendida economia a sabedoria e previsão.

§ 4º Da abolição dos privilégios puramente pessoais:

581. A abolição dos privilégios, salva a única exceção dos que forem essencial e inteiramente exigidos por utilidade ou serviços públicos, é uma

outra conseqüência necessária do justo e útil princípio da igualdade perante a lei.

Por privilégio em geral, ou na consideração do Direito Público, entende-se toda e qualquer espécie de prerrogativas, vantagens, isenções ou direitos quaisquer concedidos com exceção da lei comum, como por exemplo, o privilégio de aposentadoria, de não pagar certos impostos, de gozar de certos monopólios, do direito exclusivo de caça, de foro judicial privilegiado,[83] etc. Conseqüentemente o privilégio pode expressar-se por uma das seguintes formas:

1º) Fazer ou gozar alguma coisa, de que os outros são excluídos pela proibição do direito comum.

2º) Não fazer ou não prestar alguma coisa, que os outros são obrigados a fazer ou prestar em virtude do direito comum, ou geral.

3º) Ter direito superior ou preferência, quando entrar com outros em concorrência.

É pois uma exceção ou proteção especial de maior ou menor importância, que faz desaparecer a igualdade perante a lei, e que põe alguns cidadãos em melhores condições que todos os outros. Basta enunciar o fato para se reconhecer quanto são em geral odiosos os privilégios; são usurpações sobre os direitos alheios, ou pelo menos desigualdade formal de direitos.

Quando eles estabelecem monopólios são mais que odiosos, afetam a indústria, a liberdade da produção, da agricultura, manufaturas ou comércio, e conseqüentemente a fortuna dos indivíduos e o bem-ser da sociedade.

A lei deve ser uma e a mesma para todos, qualquer especialidade ou prerrogativa que não for fundada só e unicamente em uma razão muito valiosa do bem público, será uma injustiça e poderá ser uma tirania.

Os privilégios que como dissemos podem versar sobre diversos objetos ou concessões quaisquer, e ser mais ou menos extensos, mais ou menos importantes, costumam ser divididos ou distinguidos em pessoais e reais.

582. Chamam-se pessoais os que são concedidos à pessoa em razão de si mesma, por amor dela; ou seja por graça, ou a título de remuneração de

---

[83] Através do privilégio de aposentadoria o indivíduo adquiria o direito de tomar um imóvel para sua moradia ou de exigir alojamento, sal, lenha, etc., quem gozasse desse privilégio não podia ser desalojado por nenhum motivo. Segundo o direito exclusivo de caça, apenas reis, príncipes, infantes e senhores de terras podiam caçar nas chamadas "matas coutadas".

serviços. Este privilégio é odioso, é um péssimo meio de remunerar serviços, ainda mesmo quando sejam verdadeiros; há mil outros meios de fazê-lo sem ferir a lei comum. Felizmente nossa sábia Constituição aboliu este abuso para sempre.

583. Denominam-se reais os que são concedidos, não às pessoas, embora redundem também em proveito delas, e sim às coisas que estão relacionadas com tais pessoas, como os cargos, empregos, dignidade, invenções, descobertas, etc. Estes nada têm de odioso desde que o interesse público os demanda e que não provêm de abuso, tal é o privilégio que tem o deputado ou senador de não ser preso senão nos únicos termos excepcionais da Constituição. O privilégio do foro, ou juízo privativo do Senado, de que trataremos no parágrafo seguinte, é um outro que está no mesmo caso.

Salvas pois as bem fundadas exceções reais, nossa lei fundamental não consente favores parciais, ou injustas arbitrariedades.

§ 5º Dos privilégios de causa ou de foro:

584. Os privilégios de causa ou de foro são uma espécie particular do privilégio considerado em sua generalidade, e espécie digna de toda a atenção, por isso mesmo que procede desse tronco vicioso.

Pela palavra foro em geral se entende a circunscrição, autorização, juízo, ou a legítima competência, que deve conhecer de uma questão, ou seja em razão da matéria dela, ou das pessoas que litigam.

O foro, tanto de causa como de pessoas, pode ser geral, ou privilegiado. Geral quando se estende a todos os negócios ou cidadãos como lei comum. Privilegiado quando instituído privativamente só para alguns negócios ou algumas pessoas designadas.

O privilégio de causa, que quando bem fundado tem a natureza de real, não se estabelece por amor das pessoas, sim de certos negócios ou matérias que demandam uma consideração especial, quaisquer que sejam as partes interessadas.

Em regra, é sempre preferível que a lei estabeleça e mantenha quanto possível só o juízo ou foro geral, não só para todas as pessoas, como para todas as causas; além da inteira igualdade, evitam-se zelos parciais e questões de competência que são bem prejudiciais. Entretanto, não só o número dos negócios, mas a especial consideração de alguns, como já dissemos, podem demandar a divisão dessa jurisdição comum e exigir alguns juízos particulares.

Esse é o fundamento da divisão dos juízos de paz, do cível, do comércio, do crime. Se, pois, uma razão fundada de interesse público aconselhar alguma outra divisão ou subdivisão, como já temos, não haverá por que censurá-la.

585. Além das divisões indicadas, temos os seguintes privilégios de causas, ou juízos privativos no cível:

1º) As causas comerciais, ou sejam em razão dos atos e pessoas [Código Comercial, título único, art. 18, e regulamento nº 737, arts. 10, 14 e 19], ou somente dos atos, ainda que não intervenha comerciante [dito título do Código, art. 19, e regulamento, art. 20 e seus parágrafos].

2º) As causas fiscais [lei de 29 de novembro de 1841], privilégio que talvez deva ser extinto, mas que não podemos aqui discutir.

3º) As causas ou antes juízos de órfãos [disposição provisória acerca da administração da justiça civil, art. 20; lei de 3 de dezembro de 1841, arts. 117 e 118; e regulamento de 15 de março de 1842, arts. 4 e 5].

A arrecadação dos bens de defuntos e ausentes, habilitações e entrega respectiva, pertence também a este juízo [regulamentos de 9 de maio de 1842, 27 de junho de 1845 e 15 de março de 1842, art. 5, §§ 7º, 10º e 11º], assim como a administração dos bens dos índios [*ibid*, § 12º].

4º) As causas da provedoria de capelas e resíduos[84] pertencem, atualmente, aos juízes municipais ou foro comum [lei de 3 de dezembro de 1841, art. 114, § 2º; regulamento de 15 de março de 1842, art. 2, § 2º].

586. Quanto ao crime, temos também algumas causas ou juízos especiais, e são os seguintes:

1º) As causas crimes militares e assemelhadas [Código do Processo Criminal, arts. 8 e 155, § 3º; e 324, lei de 3 de dezembro de 1851, art. 109, e lei de 18 de setembro de 1851].

2º) As causas crimes eclesiásticas puramente espirituais [Código do Processo Criminal, arts. 8 e 155, § 4º; e 324].

As causas do divórcio, e outras causas cíveis puramente espirituais pertencem também à jurisdição eclesiástica; ditos artigos; e não as incluímos na enumeração antecedente por ter de referi-las aqui.

3º) As causas de presas marítimas e de embarcações empregadas no tráfico de africanos, de que já tratamos no nº 437, e a dos importadores dos ditos africanos; lei de 4 de setembro de 1850, e regulamento de 14 de outubro do mesmo ano.

---

[84] Capelas e resíduos eram bens vinculados em herdeiro do instituidor com obrigação de missas e outros encargos pios por sua alma, cabia ao administrador destes bens uma quantia fixa; no século XIX, não era mais permitido instituí-los em bens de raiz.

4°) As causas de responsabilidade, ou erros de ofício dos empregados públicos em geral; nos termos do Código do Processo Criminal, art. 150 e seguintes, e lei de 3 de dezembro de 1841, art. 25, §§ 1° e 5°.

5°) As causas crimes de moeda falsa, resistência, tirada de presos do poder da Justiça, e bancarrota [lei de 2 de julho de 1850]. E também de roubo e homicídio quando cometidos nas fronteiras [dita lei, e regulamento de 9 de outubro de 1850].

O crime de contrabando tem a competência especial estabelecida pela lei de 3 de dezembro de 1841, art. 17, § 1°.

Tais são os privilégios, ou juízos especiais que temos em relação às causas.

587. Pelo que toca ao foro privilegiado em relação às pessoas, consiste ele em haver juízo privativo, que conheça de quaisquer questões em que essas pessoas sejam interessadas, cíveis ou crimes, ou de ambas as espécies, conforme a extensão do privilégio, pois que então não é a natureza dos assuntos quem prevalece, e sim a prerrogativa pessoal mais ou menos ampla. Temos exemplo no antigo Juízo das Ordens ou dos Cavaleiros, no dos célebres oficiais e familiares do Santo Ofício, e no escandaloso Foro dos Estrangeiros, que então valiam mais que os nacionais, a ponto de ser o seu privilégio superior aos destes, ainda quando privilegiados.[85]

Felizmente não temos mais o privilégio de foro pessoal propriamente dito, e só sim alguns privilégios reais, isto é, ligados aos cargos e serviço públicos, ou alto interesse social, que vamos enumerar. Não falando dos membros da família imperial, de que já tratamos, temos:

588. 1°) Os privilégios reais dos deputados e senadores, que constam dos arts. 26, 27, 28 e 47 da Constituição.

2°) Os dos ministros e conselheiros de Estado, na conformidade dos arts. 38, 47, 133 e 148 da Constituição.

3°) Os dos conselheiros do Supremo Tribunal de Justiça, desembargadores, presidentes de províncias, membros do corpo diplomático e bispos, na forma do art. 164, § 2° da Constituição, e lei de 18 de agosto de 1851.

---

[85] As ordens militares de Jesus Cristo, de Santiago de Espada e de São Bento tinham tribunais próprios para julgar alguns tipos de causas em que seus membros se envolvessem, alguns grupos de negociantes estrangeiros tinham o mesmo direito de foro especial. Os tribunais do Santo Ofício, estabelecidos em Portugal entre 1536 e 1821, atuavam no Brasil através de comissários, eclesiásticos que eram os maiores agentes da Inquisição na defesa da fé e na punição dos pecados mais escandalosos; e dos familiares, agentes leigos que atuavam nas investigações e prisões.

4º) Os dos juízes de Direito e comandantes militares, nos termos dos arts. 154 e 155 da Constituição e do Código do Processo Criminal, art. 155, § 2º.

Estes privilégios, à exceção do que respeita aos comandantes militares, prevalecem tanto nos crimes de responsabilidade, como individuais; vigoram, porém, somente no crime e não no cível.

Assim é que não valem mais os títulos 5 e 12 das Ordenações do liv. 3, que autorizavam a certos privilegiados em matérias cíveis, ainda quando eram autores, a chamar à Corte seus concidadãos, embora residentes nos confins do Império, para aí virem perder seus direitos, sem meios de prova, onerados de incômodos e despesas, em suma, sem esperanças de justiça! Não valem mais tantas outras leis extravagantes em todos os sentidos, senão para monumentos da injustiça, e por isso mesmo de novos estímulos de amor à sábia Constituição, que nos rege e que em cada uma de suas disposições oferece aos brasileiros belas e preciosas garantias.

O parágrafo constitucional que analisamos confirma enfim, mais uma vez, a proscrição de todas as comissões especiais, quer em causas cíveis como em causas criminais, abuso sem dúvida injustificável e de que já nos ocupamos.

Não concluiremos esta seção do direito de igualdade legal sem recordar que os esforços da civilização atual se empenham, quanto podem, por diminuir a horrível desigualdade material que mormente em alguns países tanto abate uma porção da humanidade. É uma desgraça e um perigo ver ao lado de uma opulência espantosa, de gozo e luxo requintados, uma multidão de seres humanos mortos de fome, sepultados mais que os brutos na miséria! Sem um só gozo, sem esperanças!

Será isso compatível por muito tempo com a manutenção tranqüila do Estado? As grossas somas que ele gastará para entreter forças repressoras não serão mais bem aplicadas em melhorar essas tristes condições?

É um dos frutos dos governos absolutos, dos erros e injustiças do passado, da instituição da diversidade de castas, do feudalismo, da desigualdade dos impostos, da escravidão e do conseqüente pauperismo!

Os meios desse melhoramento estão no pensamento e esforços da civilização; cumpre que a legislação e os governos ilustrados, por virtude e precisão, os auxiliem quanto possam, como um princípio fixo e progressivo.

Seção 10ª: Do direito de propriedade

§§ 1º e 2º É garantido o direito de propriedade em toda a sua plenitude. Se o bem público legalmente verificado exigir o uso e emprego da propriedade do cidadão, será ele previamente indenizado do valor dela. A lei marcará os casos em que terá lugar esta única exceção, e dará as regras para se determinar a indenização. Constituição, art. 179, § 22º.

§ 3º Também fica garantida a dívida pública. Constituição, art. 179, § 23º.

§ 4º Os inventores terão a propriedade das suas descobertas ou das suas produções. A lei lhes assinará um privilégio exclusivo temporário ou lhes remunerará em ressarcimento da perda que hajam de sofrer pela vulgarização. Constituição, art. 179, § 26º.

§ 5º O segredo das cartas é inviolável. A administração do correio fica rigorosamente responsável por qualquer infração deste artigo. Constituição, art. 179, § 27º.

§ 6º Ficam garantidas as recompensas conferidas pelos serviços feitos ao Estado, quer civis, quer militares; assim como o direito adquirido a elas na forma das leis. Constituição, art. 179, § 28º.

§ 1º Do direito de propriedade em geral:
589. O direito de propriedade é a faculdade ampla e exclusiva que cada homem tem de usar, gozar e dispor livremente do que licitamente adquiriu, do que é seu, sem outros limites que não sejam os da moral ou direitos alheios; é o *jus utendi, et abutendi re sua*; é também o direito de defendê-la e reivindicá-la.

A natureza deu ao homem necessidades que decidem de sua vida e do seu bem-ser; e para satisfazê-las deu-lhe a propriedade moral de suas faculdades intelectuais e físicas, impôs-lhe a lei do trabalho e da previdência.

Pondo o homem em relações não só com os outros homens, mas também com as coisas que têm qualidades próprias para satisfazer essas necessidades e com as forças, ou agentes naturais, ela lhe disse: "Use dos meios que lhe dei, de sua inteligência, atividade e recursos, o resultado será propriedade, riqueza sua, porque será criação sua, fruto de seu trabalho, será produto da única propriedade originária ou primordial que imediata e diretamente lhe dei; e seguirá a condição desta".

A propriedade real, assim como a intelectual ou moral, tem pois a sua origem na natureza e é sagrada, porque, como já dissemos, é o fruto dos esforços, fadigas e sacrifícios do homem, do suor do seu rosto: é o pão da sua família.

Com que força se expressam os livros santos falando da propriedade em relação ao pobre: *"Panis egentium vita est, qui defraudat illum homo sanguinis est...*

qui aufert in sudore panem, quasi qui occidit proximum suum... qui effundit sanguinem, et qui fraudem facit mercenario, fratres sunt... non ne lacrimae pauperis ad maxillam descendunt?... a maxilla autem non asvendunt usque ad coelum?" Eccl.

O fruto do trabalho do homem pertence decididamente ao homem, e lhe deve ser garantido em toda a sua plenitude, ou a propriedade se componha de bens móveis ou imóveis, corpóreos ou incorpóreos. O criador do valor, e só ele, com exclusão de outro qualquer indivíduo, é quem deve ter o direito amplo de usar, empregar, tirar proveito, gozar, dispor ou transmitir por troca, venda, dádiva ou por outro qualquer título, enfim de consumi-lo como quiser, uma vez que não prejudique os direitos de outrem.

Todos os ataques feitos à propriedade, embora disfarçadamente, são contrários ao direito; a falta de proteção contra o furto ou dano, os embargos ou seqüestros infundados, as arrecadações de heranças denominadas jacentes, quando o futuro proprietário notoriamente conhecido está presente, os regulamentos ou proibições administrativas contra empresas ou empregos do capital do cidadão, têm o caráter e efeitos de violações desse direito; porquanto a extensão dele compreende o livre gozo, emprego, transferência, disposição e consumo que agrade ao proprietário.

A plenitude da garantia da propriedade não só é justa, como reclamada pelas noções econômicas e pela razão política dos povos livres; na colisão, antes o mal de alguma imprudência do proprietário do que a violação do seu livre domínio.

Sem ela não haverá desenvolvimento de sacrifícios ou forças industriais, e, portanto, muito menos incremento e expansão da riqueza e bem-ser social; qual o homem que semearia trigo sem ter certeza de que a colheita e livre disposição seria sua?

Pelo que toca à ordem política a propriedade é uma das bases fundamentais da sociedade; esse princípio, fecundo em suas conseqüências, é quem modera os impostos, economiza as rendas públicas, não tolera senão o governo representativo e não prescinde da intervenção do povo na administração nacional.

§ 2º Da desapropriação:
590. Não obstante o que anteriormente ponderamos é também certo que o homem vive em sociedade, que tem deveres para com esta, para com a defesa do Estado ou outras relações do bem comum. Conseqüentemente, se o bem público legalmente verificado exige o uso ou emprego da propriedade do cidadão, a sociedade deve ter o direito de realizar a desapropriação. O que a lei deve fazer é marcar de antemão os únicos casos em que

terá lugar essa exceção, estabelecer as regras fixas que regulem a indenização, e não dispor da propriedade antes de previamente verificar e realizar essa indenização.

A lei de 9 de setembro de 1826 em seus arts. 1 e 8 declara quais os únicos casos e processo da desapropriação, quando reclamada por *necessidade* do bem público. No art. 2 declara que quando ela não for reclamada senão por *utilidade* do bem público será esta previamente examinada e verificada por ato legislativo.

O Ato Adicional, art. 10, § 3°, deu às Assembléias Legislativas Provinciais o poder de determinar os casos e forma da desapropriação por utilidade municipal ou provincial.

A resolução do ano de 1855 autorizou o governo a estabelecer condições sobre a desapropriação dos terrenos necessários para a estrada de ferro D. Pedro II.

Não temos à vista as leis provinciais sobre este assunto.

§ 3° Da garantia da dívida pública:
591. A garantia da dívida pública não é somente um ato de justiça, é demais um dever de honra, um penhor de crédito nacional.

Os credores do Estado, ou porque lhe confiaram seus capitais ou porque lhe prestaram seus serviços, têm o direito de reaver sua propriedade ou valores respectivos; é uma conseqüência indeclinável dos princípios expostos no anterior § 1°.

A bancarrota desonra e prejudica mais que todos os sacrifícios feitos para manter a probidade, a fé e justiça pública; veja-se o que dissemos tratando das atribuições do poder Legislativo a este respeito.

§ 4° Da propriedade das invenções ou produções:
592. A descoberta ou invenção de uma indústria útil ou de seu melhoramento é fruto da inteligência e trabalho do inventor, é criação sua, e conseqüentemente sua propriedade. É pois justo que a lei segure seus direitos e reprima a violação deles; esse ato, além de ser de justiça, é também de grande vantagem e incentivo econômico; é o meio o mais seguro de enriquecer a sociedade de novos descobrimentos, processos, aumento e perfeição de forças industriais.

Esta propriedade, porém, por isso mesmo que é de uma natureza especial, por isso que uma mesma invenção ou processo pode ser criado por mais de uma inteligência ou concurso de circunstâncias; e finalmente porque a prioridade do descobrimento não deve formular a garantia do direito de um indivíduo de tal modo que aniquile para sempre os direitos de outros, embora posteriores em tempo, deve ter um exclusivo temporário e não perpétuo, caso a sociedade não julgue preferível abonar desde logo uma indenização que legitime a vulgarização.

A nossa lei de 18 de agosto de 1830 contém as disposições regulamentares desta garantia constitucional, e resolve pelo que toca ao nosso direito as importantes questões econômicas que esta matéria ocasiona.

As produções literárias ou artísticas são invenções, e muitas vezes filhas de laboriosos esforços, assim como produtivas de valiosos resultados; é pois, com razão, que o art. 261 do nosso Código Criminal garante aos respectivos autores, ou tradutores, seus legítimos direitos, e pune a violação destes nos termos aí expressados.

Não cabe na exposição do Direito Público a discussão das opiniões econômicas a respeito.

§ 5º Da propriedade e segredo das cartas:

593. As cartas são propriedades que pertencem ao domínio daquele que as envia, e do que as recebe, e que não deve abusar delas. O segredo delas, mui principalmente quando confiadas à administração do correio, repousa demais sobre a fé pública. Elas contêm muitas vezes o segredo das famílias, as queixas, ou confidências da amizade, são veículos da confiança.

De outro lado, e salva a indiscrição, que por si mesma se desarma, a violação delas nunca prestaria serviços importantes; não faltam cifras, e outros meios seguros para as conspirações ou crimes; obter-se-ia, quando muito, ver algumas emoções de ódios ou paixões políticas.

A segurança pública tem triunfado, e triunfará sem essa aberração da confiança nacional; só o estado de guerra, e relações de inimigo a inimigo, pode porventura em circunstâncias dadas modificar o rigor destes princípios.

Os arts. 129, 146, 215 e 218 do Código Criminal reprimem os delitos cometidos a este respeito; veja-se também o Regulamento dos Correios de 9 de setembro de 1835, e 29 de novembro de 1842.

§ 6º Da garantia dos serviços feitos ao Estado ou sua recompensa:

594. Os funcionários públicos que consagram longos anos de serviço à sociedade, que cumprem bem seus deveres, que não podem continuar a servir, não deverão obter da sociedade meios de existência? Devem obtê-los, e o espírito generoso dos povos civilizados em parte alguma os denega. Essas recompensas, muitas vezes firmadas por lei, são como que uma espécie de propriedade dos servidores do Estado, um complemento dos seus salá-

rios civis ou militares, que lhes dão a segurança do futuro e compensam de algum modo a mediocridade de seus vencimentos insuficientes para poupança alguma.

Há mesmo certos empregos em que a lei deve estabelecer uma idade fatal, em que o magistrado e alguns outros funcionários fiquem aposentados *ipso jure:* se por exceção um ou outro depois dela é ainda capaz de atividade normal, memória e inteligência não fatigada, a regra em geral é outra; o serviço público e o serviço das partes sofrem. Isso segura uma administração mais perfeita, remoça os empregos, garante os avanços, e livra o governo do penoso escrúpulo de conservar em funções servidores antigos, honrados, mas já incapazes de bem preenchê-los mais por seu estado. Entretanto seria inadmissível a idéia de despedi-los sem que se lhes desse recurso algum.

Os serviços relevantes, a devotação militar nos campos de batalha, adquirem incontestavelmente um direito de recompensa proporcional a favor dos cidadãos ilustres, que assim sabem distinguir-se e ser úteis à sociedade.

Daí resulta a necessidade de leis bem meditadas, que estabeleçam as condições das aposentadorias, pensões, tenças, meios-soldos, e as instituições auxiliares dos montepios[86] por modo justo e conveniente.

As recompensas extraordinárias só em face e proporção dos serviços podem ser decretadas; a generosidade nacional a esse respeito é de grande incentivo; é um princípio não olvidado pelo governo inglês.

Seção 11ª: Do direito de reclamação, queixa e de petição

§§ 1º a 4º Todo o cidadão poderá apresentar por escrito ao poder Legislativo e ao Executivo reclamações, queixas ou petições, e até expor qualquer infração da Constituição, requerendo perante a autoridade competente a efetiva responsabilidade dos infratores. Constituição, art. 179, § 30°.

§ 1° Destes direitos ou garantias em geral:
595. O § 30 do art. 179 da Constituição ministra aos brasileiros mais de uma garantia, consagra e reconhece três direitos diferentes, e cada um

---

[86] Os montepios são associações em que cada sócio, por meio de uma mensalidade, adquire o direito a uma pensão em caso de doença ou prisão podendo legá-la em caso de morte. Para tença ver nota 52.

deles muito valioso; são os de simples requerimento ou reclamação, de queixa e de petição; nós vamos tratar de cada um deles em parágrafos separados.

§ 2º Do direito de requerimento ou reclamação:
596. É óbvio que todo o membro da sociedade civil por esse mesmo fato tem o direito de dirigir seus pedidos aos poderes ou governo da associação; se esta faculdade não se deriva imediatamente da natureza, deriva-se sem dúvida alguma dos direitos individuais ao homem, e a eles se reúne. É a faculdade de suplicar, de pedir alguma coisa em proveito seu particular.

Para autorizar o cidadão a redigir seu requerimento ao governo nem é necessário que lhe assista um direito perfeito, basta que tenha um interesse lícito; o governo pesará se deve atendê-lo ou não, como já expusemos no nº 315.

Se lhe assiste um direito perfeito e ele foi desconhecido ou ofendido então em seu requerimento ou reclamação, não pedirá só uma graça, e sim justiça, exercerá uma faculdade incontestável e que deve ser atendida.

Não nos demoraremos pois mais sobre esta matéria, que é de simples intuição.

§ 3º Do direito de queixa:
597. Quando a ofensa feita a um direito do cidadão é tal, que ele entende que não deve limitar-se a uma simples reclamação, tem a faculdade de formular sua queixa, e muito mais se há uma infração constitucional.

A queixa é um recurso que importa a abertura de uma ação que repare a ofensa ou lesão de direitos sofrida pelo queixoso, e que reprima o ofensor. É um direito também incontestável, que provém dos direitos individuais e com eles se identifica, por isso mesmo que não é lícito o desforço pessoal.

Ou ela seja administrativa ou judicial, deve preencher as condições que a lei estabelece com a circunspecção necessária para evitar o abuso deste direito; condições que os termos do processo administrativo ou judicial desenvolvem, e que não cabe aqui reproduzir.

§ 4º Do direito de petição:
598. O direito de petição é inteiramente distinto e diferente do direito de requerimento, reclamação ou queixa; tem outra natureza e outro fim.

É antes um direito político do que natural ou individual, e nós o incluímos nesta seção mais por conexão das matérias, e por seguir a ordem da Constituição, do que por ser este o seu lugar próprio, que deveria ser o capítulo dos direitos políticos. É a faculdade legítima que o cidadão ativo tem de apresentar por escrito aos poderes públicos suas opiniões, suas idéias, interesses que partilha e seus votos sobre os negócios sociais de legislação ou da administração do Estado; é um direito quase semelhante ao da liberdade da imprensa política, uma espécie de intervenção no governo do país, não tanto em proveito seu particular, como no interesse geral.

É o direito de, por exemplo, pedir a reforma ou a conservação de uma instituição que se julga prejudicial ou útil; a adoção ou rejeição de uma lei ou medida que se discute, de um imposto que se entende ruinoso, de provocar o que se crê vantajoso, de representar sobre os interesses gerais, oferecer memórias, planos ou observações que se reputam importantes.

O parágrafo constitucional que analisamos inclui este direito, e em um Estado livre não seria mesmo possível, ao menos sem absurdo, denegá-lo ao cidadão; aí, este não é um ente estranho à sociedade política, sim membro, parte integrante dela e de seus destinos.

As leis e os atos da administração têm de afetá-lo, e desde então como seria possível proibir que ele expressasse suas idéias a tempo? Seria para admiti-lo depois a reclamar inoportuna e prejudicialmente, ou porque nem depois devesse reclamar? Por que não usar convenientemente desse recurso legal e desviar as conseqüências do mal que se prepara? É, enfim, um direito auxiliar e concomitante dos outros direitos.

Nada mais comum na Inglaterra do que as petições dirigidas ao Parlamento e assinadas por milhares de cidadãos; e não só na Inglaterra, como em outros Estados constitucionais. Dizia Luís XVIII em sua proclamação de Gand de 1815: "A Constituição contém em si mesmo o germe de todos os melhoramentos, porque nenhum há que não possa ser proposto por vossos representantes ou provocado por petições dos cidadãos".[87]

599. É com efeito um direito muito precioso, e por meio do qual a inteligência nacional pode esclarecer e ilustrar os poderes políticos, as questões, necessidades e melhoramentos sociais, conter os abusos e derivar os maus projetos.

Companheiro da liberdade da imprensa, como já dissemos, e da publicidade constitucional, é muitas vezes mais eficaz e interessa sempre à causa pública.

---

[87] Referência à proclamação feita por Luís XVIII, rei de França entre 1815-24, quando este encontrava-se refugiado na cidade belga de Gand, durante os *Cem Dias* em que Napoleão Bonaparte retomou o poder.

Não é um direito para ser gasto em circunstâncias triviais, mas em circunstâncias graves, de sacrifícios, ou males sociais; pode ser não somente um direito, mas um grande serviço, uma proposta, um pensamento útil em tais casos é de alto valor.

Demais, se as idéias apresentadas não forem úteis, por certo que os poderes públicos não lhes darão atenção; é bom ouvir todas as opiniões, recolher todos os pensamentos e deliberar afinal o que for melhor.

Toda a reunião armada do povo sem autorização é sem dúvida um crime, mas toda a manifestação pacífica, moral, regular de sua opinião, não pode deixar de ser um direito; é mesmo um sinal do interesse que ele toma pela matéria e causa pública; nem todos podem recorrer à imprensa, e se por esse meio lhe seria lícito manifestar suas opiniões, por que não será também por meio do direito de petição, mormente por escrito?

600. O direito de petição, não equivale, como alguns pretenderão inculcar, uma iniciativa; porquanto a iniciativa, mormente perante as Câmaras, obriga estas a atender à proposição desde que ela é apresentada nos termos do regimento; o direito porém de que tratamos não produz essa obrigação; o poder público pode não dar-lhe atenção, é um simples meio ocasional e eventual de promover uma medida ou de chamar a consideração sobre ela, para qualquer fim que se deseja.

O direito que nossa lei eleitoral de 19 de agosto de 1846 em seu art. 22 e outros dá a qualquer cidadão, de intervir sobre faltas ou ilegalidades cometidas a respeito, está de acordo com o direito de petição; o mesmo diremos da ação popular garantida pelo art. 157 da Constituição contra os magistrados, e da que é conferida contra os abusos ministeriais pelo art. 8 da lei de 15 de outubro de 1827.

A própria lei por vezes convida os cidadãos, e até lhes oferece prêmios para que ofereçam projetos de lei ou de códigos para reger o Estado; em suma bastava que a Constituição não proibisse o uso deste direito para que ele existisse, quanto mais que o reconhece e garante.

601. Entretanto, e por isso mesmo, que é um direito muito eficaz e precioso, cumpre que ele observe as regras e condições que são inerentes à sua natureza, para que não degenere em abuso, e menos perturbe a ordem e paz pública, ou comprima o espírito da liberdade dos outros.

Nós vamos indicar quais sejam essas condições essenciais e expressar os fundamentos delas, que por si mesmos se justificam.

1º) A petição não é permitida senão por escrito, e escrito respeitoso, nem de outra maneira poderia ser meditada e atendida.

2º) Deve ser assinada por todos e cada um dos peticionários pelo seu próprio nome, e não sob nome ou denominação coletiva de sociedade política, ou anônima, ou mesmo de municipalidade, pelo menos que não esteja para isso expressamente autorizada por lei. É um direito político pessoal, que deve ser exercido pelo próprio cidadão, por isso mesmo que ele não pode delegar tais direitos senão aos mandatários que a lei autoriza, que não pode criar poderes além dos que esta criou. Conseqüentemente nem um corpo, administração, sociedade ou cidadão, a não ser por si mesmo, pode exercer esse direito indelegável, nem constituir-se como entidade política em frente dos poderes legítimos.

As municipalidades, corporações, colégios eleitorais, ou sociedades, não são autorizados para figurar de representantes políticos, sim para outros serviços ou interesses privados dos cidadãos, e conseqüentemente não devem ultrapassar dos limites de suas funções legais, usurpar direitos puramente cívicos; não têm para isso capacidade nem representação alguma, pois que não têm até esse próprio direito político. No caso contrário tornar-se-iam mesmo entidades perigosas, muitas vezes fanatizadas pela paixão, animadas de sua natureza coletiva, ou de um apoio mais ou menos imaginário; quereriam coagir sua própria minoria, quanto mais o resto da associação geral; julgar-se-iam potências rivais da autoridade pública. Não; nem os indivíduos, nem corporação alguma tem direito de erigir-se, por autoridade própria ou ilegalmente conferida, em procuradores do povo; a petição não tem por autores senão os cidadãos que como tais, e nessa qualidade, assinam o seu nome individual; outra qualquer deve ser rejeitada; tudo o mais importa a tolerância de usurpação de direitos.

3º) A petição não deve ser apresentada por grupos, ou multidão, e sim somente por uma até dez pessoas, número maior que as leis dos governos constitucionais toleram, a fim de evitar o barulho, a confusão, ou motim desnecessário e porventura perigoso por qualquer ocorrência que possa oferecer-se. A apresentação não deve ser feita perante a barra das Câmaras, sim na respectiva secretaria, ou por algum dos membros dela, pois que essa é a marcha regular, que ninguém está autorizado a modificar.

Mediante estas justas e previdentes condições, não é possível desconhecer o direito de petição, e nem mesmo julgá-lo perigoso. Seria sim perigoso impedi-lo, proibir que os cidadãos pudessem expressar seus desejos, sua justiça; qualificar isso de rebelião, ou atentado, seria comprimir para provocar a reação; que tenha o povo o seu direito de manifestar o que quer, com calma, com respeito; ele não pode, nem deve ser indiferente à sua própria sorte, e nem tampouco ver que os seus legítimos recursos lhe são denegados e que só lhe restam excessos.

Por conexão com este direito, assim como com o da liberdade de manifestar o pensamento por escritos particulares ou impressos, acrescentaremos que também nenhum particular ou sociedades quaisquer, que não forem para isso autorizadas, têm direito algum de afixar cartazes ou anúncios, e menos proclamações nas esquinas, colunas, praças ou outros lugares públicos, e nem de repetir discursos neles. Tais lugares são propriedades nacionais em diversas relações, e postas sob a ação do governo e da polícia, ninguém pode pretender um direito natural ou individual a esse respeito, pois que seria irrisório, nem tampouco um direito positivo, pois que nenhuma lei o instituiu ou reconheceu, e antes as leis policiais o inibem; demais, que partido não poderiam tirar dessa tolerância os homens fanáticos e turbulentos?

Seção 12ª: Do direito de mover a ação de responsabilidade dos empregados públicos

§§ 1º e 2º Os empregados públicos são estritamente responsáveis pelos abusos e omissões praticadas no exercício de suas funções, e por não fazerem efetivamente responsáveis os seus subalternos. Constituição, art. 179, § 29º.

§ 1º Dos fundamentos desta garantia:
602. É um princípio fundamental, que os empregados públicos são estabelecidos no interesse do serviço social, e não no seu interesse individual, para manter os direitos dos cidadãos, fazer-lhes justiça, promover os interesses e o bem-ser da associação.

Todo o emprego supõe regras de seu exercício e obrigações a satisfazer, é pois de razão e de dever cumpri-las; essa é também a exigência da própria honra e moralidade do funcionário. Nenhuma corrupção é mais detestável do que a dos delegados do poder público, ela prejudica o poder, desmoraliza a sociedade, inverte em prejuízo o instrumento que fora estabelecido para ser útil e protetor.

A responsabilidade dos agentes do poder constitui, pois, uma das condições e necessidades essenciais da ordem e liberdade públicas, uma das garantias indispensáveis dos governos constitucionais.

§ 2º Da efetividade da responsabilidade:
603. Se, pois, e não obstante estes justos fundamentos, o funcionário

público, violando a lei e os seus deveres morais, converte o emprego em meio de interesse pessoal ou instrumento de suas paixões, não só o cidadão injustamente lesado deve ter o direito de promover sua responsabilidade, mas os seus próprios superiores estão na obrigação de provocá-la ou fazer efetiva, pois que, como o nosso parágrafo constitucional bem se expressa, não basta deixar de praticar abusos ou omissões, é demais essencial fazer efetivamente responsáveis os subalternos que assim procederem. Não é na simples promessa da lei que está a garantia, sim em sua exata observância.

O Código Criminal, arts. 129 a 168, 170 a 172, e outros; assim como a lei de responsabilidade dos ministros e secretários de Estado, e regimentos das diversas autoridades, estabelecem as respectivas penalidades.

As crenças e a moral social ressentem-se muito do modo por que os empregados públicos se comportam, e da maneira por que a alta administração sobre eles exerce sua inspeção e correção.

Seção 13ª: Do direito à proteção
e aos socorros públicos

§§ 1º e 2º A Constituição também garante os socorros públicos. Constituição, art. 179, § 31.

§ 1º Do direito à proteção pública:
604. Embora este, como o direito de que tratamos na seção antecedente, não proceda imediatamente da natureza, e sim das relações naturais combinadas com as sociais, ainda assim ele se entrelaça com os direitos individuais.

Desde que a sociedade é fundada, a idéia da proteção é como que sinônimo da de governo em favor dos associados, quer no interior do Estado, em suas fronteiras, ou mesmo fora delas; essa proteção acompanha o cidadão, e o anima em toda a parte.

Dentro do Estado o poder público tem o dever de proteger sua vida, sua segurança social, e a de seus bens e direitos. Nas fronteiras deve ele manter o respeito devido ao território nacional, a paz e a inviolabilidade dos direitos de seus súditos, em relação a agressões dos povos vizinhos.

No país estrangeiro deve velar que os seus nacionais não sejam vexados, não sofram injustiças, não sejam privados dos direitos que têm, ou tratados com sorte desigual em relação a outros estrangeiros. Em suma, governo é sinônimo de proteção, e quanto mais ativa e eficaz é esta, tanto maior é a força moral do poder público, pois que tanto mais é ele robustecido pela adesão e espírito nacional.

§ 2º Dos socorros públicos:

605. O governo, em circunstâncias ordinárias, não tem a obrigação de sustentar ou manter os particulares, nem ele teria recursos para cumprir essa tarefa; eles devem viver de sua indústria e previdência.

Em casos porém, excepcionais, ou de calamidades públicas, de peste, inundação, secas, falta de colheitas, grandes incêndios, ou outros males semelhantes, é dever da sociedade socorrer os seus membros, ir em seu auxílio, dar-lhes a sua proteção; não só o dever social, como a humanidade, e o próprio interesse da segurança pública o exige imperiosamente.

Em casos especiais os socorros públicos vão amparar os nacionais, mesmo no país estrangeiro, como prescreve o nosso regimento consular.

Além dos socorros diretos, um governo ilustrado ministra outros muitos valiosos mediatamente, pela proteção com que anima e auxilia os hospitais de caridade, os asilos de expostos e de mendigos, e muitos outros estabelecimentos pios.

Seu zelo pelo estabelecimento de caixas econômicas, de bancos de socorro em favor das classes pobres, de montepios, e outras instituições de previdência, é uma outra proteção valiosa outorgada aos cidadãos que têm poucos recursos, e que assim obtêm novas vantagens e benefícios de sua sociedade, que se moralizam, e conseguem meios de melhor educar seus filhos e amparar suas famílias. O Estado recolhe vantagens do seu zelo.

Seção 14ª: Do Direito à instrução

§§ 1º e 2º A instrução primária e gratuita é garantida a todos os cidadãos. Constituição, art. 179, § 31.

São também garantidos os colégios e universidades aonde serão ensinados os elementos das ciências, belas-artes e artes. Constituição, art. 179, § 32.

§ 1º Da instrução primária:

606. A instrução primária é uma necessidade, não desta ou daquela classe, sim de todas, ou de todos os indivíduos; o operário, o artífice mais humilde, o pobre precisa saber ler, escrever, e pelo menos as primeiras operações aritméticas; aliás ele depende de outro, que o acaso lhe ministre, e não

oferece a si mesmo a garantia a mais indispensável. A par dessa necessidade é também essencial que o povo tenha pelo menos as noções fundamentais da moral e da crença religiosa, para que cada indivíduo possua germes de virtude e idéias dos seus deveres como homem e cidadão.

É pois uma necessidade geral, e conseqüentemente uma dívida da sociedade, pois que para as necessidades gerais é que se criam e recebem as contribuições públicas; acresce ainda que a satisfação desta obrigação reverte em proveito da própria associação, que por esse meio consegue tornar mais úteis e moralizados os seus membros em geral.

Esta instrução deve por isso mesmo não só ser gratuita, mas também ser posta ao alcance de todas as localidades; ela demanda finalmente uma inspeção ativa e zelosa, métodos fáceis e perfeitos, compêndios calculados por madura sabedoria.

A lei de 15 de outubro de 1827 mandou criar uma escola de instrução primária em todas as localidades populares. O art. 10, § 2º do Ato Adicional deu às Assembléias Provinciais a faculdade de legislar a este respeito em relação às respectivas províncias, e muitas delas não se têm olvidado desse dever essencial. Entendemos, porém, que os poderes gerais não devem de modo algum abdicar a atribuição que esse mesmo parágrafo lhes confere de concorrer de sua parte para tão útil fim, e mui principalmente no intuito de criar uma educação nacional homogênea e uniforme, que gere e generalize o caráter brasileiro em todas as províncias, ao menos em todos os centros mais populosos delas.

§ 2º Dos colégios e universidades:

607. A Constituição garante também, posto que não seja gratuitamente, a criação dos estudos preparatórios e superiores, que são indispensáveis para muitos, para as profissões mais elevadas, e para os serviços públicos mais importantes; é pois, necessário cumprir a promessa constitucional.

Tratando do Ministério do Império, da necessidade de subdividi-lo e de criar um ministério especial da instrução pública, já expusemos algumas observações, que fora supérfluo reproduzir aqui.

Seção 15ª: Da suspensão de garantias

§ 1º Os poderes constitucionais não podem suspender a Constituição no que diz respeito aos direitos individuais, salvo nos casos e circunstâncias especificadas no parágrafo seguinte. Constituição, 179, § 34º.

§ 2º Nos casos de rebelião ou de invasão de inimigo, pedindo a segurança do Estado que se dispensem por tempo determinado algumas das formalidades que garantem a liberdade individual, poder-se-á fazer por ato especial do poder Legislativo. Não se achando porém, a esse tempo reunida a Assembléia e correndo a pátria perigo iminente, poderá o governo exercer esta mesma providência, como medida provisória e indispensável, suspendendo-a imediatamente que cesse a necessidade urgente que a motivou, devendo num e outro caso remeter à Assembléia, logo que reunida for, uma relação motivada das prisões e de outras medidas de prevenção tomadas; e quaisquer autoridades, que tiverem mandado proceder a elas, serão responsáveis pelos abusos que tiverem praticado a esse respeito. Constituição, art. 179, § 35º.

§ 1º Da proibição de suspensão das garantias constitucionais:

608. A suspensão das garantias constitucionais é sem dúvida um dos atos de maior importância do sistema representativo, e tanto que em tese não deve ser admitido e nem mesmo tolerado. É um ato anormal, que atesta que a sociedade se acha em posição extraordinária, e tal que demanda meios fora dos comuns ou regulares. Essa mesma é a tese que o § 34, que analisamos, estabelece e resguarda.

Esta tese porém poderá ter algumas exceções como necessidades irremediáveis? E no caso afirmativo quais serão elas e suas condições? É o que a Constituição resolveu no parágrafo seguinte mediante as cautelas que tão grave assunto demanda.

§ 2º Das únicas exceções possíveis:

609. Não obstante a tese ou princípio geral em contrário, se a segurança do Estado, se o perigo da pátria imperiosamente exigir a suspensão por algum tempo fixo, não da Constituição, nem dos poderes políticos ou dos direitos dos cidadãos, sim de algumas das formalidades que garantem a liberdade individual, o que fazer? Deixar perecer o Estado, e com ele todos esses direitos? Certamente, não.

Em tais circunstâncias, o § 35 primeiramente declara, e com muita razão, que tal perigo do Estado não pode prevalecer senão por efeito de rebelião ou invasão de inimigo; outra qualquer ocorrência pode ser vencida sem esse sacrifício da liberdade individual.

Depois de firmar essa limitação, estabelece que se o poder Legislativo se achar reunido, a suspensão não poderá ser verificada senão por ato especial dele.

Prevendo finalmente o caso de não estar este poder reunido, e de correr a pátria perigo iminente, só então autoriza o governo a decretar essa providência, como medida provisória, que deve ser cassada imediatamente que cesse a necessidade urgente que a motivou.

Em todo o caso, logo que o poder Legislativo se reunir, deve o governo apresentar-lhe uma informação circunstanciada das ocorrências, medidas de prevenção tomadas, e sobretudo das prisões que tiverem lugar.

Finalmente, por maior garantia, o dito parágrafo expressa a responsabilidade especial que pesa sobre as autoridades que puseram em execução tais medidas por qualquer abuso que praticaram.

O art. 11, § 8º do Ato Adicional autoriza as Assembléias Legislativas Provinciais a exercer cumulativamente com o governo esta importante atribuição.

610. Em verdade, desde que a grandeza do perigo não pode ser combatida pelos meios ordinários, o que sem dúvida pode acontecer nos casos de rebelião, ou invasão de inimigo, é irremediável autorizar meios de defesa suficientes para salvar a existência do Estado; é o caso dos romanos: *Dent operam consules, ne quid respublica detrimenti capiat*; é a declaração da pátria em perigo.

Independente da suspensão de garantias constitucionais, o Código Criminal em seu art. 288 e seguintes, e lei de 6 de junho de 1831, autorizam os meios necessários para dispersar os ajuntamentos ilícitos, que podem pôr em perigo a segurança pública.

É útil examinar-se a legislação francesa paralela à nossa a este respeito, constante das Disposições de 8, 26 e 27 de julho de 1791, 10 *fructidor* ano 5,[88] 24 de dezembro de 1811, 10 de abril de 1831, e 9 de agosto de 1849; e muito especialmente em relação às praças de guerra, ou postos militares, cujo estado é classificado segundo três hipóteses diferentes: estado de paz, de guerra e de sítio.

No primeiro caso, os magistrados civis exercem todas as suas atribuições, salvo as restrições resultantes das atribuições militares, e a conveniência de sua mútua inteligência em certas circunstâncias [leis de 8 de julho de 1791, e 24 de dezembro de 1811].

Na segunda hipótese, que se verifica quando a praça ou posto está sujeito a ataque, ou aberta em conseqüência de trabalhos de fortificação, ou em

---

[88] O mês de *fructidor* corresponde, aproximadamente, ao período de 18 de agosto a 16 de setembro, o ano 5 estende-se de 22 de setembro de 1796 a 21 de setembro de 1797.

virtude de decreto do governo, os magistrados civis devem marchar de acordo com a autoridade militar, e auxiliá-la.

Finalmente, no estado de sítio, por efeito de decreto do governo, ou ataque efetivo, ou sedição interior, só a autoridade militar é quem exerce o poder. A lei de 9 de agosto de 1849 reforçou a ação da autoridade militar nos casos por ela previstos. Ela pode dar buscas de dia, e até mesmo de noite; fazer sair para fora indivíduos que têm ali domicílios, seqüestrar armas e munições, e proibir ajuntamentos e publicações impressas.

Nossa lei de 18 de setembro de 1851, tão hostilizada por aqueles que não querem ter o trabalho de estudar profundamente os serviços sociais, tem ainda muitas lacunas. É evidente também que a segurança de nossas fronteiras de terra em certa zona determinada demanda uma legislação especial e vigorosa.

Capítulo 3:
Dos direitos civis

~

Seção 1ª: Dos direitos civis em geral

§ 1º Do que sejam os direitos civis:

611. Os direitos civis, denominação distinta dos direitos políticos, são as faculdades, vantagens ou prerrogativas que pertencem aos homens, parte como homens, e parte como membros da respectiva sociedade civil, e que presidem ou prevalecem em suas mútuas relações privadas.

No capítulo 1 deste título já observamos que os direitos civis compõem-se de duas espécies: 1º) dos direitos naturais ou individuais, que a lei civil reconhece e garante, e que por isso mesmo denomina também civis; e 2º) dos que as instituições ou disposições especiais de cada povo estabelecem por suas leis puramente positivas.

Com efeito, a legislação civil tem esses dois elementos diferentes, porquanto não pode deixar de formar-se na sua maior parte das regras ou princípios do direito natural, que são de justiça universal e comuns a todos os homens, qualquer que seja sua naturalidade ou qualidade nacional; e nem tampouco deixar de completar-se daquelas regras e especialidades que cada sociedade civil julga úteis e apropriadas a si e seus nacionais.

No primeiro caso o legislador ou legislação não é senão o coordenador, o intérprete da razão natural, dos fundamentos e relações primitivas da eqüidade e sociabilidade humana, pena de ser injusto ou ignorante; aí a lei nasce do Direito, e não é senão uma expressão dele. No segundo caso é o apreciador do estado, interesses e condições da sociedade civil, que ele deve reconhecer com toda a ilustração e acerto para o bem-ser relativo dela; então a lei é quem constitui o Direito.

Como já tratamos dos direitos individuais ou naturais na consideração do Direito Público no capítulo anterior, pouco acrescentaremos a esse respeito neste, e por isso mesmo teremos principalmente em vista a parte do Direito Civil a que ultimamente aludimos.

§ 2º Da distinção fundamental entre os direitos civis e os direitos políticos:

612. Antes de passar a outras considerações julgamos necessário consignar a fundamental distinção que pela lei e natureza das coisas há entre estas duas classes de direitos.

Os direitos políticos são, como depois melhor veremos, as faculdades ou prerrogativas que competem não aos homens e nem mesmo aos simples nacionais ou simples cidadãos, mas sim e somente aos cidadãos ativos, de participar na formação do poder público e intervir no governo do Estado na forma da lei política ou constitucional.

Os direitos civis que no parágrafo antecedente definimos têm outra natureza e fim.

Os primeiros, fundados antes na razão política do Estado e de suas grandes conveniências, formam na frase dos romanos o *jus civitatis*, são eles que firmam as liberdades políticas; pressupõem a nacionalidade e distinguem, como já dissemos, o simples cidadão do cidadão ativo, isto é, o que é membro somente da sociedade civil ou nacional, e o que, além de ser nacional, é demais membro da ordem ou sociedade política, cujos direitos e modo de gozá-los constitui e coordena.

Os segundos ou civis, fundados principalmente na eqüidade e conveniências individuais, formam na frase dos romanos o *jus queritium*, constituem somente o simples nacional sem curar dos direitos políticos; atendem somente à felicidade do homem, e especialmente dos seus súditos naturais.

São as duas alçadas do Direito Público e Privado a que aludimos em nosso título preliminar.

§ 3º Da importância dos direitos civis e necessidade da certeza ou estabilidade deles:

613. O fim das sociedades, o móvel ou princípio constitutivo delas, não é nenhum outro senão de promover e segurar a felicidade dos homens. Esse fim não pode ser de maneira alguma obtido senão por meio da segurança, assim dos direitos pessoais, como da segurança e livre gozo das propriedades. Ora, se é justamente isto o que se demanda das leis civis, se tais são os direitos civis e o seu fim, por isso mesmo se demonstra qual seja sua alta importância.

Se o exercício bem regulado dos direitos políticos funda a liberdade política dos povos, o exercício bem regulado dos direitos civis funda a sua liberdade civil, o seu bem-ser. São os princípios vivificantes do homem; se a liberdade civil não existe, tudo o mais é uma mentira; cumpre mesmo não olvidar que os direitos ou liberdades políticas por si mesmas não são as que fazem a felicidade pública, não são valiosas senão como meios de garantir os direitos ou liberdades civis. De que serviria o homem livre morrendo à fome?

Os direitos políticos em regra não se exercem senão de tempos em tempos, e os direitos civis pelo contrário são de todos os dias, todos os instantes, todas as relações e gozos individuais; é por isso mesmo que não há maior escravidão do que a escravidão civil.

As leis civis, a maneira por que elas garantem os direitos, ou liberdades civis, devem pois atrair e fixar toda a atenção dos povos civilizados, como o penhor precioso do seu bem-ser.

614. É por isso mesmo que as leis civis devem ter um caráter de estabilidade, e nunca de mobilidade, porquanto sem certeza de direitos não há segurança de direitos, tornam-se estes como que aleatórios, e ninguém pode contar descansado com seus bens ou propriedades. Toda a inovação nas leis civis, que não procede de suma justiça, é um grave mal. As leis civis entranham-se nos costumes, interessam a todos, são por todos estudadas em maior ou menor extensão; a inovação contraria todas estas condições, e enquanto não são bem conhecidas, causam mesmo desconfiança ou temor.

Esse é um dos motivos por que nenhum governo constitucional, exceto o nosso, tem entendido que a atribuição de expedir regulamento se estende jamais às leis, que formam o corpo do direito civil, ou do direito privado.

O Tribunal de Cassação em França, emitindo sua opinião sobre o projeto de código civil de Napoleão I, e seu monumento de glória, não se contentou com a redação que ele oferecia a esse respeito, pediu que ela fosse bem explícita para não ser possível que em matérias que devem ter por divisa a perpetuidade, a estabilidade fixa e firme, se substituísse o caráter da mobilidade que pela natureza das coisas é inseparável da atribuição regulamentar.

Os povos civilizados não estão mais no estado descrito pelo jurisconsulto romano na lei 2 do Digesto, § 19, de orig. jur. *"initio civitatis populus sine lege certa, sine jure certo primum agere institui; omniaque manu a regibus gubernatur"*.

A verdadeira ou inteira liberdade está pois na reunião, no gozo conjunto dos direitos civis e políticos, na ligação dessas duas forças morais, que completam o desenvolvimento racional do homem e de suas faculdades.

§ 4º Da divisão ou diversas espécies dos direitos civis:

615. Os direitos civis podem ser divididos ou classificados de diversas formas; o melhor método, o mais natural, preciso, claro, e completo em sua

harmonia, será sem dúvida o preferível; nós, porém, nos ligaremos à divisão geralmente recebida, e que certamente presta-se a seu fim.

O homem na sociedade civil para ser feliz precisa de três coisas: 1°) ser senhor de sua pessoa, e contar certo com seus direitos pessoais; 2°) poder adquirir bens para satisfazer suas necessidades, e contar com o livre gozo deles; 3°) poder dispor de suas faculdades, ou propriedades, ou ser perfeitamente livre em suas transações ou convenções. Daí nascem as três espécies de direitos e obrigações em relação às pessoas, em relação às coisas e em relação aos contratos, ou convenções.

Nós trataremos de cada uma dessas espécies em separado nas seguintes seções, mas só em consideração das bases, ou relações que o Direito Público deve ter em atenção nas garantias que ele estabelece, como vimos no capítulo anterior; toda a legislação de um povo ressente-se da influência do seu direito fundamental ou público.

Para tratarmos, porém, com mais cuidado de uma das relações ou direitos pessoais, isto é, do direito ou qualidade de nacional ou estrangeiro, destacaremos essa matéria da seção 4ª a que aliás deveria pertencer, e faremos dela o objeto das duas seções imediatas. A importância da matéria assim nos aconselha, e tanto mais porque se relaciona com artigos de nossa Constituição que têm sido objetos de dúvida e hesitações prejudiciais.

Seção 2ª: Da aquisição dos direitos
de nacionalidade e seus efeitos

§§ 1° e 2° São cidadãos brasileiros:

§ 3° — 1°) Os que no Brasil tiverem nascido, quer sejam ingênuos ou libertos, ainda que o pai seja estrangeiro, uma vez que não resida por serviço de sua nação. Constituição, art. 6, § 1°.

§ 4° — 2°) Os filhos de pai brasileiro e os ilegítimos de mãe brasileira, nascidos em país estrangeiro, que vierem estabelecer domicílio no Império. Constituição, art. 6, § 2°.

§ 5° — 3°) Os filhos de pai brasileiro, que estivesse em país estrangeiro em serviço do império, embora eles não venham estabelecer domicílio no Brasil. Constituição, art. 6, § 3°.

§ 6° — 4°) Todos os nascidos em Portugal e suas possessões, que, sendo já residentes no Brasil na época em que se proclamou a independência das províncias onde habitavam, aderiram a esta expressa ou tacitamente pela continuação de sua residência. Constituição, art. 6, § 4°.

§ 7º — 5º) Os estrangeiros naturalizados, qualquer que seja a sua religião. A lei determinará as qualidades precisas para se obter carta de naturalização. Constituição, art. 5, § 5º.

§ 8º E devemos acrescentar que são também brasileiros os demais que as leis civis como tais qualificam.
§ 9º Dos efeitos da nacionalidade.

§ 1º Da fixação da nacionalidade:
616. A nacionalidade de todos e cada indivíduo deve ser estabelecida e fixada por modo certo e não equívoco, pois que dela resultam importantes relações, que de maneira alguma podem ficar vagas ou duvidosas, como depois melhor veremos.

A que classe de leis, porém, ou a que ramo do Direito incumbe determinar e estabelecer as condições da nacionalidade? Será ao direito civil, ou ao direito político constitucional?

Incontestavelmente é isso da alçada privativa do direito civil, e não do direito constitucional, tanto pela natureza das coisas, como pela prática e inteligência geral de todas as nações civilizadas.

Demonstra-se que assim é pela natureza das coisas por mais de uma e importante consideração. Desde que se estabelece a ordem ou sociedade civil, haja ou não ordem, ou direitos políticos fixos, torna-se desde logo indispensável determinar e distinguir os que pertencem ou não àquela sociedade, que gozam ou não dos direitos civis, e como, se de todos na qualidade de nacionais, ou se só de alguns como estrangeiros. A qualidade de nacional ou estrangeiro é uma das relações mais importantes do estado civil, ou dos mais valiosos direitos das pessoas, e ninguém poderá com fundamento duvidar que o fixar o estado ou condições das pessoas é da alçada exclusiva da lei civil, pois que sem isso ela não teria meio de atribuir ou negar o gozo dos respectivos direitos.

617. Ainda quando não houvesse idéia alguma de direitos políticos, ainda assim seria indispensável que o Direito Civil fundasse as condições da nacionalidade, pois que assim exigem todos os atos civis; é a primeira necessidade do estatuto pessoal de cada povo. Com efeito, quando um homem residente no país, por exemplo, se casa, em que qualidade o faz? Que lei regulará esse casamento, será a brasileira, a francesa, inglesa, ou qual? É pois evidente que a primeira necessidade e condição da lei civil é fixar a nacionalidade. O mesmo exemplo podemos reproduzir em qualquer outro ato civil, como na questão de maior ou menor idade, do direito de testar ou não, e outros que não podem prescindir da lei da nacionalidade respectiva. Em suma, é eviden-

te que a sociedade civil não poderia existir sem qualificar, sem fixar previamente os caracteres segundo os quais pudesse reconhecer os membros de que se compõe e os que lhe são estranhos.

A qualidade de nacional ou brasileiro adquire-se pois segundo a lei civil, precede e é distinta da de cidadão ativo; dizemos ativo para diferençar de simples cidadão, que é sinônimo de nacional, como depois observaremos.

618. Se além disto recorrermos à prática das nações civilizadas, observaremos que nossa tese não sofre dúvida alguma.

A Constituição belga diz expressamente em seu art. 4: "A qualidade de belga (ou por outra de nacional) se adquire, se conserva e se perde segundo as regras determinadas pela lei civil. A Constituição e as outras leis relativas aos direitos políticos determinarão quais são, além da qualidade de belga, as condições necessárias para o exercício destes direitos".

O comentário desta Constituição feito por ordem do governo acrescenta o seguinte esclarecimento: A seção central tinha julgado que seria estranho ou absurdo conferir direitos políticos a quem não tivesse o gozo de direitos civis (ou por outra a quem não fosse nacional), e por isso decidiu referir-se ao Código Civil pelo que toca à maneira de adquirir, conservar e perder a qualidade de belga.

O art. 7 e seguintes do Código Civil francês estabelecem doutrina análoga, qualificado os que são ou não franceses; o mesmo fazem os arts. 19 e seguintes do Código Civil sardo, os arts. 11 e seguintes do Código Civil das Duas Sicílias, os arts. 5 e seguintes do Código Civil da Holanda, os arts. 28 e seguintes do Código Civil da Áustria, e enfim muitos outros que não referimos somente por brevidade.

As nossas próprias Ordenações do liv. 2, tít. 55, que ninguém duvidará que era um dos textos do nosso Direito Civil, era quem qualificava quais os naturais ou nacionais ou não de Portugal, como se vê do seu § 1º: "Não será havido por natural deste reino o nascido nele de pai estrangeiro, salvo se o pai estrangeiro tiver domicílio e bens nele, e nele viver por dez anos contínuos".

Esta mesma é a doutrina de Melo Freire, Coelho da Rocha, Correia Teles, Borges Carneiro,[89] enfim de todos os nossos antigos e modernos jurisconsultos.

---

[89] Referência a vários jurisconsultos portugueses: Pascoal José de Melo Freire dos Reis (1738-96), Manuel António Coelho da Rocha (1793-1850), José Homem Correia Teles (1780-1849), Manuel Borges Carneiro (1774-1833). Todos são autores de obras acerca do Direito Civil português.

Parece-nos, pois, bem patente que a qualificação da nacionalidade é da alçada não da lei política, sim da lei ordinária ou civil; e precisávamos elucidar bem isto pelo que temos de ponderar nos parágrafos que se seguem.

§ 2º Da natureza da disposição do art. 6 da Constituição:

619. Do que temos exposto já se infere que entendemos que a disposição do art. 6 da Constituição não tem caráter constitucional, e sim de lei ordinária, que pode ser alterada independente dos trâmites constitucionais, como o poder Legislativo ordinário julgar acertado e conveniente.

Com efeito, determinar a qualidade de nacional ou estrangeiro não só pertence à lei civil ou ordinária, mas nada tem de caráter político, e nem tampouco de gozo ou não de direitos desta ordem, e só sim de direitos puramente civis.

Se a Constituição incluiu os arts. 6 e 7 em si foi só e visivelmente por dependência da matéria e do método, como aconteceu com os redatores da Constituição belga, conforme referimos no parágrafo antecedente, e com a diferença de que estes tinham um código civil metódico e conveniente a que referir-se, e os redatores da nossa não possuíam semelhante; entretanto que sentiam como aqueles a necessidade, ou de pressupor estabelecida, ou aliás estabelecer a qualidade de nacional e estrangeiro.

As leis constitucionais ou políticas só têm por objeto e fim definir e estabelecer as atribuições e relações dos poderes políticos, assim como dos direitos dos cidadãos ativos nessa ordem; nada têm com as relações de mera nacionalidade, que necessariamente pressupõem a cargo da lei civil, por isso mesmo que para haver lei política é preciso que haja antes uma nacionalidade, uma nação que saiba quem é ou não membro seu; o pensamento oposto seria mesmo um contra-senso.

Isto está de perfeito acordo com o que dita o art. 178 da Constituição: "É só constitucional o que diz respeito aos limites e atribuições respectivas dos poderes políticos do Estado, e aos direitos políticos e individuais dos cidadãos; tudo o que não é constitucional pode ser alterado, sem as formalidades referidas, pelas legislaturas ordinárias". Ora, o art. 6 certamente não diz respeito às atribuições nem aos limites dos poderes políticos; não diz também respeito aos direitos políticos, nem naturais ou individuais, pois que a simples qualidade de nacional ou estrangeiro não importa nem a uns, nem a outros, e não passa de um direito puramente civil.

620. Nem obsta o uso que nossa Constituição fez no art. 6 da palavra *cidadão*, porquanto um pequeno estudo basta para fazer reconhecer que algumas Constituições fizeram, como a nossa, essa palavra sinônimo de nacional.

Com efeito a Constituição francesa de 1791, assim como a portuguesa, e a nossa, denominaram todos os seus nacionais por cidadãos, e para discriminar os que gozam ou não dos direitos políticos, distinguiram os cidadãos em ativos, ou simples cidadãos, como se vê do art. 90 de nossa lei política. Outras Constituições, como a belga, estabelecem essa distinção entre as expressões simples nacionais e cidadãos, considerando estes como os membros da ordem política.

É por isso que Coelho da Rocha, Correia Teles, e Luís Teixeira dizem que a Constituição portuguesa (bem como a nossa) confundiu o termo de nacional com a palavra cidadão, que no Direito Romano designava o *jus civitatis*, e os distinguia dos que eram puramente romanos, ou dos *jus quintium*.

Demoramo-nos um pouco nesta demonstração, já porque as disposições do art. 6 da nossa Constituição, além das dúvidas que tem suscitado, tem sido demais objeto de algumas reclamações internacionais, já porque pretendemos no parágrafo seguinte demonstrar a necessidade de alguma alteração dele, e para isso precisávamos qualificar bem a natureza desse artigo.

§ 3º Da nacionalidade proveniente do lugar do nascimento:

621. O § 1º do art. 6 da Constituição estabelece como título de nacionalidade o nascimento no Brasil, ou os pais sejam brasileiros ou estrangeiros, uma vez que não residam por serviço de sua nação.

No primeiro caso, isto é, quando o pai é brasileiro, essa disposição não sofre objeção alguma, pois que concorrem o título de origem paterna ou materna no caso de ilegitimidade, e o lugar do nascimento.

Outro tanto, porém, não acontece quando o pai é estrangeiro, embora não empregado em serviço de sua nação; neste caso a disposição do nosso art. 6 é má, não por uma, mas por muitas faces.

622. É um princípio injusto, porquanto o que a razão e a justiça ditam, é que os filhos seguem as condições de seus pais.

A nacionalidade de cada homem e conseqüentemente do pai estrangeiro é determinada pelo seu respectivo estatuto pessoal e nacional, por sua lei pátria, que a esse respeito o acompanha por toda parte e prevalece enquanto ele não muda de nacionalidade.

Nessa qualidade e condição é recebido no país estrangeiro, e a lei deste país deve ser lógica nas conseqüências dessa recepção.

Os filhos legítimos devem pela natureza das relações do homem seguir a condição do pai, e os filhos naturais a condição da mãe, exceto quando legitimados.

Conseqüentemente o filho do estrangeiro, quando nasce, adquire e conserva natural e racionalmente a qualidade que seus pais tinham de estrangeiros, é um novo membro da sociedade nacional deles, súdito de sua respectiva lei, ou estatuto pessoal.

Essa é também a vontade presumida do menor, porque enquanto menor não pode ter outra que não seja a de seus pais.

Esse é o verdadeiro vínculo moral, a verdadeira pátria de origem, de sangue e de representação paterna na respectiva sociedade; ali os filhos sucedem nos bens, na nobreza, nos direitos transmissíveis de seus pais; o filho do lorde, embora nascido no Brasil, por certo que não há de perder o seu assento no Parlamento inglês.

Os filhos nascem para seus pais e para a sociedade destes, e não para o território casual onde viram a luz, não são servos da gleba.[90] A terra é indiferente, a jurisdição territorial da civilização nada tem mais de comum com o antigo sistema feudal.

Os pais têm o direito inquestionável de educar seus filhos na sua linguagem pátria, nos seus hábitos, nas afeições da família e parentes de sua origem, como pois forçá-los ao contrário? O acaso do lugar de nascimento não é título moral, nem suficiente para impor uma nacionalidade contra a vontade de quem a recebe. Se é benefício *invito beneficium non datur*,[91] dir-se-á que é pena?

623. Além de injusta, tal disposição é muito prejudicial; pois que a diversidade de nacionalidade entre o pai e o filho enquanto menor gera graves dificuldades em relação aos direitos e obrigações provenientes do pátrio poder, pois que põem em conflito duas leis pessoais, conflito que se reproduz também a muitos outros respeitos.

Autoriza além disso a retorsão, em que o Brasil se vê forçado a consentir, como observaremos no parágrafo seguinte, renunciando à nacionalidade dos filhos de seus cidadãos nascidos em país estrangeiro.

624. Não só prejudicial, é demais ineficaz um tal princípio. Desde que o pai estrangeiro quer, leva consigo seus filhos menores para sua verdadeira pátria, que os recebe como seus legítimos súditos, e o Brasil fica só com a violência enquanto eles aqui estavam, e com o pundonor ofendido de ver desprezado um título que deve mais que muito prezar. Não é pois em vão

---

[90] Referência à condição do camponês no sistema feudal europeu da Idade Média, quando o servo (trabalhador) estava adscrito à gleba (terra que cultivava), não podendo separar-se ou ser separado dela.

[91] Não se faz benefício contra a vontade.

que alguns opinam que o nosso art. 6 é facultativo e não imperativo, porque a nacionalidade brasileira é honra e não coação, que se concede, mas não se impõe, porque seria mesmo absurdo obrigar alguém a ser membro de uma sociedade contra sua vontade, quando é óbvio que não pode haver associação senão por livre e mútuo acordo.

625. Contrária ao princípio geral das nações, à exceção de mui poucas, a nossa disposição tira-nos o direito e o dever que estas com grande interesse exercem de proteger os filhos dos seus nacionais, e de sustentar, como sustentam, suas reclamações sobre essa proteção que é mais um vínculo e força política da nacionalidade.

O Código Civil francês em seu art. 9 segue a este respeito a verdadeira doutrina: "O indivíduo nascido em França de um estrangeiro é estrangeiro, mas pode desde que chegar à sua maioridade reclamar a qualidade de francês". É uma disposição protetora, justa e honrosa. Idênticas são as disposições dos artigos 11, 12 e 13 do Código das Duas Sicílias; dos arts. 19, 20 e 24 do Código sardo; do art. 5 do Código holandês; do art. 28 do Código austríaco; da lei espanhola que sendo semelhante à nossa renunciou tal coação; é em suma o princípio geral.

626. Finalmente, nossa disposição é insustentável. Não basta alegar a razão de soberania nacional, ou de jurisdição territorial, é preciso saber aplicar esses direitos. Napoleão I tinha entendido, quando se discutia o projeto do Código Civil no Conselho de Estado, que se devia adotar a determinação que adotamos, que era uma questão somente de conveniência política. Quando os tribunais de apelação foram consultados, apareceu alguma oposição, mas quando o tribunato foi ouvido fez oposição formal, disse que essa disposição parecia extravagante, mormente não marcando prazo de residência anterior em relação aos pais estrangeiros, pois que, perguntava ele, só porque uma inglesa atravessa a França de viagem e tem, durante esta, um filho, dir-se-á que ele é francês? Terra estrangeira para ela, para seu marido e parentes, será a pátria de seu filho em vez de ser o simples lugar do nascimento? A pátria dependerá menos do sangue, das afeições, das relações sociais e naturais, do que do acaso desse nascimento? Será uma servidão do solo? E como sustentar a nacionalidade dos filhos dos franceses nascidos em país estrangeiro? Não há título, porque a condição da terra, ou feudalismo, a residência efêmera, o simples acaso, não são títulos; e demais a França não é prisão!

Napoleão I não hesitou, a disposição análoga à nossa foi rejeitada, e substituída pelo inteligente princípio consignado no sobretudo art. 9 do Código Civil da França, geralmente adotado.

627. Esta e outras questões importantes demandam estudo detalhado e longo, e não improvisado, para que possam ser bem resolvidas. Os Estados nascentes nem sempre têm meios suficientes de fazer valer seus direitos formais e perfeitos, como farão afinal valer usurpações insustentáveis, não contra uma ou outra nação, sim contra quase a totalidade delas?

Nosso art. 6 demanda alteração, e como não é constitucional, esta pode ser feita por lei ordinária.

E quando não seja alterado, cumpre que ao menos não se continue a olvidar a cláusula de residência que ele encerra, e a conseqüente necessidade de definir o tempo desta. Com efeito, diz ele: "Ainda que o pai seja estrangeiro, uma vez que não resida por serviço de sua nação"; logo para que seu filho seja brasileiro é preciso que o pai *resida*, e que essa residência seja voluntária e não por efeito do serviço do seu governo; qual será porém o tempo de residência necessário para esse efeito? Será de um dia, ano ou dez anos? As nossas Ordenações, liv. 2, tít. 55, § 1º, exigia para isso não só a residência do pai estrangeiro por dez anos contínuos, mas que além disso tivesse bens no reino, e declarava que só em tal caso os filhos que lhe nascessem no reino seriam havidos por naturais deste.

§ 4º Da nacionalidade por efeito da concorrência da origem e domicílio:

628. O § 2º do art. 6 da nossa Constituição também encerra, ao menos em nossa opinião, uma má disposição. Para que os filhos dos brasileiros nascidos em país estrangeiro sejam brasileiros não basta, segundo ele, a sua origem paterna ou materna quando ilegítimos, é demais necessário que venham estabelecer domicílio no Império, antes disto não são nacionais!

Assim é que a lei do Império denega sua devida proteção a seus nacionais na pessoa de seus filhos contra o princípio geral das nações; que enfraquece seu próprio poder; é a conseqüência do erro que notamos no parágrafo anterior.

Além de injusta, é uma disposição impolítica; porquanto é odiosa e priva o Brasil de uma porção de súditos seus, que as nações estrangeiras como tais reconhecem, que querem ser seus cidadãos; e por quê? Para trocá-los por filhos de estrangeiros que não querem ser brasileiros?

Daí resulta o absurdo de ficarem os filhos dos brasileiros que nascerem em França ou outros países estrangeiros sem pátria, porquanto as leis destes estados reconhecem a sua qualidade brasileira, e por isso mesmo não lhes dão a nacionalidade francesa ou outra; e o Brasil de sua parte não os reconhece, ao menos antes que abandonando seus negócios venham estabelecer domicílio no Império! Nesse entretanto não terão pátria!

629. É um erro que a legislação inglesa, como leonina, evitou; porquanto, embora declarasse que os filhos dos estrangeiros nascidos na Inglaterra eram ingleses, ao menos declarou também que os filhos dos ingleses em toda e qualquer parte que nascessem eram súditos britânicos, e como tais protegidos!

O princípio geral das nações é de reconhecer como seus nacionais os filhos dos seus cidadãos, sem se importar com o lugar do nascimento, é o que se vê do Código Civil francês, art. 10; do Código das Duas Sicílias, arts. 12 e 13; do Código sardo, arts. 19 e 20; do Código holandês, art. 5, § 2º; do Código austríaco, art. 28 e muitos outros.

630. O nosso art. 6, § 2º pode mesmo ocasionar questões importantes e muito prejudiciais contra os próprios brasileiros residentes no Império; morre, por exemplo, *ab intestato*[92] em França o filho de um brasileiro, ali nascido e que não veio estabelecer domicílio no Brasil, onde tem parentes; deixa uma grande fortuna; como sucederão estes parentes, será segundo a lei francesa ou brasileira? Se o finado não era nem francês, nem brasileiro, qual lhe será aplicável? Com que direito o consulado brasileiro pretenderá arrecadar sua herança?

Segundo que lei se regula o casamento e mais atos da vida civil desses filhos dos brasileiros, atos que dependem do direito das pessoas ou estatuto pessoal? E quando eles venham estabelecer domicílio no Império, reconhecer-se-á todos os efeitos desses atos como lícitos a um nacional, ou considerar-se-á que qualquer desses indivíduos não é propriamente um nacional, e só sim um naturalizado?

631. O princípio de plena liberdade é em tudo o mais justo e útil; que vão os brasileiros promover a sua fortuna por onde queiram, que se demorem eles e seus filhos fora do Brasil enquanto queiram, sem que por isso deixem de ser nacionais; eles ou suas riquezas virão em tempo servir ao Império; que renunciem, enfim, se quiserem, sua qualidade, mas que não seja nossa lei quem a denegue sem culpa nenhuma deles; mais de uma vez serão úteis mesmo em sua residência estranha. O Brasil não é prisão.

Como atesta Borges Carneiro, liv. 1, tít. 2, § 23º, nº 7, o costume constante de julgar qualificava nacionais os filhos dos cidadãos nascidos no estrangeiro quando seus pais iam cuidar de seus negócios, e não saíam do Estado só por vontade de separar-se dele. Vê-se portanto que nossa disposição atual é menos liberal, e sem razão suficiente; e é por isso que entende-

---

[92] Sem testamento.

mos que ela deva ser alterada e substituída pelo princípio geral dos povos civilizados.

§ 5º Da nacionalidade por origem e serviço do Brasil em país estrangeiro:

632. Nada temos que observar sobre o § 3º do art. 6 da Constituição, senão que ele seria ocioso se não fora a má disposição do parágrafo antecedente. Com efeito se fosse, como entendemos que devia ser, suficiente a origem ou nacionalidade dos pais, seria indiferente que estes estivessem em país estrangeiro em serviço ou não do Brasil.

Estabelecida, porém, aquela outra disposição, era de necessidade a deste parágrafo, pois que seria um contra-senso punir com a perda da nacionalidade os filhos daqueles brasileiros que estivessem servindo o Império fora dele.

§ 6º Da nacionalidade proveniente da antiga nacionalidade, residência e adesão à Independência brasileira:

633. A disposição do § 4º do art. 6 foi justa, política e útil; mas era por sua natureza transitória. Antes da Independência todos éramos portugueses; constituindo-se o Brasil em Estado separado não devia privar-se da sociedade dos portugueses que nele residem e que aderiram a essa emancipação; seria uma injustiça e um erro. Muitos desses cidadãos coadjuvaram o movimento da Independência nacional e têm prestado ao Império importantes serviços.

§ 7º Da nacionalidade por efeito da naturalização:

634. Os estrangeiros naturalizados brasileiros tornam-se brasileiros.

A naturalização é um ato, um contrato político, pelo qual o estrangeiro deixa sua nacionalidade anterior e adquire uma nova, passa a ser membro da sociedade que prefere e que o adota.

Este contrato estabelece obrigações recíprocas entre a nacionalidade e seu novo súdito, é pois prudente e justo que esta antes de verificá-lo formule as condições que julgue necessárias para poder contar com as garantias que esse novo súdito deve oferecer; seria um erro conceder a naturalização indistintamente.

É esse o objeto da lei regulamentar a que o § 5º do art. 6 da Constituição se refere.

A nossa lei regulamentar de 23 de outubro de 1832 designa as condições ou qualidades que são necessárias para que o estrangeiro possa obter a naturalização, e estabelece também a marcha sumária desse processo administrativo. Essas condições exigem que o naturalizando seja maior de 21 anos, que esteja no gozo de seus direitos como súdito estrangeiro, que faça declaração de sua intenção perante a respectiva Câmara Municipal, e bem assim de seus princípios religiosos, que resida depois disso no Brasil por quatro anos, e enfim que demonstre que é possuidor de bens de raiz, tem parte em algum estabelecimento industrial ou exerce alguma profissão útil.

Os que são casados com brasileira, os que são inventores ou introdutores de alguma indústria, os que têm adotado algum brasileiro ou feito alguma campanha, ou sido ferido em serviço do Brasil, os homens de talentos notáveis e os declarados beneméritos, assim como os filhos dos estrangeiros já naturalizados não precisam senão fazer sua declaração perante a respectiva Câmara Municipal.

A resolução de 30 de agosto de 1843 reduziu a dois anos o prazo de quatro de residência que a lei anterior exigia depois da declaração feita perante a Câmara Municipal.

635. Um país imenso como é o Brasil, relativamente despovoado, cheio de fertilidade e de riquezas, que só demandam o trabalho, a mão do homem industrioso para completá-las, não devia por certo olvidar a necessidade de disposições especiais a respeito da naturalização dos colonos, já como mais um meio de chamá-los a si, já porque não seria político engrossar núcleos reforçados de população estrangeira em suas diferentes províncias, com hábitos, idéias e sentimentos diversos, e prejudiciais à unidade nacional. Conseqüentemente a resolução de 17 de setembro de 1835, art. 12, concedia a naturalização aos colonos do Rio Doce depois de um ano de residência; a de 3 de setembro de 1846 concedeu aos colonos que ao tempo dela já residiam em S. Leopoldo e Torres; a de 31 de janeiro de 1850 fez essa concessão extensiva aos de S. Pedro de Alcântara e Petrópolis.

A lei de 18 de setembro de 1850, art. 17, posto que não guardasse harmonia com a concessão feita aos colonos do Rio Doce, pois que exigiu o duplo do tempo de residência, veio estabelecer uma regra geral a respeito, e que foi expressamente aplicada à colônia de D. Francisca pelo decreto de 16 de setembro de 1853.

Querendo favorecer ainda mais a naturalização dos colonos, o poder Legislativo adotou a resolução de 23 de junho de 1855, que é quem rege hoje esta matéria.

Em verdade o colono traz o pensamento fixo de adotar o Brasil por sua pátria, vem ligar a ele os seus e os destinos de sua família e descendentes, vem identificar-se com o Império como um súdito permanente; e por outro lado a colonização em vasta escala é a primeira das necessidades brasileiras.

636. Além desta legislação, o nosso poder Legislativo, por decretos seus, autoriza o governo a conceder cartas de naturalização aos indivíduos que indica, medida de que tem abusado, pois que temos leis a respeito, e só deverá reservar essa exceção para nomes ou serviços notáveis, mesmo para que ela se não deprecie. Seria assim como que a nossa grande naturalização, embora não habilitasse o estrangeiro a ser deputado ou ministro, atenta a restrição constitucional.

637. Concluiremos este parágrafo já extenso com algumas observações resumidas sobre os efeitos da naturalização.

O brasileiro que se naturalizar em país estrangeiro nem por isso fica autorizado a tomar armas contra o Brasil, e se o fizesse incorreria no crime e pena do art. 70 do Código Criminal; é esse um princípio geralmente reconhecido, e especialmente pela legislação inglesa; é uma última e justa veneração por sua antiga pátria; ele não deveria também ser nomeado ministro diplomático de seu novo país perante a Corte do Brasil; e soberano de quem já foi súdito, pois que é um outro princípio geralmente adotado.

A naturalização do marido importa a da mulher, é a conseqüência do laço íntimo que prende os esposos, que por certo não ficarão sujeitos a leis diversas; importa também a dos filhos menores que com eles vivem, pois que são membros de sua família, que estão debaixo do poder paterno, de sua dependência natural e legal, que não têm outra vontade senão a de seus pais, e que seguem os mesmos destinos até à sua maioridade, tempo em que bem podem preferir a nacionalidade que mais lhe convenha.

Entretanto, a naturalização não derroga a comunhão de bens do casamento anterior ou outras relações legítimas dele, estabelecidas ou permitidas pela lei que presidiu sua celebração. Em suma, a naturalização não tem efeitos retroativos.

§ 8º Da aquisição da nacionalidade por outros títulos de lei civil:

638. Os parágrafos do art. 6 da Constituição não são os únicos modos de aquisição da nacionalidade brasileira; vigoram ainda outros que são reconhecidos por nosso Direito Civil, e que certamente não serão desconhecidos por nenhum tribunal do Império.

1º) A estrangeira que se casa com um brasileiro por esse mesmo fato adquire, segundo o nosso Direito Civil, a qualidade de brasileira, não só porque desde o tempo dos romanos é tido por indubitável que a mulher segue a condição do marido, como porque o casamento não pode efetuar-se e prevalecer segundo duas leis diferentes, e só sim segundo o estatuto pessoal do marido. É em virtude deste mesmo princípio que as princesas estrangeiras que casarem com príncipes brasileiros serão por esse mesmo fato princesas brasileiras. É também a lei de todas as nações civilizadas, como se vê do Código Civil francês, art. 12; do Código sardo, art. 21; do Código holandês, art. 6; do Código de Nápoles, art. 14, além de outros.

2°) Os meninos expostos no território nacional são nacionais [Borges Carneiro, liv. 1, tít. 2, § 23°, n° 9], a generosidade, a honra, os sentimentos morais da nação brasileira não indagam se seus pais são brasileiros ou estrangeiros, em serviço de sua nação ou não; adota-os como seus filhos, e esse ato de civilização e humanidade é para ela glorioso.

Estes exemplos são mais uma prova do que antes dissemos, que a nacionalidade procede da lei civil e não da lei política.

§ 9° Dos efeitos da nacionalidade:

639. O primeiro efeito da nacionalidade é distinguir e caracterizar os que são membros dela e os que lhe são estranhos. Conseqüentemente os nacionais gozam de direitos de que os estrangeiros são excluídos.

1°) Gozam dos direitos que são privativos da nacionalidade, como são os de exercer os ofícios e cargos públicos que não têm caráter político, pois que para estes é preciso além de nacional ser cidadão ativo. Os cargos de professor de primeiras letras, de coletor de rendas públicas, guardas das alfândegas, e muitos outros empregos e profissões não demandam o gozo dos direitos políticos, e entretanto são privativos dos nacionais, um estrangeiro não pode obtê-los.

2°) Os nacionais têm o direito de ser especialmente protegidos ainda quando estão fora do Império; não podem ser expulsos deste senão por efeito de lei e sentença criminal; o governo ainda quando quisesse não pode fazer extradição deles.

3°) Gozam de todos os direitos civis em toda a sua plenitude, como depois veremos nas seções seguintes.

640. Os estrangeiros não gozam senão dos direitos civis que procedem do direito natural ou universal, do direito das gentes, tratados e costumes da civilização. Os direitos civis que dizem respeito ao Estado, capacidade e mais relações pessoais em regra não lhes são aplicáveis, por isso mesmo que constituem o estatuto pessoal da nacionalidade e não dos estrangeiros, que têm o de seu país, e por ele se regem, como posteriormente melhor observaremos.

Esta desigualdade provém da natureza das coisas e da própria Justiça, porquanto os estrangeiros são isentos de certos serviços e encargos que pesam só sobre os nacionais, e portanto não podem, nem mesmo devem, auferir todas as vantagens que são correspondentes a esses serviços e encargos.

No entretanto, as leis brasileiras são das mais amplas e liberais a favor dos estrangeiros, que contam no Brasil com toda a segurança e com muitas liberdades que não gozariam em sua própria pátria.

Seção 3ª: Da perda dos direitos de nacionalidade

§ 1º Perde os direitos de cidadão brasileiro:
1º) O que se naturalizar em país estrangeiro. Constituição, art. 7, § 1º.
2º) O que sem licença do imperador aceitar emprego, pensão ou condecoração de qualquer governo estrangeiro. Constituição, art. 7, § 2º.
3º) O que for banido por sentença. Constituição, art. 7, § 3º.
§ 4º Da perda da nacionalidade por efeito de casamento.

§ 1º Da perda de nacionalidade por efeito de naturalização em país estrangeiro:
641. O nacional pode perder sua qualidade de brasileiro e, portanto, deixar de fazer parte dessa sociedade, em certos casos previstos pela lei. O primeiro destes casos é o de sua naturalização em país estrangeiro, desde então o brasileiro passa a pertencer a uma outra e nova pátria, a ser membro de uma outra sociedade nacional, e conseqüentemente não pode ao mesmo tempo pertencer a duas pátrias ou sociedades, que exigem dele obrigações distintas e muitas vezes até contraditórias. Julgou que não lhe convinha mais a qualidade brasileira, o Brasil não deve pois considerá-lo mais como parte integrante de sua associação.

§ 2º Da perda da nacionalidade pela aceitação de empregos ou graças estrangeiras sem licença:
642. A aceitação de empregos, pensões ou condecorações de um governo estrangeiro, e mui principalmente, de serviço militar, sem que para isso preceda licença do governo brasileiro, importa compromissos que são incompatíveis com os deveres de subordinação e fidelidade para com a Coroa do Brasil. Nada impede que o nacional solicite essa permissão, que não lhe será denegada, senão no caso excepcional de algum grande inconveniente, hipó-

tese essa que deverá ser altamente respeitada por um súdito zeloso por sua pátria. O procedimento contrário é um justo título para considerá-lo separado da associação nacional.

§ 3º Da perda da nacionalidade por efeito de banimento:
643. A pena de banimento não pode ser imposta senão em virtude de lei e de uma sentença; a lei não a comina senão em casos excepcionais e de natureza tal, que a reclamam como única apropriada; nossa legislação não tem mesmo feito ainda aplicação sistemática desta punição, cujo uso no entretanto reconhece que pode ser empregado.

Quando porém empregada, fica o banido privado para sempre dos direitos da nacionalidade brasileira e inibido perpetuamente de habitar no território do Império; se vier a ele, será além dessa privação condenado à prisão perpétua [Código Criminal, art. 50].

§ 4º Da perda da nacionalidade por efeito de casamento:
644. A brasileira que se casa com um estrangeiro perde a qualidade de brasileira e adquire, por esse mesmo fato, a nacionalidade de seu marido; é o mesmo princípio que já expusemos no § 8º da seção antecedente.

Esta disposição é geralmente adotada como se vê dos Códigos Civis francês, art. 19; sardo, art. 40; napolitanos, art. 22; holandês, arts. 10 e 11, e outros.

A brasileira porém que ficasse viúva e que quisesse reaver essa qualidade independeria de naturalização.

É desnecessário observar que todos que perdem a condição de brasileiros tornam-se estrangeiros em relação ao Império, e não podem pretender mais direitos do que aqueles que são outorgados aos estrangeiros.

Seção 4ª: Dos direitos civis em relação
às pessoas, ou do estatuto pessoal

§ 1º Dos direitos pessoais em geral:
645. No nº 610 observamos que os direitos civis podiam ser divididos em três ramos: pessoais, reais, ou provenientes de atos e relações convencionais; trataremos da primeira dessas classes nesta seção.

Os homens ou pessoas são as entidades, os sujeitos ativos, e também passivos dos direitos; estes e as correlativas obrigações resultam e modificam-se conforme a posição, relações, ou circunstâncias em que as pessoas se acham colocadas, ou para com a sociedade civil, ou para com outras pessoas, e que constituem o seu estado.

A lei civil considera e qualifica esse estado desde que o homem é concebido para resguardar seus direitos, e acompanha as modificações de sua posição ou relações pessoais desde o seu nascimento até sua morte.

1º) Ela examina e caracteriza em que qualidade nasceu para a sociedade civil; se como nacional ou estrangeiro, no intuito de assinar, a cada uma dessas condições, os direitos correspondentes, como já observamos nas duas seções anteriores.

2º) Considera-o em relação a seus pais e, conseqüentemente, também o estado destes, se solteiros, casados, ou já viúvos; para determinar da validade do casamento ou matrimônio, estabelece suas condições, impedimentos, pactos acessórios, efeitos, e demais relações que compreendem até a questão do divórcio.

3º) Consigna as relações legais entre os pais e filhos, o pátrio poder, os direitos de família ou parentesco, ou adoção e as legítimas, ou sucessões ativas e passivas.

4º) Determina o estado ou condição de capacidade do homem, segundo sua maior ou menor idade ou interdição e, conseqüentemente, providencia sobre a tutela ou curadoria.

5º) Atende-o em relação a seu domicílio como presente ou ausente, e resguarda seus direitos.

São estas relações pessoais que o Direito Civil detalha, que formam o direito das pessoas, o estatuto pessoal de cada país, *lex domicilii originis*, ou complexo das disposições legais pátrias, que regem as relações das pessoas entre si, sem atenção às coisas.

§ 2º Do estatuto pessoal brasileiro em relação aos nacionais:
646. Em todas as relações que no parágrafo anterior enumeramos, os brasileiros são regidos pelas leis civis pessoais do Brasil, não só dentro do território do Império, como ainda mesmo no estrangeiro, porque a lei pátria pessoal os acompanha por toda parte, e é em conseqüência dela que eles são recebidos e tratados nos países estrangeiros como súditos brasileiros.

Se um brasileiro, por exemplo, se casasse, ou divorciasse fora do Brasil, por um modo contrário à lei pessoal brasileira, certamente que nenhum tribunal no Império reconheceria, nem daria efeitos a esse casamento ou divórcio; o mesmo diremos se ali testasse, preterindo as legítimas garantidas pela lei brasileira a seus filhos, ou praticasse atos que só eram lícitos à maioridade, que por nosso direito não tinha, embora pudesse ter pelo direito estrangeiro.

Sujeitos à sua lei pátria, gozam também por esse mesmo princípio os brasileiros da plenitude de nossos direitos civis, como já anteriormente observamos.

§ 3º Do estatuto pessoal brasileiro em relação aos estrangeiros:
647. As leis pessoais dos brasileiros, o seu estatuto pessoal, que é particular à sua nacionalidade, não deve ser, e não é aplicável ao estrangeiro.

Por um lado seria dar-lhes direitos civis que se referem ao estado, capacidade, e mais condições individuais previstas e apropriadas às circunstâncias peculiares de nossa associação, e dar-lhes sem razão ou título suficiente.

Por outro, seria modificar sem necessidade nem fundamento razoável as suas leis pátrias pessoais, e por isso mesmo autorizar a retorsão contra os brasileiros, estabelecer um conflito de leis diferentes ou opostas, e conflito prejudicial a todas as nações e todos os indivíduos, que desde então não se poderiam mais relacionar e entender.

Para reconhecer a exatidão do que dizemos, basta refletir por um pouco na desordem e confusão que resultaria em relação aos estrangeiros, e reciprocamente aos brasileiros que viajassem por diferentes países. Em uns seriam considerados como casados, em outros, seu casamento não seria reconhecido; aqui teriam pátrio poder, ali não; ora seria o estrangeiro maior e capaz de atos civis, ora seria menor, e assim semelhantemente.

O resultado seria a impossibilidade de todas as relações comerciais e industriais, reclamações e prejuízos recíprocos.

648. É por isso mesmo que cumpre respeitar o justo e útil princípio de que as leis pátrias pessoais acompanham os respectivos súditos por toda a parte e em todos os territórios; que elas subsistem, onde quer que se achem nas condições e habilitações pessoais que o seu respectivo estatuto reconheceu e consagrou; é mesmo nessa posição ou estado que ele é recebido no estrangeiro, como membro de uma nacionalidade amiga.

Nem pareça que há nisso quebra da soberania ou jurisdição territorial de nenhum Estado; o princípio da soberania é inteligente, respeita a independência alheia, para que a sua seja também respeitada. Cada soberania tem o direito de regular o estado pessoal de seus súditos, é um direito recíproco, tem a faculdade quando fundada de denegar entrada ao estrangeiro, mas concedendo-a deve recebê-lo em suas condições de respectiva nacionalidade; e demais, se não respeitar as leis pessoais estranhas, como poderá pretender que as suas sejam respeitadas?

O princípio geral das nações é pois de autorizar a observância dessa classe de leis, que tem aplicação não só às relações de nacionalidade do estrangeiro, sua mulher e filhos, de que já tratamos, mas também aos seguintes objetos:

1º) *O casamento*: A validade intrínseca do casamento do estrangeiro e os seus conseqüentes efeitos são atendidos e regulados não pela lei pessoal brasileira, sim pelo respectivo estatuto daquele. Um francês que entra casado no Brasil, ou que casa no território brasileiro observando sua lei pátria, é como tal tido e havido no Império; os seus direitos de marido, relações legítimas sobre os bens do casal e mais efeitos do matrimônio são respeitados como legítimos. Outro tanto é aplicável ao divórcio.

2º) *O pátrio poder e relações de parentesco, sucessão legítima*: Estes assuntos são também regidos pelo estatuto pessoal de cada nacionalidade; é ele que determina as condições do poder paterno, da legitimidade dos filhos e do direito de sucessão ativa e passiva.

A lei pessoal do finado é que designa a ordem legal, o sucessor de seus bens, quando ele falece sem testamento, e a porção legítima que deve a seus descendentes ou ascendentes, quando faz testamento; salvo o estatuto real do país em que estão situados os seus bens quando imóveis.

3º) A capacidade legal, maior ou menor idade dependem igualmente da lei pessoal do estrangeiro, que atende suas condições de clima, de desenvolvimento de seus nacionais, e seus hábitos.

Finalmente, mesmo no caso de interdição ou ausência, as leis do país em que reside o estrangeiro, ou em que deixou bens abandonados, não olvida a influência das relações e reciprocidade internacional.

Vê-se pois que o Direito Civil na parte em que regula os direitos e obrigações das pessoas tem inteira aplicação aos nacionais, não só dentro mas mesmo fora do Império, e que pelo contrário em regra não é aplicável aos estrangeiros, ainda mesmo residentes no Brasil.

SEÇÃO 5ª: DOS DIREITOS CIVIS EM RELAÇÃO
ÀS COISAS, OU DO ESTATUTO REAL

§ 1º Dos direitos reais em geral:

649. Os homens ou pessoas são os sujeitos, as entidades a quem pertencem os direitos e as obrigações; as coisas são os objetos, as matérias dos direitos e obrigações, os entes que têm de servir aos homens para satisfazer suas necessidades e seus gozos. A lei civil nesse intuito atende pois estes objetos em suas diversas e variadas relações.

1º) Ela distingue e classifica as coisas que são suscetíveis de direitos, segundo sua natureza especial.

2º) Estabelece as relações respectivas de seu gozo conforme o diferente direito de que são objetos, pois que podem ser de mera posse ou propriedade, usufruto, ou simples uso ou habitação, servidões ou rendas.

3º) Estabelece os diferentes meios de adquirir, transmitir, ou perder tais objetos.

Estas diferentes faces por que a lei civil assim examina as coisas, e as correspondentes disposições e garantias que ela institui em suas diversas relações, forma e compõe o estatuto real de cada país, a *lex loci rei sitae*, ou o complexo de disposições legais que regem as coisas situadas no território do Estado, sem atenção às pessoas e somente como objetos de direitos.

§ 2º Da aplicação do estatuto real brasileiro:

650. Como o estatuto real compreende, ou refere-se somente às coisas situadas no respectivo território, sem indagar ou atender quais as pessoas que têm ou pretendem ter direitos sobre elas, se nacionais ou estrangeiros, é claro que ele vigora indistintamente, tanto quando essas pessoas forem brasileiras, como estranhas; nessa parte pois a lei, ou Direito Civil é comum, salva alguma disposição expressa ou excepcional.

Tal é a notável diferença que o estatuto real oferece em comparação do estatuto pessoal; a respeito dele, e mormente quanto aos imóveis, vigora em toda a sua plenitude o princípio da jurisdição territorial exclusiva, que não invade a jurisdição alheia, nem tolera invasão contra si.

As coisas devem com efeito ser reguladas só pelas leis do Estado em que estão situadas, sem importar-se com o estatuto real de outros países, que só governam as que existem em seu território. Os imóveis não são pessoas, nem podem acompanhar as pessoas, são fixos, interessam muito ao respectivo país e porventura mesmo à segurança dele; não devem pois ser sujeitos a lei alguma estranha.

Entretanto, a aplicação do estatuto real ou jurisdição territorial ao uso do território em relação ao estrangeiro, pode, quando houver justo fundamento, denegar entrada a este ou autorizar a sua expulsão.

Os usos de alguns bens racionais que são comuns aos brasileiros, podem também não ser franqueados aos estrangeiros, pois que estes não têm direito ao que forma parte do patrimônio nacional, ou compete aos brasileiros só em sua qualidade de nacionais, e como prerrogativas especiais nessa qualidade.

Seção 6ª: Dos direitos civis em relação aos atos ou fatos convencionais

§ 1º Dos atos ou fatos convencionais em geral:

651. Os homens são, como já repetimos, as pessoas, ou sujeitos a quem pertencem os direitos e obrigações; as coisas são os objetos ou matérias desses direitos; os atos do homem, seus contratos, ou convenções, são as coisas, os meios que fazem nascer, modificar, transmitir, extinguir, em suma pôr em relação as pessoas com as coisas, os homens com os diferentes objetos dos direitos; salvo o preceito da lei quando ele se estabelece por si mesmo independente desses atos. É daí que nascem as ações, que não são senão as conseqüências dos direitos, os modos de os fazer valer ou realizar-se.

É por isso que muitos classificam e assinalam como origem dos direitos e obrigações:

1º) A lei quando por si mesma, por justiça, eqüidade, ou utilidade social, estabelece suas normas sem esperar pelos atos ou fatos do homem.

2º) Os fatos, ou atos do homem, que se dividem em lícitos e ilícitos, subdividindo os primeiros em contratos, e quase contratos, e os segundos em delitos, e quase delitos.

A lei civil analisa todos esses atos, deixando à criminal o que respeita à punição dos delitos; estabelece, ou resguarda suas formalidades internas e externas, e assinala seus efeitos.

§ 2º Da aplicação das leis civis brasileiras em relação aos atos civis, ou fatos convencionais:

652. Os atos e contratos pendem, para que possam ter validade e produzir seus efeitos, não só de sua forma ou formalidades externas, como de sua substância ou formalidades internas; demandam prova e conformidade com a lei.

Quando praticados no Brasil por brasileiros, e para ter nele seus efeitos, são em tudo regidos pelas leis civis brasileiras. Quando praticados por estrangeiros, para vigorar em seus países em regra são passados em seus consulados, segundo suas leis pátrias.

Esses atos ou contratos porém muitas vezes têm de relacionar-se com muitas legislações diversas. Um brasileiro por exemplo pode fazer seu testamento em França para ser aberto no país eventual de sua morte, quando em viagem; uma letra de câmbio pode ser passada em um Estado por súdito estrangeiro, percorrer diversos países, ter neles endosso, e dever ser paga em outro diferente.

São atos de uso diário entre os homens de todos os países, atos que acompanham as transações e relações comerciais ou internacionais em suas diferentes faces. A humanidade é uma grande sociedade dividida em nacionalidades; tudo que tendesse a dificultar suas mútuas e úteis relações seria um contra-senso prejudicial e intolerável.

As inumeráveis combinações que tais atos ou contratos podem ter, e que podem interessar às leis civis dos diversos Estados, ou o seu Direito Internacional privado, denominação que tomam nessa relação, têm produzido a necessidade de fixarem-se os princípios, que devem ser reguladores gerais em tais assuntos.

653. Não podemos aqui entrar em detalhes, e por isso mesmo assinalaremos somente as regras gerais, deixando o mais para o estudo do Direito Internacional privado.

A legislação de todos os países civilizados reconhece a validade dos atos passados no estrangeiro não só por seus próprios súditos, como por súditos estranhos, uma vez que não contrariem formalmente suas proibições.

Em relação à forma desses atos é corrente o princípio *locus regit actum*,[93] isto é, que as formalidades extrínsecas são válidas desde que observam a lei do lugar em que são passadas, salvo o caso de serem expedidos nos respectivos consulados. Nem outra coisa seria admissível, pois que nem seria possível que houvesse, em todos os lugares, oficiais públicos de todos os países, nem que os atos fossem passados com formalidades porventura opostas.

Esta regra só sofre exceção quando a lei do país em que os atos devem vigorar opõem limitação formal, como no caso de inscrição de uma hipoteca, que só pode ter efeito quando verificada na localidade legal, graduação de credores, ou casos semelhantes.

O reconhecimento dos consulados é também geralmente exigido.

Quanto às formalidades internas, em regra observa-se o seguinte: 1º) pelo que toca às pessoas e sua capacidade deve o ato conformar-se com o estatuto pessoal delas; 2º) em relação às coisas ou objetos do ato, deve este conformar-se com o estatuto real, ou lei da situação delas, mormente quando imóveis.

Quando as leis deixam inteira liberdade às partes, não têm elas que conformar-se senão com a sua mútua vontade e princípios morais do direito universal.

---

[93] O lugar rege o ato.

Capítulo 4:
Dos direitos políticos

~

Seção 1ª: Dos direitos políticos em geral

§ 1º Do que sejam os direitos políticos:

654. No nº 607 já indicamos o que são os direitos políticos e no que diversificam dos direitos civis; por maior clareza e ordem, porém, reproduziremos algumas idéias no intuito de desenvolvê-las com mais alguma latitude.

Os direitos políticos são as prerrogativas, os atributos, faculdades ou poder de intervenção dos cidadãos ativos no governo de seu país, intervenção direta ou só indireta, mais ou menos ampla, segundo a intensidade do gozo desses direitos.

São o *jus civitatis*, os direitos cívicos, que se referem ao poder público, que autorizam o cidadão ativo a participar na formação ou exercício da autoridade nacional, a exercer o direito de votante ou eleitor, os direitos de deputado ou senador, a ocupar cargos políticos, e manifestar suas opiniões sobre o governo do Estado.

Os direitos individuais ou civis têm em vistas o exercício legítimo das faculdades do homem; os direitos políticos são os meios de segurar os direitos naturais pela intervenção que o cidadão ativo exerce no poder público, são as garantias que escudam aqueles, e sem as quais não poderia defendê-los, não teria apoio valioso e eficaz.

Os direitos políticos são filhos da Constituição do Estado, que estabelece as condições do gozo deles em vista do interesse da sociedade e da manutenção das liberdades públicas e individuais; e para que o poder se exerça por esses faróis sagrados, e não por idéias de ambições pessoais ou interesses ilegítimos dos governantes.

É por isso mesmo que os direitos ou liberdades políticas são postas em perigo, ou deixam de existir, desde que por manejos quaisquer os cidadãos, em vez de intervir no poder público, ou regime político e governamental do

Estado, segundo sua vontade e prerrogativas, são coagidos ou ilegitimamente iludidos.

A liberdade civil consiste na faculdade que o homem tem de fazer tudo quanto não lhe é proibido pela lei, a liberdade política é quem decreta essa lei, e em sua sabedoria prevê que ela não proíba senão aquilo que real e efetivamente seja um mal.

Os direitos, a liberdade civil, deixam de existir desde que, embora a lei não proíba um ato, há uma vontade qualquer que se substitui à lei e o inibe; eles reclamam, mas sua voz por si só é fraca, não afeta essa vontade arbitrária. A liberdade política, a imprensa, o direito de petição ou reclamação política, e sobretudo a tribuna, é quem vem apoiar e proteger a liberdade civil, a vida moral dos indivíduos.

É por isso que não há fatalidade maior para um povo do que a de ter Câmaras Legislativas, e mormente, a de seus deputados, fracas, dependentes ou desmoralizadas por interesses pessoais e mesquinhos, por elogios até aos próprios erros ou abusos ministeriais; a dar-se tal hipótese o país inteiro sofrerá em sua moral, direitos e interesses.

Tais são os direitos políticos, e tal é a sua importância; conquista dos povos livres que não basta alcançar, que é preciso saber conservar e defender em toda a sua plenitude. Passou, ofuscou-se para sempre o esplendor, a grandeza precária e sangrenta das conquistas militares; nos séculos atual e futuros da civilização, a grandeza real, a glória e a felicidade dos povos e dos governos não pode ter e não terá outra base firme que não seja a das liberdades do homem e do cidadão, forças criadoras, fecundas e quase onipotentes, instituídas pelo ser eterno para o bem-estar da humanidade.

§ 2º Da divisão ou diversas espécies dos direitos políticos:

655. Os direitos políticos diversificam entre si segundo sua graduação, extensão ou importância, como depois veremos; por agora não trataremos senão de classificá-los, para que possamos ocupar-nos de cada um deles com ordem e método.

Neste intuito, e depois de fazer algumas observações sobre a posse ou gozo deles em geral, adotaremos a seguinte divisão:

1º) Direito de voto ativo nas eleições primárias e de ser eleitor.[94]

---

[94] Durante o Império as eleições eram indiretas. Um primeiro grupo, formado pelos "votantes", participava das eleições primárias escolhendo os "eleitores", eram estes que escolhiam os representantes do Legislativo.

2º) Direito de ser membro do poder Legislativo geral ou provincial.

3º) Direito de ter exercício no poder Moderador, Executivo ou administrativo.

4º) Direito de ser membro do poder Judicial.

5º) Direito de liberdade da imprensa, de petição ou reclamação constitucional.

6º) Suspensão ou perda dos direitos políticos.

7º) Direito político de reforma da Constituição.

Seção 2ª: Do gozo dos direitos políticos em geral

§ 1º Da condição prévia da nacionalidade:

656. A idéia de direitos políticos é inseparável da condição precedente de nacionalidade; pode o homem ser nacional ou brasileiro e não gozar de direitos políticos, mas não pode gozar de direitos políticos sem que seja brasileiro nato ou naturalizado. A razão é óbvia, por isso mesmo que a sociedade política ou massa dos cidadãos ativos não é senão a soma dos nacionais, que dentre o todo da nacionalidade reúne as capacidades e habilitações que a lei constitucional exige; é a parte a mais importante da nacionalidade; esta é pois a primeira e essencial condição do gozo dos direitos políticos.

§ 2º De outras condições necessárias:

657. Não basta porém a nacionalidade por si só, como bem indica o art. 91, § 2º, da Constituição, para que os brasileiros gozem de direitos políticos; é de necessidade que, além dela, tenha demais as habilitações ou capacidades exigidas pela Constituição, e correspondentes aos direitos de cujo gozo se trata.

A lei constitucional eleva ou depura a necessidade dessas habilitações na proporção da importância comparativa de tais direitos.

Para conferir o direito de voto ativo nas eleições primárias, e na intenção de alargar o círculo dessa faculdade, contenta-se com as capacidades ou condições que julga suficientes para garantir o uso regular dela e evitar os perigos de uma concessão universal ou indistinta.

Para o eleitorado exige habilitações já mais qualificadas, e assim progressivamente.

Em tese, porém, pode dizer-se que todos os brasileiros, que por suas circunstâncias têm o direito de voto ativo nas eleições primárias, estão no gozo e exercem direitos políticos.

Nós individualizaremos melhor estas idéias gerais nas seguintes seções; e por agora acrescentaremos apenas que, nos termos bem expressos do art. 90 da Constituição, só a massa dos *cidadãos ativos* é que goza de direitos políticos, e conseqüentemente que os cidadãos inativos no sentido do Direito Público não gozam de tais faculdades. Nesta classe são incluídas as brasileiras, quaisquer que sejam aliás as suas capacidades e habilitações.

Seção 3ª: Do gozo do direito de votar nas eleições primárias

§ 1º Tem voto nas eleições primárias: os cidadãos que estão no gozo de seus direitos políticos, ou sejam natos ou naturalizados. Constituição, art. 91, §§ 1º e 2º.

§ 2º São excluídos de votar nas assembléias paroquiais:

1º) Os menores de 25 anos, nos quais não se compreendem os casados; e oficiais militares que forem maiores de 21 anos; os bacharéis formados; e clérigos de ordens sacras. Constituição, art. 92, § 1º.

2º) Os filhos-famílias que estiverem em companhia de seus pais, salvo se servirem ofícios públicos. Constituição, art. 92, § 2º.

3º) Os criados de servir, em cuja classe não entram os guarda-livros e primeiros caixeiros das casas de comércio, os criados da Casa Imperial que não forem de galão branco, e os administradores das fazendas rurais e fábricas. Constituição, art. 92, § 3º.

4º) Os religiosos e quaisquer que vivam em comunidade claustral. Constituição, art. 92, § 4º.

5º) Os que não tiverem de renda líquida anual cem mil-réis por bens de raiz, indústria, comércio, ou empregos. Constituição, art. 92, § 5º.

§ 3º Os que não podem votar nas assembléias paroquiais não podem ser membros, nem votar na nomeação de alguma autoridade nacional ou local. Constituição, art. 93.

§ 1º Da correlação entre o gozo dos direitos políticos e o direito de votar na eleição primária:

658. Confrontando-se os arts. 91 e 92 da Constituição, vê-se claramente a relação íntima que entre eles há; aquele que está no gozo de seus direitos políticos tem o direito de voto nas eleições primárias, e vice-versa aquele que tem o direito de voto nas eleições primárias por isso mesmo se mostra no gozo de seus direitos políticos. Conseqüentemente, podemos estabelecer a tese de que no Brasil não gozam dos direitos políticos os brasileiros que a lei fun-

damental não admite a votar em tais eleições. No parágrafo seguinte veremos quais são esses nacionais.

§ 2º Dos que têm o direito de votar nas eleições primárias ou que gozem de direitos políticos:

659. Examinando-se o art. 92 e seus parágrafos, pode ele ser traduzido nos seguintes termos: gozam dos direitos políticos e, conseqüentemente, podem votar:

1º) Os brasileiros que forem maiores de 25 anos, menos se forem filhos-famílias, que estejam na companhia de seus pais, e não sirvam ofícios públicos, pois que a servirem consideram-se emancipados.

2º) Os casados e oficiais militares, que, embora não tenham 25 anos, todavia sejam maiores de 21.

3º) Os bacharéis formados, e clérigos de ordens sacras, qualquer que seja sua idade, mas que certamente não será de menos de 21 anos.

4º) É preciso demais, que não sejam criados de servir; a lei, por cautela, declara que não são considerados criados de servir os guarda-livros, os primeiros caixeiros das casas de comércio, os criados da Casa Imperial que não forem de galão branco, e os administradores das fazendas rurais e fábricas.

5º) É também preciso que não sejam religiosos, e que não vivam em comunidade claustral, pois que estes não gozam de direitos políticos, e por isso mesmo não podem votar.

6º) Além das referidas idades e condições, é de mister que o nacional tenha renda anual líquida pelo menos de cem mil-réis por bens de raiz, indústria, comércio ou emprego, para que possa exercer tal direito.

660. Todo o fundamento do governo representativo está assentado sobre este direito político, direito de eleger, único que a generalidade do povo goza diretamente e por si mesmo, é o exercício da soberania nacional. Para que ele exista em sua plenitude, é necessário que o povo, efetivamente, goze dele com inteira liberdade, que não siga senão suas inspirações espontâneas, que deposite sua confiança e preferência à sua satisfação.

Entretanto, para possuir este direito é preciso oferecer à sociedade certas garantias indispensáveis, certa idade, condição e propriedade, e conseqüentemente certa inteligência, moralidade e independência.

Foi o que a nossa lei fundamental procurou nas condições que exigiu, e com razão, porquanto não se trata de um direito individual ou da natureza, sim de uma importante função social. Ninguém vota para si só, sim para a representação nacional; a nação tem pois o direito de antever e garantir sua sorte, qualificando os votantes de modo que não sejam instrumento cego do ministério, nem dos potentados das localidades.

Nossa Constituição liberal franqueia tão extensamente este direito, que à exceção de poucos que, com pequeno trabalho, o podem adquirir, só privou dele os vagabundos e vadios, os quais certamente não oferecem garantia alguma.

Quando tratamos das eleições, já expusemos algumas observações em relação a este direito, pelo que respeitava à matéria delas; neste parágrafo não temos em vista senão indicar as pessoas que gozam ou não dele, como já temos indicado, e por isso mesmo nada mais adicionaremos.

§ 3° Dos efeitos da privação do direito de votar:
661. A disposição do art. 93 da Constituição é uma conseqüência lógica dos princípios políticos. Os que não têm o direito de votar, ou por outra, os que não gozam de direitos políticos, certamente, não podem ter um direito ainda maior, como é o de ser membro de alguma autoridade eletiva nacional ou local, ou de intervir na nomeação dela.

Pela mesma razão ou fundamento deste artigo, também não pode exercer nenhuma outra jurisdição, ou emprego de caráter político, como depois observaremos nas seções correspondentes.

Seção 4ª: Do gozo do direito de eleitor

§§ 1° e 2° Podem ser eleitores e votar na eleição dos deputados, senadores e membros (das Assembléias Provinciais) todos os que podem votar na assembléia paroquial; excetuam-se:

1°) Os que não tiverem de renda líquida anual 200 mil-réis por bens de raiz, indústria, comércio, ou emprego. Constituição, art. 94, § 1°.

2°) Os libertos. Constituição, art., 94, § 2°.

3°) Os criminosos pronunciados em querela ou devassa. Constituição, art. 94, § 3°.

§ 1° Da importância deste direito:
662. O direito de ser eleitor, mormente no sistema da eleição indireta, importa muito, por isso mesmo que compreende o voto ativo da eleição primária, o voto passivo do eleitorado e o direito de escolher os deputados ou senadores; encerra um valioso mandato popular.

Quanto menor é o número dos eleitores tanto maior é a influência de cada um deles; e é por isso mesmo que não convém que os colégios sejam compostos de poucos; um maior número desconcerta as intrigas eleitorais, as influências das localidades que se fazem eleger segura melhor a liberdade do voto e o triunfo do melhor candidato.

§ 2º Das condições necessárias para ser eleitor:

663. Por isso mesmo pois que o direito de ser eleitor é muito mais importante do que o simples direito de votar na eleição primária, foi nossa lei fundamental conseqüente, e posto que ainda muito liberal, restringiu ou antes exigiu mais algumas garantias em segurança da ordem política.

Primeiramente, estabeleceu que só os que tiverem os requisitos legais para ser votantes poderão ser eleitores; e depois dessa condição excetuou ainda desses:

1º) Os que não tiverem a renda líquida anual de 200 mil-réis.

2º) Os que tiverem sido escravos ou os libertos.

3º) Os que se acharem pronunciados e conseqüentemente sujeitos a uma acusação criminal.

Se a lei não privou estes do direito de votar na eleição primária, por isso que tais circunstâncias não afetavam muito essa eleição, julgou, e com razão, que devia proceder diversamente na eleição secundária, que por sua natureza é sem dúvida ainda mais importante.

Em nº 257 já fizemos algumas observações em relação às garantias das eleições e eleitores; e, portanto, concluiremos, notando que só os cidadãos assim qualificados são os que gozam deste direito político.

Seção 5ª: Do gozo do direito de ser deputado ou membro das Assembléias Legislativas Provinciais

§ 1º Todos os que podem ser eleitores são hábeis para serem nomeados deputados; excetuam-se:

1º) Os que não tiverem 400 mil réis de renda na forma dos arts. 92 e 94. Constituição, art. 95, § 1º.

2º) Os estrangeiros naturalizados. Constituição, art. 95, § 2º.

3º) Os que não professarem a religião do Estado. Constituição, art. 95, § 3º.

§ 2º A idade de 25 anos, probidade, e decente subsistência, são as qualidades necessárias para se ser membro destes conselhos (Assembléias Provinciais). Constituição, art. 75.

§ 1º Das condições exigidas para gozar do direito de poder ser deputado:

664. É escusado fazer observação alguma sobre a importância deste direito e cargo, pois que esta é reconhecida e sentida por todos, e já algumas reflexões fizemos a respeito.

A lei não podia, nem devia pois deixar de depurar ainda mais, ou de exigir ainda maiores garantias, para que pudesse com segurança conferir o direito de representar a nação. São os mandatários que mais influência têm sobre a índole e realidade do sistema representativo, sobre a independência e eficácia do poder Legislativo, inspeção que ele exerce, e conseqüentemente sobre as liberdades públicas.

Essa influência é tanto maior por isso mesmo que são inadmissíveis os mandatos imperativos que contrariam a natureza do corpo e poder Legislativo, que é essencialmente deliberante e, conseqüentemente, livre; que deve discutir sem restrições e, afinal, adotar o que for de razão, justiça, e maior conveniência nacional, sem a escravidão inadmissível de voto; ao que acresce ainda que os deputados não são representantes só dos eleitores que os nomeiam, e sim da nação, donde se segue que esses eleitores não são autorizados a criar tais mandatos.

Livres pois no exercício dessa representação, é essencial que a previsão da lei exija, antes que tal direito lhes seja conferido, pelo menos as seguranças indispensáveis. É o que faz o nosso art. 95 em seus parágrafos; ele exige:

1º) E como condição prévia, o gozo das qualificações necessárias para poder ser eleitor.

2º) Além dessa condição eleva a necessidade da renda a 400 mil-réis, isto é, ao duplo da que basta para ser eleitor.

3º) Embora concorram essas circunstâncias, exclui os estrangeiros posto que naturalizados, pelas razões que já ponderamos em número anterior.

4º) Finalmente, exclui também os que não professarem a religião católica, para ser conseqüente com o princípio que adotou de reconhecer essa religião como a do Estado.

São pois esses os brasileiros que gozam deste alto direito político, que em si encerra os outros, de que anteriormente temos tratado.

§ 2º Do direito de poder ser membro das Assembléias Legislativas Provinciais:

665. O art. 75 da Constituição não foi substituído, nem alterado pelo Ato Adicional e, conseqüentemente, basta que o cidadão brasileiro tenha

maioridade política, que mereça a confiança dos eleitores, o que inclui a idéia de sua probidade, que não seja liberto, nem se ache pronunciado, como se deduz do art. 94 da Constituição, e que possua renda suficiente para sua decente subsistência, que ninguém dirá que possa ser menor do que a renda exigida para ser eleitor; basta o concurso destas circunstâncias, para que esteja no gozo deste direito político, como já observamos, e aqui reproduzimos só por método ou integridade de idéias.

É por isso mesmo escusado recordar que aqueles que não podem votar nas assembléias paroquiais não podem ser membros de nenhuma autoridade eletiva [Constituição, art. 93], e que mesmo a simples renda de cem mil-réis é mui tênue para uma decente subsistência, qual exige a posição de deputado provincial.

Seção 6ª: Do gozo do direito de ser senador

§§ 1º e 2º Para ser senador requer-se:

1º) Que seja cidadão brasileiro, que esteja no gozo de seus direitos políticos. Constituição, art. 45, § 1º.

2º) Que tenha, de idade, 40 anos para cima. Constituição, art. 45, § 2º.

3º) Que seja pessoa de saber, capacidade, e virtudes, com preferência os que tiverem feito serviços à pátria. Constituição, art. 45, § 3º.

4º) Que tenha de rendimento anual por bens, indústria, comércio ou empregos, a soma de 800 mil-réis. Constituição, art. 45, § 4º.

§ 1º Da condição do gozo de direitos políticos, como a primeira necessária para poder ser senador:

666. Tratando a Constituição das condições necessárias para o gozo do direito político de poder ser senador, seguiu método diverso do que tinha observado em relação ao cargo de deputado. A respeito deste tomou em seu art. 95 por base as habilitações exigidas pelo art. 94 e seus parágrafos, e acrescentou as exceções que julgou conveniente, mas tomando por base aquelas habilitações por isso mesmo excluiu os libertos e pronunciados, já excluídos pelo art. 94, §§ 2º e 3º. Entretanto, quando tratou de definir as condições precisas para ser senador, em vez de tomar por base as mesmas habilitações do art. 94 exigidas para o eleitorado, parece que se olvidou delas, e substituiu-as pela do simples gozo dos direitos políticos, art. 45, § 1º, o que é sinônimo do direito de votar nas eleições primárias, arts. 91 e 92, como já observamos antecedentemente.

Daí pudera alguém querer inferir que o liberto e o pronunciado, que não podem ser eleitor nem deputado, mas que estão no gozo do direito político de votante, podem ser senador, e se se atendesse somente à disposição desse § 1º do art. 45 seria difícil sustentar o contrário. Entretanto parece-nos que o art. 94 oferece um argumento de exclusão assaz concludente, e vem a ser que o eleitor, como ele aí expressa, é autorizado a nomear os senadores, e que se ele não consente que o liberto ou pronunciado possa ser incumbido de votar nessa nomeação, como supor que consentisse que pudesse ser o nomeado, ou senador? Seria proibir o menos para cair na contradição notável de facultar o mais, e sem razão nem fundamento algum valioso, que se houvesse deveria prevalecer mais para o eleitorado do que para o lugar de senador.

Toda a precisão na redação das leis nunca é demais, pois que evita questões, que, embora difíceis de suscitarem-se, podem todavia ocorrer.

§ 2º Das outras condições exigidas pela lei:

667. Quanto às condições de idade maior de 40 anos, saber, virtudes e serviços que são apreciados pelos eleitores e renda dupla da que é exigida para o cargo de deputado, nada temos a observar, senão que a Constituição procurou harmonizá-las com as valiosas funções do Senado, é missão que esse importante ramo do poder Legislativo deve desempenhar.

Acrescentaremos todavia que o estrangeiro naturalizado e o cidadão não católico, que pela proibição do art. 95 não podem ser deputados, podem todavia ser senadores, por isso mesmo que o art. 45 não os excluiu. Esta diversidade procede da influência mais pronunciada que exerce a Câmara dos Deputados na vida política do Estado, influência que não é igualada pelo espírito conservador, que é natural e inerente ao Senado.

Seção 7ª: Do gozo dos direitos políticos em relação ao exercício do poder Moderador ou imperial

§ 1º Nenhum estrangeiro poderá suceder na Coroa do Império do Brasil. Constituição, art. 119.

§ 2º Durante a sua minoridade (do imperador) o Império será governado por uma regência, a qual pertencerá ao parente mais chegado do imperador, segundo a ordem da sucessão, e que seja maior de 25 anos. Constituição, art. 122.

§ 3º Se o imperador não tiver parente algum que reúna as qualidades exigidas no art. 122 da Constituição, será o Império governado durante a sua minoridade por um regente eletivo e temporário, cujo cargo durará quatro anos, renovando-se para esse

fim a eleição de quatro em quatro anos [Ato Adicional, art. 26]. *Só podem obter votos para regente os cidadãos brasileiros natos, isto é, não naturalizados.* Ato Adicional, art. 27.

§ 4º Durante a minoridade do sucessor da Coroa, será seu tutor quem seu pai lhe tiver nomeado em testamento; na falta deste, a imperatriz mãe, enquanto não tornar a casar; faltando esta, a Assembléia Geral nomeará tutor. Constituição, art. 130.

§ 1º Do gozo dos direitos políticos de sucessão na Coroa do Brasil e dos príncipes da Casa Imperial:

668. O direito político de sucessão na Coroa do Brasil é o maior de todos os direitos da nação, é o direito de ser chefe dela, de exercer a sua suprema magistratura; ele não pode pertencer nem no caso de extinção da dinastia, nem em circunstância alguma outra, senão a um cidadão brasileiro nato, e nunca a nenhum cidadão ou príncipe estrangeiro, embora fosse naturalizado.

Quando o parente mais próximo do monarca tem a qualidade de brasileiro nato, e a maioridade política prevista pela Constituição, ele se acha por todos os títulos no pleno gozo de todos os seus altos e especiais direitos políticos; fora disso prevalecem os princípios constitucionais.

Em relação aos príncipes da Casa Imperial, que não são herdeiros presuntivos da Coroa, o gozo de seus direitos políticos tem especialidades próprias de sua elevada posição; eles não podem ser deputados, por isso mesmo que são senadores de direito [Constituição, art. 46], disposição cheia de sabedoria por todas as suas faces; podem sem dúvida ocupar postos no Exército de terra e mar, e prestar nessa carreira honrosa grandes serviços ao império; poderão, porém, servir de ministros de Estado? A Constituição expressamente nada diz, entretanto é inegável que o serviço do ministério parece inteiramente incompatível com sua alta posição especial. Sua influência sobre seus colegas diminuiria talvez a plenitude da liberdade destes; sua presença nas Câmaras e na discussão poderia ter mais de um inconveniente; a censura e a responsabilidade ministerial assentaria mal sobre um membro da família do chefe do Estado; jamais se poderia deixar de pensar que esse serviço pudesse causar por mais de uma vez impressões desagradáveis ao monarca.

§ 2º Do direito político da Regência, segundo a ordem da sucessão:

669. Durante a minoridade do imperador a Regência é deferida pela Constituição do Estado ao parente mais chegado dele, *segundo a ordem da sucessão*. Ora, como só entram na ordem da sucessão os parentes do imperador, que são brasileiros natos, vê-se que o gozo deste alto direito é insepa-

rável da nacionalidade assim qualificada, e que por isso mesmo exclui os príncipes estrangeiros, embora naturalizados.

Em verdade o regente é o suplente do monarca, é a delegação temporária de suas altas prerrogativas, subsiste portanto a mesma razão para que não seja esta confiada senão ao príncipe nacional por nascimento.

§ 3º Do direito político da regência por eleição:

670. Se o imperador não tem parente que reúna as qualidades exigidas pelo art. 122 da Constituição, o Império é governado por um regente eletivo e temporário; e não é elegível para tão alto cargo o brasileiro que não for cidadão nato. É o mesmo princípio, e como tal, sujeito a essa condição essencial, à qual devem acrescer as demais habilitações políticas e pessoais indispensáveis para uma tal delegação, e que se pressupõe existir em grau elevado.

§ 4º Do direito político da tutoria imperial:

671. Durante a minoridade do sucessor do trono é seu tutor aquele que seu pai lhe tiver nomeado, na falta deste a imperatriz mãe, enquanto não tornar a casar, e faltando esta aquele que a Assembléia Geral nomear.

Em todos estes casos não é essencial que a pessoa designada para tutoria seja brasileira por nascimento, mas é essencial que seja brasileira, como é a imperatriz mãe, quando menos por seu casamento. Não é uma tutoria civil, sim política, um emprego de alta importância e responsabilidade, de caráter público e nacional, que não pode em caso algum ser confiado a um estrangeiro.

SEÇÃO 8ª: DO GOZO DOS DIREITOS POLÍTICOS
EM RELAÇÃO AO PODER EXECUTIVO OU ADMINISTRATIVO

§ 1º Os estrangeiros, posto que naturalizados, não podem ser ministros de Estado. Constituição, art. 136.

§ 2º Para ser conselheiro de Estado requerem-se as mesmas condições que devem concorrer para ser senador. Constituição, art. 140.

§ 3º Haverá em cada província um presidente nomeado pelo imperador. Constituição, art. 165.

Esse presidente concede ou nega sanção às leis provinciais, e exerce outras atribuições políticas nos termos dos arts. 15, 16 e 24 do Ato Adicional.

§ 4º As Câmaras (municipais) serão eletivas [...]. Constituição, art. 168 e art. 93.

§ 5º De outros empregos administrativos.

§ 1º Do direito político de poder ser ministro:

672. A nossa lei constitucional para, de nenhuma maneira, coarctar a plena liberdade da Coroa na escolha de seus ministros, contentou-se de excluir expressamente só os estrangeiros, embora naturalizados; ela confiou entretanto, na sabedoria da Coroa, que verá claramente que os brasileiros que não estiverem no gozo de seus direitos políticos não podem ser ministros de Estado; fora mesmo ocioso expressar essa limitação, que pelas habilitações que os ministros devem ter é mais que subentendida.

O poder Executivo é um poder político, e os ministros são os agentes dele, e o exercitam sob a inspeção da Coroa, são os que tornam os atos desse poder obrigatórios, e que respondem por eles; exercem pois uma grande autoridade política, que pressupõe necessariamente o gozo dos direitos correspondentes, ainda quando não acrescesse além disso a atribuição ou participação que tem no poder Legislativo pela iniciativa ou apresentação dos projetos de lei, ou propostas, nos termos do art. 53 da Constituição.

Observaremos que a lei constitutiva do Supremo Tribunal de Justiça de 18 de setembro de 1828, em seu art. 1, criou uma incompatibilidade tão geral, que em virtude dela um membro daquele tribunal não pode ser nomeado ministro de Estado; veja-se o que dissemos quando, tratando das eleições, referimo-nos às incompatibilidades. Embora o art. 32 da Constituição reconhecesse que não havia incompatibilidade entre o ministério e as funções legislativas, a sobredita lei de 18 de setembro entendeu que outro tanto não era admissível entre o ministério e o Supremo Tribunal de Justiça, que assim quis separar radicalmente das funções executivas.

§ 2º Do direito político de poder ser conselheiro de Estado:

673. Embora o art. 140 da Constituição fosse abolido pelo Ato Adicional na infundada extinção do Conselho de Estado constitucional, a disposição dele foi restabelecida pelo art. 4 da lei de 23 de novembro de 1841, que criou o novo Conselho de Estado e, em virtude da qual, não podem ser nomeados para membros dele senão aqueles cidadãos que reunirem as habilitações que a Constituição exige para poder ser senador. É um cargo tão importante, que sem dúvida demanda não só o gozo dos direitos políticos, como um gozo pleno. O Conselho de Estado participa ou intervém nas questões e interesses políticos do Império de maior transcendência.

§ 3º Do direito político de poder ser presidente da província:

674. O cargo de presidente da província não só é emprego reconhecido pelo art. 165 da Constituição, como pelos arts. 15, 16 e 24 do Ato Adi-

cional. Os presidentes das províncias participam e exercem em grau importante o poder político; a autoridade legislativa provincial, embora seja local, por isso que não atua sobre a sociedade inteira, nem por isso deixa de ter um caráter eminentemente político, e tais presidentes, além de outras atribuições, têm a de conceder ou negar sanção a essas leis. É pois fora de dúvida que não podem ser nomeados presidentes senão os cidadãos que estiverem no gozo de seus direitos políticos. A disposição do § 6º do art. 11 do Ato Adicional fornece mais um argumento para firmar, se necessário fosse, este princípio constitucional.

§ 4º Do direito político de poder ser membro das Câmaras Municipais:
675. As Câmaras Municipais são eletivas [Constituição, art. 168], e nos termos do art. 93, os que não estão no gozo de seus direitos políticos não podem ser membros de nenhuma autoridade eletiva nacional, ou local.

Embora as Câmaras Municipais não formem um poder político, embora estejam mesmo colocadas na Constituição fora do título deles, por isso que não são parte integrante da representação do governo do país, todavia não só subsistem as sobreditas disposições, mas acresce a consideração de que, além de suas funções administrativas, elas têm uma certa porção de poder Legislativo policial; é, pois, essencial o gozo dos direitos políticos para que um brasileiro possa ser membro delas.

§ 5º Dos outros empregos administrativos:
676. Para os outros empregos administrativos não é essencial o gozo de direitos políticos, basta o direito de nacionalidade, salvas as condições das leis ordinárias que instituírem esses empregos ou ofícios públicos.

Com efeito, estes outros empregos não têm caráter político; tais empregados são meros agentes da administração, exercem suas funções em nome e debaixo das ordens dela, não participam de modo algum da representação nacional.

O serviço da Guarda Nacional é antes uma obrigação da nacionalidade, uma formação de força pública, do que um direito político; o art. 145 da Constituição impõe a obrigação de pegar em armas para sustentar a independência e integridade nacional, e defender a pátria tanto dos inimigos externos como internos, a todos os brasileiros; e se a lei da Guarda Nacional chama ao serviço dela somente a porção mais qualificada dos cidadãos, assim procede somente por considerações do serviço ou segurança social.

Os próprios cargos de eleições especiais, como são alguns do comércio, não importam direito político; não representam a sociedade, e só sim uma classe de pessoas ou de interesses industriais, e provêm apenas de uma lei ordinária, e não dessa eleição por si mesma.

Os únicos cargos que podem oferecer alguma dúvida à regra que temos indicado são os do corpo diplomático, por isso que parecem que eles intervêm no poder político participando dele; a questão porém é mais de princípio do que de fato, pois que a lei orgânica desse importante serviço demanda não só o gozo dos direitos políticos, como refletidas e indispensáveis habilitações. Quanto ao princípio, parece que ele não sofre limitação, pois que apesar dessa importância os ministros diplomáticos não são mais do que simples agentes, ou mandatários da administração.

Seção 9ª: Do gozo dos direitos políticos em relação ao poder Judicial

§§ 1º e 2º O poder judicial é um poder político. Constituição, art. 10. Ele é composto de juízes e jurados. Constituição, art. 151.

§ 3º Haverá juízes de paz, os quais serão eletivos. Constituição, art. 162.

§ 1º Do direito necessário para ser membro do poder Judicial:

677. O poder Judicial é um poder político, uma delegação da nação, e por ela autorizado a decidir as contestações que se suscitam entre os cidadãos e a impor as penas legais; é pois manifesto que só os brasileiros que estão no gozo de seus direitos políticos são os que podem ser membros de tal poder e exercer essa importante autoridade nacional.

As leis regulamentares estão de acordo com este princípio, e nem poderiam deixar de estar sem contradição.

Os juízes municipais são nomeados pelo imperador dentre os bacharéis formados em Direito, nos termos da lei de 3 de dezembro de 1841, isto é, dentre homens habilitados e que estão no gozo de seus direitos políticos.

Os juízes de Direito são também nomeados pelo imperador dentre os juízes municipais, na forma do art. 44 do Código do Processo Criminal, e art. 24 da dita lei de 3 de dezembro.

Os desembargadores são nomeados dentre os juízes de Direito em conformidade da resolução de 26 de junho de 1850, art. 3, e regulamento de 29 de julho de 1849, que estabelece o modo de contar sua antiguidade.

Os ministros do Supremo Tribunal de Justiça são nomeados dentre os desembargadores por ordem de antiguidade [Constituição, art. 163].

§ 2º Do direito de poder ser jurado:

678. Os jurados são membros do poder Judiciário, pois que a Constituição expressamente declara que este poder se compõe de juízes e jurados; conseqüentemente, e pela autoridade que exercem, é um cargo político que não pode ser atribuído a quem não estiver no gozo dos respectivos direitos. É também o que reconhece a lei de 3 de dezembro de 1841, art. 27: "são aptos para ser jurados os cidadãos que podem ser eleitores"; ela exige mesmo mais, pois que demanda que saibam ler e escrever, e que em relação às cidades populosas tenham uma renda superior a 400 mil-réis.

§ 3º Do direito de poder ser juiz de paz:

679. Os juízes de paz são juízes constitucionais e eletivos, nos termos do art. 162 da Constituição; e o art. 93 é bem expresso em declarar que os brasileiros que não estão no gozo de seus direitos políticos não podem ser membros de autoridade alguma eletiva, ou seja nacional ou local.

SEÇÃO 10ª: DO GOZO DOS DIREITOS POLÍTICOS EM RELAÇÃO ÀS LIBERDADES POLÍTICAS

§ 1º Das liberdades políticas em geral:

680. O gozo dos direitos políticos não só autoriza o cidadão a participar no poder político, já concorrendo para a formação dele, já tendo mesmo parte no exercício de algum de seus ramos; mas também a intervir, independente dessa participação e só como cidadão ativo, na marcha e regime político do Estado. Esta intervenção se opera por meio da liberdade da imprensa, do direito de reclamação constitucional, do direito de petição e do direito de associação política, como passamos a indicar no parágrafo seguinte.

§ 2º De cada uma dessas liberdades em particular:

681. *Liberdade da imprensa política*: Tratando dos direitos individuais observamos que, embora ali incluíssemos, por ligação ou dependência das matérias, a liberdade da imprensa política, ela, ao menos dentro do Império, era antes um direito político do que individual, e que, portanto, não podia ser exercido senão por aqueles que estivessem no gozo de seus direitos políticos, salvo somente o caso de defesa própria; não reproduziremos, portanto, o que já então expusemos.

Direito de reclamação constitucional: Todos os brasileiros têm o direito de ser governados segundo os princípios e precisos termos estabelecidos pela

Constituição do Império, e conseqüentemente de reclamar contra qualquer infração dela, nos termos do art. 179, § 30; este direito em relação à defesa própria não pode ser denegado a ninguém; o direito, porém, de em seu próprio nome reclamar por outrem não pertence senão ao cidadão que estiver no gozo de seus direitos políticos, é uma intervenção no governo do Estado que só por eles pode ser exercida; reclama como membro da sociedade política, é de mister que faça parte dela; temos um exemplo do art. 340 do Código do Processo Criminal.[95]

Direito de petição: Outro tanto pensamos quanto ao direito de petição, a respeito do qual referimo-nos ao que já expusemos em n° 593.

Direito de associação política: As associações políticas não têm outro fim senão de intervir no regime político do Estado, e como a legitimidade dessa intervenção não pode proceder senão do gozo dos direitos políticos, é conseqüente que só os que têm tal habilitação podem fazer parte de semelhantes associações; o princípio oposto seria não só contraditório, mas a nosso ver muito perigoso, seria o princípio da força sem direito.

Seção 11ª: Da suspensão dos direitos políticos e perda deles

§ 1° Suspende-se o exercício dos direitos políticos:
1°) Por incapacidade física ou moral. Constituição, art. 8, § 1°.
2°) Por sentença condenatória a prisão ou degredo, enquanto durarem os seus efeitos. Constituição, art. 8, § 2°.
§ 2° Da perda dos direitos políticos.

§ 1° Da suspensão dos direitos políticos:
682. O gozo dos direitos políticos, a participação ou intervenção no governo ou regime político do Estado é tão importante, que a lei não devia deixar de prever as circunstâncias em que ele deve ser interrompido em benefício da segurança social.

---

[95] O art. 340 do Código do Processo Criminal do Império do Brasil garantia a todo cidadão brasileiro o direito de pedir uma ordem de *habeas corpus* caso julgasse que contra si ou contra outrem houvesse sido expedido algum ato constrangedor da liberdade ou uma ordem de prisão ilegais.

Assim ela expressou a suspensão no caso de incapacidade física ou moral, pois que ela estabelece a impossibilidade da continuação desse exercício; e no caso de sentença condenatória, a prisão ou degredo, enquanto durarem os seus efeitos, por isso que seria inconseqüente combinar o cumprimento da pena com a intervenção do réu no regime político da sociedade.

Além destes dois casos, porém, parece-nos que não pode haver dúvida de que na hipótese de diminuição de renda tal, que não satisfaça a habilitação exigida pelo § 5 do art. 92 da Constituição, ou no caso de adotar-se a vida claustral ou a condição de criado de servir, prevista pelos §§ 3° e 4° desse mesmo artigo, fica também suspenso o gozo dos direitos políticos, que tem em consideração essas condições, e que por serem essenciais, o art. 8 deixou de reproduzi-las.

A pronúncia restringe ou diminui esses direitos nos termos do art. 94, § 3°.

§ 2° Da perda dos direitos políticos:

683. Perde-se o gozo dos direitos políticos nos casos previstos pelo art. 7 da Constituição, porquanto nesses casos perde-se a nacionalidade, e esta é a base ou primeira e essencial condição exigida para aquele gozo, condição a que se devem reunir as demais habilitações precisas, mas sem a qual nem destas se trataria.

Conseqüentemente, o brasileiro que se naturaliza em país estrangeiro ou aceita, sem licença do imperador, emprego, pensão ou condecoração estrangeira, ou que é banido por sentença, perde seus direitos políticos na sociedade brasileira, por isso mesmo que não faz mais parte dela.

Seção 12ª: Do direito político
de reformar a Constituição

§§ 1° e 2° Se passados quatro anos depois de jurada a Constituição do Brasil, se reconhecer que algum de seus artigos merecem reforma, se fará a proposição por escrito, a qual deve ter origem na Câmara dos Deputados e ser apoiada pela terça parte dela. Constituição, art. 174.

§ 3° A proposição será lida por três vezes, com intervalos de seis dias de uma a outra leitura; e depois da terceira deliberará a Câmara dos Deputados, se poderá ser admitida à discussão, seguindo-se tudo o mais que é preciso para a formação de uma lei. Constituição, art. 175.

§ 4º Admitida à discussão e vencida a necessidade da reforma do artigo constitucional, se expedirá lei, que será sancionada e promulgada pelo imperador em forma ordinária, na qual se ordenará aos eleitores dos deputados para a seguinte legislatura, que nas procurações lhes confiram especial faculdade para a pretendida alteração ou reforma. Constituição, art. 176.

§ 5º Na seguinte legislatura e na primeira sessão será a matéria proposta e discutida, e o que se vencer prevalecerá para a mudança ou adição à lei fundamental, e juntando-se à Constituição será solenemente promulgada. Constituição, art. 177.

§ 6º É só constitucional o que diz respeito aos limites e atribuições respectivas dos poderes políticos e aos direitos políticos individuais dos cidadãos; tudo o que não é constitucional pode ser alterado sem as formalidades referidas pelas legislaturas ordinárias. Constituição, art. 178.

§ 1º Da reforma da Constituição considerada em geral:

684. As melhores e mais perfeitas leis são obras dos homens, e por isso mesmo serão imperfeitas como seus autores. Embora sejam as mais apropriadas às circunstâncias da sociedade ao tempo em que são decretadas, essas circunstâncias mudam; a ação do tempo opera revoluções mais ou menos lentas, porém importantes, nas idéias, costumes e necessidades sociais, revoluções que é impossível obstar. Se um ou outro princípio pode e deve ser imutável, outro tanto não acontece com o todo das disposições constitucionais.

Como conservar intacta alguma disposição, que por essa força irresistível das circunstâncias, se tiver tornado evidente e formalmente contrária aos interesses públicos? Seria sacrificar a sociedade e olvidar que as leis humanas foram feitas para os homens e não os homens para as leis.

A sociedade tem, pois, embora deva usar com suma prudência, o direito de melhorar sua Constituição, e desde então a sabedoria aconselha que a própria Constituição se encarregue de prever e estabelecer os meios legais, segundo os quais o melhoramento deva ser realizado sem violência, sem abalos, sem deploráveis cataclismas. A imprevidência não deixaria, senão, o recurso fatal das revoluções, que muitas vezes em lugar de melhorar abate, confunde e destrói tudo e por fim, funda sobre ruínas Constituições fantásticas e de curta duração.

Nossa sábia lei fundamental previu bem a possibilidade dessa necessidade e estabeleceu, como vamos observar nos parágrafos seguintes, os termos pacíficos e cheios de circunspecção que devem presidir tão importante assunto.

§ 2º Da proposição e iniciativa da reforma constitucional:

685. A proposição de uma tal reforma a ninguém devia, nem podia ser melhor entregue do que ao poder Legislativo; é o que dita a pureza dos princípios capitais do sistema representativo: o povo se pronuncia por seus órgãos legítimos. Ora, a Câmara dos Deputados é, sem dúvida, o ramo o mais popular desse poder e, conseqüentemente, o órgão o mais próprio para iniciar a proposição; é mais uma garantia oferecida à sociedade.

Para evitar a mobilidade imprudente ou constante, a Constituição inibiu a reforma antes de passados quatro anos, e por isso mesmo julgamos que essa disposição não é transitória, e sim aplicável a qualquer alteração que tenha sido consumada; entendemos que o Ato Adicional, por exemplo, não poderia ter sido reformado senão depois de passados quatro anos da data do seu juramento.

A proposição deve ser escrita e apoiada pelo terça parte ao menos dos deputados, sem o que não será tida em consideração uma matéria tão grave, e que não acha apoio senão em muito pequeno número de representantes.

§ 3º Do processo que antecede a discussão:

686. Sendo devidamente apoiada a sobredita proposição, será ela lida por três vezes, com intervalos de seis dias de uma à outra leitura; e só depois da terceira delibera a Câmara se admite ou não a discussão.

Esta marcha prudente e circunspecta excita a atenção pública e do próprio poder Legislativo, como é essencial.

Desde que um povo tem vivido por tempos, constituído debaixo de certas condições que geram hábitos e interesses valiosos, não convém alterar essas condições irrefletida ou precipitadamente. É preciso conservar o que é útil e retocar só aquilo que evidentemente demanda melhoramento; é preciso combinar a estabilidade com o progresso.

§ 4º Da lei que autoriza a reforma e do mandato necessário para verificá-la:

687. Admitida a discussão, seguem-se os trâmites constitucionais; é o projeto de lei que autoriza a reforma, quando aprovado pela Câmara dos Deputados, remetido ao Senado, e quando aprovado também por este, levado à sanção. Sendo sancionado, ou convertido em lei, é promulgado em forma ordinária, como foi a lei de 12 de outubro de 1832.

Esta lei ordena aos eleitores dos deputados para a seguinte legislatura que lhes confiram especial faculdade para a alteração ou reforma pretendida, e que é nela expressada.

Determinando assim os artigos que são objetos da reforma, obtêm-se vantagens preciosas. A opinião pública tem tempo de pronunciar-se com inteiro conhecimento de causa, e por outro lado limitam-se os poderes da nova Câmara para que não exceda o voto nacional claramente manifestado; sua missão é assim circunscrita. Sem isso seria possível efetuar reformas inesperadas, surpreender a expectativa nacional, adotar inspirações súbitas ou movimentos inconsiderados de paixões políticas. Todo o artigo que não foi declarado reformável não pode ser reformado.

A necessidade do mandato ou procuração especial para a reforma é intuitiva. O poder Legislativo ordinário não tem faculdade para modificar de maneira alguma nenhuma disposição constitucional, sua autoridade legislativa não compreende senão a esfera da legislação ordinária, a lei fundamental está acima do seu domínio, é pois essencial que a nação dê-lhe essa missão constituinte, especial e limitada.

§ 5º Do ato que verifica a reforma:

688. Na seguinte legislatura é proposto e discutido o ato que deve verificar a reforma dos artigos anteriormente indicados e o que em conformidade se vencer prevalecerá para a mudança ou adição à lei fundamental, e juntando-se à Constituição será solenemente promulgado.

Quando se decretou o Ato Adicional de 12 de agosto de 1834 não foi contestado o princípio de que a reforma constitucional independe da sanção, já porque o art. 177 da Constituição diz que o que se vencer na discussão *prevalecerá*, já porque quando a nação trata de dar a si mesma a organização por que quer ser governada, nenhum outro poder, senão aquele a quem ela incumbe a discussão, pode opor-se à sua vontade. Este princípio parece-nos procedente; não acontece, porém, outro tanto em relação à exclusão do Senado. Não vemos disposição alguma que limite essa importante discussão só à Câmara dos Deputados e, pelo contrário, toda a discussão legislativa é sucessivamente comum à Assembléia Geral, e por conseguinte ao Senado, donde resulta que o que se vencer depois de ultimada a discussão na Assembléia Geral é o que deve prevalecer.

Objeta-se que só a Câmara dos Deputados, e não o Senado, recebe poderes especiais para o efeito; este argumento, embora valioso, acha, todavia, resposta na natureza especial do Senado e na sua missão conservadora; o que dele pode concluir-se é que o ato que tem de verificar a reforma deve também ser iniciado na Câmara dos Deputados, ou porventura discutido em Assembléia Geral, como em tal caso é prescrito pela Constituição belga.

Cumpre não olvidar que pelo art. 11 da Constituição a nação brasileira não tem senão dois representantes, o imperador e a Assembléia Geral; a Câmara dos Deputados por si só, segundo a bem clara expressão desse artigo, não representa a nação, e então como por si só verificar a reforma? Cumpre também não olvidar que a Assembléia Geral, que representa a nação, tem várias atribuições suas, próprias e exclusivas, que independem da sanção, como são as do art. 15, §§ 1º a 7º, e ainda outras, como expusemos em nºs 70 e seguintes, e não vemos disposição tal que a privasse da importante atribuição em questão, pelo contrário, vemos no respeito devido ao art. 11 mais uma garantia aos destinos brasileiros. Entretanto, outra foi a inteligência adotada por ocasião do Ato Adicional, que é lei constitucional do Estado, e que talvez tivesse sido muito aperfeiçoada se houvesse sido meditada e discutida pela Assembléia Geral.

A Constituição belga em seu art. 84 diz: "nenhuma reforma pode ser feita na Constituição durante o governo de uma regência"; e parece-nos que esta disposição é mais que sábia.

§ 6º Do que é disposição constitucional:
689. Os trâmites que temos indicado prevalecem somente no caso de que a disposição inserida na Constituição tenha caráter constitucional, pois que se tiver caráter de disposição, posto que legislativa, puramente ordinária, pode ser alterada sem essas formalidades pelo poder Legislativo ordinário.

Por ligação das matérias, integridade, método e clareza, a Constituição inclui em si artigos como os arts. 6 e 7, que não são constitucionais, e seria, sem dúvida, errôneo igualá-los aos que têm esta importância e caráter.

Para distinguir essas duas classes de disposições o art. 178 estabeleceu com clareza a linha de demarcação, e expressou que só são constitucionais aqueles artigos que dizem respeito aos limites e atribuições respectivas dos poderes políticos e aos direitos políticos e individuais dos cidadãos, e não outros quaisquer.

Conclusão:
690. Tal é o nosso Direito Público, nossa lei constitucional, cheia de sabedoria e liberdade. Se é verdade que leis sábias e liberais não podem dimanar senão de uma inteligência nacional ou concepção elevada, é também indubitável que, depois de postas em vida e ação, elas adiantam, avançam a civilização dos povos.

Desde que a razão pública tem a ilustração e virtude precisa para perpetuá-las, para evitar inovações desnecessárias, mais ou menos incógnitas, mais ou menos perigosas, essa luz permanente vai se entranhando no caráter e inteligência nacional, fazendo parte de sua vida moral, de seus hábitos, idéias e costumes, e então encravada e robustecida, frutifica majestosamente. Que belo espetáculo não é o de um povo feliz à sombra de suas leis amadas e veneradas! De um povo orgulhoso de seus direitos, soberbo de sua pátria!

Graças à Providência, temos uma Constituição que já é uma das mais antigas do mundo, sábia, liberal, protetora.[96] Todo o nosso esforço deve limitar-se a perpetuá-la, a fazê-la cada vez mais respeitada, ainda nos seus menores detalhes, e a deduzir dela suas lógicas, justas, belas e criadoras conseqüências.

Ela será sempre, como já tem sido, nossa Arca da Aliança[97] em nossas tempestades e perigos; é, e será a base firme de nosso poder, nossa força crescente e nossa glória nacional.

Esto perpetua; eis o nosso sincero voto de amor e gratidão.

---

[96] A primeira Constituição brasileira foi promulgada em 1824. A primeira Constituição escrita da história é a Constituição dos Estados Unidos da América, de 1787, seguida da Constituição francesa de 1791.

[97] Segundo a tradição judaico-cristã, a Arca da Aliança guardava as Tábuas da Lei, ou seja, a inscrição dos dez mandamentos ditados por Deus a Moisés no monte Sinai.

APÊNDICE

Primeira parte:
Das leis constitucionais e administrativas

Constituição política do Império

Em nome da Santíssima Trindade

Título primeiro: Do Império do Brasil, seu território, governo, dinastia e religião

Art. 1 O Império do Brasil é a associação política de todos os cidadãos brasileiros. Eles formam uma nação livre e independente, que não admite com qualquer outra, laço algum de união ou federação que se oponha à sua independência.

Art. 2 O seu território é dividido em províncias na forma em que atualmente se acha, as quais poderão ser subdivididas como pedir o bem do Estado.

Art. 3 O seu governo é monárquico hereditário, constitucional e representativo.

Art. 4 A dinastia imperante é a do senhor d. Pedro I, atual imperador e defensor perpétuo do Brasil.

Art. 5 A religião católica apostólica romana continuará a ser a religião do Império. Todas as outras religiões serão permitidas com seu culto doméstico ou particular, em casas para isso destinadas, sem forma alguma exterior de templo.

Título segundo: Dos cidadãos brasileiros

Art. 6 São cidadãos brasileiros:

1º) Os que no Brasil tiverem nascido, quer sejam ingênuos, ou libertos,[98] ainda que o pai seja estrangeiro, uma vez que este não resida por serviço da sua nação.

---

[98] O ingênuo era a pessoa nascida livre e que nunca foi escrava, o liberto era o ex-escravo que gozava da liberdade ao obter a alforria.

2º) Os filhos de pai brasileiro e os ilegítimos de mãe brasileira, nascidos em país estrangeiro, que vierem estabelecer domicílio no Império.

3º) Os filhos de pai brasileiro que estivesse em país estrangeiro em serviço do Império, embora eles não venham estabelecer domicílio no Brasil.

4º) Todos os nascidos em Portugal e suas possessões, que sendo já residentes no Brasil na época em que se proclamou a Independência nas províncias onde habitavam, aderiram a esta, expressa ou tacitamente, pela continuação da sua residência.

5º) Os estrangeiros naturalizados, qualquer que seja a sua religião. A lei determinará as qualidades precisas para se obter carta de naturalização.

Art. 7 Perde os direitos de cidadão brasileiro:

1º) O que se naturalizar em país estrangeiro.

2º) O que sem licença do imperador aceitar emprego, pensão ou condecoração de qualquer governo estrangeiro.

3º) O que for banido por sentença.

Art. 8 Suspende-se o exercício dos direitos políticos:

1º) Por incapacidade física ou moral.

2º) Por sentença condenatória a prisão ou degredo, enquanto durarem seus efeitos.

Título terceiro: Dos poderes e representação nacional

Art. 9 A divisão e harmonia dos poderes políticos é o princípio conservador dos direitos dos cidadãos e o mais seguro meio de fazer efetivas as garantias que a Constituição oferece.

Art. 10 Os poderes políticos reconhecidos pela Constituição do Império do Brasil são quatro: o poder Legislativo, o poder Moderador, o poder Executivo e o poder Judicial.

Art. 11 Os representantes da nação brasileira são o imperador e a Assembléia Geral.

Art. 12 Todos estes poderes no Império do Brasil são delegações da nação.

Título quarto: Do poder Legislativo

Capítulo 1: Dos ramos do poder Legislativo e suas atribuições

Art. 13 O poder Legislativo é delegado à Assembléia Geral, com a sanção do imperador.

Art. 14 A Assembléia Geral compõe-se de duas Câmaras: Câmara de Deputados e Câmara de Senadores ou Senado.

Art. 15 É da atribuição da Assembléia Geral:

1º) Tomar juramento ao imperador, ao príncipe imperial, ao regente ou Regência.

2º) Eleger a Regência ou o regente, e marcar os limites da sua autoridade.

3º) Reconhecer o príncipe imperial como sucessor do trono, na primeira reunião logo depois do seu nascimento.

4º) Nomear tutor ao imperador menor, caso seu pai o não tenha nomeado em testamento.

5º) Resolver as dúvidas que ocorrerem sobre a sucessão da Coroa.

6º) Na morte do imperador, ou vacância do trono, instituir exame da administração que acabou e reformar os abusos nela introduzidos.

7º) Escolher nova dinastia no caso de extinção da imperante.

8º) Fazer leis, interpretá-las, suspendê-las e revogá-las.

9º) Velar na guarda da Constituição e promover o bem geral da nação.

10º) Fixar anualmente as despesas públicas e repartir a contribuição direta.

11º) Fixar anualmente, sobre a informação do governo, as forças de mar e terra ordinárias e extraordinárias.

12º) Conceder ou negar a entrada de forças estrangeiras de terra e mar dentro do Império ou dos portos dele.

13º) Autorizar o governo para contrair empréstimos.

14º) Estabelecer meios convenientes para pagamentos da dívida pública.

15º) Regular a administração dos bens nacionais e decretar a sua alienação.

16º) Criar ou suprimir empregos públicos e estabelecer-lhes ordenados.

17º) Determinar o peso, valor, inscrição, tipo e denominação das moedas, assim como o padrão dos pesos e medidas.

Art. 16 Cada uma das Câmaras terá o tratamento de augustos e digníssimos senhores representantes da nação.

Art. 17 Cada legislatura durará quatro anos e cada sessão anual quatro meses.

Art. 18 A sessão imperial de abertura será todos os anos no dia 3 de maio.

Art. 19 Também será imperial a sessão do encerramento; e tanto esta como a da abertura, se fará em Assembléia Geral reunidas ambas as Câmaras.

Art. 20 Seu cerimonial e o da participação ao imperador será feito na forma do regimento interno.

Art. 21 A nomeação dos respectivos presidentes, vice-presidentes e secretários das Câmaras, verificação dos poderes de seus membros, juramento e sua polícia interior, se executarão na forma dos seus regimentos.

Art. 22 Na reunião das duas Câmaras o presidente do Senado dirigirá o trabalho; os deputados e senadores tomarão lugar indistintamente.

Art. 23 Não se poderá celebrar sessão em cada uma das Câmaras sem que esteja reunida a metade e mais um dos seus respectivos membros.

Art. 24 As sessões de cada uma das Câmaras serão públicas, à exceção dos casos em que o bem do Estado exigir que sejam secretas.

Art. 25 Os negócios se resolverão pela maioria absoluta de votos dos membros presentes.

Art. 26 Os membros de cada uma das Câmaras são invioláveis pelas opiniões que proferirem no exercício de suas funções.

Art. 27 Nenhum senador ou deputado durante a sua deputação pode ser preso por autoridade alguma, salvo por ordem da sua respectiva Câmara, menos em flagrante delito de pena capital.

Art. 28 Se algum senador ou deputado for pronunciado, o juiz, suspendendo todo o ulterior procedimento, dará conta à sua respectiva Câmara, a qual decidirá se o processo deva continuar e o membro ser ou não suspenso do exercício das suas funções.

Art. 29 Os senadores e deputados poderão ser nomeados para o cargo de ministro de Estado ou conselheiro de Estado, com a diferença de que os senadores continuam a ter assento no Senado, e o deputado deixa vago o seu lugar na Câmara, e se procede a nova eleição, na qual pode ser reeleito e acumular as duas funções.

Art. 30 Também acumulam as duas funções se já exerciam qualquer dos mencionados cargos quando foram eleitos.

Art. 31 Não se pode ser ao mesmo tempo membro de ambas as Câmaras.

Art. 32 O exercício de qualquer emprego, à exceção dos de conselheiro de Estado e ministro de Estado, cessa interinamente enquanto durarem as funções de deputado ou de senador.

Art. 33 No intervalo das sessões não poderá o imperador empregar um senador ou deputado fora do Império; nem mesmo irão exercer seus empregos quando isso os impossibilite para se reunirem no tempo da convocação da Assembléia Geral ordinária ou extraordinária.

Art. 34 Se por algum caso imprevisto, de que dependa a segurança pública ou o bem do Estado, for indispensável que algum senador ou deputado saia para outra comissão, a respectiva Câmara o poderá determinar.

Capítulo 2: Da Câmara dos Deputados

Art. 35 A Câmara dos Deputados é eletiva e temporária.
Art. 36 É privativa da Câmara dos Deputados a iniciativa:
1º) Sobre impostos.
2º) Sobre recrutamentos.
3º) Sobre a escolha da nova dinastia, no caso da extinção da imperante.
Art. 37 Também principiarão na Câmara dos Deputados:
1º) O exame da administração passada e reforma dos abusos nela introduzidos.
2º) A discussão das propostas feitas pelo poder Executivo.
Art. 38 É da privativa atribuição da mesma Câmara decretar que tem lugar a acusação dos ministros de Estado e conselheiros de Estado.
Art. 39 Os deputados vencerão, durante as sessões, um subsídio pecuniário taxado no fim da última sessão da legislatura antecedente. Além disto se lhes arbitrará uma indenização para as despesas da vinda e volta.

Capítulo 3: Do Senado

Art. 40 O Senado é composto de membros vitalícios e será organizado por eleição provincial.
Art. 41 Cada província dará tantos senadores quantos forem metade de seus respectivos deputados, com a diferença que, quando o número dos deputados da província for ímpar, o número dos seus senadores será metade do número imediatamente menor, de maneira que a província que houver de dar onze deputados dará cinco senadores.
Art. 42 A província que tiver um só deputado elegerá, todavia, o seu senador, não obstante a regra acima estabelecida.
Art. 43 As eleições serão feitas pela mesma maneira que as dos deputados, mas em listas tríplices, sobre as quais o imperador escolherá o terço na totalidade da lista.
Art. 44 Os lugares de senadores que vagarem serão preenchidos pela mesma forma da primeira eleição pela sua respectiva província.

Art. 45 Para ser senador requer-se:

1º) Que seja cidadão brasileiro, e que esteja no gozo dos seus direitos políticos.

2º) Que tenha de idade 40 anos para cima.

3º) Que seja pessoa de saber, capacidade e virtudes, com preferência os que tiverem feito serviços à pátria.

4º) Que tenha de rendimento anual por bens, indústria, comércio, ou empregos, a soma de 800 mil-réis.

Art. 46 Os príncipes da Casa Imperial são senadores por direito, e terão assento no Senado logo que chegarem à idade de 25 anos.

Art. 47 É da atribuição exclusiva do Senado:

1º) Conhecer dos delitos individuais cometidos pelos membros da família imperial, ministros de Estado, conselheiros de Estado e senadores; e dos delitos dos deputados durante o período da legislatura.

2º) Conhecer da responsabilidade dos secretários e conselheiros de Estado.

3º) Expedir cartas de convocação da Assembléia, caso o imperador o não tenha feito dois meses depois do tempo que a Constituição determina; para o que se reunirá o Senado extraordinariamente.

4º) Convocar a Assembléia na morte do imperador, para a eleição da regência, nos casos em que ela tem lugar, quando a Regência provisional o não faça.

Art. 48 No juízo dos crimes cuja acusação não pertence à Câmara dos Deputados, acusará o procurador da Coroa a soberania nacional.

Art. 49 As sessões do Senado começam e acabam ao mesmo tempo que as da Câmara dos Deputados.

Art. 50 À exceção dos casos ordenados pela Constituição, toda a reunião do Senado fora do tempo das sessões da Câmara dos Deputados é ilícita e nula.

Art. 51 O subsídio dos senadores será de tanto e mais metade do que tiverem os deputados.

Capítulo 4: Da proposição, discussão, sanção e promulgação das leis

Art. 52 A proposição, oposição e aprovação dos projetos de lei competem a cada uma das Câmaras.

Art. 53 O poder Executivo exerce por qualquer dos ministros de Estado a proposição que lhe compete na formação das leis; e só depois de examinada por uma comissão da Câmara dos Deputados, onde deve ter princípio, poderá ser convertida em projeto de lei.

Art. 54 Os ministros podem assistir e discutir a proposta, depois do relatório da comissão; mas não poderão votar, nem estarão presentes à votação, salvo se forem senadores ou deputados.

Art. 55 Se a Câmara dos Deputados adotar o projeto, o remeterá à dos Senadores, com a seguinte fórmula: "A Câmara dos Deputados envia à Câmara dos Senadores a proposição junta do poder Executivo (com emendas, ou sem elas), e pensa que ela tem lugar".

Art. 56 Se não puder adotar a proposição, participará ao imperador, por uma deputação de sete membros, da maneira seguinte: "A Câmara dos Deputados testemunha ao imperador o seu reconhecimento pelo zelo que mostra em vigiar os interesses do Império; e lhe suplica respeitosamente se digne tomar em ulterior consideração a proposta do governo".

Art. 57 Em geral, as proposições que a Câmara dos Deputados admitir e aprovar serão remetidas à Câmara dos Senadores com a fórmula seguinte: "A Câmara dos Deputados envia ao Senado a proposição junta e pensa que tem lugar pedir-se ao imperador a sua sanção".

Art. 58 Se, porém, a Câmara dos Senadores não adotar inteiramente o projeto da Câmara dos Deputados, mas se o tiver alterado, ou adicionado, o reenviará pela maneira seguinte: "O Senado envia à Câmara dos Deputados a sua proposição (tal) com as emendas, ou adições juntas, e pensa que com elas tem lugar pedir-se ao imperador a sanção imperial".

Art. 59 Se o Senado, depois de ter deliberado, julga que não pode admitir a proposição, ou projeto, dirá nos termos seguintes: "O Senado torna a remeter à Câmara dos Deputados a proposição (tal), à qual não tem podido dar o seu consentimento".

Art. 60 O mesmo praticará a Câmara dos Deputados para com a do Senado quando neste tiver o projeto a sua origem.

Art. 61 Se a Câmara dos Deputados não aprovar as emendas, ou adições do Senado, ou vice-versa, e todavia, a Câmara recusante julgar que o projeto é vantajoso, poderá requerer por uma deputação de três membros a reunião das duas Câmaras, que se fará na Câmara do Senado, e conforme o resultado da discussão se seguirá o que for deliberado.

Art. 62 Se qualquer das duas Câmaras, concluída a discussão, adotar inteiramente o projeto que a outra Câmara lhe enviou, o reduzirá a decreto, e depois de lido em sessão, o dirigirá ao imperador em dois autógrafos, assinados pelo presidente e os dois primeiros secretários, pedindo-lhe a sua sanção pela fórmula seguinte: "A Assembléia Geral dirige ao imperador o decreto incluso, que julga vantajoso e útil ao império, e pede a s. m. i. se digne dar a sua sanção".

Art. 63 Esta remessa será feita por uma deputação de sete membros, enviada pela Câmara ultimamente deliberante, a qual ao mesmo tempo informará à outra Câmara, aonde o projeto teve origem, que tem adotado a sua proposição relativa a tal objeto, e que a dirigiu ao imperador pedindo-lhe a sua sanção.

Art. 64 Recusando o imperador prestar o seu consentimento, responderá nos termos seguintes: "O imperador quer meditar sobre o projeto de lei, para a seu tempo se resolver".

Ao que a Câmara responderá que "louva a s. m. i. o interesse que toma pela nação".

Art. 65 Esta denegação tem efeito suspensivo somente pelo que todas as vezes que as duas legislaturas que se seguirem àquela, que tiver aprovado o objeto, tornem sucessivamente a apresentá-lo nos mesmos termos, entender-se-á que o imperador tem dado a sanção.

Art. 66 O imperador dará, ou negará a sanção em cada decreto dentro de um mês, depois que lhe for apresentado.

Art. 67 Se o não fizer dentro do mencionado prazo, terá o mesmo efeito como se expressamente negasse a sanção, para serem contadas as legislaturas em que poderá ainda recusar o seu consentimento, ou reputar-se o decreto obrigatório, por haver já negado a sanção nas duas antecedentes legislaturas.

Art. 68 Se o imperador adotar o projeto da Assembléia Geral, se exprimirá assim: "O imperador consente". Com o que fica sancionado, e nos termos de ser promulgado como lei do Império; e um dos dois autógrafos, depois de assinado pelo imperador, será remetido para o arquivo da Câmara que o enviou e outro servirá para por ele se fazer a promulgação da lei pela respectiva secretaria de Estado, aonde será guardado.

Art. 69 A fórmula da promulgação da lei será concebida nos seguintes termos: "Dom (N), por graça de Deus, e unânime aclamação dos povos, imperador constitucional e defensor perpétuo do Brasil: fazemos saber a todos os nossos súditos que a Assembléia Geral decretou, e nós queremos, a lei seguinte: (a íntegra da lei nas duas disposições somente); mandamos, portanto, a todas as autoridades a quem o conhecimento e execução da referida lei pertencer, que a cumpram e façam cumprir e guardar tão inteiramente como nela se contém. O secretário de Estado dos negócios de... (o da repartição competente) a faça imprimir, publicar e correr.".

Art. 70 Assinada a lei pelo imperador, referendada pelo secretário de

Estado competente, e selada com o selo do Império, se guardará o original no Arquivo Público, e se remeterão os exemplares dela impressos, a todas as Câmaras do Império, tribunais e mais lugares aonde convenha fazer-se pública.

Capítulo 5: Dos conselhos gerais de província e suas atribuições

Art. 71 A Constituição reconhece e garante o direito de intervir todo o cidadão nos negócios da sua província e que são imediatamente relativos a seus interesses peculiares.

Art. 72 Este direito será exercitado pelas Câmaras dos distritos, e pelos conselhos, que com o título de conselho geral da província se devem estabelecer em cada província onde não estiver colocada a capital do Império.

Art. 73 Cada um dos conselhos gerais constará de 21 membros nas províncias mais populosas, como sejam Pará, Maranhão, Ceará, Pernambuco, Bahia, Minas Gerais, São Paulo e Rio Grande do Sul; e nas outras de 13 membros.

Art. 74 A sua eleição se fará na mesma ocasião e da mesma maneira que se fizer a dos representantes da nação e pelo tempo de cada legislatura.

Art. 75 A idade de 25 anos, probidade e decente subsistência, são as qualidades necessárias para serem membros destes conselhos.

Art. 76 A sua reunião se fará na capital da província; e na primeira sessão preparatória nomearão presidente e vice-presidente, secretário e suplente, que servirão por todo o tempo da sessão; examinarão e verificarão a legitimidade da eleição de seus membros.

Art. 77 Todos os anos haverá sessão e durará dois meses, podendo prorrogar-se por mais um mês, se nisso convier a maioria do Conselho.

Art. 78 Para haver sessão deverá achar-se reunida mais da metade do número dos seus membros.

Art. 79 Não podem ser eleitos para membros do Conselho Geral o presidente da província, o secretário e o comandante das armas.

Art. 80 O presidente da província assistirá à instalação do Conselho Geral que se fará no primeiro dia de dezembro, e terá assento ao lado do presidente do Conselho, e à sua direita; e aí dirigirá o presidente da província sua fala ao Conselho, instruindo-o do estado dos negócios públicos, e das providências que a mesma província mais precisa para seu melhoramento.

Art. 81 Estes conselhos terão por principal objeto propor, discutir e deliberar sobre os negócios mais interessantes das suas províncias, formando projetos peculiares e acomodados às suas localidades e urgências.

Art. 82 Os negócios que começarem nas Câmaras serão remetidos oficialmente ao secretário do Conselho, aonde serão discutidos à portas abertas, bem como os que tiverem origem nos mesmos conselhos. As suas resoluções serão tomadas à pluralidade absoluta de votos dos membros presentes.

Art. 83 Não se podem propor, nem deliberar nestes conselhos projetos:

1º) Sobre interesses gerais da nação.

2º) Sobre quaisquer ajustes de umas com outras províncias.

3º) Sobre imposições, cuja iniciativa é da competência particular da Câmara dos Deputados [Art. 36].

4º) Sobre execução de leis, devendo, porém, dirigir a esse respeito representações motivadas à Assembléia Geral e ao poder Executivo conjuntamente.

Art. 84 As resoluções dos conselhos gerais de província serão remetidas diretamente ao poder Executivo, pelo intermédio do presidente da província.

Art. 85 Se a Assembléia Geral se achar a esse tempo reunida, lhe serão imediatamente enviadas [as resoluções dos conselhos gerais de província] pela respectiva secretaria de Estado, para serem propostas como projetos de lei, e obterem a aprovação da Assembléia por uma única discussão em cada Câmara.

Art. 86 Não se achando a esse tempo reunida a Assembléia, o imperador as mandará provisoriamente executar, se julgar que elas são dignas de pronta providência, pela utilidade que de sua observância resultará ao bem geral da província.

Art. 87 Se, porém, não ocorrerem essas circunstâncias, o imperador declarará que suspende o seu juízo a respeito daquele negócio. Ao que o Conselho responderá que recebeu mui respeitosamente a resposta do s. m. i.

Art. 88 Logo que a Assembléia Geral se reunir, lhe serão enviadas assim essas resoluções suspensas, como as que estiverem em execução, para serem discutidas e deliberadas, na forma do art. 85.

Art. 89 O método de prosseguirem os conselhos gerais de província em seus trabalhos e sua polícia interna e externa, tudo se regulará por um regimento, que lhe será dado pela Assembléia Geral.

Capítulo 6: Das eleições

Art. 90 As nomeações dos deputados e senadores para a Assembléia Geral, e dos membros dos conselhos gerais das províncias serão feitas por eleições indiretas, elegendo a massa dos cidadãos ativos em assembléias paroquiais os eleitores de províncias e estes os representantes da nação e província.

Art. 91 Tem voto nestas eleições primárias:

1º) Os cidadãos brasileiros que estão no gozo de seus direitos políticos.

2º) Os estrangeiros naturalizados.

Art. 92 São excluídos de votar nas assembléias paroquiais:

1º) Os menores de 25 anos, nos quais se não compreendem os casados e oficiais militares que forem maiores de 21 anos, os bacharéis formados e clérigos de ordens sacras.

2º) Os filhos-famílias que estiverem na companhia de seus pais, salvo se servirem ofícios públicos.

3º) Os criados de servir, em cuja classe não entram os guarda-livros e primeiros caixeiros das casas de comércio, os criados da Casa imperial que não forem de galão branco e os administradores das fazendas rurais e fábricas.

4º) Os religiosos e quaisquer que vivam em comunidade claustral.

5º) Os que não tiverem de renda líquida anual 100 mil-réis por bens de raiz, indústria, comércio ou empregos.

Art. 93 Os que não podem votar nas assembléias primárias de paróquias não podem ser membros nem votar na nomeação de alguma autoridade eletiva nacional ou local.

Art. 94 Podem ser eleitores e votar na eleição dos deputados, senadores e membros dos conselhos de província, todos os que podem votar na assembléia paroquial. Excetuam-se:

1º) Os que não tiverem de renda líquida anual 200 mil-réis por bens de raiz, indústria, comércio ou emprego.

2º) Os libertos.

3º) Os criminosos pronunciados em querela ou devassa.

Art. 95 Todos os que podem ser eleitores são hábeis para serem nomeados deputados. Excetuam-se:

1º) Os que não tiverem 400 mil-réis de renda líquida, na forma dos artigos 92 e 94.

2º) Os estrangeiros naturalizados.

3º) Os que não professarem a religião do Estado.

Art. 96 Os cidadãos brasileiros em qualquer parte que existam são elegíveis em cada distrito eleitoral para deputados ou senadores, ainda quando aí não sejam nascidos, residentes ou domiciliados.

Art. 97 Uma lei regulamentar marcará o modo prático das eleições e o número dos deputados relativamente à população do Império.

Título quinto: Do imperador

Capítulo 1: Do poder Moderador

Art. 98 O poder Moderador é a chave de toda a organização política, e é delegado privativamente ao imperador, como chefe supremo da nação e seu primeiro representante, para que incessantemente vele sobre a manutenção da independência, equilíbrio e harmonia dos mais poderes políticos.

Art. 99 A pessoa do imperador é inviolável e sagrada. Ele não está sujeito a responsabilidade alguma.

Art. 100 Os seus títulos são: imperador constitucional e defensor perpétuo do Brasil; e tem o tratamento de majestade imperial.

Art. 101 O imperador exerce o poder Moderador:

1º) Nomeando os senadores, na forma do art. 43.

2º) Convocando a Assembléia Geral extraordinariamente nos intervalos das sessões, quando assim o pede o bem do Império.

3º) Sancionando os decretos e resoluções da Assembléia Geral, para que tenham força de lei; art. 62.

4º) Aprovando e suspendendo interinamente as resoluções dos conselhos provinciais; arts. 86 e 87.

5º) Prorrogando ou adiando a Assembléia Geral e dissolvendo a Câmara dos Deputados, nos casos em que o exigir a salvação do Estado; convocando imediatamente outra, que a substitua.

6º) Nomeando e demitindo livremente os ministros de Estado.

7º) Suspendendo os magistrados nos casos do art. 154.

8º) Perdoando e moderando as penas impostas aos réus condenados por sentença.

9º) Concedendo anistia em caso urgente, e que assim aconselhem a humanidade e bem do Estado.

Capítulo 2: Do poder Executivo

Art. 102 O imperador é o chefe do poder Executivo e o exercita pelos seus ministros de Estado.

São suas principais atribuições:

1º) Convocar a nova Assembléia Geral ordinária no dia 3 de junho do 3º ano da legislatura existente.

2º) Nomear bispo e prover os benefícios eclesiásticos.

3º) Nomear magistrados.

4º) Prover os mais empregos civis e políticos.

5º) Nomear os comandantes da força de terra e mar, e removê-los quando assim o pedir o serviço da nação.

6º) Nomear embaixadores e mais agentes diplomáticos e comerciais.

7º) Dirigir as negociações políticas com as nações estrangeiras.

8º) Fazer tratados de aliança ofensiva e defensiva de subsídio e comércio, levando-os depois de concluídos ao conhecimento da Assembléia Geral, quando o interesse e segurança do Estado o permitirem. Se os tratados concluídos em tempo de paz envolverem cessão ou troca de território do Império ou de possessões a que o Império tenha direito, não serão ratificados sem terem sido aprovados pela Assembléia Geral.

9º) Declarar a guerra e fazer a paz, participando à Assembléia as comunicações que forem compatíveis com os interesses e segurança do Estado.

10º) Conceder carta de naturalização na forma da lei.

11º) Conceder títulos, honras, ordens militares[99] e distinções em recompensa de serviços feitos ao Estado; dependendo as mercês pecuniárias da aprovação da Assembléia, quando não estiverem já designadas e taxadas por lei.

12º) Expedir os decretos, instruções e regulamentos adequados à boa execução das leis.

13º) Decretar a aplicação dos rendimentos destinados pela Assembléia aos vários ramos da pública administração.

14º) Conceder ou negar o beneplácito aos decretos dos concílios e letras apostólicas, e quaisquer outras constituições eclesiásticas que se não opuserem à Constituição; e precedendo aprovação da Assembléia, se contiverem disposição geral.

15º) Prover a tudo que for concernente à segurança interna e externa do Estado, na forma da constituição.

Art. 103 O imperador antes de ser aclamado prestará nas mãos do presidente do Senado, reunidas as duas Câmaras, o seguinte juramento: "Juro manter a religião católica apostólica romana; a integridade e indivisibilidade do Império; observar e fazer observar a Constituição política da nação brasileira e mais leis do Império, e prover ao bem geral do Brasil, quanto em mim couber".

Art. 104 O imperador não poderá sair do Império do Brasil sem o consentimento da Assembléia Geral, e se o fizer se entenderá que abdicou a Coroa.

---

[99] Ver nota 50.

Capítulo 3: Da família imperial e sua dotação

Art. 105 O herdeiro presuntivo do Império terá o título de príncipe imperial e o seu primogênito o de príncipe do Grão-Pará; todos os mais terão o de príncipe. O tratamento do herdeiro presuntivo será o de alteza imperial, e o mesmo será o do príncipe do Grão-Pará; os outros príncipes terão tratamento de alteza.

Art. 106 O herdeiro presuntivo, em completando 14 anos de idade, prestará nas mãos do presidente do Senado, reunidas as duas Câmaras, o seguinte juramento: "Juro manter a religião católica apostólica romana, observar a Constituição política da nação brasileira, e ser obediente às leis e ao imperador".

Art. 107 A Assembléia Geral, logo que o imperador suceder no Império, lhe assinará, e à imperatriz sua augusta esposa, uma dotação correspondente ao decoro de sua alta dignidade.

Art. 108 A dotação assinada ao presente imperador e à sua augusta esposa deverá ser aumentada, visto que as circunstâncias atuais não permitem que se fixe desde já uma soma adequada ao decoro de suas augustas pessoas e dignidade da nação.

Art. 109 A Assembléia assinará também alimentos ao príncipe imperial e aos demais príncipes, desde que nascerem. Os alimentos dados aos príncipes cessarão somente quando eles saírem para fora do Império.

Art. 110 Os mestres dos príncipes serão da escolha e nomeação do imperador e a Assembléia lhes designará os ordenados, que deverão ser pagos pelo Tesouro Nacional.

Art. 111 Na primeira sessão de cada legislatura a Câmara dos Deputados exigirá dos mestres uma conta do estado do adiantamento dos seus augustos discípulos.

Art. 112 Quando as princesas houverem de casar, a Assembléia lhes assinará o seu dote, e com a entrega dele cessarão os alimentos.

Art. 113 Aos príncipes que se casarem e forem residir fora do Império, se entregará, por uma vez somente, uma quantia determinada pela Assembléia, com o que cessarão os alimentos que percebiam.

Art. 114 A dotação, alimentos e dotes de que falam os artigos antecedentes, serão pagos pelo Tesouro Público, entregues a um mordomo nomeado pelo imperador, com quem se poderão tratar as ações ativas e passivas concernentes aos interesses da Casa Imperial.

Art. 115 Os palácios e terrenos nacionais possuídos atualmente pelo senhor d. Pedro I, ficarão sempre pertencendo a seus sucessores, e a nação cuidará nas aquisições e construções que julgar convenientes para a decência e recreio do imperador e sua família.

Capítulo 4: Da sucessão do Império

Art. 116 O senhor d. Pedro I, por unânime aclamação dos povos, atual imperador constitucional e defensor perpétuo, imperará sempre no Brasil.

Art. 117 Sua descendência legítima sucederá no trono, segundo a ordem regular de primogenitura e representação, preferindo sempre a linha anterior às posteriores; na mesma linha, o grau mais próximo ao mais remoto; no mesmo grau, o sexo masculino ao feminino; no mesmo sexo, a pessoa mais velha à mais moça.

Art. 118 Extintas as linhas dos descendentes legítimos do senhor d. Pedro I, ainda em vida do último descendente e durante o seu império, escolherá a Assembléia Geral a nova dinastia.

Art. 119 Nenhum estrangeiro poderá suceder na Coroa do Império do Brasil.

Art. 120 O casamento da princesa herdeira presuntiva da Coroa será feito a aprazimento do imperador; não existindo imperador ao tempo em que se tratar deste consórcio, não poderá ele efetuar-se sem aprovação da Assembléia Geral. Seu marido não terá parte no governo e somente se chamará imperador depois que tiver da imperatriz filho ou filha.

Capítulo 5: Da Regência na minoridade, ou impedimento do imperador

Art. 121 O imperador é menor até a idade de 18 anos completos.

Art. 122 Durante a sua minoridade, o Império será governado por uma Regência, a qual pertencerá ao parente mais chegado do imperador, segundo a ordem da sucessão, e que seja maior de 25 anos.

Art. 123 Se o imperador não tiver parente algum que reúna estas qualidades, será o Império governado por uma Regência permanente, nomeada pela Assembléia Geral, composta de três membros, dos quais o mais velho em idade será o presidente.

Art. 124 Enquanto esta regência se não eleger, governará o Império uma Regência provisional composta dos ministros de Estado do Império e da Justiça, e dos dois conselheiros de Estado mais antigos em exercício, presidida pela imperatriz viúva, e na sua falta, pelo mais antigo conselheiro de Estado.

Art. 125 No caso de falecer a imperatriz imperante, será esta Regência presidida por seu marido.

Art. 126 Se o imperador, por causa física ou moral evidentemente reconhecida pela pluralidade de cada uma das Câmaras da Assembléia, se impossibilitar para governar, em seu lugar governará como regente o príncipe imperial, se for maior de 18 anos.

Art. 127 Tanto o regente como a Regência prestará o juramento mencionado no art. 103, acrescentando a cláusula de fidelidade ao imperador, e de lhe entregar o governo logo que ele chegue à maioridade, ou cessar o seu impedimento.

Art. 128 Os atos da Regência e do regente serão expedidos em nome do imperador pela fórmula seguinte: "Manda a Regência em nome do imperador"... "Manda o príncipe imperial regente em nome do imperador..."

Art. 129 Nem a Regência, nem o regente será responsável.

Art. 130 Durante a minoridade do sucessor da Coroa, será seu tutor quem seu pai lhe tiver nomeado em testamento; na falta deste, a imperatriz mãe, enquanto não tornar a casar; faltando esta, a Assembléia Geral nomeará tutor, contanto que nunca poderá ser tutor do imperador menor aquele a quem possa tocar a sucessão da Coroa na sua falta.

Capítulo 6: Do ministério

Art. 131 Haverá diferentes secretarias de Estado. A lei designará os negócios pertencentes a cada uma, e seu número; as reunirá ou separará, como mais convier.

Art. 132 Os ministros de Estado referendarão ou assinarão todos os atos do poder Executivo, sem o que não poderão ter execução.

Art. 133 Os ministros de Estado serão responsáveis:

1º) Por traição.

2º) Por peita, suborno ou concessão.

3º) Por abuso do poder.

4º) Pela falta de observância da lei.

5º) Pelo que obrarem contra a liberdade, segurança ou propriedade dos cidadãos.

6º) Por qualquer dissipação dos bens públicos.

Art. 134 Uma lei particular especificará a natureza destes delitos, e a maneira de proceder contra eles.

Art. 135 Não salva aos ministros da responsabilidade a ordem do imperador, vocal ou por escrito.

Art. 136 Os estrangeiros, posto que naturalizados, não podem ser ministros de Estado.

Capítulo 7: Do Conselho de Estado

Art. 137 Haverá um Conselho de Estado, composto de conselheiros vitalícios, nomeados pelo imperador.

Art. 138 O seu número não excederá a dez.

Art. 139 Não são compreendidos neste número os ministros de Estado, nem estes serão reputados conselheiros de Estado sem especial nomeação do imperador para este cargo.

Art. 140 Para ser conselheiro de Estado requerem-se as mesmas qualidades que devem concorrer para ser senador.

Art. 141 Os conselheiros de Estado, antes de tomarem posse, prestarão juramento nas mãos do imperador de manter a religião católica apostólica romana, observar a Constituição e as leis, ser fiéis ao imperador, aconselhá-lo segundo suas consciências, atendendo somente ao bem da nação.

Art. 142 Os conselheiros serão ouvidos em todos os negócios graves e medidas gerais da pública administração; principalmente sobre a declaração de guerra e ajustes de paz, negociações com as nações estrangeiras, assim como em todas as ocasiões em que o imperador se proponha exercer qualquer das atribuições próprias do poder Moderador, indicadas no art. 101, à exceção do § 6.

Art. 143 São responsáveis os conselheiros de Estado pelos conselhos que derem opostos às leis e ao interesse do Estado, manifestamente dolosos.

Art. 144 O príncipe imperial, logo que tiver 18 anos completos, será de direito do Conselho de Estado; os demais príncipes da Casa Imperial, para entrarem no Conselho de Estado, ficam dependentes da nomeação do imperador. Estes e o príncipe imperial não entram no número marcado no art. 138.

Capítulo 8: Da força militar

Art. 145 Todos os brasileiros são obrigados a pegar em armas para sustentar a independência e integridade do Império e defendê-lo dos seus inimigos externos ou internos.

Art. 146 Enquanto a Assembléia Geral não designar a força militar permanente de mar e terra, subsistirá a que então houver, até que pela mesma Assembléia seja alterada para mais ou para menos.

Art. 147 A força militar é essencialmente obediente; jamais se poderá reunir sem que lhe seja ordenado pela autoridade legítima.

Art. 148 Ao poder Executivo compete privativamente empregar a Força Armada de mar e terra, como bem lhe parecer conveniente à segurança e defesa do Império.

Art. 149 Os oficiais do Exército e Armada não podem ser privados das suas patentes, senão por sentença proferida em juízo competente.

Art. 150 Uma ordenança especial regulará a organização do Exército do Brasil, suas promoções, soldos e disciplina, assim como da força naval.

Título sexto: Do poder Judicial

Capítulo único: Dos juízes e tribunais de justiça

Art. 151 O poder Judicial é independente, e será composto de juízes e jurados, os quais terão lugar assim no civil, como no crime, nos casos e pelo modo que os códigos determinarem.

Art. 152 Os jurados pronunciam sobre o fato e os juízes aplicam a lei.

Art. 153 Os juízes de Direito serão perpétuos, o que, todavia, se não entende que não possam ser mudados de uns para outros lugares pelo tempo e maneira que a lei determinar.

Art. 154. O imperador poderá suspendê-los por queixas contra eles feitas; precedendo audiência dos mesmos juízes, informação necessária e ouvido o Conselho de Estado. Os papéis que lhe são concernentes serão remetidos à relação do respectivo distrito, para proceder na forma da lei.

Art. 155 Só por sentença poderão estes juízes perder o lugar.

Art. 156 Todos os juízes de Direito e os oficiais de Justiça são responsáveis pelos abusos de poder e prevaricações que cometerem no exercício de seus empregos; esta responsabilidade se fará efetiva por lei regulamentar.

Art. 157 Por suborno, peita, peculato e concussão, haverá contra eles ação popular, que poderá ser intentada dentro de ano e dia pelo próprio queixoso, ou por qualquer do povo, guardada a ordem do processo estabelecida na lei.

Art. 158 Para julgar as causas em segunda e última instância haverá nas províncias do Império as relações que forem necessárias para comodidade dos povos.

Art. 159 Nas causas-crimes, a inquirição das testemunhas e todos os mais atos do processo depois da pronúncia serão públicos desde já.

Art. 160 Nas cíveis e nas penais civilmente intentadas poderão as partes nomear juízes-árbitros. Suas sentenças serão executadas sem recurso, se assim o convencionarem as mesmas partes.

Art. 161 Sem se fazer constar que, se tem intentado o meio da reconciliação, não se começará processo algum.

Art. 162 Para este fim haverá juízes de paz, os quais serão eletivos pelo mesmo tempo e maneira por que se elegem os vereadores das Câmaras. Suas atribuições e distritos serão regulados por lei.

Art. 163 Na capital do Império, além da relação que deve existir, assim como nas demais províncias, haverá também um tribunal com a denominação de Supremo Tribunal de Justiça composto de juízes letrados, tirados das relações por suas antiguidades; e serão condecorados com o título do Conselho. Na primeira organização poderão ser empregados neste tribunal os ministros daqueles que se houverem de abolir.

Art. 164 A este tribunal compete:

1º) Conceder ou denegar revistas nas causas e pela maneira que a lei determinar.

2º) Conhecer dos delitos e erros de ofícios que cometerem os seus ministros, o das relações, os empregados no corpo diplomático e os presidentes das províncias.

3º) Conhecer e decidir sobre os conflitos de jurisdição e competência das relações provinciais.

Título sétimo: Da administração e economia das províncias

Capítulo 1: Da administração

Art. 165 Haverá em cada província um presidente nomeado pelo imperador, que o poderá remover quando entender que assim convém ao bom serviço do Estado.

Art. 166 A lei designará as suas atribuições, competência e autoridade e quanto convier ao melhor desempenho desta administração.

Capítulo 2: Das câmaras

Art. 167 Em todas as cidades e vilas ora existentes, e nas mais que para o futuro se criarem, haverá Câmaras, às quais compete o governo econômico e municipal das mesmas cidades e vilas.

Art. 168 As Câmaras serão eletivas e compostas do número de vereadores que a lei designar, e o que obtiver maior número de votos será presidente.

Art. 169 O exercício de suas funções municipais, formação das suas posturas policiais, aplicação das suas rendas, e todas as suas particulares e úteis atribuições serão decretadas por uma lei regulamentar.

Capítulo 3: Da Fazenda Nacional

Art. 170 A receita e despesa da Fazenda Nacional será encarregada a um tribunal, debaixo do nome de Tesouro Nacional, aonde em diversas estações devidamente estabelecidas por lei se regulará a sua administração, arrecadação e contabilidade, em recíproca correspondência com as tesourarias e autoridades das províncias do Império.

Art. 171 Todas as contribuições diretas, à exceção daquelas que estiverem aplicadas aos juros e amortização da dívida pública, serão anualmente estabelecidas pela Assembléia Geral, mas continuarão até que se publique a sua derrogação, ou sejam substituídas por outras.

Art. 172. O ministro de Estado da Fazenda, havendo recebido dos outros ministros os orçamentos relativos às despesas das suas repartições, apresentará na Câmara dos Deputados, anualmente, logo que esta estiver reunida, um balanço geral da receita e despesa do Tesouro Nacional do ano antecedente, e igualmente o orçamento geral de todas as despesas públicas do ano futuro, e da importância de todas as contribuições e rendas públicas.

Título oitavo: Das disposições gerais e garantias dos direitos civis e políticos dos cidadãos brasileiros

Art. 173 A Assembléia Geral no princípio das suas sessões examinará se a Constituição política do Estado tem sido exatamente observada, para prover como for justo.

Art. 174 Se passados quatro anos depois de jurada a Constituição do Brasil, se conhecer que alguns dos seus artigos merece reforma, se fará a proposição por escrito, a qual deve ter origem na Câmara dos Deputados e ser apoiada pela terça parte deles.

Art. 175 A proposição será lida por três vezes, com intervalos de seis dias de uma a outra leitura; e depois da terceira deliberará a Câmara dos

Deputados se poderá ser admitida à discussão, seguindo-se tudo o mais que é preciso para a formação de uma lei.

Art. 176 Admitida à discussão, e vencida a necessidade da reforma do artigo constitucional, se expedirá lei que será sancionada e promulgada pelo imperador em forma ordinária, e na qual se ordenará aos eleitores dos deputados para a seguinte legislatura, que nas procurações lhes confiram especial faculdade para a pretendida alteração ou reforma.

Art. 177 Na seguinte legislatura e na primeira sessão será a matéria proposta e discutida, e o que se vencer prevalecerá para a mudança ou adição à lei fundamental, e juntando-se à Constituição, será solenemente promulgada.

Art. 178 É só constitucional o que diz respeito aos limites e atribuições respectivas dos poderes políticos e aos direitos políticos e individuais dos cidadãos. Tudo o que não é constitucional pode ser alterado sem as formalidades referidas pelas legislaturas ordinárias.

Art. 179 A inviolabilidade dos direitos civis e políticos dos cidadãos brasileiros, que têm por base a liberdade, a segurança individual e a propriedade, é garantida pela Constituição do Império pela maneira seguinte:

1º) Nenhum cidadão pode ser obrigado a fazer ou deixar de fazer alguma coisa senão em virtude da lei.

2º) Nenhuma lei será estabelecida sem utilidade pública.

3º) A sua disposição não terá efeito retroativo.

4º) Todos podem comunicar os seus pensamentos por palavras, escritos e publicá-los pela imprensa, sem dependência de censura, contanto que hajam de responder pelos abusos que cometerem no exercício deste direito, nos casos e pela forma que a lei determinar.

5º) Ninguém pode ser perseguido por motivo de religião, uma vez que respeite a do Estado e não ofenda a moral pública.

6º) Qualquer pode conservar-se ou sair do Império, como lhe convenha, levando consigo os seus bens, guardados os regulamentos policiais e salvo o prejuízo de terceiro.

7º) Todo o cidadão tem em sua casa um asilo inviolável. De noite não se poderá entrar nela, senão por seu consentimento ou para a defender de incêndio ou inundação; e de dia só será franqueada a sua entrada nos casos e pela maneira que a lei determinar.

8º) Ninguém poderá ser preso sem culpa formada, exceto nos casos declarados na lei; e nestes, dentro de vinte e quatro horas, contadas da entrada na prisão sendo em cidades, vilas, ou outras povoações próximas aos lugares da residência do juiz; e nos lugares remotos, dentro de um prazo razoável, que a lei marcará, atenta a extensão do território; o juiz por uma nota por ele assinada, fará constar ao réu o motivo da prisão, o nome de seu acusador e os das testemunhas, havendo-as.

9º) Ainda com culpa formada, ninguém será conduzido à prisão ou nela conservado estando já preso, se prestar fiança idônea, nos caso que a lei a admite; e em geral nos crimes que não tiverem maior pena do que a de seis meses de prisão ou desterro para fora da comarca, poderá o réu livrar-se solto.

10º) À exceção de flagrante delito, a prisão não pode ser executada senão por ordem escrita da autoridade legítima. Se esta for arbitrária, o juiz que a deu, e quem a tiver requerido, serão punidos com as penas que a lei determinar.

O que fica disposto acerca da prisão antes de culpa formada, não compreende as ordenanças militares estabelecidas como necessárias à disciplina e recrutamento do Exército;[100] nem os casos que não são puramente criminais e em que a lei determina, todavia, a prisão de alguma pessoa, por desobedecer aos mandados da Justiça, ou não cumprir alguma obrigação dentro de determinado prazo.

11º) Ninguém será sentenciado senão pela autoridade competente, por virtude de lei anterior e na forma por ela prescrita.

12º) Será mantida a independência do poder Judicial. Nenhuma autoridade poderá avocar as causas pendentes, sustá-las, ou fazer reviver os processos findos.

13º) A lei será igual para todos, quer proteja, quer castigue, e recompensará em proporção dos merecimentos de cada um.

14º) Todo o cidadão pode ser admitido aos cargos públicos civis, políticos ou militares, sem outra diferença que não seja a dos seus talentos e virtudes.

15º) Ninguém será isento de contribuir para as despesas do Estado em proporção dos seus haveres.

16º) Ficam abolidos todos os privilégios que não forem essencial e intimamente ligados aos cargos por utilidade pública.

17º) À exceção das causas que por sua natureza pertencem a juízos particulares, na conformidade das leis, não haverá foro privilegiado, nem comissões especiais nas causas cíveis ou crimes.

---

[100] As ordenanças militares eram corpos auxiliares não remunerados, recrutados entre a população das localidades.

18º) Organizar-se-á quanto antes um código civil e criminal, fundado nas sólidas bases da justiça e eqüidade.

19º) Desde já ficam abolidos os açoites, a tortura, a marca de ferro quente e todas as mais penas cruéis.

20º) Nenhuma pena passará da pessoa do delinqüente. Portanto, não haverá em caso algum confiscação de bens, nem a infâmia do réu se transmitirá aos parentes, em qualquer grau que seja.

21º) As cadeias serão seguras, limpas e bem arejadas, havendo diversas casas para separação dos réus, conforme suas circunstâncias e natureza dos seus crimes.

22º) É garantido o direito de propriedade em toda a sua plenitude. Se o bem público legalmente verificado exigir o uso e emprego da propriedade do cidadão, será ele previamente indenizado do valor dela. A lei marcará os casos em que terá lugar esta única exceção e dará as regras para se determinar a indenização.

23º) Também fica garantida a dívida pública.

24º) Nenhum gênero de trabalho, de cultura, indústria ou comércio pode ser proibido, uma vez que se não oponha aos costumes públicos, à segurança e saúde dos cidadãos.

25º) Ficam abolidas as corporações de ofícios, seus juízes, escrivães e mestres.

26º) Os inventores terão a propriedade das suas descobertas ou das suas produções. A lei lhes assegurará um privilégio exclusivo temporário, ou lhes remunerará em ressarcimento da perda que hajam de sofrer pela vulgarização.

27º) O segredo das cartas é inviolável. A administração do correio fica rigorosamente responsável por qualquer infração deste artigo.

28º) Ficam garantidas as recompensas conferidas pelos serviços feitos ao Estado, quer civis, quer militares; assim como o direito adquirido a elas na forma das leis.

29º) Os empregados públicos são estritamente responsáveis pelos abusos e omissões praticadas no exercício das suas funções, e por não fazerem efetivamente responsáveis os seus subalternos.

30º) Todo o cidadão poderá apresentar por escrito ao poder Legislativo e ao Executivo reclamações, queixas ou petições e até expor qualquer infração da Constituição, requerendo perante a competente autoridade a efetiva responsabilidade dos infratores.

31º) A Constituição também garante os socorros públicos.

32º) A instrução primária é gratuita a todos os cidadãos.

33º) Colégios e universidades, onde serão ensinados os elementos das ciências, belas letras e artes.

34º) Os poderes constitucionais não podem suspender a Constituição no que diz respeito aos direitos individuais, salvo nos casos e circunstâncias especificadas no parágrafo seguinte.

35º) Nos casos de rebelião ou invasão de inimigos, pedindo a segurança do Estado que se dispensem por tempo determinado algumas das formalidades que garantem a liberdade individual, poder-se-á fazer por ato especial do poder Legislativo. Não se achando, porém, a esse tempo reunida a Assembléia, e correndo a pátria perigo iminente, poderá o governo exercer esta mesma providência como medida provisória e indispensável, suspendendo-a imediatamente que cesse a necessidade urgente que a motivou; devendo em um e outro caso remeter à Assembléia, logo que reunida for, uma relação motivada das prisões e de outras medidas de prevenção tomadas; e quaisquer autoridades que tiverem mandado proceder a elas serão responsáveis pelos abusos que tiverem praticado a esse respeito.

Rio de Janeiro, 11 de dezembro de 1823.

João Severiano Maciel da Costa, Luís José de Carvalho e Melo, Clemente Ferreira França, Mariano José Pereira da Fonseca, João Gomes da Silveira Mendonça, Francisco Vilela Barbosa, barão de Santo Amaro, Antonio Luís Pereira da Cunha, Manuel Jacinto Nogueira da Gama, José Joaquim Carneiro de Campos.

Mandamos, portanto, a todas as autoridades a quem o conhecimento e execução desta Constituição pertencer, que a jurem e façam jurar, a cumpram e façam cumprir e guardar tão inteiramente como nela se contém. O secretário de Estado dos Negócios do Império a faça imprimir, publicar e correr.

Dada na cidade do Rio de Janeiro, aos 25 de março de 1824, terceiro da Independência e do Império.

Imperador com guarda.

João Severiano Maciel da Costa.

Ato Adicional

A Regência permanente, em nome do imperador senhor d. Pedro II, faz saber a todos os súditos do Império que a Câmara dos Deputados, competentemente autorizada para reformar a Constituição do Império nos termos da carta de lei de 12 de outubro de 1832, decretou as seguintes mudanças e adições à mesma Constituição:

Art. 1 O direito reconhecido e garantido pelo art. 71 da Constituição será exercitado pelas Câmaras dos distritos e pelas assembléias, que substituindo os conselhos gerais, se estabelecerão em todas as províncias com o título de Assembléias Legislativas Provinciais.

A autoridade da Assembléia Legislativa da província em que estiver a Corte não compreenderá a mesma Corte nem o seu município.

Art. 2 Cada uma das Assembléias Legislativas Provinciais constará de 36 membros nas províncias de Pernambuco, Bahia, Rio de Janeiro, Minas e São Paulo; de 28 nas do Pará, Maranhão, Ceará, Paraíba, Alagoas e Rio Grande do Sul; e de 20 em todas as outras. Este número é alterável por lei geral.

Art. 3 O poder Legislativo geral poderá decretar a organização de uma segunda câmara legislativa para qualquer província, a pedido da sua Assembléia, podendo esta segunda câmara ter maior duração do que a primeira.

Art. 4 A eleição destas Assembléias far-se-á da mesma maneira que se fizer a dos deputados à Assembléia Geral Legislativa, e pelos mesmos eleitores; mas cada legislatura provincial durará só dois anos, podendo os membros de uma ser reeleitos para as seguintes.

Imediatamente depois de publicada esta reforma proceder-se-á em cada uma das províncias à eleição dos membros das suas primeiras Assembléias Provinciais, as quais entrarão logo em exercício, e durarão até o fim do ano de 1837.

Art. 5 A sua primeira reunião far-se-á nas capitais das províncias, e as seguintes nos lugares que forem designados por atos legislativos provinciais; o lugar, porém, da primeira reunião da Assembléia Legislativa da província em que estiver a Corte será designado pelo governo.

Art. 6 A nomeação dos respectivos presidentes, vice-presidentes e secretários, verificação dos poderes de seus membros, juramento, e sua polícia e economia interna, far-se-ão na forma dos seus regimentos, e interinamente na forma do regimento dos conselhos gerais de província.

Art. 7 Todos os anos haverá sessão, que durará dois meses, podendo ser prorrogada quando o julgar conveniente o presidente da província.

Art. 8 O presidente da província assistirá à instalação da Assembléia Provincial, que se fará, à exceção da primeira vez, no dia que ela marcar; terá assento igual ao do presidente dela, e à sua direita; e aí dirigirá à mesma Assembléia a sua fala, instruindo-a do estado dos negócios públicos e das providências que mais precisar a província para seu melhoramento.

Art. 9 Compete às Assembléias Legislativas Provinciais propor, discutir e deliberar na conformidade dos arts. 81, 83, 84, 85, 86, 87 e 88 da Constituição.

Art. 10 Compete às mesmas Assembléias legislar:

§ 1º Sobre a divisão civil, judiciária e eclesiástica da respectiva província, e mesmo sobre a mudança da sua capital para o lugar que mais convier.

§ 2º Sobre instrução pública e estabelecimentos próprios a promovê-la, não compreendendo as faculdades de medicina, os cursos jurídicos, academias atualmente existentes e outros quaisquer estabelecimentos de instrução que para o futuro forem criados por lei geral.

§ 3º Sobre os casos e a forma por que pode ter lugar a desapropriação por utilidade municipal ou provincial.

§ 4º Sobre a polícia e economia municipal, precedendo propostas das Câmaras.

§ 5º Sobre a fixação das despesas municipais e provinciais e os impostos para elas necessários, contanto que estes não prejudiquem as imposições gerais do Estado. As Câmaras poderão propor os meios de ocorrer às despesas dos seus municípios.

§ 6º Sobre repartição da contribuição direta pelos municípios da província e sobre a fiscalização do emprego das rendas públicas provinciais e municipais, e das contas da sua receita e despesa.

As despesas provinciais serão fixadas sobre orçamento do presidente da província, e as municipais sobre orçamento das respectivas Câmaras.

§ 7º Sobre a criação e supressão dos empregos municipais e provinciais, e estabelecimento dos seus ordenados.

São empregos municipais e provinciais todos os que existirem nos municípios e províncias, à exceção dos que dizem respeito à administração, arrecadação e contabilidade da Fazenda Nacional; à administração da guerra e Marinha e dos correios gerais; dos cargos de presidente de província, bispo, comandante superior da Guarda Nacional, membro das relações e tribunais superiores e empregados das faculdades de medicina, cursos jurídicos e academias, em conformidade da doutrina do § 2º deste artigo.

§ 8º Sobre obras públicas, estradas e navegação no interior da respectiva província, que não pertençam à administração geral do Estado.

§ 9º Sobre construção de casas de prisão, trabalho e correção e regime delas.

§ 10º Sobre casas de socorros públicos, conventos e quaisquer associações políticas ou religiosas.

§ 11º Sobre os casos e a forma por que poderão os presidentes das províncias nomear, suspender e ainda mesmo demitir os empregados provinciais.

Art. 11 Também compete às Assembléias Legislativas Provinciais:

§ 1º Organizar os regimentos internos sobre as seguintes bases: 1º) nenhum projeto de lei ou resolução poderá entrar em discussão sem que tenha sido dado para ordem do dia pelo menos 24 horas antes; 2º) cada projeto de lei ou resolução passará pelo menos por três discussões; 3º) de uma a outra discussão não poderá haver menor intervalo do que 24 horas.

§ 2º Fixar sobre informação do presidente da província a força policial respectiva.

§ 3º Autorizar as Câmaras Municipais e o governo provincial para contrair empréstimos com que ocorram às suas respectivas despesas.

§ 4º Regular a administração dos bens provinciais. Uma lei geral marcará o que são bens provinciais.

§ 5º Promover cumulativamente com a Assembléia e o governo gerais a organização da estatística da província, a catequese e civilização dos indígenas e o estabelecimento de colônias.

§ 6º Decidir, quando tiver sido pronunciado, o presidente da província ou quem suas vezes fizer, se o processo deve continuar, e ele ser ou não suspenso do exercício de suas funções, nos casos em que pelas leis tem lugar a suspensão.

§ 7º Decretar a suspensão, e ainda mesmo a demissão do magistrado contra quem houver queixa de responsabilidade, sendo ele ouvido e dando-se-lhe lugar à defesa.

§ 8º Exercer cumulativamente com o governo geral, nos casos e pela forma marcados no § 35 do art. 179 da Constituição, o direito que esta concede ao mesmo governo geral.

§ 9º Velar na guarda da Constituição e das leis na sua província e representar à Assembléia e ao governo gerais contra as leis de outras províncias que ofenderem os seus direitos.

Art. 12 As Assembléias Provinciais não poderão legislar sobre impostos de importação, nem sobre objetos não compreendidos nos dois precedentes artigos.

Art. 13 As leis e resolução das Assembléias Legislativas Provinciais, sobre os objetos especificados nos arts. 10 e 11, serão enviadas diretamente ao presidente da província, a quem compete sancioná-las.

Excetuam-se as leis e resoluções que versarem sobre os objetos compreendidos no art. 10, § 4º; §§ 5º e 6º, na parte relativa à receita e despesa municipal, e § 7º na parte relativa aos empregos municipais; e no art. 11, §§ 1º, 6º, 7º e 9º, as quais serão decretadas pelas mesmas Assembléias, sem dependência da sanção do presidente.

Art. 14 Se o presidente entender que deve sancionar a lei ou resolução, o fará pela seguinte fórmula assinada de seu punho: "Sanciono e publique-se como lei".

Art. 15 Se o presidente julgar que deve negar a sanção por entender que a lei ou resolução não convém aos interesses da província, o fará por esta fórmula: "Volte à Assembléia Legislativa Provincial", expondo debaixo de sua assinatura as razões em que se fundou. Neste caso será o projeto submetido a nova discussão; e se for adotado tal qual, ou modificado no sentido das razões pelo presidente alegadas, por dois terços dos votos dos membros da Assembléia, será reenviado ao presidente da província, que o sancionará. Se não for adotado, não poderá ser novamente proposto na mesma sessão.

Art. 16 Quando, porém, o presidente negar a sanção por entender que o projeto ofende os direitos de alguma outra província, nos casos declarados no § 8º do art. 10, ou os tratados feitos com as nações estrangeiras, e a Assembléia Provincial julgar o contrário por dois terços dos votos como no artigo antecedente, será o projeto, com as razões alegadas pelo presidente da província, levado ao conhecimento do governo e assembléia gerais, para esta definitivamente decidir se ele deve ser ou não sancionado.

Art. 17 Não se achando nesse tempo reunida a Assembléia Geral e julgando o governo que o projeto deve ser sancionado, poderá mandar que ele seja provisoriamente executado até definitiva decisão da Assembléia Geral.

Art.: 18 Sancionada a lei ou resolução, a mandará o presidente publicar pela forma seguinte: "F... presidente da província de... Faço saber a todos os seus habitantes que a Assembléia Legislativa Provincial decretou, e eu sancionei a lei ou resolução seguinte: (a íntegra da lei nas suas disposições somente). Mando, portanto, a todas as autoridades a quem o conhecimento e execução da referida lei ou resolução pertencer, que a cumpram e façam cumprir tão inteiramente como nela se contém. O secretário desta província a faça imprimir, publicar e correr.".

Assinada pelo presidente da província a lei ou resolução, e selada com o selo do Império, guardar-se-á o original no Arquivo Público, e enviar-se-ão exemplares dela a todas as Câmaras e tribunais e mais lugares da província onde convenha fazer-se pública.

Art. 19 O presidente dará ou negará a sanção no prazo de dez dias, e não o fazendo ficará entendido que a deu. Neste caso, e quando tendo-lhe sido reenviada a lei, como determina o art. 15, recusar sancioná-la, a Assembléia Legislativa Provincial a mandará publicar com esta declaração; devendo, então, assiná-la o presidente da mesma Assembléia.

Art. 20 O presidente da província enviará à Assembléia e governo gerais cópias autênticas de todos os atos legislativos provinciais que tiverem sido promulgados, a fim de se examinar se ofendem a Constituição, os impostos gerais, os direitos de outras províncias ou os tratados; casos únicos em que o poder Legislativo geral os poderá revogar.

Art. 21 Os membros das Assembléias Provinciais serão invioláveis pelas opiniões que emitirem no exercício de suas funções.

Art. 22 Os membros das Assembléias Provinciais vencerão diariamente, durante o tempo das sessões ordinárias, extraordinárias e das prorrogações, um subsídio pecuniário marcado pela Assembléia Provincial na primeira sessão da legislatura antecedente. Terão também, quando morarem fora do lugar da sua reunião, uma indenização anual para as despesas de ida e volta, marcada pelo mesmo modo e proporcionada à extensão da viagem.

Na primeira legislatura, tanto o subsídio como a indenização serão marcados pelo presidente da província.

Art. 23 Os membros das Assembléias Provinciais que forem empregados públicos não poderão, durante as sessões, exercer o seu emprego, nem acumular ordenados, tendo, porém, a opção entre o ordenado do emprego e o subsídio que lhes competir como membros das ditas Assembléias.

Art. 24 Além das atribuições que por lei competirem aos presidentes das províncias, compete-lhes também:

§ 1º Convocar a nova Assembléia Provincial, de maneira que possa reunir-se no prazo marcado para as suas sessões.

Não a tendo o presidente convocado seis meses antes deste prazo, será a convocação feita pela Câmara Municipal da capital da província.

§ 2º Convocar a Assembléia Provincial extraordinariamente, prorrogá-la e adiá-la, quando assim o exigir o bem da província, contanto, porém, que em nenhum dos anos deixe de haver sessão.

§ 3º Suspender a publicação das leis provinciais nos casos e pela forma marcados nos arts. 15 e 16.

§ 4º Expedir ordens, instruções e regulamentos adequados à boa execução das leis provinciais.

Art. 25 No caso de dúvida sobre a inteligência de algum artigo desta reforma, ao poder Legislativo geral compete interpretá-lo.

Art. 26 Se o imperador não tiver parente algum que reúna as qualidades exigidas no art. 122 da Constituição, será o Império governado durante a sua minoridade por um regente eletivo e temporário, cujo cargo durará quatro anos, renovando-se para esse fim a eleição de quatro em quatro anos.

Art. 27 Esta eleição será feita pelos eleitores da respectiva legislatura, os quais reunidos nos seus colégios votarão por escrutínio secreto em dois cidadãos brasileiros, dos quais um não será nascido na província a que pertencerem os colégios, e nenhum deles será cidadão naturalizado.

Apurados os votos, lavrar-se-ão três atas do mesmo teor, que contenham os nomes de todos os votados e o número exato de votos que cada um obtiver. Assinadas estas atas pelos eleitores e seladas, serão enviadas uma à Câmara Municipal a que pertencer o colégio, outra ao governo geral por intermédio do presidente da província, e a terceira diretamente ao presidente do Senado.

Art. 28 O presidente do Senado, tendo recebido as atas de todos os colégios, abri-las-á em Assembléia Geral, reunidas ambas as Câmaras, e fará contar os votos: o cidadão que obtiver a maioria destes será o regente. Se houver empate, por terem obtido o mesmo número de votos dois ou mais cidadãos, entre eles decidirá a sorte.

Art. 29 O governo geral marcará um mesmo dia para esta eleição em todas as províncias do Império.

Art. 30 Enquanto o regente não tomar posse, e na sua falta e impedimentos governará o ministro de Estado do Império; e na falta ou impedimento deste, o da Justiça.

Art. 31 A atual regência governará até que tenha sido eleito e tomado posse o regente de que trata o art. 26.

Art. 32 Fica suprimido o Conselho de Estado de que trata o tít. 39, cap. 7 da Constituição.

Manda, portanto, a todas as autoridades a quem o conhecimento e execução das referidas mudanças e adições pertencer que as cumpram e façam cumprir e guardar, tão inteiramente como nelas se contêm. O secretário de Estado dos Negócios do Império as faça ajuntar à Constituição, imprimir, promulgar e correr.

Palácio do Rio de Janeiro, aos 12 de agosto de 1834, 13º da Independência e do Império.

Francisco de Lima e Silva, João Bráulio Muniz, Antonio Pinto Chichorro da Gama.

Lei nº 105, de 12 de maio de 1840

Interpreta alguns artigos da reforma constitucional

~

O regente, em nome do imperador o senhor d. Pedro II, faz saber a todos os súditos do Império que a Assembléia Geral Legislativa decretou e ele sancionou a lei seguinte:

Art. 1 A palavra "municipal" do art. 10, § 4º, do Ato Adicional, compreende ambas as anteriores "polícia e economia" e a ambas estas se refere a cláusula final do mesmo artigo: "precedendo propostas das Câmaras". A palavra "polícia" compreende a polícia municipal e administrativa somente e não a polícia judiciária.

Art. 2 A faculdade de criar e suprimir empregos municipais e provinciais, concedida às Assembléias de províncias pelo § 7º do art. 10 do Ato Adicional, somente diz respeito ao número dos mesmos empregos, sem alteração da sua natureza e atribuições, quando forem estabelecidos por leis gerais relativas a objetos sobre os quais não podem legislar as referidas Assembléias.

Art. 3 O § 11º do mesmo art. 10 compreende aqueles empregados provinciais, cujas funções são relativas a objetos sobre os quais podem legislar as Assembléias Legislativas de província, e por maneira nenhuma aqueles que são criados por leis gerais, relativas a objetos da competência do poder Legislativo geral.

Art. 4 Na palavra "magistrado" de que usa o art. 11, § 7º do Ato Adicional, não se compreendem os membros das relações e tribunais superiores.

Art. 5 Na decretação da suspensão ou demissão dos magistrados procedem as Assembléias Provinciais como tribunal de justiça. Somente podem, portanto, impor tais penas em virtude de queixa, por crime de responsabilidade a que elas estão impostas por leis criminais anteriores, observando a forma de processo para tais casos anteriormente estabelecida.

Art. 6 O decreto de suspensão ou demissão deverá conter: 1º) o relatório do fato; 2º) a citação da lei em que o magistrado está incurso; 3º) uma sucinta exposição dos fundamentos capitais da decisão tomada.

Art. 7 O art. 16 do Ato Adicional compreende implicitamente o caso em que o presidente da província negue a sanção a um projeto por entender que ofende a Constituição do Império.

Art. 8 As leis provinciais que forem opostas à interpretação dada nos artigos precedentes, não se entendem revogadas pela promulgação desta lei, sem que expressamente o sejam por atos do poder Legislativo geral.

Manda, portanto, a todas as autoridades a quem o conhecimento e a execução da referida lei pertencer, que a cumpram e façam cumprir e guardar tão inteiramente como nela se contém. O secretário de Estado dos Negócios da Justiça, encarregado interinamente dos do Império a faça imprimir, publicar e correr.

Dado no Palácio do Rio de Janeiro, em 12 de maio de 1840, 19º da Independência e do Império.

Pedro de Araújo Lima, Francisco Ramiro de Assis Coelho.

Lei nº 234, de 23 de novembro de 1841

Criando um Conselho de Estado

~

D. Pedro, por graça de Deus e unânime aclamação dos povos, imperador constitucional e defensor perpétuo do Brasil:

Fazemos saber a todos os nossos súditos que a Assembléia Geral Legislativa decretou e nós queremos a lei seguinte:

Art. 1 Haverá um Conselho de Estado composto de 12 membros ordinários, além dos ministros de Estado que, ainda não o sendo, terão assento nele.

O Conselho de Estado exercerá suas funções reunidos os seus membros, ou em seções.

Ao Conselho reunido presidirá o imperador; às seções os ministros de Estado a que pertencerem os objetos das consultas.

Art. 2 O conselheiro de Estado será vitalício; o imperador, porém, o poderá dispensar de suas funções por tempo indefinido.

Art. 3 Haverá até 12 conselheiros de Estado extraordinários e tanto estes como os ordinários serão nomeados pelo imperador.

Compete aos conselheiros de Estado extraordinários:

§ 1º Servir no impedimento dos ordinários, sendo para esse fim designados.

§ 2º Ter assento e voto no Conselho de Estado quando forem chamados para alguma consulta.

Art. 4 Os conselheiros de Estado serão responsáveis pelos conselhos que derem ao imperador opostos à Constituição e aos interesses do Estado, nos negócios relativos ao exercício do poder Moderador; devendo ser julgados em tais casos pelo Senado, na forma da lei da responsabilidade dos ministros de Estado.

Para ser conselheiro de Estado se requerem as mesmas qualidades que devem concorrer para ser senador.

Art. 5 Os conselheiros, antes de tomarem posse, prestarão juramento em mãos do imperador de manter a religião católica apostólica romana, observar a Constituição e as leis, ser fiéis ao imperador, aconselhá-lo segundo suas consciências, atendendo somente ao bem da nação.

Art. 6 O príncipe imperial, logo que tiver 18 anos completos, será de direito do Conselho de Estado; os demais príncipes da Casa Imperial, para entrarem no Conselho de Estado, ficam dependentes da nomeação do imperador.

Estes e o príncipe imperial não entram no número marcado no art. 1 e somente serão convidados para o Conselho reunido; o mesmo se praticará com os antigos conselheiros de Estado quando chamados.

Art. 7 Incumbe ao Conselho de Estado consultar em todos os negócios em que o imperador houver por bem ouvi-lo para resolvê-los; e principalmente:

1º) Em todas as ocasiões em que o imperador se propuser exercer qualquer das atribuições do poder Moderador, indicadas no art. 101 da Constituição.

2º) Sobre declaração de guerra, ajustes de paz e negociações com as nações estrangeiras.

3º) Sobre questões de presas[101] e indenizações.

4º) Sobre conflitos de jurisdição entre as autoridades administrativas e entre estas e as judiciárias.

5º) Sobre abusos das autoridades eclesiásticas.

6º) Sobre decretos, regulamentos e instruções para a boa execução das leis e sobre propostas que o poder Executivo tenha de apresentar à Assembléia Geral.

Art. 8 O governo determinará em regulamentos o número das seções em que será dividido o Conselho de Estado, a maneira, o tempo de trabalho, as honras e distinções que ao mesmo e a cada um de seus membros competir, e quanto for necessário para a boa execução desta lei. Os conselheiros de Estado, estando em exercício, vencerão uma gratificação igual ao terço do que vencerem os ministros e secretários de Estado.

Art. 9 Ficam revogadas quaisquer leis em contrário.

Mandamos, portanto, a todas as autoridades a quem o conhecimento e execução da referida lei pertencer que a cumpram e façam cumprir tão inteiramente como nela se contém. O secretário de Estado dos Negócios do Império a faça imprimir, publicar e correr.

---

[101] Para presas, ver nota 36.

Dada no Palácio do Rio de Janeiro, aos 23 de novembro de 1841, 20º da Independência e do Império.

Imperador com rubrica e guarda.

Cândido José de Araújo Viana.

Regulamento nº 124,
de 5 de fevereiro de 1842

Contendo o regimento provisório do Conselho de Estado

Hei por bem ordenar que o Conselho de Estado me consulte sobre os regulamentos de que trata o art. 8 da lei de sua criação, regendo-se, entretanto, pelas seguintes disposições:

Título único:
Como o Conselho de Estado exercerá suas funções

Capítulo 1: Do Conselho de Estado e de suas seções

Art. 1 O Conselho de Estado será dividido em quatro seções:
1º) Dos Negócios do Império.
2º) Dos Negócios da Justiça e dos Estrangeiros.
3º) Dos Negócios da Fazenda.
4º) Dos Negócios da Guerra e Marinha.
Art. 2 Cada uma das seções se comporá de três conselheiros.
Art. 3 As seções que se ocuparem dos negócios de dois ministérios serão presididas pelo ministro a quem tocar o objeto que nela se discutir.
Art. 4 Quando a importância e a complicação dos negócios o exigirem, poderão reunir-se duas ou três seções sob a presidência do ministro que pedir a reunião.
Art. 5 Os ministros de Estado fornecerão às seções todos os esclarecimentos que julgarem necessários para acerto das deliberações.
Art. 6 O lugar, dia e hora das conferências de cada seção serão marcados pelos respectivos ministros.
Art. 7 O ministro presidente da seção nomeará o relator para cada negócio.
Art. 8 Discutida e votada a matéria, o relator apresentará o parecer

minutado, o qual, depois de aprovado, será assinado na seguinte conferência pelos membros da seção que não derem voto separado.

O ministro presidente não votará, nem ainda no caso de empate.

Art. 9 O imperador se reserva o direito de resolver os pareceres das seções sem que ouça ao Conselho reunido.

Art. 10 Os avisos para consultas do Conselho de Estado, ou sejam estas sobre parecer de seções ou sobre objetos que ainda nestas não foram tratados, serão dirigidos em geral às seções a que pertencerem os negócios e estas coligirão e ordenarão quanto puder esclarecer o Conselho em seus debates e decisão.

Art. 11 Quando o parecer da seção for algum projeto de lei, decreto, regulamento ou instruções, a seção respectiva lhe dará todo o preciso desenvolvimento, de maneira que o Conselho de Estado o possa regularmente discutir.

Art. 12 Para haver conferência do Conselho de Estado sob a presidência do imperador é preciso que estejam presentes pelo menos sete conselheiros de Estado em efetivo serviço.

Art. 13 As conferências do Conselho de Estado terão lugar nos paços imperiais, e quando o imperador houver por bem convocá-lo.

Art. 14 Todas as vezes que for possível, serão comunicados com antecipação aos conselheiros de Estado os objetos para cuja consulta se reúne o Conselho.

Art. 15 As disposições dos artigos antecedentes serão observadas quando a urgência ou natureza dos negócios não exigir a preterição de algumas.

Art. 16 Os conselheiros falarão e votarão quando o imperador ordenar.

Art. 17 Não havendo unanimidade no Conselho, os membros divergentes apresentarão por escrito seus votos separados.

Art. 18 Os ministros de Estado, ainda que tomem parte nas discussões do Conselho, não votarão, nem mesmo assistirão às votações, quando a consulta versar sobre dissolução da Câmara dos Deputados ou do ministério.

Art. 19 As consultas do Conselho de Estado serão redigidas pela seção a que tocar o seu objeto e assinadas por todos os conselheiros de Estado, na forma do art. 89.

Art. 20 A resolução imperial, tomada sobre parecer da seção ou consulta do Conselho de Estado, será expedida por decreto.

Capítulo 2: Dos objetos não contenciosos

Art. 21 Cada seção examinará as leis provinciais e todos os negócios de que a encarregar o seu presidente.

Art. 22 A cada seção é permitido ouvir a quaisquer empregados públicos, que não poderão negar-se a prestar todos os esclarecimentos que lhes ela exigir, vocais ou por escrito, sob pena de desobediência. Poderá, outrossim, ouvir a quaisquer outras pessoas cujas informações lhe possam ser úteis.

Art. 23 Quando, no exame dos negócios incumbidos às seções, entenderem estas que é necessária alguma lei, regulamento, decreto ou instruções, o proporão, expondo mui circunstanciadamente os motivos de sua convicção e as principais providências que se devem expedir.

Capítulo 3: Dos objetos contenciosos

Art. 24 Quando o presidente de uma província, ou o procurador da Coroa na Corte e província do Rio de Janeiro tiver notícia de que uma autoridade judiciária está efetivamente conhecendo de algum objeto administrativo, exigirá dela os esclarecimentos precisos, bem como as razões pelas quais se julga com jurisdição sobre o objeto.

Art. 25 Se forem consideradas improcedentes as razões em que a autoridade judiciária firmar sua jurisdição, ordenará o presidente, ou o procurador da Coroa, que cesse todo o ulterior procedimento e sejam citados os interessados para em um prazo razoável deduzirem seu direito.

Art. 26 Findo o prazo, se o presidente entender que o negócio é administrativo, assim o resolverá provisoriamente, remetendo todos os papéis a respeito dele, com a sua decisão, à Secretaria da Justiça.

Se, porém, entender que o negócio não é administrativo, à vista dos novos esclarecimentos que tiver obtido das partes, ou da mesma autoridade judiciária, declarará que não tem lugar o conflito e que continue o processo no foro judicial.

Art. 27 O ministro da Justiça, ou o conflito tenha sido suscitado pelo procurador da Coroa ou por algum dos presidentes, cometerá o seu exame à respectiva seção, a qual, depois de ouvidas as partes, se estas o requererem, interporá o seu parecer.

Art. 28 Quando o conflito de jurisdição consistir em se julgarem incompetentes tanto a autoridade judiciária, como a administrativa, a seção dará o seu parecer ouvidas ambas.

Art. 29 Quando o conflito for entre autoridades administrativas se procederá na forma dos artigos antecedentes, no que lhe forem aplicáveis.

Art. 30 Os presidentes das províncias conhecerão dos abusos das autoridades eclesiásticas, procedendo na forma do regulamento n° 10, de 19 de fevereiro de 1838, no que lhe forem aplicáveis suas disposições.

Art. 31 Em geral serão observadas todas as disposições do processo atual que, contribuindo para descobrimento da verdade, sem prejuízo da celebridade indispensável à marcha administrativa, forem admissíveis neste processo, e não se opuserem às determinações do presente regulamento.

Art. 32 As questões relativas a presas serão decididas pelo governo em primeira e última instância.

Art. 33 No processo administrativo se observará em geral o seguinte: a parte apresentará na respectiva secretaria de Estado petição acompanhada dos documentos com que pretende justificar sua intenção.

Art. 34 Se for atendível a petição, a seção proporá que sejam ouvidos os interessados, para o que lhes será feita a intimação.

Art. 35 A seção poderá requerer ao seu presidente avaliações, inquirições de testemunhas, depoimentos de partes, e quantas diligências julgar necessárias para esclarecimento da verdade, às quais procederá por si mesma quando lhe seja possível.

Art. 36 Na conferência seguinte à em que a seção tiver ultimado as diligências sobreditas, ou na em que o presidente, atendendo à natureza do negócio, designar, apresentará o seu relatório, a cuja leitura poderão os interessados por seus advogados assistir e fazer os reparos precisos para sua retificação.

Art. 37 Haverá até dez advogados do Conselho de Estado, aos quais somente será permitido assinar as petições e quaisquer alegações ou arrazoados que tiverem de ser apresentados ao conselho e às suas seções; bem como assistir ao depoimento e mais atos do art. 35.

Art. 38 O advogado que faltar ao devido respeito ao Conselho, às seções ou a cada um dos conselheiros, será demitido; e, se for em ato de ofício, além de demitido, será punido na forma das leis.

Art. 39 Os prazos assinados às partes para responderem, recorrerem ou produzirem quaisquer documentos e provas, não poderão exceder a dez dias, residindo na Corte ou no seu termo.

Art. 40 O ministro da Justiça marcará em avisos, que farão parte deste regulamento, os prazos que, além dos dez dias do artigo antecedente, devem ser concedidos às partes, em atenção às distâncias em que residirem, ou estiverem os documentos e provas que houverem de produzir.

Art. 41 O processo administrativo só poderá ser suspenso nos casos seguintes:

1º) Falecendo a parte, ou seu advogado, ou impossibilitando-se este de exercer suas funções antes do último relatório da seção.

2º) Sendo argüido de falso algum documento, ou testemunha, nos termos do artigo seguinte.

Art. 42 Feita a argüição de falsidade a qualquer documento ou testemunha; se parecer às seções, ou Conselho, que é ele indispensável à decisão do negócio, e não querendo a parte renunciá-lo, será suspenso o processo, até que em juízo competente se decida a falsidade.

Art. 43 Se a seção, ou Conselho, entender que tal testemunha ou documento não é necessário para decisão do negócio, continuará o processo sem embargo da dita argüição.

Art. 44 O mesmo terá lugar, quando a parte que produziu a mencionada testemunha ou documento nada responder, ou dele desistir.

Logo que uma semelhante argüição for feita, e a considerar procedente a seção ou conselho, será intimada a parte que o tiver produzido para dizer a bem de seu direito.

Art. 45 Das resoluções dos presidentes das províncias em negócios contenciosos, poderão as partes interpor recurso, dentro de dez dias, por petição munida dos precisos documentos, que manifeste as razões do gravame sofrido; e os presidentes a remeterão com informação, ou sem ela, à respectiva secretaria de Estado.

Art. 46 Também terá lugar recurso das decisões dos ministros de Estado em matéria contenciosa e tanto este como o do artigo antecedente, poderá ser decidido por decreto imperial, sem se ouvir, ou ouvindo-se as respectivas seções e o Conselho de Estado.

Art. 47 A resolução imperial tomada sobre parecer da seção, consulta do Conselho, ou sem ela, em virtude do processo de que trata este capítulo, só poderá ser embargada nos casos:

1°) De não ter sido intimado algum dos prejudicados.

2°) De ter corrido o processo à revelia, que não possa ser imputada ao condenado.

Art. 48 Os embargos, no caso do artigo antecedente, só terão lugar antes que o decreto imperial seja remetido para a autoridade judiciária, ou dentro dos dez dias contados do em que foi feita intimação ao condenado.

Art. 49 Os embargos serão apresentados pelo respectivo ministro ao Conselho, o qual consultará ao imperador para os desatender ou para reformar a imperial resolução, ou para ordenar que de novo seja examinada na competente seção.

Art. 50 No caso de ser a resolução imperial de novo examinada, poderá sua execução ser suspensa pelo respectivo ministro, quando na demora não haja perigo e de não ser suspensa possa resultar dano irreparável.

Art. 51 A imperial resolução será executada como qualquer sentença judiciária e pelos mesmos juízes e forma pela qual estas o são.

Sendo condenada a administração, a execução será feita administrativamente.

Capítulo 4: Das disposições gerais

Art. 52 Haverá sempre em efetivo serviço 12 conselheiros de Estado, um dos quais escreverá as atas dos negócios, que devem ser conservados em segredo.

Art. 53 Se algum conselheiro em efetivo serviço não puder exercer suas funções por mais de 15 dias contínuos, será designado o conselheiro de Estado extraordinário que há de servir durante o seu impedimento, cessando o qual cessará também a substituição, independente de nova ordem.

Art. 54 O conselheiro de Estado, que for ministro de Estado ou empregado em qualquer comissão, cujo exercício for incompatível com as funções do Conselho, será considerado impedido e se lhe aplicará o disposto no artigo antecedente.

Art. 55 O conselheiro que for dispensado do exercício de suas funções passará a conselheiro extraordinário.

Art. 56 Só perceberão gratificações os conselheiros em efetivo serviço.

Art. 57 Os conselheiros de Estado, nos atos públicos e funções da Corte, ocuparão o primeiro lugar depois dos ministros e secretários de Estado; terão o tratamento de excelência, gozarão das honras de que gozam os mesmos ministros e usarão do uniforme de que estes usam, tendo, porém, nas mangas da farda, acima dos canhões bordados, uma esfera e sobre esta a Coroa imperial.

Art. 58 Todas as autoridades públicas são obrigadas a cumprir as determinações expedidas em virtude deste regulamento e tendentes à sua execução.

Art. 59 Haverá no Conselho e em cada uma de suas seções três livros: 1º) para registro das atas respectivas, 2º) para registro das ordens imperiais, 3º) para registro dos pareceres e consultas.

Art. 60 Ficam revogadas todas as disposições em contrário.

Cândido José de Araújo Viana, do meu Conselho, ministro e secretário de Estado dos Negócios do Império, assim o tenha entendido e faça executar com os despachos necessários.

Palácio do Rio de Janeiro, em 5 de fevereiro de 1842, 21º da Independência e do Império.

Com a rubrica de s. m. o imperador.

Cândido José de Araújo Viana.

Lei da Responsabilidade dos Ministros e Conselheiros de Estado

D. Pedro I, por graça de Deus e unânime aclamação dos povos, imperador constitucional e defensor perpétuo do Brasil:

Fazemos saber a todos os nossos súditos, que a Assembléia Geral decretou e nós queremos a lei seguinte:

Título único: Da responsabilidade dos ministros e secretários de Estado e dos conselheiros de Estado, e da maneira de proceder contra ele

Capítulo 1: Da natureza dos delitos por que são responsáveis os ministros e secretários de Estado, e das penas que lhes correspondem

Art. 1 Os ministros e secretários de Estado são responsáveis por traição:

§ 1º Atentando por tratado, convenções e ajustes, dentro ou fora do Império, ou por outros quaisquer atos de seu ofício, ou prevalecendo-se dele com dolo manifesto:

1º) Contra a forma estabelecida do governo.

2º) Contra o livre exercício dos poderes políticos reconhecidos pela Constituição do Império.

3º) Contra a independência, integridade e defesa da nação.

4º) Contra a pessoa ou vida do imperador, da imperatriz, ou de algum dos príncipes ou princesas da imperial família.

§ 2º Maquinando a destruição da religião católica apostólica romana.

§ 3º São aplicáveis aos delitos especificados neste artigo as penas seguintes:

Máxima: morte natural.

Média: perda da confiança da nação e de todas as honras; inabilidade perpétua para ocupar empregos de confiança, e cinco anos de prisão.

Mínima: perda da confiança da nação, inabilidade perpétua restrita ao emprego em que é julgado, e cinco anos de suspensão do exercício dos direitos políticos.

Art. 2 São responsáveis por peita, suborno ou concussão:

§ 1º Por peita aceitando dádiva ou promessa, direta ou indiretamente, para se decidirem em qualquer ato do seu ministério.

As penas para os delitos designados neste parágrafo são:

Máxima: inabilidade perpétua para todos os empregos, e a multa do triplo do valor da peita.

Média: inabilidade perpétua para o emprego de ministro e secretário de Estado, inabilidade por dez anos para os outros empregos, e a multa do duplo do valor da peita.

Mínima: perda do emprego, e multa do valor da peita.

§ 2º Por suborno, corrompendo por sua influência ou peditório, a alguém para obrar contra o que deve, no desempenho de suas funções públicas; ou deixando-se corromper por influência, ou peditório de alguém, para obrarem o que não devem, ou deixarem de obrar o que devem.

As penas para os delitos designados neste parágrafo são:

Máxima: suspensão do emprego por três anos.

Média: por dois.

Mínima: por um.

O réu incorre nestas penas, ainda quando se não verifique o efeito do suborno, assim como acontece na peita.

§ 3º Por concussão, extorquindo ou exigindo o que não for devido, ainda que seja para a Fazenda Pública, ainda quando se não siga o efeito do recebimento.

As penas para os delitos designados neste parágrafo são:

Máxima: suspensão do emprego por seis anos.

Média: por quatro.

Mínima: por dois.

§ 4º O réu que, tendo cometido algum dos delitos especificados nos parágrafos antecedentes, os tiver levado a pleno efeito, e por meio deles abusado do poder, ou faltado à observância da lei, sofrerá, além das penas declaradas nos ditos parágrafos, as que ao diante se declaram nos arts. 3 e 4.

Art. 3º São responsáveis por abuso de poder:

§ 1º Usando mal da sua autoridade nos atos não especificados na lei, que tenham produzido prejuízo, ou dano provado ao Estado, ou a qualquer particular.

As penas para os delitos designados neste parágrafo são:

Máxima: três anos de remoção para fora da Corte e seu termo.
Média: dois anos.
Mínima: um ano.

Além disso a reparação do dano à parte, havendo-a, ou à Fazenda Pública quando esta seja interessada, sem o que não voltará à Corte.

§ 2º Usurpando qualquer das atribuições do poder Legislativo ou Judiciário.

As penas para os delitos designados neste parágrafo são:
Máxima: inabilidade perpétua para todos os empregos e dois anos de prisão.
Média: inabilidade por dez anos para todos os empregos.
Mínima: perda do emprego.

Art. 4 São responsáveis por falta de observância da lei:

§ 1º Não cumprindo a lei, ou fazendo o contrário do que ela ordena.

§ 2º Não fazendo efetiva a responsabilidade dos seus subalternos.

As penas para os delitos designados neste artigo são as do art. 3, § 1º, inclusive a reparação do dano.

Art. 5 São responsáveis pelo que obrarem contra a liberdade, segurança ou propriedade dos cidadãos:

§ 1º Obrando contra os direitos individuais dos cidadãos que têm por base a liberdade, segurança ou propriedade marcados na Constituição, art. 179.

Art. 6 São responsáveis por dissipação dos bens públicos:

§ 1º Ordenando, ou concorrendo de qualquer modo para as despesas não autorizadas por lei, ou para se fazerem contra a forma nela estabelecida, ou para se celebrarem contratos manifestamente lesivos.

§ 2º Não praticando todos os meios ao seu alcance para a arrecadação, ou conservação dos bens móveis ou imóveis, por rendas da nação.

§ 3º Não pondo, ou não conservando em bom estado a contabilidade da sua repartição.

As penas para os delitos designados nos arts. 5 e 6 são as mesmas aplicadas aos que estão compreendidos no § 1º do art. 3, inclusive a reparação do dano.

Capítulo 2: Dos delitos dos conselheiros de Estado e das penas correspondentes

Art. 7 Os conselheiros de Estado são responsáveis pelos conselhos que derem:

1º) Sendo opostos às leis.

2º) Sendo contra os interesses do Estado se forem manifestamente dolosos.

Os conselheiros de Estado por tais conselhos incorrem nas mesmas penas em que os ministros e secretários de Estado incorrem por fatos análogos a estes.

Quando porém ao Conselho se não seguir efeito, sofrerão a pena no grau médio, nunca menor que a suspensão do emprego de um a dez anos.

Capítulo 3: Da maneira de proceder contra os ministros e secretários de Estado e conselheiros de Estado

Seção 1ª: Da denúncia e decreto de acusação

Art. 8 Todo o cidadão pode denunciar, na forma do § 30º do art. 179 da Constituição, os ministros e secretários de Estado pelos delitos especificados nesta lei; este direito porém prescreve passados três anos.

As comissões de câmara devem denunciar os delitos que encontrarem no exame de quaisquer negócios, e os membros de ambas as Câmaras o poderão fazer dentro do prazo de duas legislaturas depois de cometido o delito.

Art. 9 As denúncias devem conter a assinatura do denunciante e os documentos que façam acreditar a existência dos delitos ou uma declaração concludente da impossibilidade de apresentá-los.

Art. 10 A Câmara dos Deputados, sendo-lhe presente a denúncia, mandará examiná-la por uma comissão especial; e sobre este exame, no caso que a não rejeite, mandará, sendo necessário, produzir novas provas, que serão igualmente examinadas na comissão, a qual também inquirirá as testemunhas nos casos em que for necessário.

Art. 11 Quando à Câmara parecer atendível a denúncia, mandará responder o denunciado, remetendo-lhe cópia de tudo, e fixando o prazo em que deve dar a resposta por escrito, o qual poderá ser prorrogado quando o mesmo denunciado o requeira.

Art. 12 Findo o prazo para a resposta, ou ela tenha sido apresentada, ou não, tornará o negócio a ser examinado pela mesma ou outra comissão que interporá o seu parecer se tem ou não lugar a acusação.

Art. 13 Interposto o parecer, será este discutido no dia que a Câmara determinar a proposta do presidente; contanto porém que seja entre o terceiro e sexto dia depois daquele em que o parecer tiver sido apresentado.

Art. 14 Terminado o debate da segunda discussão, a qual se verificará oito dias depois da primeira, a Câmara decidirá se tem ou não lugar a acusação, e decidindo pela afirmativa, a decretará nesta forma:

"A Câmara dos Deputados decreta a acusação contra o ministro e secretário de Estado dos negócios de... F., ou o conselheiro de Estado F., pelo delito de... e a envia à Câmara dos Senadores com todos os documentos relativos, para se proceder na forma da Constituição e da lei".

Art. 15 O decreto de acusação será escrito em duplicado, assinado pelo presidente e dois secretários; e destes autógrafos um será remetido ao governo para o fazer intimar ao acusado e realizar os seus efeitos; e o outro enviado ao Senado com todo o processo original, ficando uma cópia autêntica na secretaria.

Art. 16 A intimação será feita dentro de 24 horas, quando o acusado esteja na Corte; ou dentro do prazo mais breve possível, no caso de estar fora dela; e para dar ao decreto a execução, que toca ao governo, será competente qualquer dos ministros de Estado a quem for dirigido.

Art. 17 Os efeitos do decreto da acusação principiam do dia da intimação, e são os seguintes:

1º) Ficar o acusado suspenso do exercício de todas as funções públicas, até o final da sentença, e inabilitado nesse tempo para ser proposto a outro emprego ou nele provido.

2º) Ficar sujeito à acusação criminal.

3º) Ser preso nos casos em que pela lei tem lugar a prisão.

4º) Suspender-se-lhe metade do ordenado, ou soldo que tiver; ou perdê-lo efetivamente, se não for afinal absolvido.

Art. 18 A Câmara nomeará uma comissão de cinco a sete membros para fazer a acusação no Senado, obrigada a fazer uso dos documentos e instruções que lhe forem fornecidos pelo denunciante, sendo atendíveis; e os membros desta comissão escolherão dentre si o relator ou relatores.

Art. 19 Nos casos em que a publicidade e demora possam de algum modo ameaçar a segurança do Estado, ou da pessoa do imperador, a Câmara deliberará em sessão secreta a suspensão e custódia do denunciado, guardada a formalidade do art. 27 da Constituição, existindo provas suficientes, que também poderá haver em segredo; mas logo que cessar o perigo, formará o processo público, como fica prescrito.

Seção 2ª: Do processo da acusação e da sentença

Art. 20 Para julgar estes crimes o Senado se converte em Tribunal de Justiça.

Art. 21 Todos os senadores são juízes competentes para conhecerem dos crimes de responsabilidade dos ministros e secretários de Estado e conselheiros de Estado, e aplicar-lhes a lei.

Art. 22 Excetuam-se:

1°) Os que tiverem parentesco em linha reta de ascendentes, ou descendentes, sogro e genro; em linha colateral irmãos, cunhados, enquanto durar o cunhado, e os primos co-irmãos.

2°) Os que tiverem deposto como testemunha na formação da culpa ou do processo.

3°) Os que tiverem demanda por si ou suas mulheres sobre a maior parte de seus bens, e o litígio tiver sido proposto antes da acusação.

4°) Os que tiverem herdeiros presuntivos.

Art. 23 Estes impedimentos poderão ser alegados, tanto pelo acusado, seus procuradores, advogados ou defensores, e comissão acusadora, como pelos senadores que tiverem impedimento, e o Senado decidirá.

Art. 24 Ao acusado será permitido recusar até seis senadores, sem declarar o motivo, além daqueles que forem recusados na forma do art. 22.

Art. 25 Recebido o decreto da acusação com o processo enviado pela Câmara dos Deputados, e apresentado o libelo e documentos pela comissão da acusação, será notificado o acusado para comparecer perante o Senado no dia que for aprazado.

Art. 26 A notificação será feita por ofício do secretário do Senado, acompanhado da cópia do libelo e documentos; assim como do rol das testemunhas, no caso que a dita comissão as queira produzir.

Art. 27 O acusado comparecerá por si, ou seus procuradores e advogados, ou outros quaisquer defensores por ele escolhidos, havendo comunicado à comissão da acusação 24 horas antes do rol das testemunhas que houver de produzir.

Art. 28 Entre a notificação e o comparecimento do acusado mediará pelo menos o espaço de oito dias.

Art. 29 Se o acusado, estando preso, quiser comparecer pessoalmente para deduzir a sua defesa, se oficiará ao governo para o fazer conduzir com decência e segurança.

Art. 30 No caso de revelia, nomeará o Senado um advogado para a defesa do réu, ao qual será enviada com ofício do secretário do Senado cópia do libelo e de todas as mais peças da acusação.

Art. 31 No dia aprazado, estando presente o acusado, seus procuradores, advogados e defensores, ou o advogado nomeado para defender o réu à sua revelia, assim como a comissão acusadora, e feita a verificação dos senadores presentes, declarará o presidente o objeto da sessão; seguir-se-ão as recusações na conformidade dos arts. 22, 23 e 24, e logo os senadores recusados se retirarão.

Art. 32 Concluídas as recusações e achando-se presente o número de senadores designado pela Constituição para haver sessão, mandará o presidente que se leiam o processo preparatório, o ato da acusação ou libelo, e os artigos da defesa do réu.

Art. 33 Serão pelo presidente interrogadas então as testemunhas oferecidas pela comissão e depois as do acusado. As testemunhas serão juramentadas e inquiridas publicamente e mesmo presente as partes; depondo porém em separado e fora da presença uma das outras, escrevendo-se com toda a distinção os seus ditos, os quais lhes serão lidos antes de assinarem.

Art. 34 Qualquer membro da comissão da acusação, ou do Senado, e bem assim o acusado, seus procuradores, advogados ou defensores, poderão exigir que se façam às testemunhas as perguntas que julgarem necessárias, e que se notem com sinais à margem quaisquer adições, mudanças ou variações que ocorrerem.

Art. 35 A comissão da acusação, o acusado, seus procuradores, advogados ou defensores, poderão, no mesmo ato em que as testemunhas depõem, contestá-las e argüí-las, sem contudo as interromper.

Art. 36 Poderão igualmente exigir que algumas testemunham sejam acareadas e reperguntadas; que aquelas que eles designarem se retirem, ficando outras presentes; que se façam quaisquer outras diligências a bem da verdade, e da mesma forma que sejam ouvidas algumas que chegarem já tarde, contanto que não tenha ainda principiado a votação.

Art. 37 No fim de cada depoimento, o presidente perguntará à testemunha se conhece bem o acusado que está presente ou que se defende por seu procurador, e ao acusado ou seus procuradores, se querem dizer alguma coisa contra o que acabam de ouvir, caso eles o não tenham já feito em virtude da faculdade permitida pelos arts. 34 e 35.

Art. 38 Haverá debate verbal entre a comissão acusadora e o acusado, seus procuradores, advogados e defensores; somente porém ao acusado será permitido fazer alegação por si, seus procuradores, advogados e defensores, por escrito; e neste caso se lhes assinará o termo de cinco dias para o fazerem, dando-se-lhes por cópia os novos documentos e depoimentos de testemunhas havendo-os.

Art. 39 O presidente perguntará ao acusado, se quer dizer ainda alguma coisa mais sobre a elucidação do processo e verdade dos fatos.

Art. 40 Concluídos estes atos, se procederá à sessão secreta, onde se discutirá o objeto da acusação em comissão geral, no fim da qual perguntará o presidente se dão a matéria por discutida, e se estão prontos para a votação.

Art. 41 Decidindo o tribunal que sim, se tornará pública a sessão para a votação, não voltando a comissão acusadora para a sala do Senado, nem procuradores, advogados e defensores do réu, retirando-se este para lugar e distância em que não possa ouvir suas sentenças.

Art. 42 Fazendo então o presidente um relatório resumido indicando as provas e fundamentos da acusação e defesa, perguntará se o réu é criminoso de..., de que é argüido, o que se decidirá por votação simbólica. No caso de empate declarar-se-á que o réu não é culpado.

Art. 43 Vendo-se que o réu é criminoso, proporá o presidente separadamente em que grau deve ser condenado, se no máximo, se no médio. Não ficando o réu compreendido em algum dos dois graus acima especificados, entende-se que tem lugar a imposição da pena correspondente ao grau mínimo.

Art. 44 A sentença será escrita no processo pelo primeiro secretário, assinado pelo presidente e por todos os senadores que forem juízes, e copiada exatamente na ata da sessão.

Art. 45 Da sentença proferida pelo Senado não haverá recurso algum, senão o de uns únicos embargos, opostos pelo réu, dentro no espaço de dez dias.

Art. 46 Apresentados os embargos em forma articulada, ou como melhor convier ao réu, e lidos na Câmara, serão continuados com vistas à comissão acusadora com os respectivos documentos, havendo-os. A resposta será dada em dez dias; e lida igualmente na Câmara, ficará o processo sobre a mesa por três dias.

Art. 47 Findo este termo proporá o presidente à Câmara se recebe e julga logo provados os embargos, para se declarar que não tem lugar a pena ou ser o réu julgado inocente.

Art. 48 Não se vencendo a absolvição do réu, proporá o presidente se tem lugar a modificação da sentença, e qual ela deva ser.

Art. 49 Não se aprovando qualquer das duas hipóteses propostas, consultar-se-á o Senado se recebe ao menos os embargos para dar lugar à prova; e decidindo-se que sim, assinar-se-á termo razoado para a mesma prova.

Art. 50 Apresentada a prova, proporá o presidente se ela é bastante e concludente; e vencendo-se que sim, consultará a Câmara sobre a reforma da sentença e absolvição do réu, ou ao menos sobre a modificação da mesma sentença e sua pena.

Art. 51 Quando a Câmara desprezar os embargos sem ter concedido espaço para prova, ou depois de ter dado lugar para ela não a julgar suficiente, entender-se-á que fica confirmada a sentença embargada.

Art. 52 Em todos os casos acima referidos lançar-se-á no processo a sentença definitivamente proferida pelo Senado sobre os embargos, a qual será lavrada e assinada conforme o art. 44.

Art. 53 Se a sentença for absolutória ela produzirá imediatamente a soltura do réu, estando preso, e a sua reabilitação para ser empregado no serviço público, devendo ser pontualmente cumprida; mas sendo condenatória será remetida ao governo para que tenha sua devida execução.

Art. 54 Antes da sentença definitiva, ou de qualquer outra decisão final sobre os embargos, haverá debate público entre a comissão acusadora e o acusado ou seus procuradores, advogados e defensores.

Capítulo 4: Disposições gerais

Art. 55 Nos processos, em uma e outra Câmara, escreverão os oficiais maiores das suas secretarias.

Art. 56 Quando forem precisas testemunhas, as Câmaras as farão notificar, e as ordens para compeli-las serão mandadas executar por qualquer magistrado ou juiz territorial, segundo a lei, em conformidade do aviso, que lhe será dirigido pelo secretário da Câmara a que pertença, sendo os magistrados obrigados a executar as ordens que para esse fim lhes forem dirigidas.

Art. 57 As penas pecuniárias impostas nesta lei serão aplicadas para estabelecimentos pios e de caridade.

Art. 58 Se o ministro e secretário de Estado, ou o conselheiro de Estado, não tiver meios de pagar a pena pecuniária, será esta comutada em pena de prisão na proporção de 20 mil-réis por dia.

Art. 59 Decidindo o Senado que tem lugar a indenização, assim se declarará na sentença, e as partes lesadas poderão demandar por ela os réus perante os juízes do foro comum.

Art. 60 Quando o denunciado ou o acusado já estiver fora do ministério ao tempo da denúncia ou acusação, será igualmente ouvido pela maneira declarada nas duas seções do cap. 3, marcando-se-lhe prazo razoável para a resposta e cumprimento.

Art. 61 No caso da dissolução da Câmara dos Deputados, ou de encerramento da sessão, um dos primeiros trabalhos da sessão seguinte será a continuação do processo da denúncia ou acusação que se tiver começado.

Mandamos, portanto, a todas as autoridades a quem o conhecimento e execução da referida lei pertencer que a cumpram e façam cumprir e guardar tão inteiramente como nela se contém. O secretário de Estado dos Negócios do Império a faça imprimir, publicar e correr.

Dada no Palácio do Rio de Janeiro, aos 15 de outubro de 1827, sexto da Independência e do Império.

Imperador, com rubrica e guarda.

Visconde de São Leopoldo.

Segunda parte:
Leis orgânicas do Supremo Tribunal de Justiça

Lei de 18 de setembro de 1828, constitutiva do Supremo Tribunal de Justiça

D. Pedro, por graça de Deus e unânime aclamação dos povos, imperador constitucional e defensor perpétuo do Brasil:

Fazemos saber a todos os nossos súditos, que a Assembléia Geral decretou, e nós queremos a lei seguinte:

Capítulo 1: Do presidente e ministros do Supremo Tribunal de Justiça

Art. 1 O Supremo Tribunal de Justiça será composto de 17 juízes letrados, tirados das relações por suas antiguidades, e serão condecorados com o título do Conselho; usarão de beca e capa; terão o tratamento de excelência, e o ordenado de 4 contos de réis sem outro algum emolumento ou propina. E não poderão exercitar outro algum emprego, salvo de membro do poder Legislativo, nem acumular outro qualquer ordenado. Na primeira organização poderão ser empregados neste tribunal os ministros daqueles que se houverem de abolir, sem que por isso deixem de continuar no exercício desses tribunais, enquanto não forem extintos.

Art. 2 O imperador elegerá o presidente dentre os membros do tribunal, que servirá pelo tempo de três anos. No impedimento ou falta do presidente, fará suas vezes o mais antigo, e na concorrência de igual antiguidade a sorte decidirá.

Art. 3 O presidente prestará nas mãos do imperador, e os outros membros nas do presidente, o seguinte juramento: "Juro cumprir exatamente os deveres do meu cargo".

Art. 4 Ao presidente compete:

1º) Dirigir os trabalhos dentro do Tribunal, manter a ordem e fazer executar este regimento.

2º) Distribuir os processos.

3º) Fazer lançar em livro próprio, e por ele rubricado, a matrícula de todos os magistrados que ora servem, ou de novo forem admitidos, e seguidamente o tempo de serviço que forem vencendo, com declaração dos lugares e qualidades do serviço, notando se serviram bem ou mal, referindo-se em tudo a registros ou documentos existentes na secretaria. Todos os magistrados, para serem matriculados, apresentarão ao presidente por si, ou seus procuradores, as cartas dos lugares que atualmente servirem, e dos que forem servindo, para serem registradas, pena de se lhes não contar a antiguidade.

4º) Informar ao governo dos magistrados que estiverem nas circunstâncias de serem membros do Tribunal, e dos opositores aos outros lugares de magistratura.

5º) Informar ao governo de pessoa idônea para secretário do Tribunal, e nomear quem sirva interinamente na sua falta ou impedimento.

6º) Advertir os oficiais do Tribunal quando faltarem ao cumprimento dos seus deveres, e multá-los, bem como ao secretário, até a décima parte dos ordenados de seis meses.

7º) Mandar coligir os documentos e provas para se verificar a responsabilidade dos empregados de cujos delitos e erros de ofício deve o Tribunal conhecer.

8º) Conceder a algum membro licença para não ir ao Tribunal até oito dias em cada ano. Por mais tempo só o governo a poderá conceder.

9º) Expedir portarias para a execução das resoluções e sentenças do Tribunal, e mandar fazer as necessárias notificações exceto no que estiver a cargo do juiz da culpa.

10º) Determinar os dias de conferência extraordinária. Nos casos dos §§ 3º, 4º, 5º e 6º, deve o presidente ouvir primeiramente o Tribunal.

Capítulo 2: Das funções do Tribunal

Art. 5 Ao Tribunal compete:

1º) Conceder ou denegar revistas nas causas, e pela maneira que esta lei determina.

2º) Conhecer dos delitos e erros do ofício que cometerem seus ministros, os das relações, os empregados no corpo diplomático e os presidentes das províncias.

3º) Conhecer e decidir sobre os conflitos de jurisdição e competência das relações das províncias.

Art. 6 As revistas somente serão concedidas nas causas cíveis e crimes, quando se verificar um dos dois casos: manifesta nulidade, ou injustiça notória nas sentenças proferidas em todos os juízos em última instância.

Art. 7 As revistas não suspendem a execução das sentenças, exceto nas causas crimes, quando é imposta a pena de morte natural, degredo ou galés sendo os réus os recorrentes.

Art. 8 A parte que quiser usar do recurso da revista fará disso manifestação por si ou por seu procurador ao escrivão, que a reduzirá a termo assinado pela parte, ou seu procurador e duas testemunhas.

Art. 9 Esta manifestação será feita dentro de dez dias da publicação da sentença, e logo intimada a parte contrária, salvo nas causas crimes, nas quais poderá ser feita, não só enquanto durar a pena, mas ainda mesmo depois de executadas as sentenças quando os punidos quiserem mostrar sua inocência, alegando que lhes não foi possível fazê-lo antes.

Art. 10 Interposto o recurso da revista, as partes, no termo de 15 dias, arrazoarão por escrito sobre a nulidade, ou injustiça que servir de fundamento ao dito recurso, sem novos documentos; e juntas as razões aos autos serão estes, ficando o traslado, remetidos ao secretário do Tribunal Supremo, onde serão apresentados na Corte e província do Rio de Janeiro dentro de quatro meses; de um ano nas províncias de Goiás, Mato Grosso, Ceará, Piauí, Maranhão e Pará; e de oito meses nas demais províncias, contados do dia da interposição do recurso.

Art. 11 Recebendo o secretário os autos, os apresentará na primeira conferência ao Tribunal, e se distribuirão a um dos magistrados, que será o relator.

Art. 12 O ministro a quem for distribuída a revista examinará os autos e alegações das partes, e pondo no processo uma simples declaração de o ter visto, o passará ao ministro que imediatamente se lhe seguir, o qual procederá da mesma forma, e assim por diante até o número de três.

Art. 13 Quando o último tiver visto o processo, o apresentará na mesa no dia que o presidente designar, e as portas abertas, ilustrado o Tribunal pelos três juízes que viram os autos, e debatida a questão por todos os membros presentes, decidir-se-á à pluralidade de votos, se se deve ou não conceder a revista; o resultado se lançará nos autos com as razões em que ele se fundou.

Art. 14 Em um e outro caso a decisão ficará constando no Tribunal, para o que será registrada literalmente em livro para esse fim destinado, e se publicará pela imprensa.

Art. 15 Denegada a revista, serão remetidos os autos *ex officio* ao juízo onde foram sentenciados, o recorrente condenado nas custas. E se a sentença tiver imposto pena de morte se observará a lei de 11 de setembro de 1826,[102] antes da sua execução.

Art. 16 Concedida a revista, serão os autos remetidos *ex officio* a uma relação que o tribunal designar, tendo em vista a comodidade das partes. Se a causa tiver sido julgada em relação ou em outro corpo colegial, será revista por tantos juízes quantos foram os da sentença recorrida, contanto que não sejam da mesma relação; e se for de juízes singulares, serão os autos igualmente remetidos a uma relação, e aí julgados por três juízes. Em um e outro caso as partes não serão novamente ouvidas.

Art. 17 Proferida a sentença da revista, serão *ex officio* remetidos os autos pelo presidente do tribunal revisor da sentença ao juízo em que se proferiu a sentença recorrida, fazendo oficialmente ao Supremo Tribunal participação da remessa.

Art. 18 O procurador da Coroa e Soberania Nacional pode intentar revista das sentenças proferidas entre partes, tendo passado o prazo que lhes é concedido para a intentarem; mas neste caso a sentença da revista não aproveitará àqueles que pelo silêncio aprovaram a decisão anterior.

Art. 19 O Tribunal Supremo de Justiça enviará todos os anos ao governo uma relação das causas que foram revistas, indicando os pontos sobre que a experiência tiver mostrado vício, insuficiência da legislação, as suas lacunas e incoerências para o governo propor ao corpo legislativo, a fim de se tomar a resolução que for conveniente.

Art. 20 Quando o Tribunal conhecer dos delitos e erros de ofício, cujo conhecimento lhe confere a Constituição, o ministro, a quem tocar por distribuição, ordenará o processo, fazendo autuar pelo secretário as peças instrutivas; e procedendo às diligências necessárias, o apresentará à mesa aonde por sorte se escolherão três ministros, os quais, depois de instruídos do processo, e tendo ouvido o indiciado, o pronunciarão ou não, segundo a prova.

Art. 21 Podem porém as próprias partes ofendidas apresentar as suas queixas contra os presidentes das províncias e ministros das relações, aos juízes territoriais, aos quais competirá somente neste caso verificar o fato que

---

[102] A carta de lei de 11 de setembro de 1826 determinou a execução do decreto da Assembléia Geral que ordenou que as sentenças de pena de morte pronunciadas em qualquer parte do Império não fossem executadas sem o conhecimento do poder Moderador.

faz o objeto da queixa, inquirir sobre ele as testemunhas que lhes forem apresentadas e facilitar às mesmas partes todos os meios que elas exigirem para bem a instruírem. Ainda que não haja parte ofendida, compete ao Tribunal, à requisição do procurador da Coroa e Soberania Nacional, formar o processo ou mandá-lo preparar pelo juiz territorial do crime.

Art. 22 Os ditos juízes enviarão as referidas queixas, por cópia, aos querelados, que responderão dentro do termo de 15 dias, e dirigirão as suas respostas, ou aos mesmos juízes, ou diretamente ao Tribunal pelo primeiro correio, participando-o àqueles.

Art. 23 Findo o termo, os juízes pelo primeiro correio remeterão o processo informatório que houverem organizado na forma do art. 21, com a resposta dos querelados ou sem ela, ao Supremo Tribunal, que procederá sem mais audiência dos querelados, na forma do art. 20 e nos mais termos prescritos por esta lei.

Art. 24 São efeitos da pronúncia:

1º) Sujeição à acusação criminal.

2º) Suspensão do exercício de todas as funções públicas e de metade do ordenado que vencer, e inabilidade para empregos até final sentença, e prisão quando a acusação for de crimes em que não tem lugar a fiança.

Art. 25 Depois da pronúncia feita pelo Supremo Tribunal de Justiça, ou por ele sustentada, dar-se-á vista do processo ao promotor da Justiça, que será o mesmo da relação da Corte, para este formar o libelo, derivado das provas autuadas. O réu será logo notificado por ordem do presidente do Tribunal para comparecer nele por si, ou seu procurador, no caso do nº 2 do art. 24, e produzir aí a sua defesa dentro do prazo que lhe será marcado com atenção às circunstâncias que ocorrerem.

Art. 26 Comparecendo o réu por si ou seu procurador, no termo que lhe for assinado, e oferecido pelo promotor o libelo acusatório, se lhe dará vista para deduzir a sua defesa no termo de oito dias, que será prorrogável ao prudente arbítrio do juiz do feito.

Art. 27 Findo este termo e na primeira conferência do Tribunal, presentes o promotor, a parte acusadora, o réu ou seus procuradores, advogados e defensores, o mesmo juiz do feito fazendo ler pelo secretário o libelo, a contrariedade e todas as mais peças do processo, procederá à inquirição das testemunhas que se houverem de produzir, às quais poderão também o promotor e as partes fazer as perguntas que lhes parecer.

Art. 28 Findas as inquirições e perguntas, o mesmo juiz, na conferência seguinte do Tribunal, apresentará por escrito um relatório circunstanciado de todo o processo, que nunca poderá ser julgado por menos de seis juízes livres, e aí será lido, podendo ser contestado pelo promotor e pelas partes, ou seus procuradores, quando for inexato, ou não tiver a precisa clareza.

Art. 29 Em seguimento, a sessão se tornará secreta e se discutirá a matéria, no fim do que, declarando os ministros que estão em estado de votar, continuará a sessão em público, proceder-se-á a votação, não estando presentes o acusador, o réu, nem seus procuradores, advogados e defensores, nem tendo voto o ministro que formou o processo, nem os que intervieram na pronúncia. Em caso de empate, quer sobre a condenação, quer sobre o grau de pena, seguir-se-á a parte mais favorável ao réu. Esta sentença poderá ser uma só vez embargada.

Art. 30 O promotor da Justiça intervirá sempre na acusação de todos os crimes, ainda havendo parte acusadora.

Art. 31 O interrogatório das testemunhas, e todos os atos do processo, depois da pronúncia, serão públicos.

Art. 32 As pessoas que forem processadas neste Tribunal poderão recusar dois juízes e o acusador um, sem motivarem a sua recusação.

Art. 33 Quando forem dois os réus, cada um recusará seu juiz; sendo mais de dois, concordarão entre si nos dois que hão de exercer este direito; e não concordando, a sorte decidirá. O mesmo se observará quando houver mais de um acusador, com a diferença de que em lugar de dois será nomeado um para exercer a recusação.

Art. 34 No caso de conflito de jurisdição, ou questão de competência das relações provinciais entre si ou com qualquer outra autoridade, as autoridades competidoras darão imediatamente ao Tribunal uma parte por escrito acompanhada dos necessários documentos.

Art. 35 O Tribunal julgará qualquer destes casos pela forma estabelecida para concessão ou denegação das revistas ouvindo porém o procurador da Coroa e Soberania Nacional, e lançada a sentença, que explicitamente contenha a decisão e seus fundamentos.

Art. 36 O Tribunal terá duas conferências por semana, além das extraordinárias que o presidente determinar, e para haver conferência será necessário que se reúna mais de metade do número dos membros.

Art. 37 Os ministros tomarão assento na mesa à direita e esquerda do presidente, contando-se por primeiro o que estiver à direita; e seguindo-se os mais até o último da esquerda.

Art. 38 A distribuição será feita entre os ministros sem outra consideração mais que a do número dos processos. Para esta distribuição haverá três livros rubricados pelo presidente, um para as revistas, outro para o registro das sentenças dos réus, e o terceiro para o dos conflitos de jurisdição, além dos mais que necessários forem. O livro da distribuição das revistas será dividido em dois títulos, um para as civis e outro para as criminais.

Art. 39 Os emolumentos dos papéis que se expedirem serão recolhidos a um cofre de que se deduzirá a quantia necessária para as despesas miúdas e o resto recolhido ao Tesouro, e havendo falta, este a suprirá.

Capítulo 3: Dos empregados do Tribunal

Art. 40 Para o expediente do Tribunal haverá um secretário, que será formado em Direito, podendo ser: um tesoureiro, que servirá de porteiro; e dois contínuos com a denominação de primeiro e segundo.

Art. 41 O secretário escreverá em todos os processos e diligências do Tribunal, vencendo unicamente o ordenado de 2 contos de réis. Os emolumentos que deveria receber serão recolhidos ao cofre do Tribunal.

Art. 42 Haverá um oficial de secretaria com o ordenado de 1 conto de réis; o qual servirá nos impedimentos repentinos do secretário.

Art. 43 O tesoureiro, que é também porteiro, terá a seu cuidado a guarda, limpeza e asseio da casa do Tribunal, todos os utensílios e tudo quanto for arrecadado; terá o ordenado de 800 mil-réis; não percebendo mais coisa alguma, nem como tesoureiro, nem para as despesas do asseio da casa.

Art. 44 Os contínuos farão o serviço por semana, e um no impedimento de outro, quando acontecer, ainda que não seja da sua semana. Aquele a quem tocar estará sempre pronto junto ao porteiro nos dias de Tribunal, para executar tudo o que lhe for ordenado a bem do serviço. Os contínuos servirão de ajudantes do porteiro nos impedimentos deste, e terão de ordenado 400 mil-réis.

Art. 45 Todas as despesas miúdas do Tribunal, como são: papel, penas, tinta, areia, lacre, obreia, nastro ou fitilho, serão pagas pelo cofre dos emolumentos, em folha, que formará o tesoureiro todos os meses, assinada pelo presidente.

Art. 46 As entradas dos emolumentos para o cofre serão lançadas em livro de receita próprio e serão recenseadas de seis em seis meses por um dos membros do Tribunal, que por nomeação do mesmo servirá de juiz das despesas.

Art. 47 Ficam revogadas todas as leis, alvarás, decretos e resoluções em contrário.

Mandamos, portanto, a todas as autoridades a quem o conhecimento e execução da referida lei pertencer, que a cumpram e façam cumprir e guardar tão inteiramente como nela se contém. O secretário de Estado dos Negócios da Justiça a faça imprimir, publicar e correr.

Dada no Palácio do Rio de Janeiro, aos 18 de setembro de 1828, sétimo da Independência e do Império.

Imperador com guarda.

José Clemente Pereira.

Lei de 22 de setembro de 1828

∽

Art. 2, § 9º Ao Supremo Tribunal de Justiça pertence conhecer dos recursos e mais objetos pertencentes ao ofício de chanceler-mor, em que intervinha a Mesa do Desembargo do Paço, à exceção das glosas, que ficam abolidas.

Os papéis que o chanceler-mor não pode passar pela chancelaria, conforme as Ordenações, liv. 1, tít. 2, § 21º, serão agora passados pelo ministro mais antigo do Supremo Tribunal.

Primeiro decreto de 31 de agosto de 1829

~

Hei por bem sancionar e mandar que se execute a resolução seguinte da Assembléia Geral:

Art. 1 O sorteio dos juízes para a pronúncia, determinado no art. 20 da lei de 28 de setembro de 1828, será feito publicamente e terá lugar depois que o indiciado tiver sido ouvido, ou se tiver findo o termo que lhe fora assinado, expedindo o juiz do feito a ordem necessária para esta audiência.

Art. 2 Se, antes da pronúncia, algum dos juízes sorteados vier a ser impedido, a sua substituição será feita imediatamente pelo sorteio, ficando somente inibidos de votar, afinal, os que efetivamente tiverem dado voto a respeito de pronunciar ou não o indiciado.

Art. 3 Ao juiz do feito compete admitir fiança aos criminosos, nos casos em que ela tem lugar.

Art. 4 A substituição do juiz do feito impedido no Tribunal Supremo de Justiça, ou seja em feito cível, ou seja em criminal, se fará sempre por distribuição, a qual não alterará a ordem de novos feitos.

Art. 5 Cessando o impedimento do juiz, do feito substituído, cessarão também as funções do substituto, que passará logo o feito àquele a quem substituiu.

Art. 6 O termo de 15 dias para arrazoar por escrito, depois de interposto o recurso da revista, na forma do art. 10 da sobredita lei de 18 de setembro de 1828, é concedido por inteiro, e improrrogavelmente, a cada uma das partes, ou elas sejam singulares ou coletivas.

Art. 7 O ministro, a quem tiver sido distribuído o feito, antes de o passar ao seu imediato, na forma do art. 12 da mesma lei, exporá em mesa a espécie de que se trata, e os pontos de direito em que as partes se fundam.

Lúcio Soares Teixeira de Gouvea, do meu Conselho, ministro e secretário de Estado dos Negócios da Justiça, o tenha assim entendido e faça executar com os despachos necessários.

Palácio do Rio de Janeiro, aos 31 de agosto de 1829, oitavo da Independência e do Império.

Com a rubrica de sua majestade imperial.

Lúcio Soares Teixeira de Gouvea.

Segundo decreto de 31 de agosto de 1829

~

Hei por bem sancionar e mandar que se execute a resolução seguinte da Assembléia Geral:

Art. 1 Todas as ordens necessárias para a expedição e desempenho das atribuições do Supremo Tribunal de justiça e do seu presidente serão passadas por meio de portarias, em nome e com assinatura do mesmo presidente.

Art. 2 Ao cumprimento destas ordens são obrigados todos os magistrados, juízes e mais oficiais de Justiça, a quem forem dirigidas, qualquer que seja a sua graduação.

Art. 3 Se as ordens tiverem por fim citar ou notificar alguém dentro da cidade, serão executadas pelos contínuos do mesmo tribunal, quando as citações ou notificações forem oficialmente comunicadas pelo secretário; e quando elas houverem de ser feitas verbalmente, as executará o porteiro.

Art. 4 Os contínuos do tribunal ficam encarregados, além das obrigações que lhes impôs o art. 44 da lei de 18 de setembro de 1828, de todo o expediente das remessas e entregas, sem que por isso percebam emolumento algum.

Lúcio Soares Teixeira de Gouvea, do meu conselho, ministro e secretário de Estado dos Negócios da Justiça, o tenha assim entendido e faça expedir os despachos necessários.

Palácio do Rio de Janeiro, em 31 de agosto de 1829, oitavo da Independência e do Império.

Com a rubrica de sua majestade imperial.

Lúcio Soares Teixeira de Gouvea.

Decreto de 23 de setembro de 1829

~

Hei por bem sancionar e mandar que se execute a resolução seguinte da Assembléia Geral:

Art. 1 As revistas pendentes na extinta Mesa do Desembargo do Paço, que foram interpostas e apresentadas dentro do termo legal, serão concedidas ou denegadas pelo Supremo Tribunal de Justiça, qualquer que seja o estado das mesmas, contanto que não estejam concedidas ou denegadas definitivamente.

Art. 2 Os autos das revistas definitivamente concedidas por aquela extinta Mesa, mas ainda dependentes do alvará que costumava expedir-se, serão remetidos pelo presidente do Supremo Tribunal de Justiça àquelas relações que o mesmo Tribunal designar, na forma da lei.

Art. 3 Todas as revistas interpostas dentro do termo legal, mas que não puderam seguir o seu curso pela extinção da sobredita Mesa, terão o processo ulterior marcado na lei de 18 de setembro de 1828.

Art. 4 As revistas que das sentenças proferidas em qualquer das relações do Império foram interpostas e apresentadas dentro do termo legal, não havendo, porém, as partes, exaurido o meio do agravo ordinário, serão sem embargo disto concedidas ou denegadas, segundo for de justiça.

Art. 5 Aquelas revistas que já tiverem sido denegadas, pelo motivo de não se haver exaurido o meio do agravo ordinário, poderão ser novamente interpostas em qualquer juízo que as partes escolherem, e apresentadas dentro do termo legal, fazendo-se-lhes extensiva a disposição do artigo antecedente.

Art. 6 Desde o dia da extinção do Desembargo do Paço, até o da instalação do Supremo Tribunal de Justiça não corre o tempo naquelas revistas que foram interpostas conforme a lei de 18 de setembro de 1828.

Art. 7 Ficam revogadas todas as leis, alvarás, decretos e mais disposições em contrário.

Lúcio Soares Teixeira de Gouvea, do meu Conselho, ministro e secretário de Estado dos Negócios da Justiça, o tenha assim entendido e faça executar com os despachos necessários.

Palácio do Rio de Janeiro, em 23 de setembro de 1829, oitavo da Independência e do Império.

Com a rubrica de sua majestade imperial.

Lúcio Soares Teixeira de Gouvea.

Decreto de 9 de novembro de 1830

~

Hei por bem sancionar e mandar que se execute a resolução seguinte da Assembléia Geral:

Art. 1 Os processos, assim das apelações, que na forma do art. 1 da resolução de 24 de setembro de 1828 devem interpor-se, *ex officio*, das sentenças proferidas nas juntas de Justiça, como das revistas nas causas cíveis e criminais, serão distribuídos a um dos ministros da relação a que forem dirigidos, em livro propriamente destinado para cada um desses fins, o qual será gratuitamente rubricado pelo presidente.

Art. 2 O ministro a quem o processo for distribuído, que será o relator e o preparador do feito, depois de o ter examinado, passa-lo-á com uma simples declaração de o ter visto ao que imediatamente se lhe seguir, o qual procederá na mesma forma, e assim por diante, até o número de três, entregando-se depois ao presidente, que o dará para ordem do dia.

Art. 3 No dia designado, o ministro-relator apresentará por escrito um relatório circunstanciado dos autos, a que as partes ou seus procuradores e advogados poderão fazer observações, quando for inexato ou não contiver a precisa clareza, seguindo-se depois a discussão, e, finda ela, a votação, em que deverão intervir tantos juízes, pelo menos, quantos forem os da sentença recorrida, vencendo-se a decisão à maioria de votos; e em caso de empate nas causas criminais, quer sobre a condenação, quer sobre o grau da pena, seguir-se-á a parte mais favorável ao réu, e nas causas cíveis desempatará o presidente.

Art. 4 Nos processos mencionados no art. 1, poderá o autor recusar um juiz, e o réu dois, sem motivarem a recusação.

Art. 5 Quando forem dois os réus, cada um recusará seu juiz; sendo mais de dois, concordarão entre si nos dois que hão de exercer este direito; e não concordando, a sorte decidirá. O mesmo se observará quando houver mais de um autor, com a diferença de que, em lugar de dois, será nomeado um para exercer a recusação.

Art. 6 Enquanto não se organizarem competentemente as relações, a distribuição de que trata o art. 1 far-se-á indistintamente entre todos os ministros que servirem em cada uma delas, e o seguimento do processo verificar-se-á naquele que foi imediatamente menos antigo ao relator, e assim por diante. Os adjuntos para a decisão da causa, quando forem necessários, serão tirados à sorte no mesmo dia da proposição do feito.

Art. 7 Todos os atos do processo a que se refere a presente lei serão públicos; não podendo porém as partes, nem seus procuradores e advogados, assistir ao da votação.

Art. 8 Ficam revogadas todas as leis, alvarás, decretos e mais disposições em contrário.

O visconde de Alcântara, conselheiro de Estado honorário, ministro e secretário de Estado dos Negócios da Justiça, o tenha assim entendido e faça expedir os despachos necessários.

Palácio do Rio de Janeiro, em 9 de novembro de 1830, nono da Independência e do Império.

Com a rubrica de sua majestade imperi... [1]

Visconde de Alcântara.

Decreto de 20 de dezembro de 1830

~

Hei por bem sancionar e mandar que se execute a resolução seguinte da Assembléia Geral Legislativa:

Art. 1 A lei de 18 de setembro de 1828 será cumprida com as seguintes declarações.

Art. 2 Devem ser admitidos à matrícula, de que trata o art. 4, § 3º, não só os magistrados que atualmente estiverem empregados, mas também os que já tiverem servido algum lugar, e estiverem habilitados para continuarem no serviço, ainda que estejam desempregados.

Art. 3 Os magistrados que de novo entrarem no serviço, e os atuais que forem despachados para outros lugares, poderão ser matriculados logo que apresentem a sua carta, ficando obrigados a remeter ao presidente do Supremo Tribunal a certidão de sua posse, dentro do prazo de seis meses os que servirem nas províncias do Rio de Janeiro, São Paulo, Santa Catarina, Rio Grande do Sul, Minas Gerais, Espírito Santo e Bahia; de um ano os que servirem nas províncias de Sergipe, Alagoas, Pernambuco, Paraíba, Rio Grande do Norte e Goiás e 18 meses os que servirem nas outras províncias.

Aos magistrados, que se não matricularem, ou que tendo-se matriculado não remeteram a certidão da posse nos referidos prazos, se não contará a antiguidade no tempo da demora.

Art. 4 Quando algum magistrado for suspenso pelo poder Moderador, na conformidade do art. 154 da Constituição, o ministro secretário de Estado nos Negócios da Justiça o participará oficialmente ao presidente do Tribunal; igual participação documentada fará à relação, e qualquer julgador, quando tiver pronunciado algum magistrado, ou contra ele proferido sentença em processo criminal, passada em julgado, para se fazerem na sua matrícula as devidas notas.

Art. 5 Nos dois casos de manifesta nulidade, ou injustiça notória, pode-se interpor revista, na conformidade dos arts. 6 e 16 da lei de 18 de setembro de 1828, das sentenças proferidas em última instância em todos os juízos, ainda privilegiados, exceto os do Senado e Supremo Tribunal de Justiça.

Art. 6 De todas as sentenças proferidas em última instância nos tribunais eclesiásticos, depois da dita lei, poder-se-á interpor revista nos dois referidos casos, apesar de terem passado os dez dias, salvo se as matérias julgadas forem meramente espirituais.

Art. 7 Estas e todas as outras causas em que o Tribunal conceder revista serão julgadas nas relações provinciais, conforme o art. 16 da citada lei; e o processo, tanto para a interposição, como para a apresentação, será o mesmo estabelecido nos arts. 8 e seguintes.

Art. 8 Os dois casos de manifesta nulidade, ou injustiça notória, só se julgarão verificados nos precisos termos da carta de lei de 3 de novembro de 1768, §§ 2º e 3º; e quando ocorrem casos tais, e tão graves e intrincados, que a decisão de serem ou não compreendidos nas disposições desta lei se faça duvidosa no Tribunal, solicitará ele as providências legislativas, pelo intermédio do governo.

Art. 9 A interposição da revista, por meio da manifestação de que trata o art. 8 da referida lei, pode ser feita por qualquer procurador, ou seja bastante e geral, ou seja particular, dos que estiverem autorizados para o prosseguimento do feito na instância em que se proferir a sentença de que a revista se interpuser.

Art. 10 O termo dos dez dias fixados para a manifestação da revista é peremptório e improrrogável, sem embargo de qualquer restituição; todavia os erros cometidos pelos escrivães dos juízes de que se interpuser a revista, ou pelo secretário do Tribunal, não prejudicarão as partes que tiverem cumprido as disposições legais.

Art. 11 No caso de se provarem tais erros perante o Tribunal, deferirá este ao direito das partes como se não existissem, salva a responsabilidade dos que os tiverem cometido.

Art. 12 As revistas que tiverem sido denegadas por motivo dos mencionados erros, admitirão novo conhecimento para se decidir como for justo, contanto que as partes, tanto neste caso, como no art. 6, o requeiram na Corte e província do Rio de Janeiro dentro de 30 dias; de um ano nas províncias de Mato Grosso, Ceará, Piauí, Maranhão e Pará; e de oito meses nas demais províncias, contados da publicação da presente resolução.

Art. 13 Se a parte, contra quem se proferir sentença em última instância morrer antes de findarem os dez dias, sem ter interposto a revista, nem consentido no julgado, sendo moradora no lugar do juízo, ou sabendo-se nele do seu falecimento dentro dos ditos dez dias, passará aos herdeiros o direito de a interpor.

Art. 14 Os herdeiros neste caso farão a manifestação dentro de dez dias depois da publicação da sentença por que forem habilitados, perante o juiz ou relação que julgara a causa principal.

Se a parte que falecer não for moradora no lugar, nem nele se tiver notícia do falecimento dentro dos dez dias, valerá a interposição da revista feita pelo seu procurador; e se este a não interpuser, passará o direito de a interpor aos herdeiros, na forma acima declarada.

Art. 15 A intimação da manifestação, quando a parte contrária não residir ou não estiver no lugar, pode ser feita na pessoa do procurador, nos termos do art. 9.

Se a parte tiver sido revel, e não estiver no lugar do juízo, e nem tiver constituído procurador, não é precisa a intimação.

Art. 16 A exceção posta no art. 9 da lei a respeito das causas crimes é extensiva a favor dos réus que tiverem sido sentenciados antes da publicação dela, não é necessário que os réus provem a impossibilidade que tiveram de interpor a revista das sentenças já executadas, bastando que a sua alegação seja atendível.

Art. 17 Nas causas crimes em que não houver parte acusadora far-se-á a intimação da revista ao promotor da Justiça, e far-se-á também ao procurador da Coroa, Soberania e Fazenda Nacional (sem dependência de licença) em todas as causas em que ele tiver intervindo, como autor ao réu, assistente ou opoente; e tanto um como outro arrazoarão em prazo igual ao concedido às partes.

Art. 18 Se, depois de feita a manifestação do recurso e a intimação, falecer o procurador de alguma das partes antes de arrazoar; ou por moléstia, prisão ou outro grave impedimento se impossibilitar, não sendo a parte moradora no lugar do juízo; não correrão os dias que faltarem para o termo senão depois que for citada para constituir novo procurador, em prazo razoável.

Art. 19 Se neste tempo falecer alguma das partes, sendo moradora no lugar do juízo, ou sabendo-se do falecimento dentro do prazo dos 15 dias, proceder-se-á à habilitação dos herdeiros perante o juízo da sentença; e não se contará no tempo concedido para a apresentação o que se consumir na habilitação.

Art. 20 Quando a parte falecida não for moradora no lugar, e se não tiver notícia do falecimento dentro do dito prazo, não se poderá depois alegar o falecimento para se envalidarem os atos praticados antes de ser sabido.

Art. 21 O escrivão continuará a dar vista dos autos às partes, ao promotor da Justiça e ao procurador da Coroa, Soberania e Fazenda Nacional, nos casos em que o dever fazer, para arrazoarem; ficando a seu cargo cobrá-los irremissivelmente, logo que finde o termo da lei e resolução de 31 de agosto de 1829.

Art. 22 Se ambas as partes ou algumas delas, depois de feita a manifestação e intimação, deixarem de arrazoar por escrito, não se deixará por esse motivo de conhecer do merecimento do recurso.

Art. 23 Depois de preparados os autos com as razões ou sem elas, e feito o traslado, o escrivão os remeterá ao secretário do tribunal pelo correio, pago o porte pelo recorrente; e da remessa ajuntará conhecimento ao traslado.

Art. 24 No lugar em que estiver o tribunal, a remessa dos autos se fará independente de traslado, o que somente se tirará depois que for concedida a revista; sendo para esse fim remetidos ao escrivão competente, que, tirado o traslado, os reenviará ao secretário do tribunal para serem remetidos à relação que o tribunal tiver designado.

Art. 25. Tanto os autos, como o traslado, serão selados à custa do recorrente, não se fazendo a remessa sem que este tenha pago o selo e o porte do correio, e imputando-se-lhe a demora que por essa causa houver. O escrivão será responsável se fizer a remessa sem selo, mas não se deixará de conhecer do recurso.

Art. 26 Todas as providências que forem necessárias para o escrivão tomar o termo da manifestação, no caso de repugnar, e para fazer o traslado ou remessa, bem como para todos os mais atos e diligências preparatórias, serão requeridas aos presidentes das relações e tribunais, ou aos juízes de primeira instância que tiverem proferido as sentenças.

Art. 27. Quando a revista for intentada pelo procurador da Coroa, Soberania e Fazenda Nacional, se procederá do modo declarado nos arts. 8 e seguintes da lei; sendo, porém, a intimação feita somente à parte vencedora, e não à vencida, a quem se não dará vista para arrazoar.

Art. 28 O tribunal conhecerá dos delitos e erros de ofício, sem precedência de queixa da parte ofendida ou do procurador da Coroa; e tanto nesse caso, como quando a queixa for diretamente apresentada perante ele, o ministro a quem tocar inquirirá testemunhas, e procederá às mais diligências que são encarregadas aos juízes territoriais pelos arts. 21, 22 e 23 da lei; ou por eles se mandarão fazer, segundo a deliberação do tribunal.

Art. 29 Os indiciados, no caso do art. 20, serão ouvidos por ordem expedida na conformidade do art. 1 da resolução de 31 de agosto de 1829; e tanto neste caso, como no do art. 22, se lhes enviarão as cópias da queixa com os nomes do acusador e das testemunhas.

Art. 30 Os ministros sorteados para a pronúncia, antes de proferirem a sentença, poderão mandar proceder a todas as diligências que entenderem necessárias; em nenhum caso, porém, se mandará proceder à devassa quando não for caso dela, ou quando for segunda, posto que a primeira seja nula.

Art. 31 Os efeitos da pronúncia declarada no art. 24 da lei procedem conjuntamente, como conseqüências dela, sem dependência de declaração dos juízes, a quem não é dado arbítrio algum a este respeito.

Art. 32 Quando houver parte acusadora será admitida a adir ou declarar o libelo do promotor, contanto que o faça no prazo de três dias.

Art. 33 Se algum outro juízo se intrometer no conhecimento dos delitos e erros de ofício, que cometerem as pessoas declaradas no art. 164, § 2º da Constituição, poderá o tribunal avocar os autos para proceder na forma da lei.

Art. 34 Se ao tempo de dever julgar-se finalmente o processo criminal não se acharem seis juízes livres, deferir-se-á o julgamento para outra sessão; e quando aconteça não os haver entre todos os membros do tribunal, convocar-se-ão por suas antiguidades os ministros da relação da Corte que forem precisos.

Esta convocação será feita por ofício do presidente do tribunal dirigido ao da relação.

Art. 35 Para a execução das sentenças criminais, assim de condenação, como de absolvição, se deverá ajuntar à portaria do presidente, ordenada pelo § 9º do art. 4 da lei, uma certidão autêntica da sentença passada pelo secretário, a que a mesma portaria explicitamente se refira.

Art. 36 A portaria, no caso de sentença condenatória, será remetida aos juízes e autoridades a quem tocar a sua execução, e no caso de absolvição, se entregará à parte quando a requerer.

Art. 37 Se o réu que for absolvido no tribunal tiver prestado fiança pecuniária, será esta a seu requerimento levantada por portaria do presidente.

Art. 38 Não se poderão suprir no tribunal as faltas e omissões das solenidades que a lei exige para a interposição e seguimentos das revistas.

Art. 39 Se por qualquer desastre acontecido ao correio se perderem os autos remetidos ao tribunal, poderá a parte com uma certidão autêntica do administrador do correio da Corte, pela qual conste o desastre, interpor de novo o recurso, na forma da lei, servindo o traslado dos autos como se fossem os principais.

Art. 40 As custas de que trata o art. 15 da lei serão contadas pelo regimento de 10 de outubro de 1754,[103] feito para as Câmaras de beira-mar, na parte relativa aos escrivães e tabeliães do Judicial.

Art. 41 Os emolumentos de que trata o art. 39 serão contados pelo regimento de 25 de agosto de 1750, na parte relativa aos escrivães e oficial maior do extinto Tribunal do Desembargo do Paço.[104]

Art. 42 As custas e emolumentos, assim regulados enquanto se não der novo regimento, serão contados nos autos pelo secretário do tribunal, e a sua cobrança se procederá executivamente quando as partes se recusarem ao pagamento.

Art. 43 No impedimento do tesoureiro servirá por ele uma pessoa idônea, debaixo de sua particular responsabilidade; e o secretário do tribunal será o escrivão de toda a receita e despesa.

Art. 44 Haverá no tribunal assentos para as pessoas que assistirem às suas sessões, os quais o governo fará colocar no lugar para esse fim destinado.

Ficam revogadas as leis em contrário.

O visconde de Alcântara, conselheiro de Estado honorário, ministro e secretário de Estado dos Negócios da Justiça, o tenha assim entendido e faça expedir os despachos necessários.

Palácio do Rio de Janeiro, em 20 de dezembro de 1830, nono da Independência e do Império.

Com a rubrica de sua majestade imperial.

Visconde de Alcântara.

---

[103] O regimento passado por alvará de lei de 10 de outubro de 1754 estabeleceu as assinaturas, salários, próis e percalços dos ouvidores, juízes e demais oficiais das comarcas de beira-mar e sertão, exceto aquelas que pagavam o quinto real sobre o ouro, nas quais os cálculos desses rendimentos eram diferenciados, segundo outro regimento da mesma data.

[104] O regimento de 25 de agosto de 1750 estabeleceu os salários dos oficiais do Desembargo do Paço, antigo tribunal de graças da monarquia portuguesa.

Decreto de 13 de maio de 1831

~

Competindo ao poder Executivo, pelo art. 102 da Constituição do Império, expedir decretos, instruções e regulamentos adequados à boa execução das leis, e ocorrendo na causa de revista de Antonio José da Silva Braga contra a confraria da Ordem Terceira de São Francisco da Penitência[105] desta cidade, o embaraço de se negarem os desembargadores da Casa da Suplicação a assinar o instrumento da sentença que obtivera em grau de revista na relação da Bahia o mesmo Braga contra os seus contendores, ficando por este motivo impedido de a dar à execução: manda a Regência provisória, em nome do imperador, que os presidentes das relações a que pertencerem as sentenças reformadas em grau de revista possam nomear ministro da casa para assinar os ditos instrumentos extraídos do processo.

Manuel José de Sousa França, do conselho do mesmo imperador, ministro e secretário de Estado dos Negócios da Justiça, o tenha assim entendido e faça executar.

Palácio do Rio de Janeiro, em 13 de maio de 1831, décimo da Independência e do Império.

Marquês de Caravelas, Nicolau Pereira de Campos Vergueiro, Francisco de Lima e Silva, Manuel José de Sousa França.

---

[105] As ordens terceiras eram associações de leigos cujos membros procuravam alcançar a perfeição cristã através da orientação de uma ordem religiosa. Cobravam entradas e anuidades, suas confrarias dedicavam-se à construção de igrejas e à caridade, seus membros participavam de algumas funções eclesiásticas e podiam ser enterrados com o hábito da ordem. Durante o período colonial eram organizadas segundo critérios raciais.

Decreto de 16 de novembro de 1831

~

A Regência, em nome do imperador o senhor d. Pedro II, tem sancionado e manda que se execute a resolução seguinte da Assembléia Geral:

Artigo único: O julgamento da antiguidade dos magistrados fica competido ao Supremo Tribunal de Justiça.

Diogo Antônio Feijó, ministro e secretário de Estado dos Negócios da Justiça, o tenha assim entendido e faça executar.

Palácio do Rio de Janeiro, em 16 de novembro de 1831, décimo da Independência e do Império.

Francisco de Lima e Silva, José da Costa Carvalho, João Bráulio Muniz, Diogo Antônio Feijó.

Código do Processo Criminal de 1832

Art. 306 Das decisões das relações poder-se-á recorrer por meio de revista para o tribunal competente.

Disposição Provisória
acerca da Administração da Justiça Civil

~

Art. 19 Das sentenças proferidas nas relações do Império não haverá mais agravos ordinários de umas para as outras relações, e só se admitirá revista nos casos em que as leis a permitem.

Regulamentos das Relações de 3 de janeiro de 1833

Art. 60 As revistas continuarão a ser processadas e julgadas nas relações pela maneira até agora praticada na conformidade do disposto na lei de 18 de setembro de 1828, arts. 16 e 17, e no decreto de 9 de novembro de 1830, devendo o procurador da Coroa, Soberania e Fazenda Nacional estar presente quando se tratar de revista de sentenças proferidas em causas em que a mesma Coroa, Soberania e Fazenda, por seu procurador, tenha tido parte como autora, ré, opoente ou assistente; para poder fazer ao relatório as observações facultadas pelo art. 3 do citado decreto de 9 de novembro.

Decreto de 12 de agosto de 1833

~

A Regência em nome do imperador o senhor d. Pedro II, tem sancionado e manda que se execute a resolução seguinte da Assembléia Geral Legislativa:

Art. 1 Quando se interpuser revista de sentença do Conselho Supremo Militar, o prazo para a sua apresentação será o estabelecido na lei para a província onde estiver o processo.

Art. 2 Esta providência compreende as revistas anteriormente interpostas, as quais poderão ser atendidas, ainda mesmo no caso de se não ter tomado conhecimento delas, pela simples inteligência contrária à do artigo antecedente, uma vez que se dê seguimento a tais revistas no prazo marcado para a sua interposição, que se contará da publicação da presente resolução em cada província.

Aureliano de Sousa e Oliveira Coutinho, ministro e secretário de Estado dos Negócios do Império e encarregado interinamente dos da Justiça, o tenha assim entendido e faça executar.

Palácio do Rio de Janeiro, em 12 de agosto de 1833, 12º da Independência e do Império.

Francisco de Lima e Silva, João Bráulio Muniz, Aureliano de Sousa e Oliveira Coutinho.

Decreto de 20 de setembro de 1833

~

A Regência permanente, em nome do imperador o senhor d. Pedro II para execução da resolução de 22 de agosto próximo pretérito, para desembaraçar o expediente das revistas de algumas dúvidas que no Supremo Tribunal de Justiça se tem suscitado, decreta o seguinte:

Art. 1 Todas as causas cíveis e crimes que ora se acharem pendentes em qualquer tribunal de justiça do Império, sem decisão definitiva por ter havido empate nos votos dos respectivos membros, serão expedidas na conformidade da resolução de 22 de agosto deste ano, seguindo-se nos crimes a parte mais favorável aos réus, ou dando o presidente o seu voto para o desempate nas cíveis; não obstante que atualmente falte algum dos votantes que havia concorrido na ocasião do empate, por ser morto, aposentado, ausente, ou impedido.

Art. 2 Tanto a disposição geral da sobredita resolução de 22 de agosto, como a especial do artigo antecedente, pelo que pertence às causas pendentes, compreende as revistas cíveis e crimes; devendo prevalecer nestas a parte afirmativa, quando tiverem sido interpostas pelos réus condenados; e a negativa, no caso de terem sido interpostas pelos autores acusadores.

Art. 3 Nas revistas intentadas pelo procurador da Coroa, no caso do art. 18 da lei de 18 de setembro de 1828, ou as causas sejam cíveis ou crimes, sempre se seguirá, havendo empate, a parte negativa.

Art. 4 As disposições dos artigos precedentes relativas às causas atualmente indecisas por motivo de empate já de antes verificado, só deixarão de ter cumprimento no único caso de não constar, nem por alguma declaração nos autos, nem pelo testemunho concorde dos membros dos tribunais que se acharem presentes, em que consistira o empate da votação.

Art. 5 Acontecendo não se achar presente no ato da expedição das causas, ora empatadas, algum dos membros dos tribunais que havia votado, o respectivo secretário, ou o membro do tribunal que escrever a sentença, ou decisão, assim o declarará.

Art. 6 Aos impetrantes de revista, depois de sua manifestação, é lícito renunciar o direito ao seguimento dela, em qualquer estado em que se ache, antes da sentença da relação revisora.

Art. 7 A renúncia será manifestada por termo assinado pela parte ou por seu procurador, e duas testemunhas; e este termo será mandado tomar pelo juiz da causa principal, em que se proferiu a sentença de que se interpôs a revista, quando for de um só juiz, e pelo presidente da respectiva relação, quando nela tiver sido proferida a sentença, tanto antes como depois de se haverem expedido os autos para o Tribunal Supremo de Justiça.

Art. 8 No caso de estarem já os autos no Tribunal Supremo de Justiça, ou na relação revisora, e de se apresentar naquele ou nesta o requerimento da renúncia, ou desistência, mandará tomar o termo o juiz a quem os autos tiverem sido distribuídos.

Art. 9 Se a renúncia for de revista interposta de sentença de algum dos juízes singulares extintos, poderá mandar tomar o termo, na conformidade do artigo 7, o juiz perante quem correr a execução.

Art. 10 O termo da renúncia será julgado por sentença pelo juiz singular, ou pela relação que tiver proferido a sentença enquanto os outros não tiverem sido remetidos para o Tribunal Supremo de Justiça, e por este tribunal, e pela relação revisora, quando os autos se acharem naquele ou nesta.

Art. 11 Quando o termo for feito perante o juiz ou relação que proferiu a sentença de que se tiver interposto a revista, e os autos já tiverem sido remetidos, deverá ser enviado *ex officio* pelo respectivo escrivão, ou secretário, ao Tribunal Supremo ou relação em que os autos se acharem.

Art. 12 Somente se deixará de admitir a renúncia da revista que tiver sido interposta pelo réu, ou seu curador, quando a sentença for de morte natural, ou civil, salvo o caso de ter o mesmo réu obtido do poder Moderador a moderação da pena, com que se contente.

Aureliano de Sousa e Oliveira Coutinho, ministro e secretário de Estado dos Negócios do Império, encarregado interinamente dos da Justiça, o tenha assim entendido e faça executar.

Palácio do Rio de Janeiro, em 20 de setembro de 1833, 12º da Independência e do Império.

Francisco de Lima e Silva, João Bráulio Muniz, Aureliano de Sousa e Oliveira Coutinho.

Decreto de 18 de março de 1835

A Regência permanente, em nome do imperador o senhor d. Pedro II, querendo obviar as dúvidas que se tem suscitado na relação desta cidade sobre o regular andamento dos feitos nos casos de interposição de revista por alguma das partes, havendo embargos admitidos na chancelaria, há por bem, usando da faculdade que lhe confere o § 12º do art. 102 da Constituição, declarar que, admitidos os embargos na chancelaria, sejam estes remetidos aos juízes respectivos da relação com os outros, para julgarem como entenderem, tomando ou não conhecimento dos mesmos embargos, sem que entretanto corra o tempo designado pela lei para o seguimento e apresentação da revista.

Manuel Alves Branco, do Conselho de sua majestade o imperador, ministro e secretário de Estado dos Negócios da Justiça, o tenha assim entendido e faça executar.

Palácio do Rio de Janeiro em 18 de março de 1835, 14º da Independência e do Império.

Francisco de Lima e Silva, João Bráulio Muniz, Manuel Alves Branco.

Decreto de 30 de outubro de 1835

O regente, em nome do imperador o senhor d. Pedro II, tem sancionado, e manda que se execute a resolução seguinte da Assembléia Geral Legislativa:

Art. 1 O secretário e oficial-maior da Secretaria do Supremo Tribunal de Justiça terão pelas certidões que passarem, e pelas cópias dos papéis que pelas partes forem requeridas, iguais emolumentos aos que são concedidos por lei aos escrivães do Judicial.

Art. 2 Os emolumentos das revistas, mandados contar pelo regimento de 25 de agosto de 1750, são de 5 mil e 600 réis, como percebia a Secretaria do Desembargo do Paço, e desta maneira ficam declarados os arts. 41 da lei de 18 de setembro de 1828 e da resolução de 30 de dezembro de 1830.

Art. 3 Ficam isentas de emolumentos as revistas interpostas pelos presos pobres.

Art. 4 Do produto dos emolumentos se farão as despesas do expediente do tribunal e amanuenses.

Art. 5 As sobras serão divididas em duas partes iguais, uma para o secretário, outra para o oficial-maior.

Art. 6 Ficam revogadas as disposições em contrário.

Antonio Paulino Limpo de Abreu, ministro e secretário de Estado dos Negócios da Justiça, o tenha assim entendido e faça executar com os despachos necessários.

Palácio do Rio de Janeiro, em 30 de outubro de 1835, 14º da Independência e do Império.

Diogo Antonio Feijó, Antonio Paulino Limpo de Abreu.

Lei de 28 de setembro de 1837

O regente interino em nome do imperador o senhor d. Pedro II, faz saber aos súditos do Império que a Assembléia Geral decretou e ele sancionou a lei seguinte:

Art. 1 São nulas as sentenças que ao tempo em que se proclamou a Independência do Brasil nas províncias do Ceará, Piauí, Maranhão e Pará, foram proferidas pelos tribunais de Lisboa, sobre recursos interpostos das autoridades judiciais das ditas províncias.

Art. 2 As partes que se sentirem agravadas pelas sentenças da relação do Maranhão, de que houvesse agravos ordinários pendentes ou decididos ao tempo designado no artigo antecedente, poderão interpor dentro de quatro meses da publicação da presente lei nas sobreditas províncias, e perante o presidente da mesma relação, o recurso de revista para o Tribunal Supremo de Justiça, não obstante o lapso de tempo.

Art. 3 Os termos de interposição deste recurso, citação das partes e mais preparos do processo, serão juntos aos traslados existentes nos cartórios, que servirão de autos originais, ficando novos traslados; e feita a remessa para o Tribunal Supremo, aí será concedida ou negada a revista na conformidade das leis.

Art. 4 Os embargos ofensivos das sentenças proferidas pelo Tribunal da Suplicação de Lisboa, e que tivessem passado em julgado antes do tempo declarado no art. 1, tendo sido opostos em tempo competente, serão decididos pela relação que havia julgado o feito em segunda instância.

Art. 5 Ficam revogadas as disposições em contrário.

Manda, portanto, a todas as autoridades a quem o conhecimento e execução da referida lei pertencer, que a cumpram e façam cumprir e guardar tão inteiramente como nela se contém. O secretário de Estado dos Negócios da Justiça a faça imprimir, publicar e correr.

Dada no Palácio do Rio de Janeiro, aos 28 de setembro de 1837, 16º da Independência e do Império.

Pedro de Araújo Lima, Bernardo Pereira de Vasconcelos.

Regulamento nº 9 de 17 de fevereiro de 1838

Marca os casos em que as relações revisoras hão de decidir
da nulidade ou injustiça, e do merecimento das causas

~

O regente interino, em nome do imperador o senhor d. Pedro II, ordena:

Art. 1 As relações a que forem remetidos quaisquer autos para a revista, em todo o caso se consideram plena e perfeitamente substituídas às outras relações, tribunais, corpos colegiais e juízos singulares, que tiverem proferido as sentenças que deram motivo ao recurso, para julgarem as causas à vista do que acharem alegado e provado nos autos, da mesma forma que por tais relações, tribunais, corpos colegiais e juízes singulares nunca tivessem sido julgadas.

Art. 2 Se a revista tiver sido concedida por motivo de injustiça notória, proveniente de se não ter admitido às partes alguma essencial defesa; como por se não terem recebido embargos ou artigos que provados relevariam, por se não haver ordenado a vistoria e exame, ou qualquer outra diligência legal, que era indispensável para a plena dilucidação da matéria e perfeito conhecimento de causa, ou por se não ter dado provimento em agravo do auto do processo no caso do art. 45 do regulamento das relações; e se as relações revisoras reconhecerem esta injustiça, limitarão o jugado a remediá-la; não se podendo em tal caso proferir sentença definitiva sobre a matéria principal da causa a que falta a necessária ilustração.

Art. 3 Se a revista se conceder por motivo de nulidades manifestas e as relações revisoras as julgarem procedentes, sendo daquelas que o Direito tem declarado insanáveis, limitar-se-á a sentença a julgar o processo nulo, em todo ou em parte, conforme o prejuízo que delas deve resultar à sua total ou parcial validade.

Art. 4 Quando porém as nulidades, posto que reconhecidas, forem daquelas que se podem sanar, e das que, apesar de não serem sanadas, nenhum prejuízo resulta ao essencial do feito, existindo a legitimidade das pessoas dos litigantes e quanto seja necessário para ser sabida a verdade, em tal caso as relações revisoras julgarão definitivamente, sem atenção a tais nulidades e erros do processo.

Art. 5 No caso de não poderem as relações revisoras proferir sentenças definitivas, que ponham fim a toda a causa, por alguma das razões expostas nos arts. 2 e 3, remeter-se-ão os autos aos juízos, em que se proferirão as sentenças recorridas, para neles se prosseguirem os devidos termos na conformidade da emenda da injustiça ou nulidade que se tiver julgado.

Art. 6 Se, proferidas algumas destas sentenças pelas relações revisoras, não estiver nelas bem explícita e claramente determinado o andamento que deverão ter os processos nos juízos de que se recorreu, a fim de se remediar a injustiça ou nulidade reconhecida, para o único efeito da precisa declaração do que as partes a este respeito julgarem obscuro, admitirão as relações revisoras a petição dessa declaração por meio de embargos, que nada mais contenham, oferecidos pelas partes dentro do termo legal.

Art. 7 Para se dar andamento às causas que ora se acham pendentes e paradas, por não terem as relações revisoras proferido sentenças definitivas e não estar bem claramente designado o seguimento que deveriam ter, poderão as partes interessadas requerer a remessa dos autos às relações revisoras, para lhes pedirem a declaração pela maneira decretada no artigo antecedente, ou seja, por despachos e mandados das autoridades dos tribunais e juízos em que os mesmos autos se acharem; ou seja, por meio de precatórias das referidas relações revisoras, dirigidas a esses tribunais e juízos.

Bernardo Pereira de Vasconcelos, ministro e secretário de Estado dos Negócios da Justiça, o tenha assim entendido e faça executar.

Palácio do Rio de Janeiro, em 17 de fevereiro de 1838, 17º da Independência e do Império.

Pedro de Araújo Lima, Bernardo Pereira de Vasconcelos.

Regulamento nº 18 de 26 de abril de 1838

Declara a autoridade perante quem deve ser feita
a habilitação de herdeiros nos autos de revista

~

O regente interino, em nome do imperador o senhor d. Pedro II, decreta o seguinte regulamento:

Art. 1 Falecendo alguma das partes litigantes depois de terem subido os autos ao Tribunal Supremo de Justiça para a decisão do recurso de revista que hajam interposto, não terá lugar a habilitação de herdeiro enquanto estiverem no mesmo tribunal.

Art. 2 Depois de concedida a revista será a habilitação feita perante a relação revisora.

Bernardo Pereira de Vasconcelos, ministro e secretário de Estado dos Negócios da Justiça, o tenha assim entendido e faça executar com os despachos necessários.

Palácio do Rio de Janeiro, em 26 de abril de 1838, 17º da Independência e do Império.

Pedro de Araújo Lima, Bernardo Pereira de Vasconcelos.

Decreto nº 19 de 17 de julho de 1838

Declara que não corre o tempo para a interposição,
seguimento e apresentação do recurso de revista, quando
qualquer acontecimento extraordinário suspender
o exercício de autoridade competente

O regente interino, em nome do imperador o senhor d. Pedro II, tem sancionado e manda que se execute a resolução seguinte da Assembléia Geral Legislativa:

Artigo único: Nem a carta de lei de 18 de setembro de 1828, nem outra alguma legislação posterior, compreende no termo marcado para a interposição, seguimento e apresentação dos recursos de revista, os que não puderem ter sido interpostos, seguidos e apresentados no mencionado termo, em conseqüência de guerra, ou de outro qualquer acontecimento que haja suspendido o exercício legítimo da autoridade pública.

Bernardo Pereira de Vasconcelos, do conselho de sua majestade o imperador, ministro e secretário de Estado dos Negócios da Justiça, o tenha assim entendido e faça executar.

Palácio do Rio de Janeiro, em 17 de julho de 1838, 17º da Independência e do Império.

Pedro de Araújo Lima, Bernardo Pereira de Vasconcelos.

Aviso ao presidente da província das Alagoas, de 15 de agosto de 1838, sobre o tempo concedido para os despachados tomarem posse dos lugares de magistratura

∽

Ilmo. e exmo. sr.:

O regente interino, em nome do imperador, manda declarar a v. exc. que a última disposição que há a respeito da matéria de que trata o ofício desse governo de 6 de abril deste ano, é a do decreto de 22 de outubro de 1818, que concede seis meses para os despachados tomarem posse dos lugares de magistratura; e por isso enquanto outra coisa se não ordenar por lei, dever-se-á tolerar essa demora, não sendo porém permitido conservar-se qualquer magistrado no exercício de um lugar de que foi demítido ou removido, e quando se lhe apresenta o sucessor legítimo, impugnar-lhe a posse. Nestes termos se devem esperar os seis meses concedidos ao juiz de Direito da comarca da Atalaia para a da Anádia para tomar a posse, findos os quais, apesar de quaisquer dúvidas ou embaraços da parte dele, se deve enviar o sucessor e fazer-lhe efetiva a responsabilidade, quando se constitua no caso do art. 140 do Código Criminal.[106]

Deus guarde a v. exc.
Palácio do Rio de Janeiro, 13 de agosto de 1838.
Bernardo Pereira de Vasconcelos.

---

[106] O art. 140 do Código Criminal do Império do Brasil considerava um crime contra a boa ordem e administração pública que um juíz de Direito continuasse a exercer funções de seu emprego ou comissão depois de saber oficialmente que fora suspenso, demitido, removido ou substituído.

Regulamento de 4 de setembro de 1838

~

Art. 2 Os presidentes das relações farão cumprir a segunda parte do art. 31 do regulamento de 3 de janeiro de 1833, ainda mesmo no caso de se haver interposto revista da sentença proferida na relação, salvo quando se impuser a pena de morte natural, degredo ou galés, sendo os réus recorrentes; casos em que as revistas suspendem a execução das sentenças, na forma do art. 7 da lei de 18 de setembro de 1828.

Lei de 3 de dezembro de 1841

∼

Art. 89 É permitida a revista para o tribunal competente:

§ 1º Das sentenças do juiz de Direito proferidas em grau de apelação sobre crime de contrabando, segundo o art. 17, § 1º, desta lei, e sobre a prescrição de que trata o art. 35, quando se julgar procedente.

§ 2º Das decisões das relações nos casos do art. 78, §§ 2º, 3º, e 4º desta lei.

Art. 90 Não é permitida a revista:

§ 1º Das sentenças de pronúncia, concessão ou denegação de fiança e de quaisquer interlocutórias.

§ 2º Das sentenças proferidas no foro militar e no eclesiástico.

Regulamento de 31 de janeiro de 1841

Art. 464 O recurso de revista é só permitido nos casos restritos especificados no art. 89 da lei de 3 de dezembro de 1841; e a respeito de sua interposição e expediente se observarão as disposições da lei de 18 de setembro de 1828, decreto de 20 de dezembro de 1830, e mais legislação em vigor.

Regulamento de 15 de março de 1841

∾

Art. 31 As revistas continuam a ser processadas e julgadas na conformidade das disposições da lei de 18 de setembro de 1828, decreto de 20 de dezembro de 1830, e mais disposições legislativas e regulamentares em vigor.

Art. 32 Não se dará recurso, ainda mesmo de revista, das sentenças proferidas em causas cujo valor couber na alçada dos juízes que as houverem proferido.

Regulamento nº 624, de 29 de julho de 1849

Estabelece a maneira pela qual, no Supremo Tribunal de Justiça,
se deve verificar a antiguidade dos magistrados

~

Hei por bem, usando da atribuição que me confere o art. 102, § 12º da Constituição, decretar o seguinte:

Art. 1 O presidente do Supremo Tribunal de Justiça, ouvido o mesmo tribunal, na forma da lei de 18 de setembro de 1828, resolução de 20 de dezembro de 1830, decreto de 16 de novembro de 1831, e mais legislação em vigor, mandará pelo secretário organizar uma relação nominal de todos os magistrados de primeira instância do Império (sem compreender os juízes municipais) por ordem cronológica de sua entrada na carreira da magistratura.

Art. 2 Esta relação será organizada à vista da matrícula, registros e documentos que existirem na Secretaria de Estado dos Negócios da Justiça, na Secretaria do Tribunal, e de quaisquer esclarecimentos que forem obtidos, na forma do art. 7.

Art. 3 A mesma relação, em referência a cada um dos magistrados, e seguidamente a seus nomes, será acompanhada: 1º) da declaração do primeiro lugar de magistratura; 2º) data da primeira nomeação; 3º) data da posse desse lugar e da entrada em exercício; 4º) data da matrícula no tribunal; 5º) designação dos lugares em que tenham sucessivamente sido providos e datas das posses e das entradas em exercício; 6º) declaração do tempo que tiverem estado sem lugar na magistratura e dos motivos por que; 7º) interrupção de efetividade ou exercício, e se foi devida a emprego em qualquer comissão ou serviço público, dentro ou fora do país, ou a outras causas e quais, se pelo tribunal forem sabidas; 8º) se foram suspensos, pronunciados ou sentenciados, uma vez que disso tenha o tribunal conhecimento oficial.

Art. 4 Esta relação será publicada pela imprensa e especialmente no jornal em que se imprimirem os atos oficiais do governo, precedida de um edital do mesmo presidente, pelo qual, em referência a este decreto, se marcará a todos os magistrados relacionados, em exercício ou sem ele, e a todos os que deixarem de ser contemplados por qualquer motivo, o prazo de um ano, contado do dia da publicação do referido edital na Corte, para dentro deste, e sob pena de não serem mais atendidos sobre seu direito de antiguidade relativa, apresentarem ao tribunal as reclamações fundadas que tiverem sobre a eliminação ou injusta inscrição e classificação.

Art. 5 Da mesma relação e edital enviará o presidente do tribunal exemplares impressos, que pela Secretaria de Estado dos Negócios da Justiça lhe serão transmitidos, acompanhando-os de ofícios aos presidentes das quatro relações do Império, a fim de que cada um destes os faça publicar e correr nas diversas províncias compreendidas nos distritos de sua jurisdição, imprimindo-os na capital em que estiver situada a relação, precedidos de novo edital em que, com referência a este decreto e ao ofício que tiver acompanhado a relação, a intime aos magistrados subordinados, a cada um dos ditos tribunais e que servirem nas respectivas províncias ou por qualquer motivo nelas residirem, ainda que não estejam em serviço.

Art. 6 Iguais exemplares serão oficialmente remetidos pelo presidente do Supremo Tribunal de Justiça aos presidentes das províncias do Império, para que os enviem diretamente a cada um dos magistrados em exercício nas respectivas províncias, dando a tudo a maior publicidade possível, e ao presidente do tribunal conta minuciosa do que a respeito houverem praticado.

Art. 7 Além disso, o presidente do tribunal se dirigirá aos mesmos presidentes das províncias, aos das relações, aos ministros e secretários de Estado das diferentes repartições, e mais autoridades e corporações a quem competir, para que lhe subministrem todos os esclarecimentos que puderem, em vista das relações, a fim de que possa ser cumprido o que dispõe o art. 3, principalmente, quanto aos nºs 6, 7 e 8.

Art. 8 À medida que forem chegando os esclarecimentos e reclamações, ir-se-ão fazendo, na Secretaria do Supremo Tribunal, a respeito de cada magistrado, as declarações, correções ou observações que deles resultarem e no fim de quatro e oito meses se publicará, no jornal que imprimir os atos oficiais do governo, a relação dos magistrados, com os aditamentos que tiver recebido.

Art. 9 Findo o ano não se admitirão mais reclamações, ou mesmo petições para junção de documentos de interessados, qualquer que seja a natureza delas e o fundamento com que requeiram; e o presidente do tribunal, em vista do que se tiver apresentado, organizará a relação, mas pela ordem das antiguidades.

Art. 10 Publicada esta relação, pela mesma maneira recomendada nos arts. 4, 5 e 6, poderão reclamar contra a indevida classificação os magistrados que se sentirem prejudicados, fazendo-o dentro de um ano os que estiverem na província de Mato Grosso ou na comarca de Alto Amazonas; dentro de seis meses os que estiverem residindo na província do Rio de Janeiro ou nas capitais das províncias em que tocam os paquetes de vapor; e dentro de oito meses todos os outros. Nestas reclamações não se poderão pôr em questão as declarações mencionadas no art. 3°, salvo o caso de haverem sido desatendidas, apesar de apresentadas no prazo do art. 4.

Art. 11 Apresentada qualquer reclamação, será distribuída, e depois de ouvido o procurador da Coroa, Soberania e Fazenda Nacional e examinada pelo relator e revisores, será exposta, e se o tribunal entender que é infundada a julgará, desde logo, improcedente. Quando, porém, lhe parecer objeto de questão, mandará ouvir os magistrados cuja antiguidade pode ser prejudicada, marcando a cada um prazo razoável segundo as distâncias. Para os que estiverem na Corte não excederá de 15 dias.

Art. 12 Findos os prazos marcados, com as respostas ou sem elas, examinado o feito pelo relator e revisores, terá lugar o julgamento, como se se tratasse de um conflito de jurisdição, na forma dos arts. 34 e 35 da lei de 18 de setembro de 1828 e decreto de 10 de abril de 1833.[107]

Art. 13 Logo que estejam definitivamente julgadas todas as reclamações apresentadas em tempo, o presidente do tribunal fará lançar em um livro para esse fim designado a relação dos magistrados pela ordem de suas antiguidades, conforme os julgamentos do tribunal, seguindo-se a cada nome as declarações mencionadas no art. 3. Esta relação será escrita pelo secretário e assinada pelo presidente e por todos os membros do tribunal, sendo ao depois publicada no jornal que imprimir os atos oficiais do governo.

Art. 14 Nesse livro serão, pelo secretário, registrados todos os julgamentos que o tribunal for proferindo a respeito das antiguidades.

Art. 15 Não serão admitidas questões de antiguidade entre os contemplados na relação de que trata o art. 13, senão quando tiverem por fundamento alterações provenientes de fatos posteriores ao prazo marcado no art. 4, ou quando o reclamante estiver fora do Império, caso em que o prazo marcado no art. 10 será de dois anos.

Art. 16 Deste decreto, logo que for publicado e impresso, enviar-se-ão exemplares ao presidente do Supremo Tribunal de Justiça, aos presidentes das relações e aos das províncias, para o executarem na parte que lhes toca.

---

[107] O decreto de 10 de abril de 1833 também regulou o processo para o julgamento da antiguidade dos magistrados no Supremo Tribunal de Justiça.

Eusébio de Queirós Coutinho Matoso Câmara, do meu conselho, ministro e secretário de Estado dos Negócios da Justiça, o tenha assim entendido e faça executar.

Palácio do Rio de Janeiro, em 29 de julho de 1849, 28º da Independência e do Império.

Com a rubrica de sua majestade o imperador.

Eusébio de Queirós Coutinho Matoso Câmara.

Decreto nº 557, de 26 de junho de 1850

Marca o modo de se contar aos juízes de Direito o tempo de efetivo exercício nos seus lugares, deduzidas quaisquer interrupções

∼

Hei por bem sancionar e mandar que se execute a resolução seguinte da Assembléia Geral Legislativa:

Art. 1 Por antiguidade dos juízes de Direito só se entenderá o tempo de efetivo exercício nos seus lugares, deduzidas quaisquer interrupções. Excetua-se:

§ 1º O tempo em que estiverem com parte ou licença de doente, contanto que não exceda de seis meses em cada período de três anos.

§ 2º O tempo aprazado ao juiz removido de se transportar para outro lugar, se não for excedido.

§ 3º O tempo de suspensão por crime de responsabilidade, de que forem absolvidos.

Art. 2 Estas disposições serão aplicadas um ano depois da publicação da presente lei; e quanto aos membros da Assembléia Geral, só depois de concluída a presente legislatura.

Art. 3 A nomeação de desembargador será feita dentre os dez juízes de Direito mais antigos, cuja relação deverá ser apresentada pelo Supremo Tribunal de Justiça, sempre que houver de ter lugar.

Existindo, porém, juízes de Direito já apresentados cinco vezes, a relação dos que forem propostos à nomeação compreenderá até os 15 mais antigos, nunca excedendo este número e nem em caso algum, podendo conter mais de dez daqueles juízes que não tenham sido apresentados as cinco vezes.

Art. 4 Ficam revogadas as disposições em contrário.

Eusébio de Queirós Coutinho Matoso Câmara, do meu conselho, ministro e secretário de Estado dos Negócios da Justiça, o tenha assim entendido e faça executar.

Palácio do Rio de Janeiro, em 26 de junho de 1850, 29º da Independência e do Império.

Com a rubrica de s. m. o imperador.

Eusébio de Queirós Coutinho Matoso Câmara

Decreto Nº 719, de 20 de outubro de 1850

Regula o modo por que devem ser processados
os delitos e erros de ofício, cujo conhecimento pertence
ao Supremo Tribunal de Justiça ou às relações

~

Hei por bem, usando da atribuição que me confere o art. 102, § 12º da Constituição, decretar o seguinte:

Art. 1 Nos delitos e erros de ofício, de que pela Constituição deve conhecer o Supremo Tribunal de Justiça e nos delitos cujo conhecimento pertence às relações, o ministro a quem o feito tocar por distribuição, ordenará o processo, fazendo autuar as peças instrutivas e procedendo a todas as diligências necessárias e depois apresenta-lo-á em mesa para relatá-lo na forma que determinam os arts. 20 e 25 da lei de 18 de setembro de 1828 e o art. 161 do Código de Processo Criminal.

Art. 2 O presidente do respectivo tribunal designará essa mesma sessão para se propor o feito e imediatamente escolher-se-ão por sorte três ministros, os quais, depois de instruídos do processo, passarão em ato sucessivo e em sessão do tribunal que tiver de conhecer o feito, a julgar se o denunciado, ou aquele contra quem se houver dado a queixa, deve ou não ser pronunciado.

Art. 3 Todos os atos mencionados no artigo antecedente serão feitos em sessão pública do respectivo tribunal nos casos em que o denunciado, ou aquele contra quem houver queixa, estiver preso, ou quando o crime for afiançável.

Art. 4 Nos casos em que o denunciado, ou aquele contra quem houver queixa, não estiver preso e o crime for inafiançável, o relatório do feito e o sorteio dos três ministros para a pronúncia serão feitos em sessão pública do tribunal, procedendo-se depois a julgar sobre a pronúncia em sessão secreta na presença dos ministros do tribunal e do secretário.

Art. 5 Os ministros que tiverem de julgar sobre a pronúncia na forma prescrita nos artigos antecedentes, poderão antes disto conferenciar particularmente sobre o feito, contanto que na mesma sessão se julgue sobre a pronúncia, como determina o art. 2.

Eusébio de Queirós Coutinho Matoso Câmara, do meu conselho, ministro e secretário de Estado dos Negócios da Justiça, assim o tenha entendido e faça executar.

Palácio do Rio de, Janeiro, em 20 de outubro de 1850, 29º da Independência e do Império.

Com a rubrica de s. m. o imperador.

Eusébio de Queirós Coutinho Matoso Câmara.

Regulamento nº 737, de 25 de novembro de 1850

∾

Art. 665 O recurso de revista poderá ser interposto para o Supremo Tribunal de Justiça das sentenças proferidas nas relações, se o valor da causa exceder de 2 mil contos de réis (art. 26 de tít. único), ainda que se não tenham oposto os embargos do art. 663.

Art. 666 A interposição da revista nas causas comerciais, a remessa dos autos e o julgamento do recurso no Supremo Tribunal serão regulados pelo mesmo modo que nas causas cíveis.

Art. 667 O Supremo Tribunal de Justiça só concederá revista por nulidade do processo ou por nulidade da sentença nos termos declarados no tít. 2, cap. 1 das nulidades (arts. 672 a 682 e seguintes).

Decreto nº 609, de 18 de agosto de 1851

Declara o tribunal pelo qual devem ser processados os arcebispos e bispos do Império nas causas que não forem puramente espirituais

~

D. Pedro II, por graça de Deus e unânime aclamação dos povos, imperador constitucional e defensor perpétuo do Brasil:

Fazemos saber a todos os nossos súditos que a Assembléia Geral Legislativa decretou e nós queremos a lei seguinte:

Art. 1 Os arcebispos e bispos do Império do Brasil, nas causas que não forem puramente espirituais, serão processados e julgados pelo Supremo Tribunal de Justiça.

Art. 2 Ficam revogadas as disposições em contrário.

Mandamos, portanto, a todas as autoridades a quem conhecimento da referida lei pertencer, que a cumpram e façam cumprir e guardar tão inteiramente como nela se contém. O secretário de Estado dos Negócios da Justiça o faça imprimir publicar e correr.

Dado no Palácio do Rio de Janeiro, aos 18 de agosto de 1851, 30º da Independência e do Império.

Imperador com rubrica e guarda.

Eusébio de Queirós Coutinho Matoso Câmara.

Lei nº 647, de 7 de agosto de 1852

∼

Art. 3 Os ministros do Supremo Tribunal de Justiça vencerão além do ordenado de 4 mil contos de réis uma gratificação anual de 2 mil contos de réis e os desembargadores das relações o ordenado de 3 mil contos de réis e gratificação de mil contos de réis. A estas gratificações só terão direito os que se acharem em efetivo exercício.

Regulamento de 1º de maio de 1855

~

Art. 82 Excedendo a 5 mil contos de réis a quantia principal pedida na ação, terá lugar a revista, que continua a ser processada e julgada pelo Supremo Tribunal de Justiça, pelo modo até agora praticado e nos termos dos arts. 666 e 667 do regulamento nº 737.

Art. 83 Concedida a revista dos acórdãos proferidos pelos tribunais de comércio da Bahia, Pernambuco e Maranhão, será a causa julgada pelo da Corte; e sendo o acórdão proferido pelo Tribunal do Comércio da Corte será a revista julgada por aquele que for designado.

Art. 84 As causas de revista serão julgadas por seis juízes, sendo três deputados comerciantes e três desembargadores, dos quais um será o relator e os dois revisores.

Art. 85 Falecendo algumas das partes depois de terem subido os autos ao Supremo Tribunal de Justiça, só depois de concedida a revista terá lugar a habilitação nas execuções.

Coleção
Formadores do Brasil

Direção geral
Jorge Caldeira

Conselho editorial
Boris Fausto
Evaldo Cabral de Mello
Fernando Novais
José Murilo de Carvalho
Sergio Goes de Paula

Supervisão de edição
Jorge Caldeira

Edição de texto
Paula Ladeira Colonelli

Pesquisa de texto e em arquivos
Ana Paula Medicci

Secretaria editorial
Assahi Pereira Lima

Projeto gráfico original
Carlos Azevedo

Coleção
Formadores do Brasil

Diogo Antônio Feijó
Organização e introdução de Jorge Caldeira

Bernardo Pereira de Vasconcelos
Organização e introdução de José Murilo de Carvalho

Visconde de Cairu
Organização e introdução de Antonio Penalves Rocha

Hipólito José da Costa
Organização e introdução de Sergio Goes de Paula

Frei Joaquim do Amor Divino Caneca
Organização e introdução de Evaldo Cabral de Mello

Visconde do Uruguai
Organização e introdução de José Murilo de Carvalho

Zacarias de Góis e Vasconcelos
Organização e introdução de Cecilia Helena de Salles Oliveira

José Bonifácio de Andrada e Silva
Organização e introdução de Jorge Caldeira

Marquês de São Vicente
Organização e introdução de Eduardo Kugelmas

Este livro foi composto em Cochin pela Bracher & Malta, com fotolitos do Bureau 34 e impresso pela Bartira Gráfica e Editora em papel Pólen Soft 80 g/m² da Cia. Suzano de Papel e Celulose para a Editora 34, em dezembro de 2002.